대학의 최신 교수-학습 방법

H. Fry · S. Ketteridge · S. Marshall 공편
전남대학교 교육발전연구원 공역

A HANDBOOK FOR
Teaching & Learning in Higher Education
Enhancing Academic Practice

학지사

A Handbook for Teaching & Learning in Higher Education:
Enhancing Academic Practice -2nd edition-
edited by Heather Fry, Steve Ketteridge and Stephanie Marshall

추천사

최근 한국의 여러 대학에서는 연구뿐만 아니라 교육에 대해서도 그 관심이 고조되고 있습니다. 이는 참으로 바람직한 현상입니다. 왜냐하면 대학생들의 교육을 소홀히 하면서 고등교육기관이라고 자부하는 것은 있을 수 없는 일이기 때문입니다. 그동안 우수한 고등학생들을 '골라서' 뽑아 가는 일에만 몰두했던 대학은 서서히 우수한 대학생들을 '길러내는' 일에 헌신하는 대학으로 변모해야 합니다.

국내 주요 대학은 교수학습센터 혹은 교육개발센터 등 여러 가지 명칭을 가진 교육지원기구를 설립하여 다양한 활동을 전개하고 있습니다. 불과 몇 년 만에 이룬 이런 변화는 미시간 공대의 조벽 교수도 말했듯이 '놀라운' 일입니다. 이러한 기구들의 활성화로 머지않아 대학교육이 실질적으로 혁신되는 계기가 될 것입니다.

대학교육의 활성화는 올바른 철학(哲學), 튼튼한 지식(知識), 정교한 기능(技能), 이 세 가지를 기반으로 삼아 추구되어야 합니다. 전남대학교 교육발전연구원에서 번역, 출간하는 이 책은 그중에서 '지식기반' 을 제공해 주는 유익한 자료라고 생각합니다. 이 책은 대학교육을 지원하는 사람들이 '무슨 일을 어떻게 도와야 할 것인가.' 에 대해서 올바른 판단을 하는 데 큰 도움을 줄 것입니다. 강의실과 연구실에서 대학생들의 학습과 성장을 도와주는 교수님들, 대학교육을 지원해야 할 행정직원들, 각 대학의 경영을 책임지고 있는 보직자들 그리고 대학교육에 관한 주요 정책을 수립, 실행하는 한국의 대학정책 결정자들 모두에게 이 책이 유익한 참고자료가 되기를 바랍니다.

2006년 1월

전남대학교 총장 강정채

역자 서문

이 책은 Heather Fry, Steve Ketteridge, Stephanie Marshall의 *A Handbook for Teaching & Learning in Higher Education: Enhancing Academic Practice* (RoutledgeFalmer, London, 2005)를 번역한 것입니다. 2003년에 개정판이 나온 후 2004, 2005년에도 계속 출간되어 영국의 대학교육계에서 이 책이 상당한 관심을 끌고 있음을 알 수 있습니다.

이 책은 한국의 대학교육을 위해서도 중요한 의미를 가질 것입니다. 우리나라 대학교수들은 21세기에 들어와 대학교육에 대해 지대한 관심을 쏟기 시작했습니다. 이 책은 대학 교수들이 가르치는 일에 대해서 지식과 이해를 넓히도록 기초 개념과 이론을 친절하게 제시함은 물론, 가르치는 능력과 학사지도 능력을 실제로 증진시키는 방안까지도 구체적으로 밝혀 줍니다. 또한 여러 학문 분야에서 대학생들을 잘 가르칠 수 있는 방법이 무엇인가를 상세하게 논하고 있습니다.

이 책은 대학생들을 직접 가르치는 모든 교수에게 도움을 주고, 학과나 대학에서 교수, 학습, 평가 방법에 관해 협의할 때 유익한 자료가 될 것입니다. 또한 교수학습센터나 교육개발센터에서 어떤 일을 어떻게 할 것인가 등의 질문에 답해 줄 좋은 지침서가 될 것입니다.

이 번역서에 수많은 사람들의 노고가 담겨 있습니다. 또한 여러 자문 교수들의 도움으로 더욱 수준 높은 작업이 이루어졌습니다. 특히 전남대 치의학전문대학원의 김선미 교수, 전자컴퓨터통신공학부의 나승유 교수와 백성준 교수, 언어교육원의 나윤희 박사, 사범대학의 정인철 교수, 경영대학의 한장희 교수 등 많은 분에게 감사를 드립니다. 원문에 충실하면서도 독자에게 편하게 읽힐 수 있는 책이 되도록 모든 심혈을 기울였으나 혹시 잘못된 부분이 없지 않을까 하는 걱정이 앞섭니다. 독자들의 따가운 지적과 비판을 기대합니다.

2006년 1월

전남대학교 교육발전연구원장 이지헌

|차 례|

2부 | 교수-학습에 필요한 능력 개발 239

3부 | 학문 분야별 교수-학습의 핵심 측면 281

표

그림

사례연구

관찰양식

제1장

어떤 책인가

1. 이 책의 목적

이 책은 영국, 미국 대학의 교수학습센터 소장을 맡고 있는 세 사람이 58명의 전문가와 함께 만든 교수-학습 안내서다. 대학에 들어와 가르치는 일을 시작하는 신임 교수들을 위한 안내서임은 물론 대학교육의 교수, 학습 및 측정 등에 관한 최근의 발전 동향에 대해 관심이 있는 교수들에게도 유익한 자료가 될 것이며, 대학 및 유관 기관에서 교수-학습을 지원하는 역할을 하는 사람들에게도 도움이 될 것이다. 또한 정보전산원, 도서관, 과학기술지원센터, 연구소, 대학원, 언어교육원 등에서 일하는 사람과 대학과 연관된 외국인 그리고 기업, 산업, 전문직 종사자들에게도 유익한 안내서가 될 것이다. 더 나아가 대학 운영을 책임지고 있는 주요 보직자에게도 최근 대학 교육의 실제가 어떻게 변하고 있고 또 어떤 교훈을 얻을 수 있는지를 알 수 있도록 돕고, 성인 교육에 종사하는 많은 사람에게도 유용한 자료가 될 것이다.

이 책은 대학교육의 교수, 학습, 평가, 코스설계 등에서 가장 훌륭한 실제 사례들을 담고 있고, 그에 관한 연구결과도 소개하고 있다. 이 책은 영국 대학의 학부 수준 교육에 초점을 맞추고 있으나 여러 장에 포함된 내용은 그 밖의 다른 교육영역에서도 폭넓게 활용할 수 있다. 실제로 대학의 교육 활동에 종사하는 사람들의 공통 관심사인 교수-학습의 제반 문제를 다루고 있으며, 특히 주요 학문들의 교수-학습의 실제적 측면도 다루고 있다.

대학교육에 관한 연수 프로그램이나 자격취득 과정에 참여하는 사람들에게 이 책이 많은 자극을 줄 것이다. 이 책은 일반적인 교수방법을 소개할 뿐만 아니라, 여러 학문 분야의 독특한 교수법도 다루고 있으며, 수업 관찰이나 포트폴리오 구성 등 전문 영역의 실제 및 측정에 관한 여러 측면도 다루고 있다. 또한 가르치는 일을 실질적으로 개선해 보려는 교수들을 돕기 위해 만들어져 대학의 교수-학습 센터에서 전문적인 도움을 얻으려는 사람들에게 유용할 것이다. 이 책의 편저자들은 또 다른 책을 이미 편찬한 바 있다.

『효과적인 대학(*The Effective Academic*)』(Ketteridge, Marshall, & Fry, 2002)이라는 책인데 이것은 대학 운영, 코스 팀, 연구 집단 등의 책임자들 그리고 대학 교육 및 대학 기관에 대해 폭넓은 안목을 가지려는 사람들에게 도움을 줄 것이다.

이 책이 출판된 후에도 대학교육의 실제에 수많은 변화가 있었고, 대학교육에 관한 연구와 저술도 많이 나왔다. 또한 새로운 사례연구, 새로운 학문영역의 교수-학습 연구 등도 많이 축적되어 이를 반영할 필요성을 절감하여 2판을 내게 되었다. 1판 발행 이후 교수-학습과 관련된 학습 테크놀로지, 특히 가상학습 공간의 활용이 급속히 진전되었으므로 새로운 사례와 장을 추가하였다. 특히 '교수-학습 지원 네트워크'라는 기구의 새로운 활동에 크게 주목하면서 개정판을 만들었다. 하지만 초판에만 들어 있는 귀중한 자료가 빠져 아쉬움도 크다.

대학에서 실제로 가르치는 일을 담당하는 사람들, 그것을 연구하는 사람들 그리고 대학 교수-학습 센터에서 활동하는 사람들에게 지식과 지혜가 축적되었기에 이를 이 책에 담았다. 여러 나라, 여러 대학, 여러 학문 분야의 전문가들이 이 책을 만드는 데 참여하였다. 난해한 전문 용어를 피하면서 핵심 용어를 설명하고자 했고, 학문 분야가 다를지라도 이해하기 쉽게 만들었다. 그런데도 학문적으로 치밀하게 다루어야 할 것은 소홀히 하지 않았고, 이때에도 사용자의 편의를 중요하게 생각하였다.

이 책을 만들 때 독자들이 실제로 가르치는 활동을 스스로 발전시키고자 노력할 것이라 가정하였고, 가르치는 일의 출발점을 제공하고자 하였다. 즉, 생각을 불러일으키고, 이유와 근거를 찾아보게 하고, 사례를 찾고, 성찰하면서 실천하도록 하고, 가르치는 일을 향상시키기 위해 신중한 행동을 하도록 자극을 주려고 했다. 따라서 여러 가지 연구 성과를 토대로 성공적인 실천 사례를 근거로 삼았고, 교육학의 핵심 개념에도 친숙할 수 있도록 하였다. 또한 가르치는 일이 부딪치는 주요 문제점들을 고려하였고, 다양한 학문 영역 간의 유사점과 차이점들도 부각시켜 보았다.

이 책에서 교수(teaching)란 가르치는 일 혹은 수업활동(instruction) 등을 의미하는 말이다. 대학에서는 '강의'라는 용어가 흔히 쓰이고 있으나, 엄밀하게 말하면 강의는 가르치는 방법 중 하나일 뿐이다. 교수는 학습과 짝을 이루어 교수-학습이라고 자주 사용되고 있다. 대학에서 학생들을 가르치는 사람들을 흔히 교수라고 하는데, 이는 전임교수나 강사를 모두 포괄하는 뜻으로 여기서 사용한다. 혼란되지 않도록 하기 위해서 대학교수라고 흔히 표현하였다.

2. '학문적 실제'의 개념

대학에서 일하는 사람들은 모두 여러 가지 역할을 수행하고 있다. 대학인 중에서 특히 교수들은 가르치고, 논문을 쓰고, 공부하고, 대학 운영에 참여하는 등 여러 가지 일에서 자신의 의무를 탁월하게 이행할 것을 약속하고 대학에 들어온 사람들이다. 그 밖에도 장차 전문직에 종사할 학생들에게 기본적인 능력을 길러 주어야 할 책임도 있다. 이 모든 측면을 포괄하는 용어가 있으면 좋겠지만 아직 적절한 말을 찾기가 어렵다. 'academic practice'를 우리말로 '학문적 실제'라고 옮기고 보니 매우 낯선 용어처럼 느껴진다. 대학인이 실제로 수행하게 될 여러 역할을 '학문적 실제'라고 하는 것으로 이해해 주면 좋겠다. 가르치는 일은 그중 한 가지 일임에는 분명하다.

대학은 급격하게 변화하고 있다. 그동안 대학생의 수가 엄청나게 늘어나고 다양해졌으므로 학생들의 학습 배경도 각양각색이다. 필요한 자원은 불충분하고, 과거에 비해 공부방식이나 전달양식도 무척 유연해지는 등 질과 수준 면에서 새로운 요구가 늘어났다. 대학에 대한 새로운 도전은 무엇보다도 대학생들을 직업세계에 맞게 준비시키고 또 지역사회를 위해 기여하도록 교육해야 한다는 것이다. 최근 학생들의 재정 형편이 어려워져 공부할 시간에 일할 수밖에 없는 사정이 늘어나고 있으며, 대학교수들은 연구에 대한 압력을 더욱 크게 받고 있다. 이 모든 점이 대학에서 가르치는 일에 어떤 영향을 미치고 있다. 교수들은 시간 때문에 압박을 받고, 요구받는 것도 많아서 정신이 없다.

3. 책의 구성

이 책은 총 3부로 구성되어 있다. 그러나 독자들은 순서에 구애받지 않고 원하는 부분을 자신의 재량에 따라 자유롭게 선택하여 읽어도 무방하다. 그러나 2장만큼은 다른 장에 우선하여 읽고 넘어가는 것이 좋다.

1부: 실제의 개선

1부가 시작하기 전에 첫 장이 소개되고 있다. 이 첫 장은 이 책의 특징과 사용법을 밝힌다.

1부에는 13개의 글이 있으며 교수-학습의 주요 측면을 다루고 있다. 이 글들은 특정 학문의 시각이나 강조점에 치우치지 않고, 폭넓은 관점에서 대학교육의 교수, 학습, 학생평가 등 핵심 사항 등을 다루고 있다.

2부: 교수-학습에 필요한 능력 개발

2부는 대학에서 직접 가르치고 있는 사람들의 능력개발과 관련한 부분이다. 실제로 가르치는 일에 대해서 대학교수는 어떻게 배우고 연구하며 능력을 개발하고, 개선해 가는가에 관한 것들이다. 거기에는 모종의 기초적인 이론이 있을 것이고, 그 이론은 실제에 대한 어떤 시사점을 줄 것이다. 이 점에 관해서 대학교수는 어떤 식으로든지 이해하고 있는데, 중요한 것은 자신이 이해하는 바를 되새겨보는 일이다. 이 책은 이를 위해 지침을 제공해 준다. 피드백을 주고 받는 일, 자신의 실제를 스스로 점검하는 일, 가르치는 일을 평가하는 일, 성찰하면서 실제를 개선하는 일, 포트폴리오를 만드는 일 등에 관한 제안이 들어 있으며, 전문가로서 계속 발전하는 데 필수적인 사항을 많이 다루고 있다.

3부: 학문 분야별 교수-학습의 핵심 측면

다양한 학문 영역이 있으므로 각각의 관점에서 교수-학습을 살펴본다. 주요 학문 영역을 몇 가지 선정하고 각 영역에서 나타나기 쉬운 교수, 학습, 측정의 주요 특징을 드러낼 필요가 있다. 물론 1부와 2부에 들어 있는 여러 장과 함께 읽어 나가면 아주 좋을 것이다. 특정 학문 영역에 몰두해 있는 사람들에게는 다른 학문 영역에서 활동하는 사람들이 어떻게 하고 있는가를 알아보는 좋은 기회가 될 것이다.

전문용어

약어나 전문용어를 모아 두었다. 여러 장을 읽어 나갈 때 도움이 될 것이다.

4. 이 책만의 특징

다음 네 가지 특징이 있다.

1) 자신의 수업 실제에 대해서 생각하기

각 장마다 독자들에게 자기가 일하는 대학, 학부, 과정, 학생, 실제 등을 생각하게 하고 있다. '자신의 수업 실제에 대해서 생각하기'는 몇 가지 문제를 독자에게 제시한다. 그 목적은 여러 가지다. 첫째, 독자에게 자신의 실제를 향상, 개선시키겠다는 마음으로 실제를 살펴보게 한다. 둘째, 독자에게 가르치는 일의 실제에 대해 자신의 생각을 비판적으로 검토해 보도록 자극을 준다. 셋째, 독자에게 자신이 소속된 기관이나 학과의 정책 및 실제를 잘 알고 있는지를 확인하게 한다. 넷째, 실제 속에서 일하면서도 그 실제를 성찰하기는 어려우므로 실제를 성찰하는 습관을 길들일 기회를 제공한다. 독자는 이러한 질문을 받아들이면서 자유롭게 생각을 펼칠 수 있을 것이다.

2) 사례연구

각 장마다 사례 연구가 들어 있다. 이는 문제점 및 실제 연구의 결과를 보여 준다. 대부분 실제로 발생하는 사례로서 일상적으로 접하는 것이다. 특정한 접근 방법들이 어떻게 성공했는가를 보여 준다. 이 중 몇 개는 해당 학문 분야에서 첨단을 달리는 교수활동을 펼치는 사람들에 관한 것이다. 다른 몇 개는 교수-학습에 관한 연구 결과도 담고 있다.

3) 읽을거리

각 장에는 참고문헌과 읽을거리가 있다. 여기에는 웹사이트, 참고자료, 비디오 자료 등도 포함되어 있다.

4) 전문용어 해설

대학의 교수–학습에서 만나게 될 주요 용어, 약어가 수록되어 있다. 책 끝 부분에는 간단한 용어 해설이 있으며 용어 사전으로도 활용할 수 있다.

5. 결 론

2판은 1판의 내용을 수정, 보완한 것이다. 그러나 1판의 핵심적인 특징은 그대로 남아 있다. 학습을 다루는 2장은 약간 수정되었는데, 여전히 이 책의 가장 중요한 핵심을 이룬다. 이 장은 다른 장의 기초가 되므로 제일 먼저 읽어 두는 것이 좋다.

읽을거리

Ketteridge, S., Marshall, S., & Fry, H. (2002). *The Effective Academic: A handbook for enhanced practice*, Kogan Page, London.

제1부
실제의 개선

제2장

대학생은 어떻게 학습하는가

1. 서 론

대학생들이 어떻게 학습하는가에 대해 충분히 알지 못한 채 학생들을 가르치는 대학교수가 많은데, 이는 너무 안타까운 일이다. 교수들은 자신의 학습방법에 대해서는 잘 알고 있으나 학생들이 학습하는 방법이 어떤가, 자신의 수업방식이 과연 대학생들의 학습을 촉진시키는가에 대해서는 별로 신경을 쓰지 않는다.

학습이란 외부의 세계를 지각, 이해하고 의미를 구성하는 일이다(Marton & Booth, 1997). 다시 말해서 학습이란 추상적 원리의 숙달, 증거의 이해, 사실적 정보의 기억, 방법 · 기법 · 접근방식의 획득, 재인 · 추리 · 토론, 특정 상황에 적합한 행동의 습득 등을 포함한다.

그동안 학습에 관한 많은 연구가 수행되었다. 그러나 이런 연구결과에서 수업 실제에 관한 시사점을 곧바로 도출하기는 쉽지 않다. 왜냐하면 교육은 모든 면에서 다양하고 계속적으로 변화하는 대학생을 대상으로 이루어지기 때문이다. 모든 대학생이 전부 동일한 방식으로 학습하는 것은 아니며, 온갖 유형의 자료를 곧바로 배울 수 있는 것도 아니다. 배워야 할 학문의 분야와 자료의 수준도 그들의 학습에 영향을 미친다. 대학생들의 배경은 서로 다르고, 학습에 대해 갖는 기대도 다르다. 따라서 '대학생들은 어떻게 학습을 하는가?' 그리고 '교수들은 어떻게 학습을 유발시킬 수 있는가?'와 같은 물음에 대한 답은 그리 간단하지 않다. 교수-학습 간의 관계에 관한 지식은 여전히 불충분하나 학습에 대해 이미 알려진 것만으로도 학습에 도움을 줄 수 있는 행위 유형에 대한 몇 가지 확실한 답을 찾을 수 있을 것이다.

대다수의 대학교수는 동기와 평가가 대학생의 학습에서 중요한 역할을 한다는 점을 알고 있다. 이 주제에 대해서는 각각 제5장과 제4장에서 상세하게 설명한다.

이 장은 대학생을 대상으로 한 연구 결과를 토대로 쓴 글이지만, 성인학습(adult learning)의 몇 가지 측면도 함께 다루고 있다. 물론 연령이나 행동 면에서 아직 미숙한 대학생의 경우 '성인 학습자' 로 보기 어려울 수 있고, 성인학습의 연구 결과 중에도 아직은 불분명한 것도 있다.

이 장에서는 대학생의 학습에 관한 연구를 살펴보고, 그것들이 대학교수의 수업에 주는 시사점은 무엇인가를 파악하려 한다. 따라서 (1) 대학교육에서 학습에 관해 널리 알려진 모형과 아이디어를 몇 가지 찾아보고, (2) 이들 아이디어가 수업 및 평가의 방법 · 전략을 선정하는 데 도움을 줄 수 있는 일반적인 시사점을 밝힐 것이다.

자신의 수업 실제에 대해서 생각하기

학습에 관한 설명을 들어 본 다음, 교수님이 담당하는 학문 분야의 수업에 대해서 어떤 시사점을 얻을 수 있는지 몇 가지 적어 보시오. 이 장을 모두 읽은 다음, 자신이 작성한 것과 책에 있는 것을 비교해 보시오.

2. 학습이론

학습이 일어나는 과정을 설명하는 이론에는 여러 가지가 있다. 그중에서 구성주의(constructivism) 이론이 가장 유명하다.

1) 구성주의

대다수의 현대 심리학자는 구성주의 이론을 활용하여 학습의 과정을 설명하고 있다. 구성주의 이론에 따르면, 기존의 인지구조나 스키마는 새로운 경험 · 행위 · 지식이 동화되고 조절되면서 계속 구성, 수정된다. 구성주의는 부분적으로 200여 년 전 칸트(Kant)의 사상에 뿌리를 두고 있다. 칸트에 의하면, 실재의 모형인 일반적 관념이나 구인 형성은 경험을 통해 이루어진다. 스키마가 수정되지 않을 때 학습은 일어나지 않는다. 즉, 인지적 · 정의적 · 대인적 · 심동적 영역의 학습은 개인의 변환과정을 포함하고, 이 과정을 통해 인간은 각자의 지식을 적극적으로 구성한다(Biggs & Moore, 1993). 20세기의 가장 저명한 구성주의 심리학자로 피아제(Piaget, 1950)와 브루너(Bruner, 1960, 1966)를 들 수 있다. 이 중 브루너는 학생들을 각 학문 분야의 사고양식으로 유도한 다음, 학습자의 지식을 점차 상위 수준의 이해로 끌어올리기 위한 나선형 교육과정(spiral curriculum)을 주장하였다. 가령 역사학 분야에서 브루너는 역사학 수업의 중점을 사실적 정보의 암기에서 이해로 전환하는 데 영향을 준 사람으로 언급되고 있다. 위와 같은 변환이 일어나면, 대학생들에게 일차자료를 중심으로 느끼고 생각하는 방법을 배우게 하면서, 과거가 어떻게 재구성되고 이해되는가를 파악하도록 권장해야 한다. 경험학습(experiential learning), 반성(reflection)의 활용과 같은 최근의 아이디어는 대부분 구성주의에서 비롯된 것이다.

구성주의에 따르면, 학습이란 기존의 이해와 지식을 확장, 대체하여 새로운 이해와 지식을 적절하게 만드는 일이다. 그렇다면 대학교수들이 꼭 알아 두어야 할 점은 무엇인가? 대학생들이 가진 관련 지식과 이해는 초보적인 것일 수 있고 틀린 것도 있겠지만, 가르치는 일은 결코 '백지 위에 글을 쓰는' 식으로 되는 것은 아니다. 기존의 지식과 이해에 모종의 변화가 있거나 추가되는 바가 없다면, 아무런 학습도 일어나지 않는다는 것이다.

학습을 단순히 더 많은 지식을 추가하는 일로만 보는 대학교수들이 아주 많다. 그러나 대학교수는 자신이 가르치는 대학생들의 기존 지식에 변화 · 변형이 일어나도록 하는 방법에 대해서 관심을 가져야 한다(Mezirow, 1991). 누적된 '사실' 이라는 의미의 지식 추가는 변형의 과정이 없이도 일어날 수 있다. 그러나 '이해' 나 '창의성' 과 같은 고차원적 학습은 기저

자신의 수업 실제에 대해서 생각하기

교수님의 학문 분야 중 어느 특정 부분에서 실제로 숙달했거나 통찰한 경험을 한두 가지 적어 보시오. 이런 경우가 '단순한 추가' 에 불과한 것인지, 아니면 '기존 이해의 변화' 를 포함한 것인지 말해 보시오.

의 스키마 자체가 변화되고 새로운 이해를 통합할 수 있을 때 비로소 생기는데, 그와 같은 변화는 장기간 사실을 파지할 수 있게 할 것이다(아래 공부에 관한 접근방식 참조). 이와 관련된 몇 가지 아이디어를 명확하고 유용하게 설명하고 있는 문헌도 있다(Chalmers & Fuller, 1996).

2) 기타 학습이론

학습이론 중에서 여전히 인기가 있는 것으로 합리주의(rationalism)가 있다. 합리주의는 이미 정해진 어떤 방향으로 성장하는 생물학적 계획이라는 아이디어에 기초하며, 촘스키(Chomsky)가 이 이론의 지지자다. 또 연합주의(associationism)라는 학습이론은 자극-반응 연합 형성에 초점을 두며, 파블로프(Pavlov)와 스키너(Skinner)가 이 이론의 대표자다. 위의 이론에 관한 세부사항은 다른 책(Richardson, 1985)을 참조하기 바란다.

한편 사회적 학습이론의 일종으로 상황학습(situated learning)을 주장하는 사람도 있다(Lave & Wenger, 1991). 상황학습 이론이란 맥락 내에서 지식과 학습을 이해하려는 입장이다. 이 이론이 강조하는 점은, 학습자는 실천공동체의 일원으로서 타인과의 관계를 통해 공동의 이해를 계발, 창조한다는 것이다. 이 학습이론은 학습을 상호 관계적으로 이해하기 때문에, 각 개인의 스키마의 연속적 재구성과 변형 과정을 별로 중시하지 않거나 경시한다. 상황학습을 옹호하는 사람들은 학습을 사회적 실천으로 보고, 새로운 지식도 실천을 통해 생길 수 있다고 주장한다. 이 점은 입장이 다른 학자들까지도 공감하는 바다.

〈사례연구 2-1〉 대학교수들은 학습을 어떻게 보고 있는가

아래 내용은 대학생의 학습에 관한 것이다. 이것을 통해서 신임 교수들의 학습에 관한 태도 · 지각을 파악할 수 있다. 따라서 신임교수를 위한 워크숍에서 먼저 다음 사항에 대해 반응하도록 요구하였다.

대학생의 학습이란 다음 중 ________이다.

- 사실적 지식의 양적 증가
- 기억과 재생
- 적용과 지식의 활용
- 기능과 방법의 획득
- 의미 구성과 이해
- 의미의 추상화
- 다른 방식으로 세계를 이해하는 것

- 평가에서 좋은 점수를 받는 것
- 문제를 푸는 것
- 창의성 계발
- 상상력 확장
- 분석방법 개발
- 세계를 다르게 이해한 결과로 나타난 자기 내부의 변화

워크숍에서는 모든 신임 교수가 위 사항에 대한 자신의 견해를 생각해 보고 옆에 있는 교수들과 대화한 다음, 전체 집단토론에 참여하도록 하였다. 초기에는 각 사항의 중요성 정도가 학문 분야별로 차이가 있음을 강조하는 방향으로 토론이 이루어졌다. 그러나 토론이 진행될수록 대다수의 신임 교수는 학문 분야에 상관없이 대학생의 학습은 위에서 제시한 거의 모든 사항을 포함한다는 점을 인정하게 되었다.

3. 성인학습 이론

성인학습 이론의 범위를 어디까지로 볼 것인가의 문제는 논란거리다. 그 이유는 성인학습이 여타의 학습과 어느 정도로 확실하게 구분되지 않고, 다른 한편으로 성인학습의 원리가 이론이라기보다는 단순한 원리쯤으로 받아들여지는 경우도 있기 때문이다(Bright, 1989; 특히 Brookfield, 1989 참고). 그럼에도 성인학습을 담당하는 대학교수들이 학습의 전제를 재검토하고 몇 가지 관점을 조정한다면, 대학교육에 큰 영향을 미치는 성인학습에 관한 몇 가지 명제를 도출할 수 있을 것이다. 성인학습 이론은 실제로 연령, 공부양식, 인종적 · 경제적 · 교육적 배경 등에서 다양한 학습자가 크게 증가함에 따라 등장한 이론이다.

맬컴 노울스(Malcolm Knowles)는 이 분야를 가리켜 평생교육학(andragogy)이라는 용어를 사용하였다. 그는 평생교육학을 '성인의 학습에 도움을 주는 기술과 학문'으로 정의한 바 있는데(Knowles, 1984), 이 정의는 그동안 널리 인용되고 있다. 사실 위의 정의는 여러 번에 걸쳐 변경되었고, 이 때문에 혼란을 야기하기도 했다. 아무튼 30년 이상 수행된 그의 연구에서 평생교육학의 다섯 가지 원리를 도출할 수 있다.

- 개인이 성숙해질수록 더 자기주도적인 인간이 된다.
- 성인은 풍요한 학습자원으로 활용할 수 있는 경험을 많이 쌓고 있다.

- 성인은 어떤 것을 알아야 할 필요성을 느낄 때 비로소 학습할 준비를 한다.
- 성인은 아동처럼 교과–중심적이지 않고 문제–중심적이다.
- 성인의 가장 유력한 동기유발 요인은 개인 내부에 있다.

위의 견해를 지지해 줄 경험적 증거는 부족하다. 그러나 평생교육학에 대한 많은 비판과 정의의 문제에도 불구하고(Davenport, 1993 참조), 위의 원리는 상당한 영향력을 갖고 있다. 사실 체험학습, 학습자의 학습 자율성(autonomy), 자기주도적 학습(self-directed learning) 등 대학교육에서 자주 언급되는 여러 학습 '유형'은 성인교육의 전통에서 나온 것이다. 그뿐만 아니라 대학생의 경험, 대학생 지원, 참여 확대 등에 관한 대학교육 연구영역도 성인교육에서 시도한 것과 연관성이 있다.

4. 경험학습

삶, 교육, 일을 통해 얻은 경험은 학습과정에서 중요한 역할을 한다. 학습에 관한 이런 관점을 '경험학습'이라하는데, 이는 행함으로써 배운다는 말과 동일한 의미를 갖는다(제10장과 제23장 참조). 경험, 체험을 통한 학습이론 중 가장 대표적인 것은 콜브(Kolb, 1984)의 이론일 것이다.

이 책의 다른 곳에서 논의할 다양한 수업활동 유형을 이해하기 위해서는 우선 체험학습을 살펴보아야 한다. 여기에서 다양한 수업활동 유형에는 실무 중심 학습, 현장학습, 실험/실습 수업, 실행학습(action learning), 역할놀이와 소집단 수업 등이 있다. 여러 문헌에서 자주 소개되는 콜브(Kolb)의 모형은 특정 유형의 학습(혹은 훈련) 경험을 받아들여 수정, 적용되는 경우도 많고, 대안적 혹은 단순화된 용어를 사용하기도 한다(제23장 참조).

경험학습론의 기본 생각은 무엇인가? 그것은 바로 이해란 고정불변의 사고요소가 아니라 '경험'을 통해 재구성된다는 점이다. 또 경험학습은 연속적 · 순환적 과정이며 경험에 기초하는 것이다. 따라서 학습자는 정교화 수준이 서로 다른 다양한 아이디어와 신념을 갖고 학습상황에 들어오게 된다.

'콜브의 학습 사이클'은 순환적 학습 모형이다([그림 2–1] 참조). 학습이 성공적으로 이루어지려면 다음 네 가지 유형의 능력과 활동이 필요하다.

위 용어의 의미를 살펴보자. 첫째, 학습자는 새로운 경험에 충분히 자유롭게 참여해야 한

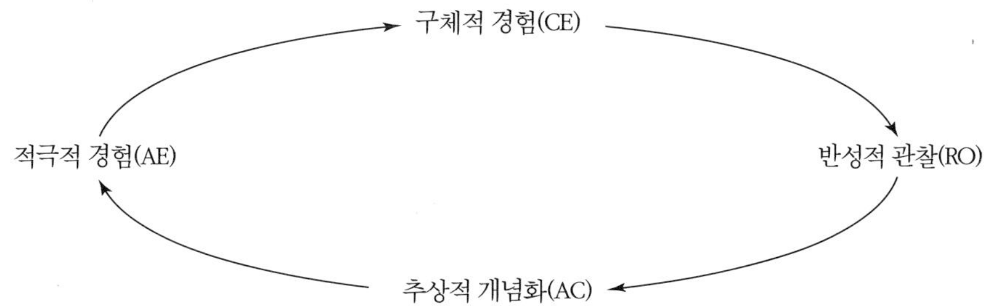

[그림 2-1] 콜브의 학습 사이클

주: • 구체적 경험(CE: concrete experience) • 추상적 개념화(AC: abstract conceptualization)
• 반성적 관찰(RO: reflective observation) • 적극적 실험(AE: active experimentation)

다(CE). 둘째, 학습자는 다양한 관점에서 자신의 경험을 반성할 수 있는 시간과 공간을 확보해야 한다(RO). 타인의 피드백에서 가장 큰 영향을 받는 것이 바로 이 부분이다. 셋째, 학습자는 아이디어를 재구성, 처리하여 자신의 것으로 만들고, 새로운 아이디어를 건전하고 논리적인 이론으로 통합할 수 있어야 한다(AC). 넷째, 학습자는 자신의 이해를 활용하여 의사결정과 문제해결을 시도하고, 새로운 상황에서 가설을 검증하는 네 번째 요소로 이동하게 되는데(AE), 이 과정에서 생성된 자료는 다시 구체적 경험으로 이어진다. 따라서 체험학습의 사이클은 행하기뿐만 아니라 반성하기, 처리하기, 사고하기, 이해하기를 포함한다. 이 순환 과정은 추상적이고 이론적인 학문 분야에도 확대, 적용될 수 있다. 철학이나 문학비평 분야에서도 대학생들이 학문의 요체인 '탐구도구' 나 사고양식을 획득하도록 도와주는 데 관심이 있다.

위의 네 단계는 모두 효과적 학습을 위해 필수적인 것이다. 그런데 사이클 상의 두 단계가 동시에 수행될 수 있는가? 예를 들어, 행하기와 반성하기가 동시에 수행될 수 있는가? 혹은 사이클 내의 구체적 경험 단계에서 추상적 개념화까지도 행할 수 있는가? 이들은 각각 서로 다른 유형의 능력이므로, 학습자는 학습상황에서 어느 한 가지를 선택해야 할지도 모른다(제15장 참조). 이때 학습자가 두 요소 간의 긴장을 어떻게 해결하는가에 따라 학습성과가 다르게 나타나고 학습자가 계발해야 할 강점도 달라질 것이다. 또한 이것은 학습자의 성격이나 학문의 성격과도 깊은 관계가 있을 것이다.

울프와 콜브(Wolf & Kolb, 1984)에 따르면 학습자에게 특정 학습양식이 두드러지게 나타날 경우, 학습자의 강점이나 주요 학습능력도 다르게 나타난다(〈표 2-1〉 참조).

대학교수는 학습을 조직화할 책임이 있다. 이때 대학교수는 학습양식과 밀접하게 연결되는 학습기회를 확실히 제공해야 한다. 물론 대학생들이 각각 선호하는 학습양식은 다르겠지

〈표 2-1〉 학습양식

학습양식	강점	주요 학습능력
수렴적(convergent)	아이디어의 실제 적용	AC와 AE
확산적(divergent)	상상력과 아이디어 생성	CE와 RO
동화적(assimilation)	이론적 모형의 창안과 여러 가지 관찰의 의미 이해	AC와 RO
조절적(accommodative)	새로운 경험 속에서 계획 및 과제의 수행	CE와 AE

출처: Wolf & Kolb, 1984.

만 효과적 학습을 위해서는 그들이 학습 사이클의 모든 구성요소를 거치게 하는 것이 좋다.

대학생들이 개별적으로 선호하는 학습양식은 그들이 배울 학문 영역의 틀과 관련이 있다. 베처(Becher, 1989)는 두 가지 연구를 통합하여 'Kolb-Biglan 학문적 지식 분류(classification of academic knowledge)'를 제시한 바 있다(〈표 2-2〉 참조). 이 분류는 선호하는 학습양식과 특정 학문 틀 간의 관계를 보여 준다. 따라서 학문 분야에서 체험학습 기회를 제공할 때는 학습 사이클의 여러 요소 중 어느 것을 더 강조할 것인가를 고려해야 한다.

〈표 2-2〉에 들어 있는 네 가지 분류를 살펴보자. 이들 중 1과 2의 학문 영역을 공부하는 대학생은 반성적 실천을 더 선호하는 것으로 나타나 있다. 그러나 3과 4의 학문 영역도 반성적 실천과 밀접한 연관성이 있다. 실제로 위의 분류에 따라 학문 영역별 차이를 구분하기는 어렵다. 따라서 특정 학문 영역과 관계가 깊은 사고방식이나 '마음의 틀(frames of mind)'을 어느 정도까지 배우고 중시하며, 갖추어야 하는가의 문제는 연구과제에 속한다(Gardner, 1985 참조). 또 대학생들의 학습양식 변환에 관한 문제도 관심거리인데, 이와 관련된 몇 가지 연구결과가 제시되었다(Nulty & Barrett, 1996).

반성과 반성적 실천(reflective practice)은 교수 자신의 전문성 계발에서나 학생들의 학습

〈표 2-2〉 학문적 지식의 분류

1. 추상적-반성적(AC-RO)	2. 구체적-반성적(CE-RO)
경 순수학문(Hard Pure) 자연과학 수학	연 순수학문(Soft Pure) 인문학 사회과학
3. 추상적-적극적(AC-AE)	**4. 구체적-적극적(CE-AE)**
경 응용학문(Hard App lied) 과학 관련 전문직, 공학, 의학 및 보건학 전문직	연 응용학문(Soft App lied) 사회 전문직 교육, 사회복지 법학

에서 중요한 개념이다. 실제로 교수의 전문성을 계발하기 위해서는 지원책을 제공할 필요가 있다(제10장, 제15장 참조). 전문적 지식과 전문적 수행능력(professional competence) 간의 관계를 연구한 바 있다(Schon, 1987). 이 연구에 따르면, 실천을 잘하기 위해서는 다른 사람들의 연구 결과물을 살펴볼 것이 아니라 자신의 전문직 수행능력을 스스로 관찰하고 이를 반성하면서 학습해야 한다(제15장 참조). 실천(혹은 경험)에 대한 반성은 전문성 계발의 핵심을 차지한다. 첫째, 특정 분야에서 인정을 받은 '전문가'는 특유의 기량을 발휘한다. 둘째, 기량이란 전통적인 수업방법보다는 유능한 실천가에 대한 관찰, 모든 관련 직무 업무의 수행경험 그리고 실천에 대한 반성 등을 통해 학습될 수 있는 것이다. 이와 같은 반성적 실천의 일부분으로서 콜브의 순환적 개념화/재개념화를 계속 거치게 된다. 반성적 실천에 어려운 점도 많은 것으로 지적되지만(예, Boud & Walker, 1998), 학습의 한 요소로서 반성의 계발이야말로 평생학습의 중요한 부분이다.

자신의 수업 실제에 대해서 생각하기

그동안 교수님의 경험(길거리, 실험실, 텔레비전 시청, 독서)에서 의식적 반성을 통해 특정 과제에 대한 이해나 수행능력을 증진시킨 경우가 있다면 세 가지를 말해 보시오.

5. 공부, 이해수준의 분류, 학습양식

1) 공부에 대한 접근방식

1970년대에 대학교육과 관련하여 설득력 있게 받아들이는 경험적 연구를 수행한 바 있고(Marton, 1975), 그 이후 많은 후속 연구가 수행되었다(Marton & Saljo, 1984). 학습자와 학습과제 간의 상호작용을 다룬 이들 연구에 따르면, 학습자가 학습과제에 접근하는 방식(학습자의 의도)은 교과에 대한 몰입 정도를 결정하고, 몰입 정도에 따라 학습성과의 질이 달라진다. 여기서 공부 · 학습에 관한 접근방식은 심층적 접근방식과 표층적 접근방식으로 구분된다.

학습에 관한 심층적 접근방식(deep approach)이란 대학생들이 의미를 이해하고 의미를 추구하려고 애쓰는 의도를 가리킨다. 심층적 접근방식을 가진 대학생은 개념과 기존 경험을 서로 관련짓고, 새로운 아이디어와 기존 지식을 구분하며, 핵심 요지와 개념을 비판적으로 평가, 확인한다. 요약하면, 심층적 접근방식은 대학생들이 공부로 최대한의 의미를 획득할 때 나타나는 것이다. 최대한의 의미 획득은 높은 수준의 인지적 처리과정을 표상하는 학습에서 이루어지며, 여기서는 사실적 정보도 의미의 맥락에서 학습된다.

학습에 관한 표층적 접근방식(surface approach)이란 대학생들이 과제를 끝내고, 정보를 기억하는 데 몰두하며, 새로운 정보와 기존 지식을 구분하지 않고, 과제를 그저 외부에서 주어진 것으로 취급하는 방식이다. 기계적 암기학습(rote learning)은 표층적 접근방식의 대표적인 한 예다. 요약하면 표층적 접근방식은 학습자가 마치 최대의 학습을 이룬 것처럼 보이려고 할 때 나타난다. 그것은 주로 피상적 수준의 인지적 처리과정을 표상하는 학습에서 이루어진다. 여기서 사실적 정보는 유의미한 틀도 없이 학습된다.

이제 위의 개념에 관한 예를 들어 보자. 사회과학을 전공하는 대학생이 텍스트 읽기 과제에 대해서 심층적 접근방식을 사용하는 경우, 그 학생은 텍스트의 중심 주제를 충분히 소화하고 관련된 논지를 이해하는 학습성과를 보인다. 이와 대조적으로, 표층적 접근방식을 사용하는 대학생은 텍스트를 쭉 읽어 가면서 단조로운 사실을 기억하는 데 주력하느라 중심 주제를 파악하지 못하고 만다.

심층적 · 표층적 학습이라는 개념은 후속연구를 통해 점차 정교화되었다(Biggs, 1987; Ramsden, 1988). 특히 심층적 · 표층적 접근방식을 보인 대학생들이 쓴 글을 각 학문 영역별로 수집하여 예시한 연구가 있는데(Ramsden, 1992: 47-48), 이를 보면 접근방식 간의 차이를 쉽게 알 수 있다.

철학적 · 인지심리학적 연구에 의존하기보다는 학습자 특유의 관점을 중시하는 쪽으로 학습이론의 방향이 전환되었다. 학습에 대한 접근방식은 학습자의 기질 속에 내재된 것이 아니라 학습자와 과제 사이에서 일어나는 개인적, 상황적인 것이다(Ramsden, 1988). 즉, 학습에 대한 접근방식은 순전히 개인적인 특성이라기보다는 학습자의 학습이 일어나는 수업환경에 대한 모종의 반응으로 보아야 한다. 한편 공부에 대한 세 번째 접근방식으로 전략적 혹은 성취적 접근방식(strategic or achieving approach)이 제시되었는데(Biggs, 1987), 이는 시험성적을 높이기 위해서 학습을 피상적으로 조직화하는 경우를 가리킨다. 흔히 심층적 접근방식을 사용하는 대학생들도 이런 의도를 가질 수 있는데, 이들은 시험과 같은 특수한 상황에서 실제로 표층적 접근방식에 속하는 기법을 사용하기도 한다. 사실 심층적 접근방식은 고정불변의 특성이 아니다. 위에서 알 수 있듯이 성취적 접근방식은 평가 장면과 밀접하게 연관되어 있다.

대학 신입생들이 흔히 오해하는 점이 있다. 그것은 교과내용이 수많은 사실적 지식으로만 구성되었으며, 그저 새로운 지식을 기억고에 저장만 하면 전문가가 될 수 있다는 믿음이다. 이와 같은 생각을 깨우치게 하고 변화하게 하며, 이런 믿음이 반복되지 않기 위해서 대학교수는 교육과정과 수업의 설계 및 평가를 제대로 해야 한다. 학습에 대한 접근방식이 교수-학습 상황으로 수정될 수 있고 학습될 수 있다는 주장이 제기되었다(Biggs, 1999). 이에 따라 SOLO 분류학이 개발되었는데, 이는 모든 학문 분야에 적용될 수 있는 이해(understanding) 수준을 분류한 것이다.

2) 이해 수준의 분류학

이해 수준의 분류학(Structure of the Observed Learning Outcome, SOLO)은 관찰한 학습성과의 구조를 가리키며, 이 분류틀은 여러 학문 영역의 학습성과를 검토하여 만든 것이다. 이에 따르면 학습상황에서 학습자의 학습성과는 여러 단계를 거치며, 높은 단계일수록 더 복잡한 학습성과가 나타난다(Biggs & Collis, 1982; Biggs, 1999). 학습성과의 변화는 세부사항의 양과 학습의 질에서 나타나는데, 양적 변화 다음에 질적 변화가 일어난다. 학문의 성격이 복잡할수록 학습 과제도 그만큼 복잡해진다. SOLO는 학습목표(learning objectives)와 학습자의 성취도를 분류하는 데도 사용할 수 있으나 이는 블룸(Bloom)의 분류학처럼 주로 인지적 영역에 국한되어 사용된다(학습목표와 블룸에 대한 추가적인 논의에 대해서는 제3장 참조).

SOLO 분류학은 위계적인 것으로, 각 수준은 다음 수준의 기초가 된다. 복잡성을 기준으로 다음과 같이 다섯 가지 이해 수준을 구분할 수 있다.

- 전구조적(prestructural) 이해: 개별적인 단어 수준에서 이해한다. 이 수준의 대학생들은 요지를 놓치기 쉽다. 이해하지 못하는 것을 감추기 위해 동어반복을 하기 쉽고, 관련 학습을 제대로 한다는 증거를 보이지 못한다. 이 수준의 이해는 대학교육에서 넘어서야 한다.
- 단일구조적(unistructural) 이해: 용어를 사용하여 반응하는 수준이다. 이 수준의 대학생들은 학습과제의 일부분에 집착함으로써 중요한 속성을 빠뜨리고 만다.
- 다층구조적(multistructural) 이해: 많은 사실을 열거할 수 있지만 아직 구조화되지 못한 상태다. 이 수준의 대학생들은 핵심 문제를 언급하지 못한다.

- 상관적(relational) 이해: 여러 세부사항을 알고 핵심 요지를 언급하며, 주제를 전체적으로 연관 지어 이해한다. 이 수준은 학문적으로 볼 때 적절한 첫 번째 수준의 이해다. 이 수준의 대학생들은 제반 요소의 개념적 재구조화를 할 수 있다.
- 확장된 추상적(extended abstract) 이해: 고차원적 추상화를 통해 전체 내용을 정합성 있게 개념화하고, 이를 새로운 맥락에 폭넓게 적용할 수 있다. 이 수준의 대학생들에게서는 돌파구를 찾으면서 관련 사항에 관한 사고방식까지도 변화시킬 수 있는 차원 높은 이해가 나타난다.

SOLO 분류학은 대학생의 학습에 그대로 적용할 수 있다. 단일구조적 · 다층구조적 이해는 지식의 양적 증가를, 상관적 이해나 확장된 추상적 이해는 질적 변화를 가리킨다. 또 SOLO 분류학을 통해 이해의 수준을 파악할 수 있고, 교육과정 개발뿐만 아니라 학습성과와 평가준거를 명료화하는 데도 도움이 된다(이 수준과 대학교육 자격기준에 제시된 자격수준을 혼동해서는 안 된다. 이와 관련하여 제13장 참조). 이러한 연구가 주는 한 가지 시사점은 표층적 접근방식을 사용한 대학생은 SOLO 분류학에서 말하는 높은 수준의 이해에 도달할 수 없다는 점이다.

3) 학습양식

학습양식(learning style)을 구분하는 방법도 여러 가지다. Wolf와 Kolb의 학습양식은 위에서 설명하였고, 제15장에는 또 다른 구분 방법이 제시되어 있다. 세 번째 구분방법은 널리 알려진 바와 같이, 계열적 학습양식과 총체적 학습양식으로 구분하는 것이다(Pask, 1976). 계열적 양식을 가진 대학생은 단계적 접근과 근시안적 접근을 더 좋아하고, 총체적 양식을 가진 대학생은 '큰 그림'을 보거나 예시와 유추를 활용하는 경향성을 보인다.

그러나 다른 학습양식 구분방법이 가장 널리 활용되고 있다(Honey & Mumfold, 1982). 이들은 학습양식을 활동주의자, 반성주의자, 이론가, 실용주의자와 같이 네 가지로 구분하고 있다.

- 활동주의자(activists): 새로운 경험과 문제에 도전할 수 있고, 흥분과 자유를 맛볼 수 있는 학습상황에 가장 적극적으로 반응한다.
- 반성주의자(reflectors): 관찰 · 반성 · 사고의 시간이 있고, 세밀한 검토를 할 수 있는 구조화된 학습활동에 가장 적극적으로 반응한다.

- 이론가(theorists): 논리적 · 합리적인 구조와 명확한 목적이 들어 있는 학습활동에 적극적으로 반응한다. 따라서 이들에게는 방법을 탐색할 시간이라든가 지력을 자극, 확장할 기회를 주어야 한다.
- 실용주의자(pragmatists): 실제적 연관성이 있는 학습활동에 가장 적극적으로 반응한다. 따라서 이들에게는 실천하고 이론을 활용할 기회를 주어야 한다.

대학생들이 개별적으로 선호하는 학습양식이 있겠지만, 그 속에는 위에서 말한 여러 가지 학습양식의 요소가 함께 들어 있을 것이다.

대학교수는 학습양식을 활용하여 대학생의 학습을 증진시킬 전략을 다각적으로 모색해야 한다. 물론 이미 굳어진 어떤 행동패턴이나 세계관을 변화시킬 경우 학습자는 불안감을 갖는다는 점을 기억해야 한다. 왜냐하면 이럴 경우 인지적 재구조화(cognitive restructuring) 이외의 일까지 수행해야 하기 때문이다(Perry, 1979).

4) 접근방식과 양식

그동안 학습양식과 학습에 대한 접근방식에 관해 연구한 많은 학자는 학습자가 사용하는 접근방식이나 양식을 파악하기 위해 질문지 형식의 검사도구를 개발해 왔다. 만일 우리가 위와 같은 특성들이 학습될 수 있는가 아니면 선천적인 것인가에 관한 기본 개념이나 이해방식을 유동적인 것으로 본다면, 위 검사도구의 활용도는 제한될 수밖에 없다. 그러나 대학교수는 대학생들의 학습양식을 '진단' 하기 위해 이를 사용하기도 한다. 이 검사도구를 통해서 대학생들은 최선의 학습방법이 무엇인지, 그리고 자신들의 행동을 수정하면 어떠한 이점이 있는지 등을 생각할 수 있을 것이다. 관심 있는 독자들은 '공부에 대한 접근방식 검사' (Entwistle & Ramsden, 1983)나 다른 자료(Honey & Mumford, 1982)를 참조하기 바란다.

'학습양식' 이란 용어를 접할 때는 어떤 구분방식에 따른 것인가를 미리 확인해 두는 것이 중요하다. 이와 동시에 학습양식을 공부 · 학습에 대한 접근방식과 혼동하지 않아야 한다. 공부 · 학습에 대한 접근방식과 학습양식은 특성의 불변성(immutability) 정도 면에서 명확하게 구분된다. 학습에 대한 접근방식은 수정될 수 있지만 학습양식은 비교적 고정된 것으로 성격특성의 일부라고 할 수 있다. 최근 몇 년 동안 이와 관련하여 많은 논쟁이 있었고 다수의 연구가 이루어졌다(추가적인 논의와 시사점은 Prosser & Trigwell, 1999 참조). 접근방식이든 학습양식이든 고정불변의 것도 아니지만 모두 습관화되어 변화하기 어려운 것도 사실이다.

자신의 수업 실제에 대해서 생각하기

교수님께서 그동안 학습에 대해서 심층적 접근을 해 본 경우가 얼마나 되는지 생각해 보시오. 또한 표층적 접근을 해 본 경우도 얼마나 있는지 생각해 보시오. 이때 성취 의도를 갖고 있었는지, 몇 번이나 그랬는지 돌이켜보시오.

5) 학습을 유발시키는 수업

대학교수들이 기억해야 할 말이 있다. "교수의 행동보다 대학생 자신의 행동이 학습될 내용에 더 큰 영향을 미친다."(Sheull을 인용한 Biggs, 1993) 이 말은 구성주의의 관점과 일치한다. 대학생들은 자신의 학습에 스스로 몰두하고 책임을 져야 한다. 대학생의 학습이 제대로 성과를 내기 위해서 대학교수가 모든 일을 다해 줄 수는 없다. 그렇지만 대학교수는 책임감을 갖고 자신의 수업을 설계하고 교수-학습 기회를 적절하게 마련하며, 또 적절한 평가를 함으로써 학습자들이 지식을 능동적으로 구성할 수 있도록 도와주어야 한다. 대학교수는 대학생들이 수준 높은 사고·행위를 할 수 있고, 또 창조와 혁신을 도모할 수 있게 가르쳐야 한다. 대학교수는 수업을 설계하고 가르칠 때 대학생들이 앵무새, 모방자, 요령꾼에 머물지 않도록 지도할 방법을 찾기 위해 고민해야 한다. 대학생들이 제대로 학습하려면, '고독하게' 사고, 반성하고 타인과 상호 작용하며, 동료 및 전문가에게서 그들과 함께 배울 필요가 있다. 위의 사항 및 관련된 여타의 쟁점들이 검토되었다(Barnett, 1994, 1997). 이런 사항을 감안하여 대학교수는 대학에서 잘 가르친다는 일이 어떤 일인가에 대한 자신의 생각을 검토해야 한다.

대학교수들 중에는 학습이란 단지 혹은 주로 사실적 정보의 획득이라고 보는 경우도 많은 것 같다. 그러나 대학생들에게는 정보를 구조화하는 방식 그리고 이를 통해 정보를 활용하는 능력이 더 중요할 수 있다(Biggs, 1999). 구체적으로 말해서, 대학생들은 학습한 내용을 다시 끌어내어 여러 부분을 상호 결합시키고, 이를 기초로 판단하며, 혁신적으로 또 창의적으로 학습내용을 종합, 확대, 적용, 활용하는 일을 잘할 수 있어야 한다. 이렇게 볼 때 대학교수에게 주어진 책무는 위와 같은 유형의 학습이 제대로 이루어지도록 도와줄 수 있는 수업방법, 평가방법, 수업설계방법을 잘 골라야 한다는 점이다. 수업에 관한 일반적인 충고는 아무렇게나 할 수 있는 것이 아니고 학습에 관한 이론에 근거해야 한다. 대학생들이 어떻게 학습하는가를 적절하게 이해하면, 대학교수들은 다음과 같은 지침을 따라야 할 것이다.

- 대학생은 동일한 수업을 받을 때도 서로 다른 경험을 한다.
- 대학생은 다양한 방식으로 학습에 접근하며, 대학생의 접근방법은 대학교수가 어떻게 가르치는가에 따라서 수정될 수 있다.
- 대학교수는 수많은 대학생의 학습에 대한 접근방식을 확장, 수정해야 한다.
- 대학생에게 자신들이 학습하는 것에 '몰두하게' 함으로써 변환 및 내면화가 일어나도록 해야 한다.
- 대학생은 가치 있는 경험을 학습에 끌어들인다.
- 대학생에게 선택의 요소를 제공할 때 동기유발이 더 잘 이루어질 수 있다.
- 대학생은 자신의 답변을 설명하고 '왜?' 라는 질문에 응답할 수 있어야 한다.
- 대학생이 새로운 학문 분야를 공부할 때에는 그 학문 분야에 적합한 방식으로 사고하기 위해 고민해야 한다.
- 대학교수는 대학생의 현재 상태를 이해함으로써, 이들이 적정 수준에 도달하고 또 그들의 잘못된 생각이나 뒤떨어진 생각을 바로잡을 수 있도록 도와주어야 한다.
- 대학교수와 대학생 모두가 학습활동에 책임이 있지만, 특히 대학생은 자신의 학습에 대해서 모종의 책임감을 가져야 한다.
- 대학교수는 대학생의 문화적 배경과 신념이 그들의 행동, 해석 및 이해 등에 영향력을 미친다는 점을 인식해야 한다.
- 피드백과 토론이 반드시 있어야 대학교수와 대학생은 새롭게 이해한 것들이 과연 '제대로 된' 것인가를 확인할 수 있다(동료 학생의 피드백도 중요하다).
- 대학생이 이미 가진 기존의 지식을 활성화해야 한다.
- 동료(소)집단 속에서 학습내용을 토론하게 하는 것이야말로 아주 효과적인 학습도구라고 할 수 있다.
- 학습은 연관성이 있는 맥락, 즉 의미구성을 촉진하는 맥락에서 혹은 맥락과 관계가 있을 때 가장 잘 이루어진다.
- 대학교수는 수업을 계획하고 학습성과를 구체화하며, 실제로 수업을 하거나 평가를 할 때, 적합한 영역을 모두 고려하여 대학생들에게 요구하는 활동의 수준을 확인해야 한다.
- 대학생이 학습하는 학습 풍토나 환경은 학습성과에 영향을 미친다(예, 학습동기, 상호작용, 지지 등).

• 대학교수는 설명식 수업(didactic teaching)의 양을 줄여야 한다.
• 대학교수는 과다한 내용을 부과해서는 안 된다. 왜냐하면 너무 많은 학습량은 표층적 접근방식을 유발하기 때문이다.
• 기본 원리와 개념들이야말로 후속 학습의 기초가 된다.
• 평가는 학습자의 행동에 큰 영향력을 미친다.

6. 개 요

대학의 수업에서 중요한 사항은 무엇인가? 그것은 대학수업이 학습자의 행동, 지식, 이해 등에 도움을 주어야 한다는 점이다. 대학교수가 알아야 할 학습모형에는 여러 가지 종류가 있다. 대학교수는 대학생이 어떻게 학습하는가를 알고서 가르쳐야 할 것이다.

참고문헌

Barnett, R. (1994). *The Limits of Competence*, Society for Research into Higher Education/ Open University Press, Buckingham.

Barnett, R. (1997). *Higher Education: A Critical Business*, Society for Research into Higher Education/ Open University Press, Buckingham.

Becher, T. (1989). *Academic Tribes and Territories*, Society for Research into Higher Education/ Open University Press, Buckingham.

Biggs, J. (1987). *Student Approaches to Learning and Studying*, Australian Council for Educational Research, Hawthorn, Victoria.

Biggs, J. (1993). From theory to practice: a cognitive systems app. roach, *Higher Education Research and Development* (Australia), *12*(1), pp. 73-85.

Biggs, J. (1999). *Teaching for Quality Learning at University*, Society for Research into Higher Education/Open University Press, Buckingham.

Biggs, J., & Collis, K. F. (1982) *Evaluating the Quality of Learning: The SOLO taxonomy*, Academic Press, London.

Biggs, J., & Moore, P. (1993). *The Process of Learning*, Prentice-Hall, New York.

Boud, D., & Walker, D. (1998). Promoting reflection in professional courses; the challenge of context, *Studies in Higher Education, 23*(2).

Bright, B. (ed.) (1989). *Theory and Practice in the Study of Adult Education: The epistemological debate*, Routledge, London

Brookfield, S. (1989). The epistemology of adult education in the United States and Great Britain: a cross-cultural analysis, in *Theory and Practice in the Study of Adult Education: The epistemological debate,* ed B. Bright, pp. 141-73, Routledge, London.

Bruner, J. S. (1960). *The Process of Education*, Harvard University Press, Cambridge, Mass.

Bruner, J. S. (1966). *Towards a Theory of Instruction*, Harvard University Press, Cambridge, Massachusetts.

Chalmers, D., & Fuller, R. (1996). *Teaching for Learning at University*, Kogan Page, London.

Davenport, J. (1993). Is there any way out of the andragogy morass?, in *Culture and Processes of Adult Learning*, eds M. Thorpe, R. Edwards & A. Hanson, pp. 109-17, Routledge, London.

Entwistle, N., & Ramsden, P. (1983). *Understanding Student Learning*, Croom Helm, London

Gardner, H. (1985). *Frames of Mind*, Paladin, London.

Honey, P., & Mumford, A. (1982). *The Manual of Learning Styles*, Peter Honey, Maidenhead.

Knowles, M., & Associates. (1984). *Andragogy in Action*, Gulf Publishing Co, Houston.

Kolb, D. A. (1984). *Experiential Learning*, Prentice-Hall, Englewood Cliffs, New Jersey.

Lave, J., & Wenger, E. (1991). *Situated Learning: Legitimate peripheral participation*, Cambridge University Press, Cambridge.

Marton, F., (1975). On non-verbatim learning-1: level of processing and level of outcome, *Scandinavian Journal of Psychology, 16*, pp. 273-79.

Marton, F., & Booth, S. (1997). *Learning and Awareness*, Lawrence Erlbaum Associates, Mahwah, New Jersey.

Marton, F., & Saljo, R. (1984). App roaches to learning, in *The Experiences of Learning*, eds F Marton, D Housell and N Entwistle, Scottish Academic Press, Edinburgh.

Mezirow, J. (1991). *Transformative Dimensions of Adult Learning*, Jossey-Bass Publishers, San Francisco.

Nulty, D. D., & Barrett, M. A. (1996). Transitions in students' learning styles, *Studies in Higher Education, 21*, pp. 333-44.

Pask, G. (1976). Learning styles and strategies, *British Journal of Educational Psychology, 46*, pp. 4-11.

Perry, W. (1979) *Forms of Intellectual and Ethical Development in the College Years*, Holt, Rinehart and Winston, New York.

Piaget, J. (1950). *The Psychology of Intelligence*, Routledge and Kegan Paul, London.

Prosser, M., & Trigwell, K. (1999). *Understanding Learning and Teaching: The experience in higher education*, Society for Research into Higher Education, Routledge, London.

Ramsden, P. (1988). *Improving Learning: New perspectives*, Kogan Page, London.

Ramsden, P. (1992). Learning to Teach in Higher Education, Routledge, London.

Richardson, K. (1985). *Personality, Development and Learning*: Unit 8/9 learning theories, Open University Press, Milton Keynes.

Schon, D. (1987). *Educating the Reflective Practitioner: Toward a new design for teaching and learning in the professions*, Jossey-Bass Publishers, San Francisco.

Wolf, D. M., & Kolb, D. A. (1984). Career development, personal growth and experiential learning, in *Organisational Psychology: Readings on human behaviour*, 4th edn, eds D. Kolb, I. Rubin, & J. McIntyre, Prentice-Hall, Englewood Cliffs, New Jersey.

읽을거리

Biggs, J. (1999). As above. A lucid exposition of student learning and how to constructively align this with teaching.

Chalmers, D., & Fuller, R. (1996). As above. Part One is a useful introduction to student learning and its impact on teaching and assessment. The rest of the book considers the teaching of learning skills.

Gibbs, G. (ed) (1994). *Improving Student Learning*, Oxford Centre for Staff Development, Oxford. Many contributions from leading authorities on student learning.

Ramsden, P. (1992). As above. Still much valuable discussion of student learning, despite the publication date.

Rowland, S. (2000). *The Enquiring University Teacher*, Society for Research into Higher Education/Open University Press, Buckingham. Explores learning how to be a university teacher from a collaborative and reflective perspective.

제3장

교수-학습을 성과 중심으로 계획하는 방법은 무엇인가

1. 교수-학습의 계획

수업(교수)을 계획하는 일은 실제로 학습을 설계하는 일과 연결된다. 학습을 설계하는 일은 대학 교수의 가장 기본적인 활동이다. 교수들은 시간의 제약 때문에 수업 준비에 시간과 관심을 많이 쏟기보다는 실제로 수업을 하고, 학습시키고, 평가하는 일에 더 신경을 쏟는다. 뿐만 아니라 교수들에게 수업 설계라는 용어는 낯설다. 좋게는 교육학 전문용어고, 나쁘게는 사람들에게 아주 생소한 말이다. 수업 설계는 전문용어다. 수업 설계는 의식적, 목적지향적인 교수-학습을 개발하도록 도와주는 것이 목표로 바람직한 일이다. 특히 수업설계를 통해 학습의 성과가 개선된다면 아주 바람직한 일이 될 것이다.

수업은 대학생들이 몰랐던 것을 알도록 도와주는 일로서, 그것은 일련의 변화 과정이다. 수업의 의도는 겉으로 표현되지 않아서 추정해야 하는 경우가 많다. 수업과 학습을 의도적으로 계획하는 것은 이러한 수업의 의도를 명백하게 드러내기 위해서다. 나중에 논의하겠지만, 수업과 학습의 의도를 더욱 명료하게 드러낼 때 대학생의 학습경험은 향상된다. 이런 방향으로 수업과 학습을 설계하는 것을 가리켜 '성과 중심 계획' (outcome-based planning)이라 한다. 다음에서 우리는 대학교육에서 수업과 학습을 설계할 때 사용하는 성과 중심 계획에 초점을 둘 것이다.

2. 이 장의 목적, 목표 또는 성과

이 장의 일차적인 목적은 무엇인가? 그것은 코스/강좌 설계의 원리와 실제를 검토하는 것이다. 이를 통해서 대학교육에서 수업을 책임지는 교수들에게, 교수-학습을 조직화하는 하나의 방식으로서 성과 중심 계획을 할 수 있는 기초를 제공할 것이다.

이 장의 목표 또는 성과는 구체적으로 다음과 같다. 이 장을 공부함으로써 교수들은 다음과 같은 일을 할 것으로 기대한다.

- 대학에서 교수-학습을 설계할 때, 성과 중심 계획을 해야 할 이유를 밝힐 수 있다.
- 코스나 강좌의 학습 목표 또는 성과를 진술함으로써 수업 담당자, 대학생 및 관련 업무 담당자들에게 교수-학습 경험의 명시적 의도를 분명하게 전달할 수 있다.
- 목표/성과, 대학생의 특성, 코스/강좌의 내용, 교수-학습 전략, 코스/강좌의 평가방법 간의 관계를 파악할 수 있다.
- 교수-학습에 대한 성과 중심 접근방식이 대학생, 교수, 해당 교과 및 기타 대학교육 관련자들에게 얼마나 유용한가를 평가할 수 있다.

3. 성과 중심 계획의 배경

영국의 경우 대학교육평가원(Higher Education Quality Council, HEQC)에서 대학원표준프로그램(Graduate Standards Programme; Gaymer, 1997)과 디어링 보고서(Dearing Report; NICHIE, 1997)와 같은 연구를 수행하였다. 그 결과 교수-학습의 과정을 교수, 대학생 그리고 최근에는 고등교육 관련자들에게 더욱 명료하고 투명하게 밝히는 것이 중요하다는 쟁점을 둘러싸고 그동안 국내외에서 벌어졌던 수십 년간의 논쟁이 재연되었다. 교수-학습을 더욱 명료하게 밝혀야 한다에 관한 초기의 논의는 주로 학습목표의 개발에 집중되었다. 이는 행동주의 심리학에서 비롯된 일이다. 대학교육에서 행동적 목표(behavioral objectives)를 활용해야 하느냐 마느냐를 둘러싸고 벌어진 논쟁은 수십 년간 지속되었고, 때로는 상당히 떠들썩하기도 했다(Mager, 1962). 〈표 3-1〉은 행동적 목표의 활용에 관한 찬성과 반대 주장을 요약한 것이다.

〈표 3-1〉 교수-학습 목표: 행동적 목표의 활용에 관한 찬성과 반대 의견

찬성	반대
• 학습의 초점을 목표에 두게 하며 목표를 성취할 수 있게 한다.	• 지나치게 협소하고 작은 것에 학습의 초점을 두게 한다.
• 대학생들의 학습에 방향을 제공한다.	• 측정이 가능한 목표에 초점을 두기 때문에 태도, 가치, 동기유발 및 흥미가 무시된다.
• 주의산만을 막아 주고 교수와 학생 간에 적극적인 계약이 이루어지게 한다.	• 진술하기 어렵고 시간이 많이 걸린다.
• 목표가 달성되지 않았을 때 구체적인 개입을 가능하게 한다.	• 교수 중심적인 일이다.
• 학습활동에서 유연성을 허용한다.	• 학습경험 중에 발생하는 자발적이고 무의도적인 결과를 얻을 수 있는 기회를 제한한다.
• 해당 교과의 핵심 개념과 기능에 초점을 두도록 도와준다.	• 책무성 문제로 교육적 성취가 복잡해진다.
• (문헌들이 제안한 바에 따르면) 학습이 증대될 것이다.	—

학습목표를 설정할 때, 교수는 교수-학습에 관한 여러 가지 고려사항 중에서 의식적으로 어떤 것만을 선택해야 한다. 교수-학습 목표를 확인하는 과정에서 핵심적인 일은 교수는 대학생들이 무엇을 학습하기를 바라는가를 정의하는 것이다. 이러한 계획의 초점은 대학생들의 학습경험을 위해서 투입할 것이 무엇인가에 두게 되며, 따라서 교수 중심적이라고 말할 수 있다. 대학생 중심적인 수업을 지지하는 교육학자들은 학습목표보다는 학습성과라는 개념을 더 좋아한다. 여기서 학습성과는 산출과 같은 것이고, 학습 프로그램이 끝날 즈음 대학생이 무엇을 할 수 있어야 하는가에 초점을 맞춘다(Otter, 1992; Walker, 1994).

학습성과를 언급하는 일이 대학교육 관련 문헌에서 자주 나타나고 있다. 특히 디어링 보고서의 제안이 나온 후에 개발되기 시작한 각종 프로그램에서 프로그램 명세서라는 표현도 나타나고 있다. 학습에 대한 매우 일반적인 진술(학습목적)과 학습에 대한 아주 구체화된 진술(학습목표) 사이에 놓인 것이 바로 학습성과라고 할 수 있다(Walker, 1994). 학습의 조직화를 다루는 대학교육 관련 문헌에서 '목표' 와 '성과' 를 맞바꾸어 사용하거나 '목표/성과' 와 같이 붙여서 사용하는 예를 흔히 볼 수 있다. 두 용어의 정의가 다른데도 이를 구분하지 못하기도 한다. 이는 교수-학습 과정을 계획하는 일에서 명료하고 투명한 것을 요구하는 점 때문이다. 교수-학습의 계획에서 목표/성과가 갖는 교육적 가치가 무엇인가에 대해서 우리는 다음 절에서 논의할 것이다.

4. 코스/강좌 설계 모형

'교수-학습을 어떻게 계획할 것인가.' 라는 문제와 관련하여 교수들은 흔히 '지적 접근 방식' (intellectual approach)을 내세운다. 즉, 교수들은 자신의 학문 분야 내용을 일단 강조한다. 교수들은 자신이 담당하는 코스나 강좌에 포함시키고 싶은 목록들을 열거한다. 〈표 3-2〉를 보자. 예술이나 인문학 분야의 교수들은 코스를 계획할 때 '경험적 접근' 을 자주 사용한다. 자연과학과 의학 분야의 교수들은 '문제기반적 접근' 을 사용하는 경향이 있다. 다른 분야의 교수들은 코스를 계획할 때 여러 가지 접근방법을 섞어서 사용하기도 한다. 교수들이 자신의 수업활동을 검토, 평가할 때 학습설계에 관한 다양한 접근방법을 알고 있으면 도움이 될 것이다.

〈표 3-2〉 코스/강좌 설계에 관한 다섯 가지 접근

접근 유형	특징
체제적 접근	• 체제적 접근은 확인 가능한 요구에서 출발하여 예측 가능한 결과로 진행한다. • 체제적 접근은 해당 코스를 가르칠 때마다 그 설계를 변화, 개선시키기 위한 피드백 고리가 있는 계획 절차에 따라 진행된다.
지적 접근	• 지적 접근은 특정 학문 분야에서 주장하는 정보, 태도 및 기능에 관한 가정에 비추어 그 교과를 검토한다. • 지적 접근을 할 때는 다음과 같은 질문을 하게 된다. 이 코스는 거시적 개념 분석 수준에서 가르쳐야 하는가, 아니면 미시적 개념분석 수준에서 가르쳐야 하는가?
문제 기반적 접근	• 문제기반적 접근에서는 해결해야 할 한 개 이상의 구체적 문제가 확인된다. 이 문제는 객관적으로 규정된 것이 아니라 추론을 통해 객관적인 기반을 갖게 된다. • 문제기반적 접근은 단계별로 점차 체제적 접근에 이르는 것이 아니라 중간 과정의 순서와 상관없이 결과적으로 체제적 접근에 이르게 된다. • 이 접근에서는 문제를 이해하는 과정이 강조된다.
창의적/경험적 접근	• 이 접근에는 경험에 의한 교수-학습과 일반적으로 역동적 집단과정을 통한 교수-학습이 포함된다. • 학습성과는 학습의 특정 시점에서 정의된다.
훈련/워크숍 기반 접근	• 학습성과는 훈련이나 워크숍을 통해 획득된 기능에 따라 정의된다.

자신의 수업 실제에 대해서 생각하기

수업경험이 상당히 많은 대학교수들은, 코스/강좌 계획에서 과연 자신이 어떤 방식으로 접근하는지를 스스로 물을 때가 있다. 이 경우 다음과 같은 질문에 답을 해 보는 것이 좋다(신임 교수들은 이런 질문을 미래 시제로 바꾸어 사용하면 좋다).

- 코스/강좌를 계획할 때 보통 어떤 접근방식을 쓰는가?
- 왜 현재와 같은 방식으로 코스/강좌를 계획하는가?
- 자신의 접근방식에 대해서 얼마나 만족하는가?
- 대학생의 학습을 위해서 이 접근방식이 얼마나 성공적인가?

5. 체제적 접근과 성과 중심 계획

대학교육에서 일반적으로 여러 가지 코스/강좌 계획방법이 사용되고 있다. 그중에서 체제적 접근이 교수-학습에 대한 성과 중심 접근과 가장 밀접하게 연관된 것이다. 체제적 접근의 첫째 단계는 학습성과를 구체화하는 일이다. 〈그림 3-1〉은 코스/강좌 설계에 대한 체제적 접근은 어떤 구성요소를 가졌는가를 설명해 준다. 체제적 접근의 핵심 특징은 각 단계들이 상호 연관된 것이다. 즉, 각 부분이 다른 부분과 계속 연결되고 다른 부분에 정보를 제공한다.

체제적 접근에서 코스/강좌 설계의 첫 번째 단계는 목표/성과를 진술하는 것이고, 두 번째 단계는 고려해야 할 주제들을 확인하고 이들을 계열화하는 것이다. 이렇게 볼 때, 이 모형은 전달해야 할 학습내용보다는 오히려 대학생들이 성취해야 할 학습성과를 강조한다. 또한 지적 접근방식에서 코스/강좌를 계획할 때, 교수들의 지식 기반보다는 대학생들의 지식 요구에 초점을 두게 된다. 그렇게 함으로써 학생 중심적 교육경험이 더 창출될 것이다.

〈그림 3-1〉에서 체제적 접근의 장점은 코스/강좌 계획의 초점을 대학생의 요구에 둔다는 점에만 있는 것이 아니다. 그것은 윤곽이 드러난 과제들의 계열을 따라서 단계별로 계획할 수 있도록 해 준다. 또한 체제적 접근은 가르칠 지식의 체계를 우리가 관리할 수 있는 크기의 요소로 나누어 조직화할 수 있게 해 준다. 이를 통해 어려운 활동은 분명하고 좀 더 성

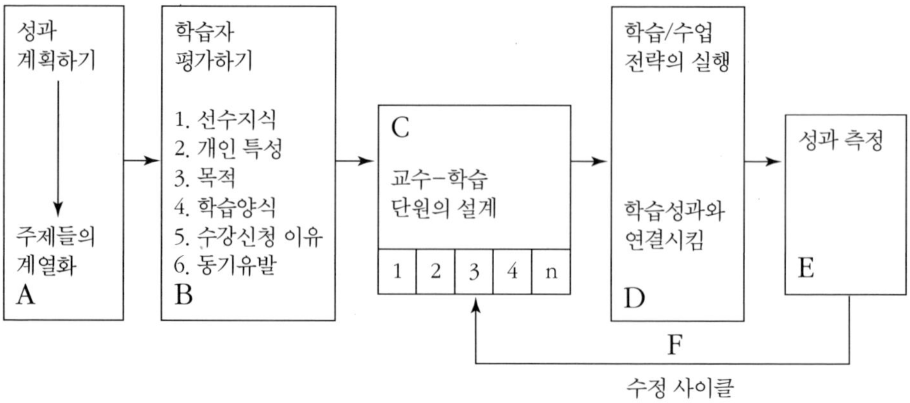

[그림 3-1] 코스/강좌 설계의 체제적 접근

출처: J. R. Davis, Teaching strategies for the college classroom, 1976; T.C. Wagenaar, ASA Projects on Teaching Undergraduate Sociology, 1978.

취 가능한 것으로 만들어지며, 코스/강좌 계획이라는 복잡한 과제가 수행될 수 있다. 어느 대학 교수의 말대로, "코스를 계획하기 시작할 때 나는 한꺼번에 전부를 보려고 하는 경향에 빠진다. 이렇게 하면 일을 감당하기 어렵게 된다. 이때 체제적 접근을 활용하면 초점을 분명하게 확인할 수 있고, 일을 진척시킬 수 있다. 그렇지 않으면 코스나 강좌의 계획과 관련하여 생산적인 일을 거의 할 수 없게 된다."

체제적 계획 모형은 교수-학습의 조직화에 도움을 주고, 코스/강좌 개발에서 성과 기반적 접근을 하도록 도와준다. 다음에서는 체제적 접근의 각 단계에서 고려해야 할 사항에 초점을 맞추어 논의하고자 한다. 그러나 문제 기반적 학습을 활용하는 코스 혹은 창조적 예술 작업과 같은 수업모형에서는 체제적 접근과정이 약간 다른 순서로 진행되기도 하고, 강조점이 달라질 수 있다.

1) A 단계: 학습성과 계획-학습주제의 계열화

학습목표를 엄격하게 진술하는 경우와 달리 학습성과를 진술하는 것은 어느 정도 유연성을 가질 수 있다(Mager, 1962). 학습목표를 진술할 때 다음과 같은 것들을 포함해야 할 것이다(Goldsmid, 1976; Robert Gordon University, 1996).

- 원하는 행동을 수행하는 사람은 누구인가(예, 학생)
- 목표 달성을 증명해 줄 실제 행동은 무엇인가(예, 쓴다)

• 행동의 결과(예, 산물)
• 그 행동이 수행되는 조건(예, 두 시간 시험에서)
• 산물의 성공 여부를 평가하기 위한 기준(예, 70% 정답)

효과적인 학습성과는 (학습목표에 비해) 덜 처방적이고, 해당 코스/강좌의 수업, 학습, 평가의 전략을 선정할 때 길잡이 역할을 할 뿐만 아니라 대학생들이 공부하는 교과에 대한 입문을 촉진한다. 학습성과란 코스/강좌에서 기대하는 바를 대학생들에게 전달한다는 의미를 갖는 것이다. 그렇기 때문에 학습성과는 대학생들이 이해할 수 있는 말로 진술해야 한다.

〈사례연구 3-1〉 학습성과 진술하기

잘 진술된 학습성과는 다음과 같은 몇 가지 핵심적인 준거를 만족시킨다.

• 학습성과는 미래 시제로 써야 한다.
• 학습성과는 중요한 학습요건을 확인할 수 있도록 진술해야 한다.
• 학습성과는 성취할 수 있고 평가할 수 있는 것이어야 한다.
• 학습성과를 진술할 때는 대학생이 이해할 수 있는 용어를 사용해야 한다.
• 학습성과는 성취에 대한 명확한 진술과 연관이 있어야 한다.

학습성과를 진술한 사례는 다음과 같다.

역사학
• 근대 영국과 유럽사회를 형성한 중요한 역사적 과정들에서 항상 전제되는 어떤 사건이나 쟁점사항들에 대해 인과적 분석을 한다.
• 잠재적인 역사적 자원들을 폭넓게 활용하되, 이 자원들에 들어 있는 함정을 피한다.

직업치료
• 건강과 안전에 관한 법률이 정하는 바에 따라, 자신의 직무상 책임을 설명하고 이에 따라 활동할 수 있다.
• 전문직 윤리(예, 직무상 비밀, 표절, 기업연합, 저작권)의 시사점을 인식하고 이를 적용할 수 있다.

(1) 학습성과의 수준

진술된 학습성과의 성취 수준에 대해서 1956년 이후 블룸(Bloom)이 주목하기 시작했다. 수십 년이 지난 후 최근에 와서야 영국에서 비로소 성취수준 기술어(記述語)에 대해서 논쟁이 벌어지기 시작했다. 그의 학습목표(성과) 요목은 이 분야에서 중요한 연구업적으로 인정받고 있고 학습성과 수준은 위계적으로 배열되었으며, 상위 수준으로 갈수록 더 복잡한 학습이 배치된다(이하 참조). 학습성과 수준은 '상대적 요구, 복잡성, 학습의 깊이, 학습자 자율성 등에 대한 지표'로(Gosling & Moon, 2001), 이는 학습의 과정을 투명하고 명료하게 해준다. "학습수준 기술어는 학습이 얼마나 진척되고 있는가에 대해서 실제적인 의미를 부여함으로써 대학교육이 일정한 구조를 갖게 해 준다."(Moon, 2002)

블룸의 학습수준 요목은 원래 그가 말하는 인지적 영역에 초점을 맞추었다. 그에 의하면 인지적 영역에서의 앎은 여섯 가지 학습수준에서 나타난다. 즉, 가장 낮은 수준에 사실적 지식이 있고 점차 인지적 과제가 어려워짐에 따라 이해, 적용, 분석, 종합이 나타나며, 가장 높은 수준에서 정보의 평가가 나타난다.

블룸의 요목이 학습성과를 계획하고 진술하는 데 유용하지만 다른 학습영역을 제외했다는 비판도 있었다. 그의 동료들(Krathwohl, Bloom, & Masica, 1964; Kibler, 1970)은 이 요목을 정의적 영역과 운동기능적 영역으로까지 확대하였다. 다른 교육학자들은 이를 더욱 확장했고, 지금은 지각적 · 경험적 · 대인적 영역의 요목도 나와 있다(Moore, 1969; Steiner & Bell, 1979; Menges & McGaghie, 1974).

디어링 보고서(NICHIE, 1997, recommendation 21)는 영국 대학의 학습프로그램을 위해서 네 가지 영역의 의도된 학습성과를 제안하고 있다. 이 '영역'은 교수-학습을 조직화하는 일뿐만 아니라 다양한 목적에 활용되었으며 다음과 같다.

- 지식과 이해
- 핵심 기능: 의사소통, 수리능력, IT, 학습능력
- 인지적 기능(예, 비판적 분석력)
- 교과별 기능(예, 실험실 기능)

일부 학문 분야나 대학에서 현재 하는 일도 이와 비슷하다. 따라서 이 네 영역에 따라 학습성과를 구체화하는 데 별다른 문제가 없을 것이다. 그러나 다른 대학들에서는 이 네 가지 영역에 따라 학습성과를 구체화하는 일은 급진적인 변화가 될 수 있다. 이 경우 그것을 특정 분야의 수업에 도입할 수 있느냐 없느냐가 쟁점이 될 수 있다. 어떻게 분류하건 간에 학습 영역에 대한 이해는 학습성과의 수준 설정에서 첫 단계의 일이다. 그러나 그보다 더 중요한 것은 학습성과의 수준들이다.

학습에 대한 심층적 접근과 표층적 접근에 관한 연구(예, Biggs, 1987; 제2장)는 학습성과의 수준에 대한 사고에 영향을 미쳤다. 그 연구에 따르면 모든 학습에는 다음과 같은 다섯 가지 수준이 있다.

- 지식의 증가
- 기억
- 절차의 획득
- 의미의 추상화
- 실재의 이해

교수-학습의 성과가 처음 세 가지에 초점을 둘 경우 학습에 대해 '표층적' 접근이 발생하고, 나머지 두 가지 수준에 초점을 둘 경우 학습에 대한 '심층적' 접근이 발생한다. 이 두 학습유형 간의 주된 차이는 대학생들이 지식습득에 부여하는 의미 수준의 차이이다. 블룸의 학습요목은 학습에 대한 심층적 접근이나 표층적 접근을 모두 포괄하여 학습성과를 진술하는 데 도움을 준다.

(2) 학습성과의 진술에 필요한 실제적 조언

의도한 성취수준에 적합한 결과에 대학생들이 도달하게 하려면 학습성과를 신중하게 기술하는 것이 중요하다. 〈표 3-3〉에서는 블룸의 인지적 영역에서, 학습성과를 진술할 때 사용하는 단어를 몇 가지 열거하고 있다. 어떤 수준이건 관계없이 아래 단어들의 공통된 특징

〈표 3-3〉 학습성과의 수준(인지적 영역)을 진술할 때 사용할 수 있는 단어

수 준	단 어
평가	판단한다, 감상한다, 평가한다, 비교한다, 평정한다
종합	설계한다, 조직한다, 공식화한다, 제안한다
분석	차이를 밝힌다, 분석한다, 계산한다, 검사한다, 검열한다
적용	응용한다, 활용한다, 시범한다, 예증한다, 실천한다
이해	기술한다, 설명한다, 논의한다, 인식한다
지식	정의한다, 열거한다, 이름을 부른다, 기억한다, 기록한다

출처: Bloom, 1956.

〈표 3-4〉 목적과 성과의 진술에 사용하는 단어의 차이

목적	성과
안다	~ 간의 차이를 구분한다.
이해한다	선택한다
결정한다	조립한다
감상한다	조절한다
파악한다	확인한다
익숙해진다	해결한다, 적용한다, 열거한다

은 분명한 행동 용어라는 점을 쉽게 알 수 있을 것이다.

학습성과와 평가준거를 진술할 때 도움을 얻으려면 상세한 설명(Gosling & Moon, 2001)이 필요하다. 여기에 학습성과의 수준을 기술하는 용어들이 들어 있다.

어떤 체제적 코스/강좌 계획 모형에서는 학습성과를 정의하기 전에 더욱 폭넓은 교수-학습의 목적을 정의하기도 한다. 이럴 때에는 '이해한다', '감상한다', '파악한다'와 같은 단어들을 사용한다. 〈표 3-4〉에서 '학습목적'을 기술할 때 일반적으로 사용하는 단어와 학습성과를 기술할 때 사용하는 단어를 비교해 보았다. 이 두 가지 용어목록은 목적과 성과 간의 차이뿐만 아니라 학습의 계획과 설계에서 이 용어들의 용도를 파악하는 데 도움을 줄 것이다.

자신의 수업 실제에 대해서 생각하기

다음과 같이 학습성과 진술문을 써 보자.

(1) 교수님이 기초과목을 가르치고, 또 대학생들이 중요한 용어를 기억하기를 바란다고 하자. 그렇다면 이것을 성취하기를 바라면서, 학습에 대한 심층적 접근을 포함할 경우의 학습성과 진술문을 써 보시오.

(2) 교수님이 전공하는 교과의 구체적 개념을 가르치고, 대학생들이 '분석적' 사고 수준에 이르기를 원한다고 하자. 그렇다면 대학생들이 성취하기를 바라는 한 가지 성과를 선택하여 이 부분의 학습성과 진술문을 한 가지만 써 보시오.

(3) 교수님이 담당하는 교과의 이해를 위해서 중요한 이론 영역을 기초 수준에서 가르치며, 대학생들이 평가 수준에 도달하기를 바란다고 하자. 그렇다면 이 부분에 대한 학습성과 진술문을 한 가지만 써 보시오.

(3) 주제들의 계열화

일단 학습성과를 진술하면, 체제적 접근의 나머지 단계들은 상당히 쉽게 진행되고, 진술된 학습성과의 달성에 필요한 다음 단계의 일이 계속 진행된다. 진술된 학습성과를 중심으로 나머지 모든 단계를 맞추어야 한다. 첫째, 선택한 수업 주제를 학습성과에 맞추어야 하고, 그러고 나서 학습할 순서대로 조직해야 한다.

자신의 수업 실제에 대해서 생각하기

교수님이 가르치려는 단위 수업에 대해 〈그림 3-2〉에 예시된 양식의 처음 두 부분을 작성하시오. 그 다음에 단계 C, D, E의 설명에 따라 나머지 부분도 작성하시오. 양식이 완성되면 각 부분이 내적인 논리나 상호관계의 측면에서, 특히 진술된 학습성과를 성취하는 데 각 부분이 기여할 수 있도록 서로 조화되는가를 검토하시오.

코스/강좌의 목적	
관련된 목표/성과	
교수-학습 전략	
측정/평가 전략	

[그림 3-2] 목적, 성과, 전략 등의 연결 구조

2) B 단계: 학습자 특성 측정하기

교수-학습을 조직화하기 위한 체제적 접근의 그 다음 단계는 학습경험에 영향을 미치는 대학생 특성들을 확인하는 일이다. 계획 과정에서 활용하는 특성에는 출발점 지식, 개인적 특성, 대학생의 인구학적 분포, 변인, 학습양식 등이 있다(〈표 3-5〉 참조). 일단 대학생들의 특성이 확인되면, 그들의 요구와 학습성과가 서로 부합되도록 해야 한다. 예를 들어, 대학생이 현재 습득한 출발점 지식을 알고 있다면 코스나 강좌에서 어떤 학습주제들을 다루어야 하는지, 그리고 얼마나 깊이 있게 다루어야 하는지 등을 결정하는 데 분명히 도움이 될 것이다. 담당 코스와 관련하여 대학생들의 정보를 얻기가 어렵다면 대학에서 제공하는 대학생들의 여러 정보를 활용하는 것도 괜찮다. 대학에 따라 특정 프로그램에 등록한 대학생들의

자신의 수업 실제에 대해서 생각하기

〈표 3-5〉에는 코스나 강좌를 계획할 때 도움이 되는 학습자의 특성 중에서 몇 가지 예를 제시하였다. 또한 관련 정보를 얻을 수 있는 정보원천과 함께 해당 정보들을 계획과정에서 활용할 수 있는 방안에 대한 제안도 제시하였다. 이것을 길잡이로 삼아 다음을 작성하시오.

(1) 교수님의 대학에서 대학생에 관한 정보를 얻을 수 있는 '정보원천'을 확인하시오.

(2) 교수님이 얻을 수 있는 정보가 코스/강좌 계획에 어떻게 활용될 수 있는 것인지에 대해서 구체적으로 기술하시오.

〈표 3-5〉 학습자 특성의 범주

1. 출발점 지식
(1) 코스/강좌의 학습성과와 관련된 지식과 기능(예, 통계학 코스에서 IT 기능)
(2) 가능한 정보원천: 학생의 자기보고, 사전검사(진단검사), 이전 코스/강좌의 결과
(3) 정보 활용: 학습성과 수정, 학습을 발전시키기 위한 활동 제공, 정보를 구체적으로 혹은 추상적으로 제시할 것인지에 관한 결정, 학습내용 제시 속도 조절 등에 활용
2. 개인 특성
(1) 학습에 영향을 미치는 교과에 대한 태도와 공부습관에 관한 특성: 학문적 자아개념, 교과, 코스, 단원/단위 수업의 적절성, 가치 등에 대한 '신념'(청소년 법률체계 코스를 수강하기 전 2년간 청소년 범죄문제 담당자로 일한 경험)
(2) 가능한 정보원천: 대학생의 자기보고서, 면담, 관찰, 표준화 검사와 자체 개발 검사, 코스 시작 시 설문조사, 비형식적 대화
(3) 정보 활용: 정의적 학습목표의 평가 및 개발. 일부 학생에 대한 특수한 관심 부여. 코스 자료를 학생의 경험, 흥미, 열망과 연관시킴으로써 학생에게 의미 있는 코스가 되게 하고, 추상적 내용을 제시하기 전에 구체적 경험을 갖게 하고, 코스 중에 기능과 경험을 사용하게 함
3. 대학생에 대한 인구학적 정보
(1) 예, 연령, 학업 상태, 직업 상태, 시민권 여부, 등록한 학위 프로그램, 강의/작업 시간계획
(2) 가능한 정보원천: 자기보고식 설문조사, 수업 첫 시간의 자기소개
(3) 정보 활용: 교수-학습 방법/활동을 평가할 때
4. 학습양식
(1) 대학생이 정보를 처리하고 학습활동에 참여하는 특징적인 방식 예, 대학생은 독립적, 협동적, 의존적, 회피적, 경쟁적 또는 참여적일 수 있음
(2) 가능한 정보원천: 대학생의 자기보고, 관찰, 학습양식 검사도구
(3) 정보 활용: 대학생 행동의 이해, 활용할 교수-학습 방법의 설계, 대학생의 선호 양식 수정 등에 활용

정보를 폭넓게 제공하는 곳도 있고 그렇지 못한 곳도 있다.

단위 교수-학습을 계획하고 이에 맞는 전략을 선택할 때 모든 정보를 참고할 수 있다면, 대학생들의 학습경험을 제고하는 데 더욱 효과적인 전략을 활용할 수 있을 것이다.

3) C, D, E 단계: 교수-학습 단원 설계, 교수-학습 전략실행, 성과 측정

코스/강좌를 계획하는 체제적 접근에서 교수-학습 단원을 설계하는 일, 교수-학습 전략을 선택하여 실행하는 일, 교수-학습을 측정하는 일 등은 계획된 학습성과에 직접적으로 연결해야 할 핵심적인 단계라 할 수 있다. 각 단원은 최소한 한 개 이상의 학습성과와 연관 있어야 하고, 이 성과를 성취하기 위해 교수/학습/평가의 방법들을 선정해야 한다. 예컨대, 실제적인 학습성과를 성취해야 할 코스에서는 실제적인 교수-학습 방법을 택해야 하고 또 실제 상황에서 학생의 학습을 측정해야 한다. 이와 반면에 다른 학문 분야에서는 가령 자율적인 공부 능력을 길러 주려는 코스에서는 암기 시험으로 평가하는 강의 중심적 코스보다는 프로젝트 수행으로 평가하는 자율적 공부능력을 상당 부분 포함해야 한다(D' Andrea, 1996). 딱 들어맞는 교수-학습 전략은 없다. 목적을 달성하는 길이 여러 가지 있을 뿐이다. 어떤 길을 선택하든 대학생이 코스/강좌에서 진술된 학습성과를 성취하는 데 도움을 주어야 한다.

4) F 단계: 수정 사이클

체제적 접근에는 수정 사이클이 들어 있다. 이것은 코스/강좌의 전달방식과 대학생의 학업성취를 개선해야 한다는 의미다. 여기서 대학생의 평가결과는 교수-학습을 어떻게 수정해야 하는가를 판단하는 데 활용된다. 다시 말해, 대학생의 평가결과는 단계 A에서 진술한 학습성과에 직접적으로 피드백되어야 한다. 또한 학습성과가 과연 교과와 학생의 요구를 지속적으로 반영하는지를 판단하기 위해서 정기적으로 학습성과 자체를 재평가하는 것도 중요하다. 학습성과가 이러한 요구를 반영하지 못한다면 교수-학습의 보완을 위해 수정할 때가 되었다고 볼 수 있다. 여기서 체제적 계획 사이클은 다시 시작된다(Robert Gordon University, 1996).

6. 개 요

수업을 조직화할 때 성과 중심 접근은 여러 가지 목적에 기여할 수 있다. 그것은 언제나 교수-학습활동의 일부분인 암묵적 결과를 대학교수들이 스스로 명확하게 밝히도록 도와준다. 그것은 교육실제의 모든 측면에 대해서 성찰하고 문제를 제기하도록 해 주며, 적절한 교수/학습/평가 전략을 선택하도록 도와준다. 그것은 대학생들이 자신들의 교육적 노력에서 무엇을 기대할 것인가를 더욱 분명히 이해하고 학습할 중요한 것에 대해 막연한 추측을 하지 않도록 도와준다. 여기서 마지막 두 가지 사항은 대학생들이 더 많은 학습동기를 갖도록 하며, 그들의 학습 과정을 개선시킬 것이다. 전체적으로 그와 같은 접근방식은 대학교수와 대학생 간의 의사소통을 촉진하고 향상시킬 것이다.

참고문헌

Biggs, J. B. (1987). *Student Approaches to Learning and Studying*, Australian Council for Educational Research, Melbourne.

Bloom, B. (1956). *Taxonomy of Educational Objectives Handbook I: Cognitive domain*, McGraw-Hill, New York.

D'Andrea, V. (1996). *Course design workshop materials*, Roehampton Institute, London.

Gaymer, S. (1997). *Levels, Credits and Learning Outcomes Article*, Higher Education Quality Council, Quality Enhancement Group Memorandum, London.

Goldsmid, C. A. (1976). *Components/Characteristics of Instructional Objectives*, American Sociological Association Projects on Teaching Undergraduate Sociology, Oberlin, Ohio.

Gosling, D., & Moon, J. (2001). *How to Use Learning Outcomes and Assessment Criteria*, Southern England Consortium for Credit Accumulation and Transfer, SEEC Office, London (http://www.seec-office.org.uk/).

Higher Education Quality Council (1997). *Graduate Standards Programme Final Report*, Volumes 1 and 2, Higher Education Quality Council, London.

Kibler, R. J. (1970). *Behaviorial Objectives and Instruction*, Allyn and Bacon, Boston.

Krathwohl, D. R., Bloom, B. S., & Masica, B. B. (1964). *Taxonomy of Educational Objectives:*

Handbook II: Affective domain, David McKay, New York.

Mager, R. F. (1962). *Preparing Instructional Objectives*, Fearon, Palo Alto, California.

Menges, R. J., & McGaghie, W. C. (1974). Learning in group settings: towards a classification of outcomes, *Educational Technology*, *14*, pp. 56-60.

Moon, J. (2002). *How to Use Level Descriptors*, Southern England Consortium for Credit Accumulation and Transfer, SEEC Office, London (http://www.seec-office.org.uk/).

Moore, J. W. (1969). Instructional design: after behavioural objectives what? *Educational Technology*, *9*, pp. 45-48.

NCIHE (1997). (Dearing Report) *Higher Education in the Learning Society*, National Committee of Inquiry into Higher Education, HMSO, London (also to be found at: http://www.leeds.ac.uk/educol/ncihe).

Otter, S. (1992). *Learning Outcomes in Higher Education*, Unit for the Development of Adult and Continuing Education, London.

Robert Gordon University (1996). *Specifying the Outcomes of Student Learning: A course booklet for the postgraduate certificate in Tertiary Level Teaching*, Educational Development Unit, The Robert Gordon University, Aberdeen.

Schnable, J. (1993). Exercise on Writing Learning Objectives, American Sociological Association, *Teaching Techniques and Strategies*: How to Revive the Classroom, Cincinnati, Ohio.

Steinaker, N. N., & Bell, M. B. (1979). *The Experiential Taxonomy: A new approach to teaching and learning*, Academic Press, New York.

Walker, L. (1994). *Guidance for Writing Learning Outcomes*, Oxford Brookes University, Oxford.

Young, R. E. (1978). *Course Planning: A workable approach to course design*, Virginia Commonwealth University, Richmond, Virginia.

읽을거리

Allan, J. (1996). Learning outcomes in higher education, *Studies in Higher Education*, *21*(1), pp. 93-108. A very useful summary on the history of learning objectives/outcomes.

Davis, J. R. (1974). *Learning Systems Design*, McGraw-Hill, New York.

Gosling, D., & Moon, J. (2001). *How to Use Learning Outcomes and Assessment Criteria*. See above. A useful and up-to-date 'how to' guide for development of learning outcomes and related assessment criteria with specific reference to practice in the UK.

Entwistle, N. (1992). *The Impact of Teaching on Learning Outcomes in Higher Education, A Literature Review*, UCoSDA, CVCP, Sheffield. A useful reference list on the subject of learning outcomes.

Mager, R. F. (1962). See above. Essential reading for anyone wishing to start at the beginning of the objectives/outcomes debate.

Walker, L. (1994). See above. For practical advice on writing learning objectives/outcomes, including examples from a range of subjects.

제4장
대학생의 성취도를 어떻게 평가할 것인가

1. 서 론

대학교수들은 대학생의 학습에 관한 평가를 제대로 이해하고 싶을 때가 많다. 또한 대학의 대다수 학문 영역에서도 평가에 관한 연구가 조금씩 이루어지고 있다. 이제까지 대학교수들은 교육적 에너지를 교육과정과 교수법에 집중해야 한다고 보았다. '현 평가 시스템에 잘못이라도 있다는 말인가.' 라고 반문하는 교수도 있다. 그러나 이 문제는 그냥 지나칠 사안이 아니다. 왜 그러한가? 왜 대학교수를 위한 이 책에서 학습자를 평가하는 문제를 논의하는 것이 중요한가?

여기에는 두 가지 이유가 있다. 첫째, 평가란 교수–학습 체제의 통합적 요소로서 해당 분야의 학생들을 지도하는 데 정보를 제공한다. 또 공식적인 시험에서 보상되거나 고려되지 않은 사항에 대한 학생들의 지각은 학습행동뿐만 아니라 수업의 성과에도 실제로 영향을 미친다.

둘째, 평가는 정확해야 한다. 평가 그 자체를 검토하지 않는다면 평가가 얼마나 정확한지 도무지 알 수 없다. 정확성이 부족한 평가는 무의미하며 불공정한 것이 되고 만다. 평가는 내적 · 외적 질 보증(quality assurance)을 위해서 정확해야 한다. 또 자신이 불공정하게 판단, 분류, 배제되었다는 불만을 법적으로 처리하려는 대학생들이 늘고 있는 현실에서 이를 방어하기 위해서라도 정확해야 한다.

평가는 비공식적으로 수업과정에 행해지는 형성평가(formative assessment)와 향상도와 성취수준을 공식적으로 결정하는 총괄평가(summative assessment)로 구분할 수 있다. 그러나 이와 같은 구분이 항상 정확한 것은 아니다. 예를 들어, 비공식적인 평가결과를 합산하여 총괄평가에 포함시키는 경우도 있고 총괄평가에서 나타난 문제점이 수업에 중요한 정보를 제공할 수도 있기 때문이다. 이 장에서는 공식적인 총괄평가의 세부사항과 그 원리를 살펴볼 것이다.

영국(Quality Assurance Agency, QAA)에서는 1998~2001 학과평가(Subject Review)를 위한 최종 모임에서 평가지표에 아래와 같은 질문을 포함한 바 있다(QAA, 1997). 이 질문은 평가가 교수-학습과정에서 중심 요소라는 점을 명시한 단적인 예다.

아래의 사항에 비추어 평가 설계와 평가 실제가 어느 정도 효과적인가를 알 수 있다.

- 평가준거와 평가과제의 명료성 및 학생의 이해 정도
- 학습의 증진(학습자에게 제공된 피드백의 질 포함)
- 의도한 학습 성과의 획득 정도의 측정
- 학습자의 프로필, 수준 및 공부 양식에 대한 적합성
- 채점의 일관성과 엄밀성
- 내부 조정과 외부 평가자를 활용한 감독의 증거

몇 년 전 한 대학교의 평가위원장은 학점 등급분류의 관례에 대한 수정방안을 평가위원들에게 알리기 위해 다음과 같은 메모를 보냈다. '지난해의 B/B/A, B/A, A/B 등급분류를 올해에는 각각 B/A, A/B, A/A/B로 하고자 합니다. 지난해의 관례에 익숙한 채점자는 새로운 명명법(일등급[First]이 진짜 일등급으로 외부에 보일 수 있도록 설계한 명명법)에 적응해야 하고, 최상위 등급을 제한해서는 안 됩니다.' 평가위원장에게는 안 된 일이지만, 이 짧고 중요한 정보를 담은 메모는 영국잡지를 통해 세상에 널리 알려지게 되었다. 물론 이 메모를 읽은 사람들 모두가 어렵고 은밀한 시험절차상의 언어를 문제 없이 이해했는지는 알 수 없다.

영국 대학에서 디어링 대학개혁안이 발효된 이후, 최소한 최근 임용된 교수들의 교수/학습/평가와 관련된 전문성은 크게 신장된 것으로 보인다. QAA와 같은 외부 인증기관과 학문 분야별 위원회(단적인 예로, 영국 의학과의 교육과정 및 평가의 전반적인 개혁을 시도한 General Medical Council을 들 수 있음)의 관심이 맞물려, 대학교육 기관과 그 구성원들은 위의 사안에 큰 관심을 기울이게 되었다. 따라서 '고장 나지 않았다면 고치지 마라.'는 식의

태도, 즉 한 체제가 수십 년간(혹은 그 이상) 지속된 것이면 별 문제가 없을 것이라는 생각은 해체될 수밖에 없었다.

모든 대학생과 지원자에게 공정하고 공평한 서비스를 제공하자는 취지에서 제정된 장애인차별금지법, 특수교육요구/장애법, 인종관계(개정)법이 발효됨에 따라 이제 교육관계자들은 학습자 평가와 관련된 여러 가지 문제를 제대로 이해해야 한다.

그렇다면 양호한 학습자 평가와 양호하지 못한 학습자 평가를 분간하는 데 영향을 미치는 요인은 무엇인가?

2. 평가의 개념과 쟁점

각 기관이나 학과의 평가정책 목적에 따라 효과적인 평가란 개인 능력, 성취도, 기능과 잠재력을 어떤 형태로 조합하여 정확하게 반영하는 방식을 취한다. 이상적으로 평가는 미래의 행동을 예언할 수 있어야 한다. 또한 효과적인 평가란 프로그램의 내용을 반영하여 타당하고 신뢰할 만하며 공정하게 행해야 한다.

과거에는 어떤 평가방법을 사용하든지 여러 가지 질문을 적당히 편집하여 출제할 때가 많았다. 그러나 이제는 일반적 수준뿐만 아니라 구체적인 수준에서 수업 프로그램의 내용에 포함된 것을 정확하게 반영해야 한다는 점에 인식을 같이 하고 있다. 첫째, 일반적인 수준에서 평가는 수업 프로그램의 일반적 목표나 의도된 학습성과를 반영해야 한다. 예를 들어, 문제해결력을 가르치는 수업에서는 지식의 회상이 아닌 문제해결 능력을 평가할 수 있는 방법을 사용해야 한다. 협동 활동이나 개인의 발표력을 강조하는 수업에서는 지필식 평가와는 다른 평가방법을 사용해야 할 것이다. 둘째, 더 구체적인 수준에서 각 평가유형별 질문이나 문항은 모종의 계획표에 따라 작성해야 한다. 여기에서 계획표란 교과별로 다르지만 〈표 4-1〉에 예시된 바와 같이 각 칸에 맞는 검사문항을 출제하는 방식을 취한다.

효과적인 평가방법이란 일단 타당도(혹은 적합성)와 신뢰도(혹은 정확성과 일관성)가 있어야 한다. 타당도는 크게 세 가지 유형, 즉 안면타당도, 구인타당도, 결과타당도로 구분한다. 안면타당도(face validity)는 검사내용과 수준이 평가 대상에게 적합한지를 알아보는 방법이다. 구인타당도(construct validity)는 지식의 회상, 협동능력의 예시, 언어적 설득력 등과 같은 폭넓은 구인의 특성에 관한 것이다. 따라서 세심한 주의를 기울여 제작한 검사는 양호한 안면타당도와 구인타당도를 보여야 한다. 한편 결과타당도(impact validity)는 평가방법이

〈표 4-1〉 평가 계획표

구분	세부적인 수업내용					
	주제 A.1	하위주제 A.11	하위주제 A.12	주제 A.2	주제 A.3	주제 B.1
지식회상 (선다형 검사)						
적용 (단답형 질문)						
문제해결 (컴퓨터 활용 검사)						
이론의 비판적 평가 (논술)						

학습자의 행동에 미치는 영향력에 관한 것으로, 평가방법을 통해 학습자가 받았다고 지각한 보상과 밀접하게 연관되어 있다. 예를 들어, 대학원 논문제출자격시험에서 논술형 검사를 응시자의 연구논문 평가능력을 재는 방향으로 수정할 경우, 학습자의 행동이 원자료에 관한 집단토론을 중시하는 방식으로 바뀌게 된다(Wakeford & Southgate, 1992).

대개 타당도는 질적으로 판단하지만 평가방법의 신뢰도는 양적으로 계산한다. 평가방법별로 여러 가지 신뢰도 저해요인이 거론되고 있다. 적절한 검사 길이, 각 평가자의 비일관성(평가자 내 신뢰도 부족), 평가자 간 비일관성(평가자 간 신뢰도 부족), 검사문항의 부적절성 등이 그것이다. 이 중 평가자 내 신뢰도와 평가자 간 신뢰도는 원자료로 직접 계산할 수 있다. 서답형(개방형) 검사의 경우 상관행렬표로 검사문항별 적절성을 평가하지만, OMR 카드를 사용한 선다형 검사의 경우 상업용 소프트웨어를 활용하여 직접 그 적절성을 평가할 수 있다. 일반적으로 개방형 평가일수록 위와 같은 방식으로 신뢰도를 판정하기가 더 어렵다.

위의 기법을 통해 검사의 하위요소에 대한 판단(예, 'A 교수는 다른 동료 평가자와는 달리 채점하였다.' '아일랜드 민족주의의 발흥에 관한 문제는 재고할 필요가 있다.')을 내릴 수 있지만, 평가위원회는 검사의 전반적인 신뢰도 평가를 점차 중시하고 있다. 즉, 유사하거나 동형의 검사를 시행할 경우 어느 정도 동일한 결과가 산출될 것인가의 문제에 답할 필요가 있는 것이다. 이를 추정하는 통계적 기법으로 Cronbach α계수(통상 .80 이상이 요구됨)가 활용되지만, 합격·불합격 판정이나 등급분류의 신뢰도를 평가하기 위해 다른 통계량을 사용하기도 한다.

평가계획이 잘 되어 있고 타당하며 신뢰도가 높은 평가가 이루어졌더라도, 모든 개개인뿐만 아니라 특정 집단에 공정한 평가인가의 문제에 여전히 주의를 기울여야 한다. 예들 들어, 서답형(개방형) 검사에서 채점기준에 사소한 차이만 있어도 평가자의 채점 경향이 달라지고, 이 때문에 수험생이 불공정하게 취급될 수도 있다.

평가방법에 따라 집단 간 수행이 달라질 수 있다는 증거도 있다. 예를 들어, 여학생은 남학생보다 선다형 검사에서 낮은 성취도를 보이고, 논술형 등의 자유반응형 문항에서는 그 역의 경우가 나타나기도 한다. 〈표 4-2〉는 대학원 의학과의 국가고시에서 자유반응형 논술시험과 선다형 시험의 성별 평균 점수를 예시한 미출간 자료다.

〈표 4-2〉 성별 · 검사 유형별 검사 점수의 차이

	선다형 평균 점수	논술형 평균 점수	응시자 수
남학생	50.11	48.20	1,609
여학생	48.78	51.69	1,482

위의 성별 차이는 통계적으로 유의한 것으로 나타났다(각각 $p<.001$). 그러나 위의 차이가 항상 동일한 형태를 보이지는 않았다. 케임브리지 대학에서는 모든 학문 분야는 아니지만, 많은 분야의 학년 말 시험에서 여학생의 성취도가 확연하게 낮은 원인을 파악하기 위해 연구 프로젝트를 진행한 바 있다. 이 연구는 모든 평가위원회가 적절한 질 보증 감독을 시행해야 하고, 단일 시험양식에 의존해서는 안 된다는 점을 분명하게 제언했다.

3. 평가방법

대학에서는 여러 가지 평가방법을 활용할 수 있다. 평가에 관한 주요 교재마다 여러 가지 평가방법을 상세하게 제시, 설명하고 있다(참고문헌 참조). 대학 신임 교수들이 쉽게 접할 수 있는 평가방법에는 논술형, 단답형, 다양한 형태의 선다형, 실험실습 평가와 구술고사 등이 있다.

정보공학을 활용하는 수업이 대중화됨에 따라, 이것을 평가 지원 도구로도 널리 사용하고 있다. 따라서 위의 모든 평가방법에서 소프트웨어를 사용하여 시행, 분석 및 질 감독은 물론이고, 강좌의 준비와 학생 피드백도 고양할 수 있게 되었다(예, www.questionmark.com, www.speedwell.co.uk 참조).

1) 논술형 문제

- **정의**: 확장된 서답형 반응을 요구하는 문제다(각 문제에 30분에서 1시간 혹은 그 이상을 허용함).
- **유형**: 학문 분야별로 평가자가 상상력을 발휘하기만 하면 무수히 많은 검사방법을 사용할 수 있다. 예를 들어, 구독자를 염두에 둔 신문기사 쓰기(대중적인 싸구려 신문을 둘러싼 최근의 논쟁이나 학문적 접근을 설명하시오), 서평, 연구비 신청서 작성 등이 있다. 더 나아가 주제를 설정하도록 요구하는 시험이나(Gibbs, Habeshaw, & Habeshaw, 1988), 시험장에 교재 반입을 일부 허용하는 오픈 북 시험방법을 활용할 수도 있다.
- **채점방식**: 논술시험은 전통적으로 학문적 직관으로 채점했지만, 최근에는 일관성 있고 공정한 채점을 위해 모범답안을 활용하고 있다. 그러나 누락된 내용을 너무 감점하거나, 출제자가 생각지도 못한 특출한 아이디어를 경시할 수 있다. 또한 출제자의 의도에 적중하기 위해 관련될 모든 내용을 열거하는 경우와 같이, '지나치게 다양한(grapeshot)' 답을 유도한다는 문제가 있다. 따라서 평가자들이 하나의 논술문제에 5~6개 주제 목록을 합의한 다음, 각 주제별로 표준척도에서 학생들의 논술을 평정하는 방식을 사용하는 것이 바람직할 것이다.
- **강점**: 출제하기가 쉽고, 고차원적 인지기능(예, 여러 아이디어나 이론을 묶어 종합하는 능력)을 측정할 수 있는 장점이 있다.
- **약점**: 논술이 시험계획을 이상적으로 반영하기가 어려울 수 있다. 우선 충분한 신뢰도 확보를 위해서는 긴 검사시간(예, 3시간)과 여러 명의 채점위원이 필요하다. 논술형 질문이 잘못 출제되어 불명료하거나(골상학자인 분트에 대해 들어보지 못한 학생들에게 '분트의 손자에게 보내는 편지를 써 보시오.' 라는 논술 문제를 출제한 경우), 명료하더라도 강의 내용을 그대로 답습한 답을 유도하는 경우도 있다. 학생들이 질문을 다른 방식으로 해석하여 답했다면, 채점의 공정성 확보는 거의 불가능하게 된다. 아무튼 공정한 채점이란 쉬운 일이 아니다. 공정한 채점을 할 수 있는 문제를 선정하지 못한다면 채점자의 차별적 채점 경향성의 영향력도 그만큼 커질 것이다.

2) 단답형 문제

- **정의**: 단답형 문제는 보통 한 페이지를 넘지 않는 제한된 서답형 반응을 요구하는 문제로, 간단한 글이나 다이어그램을 사용하기도 한다. 응답시간은 문항당 5~10분이다.

• **유형**: 문제유형이 다양하지는 않다. 시험장에 참고자료의 반입을 허용하는 오픈 북 시험방법을 활용하기도 한다.
• **채점방식**: 출제자가 제공한 모범답안을 활용할 때가 많지만, 이 또한 정확하거나 일관된 채점을 보증하지는 못한다. 앞에서 설명한 '주제' 별 채점을 사용하는 것이 좋다.
• **강점**: 출제하기가 쉽고 채점시간도 적게 걸리며, 시험계획에 충실하게 출제할 수 있다. 두세 시간에 여러 문제의 시험을 치를 경우 충분한 신뢰도를 확보할 수도 있다.
• **약점**: 단순 회상보다 더 높은 인지수준을 측정하는 문항 작성이 쉽지 않다.

3) 선다형 문제

• **정의**: 보통 4지 혹은 5지 선다형으로 출제된 문제에서 하나의 정답을 고르게 하는 유형이다. 일반적으로 컴퓨터 판독이 가능한 답안지를 활용하게 된다.
• **유형**: 문제유형이 다양하다. 여러 검사전문가가 확실한 진과 위를 판정하기가 어려운 경우가 있다며 난색을 표할 때도 있지만, 영국의 일부 학문 분야에서는 공통적으로 선다형 문항을 사용하고 있다. 최근 영국 의학 분야에서는 확장된 연결형 문항(extended matching items, EMIs)을 많이 사용하는데(제23장 참조), 이 문항유형은 선다형을 완성형과 연계한 다소 확장된 유형에 속한다(Case & Swanson, 1998).
• **채점방식**: 접근방식에 따라 여러 유형의 채점이 가능하다. 오답을 감점 처리해야 하는가('학생들이 추측하도록 조장해서는 안 된다.') 아니면 감점 처리를 하지 말아야 하는가('시험이 검사하려는 특성과 더불어 신뢰성이나 성격을 측정하는 것은 아니다.')라는 문제는 논란거리인데, 이 쟁점이 상세하게 논의되었다(Cased & Swanson, 1998).
• **강점**: 검사계획에 충실하게 출제할 수 있고, 검사결과가 빨리 나온다. 이 방법을 활용할 경우, 채점의 오류가 없고 평가자가 정 · 오답을 사전에 합의할 수 있다. 추후 활용을 위해 문항을 문제은행에 보관할 수도 있다.
• **약점**: 전통을 강조하는 사람들은 선다형 검사를 '바보를 만드는 평가' 라고 폄하하면서 격한 적개심을 나타낸다. 사실 고차원적 인지수준을 재는 좋은 선다형 문항을 개발하고 작성하는 일은 어렵다. 또한 진위를 가리는 문항의 사용이 불가능한 학문 분야도 있다. 선다형 문항은 통계적으로 잘 관리되어야 하고(기술적 오류가 자주 발생함), 문제은행의 보안에도 신중을 기해야 한다.

4) 실험실습 평가

- **정의**: 실험실습 평가는 실험실 상황에서 정규 지필식 검사로 적절하게 평가할 수 없는 학습자 수행의 여러 측면을 평가하는 방법이다. 이 평가에서는 다양한 검사목표를 활용할 수 있는데, 이 평가에 포함해야 할 여러 가지 잠정적 목표 목록이 제시된 바 있다(Brown, Bull, & Pendlebury, 1977). 대학교수는 정확하게 무엇을 평가할 것인가를 정한 다음, 단순 지필식 검사방법이 적합한지 아니면 실험실 현장에서 평가할 것인지를 결정해야 한다. 이 평가방법은 학생들에게 실험절차를 수행하게 한 다음, 결과를 기록하여 평가하는 방식을 취한다(제18장 참조).
- **유형**: '모의 실습'을 포함하여 실험실 실험결과를 제시한 다음, 대학생들에게 이를 분석하고 평가하며, 논평하게 하는 방법을 널리 사용한다. 학부 프로그램에서는 수업의 목적상 협력기능의 중요성을 반영하여 집단작업을 실시하기도 한다. 그러나 집단작업의 평가는 다양한 문제점을 안고 있다(Wood, 1991).
- **채점방식**: 접근방식에 따라 채점방식도 다양하나 문제는 있다. 즉, 실험과정의 평가와 성과/분석/평가 사이에서 어떻게 균형을 유지하고, 이 절차를 어떻게 표준화할 것인가가 관건이다. 고전적인 과학 패러다임(방법, 결과, 결론)이 평가준거를 구성하는 데 도움이 되기도 한다. 의학과 대학생을 평가할 때 객관적이고 표준화된 접근방식의 활용이 도움이 되었다는 연구결과도 있다(Harden & Gleeson, 1979).
- **강점**: 이 방법을 사용할 때, 여러 학문 분야에서 특별히 강조하는 '실질적인' 과학적 탐구능력을 평가할 수 있다.
- **약점**: 이 방법을 사용할 때, 모든 학생에게 공정한 평가를 하는 일은 실제적으로 어렵다(예, 실험이 '잘못되고' 있을 때에는 어떻게 할 것인가?). 또한 검사비용이 많이 들고, 평가의 우선순위(예, 과정 대 성과)와 보상방법의 결정도 쉽지 않다.

5) 구술고사

구술고사는 주로 전문직이나 대학원 평가에서 사용하지만, 이 유형은 검사개발자나 심리측정학자들에게 큰 관심거리다. 특히 '재치'와 같이 느슨한 준거를 설정한 경우에는 더더욱 그러하다. 구술고사는 나름대로 매력이 있지만, 선발면접의 편파성이 가진 문제를 그대로 안고 있는 점은 널리 알려진 사실이다. 따라서 위의 문제점을 충분히 알고, 그 영향력을 최소화할 수 있을 때 사용해야 한다. 특히 대학 신임교수들은 구술고사와 관련된 문헌(예,

Wakeford, Southgate, & Wass, 1995)을 꼼꼼히 읽고 조심스럽게 활용할 것을 권장한다.

4. 질 감독: 평가의 쟁점

1) 평가에 관한 결정과 변호

영국 대학은 평가적 판단과 관련하여 대학생들의 도전을 아직까지 경험하지 못했지만, 이제 변화의 조짐이 나타나고 있다. 대학생들은 수업료를 납부하기 때문에 점차 고객으로 대우받기를 원하고, 당연히 고객처럼 행동하기 시작한다. 더욱이 대학교수들 자신도 승진과 같은 사안에 대한 대학의 결정에 도전장을 내밀고 있다(Evans, 1999; Evans & Gill, 2001).

영국에는 이와 관련된 '판례법' 이 거의 없는 관계로, 위의 도전이 어떤 근거에서 나타나는지를 알아보기 위해 미국의 예를 참조해야 한다. 대학생들이 법적 호소에 성공한 경우를 다음과 같이 요약할 수 있다(McManus, 1998).

- 대학생들이 응시 횟수의 임의적 제한으로 재시험을 거부당한 경우
- 대학생들이 학습자로서 특정 평가방법으로 평가하는 사항을 배우지 못했다고 따지는 경우
- 대학생들이 검사가 평가 목적상 타당하지 못했다(적절하지 못한 방식으로 출제되었다)고 주장하는 경우
- 대학생들이 검사가 충분한 신뢰도를 확보하지 못했다고 주장하는 경우
- 대학생들이 검사가 특정 집단(고소인에 해당됨)을 불공정하게 차별했다고 따지는 경우
- 대학생들이 정당한 절차가 무시되었다(즉, 규칙이나 규정이 적절하게 준수되지 못했다)고 진술하는 경우
- 대학생들이 통과점수가 부적절하게 설정되었다고 따지는 경우

미국의 증거(Mehrens & Popham, 1992; Downing & Haladynia, 1997)는 영국과 다른 법적 전통을 가진 다른 국가에서도 나타나고, 따라서 이 증거가 시사하는 바를 세심하게 다루어야 한다. 특히 직업 자격증이나 등급 분류를 위한 '고부담' 시험의 경우에는 더더욱 그러하다. 예를 들어, 영국 대학교수들은 미처 준비하지 못했지만, 미국의 문헌을 보면 '편파-민감성 검토(bias-sensitivity review)' 와 같은 절차를 활용하도록 권장하고 있다. 이 절차가 대

학의 평가에 주는 시사점은 다음과 같다.

- 현재 통용되는 양호한 평가방법을 채택해야 한다(최소한 추구해야 한다).
- 대학교수는 일반적인 평가방법과 세부적인 평가절차에 대한 훈련, 훈련상의 수행에 관한 피드백을 받아야 한다.
- 평가 시스템의 여러 유형(예, 논술형 검사, 구술고사, 선다형 검사)별 기능을 명시해야 한다.
- 대학교수는 평가절차와 관련된 사항, 즉 질문이나 문항이 어떻게 도출되었고, 어떻게 설계되었는가에 대해 방어할 수 있어야 한다.
- 시험절차의 정당성을 상세하게 명시해야 한다.
- 평가자 판단을 포함한 검사절차상에 분명한 평가준거를 제시해야 한다.
- 신뢰도 측정값 등을 통해 평가방법의 질을 지속적으로 평가해야 한다.
- 각 평가방법의 편파 가능성에 대처하기 위해 여러 평가방법을 사용해야 한다.
- 검사 내의 질문 선정방법이 명시적으로 정당화되도록 기준 동등화 방법을 기술해야 한다.
- 평가자의 차별적 채점 경향성 문제에 대처해야 한다.

2) 평가의 몇 가지 쟁점

대학은 아래와 같은 평가와 관련된 여러 가지 중요한 쟁점에 대해 적절하게 대처해야 할 것이다.

- 평가자별로 학생들에게 부여한 점수 간 변산도의 통제 문제
- 합불 및 등급 판정 시험의 기준 설정 문제
- 문제의 선택권을 학생에게 부여할 때(예, '5문제 중 하나를 택하여 답하시오.') 야기되는 난점
- 다양한 문화적 배경을 가진 학생들의 증가에 따른 난점
- 인종관계(개정)법의 정신 존중의 필요성
- 단일 등급분류 방법의 적합성에 대한 논쟁의 증가

예를 들어, 평가자들이 서로 다른 방식으로 채점하는 경향이 있다는 점을 설득력 있게 입증한 바 있다(Wakeford & Roberts, 1984). 모든 평가자는 두 가지 차원, 즉 강경파(인색한 채점자) 대 온건파(관대한 채점자) 그리고 극적 채점자(극단적인 점수를 주는 채점자) 대 제한적

〈사례연구 4-1〉 채점에 관한 실험

수년 전 왕립 의과대학 교수들과 함께 연구한 적이 있다. 이 대학교수들은 치밀한 일반적 채점기준과 각 문항별 명시적 채점기준을 적용했기 때문에 평가자 간에 점수 차가 별로 나지 않는다고 주장했다.

위의 주장을 확인하기 위해 채점에 관한 실험을 시도하였다. 즉, 최근 시험에서 일정 능력 범위를 대표할 수 있는 사람을 선정한 다음, 이들의 동일한 10개 답안을 각 채점자가 익명으로 다시 채점하도록 하였다. 경력이 많은 이 평가자들은 일반적 채점기준(25점 만점에 합격 판정 점수는 10점이고, 우수판정 점수는 20점 이상임)과 문항별 채점기준을 사용하였는데, 평가자 4명이 부여한 성적을 예시하면 다음과 같다. 아래의 결과는 각 채점자가 명시적 지침으로 무장했다고 해도 강경파(01)와 온건파(02), 그리고 극적 채점자(11)와 제한적 채점자(06)로 쉽게 구분될 수 있음을 보여 준다.

채점자 구분	평균성적	표준편차	최솟값	최댓값
01	11.5	3.5	7	16
02	19.7	2.9	15	23
06	13.8	1.1	12	16
11	12.2	7.0	4	24

채점자(점수의 분산을 적게 잡은 채점자)로 분류할 수 있는데, 대부분의 평가자는 위의 분류와 관련하여 일관성 있는 행동을 보이는 경향이 있다. 물론 다른 동료들과 전혀 방향이 다르게 채점하는 평가자가 없는 것은 아니다.

〈사례연구 4-1〉은 대학교수들에게 분명한 시사점을 주고 있다. 첫째, 공정성을 위해 평가자는 학생의 성적 중 자신이 채점한 부분에만 책임을 지도록 해야 한다(즉, 평가자들이 일부 학생의 전체 답지를 채점하지 말고, 분담된 하나의 문제에 대한 전체 학생의 답을 채점하게 해야 한다). 둘째, 각 평가자별 채점성적을 분석해야 한다(답지가 이중 채점될 경우, 이 방법은 매우 유용한 피드백을 제공할 수 있다). 따라서 여러 가지 문제를 채점하는 것이 더 재미있다고 주장하는 평가자들의 핑계에 순순히 따라서도 안 된다. 또 학생의 답지를 문제별로 나누는 것은 비합리적이라는 평가 관리자들의 주장에 동조해서도 안 될 것이다.

영국 대학시험에서는 전통적으로 기준설정 방식을 교수 개개인에게 일임해 왔다. 그 이유는 교수가 문제 출제의 지침이나 대학 전체의 일반적 지침에 합당한 자신의 내적 판단기준을 갖추었다고 보았기 때문이다.

그러나 불행히도 〈사례연구 4-1〉의 방식대로 운용되지 못한 경우가 자주 발생했다. 〈사

〈사례연구 4-2〉 시험 유형

155명의 대학생이 모두 의무적으로 4문제의 즉석 논술시험(1~4번)에 응하되, A 유형과 B 유형 중 하나를 선택하여 응시하도록 하였다. A 유형의 성적 평균(및 표준편차)은 70.12(10.31) 백분위점이었고, B 유형의 성적 평균(및 표준편차)은 59.53(15.76) 백분위점이었다.

따라서 대학은 A 유형을 선택한 학생들이 B 유형을 선택한 학생들보다 우수하다고 추정하였다. 그러나 그 후 1~4번의 점수를 분석한 결과, 위의 결과와는 정반대의 유의한 차이가 나타났다. 즉, A 유형을 선택한 대학생들의 4문제 성적 평균은 60.0 백분위점이었고, B 유형을 선택한 대학생들의 성적 평균은 70.5 백분위점이었다. 실제로 B 유형을 선택한 대학생들이 더 우수한 집단이었던 것이다. 위의 결과는 효과적인 '검사동등화(test equating)' 가 적용되지 않아 학생들이 공정한 대우를 받지 못했음을 보여 준다.

례연구 4-2〉에 제시된 모 대학의 자연과학 기말시험 자료를 살펴보자.

학생들이 서로 다른 검사를 치른 경우, 통계적 조작 이외의 방법으로 공평한 기준을 설정하기는 실제로 매우 어렵다. 따라서 문제점을 인식하여 미연에 방지하거나(시험성적을 합산할 때 선택권을 부여한 문항의 점수를 제외함), 대안적으로 이 문제에 대응할 수 있는 방어체제를 구축해야 한다. 사실 평가에서 선택권을 허용하는 것은 교육적으로 바람직할 수 있지만, 심리측정학적 난점을 조장한다.

일반적으로 평가기준은 평가위원회(혹은 평가자 집단)에서 설정해야 한다. 이때 위원회에서는 각 문제의 수준에 대한 전문가 협의를 통해 등급의 준거를 마련할 것이다.

문화적 배경이 서로 다른 학생들을 대상으로 공평한 시험을 준비하는 일은 더 어려울 수 있다. 소수집단의 학생들은 평가방법 때문에 차별을 받았다고 느낄 때가 많다(관련 사례는 Wakeford et al., 1992 참조). Robert 등(2000)은 의과대학원 구술고사 진행과정에서 경험한 몇 가지 난점을 지적한 바 있다. 예를 들어, 자라온 문화적 배경이 다른 사람들은 평가자들이 차별적인 추론을 하고 있다고 생각한 나머지 어색한 시선 접촉을 할 수 있다. 또한 평가자의 단서, 예를 들어 구술시험의 시작과 끝을 알리는 단서를 전혀 다르게 포착하기도 한다. 위와 같은 차별적 경향성은 다른 모든 평가유형에서도 확연히 나타난다.

민족이나 성별에 대한 공정한 대우를 위해 입안된 인종관계(개정)법과 또 다른 최근 법의 정신을 추종하는 일이 매우 중요한데도 아직까지 대학의 검사절차에서 이 문제를 제대로 고려하지 못하고 있다. 그러나 평가자는 성별이나 인종, 장애 문제에 대한 대비책을 분명하게 세워야 하고, 시험결과를 분석할 때도 공정한 대우가 이루어졌는지를 평가해야 한다. 더 나아가 유관 평가위원회의 토론을 통해 인과적 영향력(예, 문항의 편파 민감성 검토)을 분석해야 한다.

단일 등급분류(single degree classification) 방법이 대학 졸업생을 고용하는 대다수의 사용자에게 유용하다는 사실은 정설이다. 따라서 이 정설에 도전하는 일은 어색하다. 그러나 대학교육의 평가에 관심이 있는 많은 사람은 대학원생 선발에 유용하다는 점을 들어, 위의 도전에 관한 논의에 관심을 갖고 있다. 위의 논의가 계속될 때, 이 책(제2판)의 가치도 길어질 것이다.

대학교육에서 시도하는 다른 영역의 노력과 마찬가지로, 향후 '높은 수준의 질 보증'이라는 가치 있는 목표를 성취하기 위해서는 제도 및 직무상의 정비가 필요할 것으로 보인다.

〈사례연구 4-3〉 학기말 시험의 결과 분석

대학 2학년 생명과학 강좌를 수강하는 185명의 학생을 대상으로 2회의 3시간 즉석시험을 시행하였다. 이 시험은 선다형 객관식 60문제(각 문제마다 진 혹은 위로 채점되는 5문항이 포함되어 있음)와 간단 논술형 15문제로 구성된 검사다.

시험자료를 쉽게 처리하기 위해 학과 조교의 도움으로 스프레드시트를 작성하였다. 이 시트의 첫 열에는 학생들의 수험번호, 두 번째 열에는 학생의 성별 그리고 세 번째 열에는 인종분류를 표기하였다.

객관식 검사는 학생들이 연필로 답지에 표기하도록 되어 있다. 이 답지를 광학판독기로 읽은 다음, 상업용 컴퓨터 소프트웨어에 그 결과를 입력하고, 각 문항별 점수를 스프레드시트에 기재하였다. 또한 여러 명의 교수를 동원하여 15문제의 간단 논술형 검사를 각각 채점하였다. 위의 모든 점수를 학과 조교의 도움을 받아 스프레드시트에 옮겼고, 이 시트 상에서 각 학생별로 객관식 검사의 경우 300열(모두 1과 0으로 표기함), 그리고 간단 논술형 검사의 경우 15열(각 문항별로 관례에 따라 25점 만점으로 처리함)의 자료를 구성하였다.

그런 다음, 학과 소속 통계전문가가 통계 소프트웨어를 활용하여 자료를 처리, 분석하였다. 이 전문가는 전체 검사에서 마구잡이식으로 추측한 학생의 성적이 0점 처리되도록 객관식 성적을 변환하였고, 두 검사에 대한 각 학생의 백분위점을 산출하였다.

통계전문가는 두 검사에 대한 학생들의 점수를 산점도로 제시하였다([그림 4-1] 참조). 여기에서 두 가지 사항이 분명하게 드러났다. 첫째, 두 검사점수 간에 높은 정적 상관이 있었다. 둘째, 네 학생의 검사점수에 확연한 오류가 있는 것으로 나타났다. 답지를 검토한 결과, 네 학생의 답지 표기가 판독기로 읽을 수 없을 정도로 희미하게 작성되어 있었고, 따라서 진하게 덧칠하여 답지를 다시 스캔한 다음 데이터베이스에 옮겨 백분위점을 재계산하였다.

각 학생의 총점(두 검사점수의 평균)을 계산하기 전에, 통계전문가는 두 검사별 점수분포를 검토하였다. 그 결과는 다음과 같다.

	성적 평균	표준편차
객관식 검사	45.7	11.7
간단 논술형 검사	58.9	11.2

위의 결과를 보면, 각 검사별 성적의 표준편차가 유사한데, 이는 두 검사점수가 총점에 미치는 영향력이 동등하다는 점을 의미한다. 따라서 통계전문가는 두 점수를 평균하여 최종점수를 계산하였다. 또한 각 등급별 학생비율을 볼 수 있도록 표를 작성하였다. 통계 소프트웨어를 활용하여 각 검사의 신뢰도 혹은 일관성을 추정한 결과, 객관식 검사의 경우 Cronbach α계수가 .85였고, 논술형 검사의 경우 .87인 것으로 나타났다.

평가절차의 성별 · 인종별 공정성을 알아보기 위해, 통계전문가는 각 시험유형에 대해 인종별 · 성별 성적분포를 검토하였다. 분산분석(analysis of variance) 결과, 위의 배경변수 간 점수 차이는 유의하지 못한 것으로 나타났다.

성적표를 공지하자마자 한 학생이 각 등급별 성취비율이 3년 전의 것과 동일하다고 지적하였다. 그는 이번 평가가 준거참조 검사(criterion-referenced testing, 절대평가)라기보다는 규준참조 검사(normative testing, 상대평가)라는 사실적인 증거라고 주장하면서 학과의 평가절차에 대해 사법적 재심리를 요구하겠다고 위협하였다. 결국 이 학생은 대학 장학금을 받았고, 이 사안에 대해 문제제기를 하지 않았다.

여름방학 초기에 평가위원회가 열렸는데, 여기에서는 다음과 같은 사항이 의결되었다.

- 두 검사유형의 신뢰도는 양호하다.
- 분석방법은 매우 유용하고, 학과에서 개발, 활용한 이 방법은 표준적인 질 보증 계획에 근간을 두고 있다.
- 학생의 배경변수에 따른 각 검사의 공정성이 전반적으로 만족할 만하다.
- 앞으로도 각 평가자가 모든 학생의 단일 논술문제에 대한 답을 채점하도록 해야 한다.
- 각 질문의 답을 분류하는 명시적 준거를 설정하는 방향으로 기준설정 절차를 재검토해야 한다.
- 두 평가 유형의 기능을 차별화해야 한다.
- 객관식 검사의 문항별 분석결과를 검토해야 한다.
- 잘못 읽힌 답안이 있는지의 여부를 알아보기 위해, 광학판독기를 통해 산출된 성적을 즉각 검토해야 한다.

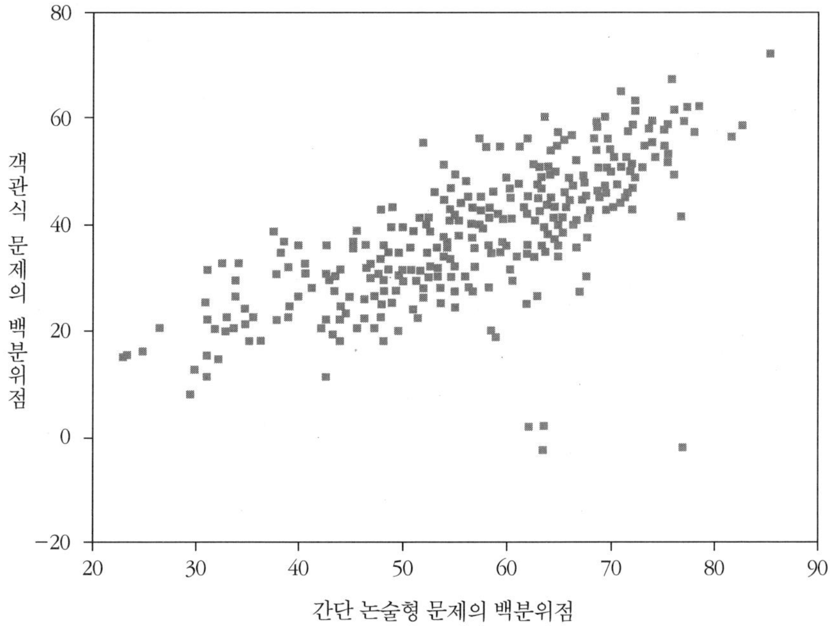

[그림 4–1] 두 검사에 대한 각 학생 점수의 산점도

5. 유능한 평가자가 되는 길

대다수의 대학교수는 시험과 관련하여 충분한 준비가 되었다고 느끼기도 전에 대학의 공식적인 평가절차에 가담하도록 요구받을 때가 많다. 이때 대학교수들은 어떤 지침을 알고서 임해야 하는가?

가장 중요한 사항은 협박을 받아 오해와 침묵의 음모에 가담하는 일을 과감히 거절해야 한다는 점이다. 또한 평가자가 될 경우, 다음과 같은 방침에 관한 정보를 요구해야 한다.

- 관련 규칙과 규정, 탄원절차, 학생의 불공정한 행위에 관한 정책, 관례, 일반 지침 등 평가자가 알아야 할 대학의 정보
- 유사 학과 혹은 교수에 관한 정보
- 강좌 및 프로그램의 세부사항(평가와 관련하여 학생들에게 공지된 정보 포함)
- 채점방식과 평가준거 및 우수학생 분류 지침

실제로 시험 관련 문제 때문에 고민이 될 때는 도움을 요청하는 일을 두려워해서는 안 된다. 또한 구술고사와 같이 더 어려운 평가기법의 적용 사례를 관찰할 기회가 있다면 시도하기 전에 미리 참관하는 것이 좋다.

대학은 이 장에서 거론된 몇 가지 쟁점을 부각시키고 특정 학문 분야와 관련성이 있는 문제점이나 아이디어를 논의하는 데 도움을 주기 위해 시험 및 평가에 관한 교직원 개발 프로그램을 제공해야 한다. 이 프로그램은 신임교수들에게 특히 유용할 것이다. 전문직, 특히 의학과 같은 몇몇 학문영역의 경우 평가와 관련하여 시판용 잡지를 발간하는 여러 업체가 있을 뿐만 아니라 대규모 국제 학술대회도 개최되고 있다.

대학교수들은 도서관이나 인터넷을 통해 관련된 참고문헌과 참고자료를 구해 볼 수 있다. 이 장의 말미에는 추가적인 참고문헌과 인터넷 정보원을 제시해 두었다.

6. 개 요

그렇다면 가장 중요한 평가의 원리는 과연 무엇인가?

- 첫째, 어떤 평가방법을 활용하든지 그 기능이나 목적이 분명해야 하고(예, 형성적 목적인가, 총괄적 목적인가), 또한 평가가 해당 강좌의 교수-학습과 명확하게 관련되어야 한다.
- 둘째, 평가방법이 타당하고 목적에 합당해야 한다(이 문제는 주로 질적 판단에 속한다).
- 셋째, 신뢰할 수 있고 일관된 평가결과가 산출되어야 한다.
- 넷째, 위의 목적 성취를 위해, 평가절차에 대한 토론과 자체 검토 작업을 게을리 해서는 안 된다.

대학교육에서 소비자 중심주의가 부상하고, 이와 관련하여 법적 도전도 점차 증가할 것으로 보인다. 이 때문에 해를 거듭할수록 평가의 문제는 뜨거운 쟁점으로 부각될 것이다. 이제 대학교수들은 자신의 평가체제를 의문시하면서 위의 네 가지 원리를 활용하는 일에 적극 참여할 수 있어야 한다.

자신의 수업 실제에 대해서 생각하기

해당 학과의 평가절차와 관련하여 교수님께서 질문을 던질 필요가 있다고 보는 가장 중요한 질문을 세 가지로 개진해 보시오.

참고문헌

Brown, G., Bull, J., & Pendlebury, M. (1997). *Assessing Student Learning in Higher Education*, Routledge, London.

Case, S. M., & Swanson, D. B. (1998). *Constructing Written Test Questions for the Basic and Clinical Sciences*, National Board of Medical Examiners, Philadelphia (available only electronically, but gratis, from: www.nbme.org).

Downing, S. M., & Haladynia, T. M. (1997). Test item development: validity evidence form quality assurance procedures, *Applied Measurement in Education*, *10*(1), 61-82.

Evans, G. R. (1999). *Calling Academia to Account*, Society for Research into Higher Education and the Open University Press, Buckingham.

Evans, G. R., & Gill, J. (eds.) (2001). *Universities and Students: A guide to rights, responsibilities and practical remedies*, Kogan Page, London.

Gibbs, G., Habeshaw, S., & Habeshaw, T. (1988). *53 Interesting Ways of Assessing your Students*, Technical and Educational Services, Bristol.

Harden, R. M., & Gleeson, F. (1979). Assessment of clinical competence using an objective structured clinical examination, *Medical Education*, *13*, 51-54.

McManus, I C (1998). Personal communication.

Mehrens, W. A., & Popham, W. J. (1992). how to evaluate the defensibility of high stakes tests, *Applied Measurement in Education*, *5*(3), 265-83.

Quality Assurance Agency for Higher Education (QAA) (1997). *Subject Review Handbook* (QAA 1/97), QAA, Bristol.

Roberts, C. et al. (2000). Oral examinations, equal opportunities and ethnicity: fairness issues in the MRCGP, *British Medical Journal*, *320*, 370-74.

Wakeford, R. et al. (1992). Does the MRCGP examination discriminate against Asian doctors? *British Medical Journal*, *305*, 92-94.

Wakeford, R. E., & Roberts, S. (1984). Short answer questions in an undergraduate qualifying examination: a study of examiner variability, *Medical Education, 18*, 168-73.

Wakeford, R., & Southgate, l. (1992). Postgraduate medical education: modifying trainees' study approaches by changing the examination, *Teaching and learning in Medicine, 4,* 210-13.

Wakeford, R., Southgate, L., & Wass, V. (1995). Improving oral examinations: selecting, training and monitoring examiners for the MRCGP, *British Medical Journal, 311,* 9331-35.

Wood, R. (1991). *Assessment and Testing: A survey of research*, Cambridge University Press, Cambridge.

읽을거리

Books are a prime source of theory and evidence in assessment. My selection is as follows.

Brown, G., Bull, J., & Pendlebury, M. (1997). *Assessing Student Learning in Higher Education*, Routledge, London (particularly recommended).

Brown, S., & Glasner, S. (eds.) (1999). *Assessment Matters in Higher Education*, Society for Research into Higher Education/Open University Press, Buckingham.

Case, S. M., & Swanson, D. B. (1998). See above (the best guide in the world on writing objective test items).

Heywood, J. (2000). *Assessment in Higher Education*, London, Jessica Kingsley Publishers (an updated and wide-ranging text by the author of an earlier classic).

Streiner, D. L., & Norman, G. R. (1995). *Health Measurement Scales: A practical guide to their development and use*, 2nd edn, Oxford University Press, Oxford (the science behind objective testing: sampling, reliability, etc).

Wood, R. (1991). *Assessment and Testing: A Survey of Research*, Cambridge University Press, Cambridge (a good reference source on assessment based upon a more general review of assessment - ie, beyond higher education).

인터넷 자료

인터넷은 점차 교육 그리고 평가 분야의 다양한 시도와 개발에 관한 주 정보원이 되고 있다. 그러나 많은 사이트나 링크는 수명이 짧아 책에 수록하기에는 부적합하다. 현재 가장 유용한 영국 대학교육 사이트는 일반 및 학문 분야별 교수학습지원 네트워크(Learning and Teaching Support Network,

LTSN) 센터일 것이다(이 책에서는 과거의 주소인 www.ltsn.ac.uk를 소개하는데, 이 주소는 현재 www.heacademy.ac.uk로 변경되었다). 특히 이 사이트의 Generic Center는 학습자 평가와 관련하여 일련의 유용한 지침을 제공하고 있다. London Guildhall 대학교의 'DeLiberations' 도 대학교수와 교육개발자에게 특히 도움을 주는 웹사이트인데, 여기에서는 평가 문제를 지속적인 토론거리로 다루고 있다(이 책에서는 과거의 주소인 www.lgu.ac.uk/diliberations/home.html을 소개하는데, 이 주소는 현재 www.londonmet.ac.uk/diliberations로 변경되었다). 특정 학문 분야의 학습자 평가에 관심이 있는 사람들은 구글(Google)과 같은 검색엔진(www.google.co.kr)으로 들어가 학문 분야나 '학습자 평가(student assessment)' 혹은 '시험(examinations)' 이라고 입력해 보기 바란다. 운이 좋을 경우, 동일한 관심을 가진 사람이나 전문가를 발견할 수 있을 것이다.

제5장

대학생에게 학습동기를 어떻게 부여할 것인가

1. 서 론

몇 년 전 대학생들의 시험 부정행위에 관한 연구가 있었다. 연구팀은 시험 부정행위가 학습자의 동기(motivation)와 관련 있다고 보고, 이 가설의 검증을 시도했다. 이 과정에서 연구자들은 '학습자의 동기를 어떻게 측정할 것인가.' 라는 문제에 직면하게 되었다. 그러나 이 분야의 연구가 별로 이루어지지 못했고, 동기를 측정할 도구도 많지 않았으며, 대학생들의 학습동기가 무엇인가를 쉽게 파악할 수 있는 지표를 구하기는 더더욱 어려웠다. 따라서 연구자들은 첫째, 어떤 요인이 대학생들을 동기화시키는지, 둘째 내재적(intrinsic) 동기와 외재적(extrinsic) 동기의 차이는 무엇인지 등을 알아낼 방법에 대해 고심하지 않을 수 없었다.

연구팀은 대학생들에게 대학에서 공부하는 주된 이유를 한 가지만 적도록 하는 아주 간단한(그러나 타당성이 완전히 입증되지 못한) 측정법을 고안했다. 이 질문에 대해서 대학생들은 아주 다양한 반응을 보였다. 그러나 전체적으로 나타난 반응은 크게 세 가지 범주, 즉 '안주형', '도구형', '자기계발형' 으로 구분될 수 있었다(Newstead, Franklyn-Stokes, & Armstead, 1996). 위의 범주들은 〈표 5-1〉에 요약되어 있다. 여기서 퍼센트란 범주화가 가능한 유효 반응자인 844명의 대학생 중 각 범주로 분류된 대학생들의 비율을 의미한다.

먼저 안주형으로 분류된 대학생들(10%)은 딱히 다른 일을 할 생각이 없어서 공부하고 있

〈표 5-1〉 공부하는 이유

구분	안주형	도구형	자기계발형
세부 내용	일하기 싫어함 게으름 진로결정 유보 사교생활 재미	생활수준의 상향 취업 기회 확대 진로개발 좋은 자격증 취득 가치 있는 직업 갖기	삶의 기량 증진 자신의 잠재력 실현 지식 자체의 획득 학문적 관심의 확대 자신의 삶에 대한 통제력 획득
비율(%)	10	66	24

고, 결정을 뒤로 미룬 채 단순히 대학 재학기간에 유유자적하기를 원했다. 도구형에 해당하는 대학생들은 학위로 더 나은 보수나 자신들이 원하는 직장이나 자격증만을 얻고자 하였다. 위 연구에서 조사 대상의 2/3가 이 유형으로 분류되었고, 따라서 가장 일반적인 범주인 것으로 나타났다. 또한 자기계발형의 대학생들(약 1/4)은 해당 학문 분야 자체에 관심이 있거나 자신의 잠재력과 기량을 실현, 계발하기 위해 학위를 원하고 있었다.

위 연구에서는 자료를 수집한 후에 이를 유형화하였고, 동기에 관한 기존의 교육이론을 충분히 반영하지 않았는데도 다른 연구자들과 유사한 결과가 나왔다는 점이 매우 인상적이었다. 예를 들면, 흔히 동기를 내재적 동기와 외재적 동기로 구분하는데, 내재적으로 동기화된 학생들은 도전을 즐기고 과제 숙달을 원하며, 호기심이 많고 배움 자체를 좋아한다. 반면에 외재적으로 동기화된 학생들은 학점과 외적 보상, 타인의 인정 여부에 관심이 많다(Harter, 1981). 여기에서 내재적 동기는 자기계발형, 외재적 동기는 도구형에 상응하는 것으로서, 완전히 일치하는 것은 아니지만 위의 연구결과에서 나타난 분류체계와 비슷했다.

관련 문헌에 수록된 주요 구분 방식도 위와 유사하다. 영향력 있는 다른 구분 방식으로 수행목표와 학습목표가 있다(Dweck & Elliott, 1983). 이들의 구분에 따르면 수행목표를 가진 대학생들은 좋은 점수를 획득하는 쪽으로 동기화된 반면, 학습 목표를 가진 학생들은 공부를 통해 실제로 무엇인가를 배우고 싶어 한다. 여기에서 수행목표는 도구형(외재적 동기)과 연관된 반면, 학습목표는 자기계발형(내재적 동기)과 연관된다. 또 다른 구분방식으로 능력목표와 숙달목표(Nicholls, 1984), 그리고 자아관여와 과제관여(Ames, 1984)가 있다. 물론 이 접근방식들은 제각기 강조점이 다르지만 유사성과 중복성이 있어서 각 접근방식의 기초가 되는 개념들이 일관적이고 공통적이라고 결론을 내릴 수 있다.

자신의 수업 실제에 대해서 생각하기

수강하는 대학생들의 동기에 대해 얼마나 알고 계십니까? 대학생들이 특정 진로로 나아가기 위해 훈련을 받는다면, 이것은 그들의 동기에 어떤 영향을 미칠까요?

2. 무동기와 성취동기

'안주형' 동기는 조사 학생의 표본에서 특별하지는 않지만 분명히 존재하는 것으로 나타났다. 이 동기는 관련문헌에서 폭넓게 논의되지 않는 대신에 그와 관련된 개념으로 무동기(amotivation)가 상당한 주목을 받아 왔다. 무동기 대학생들의 경우 대학에 다니는 이유를 전혀 알지 못하고, 자신을 무능하다고 생각하며, 자신에게 생기는 일에 대한 통제력이 부족하다고 느낀다(Deci & Ryan, 1985). 실제로 이 대학생들은 동기가 없는 상태에 있다.

위에서 알 수 있듯이, 동기는 방향성뿐만 아니라 강도라는 또 다른 측면을 포함하고 있다. 지금까지는 살펴본 것은 동기적 목표, 즉 대학생들의 지향점이 무엇인가 하는 점이었다. 그러나 동일한 목표를 가진 대학생일지라도 동기의 강도에서 서로 다를 수 있다. 더 좋은 직업을 얻고 싶은 두 학생을 예로 들어 간단히 설명하면, 한 학생에게는 이런 직업이 평생의 간절한 포부지만, 다른 한 학생에게는 일시적인 흥밋거리일 수도 있다. 즉, 방향성이 같은 동기일지라도 그 강도의 차이는 전혀 다른 행동결과를 낳을 것으로 예견되는데, 역경에 처했을 때의 지구력에서 차이를 보일 수 있다.

많은 교육학자는 성취동기를 대학교육의 성과에 영향을 미치는 주요인으로 보고 있다(Entwistle & Ramsden, 1983). 성취동기가 높은 대학생은 무동기 대학생의 정반대가 될 것이다. 성취동기가 높은 대학생은 공부를 마친 후 성공적인 결과를 성취하는 데 큰 관심을 두는데, 이는 앞에서 논의한 여러 차원과 얽혀 있다. 즉, 내재적 · 외재적 동기를 가진 대학생들이 똑같이 높거나 낮은 성취동기를 가질 수 있다. 바꾸어 말하면, 성취동기는 동기의 방향성보다는 주로 강도를 측정한 것이다.

지나치게 단순한 말일지 모르나, 위 연구결과나 최근 문헌에서 대체적으로 동기를 내재적 동기, 외재적 동기, 성취동기 등 세 가지 유형으로 구분한다고 보아도 될 것 같다(무동기는 연속선상에서 성취동기와 정반대 방향에 있는 동기임). 그렇지만 동기가 대학생의 행동에 미치는 영향력을 모른다면, 학습자의 동기를 알더라도 별로 쓸모없다.

3. 동기와 행동

서로 다른 동기와 관련된 행동에 대해 증거가 별로 없다는 것은 놀라운 일이다. 여기서 다음과 같이 예언할 수 있다. 예를 들어, 성취동기가 높은 대학생들은 높은 학점을 받을 것으로 기대된다. 또한 내재적 동기가 대학교육에서 중요하다면, 내재적 동기를 가진 대학생들이 외재적 동기를 가진 대학생들보다 학문적 수행에서 더 나을 것으로 확실히 기대할 수 있다. 또한 학습자 집단에 따라 공부전략도 다를 것이라고 예언할 수 있다. 예를 들어, 내재적으로 동기화된 대학생들은 외재적으로 동기화된 대학생들보다 자료를 심층적으로 이해하려고 하고, 낮은 점수를 받아도 낙담하지 않고 잘 이겨낸다고 기대할 수 있다. 그러나 놀랍게도 위와 같은 예언들에 대해서 명확한 증거가 있는 것은 아니다.

동기와 행동 간의 관계에 관한 증거는 대학생들의 공부에 대한 접근방식에서 찾아볼 수 있다(예, Entwistle & Ramsden, 1983). 최근 몇 년 동안 대학교육과 관련하여 공부 접근방식 검사(approaches to studying inventory)를 사용한 연구가 가장 많았다. 이 연구는 공부에 대한 접근방식을 심층적 접근과 표층적 접근으로 구분한다. 여기서 심층적 접근방식이란 학습 자료의 개념적 이해 그리고 개념을 기존의 지식과 통합하는 방식을 가리킨다. 반면, 표층적 접근방식이란 다른 상황(예, 시험)에서 학습자료를 재생할 목적으로 기계적 암기에 주력하는 방식을 가리킨다. 위 접근방식들은 각각 특정 유형의 동기와 연관되어 있다. 즉, 심층적 접근방식은 내재적 동기와 관계가 있고 표층적 접근방식은 외재적 동기와 관련이 있다.

위와 같은 관련성은 요인분석으로 경험적으로 밝혀진 것이다. 질문지에 응답한 대학생들의 반응을 보면 동기유형에 따라 공부에 접근하는 방식이 다르다는 말이다. 후속 연구에서도 위와 같은 현상이 확연하게 나타났으나 동기와 전략 간의 관계는 겉으로 드러난 것처럼 명확하지 않을 수 있다. 내재적으로 동기화된 대학생들은 학습자료를 개념적으로 이해하기 위한 전략들을 사용하지만, 외재적으로 동기화된 대학생들은 뜻밖에도 시연(rehearsal) 전략들을 별로 사용하지는 않는다(Pintrich & Garcia, 1991).

공부에 대한 접근방식 검사의 반응을 분석한 결과, 심층적 · 표층적 접근방식 이외에 또 다른 접근방식, 즉 성취동기와 밀접하게 관련 있는 전략적 접근방식이 일관되게 나타났다.

전략적 접근방식을 가진 학습자는 상황에 따라 접근방식을 바꾼다. 즉, 어떤 상황에서 표층적 접근방식이 필요하다고 판단되면 이 방식을 사용하고, 이 방식이 여의치 않을 경우에는 심층적 접근을 사용하기도 한다. 이들의 주요 목적은 높은 점수를 얻는 데 있고, 따라서 목적 달성에 적합하다면 어떤 방식으로든 전략을 변경하려고 한다.

다른 연구에서도 대학생들의 학습에 대한 접근방식 중에서 성취지향성이 주요 요인으로 확인되었다. 완수해야 할 과제가 별로 흥미롭지 않은 상황에서도 높은 학점을 받으려고 애쓰는 욕구를 성취지향적 동기라고 한다(Biggs, 1987). 이런 동기는 대학생들이 자존심을 세우도록 유도하는 경쟁 상황에서 촉발된다.

위와 같은 유형의 동기를 특정 학습전략과 관련시킬 수 있는데, 이 경우 성취지향적 전략은 전략적 접근방식과 매우 유사하다.

동기와 학업상의 성공의 관계도 연구되었는데, 여기서 나타난 결과는 단순하지 않다(Pintrich & Garcia, 1991). 연구결과에 따르면, 전반적으로 내재적 동기와 학업상의 성공 간에는 직접적 관계가 없었다. 그 대신 동기와 사용된 전략 간에 상호작용이 있는 것으로 나타났다. 즉, 내재적 동기가 없는 대학생도 적절한 공부전략을 택할 경우 좋은 결과를 낼 수 있다. 대학생들의 공부에 대한 접근방식에 관한 연구 결과도 복합적이다. 심층적 접근방식과 학업적 성공 간에 상관성이 있다는 보고도 있지만(예, Entwistle & Ramsden, 1983), 늘 그런 것은 아니다(예, Clarke, 1986). 따라서 내재적 동기가 학업적 성공을 가져온다는 주장을 지지할 증거는 아직 불충분하다. 왜냐하면 교수들이 가치 있게 여기는 내재적 동기가 평가 장면에서 반드시 보상되는 것은 아니기 때문이다.

자신의 수업 실제에 대해서 생각하기

동기와 성취도 간의 상관성에 대해서 생각해 보시오. 내재적 동기를 가진 대학생들의 성취도가 얼마나 높다고 보십니까?

4. 대학생 동기의 측정

여러 가지 성취동기 측정도구가 개발되었는데, 그 외에 대학생용으로 개발한 성취동기

측정도구도 몇 가지 있다. 이 중 학업동기 척도(Vallerand et al., 1992)와 학습전략 질문지(Pintrich et al., 1993)라는 두 가지 측정도구가 가장 중요하다.

'학업동기 척도'는 세 가지 유형의 내재적 동기, 세 가지 유형의 외재적 동기, 무동기를 측정하기 위해 28문항을 개발하였다. 이 척도의 신뢰도와 타당도는 받아들일 수 있는 수준이고(Vallerand et al., 1992), 길이가 짧아 실제 교육연구에서 쉽게 활용할 수 있다.

'학습전략 질문지'는 위의 척도보다 길고(81문항) 하위척도도 더 많다. 이 질문지는 미국식 검사여서 영국에서는 널리 사용되지 못한 것 같다. 이 척도의 신뢰도와 타당도는 양호하지만 너무 길어서 미국 밖에서 교육연구용으로 활용하기는 어렵다.

5. 동기의 발달

학습자의 동기를 유발시키는 것들을 살펴보았다. 여기서 대학생들의 학년이 올라갈수록 그들의 동기는 어떻게 변화하는지를 살펴볼 필요가 있다.

자신의 수업 실제에 대해서 생각하기

교수님의 경험에 비추어 볼 때, 신입생들이 높은 동기를 가지고 대학에 입학하는 것 같습니까? 재학 중에 학생들의 동기에 변화가 일어납니까? 학과에서는 학생들이 높은 수준의 동기를 갖도록 장려하고 있습니까? 이 경우, 어떤 방법을 사용합니까?

신입생들의 동기를 측정하는 검사도구로 대학생용 공부기술 검사(Entwistle, 1998)가 있다. 여기에 대학에 입학한 이유를 묻는 질문들이 포함되어 있다. 어느 대학교에서 약 600명의 신입생을 대상으로 조사한 바 있다. 그 결과는 〈표 5-2〉와 같다.

위와 같은 결과는 전혀 다른 방법론을 사용하여(대학 재학생을 대상으로 함) 얻은 결과(Newsted, Franklyn-Stokes, & Armstead, 1996)와 대체로 일치한다. 대학에 들어온 주된 이유는 좋은 직업을 얻고 유용한 기능을 개발하기 위한 것(즉, 도구형)이었다. 그 다음으로 빈도가 높은 응답은 교과목을 심층적으로 공부하고, 인격을 함양하는 등 자기계발과 관련된 이유였다. 그리고 결정의 연기 혹은 떠밀려옴과 같은 안주형 이유에 대해서는 매우 낮은 반

〈표 5-2〉 대학생용 공부기술 검사의 문항에 '매우 또는 상당히 동의함' 으로 응답한 결과

대학에 입학한 이유	응답 비율(%)
이 과정을 마치고 졸업장을 받으면 좋은 직장을 구할 수 있다.	92
이 과정이 훗날 유용하게 쓰일 지식과 기능을 계발하는 데 도움을 준다.	89
인격체가 되고, 지평을 넓히며, 새로운 도전에 직면하는 기회를 원했다.	63
활발한 사교생활 혹은 운동 기회가 매력적이었다.	63
심층적으로 교과목을 공부하고, 흥미와 자극이 되는 강좌를 수강할 수 있다.	61
나는 할 수 있음을 스스로 증명하고 시도하고 싶었다.	46
공부를 잘했으면, 당연히 대학에 진학해야 한다고 생각했던 것 같다.	39
훗날 진정으로 무얼 하고 싶은지를 정하기까지 3~4년의 여유를 준다.	37
타인의 기대도 있었고 게다가 다른 뾰족한 대안도 없었던 것 같다.	9
진짜 해 보고 싶은 일을 찾지 못한 채 그냥 떠밀려 대학에 들어왔다.	7

출처: Sharpe et al., 게재신청 중.

응빈도를 보였다. 이 연구결과가 앞에서 나온 결과와 다른 점은 적극적인 사교생활과 운동에 높은 반응빈도를 보인 점이다. 이것은 사교생활과 운동이 가장 중요한 이유는 아니지만, 여전히 많은 사람에게 중요한 이유이기 때문일 것이다(이 연구에서는 공부하는 주된 이유를 한 가지만 답하도록 했음).

두 연구결과에서 유사한 점으로, 학습 동기는 학위과정 중에 크게 변하지 않는 것 같다. 이를 지지하는 또 다른 연구 결과가 있다(Fazey & Fazey, 1988). 이들은 다른 학자의 '학업동기척도' 를 사용하여 뱅골대학교 학위과정 첫 2년간 대학생의 동기에 대해서 종단적 연구를 수행하였다. 연구결과에 따르면, 대학입학 시점에서 내재적 · 외재적 동기는 모두 높으나 무동기는 매우 낮은 것으로 나타났다. 한 가지 흥미로운 현상은 세 가지 동기 유형의 수준이 2년 동안 실제로 변하지 않았다는 점이다. 이것은 대학교육이 대학생들에게 점차 내재적 동기를 갖도록 이끌기를 바라는 입장에서는 실망스러운 결과일 것이다. 물론 일부 대학생들의 경우 위와 같은 기대가 실현되기도 하지만, 그만큼 다른 대학생들의 내재적 동기도 떨어져 결국은 마찬가지가 되고 말았다. 이와 유사하게 다른 연구에서도 학문에 대한 대학생들의 흥미가 학년이 올라가면서 약간 떨어지는 경향이 있다는 결과가 나왔다(Jacobs & Newstead, 2000).

6. 동기 부여하기

대학교수들은 대학생들의 동기부족을 개탄하면서 '동기를 증진시키기 위해서 할 수 있는 일이 무엇인가.' 하고 가끔 묻는다. 앞에서 설명한 내용에 비추어 보면, 즉효약은 없다는 생각이 들 것이다. 위와 같은 질문을 논의하기 전에 먼저 필요한 일은 '학습자 동기의 어떤 측면을 부각시켜야 하는가.' 를 확인하는 것이다. 대부분의 대학교수는 동기의 완전한 결여, 즉 무동기가 가장 바람직하지 않다는 점에는 동의할 것이다. 또 내재적 동기가 외재적 동기보다 더 바람직하다고 말할 것이다. 바로 이 두 가지 문제가 이 절에서 다룰 주요 쟁점이다.

첫째, 무동기가 바람직하지 않다면, 대학생들이 무동기화되는 것을 어떻게 막을 수 있는가? 사교생활을 즐기겠다는 목적만으로 입학한 일부 대학생의 경우 어찌할 도리가 없다. 그런데 오히려 대학이 대학생들의 무동기를 유발할 수 있다는 증거가 있다. 최근 대학생들의 작문에 대한 접근방식을 포커스 집단과 질문지를 병용하여 조사한 후, 대학생들의 동기를 상실하게 만드는 몇 가지 요인이 확실히 있다는 연구 결과가 나왔다(Hoskins, 1999). 이 요인 중에서 성적 및 작문 피드백과 같이 대학생들에게 제공된 피드백이 가장 중요한 것으로 나타났다.

대학생들 중에는 이해 동기를 가지고 작문에 접근하는 집단이 있었는데, 이들은 작문을 즐기고 내재적 흥미를 갖고, 폭넓게 독서하는 경향이 있었다. 그러나 독서량이 많아서 작문의 초점을 맞추기가 어렵고 단어 수의 제한에 집착해야 하는 어려움을 호소했다. 결과적으로 이들은 낮은 점수를 받았는데, 무엇이 잘못되었고 또 문제를 극복하기 위해 어떤 기능들이 필요한가를 이해하지 못하는 경향이 있었다. 이런 대학생들은 채점에 일관성이 없었고 도움이 될 사항도 충분히 제시되지 않았다고 생각했으며, 결국 이해 동기가 좋은 점수를 가져오지 못한 것 같다고 판단하여 그것을 포기했다.

위 연구에서 수집된 자료에 나타난 흥미 있는 사항은 거의 대다수의 대학생이 논술 점수를 불만족해했다는 점이다. 대학생들은 논술에 투여한 노력의 정도와 점수 간에 전혀 상관관계가 없으며, 점수를 조금 높이기 위해 과도한 노력을 했다고 생각하고 있었다. 이들은 '최고 학점의 상한선', 즉 최고 학점을 받지 못하게 가로막는 불문율에 대해 매우 비판적이었다. 이들은 그 다음 수준의 학점을 받는 논술은 비교적 쉽게 작성할 수 있다는 점을 알았고, 최고 학점의 상한선이 있는 한 그 이상의 노력을 더 기울이게 할 유인가가 없었다. 논술에 부여하는 학점의 범위가 너무 제한적이라는 믿음도 지속적으로 나타나는 문제였다.

이런 문제에 대한 부분적 해결책에 불과하지만, 무동기를 피하는 한 가지 방법은 대학생들에게 만족스럽고 적절한 피드백을 받았다는 확신을 심어 주는 일일 것이다. 그리고 대학생들이 추가적으로 노력을 기울였는데도 특별히 높은 점수를 받지 못했다는 것이 확실하다면, 왜 이런 일이 일어났는지에 대해 피드백을 제공할 필요가 있다. 피드백을 줄 때 '논지의 전개가 필요함' 이라고 지적할 때에는, 그것이 의미하는 바가 무엇인지를 더 설명해야 한다. 이를 위해 교수들은 논술 피드백 예시문을 모아서 데이터베이스로 구축하는 방법을 활용할 수 있다. 이렇게 함으로써 논술의 어떤 측면이 좋은 점수를 받는 데 도움이 될 것인가를 보여 줄 수 있다. 또한 채점 기준표을 활용하는 것도 피드백의 질을 증진시키는 한 가지 방법이다. 물론 이 방법에는 이른바 '하향화' 의 위험(Collins & Gentner, 1980)이 도사리고 있다. 이것은 학생들(아마 교수도)이 논지의 전개를 위해 노력하는 복잡한 수정작업보다는 철자법의 오류 수정과 같은 낮은 수준의 활동에 집착하는 것을 가리킨다.

교수들은 이 모든 일을 하기에는 시간이 부족하다고 주장하며, 실제로 이 주장에는 의심의 여지가 없다. 여기서 필요한 작업은 교수들이 충분한 피드백을 제공할 수 있도록 평가 시스템을 재정비하는 일이다. 만일 적절한 피드백을 줄 수 없을 정도로 평가과정이 진행된다면, 이런 시스템은 확실히 문제점을 안고 있는 셈이다.

자신의 수업 실제에 대해서 생각하기

교수님의 피드백은 대학생들의 자기 능력에 대한 지각에 어떤 영향을 미치고 있습니까? 동기를 부여하는가, 아니면 무동기를 야기하는가?

두 번째 쟁점은 외재적 동기보다 내재적 동기를 유발할 수 있는 방법에 관한 것이다. 그동안 많은 연구가 밝혔듯이 대다수 대학생은 표층적 접근방식(협소한 의미의 외재적 동기)을 채택하는 경향이 있다는 점을 보여 주고 있다(Ramsden, 1992). 학생들 사이에서 도구적(means-to-an-end) 동기가 어느 정도로 팽배해 있는가를 밝혀 주고 있다.

다시 말하지만 이 문제를 쉽게 혹은 확실하게 해결할 수 있는 길은 없다. 일부 교육학자는 교수들이 개인적으로나 집단적으로 이 문제를 해결할 수 있는가에 대해 비관적 입장을 취하기도 한다. 대부분의 시스템은 변화에 저항하고, 체제 내에서 기존의 균형상태로 회귀하려는 경향을 보이며 대학교육도 그런 시스템의 일부라고 지적하는 학자도 있다(Biggs,

1993). 위와 같은 지적이 의미하는 바는 무엇인가? 대학생들의 공부에 대한 접근방식과 동기는 소속 학과나 대학, 심지어는 전반적인 대학 시스템에 대한 대학생들의 지각 등 대학교육 시스템의 여러 측면에 의해 결정된다. 따라서 하나 혹은 여러 강좌의 수업방식을 변화시켜 학습자의 동기를 바꾸려는 시도는 효과를 내기 어렵다. 왜냐하면 여타의 모든 측면이 위와 같은 변화에 저항하는 반응을 보이기 때문이다. 다른 접근방식으로 공부를 하도록 대학생들을 훈련시킨 연구에서도 위와 비슷한 실망스러운 결론을 보인다. 일례로 훈련 프로그램이 대학생들의 공부 방식에 거의 아무런 영향도 미치지 못할 수도 있다(Norton & Crowley, 1995). 또한 다른 훈련 프로그램의 경우, 공부에 대한 접근방식에서 일시적으로 개선된 것 같았지만, 훈련이 끝난 후에는 곧바로 과거로 복귀한다는 결과가 나왔다(Purdie & Hattie, 1995).

그러나 대학교육에서 대학생들의 동기가 매우 중요하게 취급되는 영역이 있는데, 평가 시스템이 그것이다(제4장 참조). 졸업반 대학생들이 처음에는 좋은 의도, 즉 내재적 동기와 심층적 접근방식을 사용하지만 시험기간이 임박할수록 점차 외재적 동기와 표층적인 기계적 암기학습을 시도한다는 연구 결과도 있다(Entwistle & Entwistle, 1991). 이와 유사한 결과가 다른 연구에서도 나타났다(Newstead & Findlay, 1997). 이 같은 현상을 변화시키는 한 가지 방법은 기계적인 암기 대신 개념적 이해를 장려하는 평가 시스템을 활용하는 것이다. 그러나 교수들의 선의에도, 세 시간짜리 논술시험에서도 표층적 접근방식을 사용하는 경우가 많이 있는 것 같다. 위와 같은 문제는 단순히 배운 대로 쓰게 하기보다는 지식을 활용하지 않으면 안 되는 문제해결 혹은 사례연구를 더 많이 활용함으로써 해결할 수 있을지 모른다. 게다가 이와 같은 평가방법은 공식적인 시험상황에서도 사용할 수 있고, 또 평가와 관련된 고질적인 몇 가지 문제(예, 학생들의 시험부정행위)를 피할 수도 있을 것이다.

마지막으로 대학생들이 자신의 동기를 지속시키는 전략을 채택하도록 격려함으로써 스스로 돕도록 지도할 수 있을 것이다. 대학생들이 자신의 동기조절에 사용하는 전략의 유형을 조사한 연구가 있다(Wolters, 1998). 이들 전략은 학생 개개인과 요구된 과제에 따라 다르게 나타났다. 가장 보편적인 전략은 외적 보상(대개 시험을 잘 봐야 할 필요성)의 상기, 노트 내용을 쭉 읽어 보거나 새로운 노트를 작성하는 인지적 전략, 공부 환경의 변화(예, 휴식을 취하거나 더 조용한 방으로 이동하기) 등이었다. 이 전략들 중에서 어떤 것이 가장 효과적일지는 알 수 없고, 이 전략들이 모든 학생에게 똑같은 효과를 내지는 못할 것이다. 그러나 대학생들이 활용할 수 있는 자기조절 전략을 알려 주는 것이 어느 정도 도움은 될 것이다.

7. 개 요

이 장에서는 몇 가지 연구결과에 비추어 대학생들의 동기를 간략하게 설명하였다. 간단히 말해서, 대학생들은 자신이 성공하기를 원하는 정도에 따라 동기화되거나 무동기화될 수 있으며, 내재적으로 동기화되거나 외재적으로 동기화될 수도 있다. 내재적으로 동기화된 학생들은 학습 자체를 위해 배우려는 반면, 외재적으로 동기화된 학생들은 외적 보상 때문에 공부한다.

그러나 이 요인들을 측정하기가 쉽지 않다. 따라서 대학생의 동기에 관한 측정도구는 극소수이고 이 분야의 연구도 비교적 드물다. 동기가 대학생의 행동이나 학업 성취도와 상관관계가 있을 것으로 기대할 수 있지만, 이와 다른 결과를 보고하는 연구도 많다. 게다가 대학생들이 대학교육을 받으면서 동기수준이 높아지고 내재적으로 동기화될 것이라고 예견하겠지만, 결과는 예상과는 다르게 불확실하다.

이 장에서는 특정 과제에 따라 학습자가 어떻게 동기화되는지를 확인하고, 이런 과제들에 의해 발생된 동기유형을 판정하는 일들이 중요하다는 점을 부각시켰다. 대학생의 동기 문제를 해결하는 데 만병통치약은 없다. 그러나 양질의 피드백을 제공하고 적절한 평가시스템을 채택하는 것이 부분적 해결책이 될 수도 있을 것이다.

참고문헌

Ames, C. (1984). Competitive, co-operative, and individualistic goal structures: a cognitive-motivational analysis, in *Research on Motivation in Education*: Volume 1, *Student motivation*, eds R Ames and C Ames, pp. 177-207, Academic Press, San Diego.

Biggs, J. (1987). *Student Approaches to Learning and Studying*, Australian Council for Educational Research, Victoria.

Biggs, J. (1993). What do inventories of students' learning processes really measure? A theoretical review and clarification, *British Journal of Educational Psychology*, *63*, pp. 3-19.

Clark, R. M. (1986). Students' approaches to learning in an innovative medical school: a cross-sectional study, *British Journal of Educational Psychology*, *56*, pp. 309-21.

Collins, A., & Gentner, D. (1980). A framework for a cognitive theory of writing, in *Cognitive Processes in Writing*, eds W. Gregg & E. R. Steinberg, Lawrence Erlbaum Associates, Mahwah, New Jersey.

Deci, E., & Ryan, R. M. (1985) *Intrinsic Motivation and Self-determination in Human Behavior*, Plenum, New York

Dweck, C. S., & Elliott, E. S. (1983) Achievement motivation, in *Handbook of Child Psychology: Socialization, personality and social development*, ed E M Hetherington, *4*, pp. 643-91, Wiley, New York

Entwistle, N. J. (1998). Motivation and approaches to learning: motivating and conceptions of teaching, in *Motivating students*, eds S Brown, S. Armstrong & G. Thompson, pp. 15-23, Kogan Page, London.

Entwistle, N. J., & Entwistle, A. (1991). Contrasting forms of understanding for degree examination: the student experience and its implications, *Higher Education*, *22*, pp. 205-27.

Entwistle, N. J., & Ramsden, P. (1983). *Understanding Student Learning*, Croom Helm, London.

Fazey, D., & Fazey, J. (1998). Perspectives on motivation: the implications for effective learning in higher education, in *Motivating Students*, eds S. Brown, S. Armstrong & G. Thompson, pp. 59-72, Kogan Page, London.

Harter, S. (1981). A new self-report scale of intrinsic versus extrinsic motivation in the classroom: motivational and informational components, *Developmental Psychology*, *17*, pp. 302-12.

Hoskins, S. (1999). The development of undergraduates' approaches to studying and essay writing in higher education, Ph. D. thesis, University of Plymouth.

Jacobs, P., & Newstead, S. E. (2000). The nature and development of student motivation, *British Journal of Education Psychology*, *70*, pp. 243-54.

Newstead, S. E., & Findlay, K. (1997). Some problems in using examination performance as a measure of student ability, *Psychology Teaching Review*, *6*, pp. 14-21.

Newstead, S. E., Franklyn-Stokes, A. & Armstead, P. (1996). Individual differences in student cheating, *Journal of Educational Psychology*, *88*, pp. 229-41.

Nicholls, J. G. (1984). Achievement motivation: conceptions of ability, experience, task choice and performance, *Psychological Review*, *91*, pp. 328-46.

Norton, L. S., & Crowley, C. M. (1995). Can students be helped to learn how to learn? An evaluation of an app. roaches to learning programme for first year degree students,

Higher Education, 29, pp. 307-28.

Pintrich, P. R., & Garcia, T. (1991). Student goal orientation and self-regulation in the classroom, in *Advances in Motivation and Achievement*, eds. Maehr, M. & P. R. Pintrich, 7, pp. 371-402, JAI Press, Greenwich, Connecticut.

Pintrich, P. R., et al. (1993). Reliability and predictive validity of the motivated strategies for learning questionnaire (MSL Q), *Educational and Psychological Measurement*, *53,* pp. 801-13.

Purdie, N. M., & Hattie, J. A. (1995). The effect of motivation training on approaches to learning and self concept, *British Journal of Educational Psychology*, *65,* pp. 227-35.

Ramsden, P. (1992). *Learning to Teach in Higher Education*, Routledge, London.

Sharpe, R. et al. (in submission), Attitudes and approaches to studying in entry level undergraduate students (article submitted for publication).

Vallerand, R. J. et al. (1992). The academic motivation scale: a measure of intrinsic, extrinsic and amotivation in education, *Educational and Psychological Measurement*, *52,* pp. 1003-17.

Wolters, C. (1998). Self-regulated learning and college students' regulation of motivation, *Journal of Educational Psychology*, *90*, pp. 224-35.

읽을거리

Brown, S., Armstrong, S., & Thompson, G. (eds.) (1998). *Motivating Students*, Kogan Page, London. This is an edited book stemming from a Staff and Educational Development Association (SEDA) conference on Encouraging Student Motivation, offering some interesting and useful contributions.

Hartley, J. (ed.) (1998). *Learning and Studying: A research perspective*, Routledge, London. A well-written book covering a range of wider issues relevant to student motivation. It draws on up-to-date research, providing useful examples. It provides good insight into how psychologists investigate learning to include their findings.

제6장

강의는 대학생의 학습을 성공적으로 이끌어 주는가

1. 서 론

지난 10년 동안 고등교육을 받은 사람들이 증가하고 대학의 문호를 개방하려는 조처들이 있었다. 따라서 능력과 배경이 각양각색인 학생들이 대학에 들어오게 되었고, 이 때문에 대학에서 가르치는 교수들은 엄청난 부담을 갖고 있다. 교수들은 '학생의 학습을 도와주는 데 필요한 학자, 작가, 연출가, 코미디언, 쇼맨, 교사의 온갖 재능을 겸비' 할 것을 요구받고 있다(McKeachie, 1994).

이 장에서 우리는 대학생들의 학습을 증진시킬 수 있는 수단으로 강의법에 주목하면서 과연 효과적인 강의법이 어떤 것인가를 고찰하려 한다. 〈사례연구〉에서는 여러 대학 교수들이 학생들을 강의에 더 적극적으로 참여하도록 만드는 데 어떻게 접근하는지를 설명할 것이다. 각자 나름대로 특정한 접근법을 선택한 이유들을 논의하고, 훌륭한 교수에 대한 학생들의 생각을 탐색하며, 가르치는 교수들이 생각하는 훌륭한 교수와 비교해 볼 것이다. 또한 학생들의 수업방해 행동과 그 처리에 대해서도 간단히 논의할 것이다.

이 장에서는 강의를 어떤 관점에서 바라보는가? 강의할 때 목소리를 효과적으로 이용하고, 메시지를 강력하게 제시하고, 수강생들과 친밀한 관계를 형성하는 일들은 중요하다. 이 점을 교수들이 가볍게 여겨서는 안 된다. 교수들은 강의 기술의 여러 요소에 대하여 온갖 피드백을 얻을 수 있는 방법을 찾아야 한다. 그 한 가지 방법은 동료 교수나 교육 전문가들에게 자신의 수업을 관찰하도록 보여 주는 것이다. 이것은 최근에 와서 가르치는 일을 개선시킬 중요한 수단으로 인정받고 있다. 이는 16장에서 자세히 논의할 것이다.

오늘날 많은 교수가 강의의 일부분으로 인쇄물을 대신하여 파워포인트를 사용한다. 파워포인트를 활용하면 프레젠테이션이나 강의가 좀 더 전문적인 분위기를 풍긴다. 교수들은 파워포인트를 편리한 수준에서 사용하겠지만 거기에서 발생하는 '불필요한 소음' 때문에 학생들이 내용에 집중할 수 없거나 강의를 방해받아서는 안 된다. 파워포인트의 더욱 세련된 기능, 예를 들면 이미지를 움직이게 하고 화면 위에 여러 도표를 동시에 제시하는 기능은 복잡한 그래픽 표현을 사용해야 할 경우에 유용하게 쓰인다. 그러나 그보다는 일반 강의에서 간단한 배경적 텍스트로 사용해도 아주 좋다. 이 점에서 파워포인트는 전통적인 오버헤드 프로젝터와 슬라이드보다 이목을 집중하는 데 훨씬 더 효율적이다.

2. 강의법을 사용하는 이유

강의법이 사라질 것이라는 말이 오래 전부터 나돌았다. 그러나 지금까지 대학교육에서 가장 널리 쓰이는 교수방법은 강의법이다. 강의는 대규모 학생집단을 가르치는 데 비용 효과적인 방법이므로 대학교육을 경영하는 사람들에게 인기가 있다. 학과의 교수들도 강의는 어떤 코스에서건 필수적이라고 주장하면서, 강의법을 택하지 않으면 안 될 교육적 근거를 다음과 같이 제시한다. 첫째, 강의는 대학생들에게 필요한 기초적인 정보와 아이디어, 기본 개념 그리고 방법을 제공하여 나중에 그들이 스스로도 많은 것을 학습할 뿐만 아니라 토의 수업에 효과적으로 참여할 수 있게 하는 데 필수적이다.

자신의 수업 실제에 대해서 생각하기

강의가 교수님의 전공에서 중요하다고 보는 이유는 무엇입니까? 교수님이 강의법을 사용하는 이유는 본문에서 언급한 것들과 어떤 관계가 있습니까? 여기에 더 추가해야 할 항목은 무엇입니까?

강의법을 사용하는 이유를 다음과 같이 열거할 수 있다(Cashin, 1985).

- 강의에서는 최신의 독창적 연구에 들어 있는, 교재나 그 밖의 인쇄물에서 흔히 찾아볼 수 없는 새로운 정보를 제공할 수 있다.
- 강의에서는 핵심 개념들의 유사점과 차이점을 밝힐 수 있다.
- 강의에서는 자기가 가르치는 과목에 대한 열의를 전달하기가 쉽다.
- 강의는 특정 전공에서 강조하는 증거에 관한 질의, 비판적 분석, 문제해결 방법에 대한 모범을 보일 수 있다.
- 강의에서는 특정 분반이나 코스 목표에 아주 적합하도록 주제(과목)를 조직할 수 있다.
- 강의에서는 중요한 개념을 극적으로 표현하거나 개인적인 통찰을 나눌 수 있다.

3. 강의법과 다른 교수법의 비교

강의법의 효과를 다른 교수법의 효과와 비교한 연구가 많다. McKeachie 등(1990)은 강의법이 지식을 전달하는 방법으로는 다른 교수법만큼 효과적이라고 결론을 내렸다. 활발한 토의를 장려하는 교수법이 강의법보다 더 효과적인 것은 다음과 같은 경우였다.

- 코스가 끝난 후 지식을 보유하기
- 지식을 새로운 상황에 옮기기
- 문제해결과 사고
- 태도 변화

『강의의 효과』라는 책에서 강의는 정보 전달의 수단으로서 다른 방법만큼 효과적이지만 더 효과적인 것은 아니라고 단정했다(Bligh, 2002). 강의는 대학생들의 사고를 불러일으키거나 태도를 변화시키는 데는 다른 방법에 비해서 오히려 덜 효과적이다.

이런 연구결과에도 강의는 앞으로도 한동안 가장 널리 이용될 교수법이다. 그렇다면 강의법의 한계점들을 인식하면서, 대학생의 학습의 질을 향상시키기 위하여 우리가 이용할 수 있는 전략은 어떤 것일까?

4. 더 효과적인 강의법

1) 전통적 강의

상식과 경험에 따르면, 사람들은 자신이 배우는 것에 대하여 생각하거나 또는 단순히 학습 내용을 훑어보고 그것에 대해서 듣기만 하는 것이 아니라 직접 개입할 때 더 높은 학습효과를 얻을 수 있다. 학습에 대한 연구는 이런 상식적 견해를 뒷받침하며, 이 점은 2장에서 더 상세하게 언급하였다. "학생의 활동, 학생의 문제해결과 질문, 협동학습을 요구하는 교수법들을 이용할 경우 적극적 참여, 상상력을 발휘하는 탐구활동 그리고 적절한 수준의 발견은 훨씬 더 많아질 것이다(Ramsden, 1994)."

그렇지만 전통적 강의에서 대학생들은 주로 수동적 역할을 할 뿐이고 제시된 주제에 개입할 수 있는 적극적 학습의 기회는 거의 없다. 많은 교수는 전통적 강의가 '내용을 다루는 데' 가장 효과적인 방법이라고 생각하지만 전통적 강의는 학습자의 관점에서 보면 만족스럽지 못한 것이 되고 만다. 대다수 교수는 강의를 할 때 '내용을 다루는 데' 너무 급급해서 '학생들이 내용을 소화할' 기회를 주지 못한다. 전통적 강의 방법을 사용하는 것은 대학생의 학습의 질 측면에서 오히려 해로울 수 있다고 한다(Ramsden, 1992). 강의는 대학생들에게 학습을 수동적인 경험으로 생각하게 만들 뿐 주제를 논의하는 심층적 과정에 들어갈 기회를 주지 않는다. 만일 교수가 학생들에게 더욱 활발하게 수업에 임하는 교수법을 택할 경우, 학생들은 처음에는 이를 거부할 수 있지만 일단 그런 접근법에 익숙해지면 좋은 반응을 보인다. 〈사례연구 6-1〉에 들어 있는 학생들의 강의 평가가 이를 입증해 준다.

대체로 신임 교수들은 가르치는 일을 교수가 대학생들에게 지식을 효율적으로 전달하는 일로 이해할 뿐 이런 식으로 가르치는 것이 대학생들의 학습에 어떤 효과를 미치는지에 대해서는 별로 생각하지 않는다(Ramsden, 1994). 신임 교수가 처음에 주의해야 할 점은 내용 제시의 질과 강의실을 관리하는 기술이다. 신임 교수들이 학습자로서 학생의 필요에 대해서 주의를 기울일 수 있다고 스스로 생각하는 것은 다년간 자신감을 쌓은 후에야 비로소 가능한 일이다.

2) 강의 중의 집중도

50분 강의의 집중도를 연구한 바에 따르면 처음 10분간 집중 수준은 높지만 그 후 강의가 진행될수록 집중도는 떨어진다. 그리고 대학생들이 어떤 식으로건 강의에 적극적으로 관여하도록 조치를 하지 않는다면 집중도는 계속해서 떨어진다. 내용의 기억과 보유에 관한 연구물에 따르면 대학생들은 50분의 전통적 강의에서 자신들에게 제시된 내용의 많은 부분을 거의 망각해 버리고 심지어는 전혀 배운 것이 없었다고도 말한다. 대학생들에게 내용을 처음 제시할 때에는 잠깐 동안이라도 그 내용을 활용할 기회를 주어야 비로소 그 내용을 제대로 학습할 수 있게 된다.

대학생들의 망각 요인에 관한 여러 연구물을 검토해 보면, 강의 시작이나 끝부분에 제시된 사실뿐만 아니라 강의 도중에 제시된 사실조차도 기억하지 못한다는 결론에 이른다(Bligh, 2002). 그에 따르면 교수들은 강의 도중에 아주 색다른 점들을 소개하거나 여러 가지 접근방식을 비교하여 이 점을 극복할 필요가 있다. '선행조직자'와 같은 것(Brown & Atkins, 1988)을 활용하여 핵심을 미리 알려 준다면 학습 내용은 더욱 효과적으로 상기될 수 있다.

노트 정리, 즉 기록은 (1) 강의에 주의를 집중하기 위해서, (2) 기억을 쉽게 하기 위해서, (3) 강의 내용을 복습하면서 이를 바로잡기 위해서 하는 일이다. 기억에 도움이 되도록 기록을 하도록 강조해야 한다(Bligh, 2002). 강의 중에 기록하는 것이 강의 내용을 기억하는 데 도움이 된다는 견해를 뒷받침하는 증거는 아주 많다. 또한 복습할 기록을 가진 대학생들은 그렇지 않은 대학생들보다 시험을 더 잘 볼 것이라는 견해를 지지하는 연구도 많다.

3) 구조화된 접근의 필요성

학습이 조직화되면 대학생들은 훨씬 더 많은 것을 배우고 기억할 것이다. 강의의 주된 역할은 새로운 사실과 아이디어를 수용할 수 있는 사고의 틀을 대학생들이 찾을 수 있도록 도와주는 것이다. 효과적인 강의를 하려는 교수는 대학생들의 마음을 주제의 구조와 연결하도록 다리를 놓을 필요가 있다(McKeachie, 1994). 이는 부르너 이론의 핵심 주제다. 이것에 대해서는 2장에서 '구성주의'라는 제목으로 논의한 바 있다. 부르너에 따르면, 학습이란 우리가 우리의 현재/과거 지식을 토대로 삼아 새로운 아이디어나 개념을 구성하는 적극적·능동적 과정이다. 그렇다면 교수의 역할은 학습될 정보를 현재 학습자가 이해하는 상태에 알맞은 형태로 바꾸는 일이다.

그렇지만 대학생들에게 고정된 틀을 부과하기보다는 새로운 내용을 자기 나름대로 구조화할 수 있는 방법을 개발할 기회를 제공하는 것이 중요하다. 교수가 너무 높은 수준으로 조직화할 경우에 일부 학생들은 잘 따라오지 못한다고 한다(McKeachie, 1994). 대학생들이 자신의 학습에 더 많은 책임을 가지게 할 필요가 있으며, '가르치는 일은 학생의 학습을 지배하는 일이라기보다는 오히려 이끌어 주는 일이어야 한다.' 이 점을 교수들은 명심해야 한다.

자신의 수업 실제에 대해서 생각하기

대학생들의 학습을 촉진했다고 확신하는 강의에서 교수님은 어떤 접근법을 사용했습니까? 주제의 구조와 학생의 이해 사이에 다리를 놓을 수 있는 방법은 무엇입니까? 어떻게 하면 대학생이 그에게 제시된 내용의 새로운 의미를 파악하도록 할 수 있습니까?

4) 아이디어를 실천하기

주의집중도, 적극적 학습, 구조 등과 같은 아이디어는 우리가 강의 기술을 개선하는 데 어떤 도움을 줄 수 있을까? 바꿔 말하면, 어떻게 하면 우리는 수동적이고, 딱딱하고, 기계적인 지식 전달에서 벗어나 교수와 대학생 간의 능동적 의사소통에 더 가까운 강의를 할 수 있을까?

5) 일반적 유의 사항

강의를 효과적으로 하는 데 필요한, 특히 대형 분반을 가르칠 때 필요한 아이디어를 제시하는 문헌(Gibbs, 1992; Brown & Race, 2002)이 많은데, 중요한 사항은 다음과 같다. 물론 이 중에는 학과에 따라서 관련이 적거나 적용하기가 어려운 것도 있다.

- 강의를 신중하게 구조화하자. 그래야 확실한 틀을 제공할 수 있고, 대학생들이 새로운 지식을 수용하게 된다. 대학생들에게 사고 틀의 윤곽을 보이자.
- 대학생들이 방향을 제대로 파악하고, 강의 내용의 여러 부분의 연결점과 분리점을 식별하는 데 도움이 되도록 그들에게 분명한 신호를 주자. 이것이 길잡이가 될 것이다. 대학생들이 '나무뿐만 아니라 숲도 볼 수 있게' 하자. 현재의 강의를 이전 강의나 다음 강의와 연결시키자.
- 강의를 시작할 때 교육적 의도를 명확하게 말해 주자. 대학생들이 무엇을 성취하기를 바

라는지 알 수 있도록 여러분의 목적, 수업목표/학습성과를 진술하는 것이 이상적이다.

- 강의 내용이 너무 많지 않도록 하자. 정보의 밀도가 지나치게 높지 않을 때 대학생들은 더 많은 것을 배운다고 한다(Russel, Hendricson, & Herbert, 1984). 교수가 원하는 만큼 내용이 많지 않더라도 대학생들이 그 내용을 이해하고 적용할 수 있다면 여러분의 강의는 성공한 것이다.
- 강의를 조직화할 때 10분이나 15분 단위로 여러분이 대학생들에게 요구하는 바를 변경하도록 만들자. 이것은 대학생들의 주의 집중도를 높게 유지할 것이다.
- 강의에 대해서 대학생들의 참여도를 높이고, 수준이나 기대가 적절한 경우에는 아예 처음부터 이와 같은 접근법을 택하자. 좋은 예가 〈사례연구 6-1〉에 있다.
- 강의 중에 대학생들이 강의 내용을 잘 따라가 있도록, 또한 중요한 사항을 필기하도록 수업 기자재를 사용하여 강의의 개요를 계속 보여 주자.
- 일정한 부분이 끝날 때마다 주요 요점을 요약해 주고, 전체가 끝난 후에는 전반적인 요약을 해 주자(이것을 다음 강의가 시작할 때 다시 언급한다면 대학생들은 이전에 배운 내용을 상기시킬 수 있다).

〈사례연구 6-1〉 컴퓨터공학과 1학년 강의에서의 적극적 학습

본 사례에서 교수는 적극적 학습을 촉진시키기 위해서 자신의 모든 강의에서 상호작용적 접근을 사용했다. 프로그래밍 개론을 수강하는 1학년 대학생들에게 Java 프로그래밍에 관한 강의를 한 후 전체 학생들에게 질문을 하고 끝냈다. 신입생들은 서로 모르는 사이므로 교수는 수강생들을 몇 줄로 나누고 차례대로 한 줄씩 짝을 지어 대답하게 했다. 대학생들이 대답하는 과정에서 큰 부담감을 갖지 않도록 신경을 썼다. 5주간의 강의가 진행된 다음부터는 대학생을 지명하여 질문했고, 그때쯤 교수는 질문을 하기도 전에 손을 드는 열렬한 학생들을 보게 된다. 대학생들은 강의 시간 내내 질문을 하도록 고무된다. 강의 중에 대강 10분 간격으로 질문이 나왔고 모든 수강생에게 답을 찾도록 하여 모든 대학생이 학습 자료에 관해서 능동적으로 사고하도록 하였다. 이와 같은 접근은 강의 시간 내내 흥미를 불러일으켰고, 모든 학생이 제시된 주제에 몰두하도록 했다. 대학생들은 이렇게 노력을 기울이도록 하는 강의실에서 잘 배운다.

이러한 접근방식을 새롭게 사용하려는 교수들이 유의해야 할 점이 있는데, 즉 분명한 구조를 갖고 있어야 한다. 그래야 학생들의 질문이 강의 속으로 들어오고 착실히 따르며, 엉뚱한 데로 빠지지 않게 된다. 대학생들의 강의평가 결과에 따르면 이렇게 접근할 때 그들의 만족도는 매우 높았다.

- 새로운 내용과 이전에 학습한 내용을 연결시키려면 가능하면 일찍부터 대학생들에게 제시된 새로운 내용으로 서로 상호 작용할 수 있는 기회를 주자. 대학생들에게 강의 중에는 짧은 시간 동안 개별적으로 혹은 버즈그룹으로 공부하게 할 수 있고, 강의가 끝난 후 복습할 과제를 줄 수도 있다.
- 대학생들이 강의노트를 제대로 쓸 수 있게 도와주자. 개념 지도, 가지 모양의 도표, 마인드 맵 등은 대학생들이 교수의 도움으로 공부할 수 있게 하는 다른 방법들이다. 요즈음에는 교수들이 자신의 웹사이트에 강의노트 전문을 올리기도 한다. 여러분은 가끔 강의 중에 대학생들이 옆 자리에 앉은 동료 학생들의 노트와 자신의 것을 잠깐 비교하게 할 수 있다.
- 유인물을 잘 활용하자. 대학생들이 자신의 생각을 기록할 수 있도록 여백을 남길 수 있다. 대학생들이 더 공부할 수 있도록 도표, 참고자료 혹은 논문을 제공할 수도 있다.

6) 강의를 구조화하기

강의 준비를 끝낸 후에 교수들은 다음과 같은 점검표를 사용하여 자신의 강의를 성찰해 보는 것도 좋을 것이다(Brown & Atkins, 1988).

- 무엇이 강의의 핵심 문제인가?
- 대학생들이 강의에서 무엇을 배우거나 이해하리라고 생각하는가?
- 어떤 강의법을 사용할 것인가?
- 강의는 분명하고 재미있게 시작했는가?
- 강의의 각 부분들은 뚜렷하게 조직화되고 명료하게 연결되는가?
- 주요 핵심 요지들이 분명하고 정확하며 서로 연결되어 있는가?
- 보기와 실례는 적절한가?
- 단서와 제한은 분명하고 적절하게 제시될 것인가?
- 부분별 요약과 종합적 요약은 확실하고 조리가 있는가?
- 대학생들은 수강 중에 어떤 활동을 해야 하는가?
- 프레젠테이션에 어떤 결함이 있을 수 있는가?
- 이런 결함을 어떻게 극복할 것인가?
- 필요한 시청각 자료를 이용할 수 있는가?
- 강의의 효과성을 어떻게 평가할 것인가? (14장 참조)

〈사례연구 6-2〉 개론 강의(대형 분반)에서 피드백 얻기

지질학 개론(대형 분반)에서 이 코스의 난해한 부분에 관한 정보를 얻기 위해서 다음과 같은 방법을 사용한다. 대학생들은 원할 경우에 강의, 읽기 과제, 실험실 작업 등에서 이해할 수 없는 주제/개념을 찾아 매주 한 번씩 기록카드에 적어 제출하도록 하였다. 교수는 이 기록카드를 검토하고, 가장 난해한 주제/개념을 골라서 다음 시간에 다룬다. 기록카드를 이렇게 활용하여 가장 어려운 문제점들을 찾아내고, 대학생들에게 자신의 노트나 텍스트를 복습하게 하여 좋은 공부 습관을 갖게 만든다. 이러한 피드백에서 대학생들의 참여 수준은 높은 편이다.

〈사례연구 6-2〉는 문제 영역에 대해서 피드백을 얻는 데 이용할 수 있는 한 가지 접근방법을 예시한다. 이는 강의실에서 학생들에게 질문을 하게 하는 방식과 다른 것이다.

7) 강의에서 학생 활동을 다양화하는 방법

대학생들이 그들에게 제시된 주제에 몰두하게 만드는 방법은 다음과 같다. 이 중 몇 가지는 여러 가지 〈사례연구〉에 들어 있는 것이다.

- 대학생들에게 질문을 하거나 문제를 주고 이를 개별적으로 다루게 한 다음, (흔히 버즈 그룹이라 부르는) 소집단 속에서 각자의 아이디어를 공유하도록 하자.
- 강의실에서 시간을 사용하는 방법을 바꿔 보자. 〈사례연구 6-3〉은 화학공학과 학생들이 문제해결 및 팀워크 기능을 습득할 수 있도록 강의를 근본적으로 재설계한 예를 보여준다.
- 비디오/DVD를 보여 줄 때 거기서 무엇에 주목할 것인가에 대해 명확하게 지시하자.
- 인터넷에 있는 생생한 내용을 보여 줄 때 무엇에 주목할 것인가, 어떤 자료를 모을 것인가에 대해서 분명하게 지시하자.
- 작업이나 장치를 시연해 보여 줄 때 무엇에 주목할 것인가를 확실하게 지시하자.
- 간단한 선다형 시험을 보이자. 동료의 도움을 얻어 시험을 보일 수 있다. 이것은 논의 중인 주제에 대해서 대학생들이 이해하도록 즉각적 피드백을 제공할 수 있는 아주 효과적인 방법이 될 것이다.
- 문제를 집단적으로 풀어 가자.
- 대학생들이 두셋씩 짝을 지어 연구 설계나 결과 해석에 대해 간단히 논의하게 하자.

- 대학생들이 자료에 대한 질문을 만들거나 추측하게 하자(예, 다양한 범죄비율, 도구의 정확성 범위 등). 대학생들은 소집단 내에서 각자의 아이디어를 비교할 수 있으며, 그때 대학생들은 정확한 형태를 갖게 될 것이다.
- 대학생들이 사례를 개발하고 그것을 다른 학생과 비교하게 하자.
- 대학생들이 이론이나 절차의 장점과 단점 또는 강점과 약점을 간단히 생각하게 하자. 그런 다음 이것을 자기 견해와 비교할 수 있도록 장점과 단점을 정리하자.
- 강의의 일부를 질문과 대답으로 만들자. 이 일에는 용기가 필요하다. 또 처음 강의를 시작하는 신임 교수들은 대형 분반에서 시행이 가능할지 확신이 없을 수도 있다. 질문을 미리 주고 그 해답을 생각할 기회를 갖도록 '질문 상자'를 대학생들에게 줄 수도 있다. 몇 가지 좋은 질문이 들어 있는 상자가 되도록 만들면 좋을 것이다(이상의 요점들은 Brown & Atkins, 1988의 생각들을 정리한 것임).

〈사례연구 6-3〉 화학공학 강의: 소집단 형태의 문제해결방법

화학공학 석사과정의 '과정분석' 강좌(수준 I)는 대학생들이 화공학에 대해 처음 배우는 수업이다. 이 코스의 목표는 공학도가 문제에 접근하는 방법을 더 잘 이해하도록 하는 것이다. 학습 성과는 새로운 공학지식의 습득뿐만 아니라 문제해결과 팀워크 기술의 개발을 포함한다. 그러므로 필수적으로 대학생들은 개별 지도, 프로젝트 작업, 강의 등을 통해 집단적으로 문제를 해결하는 경험을 직접 갖게 된다. 분반 크기가 대형(100~120명)이고 강의 시간이 한정되었다면, 대학생들에게 소집단 활동의 방법에 대하여 분명히 가르쳐 주어야 하고 집단 활동을 할 때 개별 학생이 교수의 관심을 독점하지 않도록 해야 한다. 따라서 강의할 때마다 반복할 수 있고 대학생들이 쉽게 적응할 수 있는 집단 활동 구조를 갖추어야 한다.

대학에서 개별 지도를 할 때 학생들을 5~6명으로 집단을 구성한다. '과정 분석' 강의를 시작할 때 개별지도 집단들이 강의실의 어느 곳에 앉아야 할지를 슬라이드로 보여 준다. 대학생들이 돌아앉으면 바로 소규모 토의 집단을 만들 수 있도록 각 집단은 두 줄로 나눈다. 처음에는 시간이 조금 걸리지만 대학생들은 어디에 앉을 것인지를 금방 알게 된다. 거의 매 시간마다 나누어 줄 유인물에는 대학생들이 소집단으로 풀어야 할 문제를 하나 이상 포함한다. 학생들에게 시간을 얼마나 줄 것인지 말한 후 각 집단별로 문제를 풀게 한다. 자기 집단에서 해결할 수 없는 문제가 있거나 문제를 다 풀었을 때는 교수를 부르게 하고, 개별적으로 부를 경우에도 자기 집단의 다른 학생들과 문제를 다시 생각하게 한다. 이렇게 하면 분반 크기를 100~120명에서 20명으로 줄일 수 있고 교수는 학생들이 문제를 풀 때 집단 사이를 돌아다닐 수 있다.

평균 집단이 문제를 해결할 때 생기는 난점을 찾아낼 수 있게 연습 시간을 설정해야 하나 대부분의 집단이 문제를 완전히 풀기 전에 연습을 끝내는 것이 중요하다. 해결 전략을 확인하면 대학생들은 주의가 산만해지는 경향이 있는데, 이 경우 다시 주의를 집중하도록 하기는 더욱 어렵다. 일단 분반 전체의 주의가 집중되면 문제는 칠판에서 (충분히 또는 개략적으로) 해결한다. 여기서 대학생들을 참여시킬 필요가 있다. 개별 학생의 참여를 요구하지 않고 집단이 해답을 내놓게 할 수 있는데, 이 경우는 학생들에게 훨씬 덜 위압적이고, 더 많은 반응을 얻는다.

몇 차례의 강의시간이 큰 문제 하나를 해결하는 데 온통 투입될 수도 있다. 그러나 이 수업이 모든 학생에게 유익하려면 문제해결 과정에서 자연스럽게 끊기는 부분들을 확인하고, 다시 대학생들이 하위 문제를 해결하는 일에 집중하도록 하는 것이 중요하다. 이렇게 해야 유능한 집단은 자신의 접근방식을 점검할 수 있고 덜 유능한 집단은 강의시간 중에 문제의 모든 측면을 살펴볼 수 있게 된다.

이 전략의 특징은 대학생들이 지도시간에 동일한 집단에서 공부하며, 강의에서 얻은 문제와 경험들을 소집단으로 가져옴으로써 자신의 학습으로 굳히고 넓히게 된다는 점이다.

〈사례연구 6-4〉 지리학 강의에서 학습 향상시키기

이 사례연구는 60명이 넘는 D 대학 2학년 학생의 '건강과 질병의 지리학' 강좌를 다룬 것이다. 이 강좌의 수업시간은 3시간이어서, 교수가 학생들을 적극적으로 수업에 참여하도록 다양한 전략을 쓸 수 있다.

교수는 요점을 보여 줄 때 비디오를 자주 이용하고, 대학생들이 오락자료가 아닌 학습자료로 비디오를 이용하도록 도와주어야 한다. 대학생들에게 비디오를 보고 필기하는 방법을 알려 주고, 자신들이 주목해야 할 사항들을 목록으로 제시해 준다. 강의 시간에 오버헤드 슬라이드로 주제를 제시하고, 대학생들이 여러 나라에서 수집한 자료 표를 검토하도록 한다. 이때 대학생들이 짝을 지어 공부하도록 하고, 연도별 경향과 비교사항 등을 찾게 한다. 이런 전략은 대학생들이 상대방에게서 배우고 소극적인 역할에서 벗어나게 한다. 가능하면 언제든지 교수는 대학생들이 자신들의 경험에서 나온 정보를 자발적으로 말하게 하여 새로운 주제를 다루기 시작한다. 예, '퇴행성 질환/전염병 등으로 사망한 사람의 숫자에 대해 여러분이 알고 있는 바를 생각해 봅시다.' 라고 한다. 이렇게 접근할 경우, 교수가 반드시 완벽하게 상황을 통제할 수 있는 것은 아니기 때문에 위험성도 있음을 유의해야 한다. 그러나 대학생들이 적극적으로 개입할 때 더 많이 배운다는 점을 교수는 확신하게 된다. 이 강좌에 대해서 대학생들은 수업시간에 너무 힘들게 공부한다는 점에서 비판적이기도 하다.

5. 문제행동

최근 여러 대학에서 제기되는 문제는 대형 분반, 특히 대형 강의에서 수업 분위기를 해치는 행동이다. 대학에서 나타나는 그런 행동은 중등학교 수준에 비해 약한 편이지만 그런 일이 있을 경우 교수나 다른 학생들에게 상당한 문제를 일으킬 수 있다. 핸드폰으로 문자를 보내는 것은 영국이나 다른 나라에서 최근에 부쩍 많아진 문제행동이다(Edwards, Smith, & Webb, 2001: 37). 〈사례연구 6-5〉는 문제행동을 상세하게 다루면서 교수가 활용할 수 있는 몇 가지 전략을 제시한다.

〈사례연구 6-5〉 강의시간에 문제 학생 처리하기

교수로서 그리고 교수-학습에 관해서 다른 교수들에게 조언하는 역할을 담당하는 사람으로서 문제 학생의 사례를 자주 접하게 된다. 강의 시간에 대학생들은 때로 잡담하고, 쪽지나 문자메시지를 보낸다. 더 심한 경우(예, 종이를 구겨 던지거나 교수에게 화를 내면서 큰 소리로 말하는 대학생들)도 없지 않다. 이런 행동은 교수를 황당하게 하고 학습에 열중하는 대학생들에게 혼란을 줄 수 있다. 그리고 강의시간에 잡담하는 대학생들을 가끔 목격하는 교수들은 그런 문제를 어떻게 다룰지 조언을 구할까 말까 망설이게 된다. 왜냐하면 '훌륭한' 교수는 그런 문제가 아예 생기지 않도록 감명을 주거나, 권위를 갖거나, 흥미를 유발해야 한다는 점을 이미 알기 때문이다. 이런 상황은 이제 막 강의를 시작한 교수들에게 특히 심각하다. 왜냐하면 젊은 교수들은 아직 익숙하지 않을 뿐만 아니라 대개는 저학년 분반을 맡는 경우가 많기 때문이다. 저학년 분반의 강의실은 대학생들로 빽빽이 들어차 있다(때로 후텁지근하고, 조명도 어둡고, 통풍마저 잘 안 될 수 있다). 신임 교수는 항상 준비를 철저히 해야 하며, 핸드폰 사용과 같은 사안에 대해서 해당 학과나 대학이 어떤 방침을 갖고 있는가도 잘 알아야 한다.

중등교육에 관한 연구를 살펴보면, 학교에서 문제행동이 발생하게 된 원인은 교사와 학생 모두에게 있다고 한다. 대학에서 문제행동을 일으키는 학생은 교수의 수업에 정말로 불만이 있을지 모른다. 일부 대학교수들은 자신의 연구에만 우선순위를 둘 뿐 가르치는 일에는 별로 신경을 쓰지 않는다. 가르치는 일에 열정이 부족할 경우 대학생들은 이를 훤히 알아챈다. 또 대학생들이 교과목의 내용에 불만을 가질 수도 있다. 예를 들어, 직업 관련 과목의 경우 대학생들은 '우리가 ……이 될 것인데 왜 이런 걸 배워야 하지?' 하고 짜증을 낼 수 있다. 이런 이유로 수업이 혼란스러워지면, 강의 담당자는 지금 가르치는 부분과 다음에 가르칠 부분 간에 어떤 관련성이 있는가를 설명하는 것이 좋을 것이다. 만일 문제학생의 관심사가 그보다 더

먼 데 있다면 이는 강의실 밖에서 처리해야 한다.

잡담과 같은 일상적 문제 중 일부는 이 책에서 제시한 훌륭한 교수의 유형을 일상적으로 실천하면 해소될 것이다. 적절한 속도 조절, 휴식, 교수법의 다양화 등을 강의계획서 작성 때 유의하고 특히 상호작용적인 강의를 만듦으로써 그렇게 할 수 있다. 소집단을 잘 관리하는 전략(7장 참조) 중 많은 것은 대형 강의에서도 큰 도움이 될 것이다. 강좌가 시작될 때 학생과 교수가 합의한 기본 규칙이 있다면 아주 편리하다. 처음부터 '가차 없이' 바로잡겠다는 인상을 주고 기강을 세우면 학생들이 신임 교수의 '인내심을 시험해 보는' 일은 없어질 것이다. 적절한 기본 규칙으로는 다음과 같은 것이 있다. "대학생들이 10분 지각하는 것은 허용하지만 더 늦으면 강의실에 들어올 수 없다." "강의 시간이 끝날 무렵 질문하고 대답할 수 있는 시간을 늘 갖겠다."

명교수, 명강의라도 문제학생과 문제상황은 늘 발생하여 도발을 일으킨다. 그럴 때 최선의 전략은 항상 문제를 조기에 다루는 것이다. 강의하는 동안 대학생들을 유심히 쳐다보고, 대학생들과 눈을 맞추자. 대학생 두 사람이 서로 이야기를 시작할 때 그 쪽을 똑바로 주시하면 잡담을 멈출 것이다. 그래도 계속하면 적절한 순간에 강의를 멈추고 지금까지 수업한 내용에 대해서 질문이 있는지 물어보자. 또다시 이야기를 하는 대학생들에게는 그들 쪽으로 시선을 돌리자. 이것은 문제학생을 그냥 참는다는 것이 아니다. 그들이 주의를 산만하게 만들고 있음을 알려 주고, 체면을 손상시키지 않으면서 이야기를 멈추게 하자는 것이다. 그래도 계속 이야기를 하면 다시 한 번 멈추고 그 학생에게 직접 오늘 배운 내용 중에 의문스러운 점이 있는지 물어보자. 교수가 화가 났다는 것을 보여서는 절대 안 된다는 점을 명심하고(음성에 동요하는 낌새를 보이지 말자) 항상 재치 있게 수완을 발휘해야 한다. 여전히 멈추지 않으면 강의시간 후에 그들을 만나서 조근조근 몇 마디 해 주자. 점진적으로 제재를 확대하는 것이 중요하다. 문제학생 때문에 교수가 강의를 하다가 밖으로 그냥 나가 버리는 사례도 있다. 하지만 이것은 최후의 수단이어야 하고 비생산적일 수도 있다. 교수는 다시 돌아와 학생들과 대면해야 할 것이고, 또한 근원적인 문제를 처리해야 하기 때문이다.

6. 훌륭한 강의에 대한 대학생들의 생각

학습을 질적으로 향상시키는 강의법에 관한 여러 가지 연구결과를 살펴보았고, 또 노련한 교수들이 잘 가르치기 위해 스스로 개발한 교수법 사례들도 살펴보았다. 이제 '훌륭한 강의'에 대한 학생들의 견해를 살펴보자.

훌륭한 교수에 대한 대학생의 지각을 조사했다(Ramsden, 1992). '훌륭한 강의란 어떤 것인가.' 에 대해서 가장 많이 나온 대답으로는 강의의 자료를 적절한 수준으로 맞추고, 강의의 구조를 분명하게 드러내고, 적절한 속도를 유지하는 능력 등이었다. 여러 가지 반응 중에서 가장 주목할 부분으로는 대학생들이 학습에 접근하는 방법에 대해 강의 담당교수가 미치는 영향, 열정, 적절한 설명 능력 등이었다.

다른 대학에서 최근 조사한 것에서도 유사점을 찾아볼 수 있다. 여기서는 학부 학생을 대표하는 대학생들에게 강의법에 대해서와 대학생들이 가장 호감을 갖는 강의 담당자의 자질에 대해서 물었다(Lacoss & Chylack, 1998). 이들에게 강의자료를 학습하고 파악하는 데 가장 좋은 강의 양식, 형식, 환경 등에 대하여 물었다.

대학생들이 가장 좋아하는 것은 교수가 자신의 강의에 다양성, 상호작용, 구조, 밀도를 도입하는 것이었다. 대학생들은 어느 한 가지 강의 양식을 가리켜 가장 효과적이라고 답하지는 않았으며, 실제로 강의 양식에 다양한 변화를 주는 것을 높이 평가했다. 보기, 실물, 억양 조절('정신이 번쩍 들도록') 등을 활용할 수 있는 강의 능력이 오히려 강의 양식보다 더 중요하다고 하였다.

특히 강의할 때 질문을 유도한 후 얻은 학생들의 반응을 수업에 활용하거나, 그 이후에도 그 학생들에게 도움을 주거나, 웹 게시판을 통해서 학생들의 반응을 수합하는 교수들이 인기가 많았다. '학생들과 접촉' 하려는 교수들의 성의에 대한 대학생들의 평가가 특히 흥미로웠다. 대학생들이 소극적인 역할에서 벗어나도록 노력하는 교수를 좋아했으며, '처음에는 어색하게 느낀 점도 있었지만' 그렇게 함으로써 상호작용 면에서 큰 진전이 있었다고 하였다. 이런 접근방식에서 대학생들은 수업 준비를 더 잘하고, 더 존중하고, 더 열의를 갖게 되었다고 했다. 대학생들이 특별히 도움이 된다고 밝힌 강의기술은 다음과 같다.

- 요점과 목록 활용하기
- 받아 적을 수 있는 속도로 전달하기
- 잠깐 쉬게 하여 내용 정리하도록 하기
- 내용 복습/개인적인 반응/질문 등을 할 수 있도록 짧은 휴식 시간 주기
- 주요 요점 반복하기
- 핵심사항 마무리하고 끝내기

마지막으로 대학생들은 교수들을 '학습의 적극적 모델이 되고 그리고 대학생들이 내용을 자기 나름대로 소화할 수 있도록 정보를 처리' 해 주는 사람으로 생각했다.

7. 개 요

효과적인 강의란 어떤 것인가? 그것은 대학생들을 분발시켜 그들을 수동적인 속기록 역할에서 벗어나게 하고 도전적인 학습환경을 제공하는 구조화된, 잘 짜인 학습경험의 장이 될 필요가 있다. 이 장의 〈사례연구〉에서 다룬 접근방식들을 실제로 실행하는 원숙한 교수들은 대학교육에서 훌륭한 강의란 무엇인가에 대해서 위와 똑같은 결론을 내릴 것이다. 이와 같은 접근 방식이 쉬운 일이라고 말할 사람은 거의 없을 것이다. 경험 많은 유능한 교수들도 사실 그런 방향으로 바꾸기를 주저할 것이며, 종전처럼 통제된 환경에서 가르치는 것을 오히려 더 편안하게 느낄 것이다. 전통적인 강의에서 더욱 상호작용적인 강의 방식으로 바꾸어 볼까 하고 생각하는 교수들이 있을 것이다. 이들에게 해 줄 최상의 조언은 이것이다. 조금씩 단계적으로 바꾸는 것이 학생과 교수 모두에게 가장 효과적이다. 비록 처음 시도한 바가 계획했던 것만큼 성과를 거두지 못했더라도 변화의 뜻을 포기하지 말고 또 왜 그렇게 되었는지를 성찰하고 이를 다시 시도해야 할 것이다.

참고문헌

Battles, D. A. (2000). Use of notecards as a technique for enhancing the quality of large introductory classes, *Journal of Geoscience Education*, *48*, p. 30.

Bligh, D. (2002). *What's the Use of Lectures?* Intellect, Exeter

Brown, G., & Atkins, M. (1998). *Effective Teaching in Higher Education*, Methuen, London.

Brown, S., & Race, P. (2002). *Lecturing: A practical guide*, Kogan Page, London.

Cashin, W. E. (1985). *Improving Lectures*, idea paper 14, Manhattan, Center for Faculty Evaluation and Development, Kansas State University.

Edwards, H. Smith, B., & Webb, G. (2001). *Lecturing, Case Studies, Experience and Practice*, Kogan Page, London.

Gibbs, G. (1992). *Lecturing to More Students: Teaching more students, part 2*, Polytechnic and Colleges Funding Council, Oxonian Rewley Press, Oxford.

Lacoss, J., & Chylack, J. (1998). *In Their Words: Students' ideas about teaching*, http://www.virginia.edu/trc/lacoss.htm.

McKeachie, W. J. (1994). *Teaching Tips: Strategies, research and theory for college and university teachers*, Heath and Co, Lexington, Massachusetts.

McKeachie, W. J. et al. (1990). *Teaching and Learning in the College Classroom: A review of the research literature*, 2nd edn, MI: NCRIPTAL, University of Michigan, Ann Arbor.

Ramsden, P. (1992). *Learning to Teach in Higher Education*, Routledge, London

Ramsden, P. (1994). Current challenges to quality in higher education, *Innovative Higher Education, 18*(3), pp. 177-87.

Russell, I. J., Hendricson, W. D., & Herbert, R. J. (1984). Effects of lecture information density on medical student achievement, *Journal of Medical Education*, *59*(1), pp. 881-89.

읽을거리

Bligh, D. (2002). See above. The latest edition of this classic in the field which comprehensively reviews the literature on lecturing.

Brown, S., & Race, P. (2002). See above. A user-friendly book that covers all aspects of the art of lecturing.

Gibbs, G. (1992). See above. A quick and easy practical guide to lecturing, concentrating on approaches with large classes, by an influential figure in higher education.

제7장

소집단을 통한 교수-학습을 어떻게 할 것인가

1. 배경 및 정의

소집단 수업이 무엇인가를 명확히 정의하려는 시도가 반복되었다(Abercrombie, 1970; Bligh, 1986). 이러한 시도를 역사적으로 살펴보면, 소집단 수업이 강의식 수업방법과 관련지어 행해졌다는 사실이 부각된다. 따라서 이러한 관련성은 소집단 수업의 목적과 활동의 많은 부분에 반영되었다. 소집단 수업은 전통적 강의식 수업을 지원하는 데 그 의의가 있다는 견해는 그렇게 해서 나온 것이다(6장 참조).

소집단 수업을 정의할 때 '세미나' 나 '개인지도(tutorial)' 라는 용어를 사용하는 것은 잘못이며, 이 용어들을 맞바꾸어 사용하는 경우가 많다. 어떤 사람들은 그것보다 '집단토의(group discussion)' 라는 용어를 좋아하는데, 이 용어의 사용은 수업활동의 주요 목표와 일치한다. 수업의 주요 목표는 대학생들이 사고하도록 하고 관점들을 정교화하면서 자신과 동료의 학습에 참여하도록 가르치는 것이다(Stenhouse, 1972; Bligh, 1986).

이 장에서는 소집단 수업이 학습을 증진시킬 대단하고 특별한 잠재력을 가졌다는 것을 살펴보고자 한다. 소집단 수업은 다양한 형태로 여러 전공 영역의 목적에 맞게 활용될 수 있는 매우 흥미롭고 도전적이며 역동적인 수업 방법이라고 볼 수 있다. 그러므로 관련 용어들도 아주 다양하고 융통성 있게 살펴볼 것이다. 소집단 수업은 직접적인 교수법이 아니고 참여적 경험 과정이다. 이 과정에서 대학생들에게, 튜터와 함께 자신의 학습에 대해서 책임을 지도록 권장한다. 온라인 토의집단 방법을 활용해도 학습이 촉진될 수 있다(11장 참조).

2. 고도의 기능 활동

여러 교육학자들(Bligh, 1986; Griffiths & Partington, 1992)의 견해에 따르면, 소집단 수업은 아주 어렵고 고도의 기능을 요구하는 교수방법이다. 대학생들이 사고를 하도록 가르치는 것이 소집단 수업의 기본 목표며, 이 밖에 여러 가지 부차적인 목표를 가져야 비로소 소집단 수업이 제대로 이루어지게 된다. 일반적으로 말하면, 소집단 수업 방법은 해당 교과에 대한 폭넓은 지식 그리고 수업내용의 큰 그림에 주목하면서도 미세한 부분까지 유의하는 능력이 필요하다. 효과적인 소집단 수업을 위해서 다음과 같은 것이 필요하다. 집단의 기능에 관한 이해, 개방적인 정신, 여러 가지 견해의 조정, 새로운 아이디어의 수용, 대학생들을 지배하지 않고 집단 관리를 할 수 있는 성숙성 등이 그것이다. 이러한 특성들을 기르는 데는 오랜 시간이 소요되는 것으로 생각해야 한다.

교수들도 소집단 방법을 이용하여 어떻게 가르칠 것인지를 배워야 하며 대학생들도 소집단에서 어떻게 활동할 것인지를 배워야 한다. 여기서 대학생들이 학습하고, 자신감을 갖도록 도와주며, 집단의 결속을 촉진하는 일은 모두 교수의 몫이다. 그러므로 소집단 방법을 사용하는 교수는 해당 교과내용 전문가 이상의 차원으로 나아가야 한다.

소집단 수업이 어렵고 고도의 기능을 요하는 방법이긴 하지만, 교수와 대학생 모두에게 가장 많은 보상을 줄 수 있는 교육-학습 방법이라는 것을 아는 것도 중요하다.

3. 집단의 크기

대체로 소집단 수업은 어떤 교수-학습 상황이건 간에 2~20명의 참여자로 이루어진다. 소집단 참여자는 학생들과 교수 또는 학생들만으로 이루어진다. 참여 대학생의 수가 상대적으로 적기 때문에 이 방법의 단위비용이 높을 수 있다.

4. 소집단 수업 상황

최근에 와서 소집단 교수-학습의 경험이 위협을 받고 있다. 대학생 수가 급증하면서 강좌당 학생 수도 급증했고, 소집단 방법은 강의와 비교할 때 고비용이 든다. 그 결과 소집단 방법을 재검토하였고, 소집단 교수-학습은 큰 영향을 받았다. 많은 교수가 소집단 방법의 특성을 비판적으로 재평가하였고, 이 방법의 잠재력을 극대화함으로써 몇 가지 아주 흥미롭고 혁신적인 결과를 낳았다. 동료개별지도, 동료평가, 동료학습, 동료지원 등이 널리 퍼졌다(예, Griffiths, Houston, & Lazenbatt, 1996). 소집단 방법을 옹호할 수 있으려면 이런 방식의 수업시간을 잘 계획하고, 또 계획한 대로 시간을 잘 운영할 수 있어야 한다.

소집단 방법에 대한 재검토가 이루어질 때 외부 환경에도 많은 변화가 있었다. 영국에서는 1999년에 교수학습개발원(Institute for Teaching and Learning)이 설립되면서 대학교수들의 수업능력 인증제가 급속히 확산되었고, 대학 문화도 크게 변했다. 이러한 문화적 변화의 일부를 보면, 대학교수는 자신이 무엇을 가르쳤는가에 대해 책임을 져야 할 뿐만 아니라 대학생들이 어떻게 배웠는가에 대해서도 일부 책임을 져야 한다는 인식이 확산되었다.

5. 소집단 학습

소집단의 특성은 대인관계와 상호 작용이다. 따라서 소집단 학습은 대학생들에게 자신의 학습에 참여하도록 도전감을 불러일으키는 적절한 수단이 된다. 소집단 학습에서 대학생들은 자기 자신의 지적, 개인적, 전문적 발달을 위한 학습자이자 상호 협력자로서 활동하게 된다. 또한 대학생들이 다양한 방식으로 이루어지는 소집단 학습 경험에서 도움을 받고 소집단 학습을 즐긴다는 뚜렷한 증거들이 대학생들에게서 생기고 있다(Rudduck, 1978; Luker, 1989; Griffiths, Houston, & Lazenbatt, 1996). 소집단 학습의 이점을 그 성격에 따라 인지적인 것과 정의적인 것으로 정리할 수 있다. 이해와 지식 측면에서의 이점이 있을 뿐만 아니라 참여, 소속감, 관심 등도 소집단 학습경험의 중요한 차원이라고 대학생들은 말한다. 여기서 알 수 있듯이 집단을 형성하고 관리하며, 상호관계의 발전을 도와주는 과정은 지극히 중요하다.

소집단은 대학생들에게 일련의 핵심 기능을 발달시키는 중요한 기제라고 볼 수 있다. 소집단 속에서 자신감이 생길 수 있고 집단작업과 대인 간 의사소통 기능이 발달될 수 있다. 대학생들의 보고에 따르면, 집단 활동 및 다른 기능이 발달할 뿐만 아니라 이와 더불어 자기 자신의 학습양식을 관찰하고, 상이한 학습과제에 맞추어 자신의 학습양식을 바꾸어 가고, 교과내용에 더 깊이 몰두하는 여건도 마련된다(Griffiths, Houston, & Lazenbatt, 1996). 바로 이런 특성들은 대학생들이 학습에 심층적 접근을 하게 하는 전제조건이라고 흔히 말한다. 핵심 기능에 대해서 관심이 높아지면서 집단 활동도 새롭게 부각되고 있다.

대학교육에 대중의 참여가 확대되고 또 강의실 규모가 커지는데도 소집단 방법이야말로 학습 경험의 질을 높이고 핵심 기능의 발달에 기여할 수 있는 혁신을 위한 잠재력을 가졌다고 보기 때문에, 소집단 방법은 여전히 유지되고 향상되고 있다. 소집단 방법들은 폭넓게 사용되고, 예컨대 문제 기반 학습법과 같이 다양한 방식으로 확대되고 있다(23장 참조).

6. 소집단 수업 계획

성공적인 소집단 교수-학습은 우연히 이루어지는 것이 아니다. 효과적인 소집단 수업이 되도록 계획을 수립하는 일은 다른 교육활동과 마찬가지로 중요하며, 이 점이 가끔 간과되기 쉽다. 그것은 실제로 소집단 학습활동이 처음 보기에는 구조화되지 않은 것처럼 보일 수 있기 때문이다. 어떤 교수들은 소집단 학습이 얼핏 보면 비형식적이고, 느슨하고, 마무리가 안 되는 것 같은 특성이 있다고 보기 때문에 그것을 싫어한다. 또 어떤 사람은 소집단 수업이 비형식적이어서 혼란을 초래할 것 같고, 자칫 소집단 수업이 상담치료 시간으로 변질될 수도 있다는 점을 우려한다. 모든 수업은 각 부분에 맞게 여러 가지 방법을 적절히 사용하여 전체적으로 일관성 있게 계획해야 한다.

소집단 수업이 마치 비형식적인 것처럼 보이기 때문에 오해가 발생한다. 외관상 비형식적인 것처럼 보이는 소집단의 이면에는 말하거나 말하지 않은 그러나 알려진 일련의 규칙에 따라서 모든 학습자가 움직이는 측면이 있다. 따라서 소집단 수업을 가리켜 일종의 구조화된 자발성이라고 부르는 것이 더 좋을 것이다. 다른 말로 표현하면, 소집단 수업에서는 아이디어의 창의적 흐름이 있는데 그 이유는 교수가 수업 목표를 성취하기 위해서 신중하게 계획한 명확한 틀이 있기 때문이다. 이 틀 안에서 대학생들은 안심하고 자신의 아이디어를 발전시키고, 교수들 또한 그 틀 안에서 안심하고 소집단 수업 기능을 시도하고 연습하게 된다.

소집단 수업은 여러 가지 형태로 계획할 수 있는데, 이것은 다른 학습 계획과 공통점이 많다. 대표적인 것만을 들어 보면 교수는 의도적인 학습성과, 적절한 소집단 수업유형의 선택, 학습자 활동 등을 고려하게 될 것이다.

이러한 일반적 특징 이외에도 수업계획은 특정 학문 분야의 요구, 대학의 문화, 프로그램 또는 강좌의 전반적 상황, 대학생들의 학습요구와 사전지식 등에 따라 영향을 받을 것이다.

어떤 형태의 계획이건 간에 소집단 활동을 도입하려는 분명한 의도를 정리하는 것이 중요하다. 소집단 수업의 목적이나 소집단 수업에서 행하는 바가 다른 수업방법과 비교해서 질적으로 어떻게 다를 것인가를 가끔 질문하는 것도 도움이 될 것이다. 대학생들에게 나타나는 질적 차이는 소집단 활동으로 발생하는 추가비용을 정당화할 것이다. 간단히 말하면, 소집단 수업의 목적과 내용에 따라서 그 수업방법이 달라지고 정당화되어야 한다.

자신의 수업 실제에 대해서 생각하기

소집단 학습의 경험자로서 교수님의 과거 경험을 거울로 삼아, 교수님이 가르치는 학문 분야에서 사용되는 여러 가지 접근 방법의 장점과 단점을 여러 가지로 찾아보시오.

7. 학습자의 준비

대학교육에 관한 연구(Griffiths, Houston, & Lazenbatt, 1996)에 따르면 교수들은 대학생들에게 '교과 지식' 측면을 미리 준비시킬 필요성은 깨닫는 데 반해 새로운 수업방식에 알맞게 공부하도록 그들을 훈련시키거나 도와주어야 한다는 점은 미처 깨닫지 못했다. 새로운 공부 방법이란 학습자 집단을 통해서 공부하는 것을 말하며, 이는 다른 연구(Griffiths & Partington, 1992)결과와도 일치한다. 즉, 대학생들이 교수들에게 조언하는 바에 따르면 교수들은 대학생들이 집단적으로 공부하는 법을 이미 아는 것으로 너무 쉽게 단정해 버린다. 교수들이 스스로 준비하는 것도 중요하지만 대학생들이 집단적으로 공부할 수 있도록 준비시키는 일 또한 중요하다.

소집단으로 학습하도록 대학생들을 준비시킨다는 것은, 소집단의 운영에 관해서 구체적으로 그들을 훈련시키는 것을 뜻할 것이다. 이런 훈련을 통해서 대학생들은 모든 집단이 일

자신의 수업 실제에 대해서 생각하기

교수님이 없을 때에도 대학생들이 소집단을 구성하여 공부하도록 도와줄 방법은 무엇입니까? 교수님의 현재 수업 활동을 그런 방향으로 개선할 수 있는 길은 무엇입니까?

련의 단계를 거치게 된다는 점을 이해하게 될 것이다. 예를 들어, 집단 내에서 갈등이 발생했을 때, 이것을 혼란에 빠진 것으로 생각해 버리지 않고 해결해야 할 자연적 현상으로 보고 이에 대처하게 할 수 있다. 준비해야 할 또 다른 측면을 들어 보면, 수업 프로그램의 어느 시점을 전략적으로 선택하여 대학생들에게 집단이 어떻게 기능하는지, 어떤 문제가 있는지, 어떻게 문제를 해결할 수 있는지 등을 검토하게 기회를 일정하게 주는 것을 의미한다. 어떤 교수들은 소집단 학습이 처음 시작할 때 또는 세미나나 워크숍이 처음 시작될 때 일정한 지침(기본 규칙)을 제시하여 집단 수업을 준비시키기도 한다. 어떤 교수들은 한 걸음 더 나아가, 대학생들이(개인적으로 또는 집단적으로) 스스로 기본 규칙과 의도하는 성과를 협의, 결정하는 일에 효과적으로 참여할 수 있다고 믿기도 한다. 바로 이런 활동을 통해서 학습규약(learning contract)이 만들어질 수 있다.

이러한 학습규약은 안전하고 지원적인 학습환경을 만들 수 있는 중요한 방법이다. 규약을 만들 때 교수와 대학생이 함께 참여할 수 있는 일은 다음과 같다.

- 목표의 설정, 동의, 이해
- 평가 절차와 (적절한) 기준에 대한 동의
- 모든 참여자, 교수와 대학생에게 과제의 할당
- 기본적인 집단행동 규칙의 개발

교수와 대학생 규약은 지속적으로 규약을 재검토하는 방안도 포함한다. 세 번째 또는 네 번째 모임 때 시간을 따로 정해서 해당 집단이 원래 규약에 비추어 어느 정도의 진척을 보이는가를 평가하는 것도 좋다.

8. 집단의 발전 단계

사회집단 이론가들은 집단 형성의 초기 단계를 포함(inclusion), 형성(forming) 그리고 접근-회피 공존(ambivalence) 등 다양한 용어로 설명한다(예, Adair, 1996; Tuckmann, 1965). 사회집단 이론은 집단에서 활동하는 개인들의 행위를 다룬다. 또한 집단 가입에 따르는 부담, 혼란, 고통 때문에 집단에 참여해야 하는 상황을 피하려는 갈등적인 경향도 지적되었다.

이와 같이 '다가가고, 벗어나는' 행동을 세심하게 다루지 못하면 집단 형성의 초기 단계에 긴장이 생기기 쉽다. 대학생들의 어떤 행동은 의식적인 거부 또는 회피행위라기보다는 초기 진입 단계에서 나타나는 자연스런 부분으로 볼 수 있다. 만일 대학생들이 어떻게 행동하는지를 교수가 이해한다면, 그들이 자신감을 갖고 신뢰가 조성되도록 도울 수 있는 틀을 교수가 제공할 수 있을 것이다.

집단의 종결 단계에는 흔히 정리해야 할 많은 쟁점이 표면으로 나타난다. 이 단계에서 어떻게 개입하는가에 따라서 집단 구성원들이 계속 발전하도록 돕게 된다. 교수들은 여러 가지 유형의 집단 활동을 끝맺는 적절한 방법들을 알아 두어야 한다. 집단행동을 어떻게 관리할 것인가에 관한 논의와 지침을 살펴볼 수 있는 자료가 있다(Jaques, 2000).

자신의 수업 실제에 대해서 생각하기

교수님께서 시도해 본 소집단 수업 시간은 어떤 것입니까? 교수님이 목격했던 여러 가지 유형의 개인행동과 집단행동을 떠올릴 때, 그런 행동에는 어떤 원인이 있다고 보십니까?

9. 환경의 중요성

잘 설계된 집단 활동 공간이라는 이상적 환경에서 가르치는 대학교수들은 별로 없다. 그러나 참여와 상호작용을 촉진할 수 있는 교실을 만들어야 굉장히 많은 일을 할 수 있다. 환경 요인이 상호작용에 미치는 영향에 관한 연구는 아주 광범위하게 이루어져 왔고, 물리적 환경이 강력한 영향을 미치는 것으로 지적되었다. 가령 한 사람은 앉아 있고 다른 사람은 앉아 있지 않을 때 두 사람의 만남은 영향을 받게 된다(Korda, 1976).

널리 알려진 것처럼 사회적 수준이나 지위의 격차가 적을 때 의사소통은 더 잘 이루어지므로, 교수의 한 가지 임무는 역할상의 격차를 최소화하는 일이다. 특히 교수 자신의 권위를 낮추면 토론의 자유로운 흐름이 촉진된다. 이것은 간단한 일이 아니다. 교수는 권위를 버려야 하지만 수업 전반을 통제해야 하기 때문이다. 사회적 지위 격차를 최소화할 필요성을 알면 교수가 실제로 집단 안에서 앉는 장소도 달라진다.

실제로 의도한 효과를 얻도록 교실을 배치할 수도 있다. 그 예로서 다음 세 가지 상황(Griffiths & Partington, 1992)을 들 수 있다.

- 긴장을 많이 하는 대학생들은 호의적인 교수나 격려를 잘해 주는 학우의 맞은 편(눈이 직접 마주칠 수 있는 자리)에 앉을 때 참여 효과가 더 높을 것이다.
- 지배적이고 떠들썩한 대학생은 교수 바로 옆에 앉히면 조용해질 것이다.
- 대학생들의 참여 수준, 대학생들의 상호작용 수준은 어떤 교실을 선택하는가에 따라 달라질 수 있다. 교수의 권위를 나타내는 소지품이 가득한 교수 연구실은 대학생들의 참여에 어떤 영향을 미칠 것인가? 장식이 거의 없는 딱딱한 세미나 방에 네모난 책상이 있고 그 끝에 등받이가 높은 교수용 의자가 있다면, 집단수업의 과정에 어떤 영향을 미칠 것인가?

자신의 수업 실제에 대해서 생각하기

소집단 수업을 하는 교실에서 교수님이 가르치고 있다고 상상해 보시오. 교수님과 집단의 상호작용을 극대화시키기 위해서 교수님은 어디에 앉는 것이 효과적인가? 교수나 다른 대학생과의 상호작용을 피하려는 대학생은 어디에 앉을 것인가? 대학생이 자신과 다른 관점을 갖고 있는 사람을 설득하려고 할 때는 어디에 앉을 것인가?

10. 소집단 수업방법 유형

소집단 수업의 목표가 무엇인가에 따라서 어떤 구체적인 방법을 택할 것인가는 달라질 것이다. 소집단 수업에는 여러 가지 방법이 있다. 어떤 방법은 다른 방법에 비해서 특정 학문 분야에 더 적합할 것이다. 그러나 단지 한 가지 주제에만 적당한 방법은 거의 없다. 대다수 수업 방법은 모든 교과에서 사용할 수 있도록 수정될 수 있다. 수많은 수업방법 중에서 다양한 것을 골라 시도할 수 있도록 개방적이고 유연할 필요가 있다. 잘 통하는 한 가지 수업방법만을 찾아서 이것만을 고집하는 습관은 바꾸어야 한다. 한 가지 방법만으로 수업을 받은 대학생들이 어떤 영향을 받을 것인가도 생각해야 한다.

다음에서 다양한 소집단 수업방법을 간략히 살펴보자. 여기서 모든 방법을 모두 망라할 수도 없고, 제시된 모든 방법이 상호 배타적인 것도 아니다. 어떤 수업방법은 원리의 적용 혹은 기법의 적용에 특별히 적합한 상황에 맞추어 기술되었다. 예를 들어, 브레인스토밍은 대학생들이 수평적 사고를 하도록 하기 위해 구성한 상황이다. 다른 수업방법들은 집단의 크기 또는 목적에 따라 기술되었다(이 목록은 특히 Habeshaw, Habeshaw, & Gibbs, 1988에서 큰 도움을 받은 것임).

- 브레인스토밍 수업시간: 수평적 사고를 촉진하기 위해 집단에서 아이디어를 끌어낸다. 온갖 의견이 모두 나올 때까지 어떤 아이디어도 비판하지 않는다.
- 버즈 집단(buzz group): 2~3명의 대학생이 몇 분간 한 문제를 논의하도록 한다. 그러고 나서 이에 대한 논평은 전체 집단과 함께한다.
- 교차집단(cross-over groups): 간단한 토의를 한 후 집단 간 이동을 한다.
- 어항(fishbowl): 소집단을 구성하여 토론하게 하고 다른 사람들은 모두 관찰 집단에 속한다. 이를 뒤바꾼다.
- 자유 토론: 주제와 방향을 집단에 맡기고 교수는 관찰한다.
- 개방적 탐구: 대학생들이 탐구의 구조뿐만 아니라 결과보고도 결정한다.
- 동료 개별지도: 대학생들이 서로 배우고 가르친다.
- 문제 중심 튜토리얼집단(problem based tutorial group): 문제 중심 학습방법을 사용하는 소집단을 포함한다.
- 역할극: 배분된 역할 혹은 스스로 만든 역할을 수행한다. 대학생들이 역할을 수행하고

마치는 것을 촉진하는 것이 중요하다.

- 자조 집단(self-help group): 대학생들에 의해, 대학생들을 위해 운영된다. 교수는 자원이 될 수 있다.
- 세미나: 대학생들이 발표한 자료에 대한 집단토의다(주의: 다른 의미로도 사용되기 쉬운 용어임).
- 시뮬레이션/게임: 실제 역할 또는 가상 역할을 구조적으로 경험한다. 그 과정에 관한 지침이 필요하고, 피드백이 중요하다.
- 눈덩이 굴리기(snowballing): 두 명이 소집단이 되고, 더 큰 집단으로 변해 간다.
- 단계별 토의(step-by-step discussion): 대학생이나 교수가 이끄는 일련의 쟁점과 질문의 연속 과정으로 계획된다.
- 구조화된 탐구(structured enquiries): 교수가 실험이나 지침을 약간 구조화하여 제공한다.
- 신디케이트(syndicate): 소규모 프로젝트 작업을 수행한 후, 전체 학급에 보고한다.
- 튜토리얼(tutorial): 아주 작은 소집단 모임으로 때때로 에세이나 숙제에 대해 피드백을 주는 것이 기본이다(주의: 이 용어도 종종 다른 의미로 사용됨).
- 자율 집단(tutorless group): 집단이 대표를 정하고 나중에 보고를 할 수 있다. 토의라든가 정해진 일련의 과제 완성에 초점을 맞추기도 한다.

위에서 언급하지 않은 접근방법 중에도 소집단이나 대집단에서 사용할 수 있는 것들이 있다. 여기서 중요한 결정 요인은 바람직한 상호작용의 양이다. 그 밖에도 중요한 점은, 집단이 더 클 경우에 모든 구성원이 보고 들을 수 있어야 한다는 것이다. 사례 연구, 문제해결 시간, 실물설명 등이 그에 속한다.

자신의 수업 실제에 대해서 생각하기

위 목록을 살펴보고 그중 어떤 것이 친숙한 것인지, 또 어떤 것이 이미 사용해 본 수업방법인가를 지적해 보시오. 이제까지 사용하지 않은 한두 가지 수업방법을 고른 후, 가까운 장래에 그 방법을 어떻게 시도할 것인가에 대해서 적어 보시오.

〈사례연구 7-1〉 교수-학습에서 소집단의 활용

과정: 음악 학사 과정
학년: 2학년
강좌: 르네상스 연구
방법: 강의/교실 수업, 세미나, 워크숍
수강생: 20~25명

세미나 프로그램

이 강좌의 수업을 위해 5개 집단으로 나누었다. 교수는 대학생들의 성격을 감안하여 집단을 구성했다. 각 집단은 전체 대학생을 대상으로 두 번 발표한다. 두 점수 중 높은 점수를 나중에 평가 점수로 인정했다. 평가기준은 반 전체 학생들과 협의하였다. 각 집단은 일지를 쓰고, 회의, 토의 내용, 특정 과제의 관리 등을 기록하도록 했다.

1시간 세미나의 구조

- 집단 발표(15~20분)
- 청취 집단이 발표 내용을 검토하고 제기할 질문을 협의함(10분)
- 질문과 토의(15분)
- 보고서 정리(10분)

발표는 집단이 함께 노력하는 것이기 때문에 발표할 때뿐만 아니라 질문에 답할 때도 구성원이 모두 참여하도록 각 집단에게 알린다. 대학생들에게는 자신들의 발표에 대해 청취자들이 주의집중을 할 수 있도록 다양한 방법을 강구하도록 말해 준다. '발표'는 패널 토의나 토론회의 형식을 취할 수도 있고, 게임 쇼 프로그램 모형을 따를 수도 있다. 각 발표 집단이 세미나 일주일 전에 미리 1쪽 분량의 요약문을 제출하게 한다. 이 요약문을 복사하여 배포함으로써 다른 집단들도 이 발표 주제에 익숙하도록 하였다.

세미나가 끝날 무렵 발표집단이 질문에 대해서 어떻게 답변을 했는지, 상황관리를 얼마나 효과적으로 했는지, 주제에 관한 지식은 어떠했는지 등에 대해서 각 청취집단은 보고서를 작성하였다. 교수는 진행 과정을 점검하고 별도 보고서를 작성한다. 최종 평가에서는 대학생과 교수가 준 점수를 똑같은 비중으로 인정한다.

11. 소집단 수업의 효과성을 높이기 위한 몇 가지 기능

교수들이 갖추어야 할 중요한 소집단 수업기능 중에서 가장 중요한 것은 경청, 질문과 답변, 반응 등이다.

1) 질문하기

질문하고 응답하는 기능은 겉보기와는 달리 복잡한 일이다. 일반적인 수업이나 사회적 기능을 다루는 의사소통 교재에서 질문하는 기능을 다룬다(Brown & Atkins, 1988). 질문을 잘하기 위해서는 대학생들과 교수가 모두 계속 준비하고, 연습하고, 반성적 사고를 해야 한다. 질문 목록을 미리 준비하면, 교수는 소집단 수업에서 효과적이고 유연하게 대응할 수 있다.

이와 마찬가지로 대학생들이 수업의 시작이나 끝 무렵에 질문을 미리 준비하면, 집단 내에서 대학생 간 상호작용은 활발해진다. 어떤 주제에 대해 핵심적이고 날카로운 질문을 만들어 오는 식으로 학습내용을 예습하도록 하면 대학생들의 자신감도 고양된다.

질문의 형태에 따라 학습이 증진되기도 하고 지체되기도 하며, 다음과 같이 여러 방식으로 분류될 수 있다.

- 개방형 질문 – 폐쇄형 질문
- 광의의 질문 – 협의의 질문
- 명확한 질문 – 모호한 질문
- 단순한 질문 – 복잡한 질문
- 성찰형 질문 – 기억형 질문
- 심층적 질문 – 표층적 질문
- 확산적 질문 – 수렴적 질문

자신의 수업 실제에 대해서 생각하기

교수님이 수업 중에 주로 하는 질문은 대체로 어떤 쪽에 해당됩니까? 교수님의 교과에서 중요한 개념에 대해서 심층적 질문을 몇 가지 만들어 보시오.

또한 교수가 '어떻게' 질문하느냐 하는 것은 대학생의 반응을 끌어내는 데 중요하다. 무관심한, 공격적인, 폐쇄적인, 화가 난 것 같은 신체 언어는 덜 효과적이다. 이와 반면 개방적이고, 세심하고, 부드러운 질문은 사려 깊은 반응을 유도하는 데 더 좋을 것이다.

자신의 수업 실제에 대해서 생각하기

대학생에게서 질문을 받았을 때 교수님께서 그 질문에 곧바로 대답하지 않고 할 수 있는 일에는 어떤 것이 있겠습니까?

위에서 언급된 행동은 대학생의 질문에 대한 교수의 반응에 초점을 두고 있다. 이 중에서 어떤 반응은 대학생들에게 자신의 질문에 대해서 스스로 대답할 수 있게 한다. 그러나 교수가 대학생의 질문에 대해서 직접 대답을 해야 할 때가 있을 것이다. 집단 모임에서 질문에 곧바로 대답할 경우, 대학생이나 집단이 답을 하도록 유도할 때보다 시간이 훨씬 적게 걸릴 것이다. 만일 직접 대답하기로 한다면 대답을 간단히 하면서 요점만 지적해야 한다. 대답을 한 다음에 질문에 적절한 답이었는지를 알고 싶으면 다음과 같이 물어볼 수 있다. '질문에 맞는 답이 되었나요?'

질문을 할 시간, 잠깐 멈추거나 침묵해야 할 시간을 잡는 것은 질의/응답의 기능을 발달시키는 데 중요한 부분이다. 이러한 문제점들을 고려한다면, 소집단 수업 시간에 대학생들이 별로 참여하지 않는다는 대학 교수들의 공통된 지적 사항을 어느 정도 해소할 수 있을 것이다.

2) 경청하기

경청은 능동적인 심리 과정이다. 즉, 분석, 이해, 종합, 평가 등 여러 가지 사고기능이 작동하는 능동적인 과정이다. 또 진정한 경청에는 정의적 차원도 들어 있다. 즉, 다른 사람의 감정을 공유하고, 가능하면 그것을 이해하려고 하며 그들의 상황도 이해해야 한다.

말하는 사람이나 듣는 사람의 지적 · 정서적 의미는 언어적 또는 비언어적으로 전달된다. 그래서 교수가 어떻게 듣는가 하는 점은 몸짓과 다른 신체언어를 통해서 관찰될 수 있다. 교수의 경청 기능은 아래와 같이 대학생 발언의 모든 수준을 생각함으로써 발달시킬 수 있다.

- 내용: 무엇을 말하는가?
- 말투와 느낌: 어떻게 말하는가?
- 시기와 우선순위: 언제 말하는가?
- 장소와 환경: 어디서 말하는가?

자신의 수업 실제에 대해서 생각하기

교수님이 대학생의 의견을 청취하고 또 대학생들이 서로 의견을 경청하도록 하는 데 어느 정도의 시간이 소요되는지 생각해 보시오. 교수님이 실제로 말하고 듣는 시간에 대해서 교수님 자신이 지각하는 것과 대학생들이 지각하는 것이 어떻게 다른가를 대학생들에게 확인해 보시오.

집단의 모든 대학생의 의견을 경청하고 집단의 분위기에 주의를 기울임으로써, 교수의 반응 능력은 강화될 것이다. 여기서 새로운 접근, 즉 침묵하는 연습을 해야 할지 모른다. 이것은 꾸준히 연습하면 숙달할 수 있는 것임을 알게 될 것이다. 그 속에서 놀라운 통찰도 얻게 된다.

3) 반응하기

발표자의 말에 집중하고 경청하는 일은 능동적 과정이다. 이때 인식과 관찰에 한껏 몰두하게 된다. 또한 적극적인 경청은 다양한 목적을 위해 다양한 방법으로 개입하는 일이다. 경청을 더 집중적으로 할수록 우리는 어떻게, 언제, 어떤 식으로 반응할지를 더 잘 알게 될 것이다.

반응하는 방식도 여러 가지가 있겠고, 특정한 방식으로 반응하는 데도 여러 가지 이유가 있을 것이다. 일반적으로 교수가 수업의 인지적 목적을 고려할 뿐만 아니라 집단의 상호관계적 요구 및 개별 학습자의 자신감/지식의 수준까지도 고려했을 때, 적절한 반응이라고 말할 수 있다. 교수가 반응을 달리 하면 개별 학생과 전체 집단의 행동에서도 다른 결과가 나타난다. 그러므로 적절한 반응이라는 것도 특정 소집단의 수업 상황에서만 적절한 것이라

자신의 수업 실제에 대해서 생각하기

동료 교수와 소집단을 구성한 다음에, 집단의 촉진자로서 최대의 효과를 증대하기 위해서는 어떤 기능을 발전시키는 것이 유익할 것인가 함께 판단해 보시오.

고 생각하는 것이 좋다.

12. 개 요

이 장에서는 적절한 소집단 수업방법이라고 생각되는 것들을 살펴보았다. 집단의 구성 형식에 대해 몇 가지 언급했고, 개인과 집단의 행동에 대해 살펴보았다. 교수들이 어떻게 하면 자신의 수업을 발전, 개선시킬 수 있는지에 대해 생각할 기회를 제공하였고, 더 읽어야 할 독서목록도 제시하였다.

참고문헌

Abercrombie, M. (1970). *Aims and Techniques of Group Teaching*, SRHE, London.

Adair, J. (1996). *Effective Motivation*, Pan, London.

Bligh, D. (ed.) (1986). *Teaching Thinking by Discussion*, SRHE and NFER Nelson, Guildford.

Brown, G., & Atkins, M. (1988). *Effective Teaching in Higher Education*, Routledge, London.

Griffiths, S., Houston, K., & Lazenbatt, A. (1996). *Enhancing Student Learning through Peer Tutoring in Higher Education*, University of Ulster, Coleraine.

Griffiths, S., & Partington, P. (1992). *Enabling Active Learning in Small Groups: Module 5 in effective learning and teaching in higher education*, UCoSDA/CVCP, Sheffield.

Habeshaw, S., Habeshaw, T., & Gibbs, G. (1988). *53 Interesting Things to do in your Seminars and Tutorials*, 3rd edn, Technical and Educational Services Ltd, Bristol.

Jaques, D. (2000). *Learning in Groups: A handbook for improving group work*, Kogan Page, London.

Korda, M. (1976). *Power in the Office*, Weidenfeld and Nicolson, London.

Luker, P. (1989). Academic staff development in universities with special reference to small group teaching (unpublished PhD thesis), University of Nottingham.

Rudduck, J. (1978). *Learning Through Small Group Discussion*, SRHE, University of Surrey.

Stenhouse, L. (1972). Teaching through small group discussion: formality, rules and authority, *Cambridge Journal of Education, 2*(1), pp. 18-24.

Tuckmann, B. (1965). Developmental sequences in small groups, *Psychological Bulletin, 63*(6), pp. 384-99.

읽을거리

Griffiths, S., & Partington, P. (1992). See above. An in-depth look at the topic. Useful interactive exercises and video to highlight skills.

Habeshaw, S., Habeshaw, T., & Gibbs, G. (1988). See above. Very useful for practical advice and activities.

Race, P., & Brown, S. (2002). *The ILTA Guide, Inspiring Learning about Teaching and Assessment*, ILT in association with Education Guardian, York. Contains a lively and practical section on small group learning and teaching.

제8장

프로젝트와 졸업논문을 어떻게 지도할 것인가

1. 서 론

프로젝트나 졸업논문을 지도하는 교수의 역할을 웨이터에 비유하는 것도 좋다. 좋은 식당의 좋은 웨이터는 손님이 필요한 것을 도와주기 위해 주변을 돌아다니지만, 손님이 충분히 즐길 수 있도록 가만히 두기도 한다(Murray, 1998).

학생들이 프로젝트와 졸업논문을 지도받을 때, 그들이 원하는 지도교수의 역할은 무엇인가? 위에서 언급한 웨이터의 비유에 독자들은 기꺼이 동의할 것이다. 그러나 지도교수들이 그렇게 균형을 유지할 수 있는 길은 무엇인가? 언제 도움을 주어야 할지 언제 도움을 주지 않아도 되는지 어떻게 알 수 있는가?

이 장에서는 위와 같은 질문에 답을 얻고자 한다. 첫째, 학부교육(대학원 논문지도에 대해서는 Taylor, 2001 참조)에서 프로젝트와 졸업논문을 활용하게 된 배경을 살펴보고, 이 용어의 정의를 내린다. 둘째, 지도 영역의 지도를 그려 본다. 교수가 학생들의 학습을 증진시키기 위해서 프로젝트나 졸업논문 지도를 시작하기 전에 충분히 생각하고 또 분명히 해야 할 핵심 사항들을 살펴보고자 한다. 셋째, 프로젝트와 졸업논문을 효율적이고 효과적으로 지도하는 데 필요한 핵심적인 관리 기능 및 대인관계 기능을 정리한다.

2. 프로젝트와 졸업논문의 취지

지난 10년간 대학교육에서 프로젝트와 졸업논문을 활용하는 것이 점점 더 중요한 일로 자리 잡고 있다. 그 이유는 여러 가지다. 그동안 프로젝트와 졸업논문은 기초 자료를 만들고 분석하는 일을 하게 하여 연구 훈련과 발견 학습을 장려하는 데 효과적인 수단이라고 간주해 왔다. 프로젝트와 졸업논문의 목적은 분석, 종합, 평가 등과 같은 고차원의 인지 기능들을 개발하는 데 있다. 이러한 명백한 근거뿐만 아니라 다음과 같은 측면에서도 프로젝트와 졸업논문은 효과적인 수단이라고 생각된다.

- 평가의 다양화
- 전이될 수 있는 기능이나 취업에 필요한 기능의 증진(10장 참조)
- 학생들의 능력 강화
- 학생들의 동기 유발

프로젝트와 졸업논문을 작성하게 하는 것은 여러 학문 분야에서 학위 프로그램의 중요한 구성요소로 간주되고 있다. 이는 위에서 제시한 이유뿐만 아니라, 프로젝트와 졸업논문이 대학생에게 자신의 학습에 대해 책임질 것을 확실하게 강조하기 때문이다.

3. 프로젝트와 졸업논문의 정의

프로젝트와 졸업논문은 종종 교육개발 관련 문헌에서 같은 것처럼 취급한다(Day, Grant, & Hounsell, 1988; Wilkins, 1995). 실제로 정의를 내리기 전에 필요한 일은, 프로젝트와 졸업논문의 차이점과 유사점을 파악하는 것이다.

졸업논문과 달리 프로젝트는 일반적으로 일차 자료를 만드는 것에 목적을 두는 것으로 정의한다(Williams & Horobin, 1992). 반면 졸업논문은 긴 에세이 또는 보고서의 형태로 이차 자료를 만드는 것에 목적을 둔다(Parsons & Knight, 1998).

영국의 개방대학 교수들이 수업에서 사용하는 프로젝트를 광범위하게 살펴본 연구가 있는데, 여기에서 '프로젝트'는 여섯 가지 요소로 정의하고 있다(Henry, 1994). "대학생들이 (일반적으로) '프로젝트'의 주제를 정하고, 스스로 자료를 찾으며, 최종 결과물(보고서의 형태임, 평가에 대비함)을 발표하며, 독립적으로 연구를 수행한다(집단 프로젝트도 있음). 프로젝트는 상당 기간 지속되고 교수는 조언자의 역할을 한다."(1994: 12) 어찌 보면 프로젝트는 졸업논문과 유사한 것 같다.

프로젝트와 졸업논문의 유사점은 분명히 드러난다. 두 가지 모두 프로젝트 관리 기능이 필요하다. 예를 들면 일정표 수립, 실행계획 수립, 시간관리, 모니터링 그리고 평가 등이 그것이다. 최근에는 학부과정에서 '졸업논문'이란 용어는 별로 사용하지 않으며, 프로젝트 관리의 의미를 추가하여 '프로젝트'라는 용어를 더 많이 사용하고 있다. 〈사례연구 8-1〉은 요크대학 2002년도 학교 안내서에 있는 내용인데, 그러한 경향을 보여 준다.

〈사례연구 8-1〉에서 프로젝트 활동에 관한 3가지 설명을 제시한다. 여기서 강조하는 점은 대학생의 프로젝트 관리 기능이다. 즉, 프로젝트와 졸업논문은 일종의 프로젝트 관리인 것이다. 대학생들은 스스로 기본 사항을 정하고, 그에 따라 정해진 시간 내에 외부로 드러낼 일정한 길이와 양식의 결과물인 프로젝트나 학위논문을 만든다. 이렇게 일정한 시간 내에

〈사례연구 8-1〉 프로젝트의 정의: 학부 안내서

전자공학

대학생의 졸업년도 프로젝트는 일반적으로 교수가 제안한 것 중에서 선택하게 된다. 물론 학생들이 제안한 것도 많다. …… 프로젝트의 핵심은, 개방적이고 유연한 기회를 제공하여 대학생들이 더욱 높은 수준에서 전공하고 싶은 주제 영역을 탐구하게 하고, 상당히 긴 시간에 걸쳐서 창의성, 독창성, 프로젝트 관리기능 등을 보이도록 하는 것이다.

역사학

협동적 프로젝트 활동에 관한 몇 가지 코스에서 대학생들은 함께 공부한다. 상담과 안내를 해 줄 튜터는 있으나, 기본적으로 대학생들은 자신들이 맡은 프로젝트를 기획하고 수행할 책임을 스스로 진다. …… 대학생들은 이윽고 '떠 먹여 주는 일'은 거의 없다는 점을 알게 되면서 독립심을 강력하게 요구받는다. 우리의 과제는 대학생들이 스스로 자신에게 필요한 것들을 찾는 법, 독자적으로 자신의 일을 조직하는 법, 역사학에 대한 자기 나름의 흥미를 발전시키는 법을 배우도록 돕는 것이다.

음악

이 코스의 핵심을 차지하는 프로젝트는 자신의 속도로 공부하고, 특정 주제에 대한 집단 연구에 기여할 수 있는 기회를 제공한다. …… 여러분은 자유롭게 프로젝트의 내용과 시간을 선택할 것이다. …… 프로젝트의 조직은 사람마다 다양하겠지만, 일반적 양식은 동일하다…….

대학생들은 자신의 활동 기본 사항들을 정하고, 정해진 학문 분야에서 자신의 관심사를 계속 추구할 수 있는 기회를 갖게 되므로 지도교수의 역할은 대학생들이 해야 할 일의 틀을 제공하는 교수의 역할에서 촉진자의 역할로 바뀌게 된다. 또한 대학원 졸업논문 지도(Beattie, Hutchinson, & Marshall, 2001)의 우수 사례에 관한 연구는 많지만, 학부과정에서의 프로젝트와 졸업논문 지도에 관한 연구는 별로 없다. 그런데도 지도교수의 대인관계 기능에 관한 많은 연구결과는 학부에도 적용될 수 있으며, 다음에서 이어질 논의에 도움을 준다.

대학생들이 배운 각 학문의 특수한 지식을 '현실세계'와 연결할 수 있는 기회를 더 제공하기 위해 많은 관심을 쏟고 있다. 이것은 결과적으로 직업현장에 유용한 것이 될 것이다(Holmes, 1995; NCIHE, 1997). 그런데도 지도교수가 가르치는 사람인가 혹은 촉진시키는 사람인가 하는 구분에 대해서는 별로 관심이 없는 것 같다.

프로젝트와 졸업논문을 지도하는 일과 교수로서 대학생들을 일상적으로 지도하는 일은 분명히 다르다. 전자는 지도교수나 지도학생이 모두 프로젝트 관리 기능을 갖고 임해야 되는 제한된 시간의 관리 활동이다. 후자는 실천적 반성 능력과 대학생들의 필요에 대한 예민한 감수성과 결부된 자아(예, 개인 성격, 성별, 계급, 인종 등) 인식을 요구한다. 이러한 차이는 좀 더 검토해야 한다.

프로젝트와 졸업논문에 적합한 교수-학습 전략은 대학생에게 학습의 책임을 맡기며, 지도교수의 역할도 가르치는 역할에서 촉진하는 역할로 전환되기를 요구한다. [그림 8-1]에서 보는 바와 같이 역할의 수직적 이동은 대학생들의 학습 가능성을 최대화시키는 동시에 지도교수의 역할 갈등의 가능성도 최대화시킨다. 여기서 "과도한 지도 또는 과소한 지도라는 두 개의 함정을 피한다는 것이 결코 쉽지 않다."(Day, Grant, & Hounsell, 1998: 51)

지도교수와 지도학생 사이에 적절한 관계를 설정하고 합의하는 일이 필요하다. 이것은 결코 간단한 문제가 아니며, 학부 수준에서는 별로 연구되지 못한 분야다. 그러나 그것은 프로젝트와 졸업논문의 학습능력을 극대화시키는 데 핵심이 되는 요소다. 그러면 어떻게 이

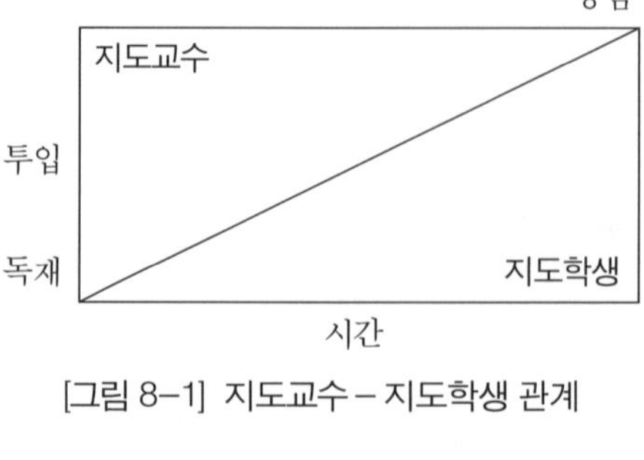

[그림 8-1] 지도교수 – 지도학생 관계

러한 관계를 이룰 것인가를 다음에 자세히 다루기로 한다.

4. 지도교수의 확인 사항

프로젝트나 졸업논문을 도입하기 전에 지도교수들은 자신의 프로젝트 관리기능을 점검해야 한다. 여기서 지도교수들이 확인해야 할 사항에는 다음 네 가지가 있다.

- 프로젝트나 졸업논문을 학습전략으로 선택한 지도교수의 동기는 무엇인가?
- 구조화된 프로젝트/졸업논문 또는 비구조화된 프로젝트/졸업논문 중에서 어떤 것을 선택할 것인가?
- 지도교수로서 수행해야 할 역할은 무엇인가?
- 지도학생들을 폭넓게 지원할 수 있는 방법은 무엇인가?

5. 학습전략의 목적과 목표

프로젝트나 졸업논문을 계획할 때 지도교수가 먼저 분명히 해야 할 것이 있다. 그것은 학습 프로그램의 목적을 증진하기 위해서 그러한 교수-학습방법을 선택한 이유는 무엇인가 하는 점이다. 지도교수가 프로젝트 방법을 도입하여 추가로 생기는 업무의 강도와 압박 가능성에 대해서는 이미 거론되었다(Henry, 1994). 프로젝트와 졸업논문은 모든 학과의 교수-학습전략에서 중요한 부분을 차지한다(All Quality Assessment Overview Reports; NISS, 1997). 게다가 프로젝트와 졸업논문은 전통적인 교육과정보다는 학생 중심 학습 프로그램이 실시되는 분명한 증거이기도 하다. 일반적으로 프로젝트와 졸업논문은 학위 프로그램의 후반기에 실시하는 것이 좋다는 것에 일치된 의견을 보인다(Jaques, 1989; Thorley & Gregory, 1994; Hammick & Acker, 1998). 그리고 "정말로 대다수 대학생에게 가장 중요한 활동은 졸업년도에 힘써 이루어 낸 프로젝트나 졸업논문 연구뿐이다. 프로젝트와 졸업논문은 교과 관련 자료들을 통합하는 데 도움이 될 뿐만 아니라 연구 요령과 방법에 대해서 비로소 알게 한다."(QO 10/95) 프로젝트와 졸업논문의 독특한 특징, 즉 지도교수에서 지도학생으로 통제력이 옮겨 감은 지도학생과 지도교수에게 모두 엄청난 도전이 될 수 있다. 이러한 변화에 관한

자신의 수업 실제에 대해서 생각하기

교수님이 지도했거나 실제로 최근에 끝마친 프로젝트나 졸업논문에 대해서 생각해 보시오. 이 학습전략이 교육과정의 목적을 달성하는 데 어떤 도움을 주었습니까?

것은 3부에서 또 다룬다.

6. 프로젝트와 졸업논문의 구조화

프로젝트와 졸업논문의 구조화에 찬성하는 문헌도 있고, 비구조화에 찬성하는 문헌도 있다. 한편으로 학생들에게 일정한 구조를 제공하는 것이 실패의 위험을 감소시키고 이와 동시에 지도 역할을 용이하게 할 수 있다고 흔히들 인정한다. 말하자면 지도교수는 명확하게 규정된 단계에 따라 학생의 진척 사항을 점검할 수 있다(Race & Brown, 1998). 구조화 방법에도 몇 가지 비판이 있다. 그중 중요한 것을 살펴보면, 프로젝트와 졸업논문이 충분할 정도로 개방적이지 못하고 따라서 지나치게 처방적인 성격을 띨 것이며, 또한 학습에 대해 구성주의적으로 접근하는 것이 아니라 합리주의적 접근을 하는 것이어서 많은 학생에게 실질적 도전감을 거의 주지 못한다는 것이다(QO 2/95).

다른 한편으로 대학생들에게 상당 기간 프로젝트나 졸업논문 작업을 하게 하는 것은, 일련의 증거를 수집하여 이론과 설명을 검증하게 하고 학습에 대해 심층적으로 접근하도록 강조하며, 대학생들이(2장에서 소개한 SOLO 분류법이 가리키는 대로) 이해의 위계를 따라 발달할 수 있도록 하는 것이라고 흔히들 인정한다. 따라서 결과적으로 대학생들이 핵심이론(가장 좋은 것은 높은 추상적 수준에서 개념화하는 것이다)을 증명하고 친숙해지고 충분한 증거 활용이 중요함을 인식하게 되나 비구조화된 접근에 대한 비판도 있다. 그중 너무 많은 선택 사항과 선택 범위를 제공하면 대학생들도 방황할 수 있다는 점이 중요하게 제기된다. 대학생의 자율권을 보장하면, 교수는 프로젝트를 너무 광범하게 지도해야 하고 따라서 일부 교수들의 촉진적 지도기능에 부담을 주게 되어 질적 저하가 생길 수 있다(QO10/95).

자신의 수업 실제에 대해서 생각하기

교수님의 학과에서 프로젝트나 졸업논문을 위해서 제시한 주요 지표를 살펴보시오. 그것은 구조적입니까? 비구조적입니까? 교수님의 학과에서 선택한 접근 방법의 장점과 단점은 무엇입니까?

7. 지도교수의 역할

프로젝트와 졸업논문을 어떻게 지도할 것인가를 정하기는 쉬운 일이 아니다. 어떤 프로젝트이건 간에, 계획 단계에서 '초기 부하'(시작할 때 가장 많은 시간을 할애하는 것)는—처음에는 지도교수 자신에게, 그 후에는 지도학생에게—필수적이다. 핵심적인 계획 도구로서 '예행연습' 방법을 들 수 있다(Stone, 1994). 이 방법은 지도교수가 단계 설정이나 시간 배정과 같은 문제를 고려하면서 마음속으로 프로젝트의 전체 단계를 처음부터 끝까지 완전히 예행연습하는 것이다. 지도 학생과의 대화를 증진하기 위해서 이 방법을 쓰는 것이 아주 좋을 것이다(특히, 비구조화된 프로젝트/졸업논문에서 지도교수들이 통상 느끼는 불만은 대학생들이 너무 의욕적인 주제를 선택하고, 주제의 폭이나 거쳐야 할 여러 가지 활동의 단계 및 비용 등에 관해서 너무 모른다는 점이다. 문헌 검토, 연구, 보고서 작성 등과 같은 일을 정해진 시간에 처리해야 하는데도 그렇다).

지도계획의 틀은 지도학생들을 위해서 계획을 세우고 또 이를 지도학생들과 함께 공유할 것을 요구하는데, 여기에는 4가지 기본 특징이 있다. 첫째, 교육 목표를 정하고 합의한다. 둘째, 공식적 기한과 같은 구체적 목표들을 설정하고 합의한다. 셋째, 설정한 대상에 합의한다. 마지막으로 평가기준(〈사례연구 8-3〉과 〈사례연구 8-4〉를 참조)을 검토하고 확실히 이해한다. 이러한 틀 안에서 지도를 위한 시간 배정이 분명히 이루어져야 앞으로 생길지 모르는 혼란을 피할 수 있다. 대다수 학과에서는 교수의 지도시간을 자세히 밝힌다. 이렇게 정해진 지도시간 내에서 지도교수는 지도학생들을 위해 양질의 지도시간을 공평하게 할당할 책임을 지며, 이런 시간 계산을 위해서도 신경을 써야 한다.

위와 같이 지도계획의 틀이 일단 정해지면, 법적(예, 건강과 안전 규정, 특수교육 요구와 장애자 요구들), 윤리적(예, 비밀보장의 문제), 재정적(예, 과학 실험을 위한 한정된 예산) 제약들을

자신의 수업 실제에 대해서 생각하기

실제로 교수님이 지도하거나 지도할 프로젝트나 졸업논문과 학점 면에서 동등한 가치를 지닌 강좌에서 교수님이 보통 투입하는 시간을 계산해 보시오. 계획/강의/지도/복습 등을 포함한다면 대략 얼마나 됩니까? 위와 같은 사항을 감안하면, 프로젝트나 졸업논문 지도에 할애해야 할 주당 시간은 얼마입니까? 또한 지도학생 한 명에게 교수님이 할당해야 할 주당 시간은 얼마입니까?

다루어야 한다. 이러한 쟁점들은 프로젝트와 졸업논문에 관한 학과 내부 지침에 따라서 다룰 것이며, 다른 곳에서도 검토하고 있다(Willams & Horobin, 1992). 프로젝트와 졸업논문에 관한 다른 자료를 더 많이 얻으면, 지도교수는 자신의 명확한 지침이나 기준을 수립, 규정화할 수 있다. 그것을 인쇄물이나 인터넷 웹페이지를 통해 학생들에게 제공할 것이며, 이로써 장기적으로 볼 때 많은 시간이 절약될 것이다.

구조화되지 않거나 부분적으로만 구조화된 프로젝트와 졸업논문도 있다. 이를 지도할 때에는 첫째, 연구문제를 구상하고, 둘째, 연구방법을 선정하고, 마지막으로 자료를 수집할 수단의 범위를 정하는 일을 돕게 된다. 프로젝트와 졸업논문의 최종 결과물은 지도학생들의 지적 재산이기 때문에 지도교수는 지도학생이 스스로 위와 같은 사항들을 결정할 능력에 대해 주시해야 한다. 지도하는 것과 말하는 것 사이에는 미묘한 차이가 있다. 또한 많은 부분이 지도교수의 세심함과 함께 학생들의 능력과 비전에 따라 좌우될 것이다.

촉진자로서의 역할은 교수들이 다음과 같이 반응하도록 만든다. 즉, 지도학생들에게 개방적인 질문하기, 질문을 다시 생각해 보게 하기, 지도학생들이 자신의 일을 진척시키는 데 필요한 전략을 스스로 찾도록 격려하기 등이 그것이다. 촉진 기능에 대해서 많은 책이 나와

자신의 수업 실제에 대해서 생각하기

지도교수의 역할을 다시 생각해 보시오. 프로젝트나 졸업논문의 어느 단계에서 교수님은 가르치는 역할을 하고, 어느 단계에서는 촉진자의 역할을 해야 합니까? 두 가지 중 한 쪽의 역할만을 할 때, 요구되는 기능들에 대해 이야기해 보시오.

자신의 수업 실제에 대해서 생각하기

교수님의 소속 학과의 실제 사례를 반성해 보시오. 학생들이 지도교수를 선택합니까, 아니면 학생들을 지도교수에게 배정합니까? 교수님의 전공 영역을 벗어나서 학생들을 지도할 가능성은 어떠합니까?

있다. 여기서는 지도교수가 자신의 전문적 기술이 아닌 대인관계적 기술을 보일 것을 요구받는데, 이것은 배우기가 여간 어려운 것이 아니다(Williams & Horobin, 1992; Hammick & Acker, 1998). 게다가 대학생 수가 늘어나면서 지도교수들은 자신의 전문지식 영역을 넘어서까지 학생을 지도해야 할 가능성이 높다.

지도 관계가 정해진 다음에 지도교수와 지도학생은 적절한 작업 관계를 의논하고 결정해야 한다. 처음 만남에서 지도교수와 지도학생은 책임의 배분에 관해서 서로의 생각을 나누어야 한다. 작업 관계를 합의하려면, 가장 공식화된 방법으로 학습규약을 따르거나 '우리 문화' (Williamas & Horobin, 1992: 43)라는 것을 만들 수 있다. 또한 지도교수의 점검표와 대학생 규약을 모형으로 만들 수 있다(Ryan, 1994). 이 속에는 지도교수와 학생이 동의하는 일련의 책임이 항목으로 정리되어 있다. 예를 들면, 정기적 만남을 위한 시간표, 지도모임의 기록 작성, 윤리적 문제들, 진행 보고서의 제출, 또래 집단의 지원 참여 등이 그것이다.

8. 지원 확대의 방법

고등교육이 대중화되고 또 팀 작업의 가치가 새롭게 인식되었다. 그러면서 동료학생 간 상호지원이 새로운 학습전략으로 부각되고, 교육과정에서 장려해야 할 것으로 간주되기 시작했다(Thorley & Gregory, 1994). 예를 들면, 프로젝트팀에서 일을 하면 협동작업 기능이 향상됨과 동시에 정신적 도움도 받는다. 이 방법은 예를 들면 문제 중심 의학교육(23장 참조)에서와 같이 널리 퍼졌다. 개인에 비해서 집단은 전반적인 경험과 기능 면에서 훨씬 더 많은 것을 갖고 있다. 특히 IT 기능이 아주 뛰어난 학생, 정밀한 통계분석에 유능한 학생, 어려울 때 사기를 북돋아 주는 학생 등이 가진 일련의 기능을 활용하는 것도 도움이 된다. 피드백을 위해 동료지원 팀들이 정해진 시간에 만나는 것을 학과의 내규로 만들 수 있다. 이 방법을 제안하는 까닭은 다음과 같다(Jaques, 1989: 30).

> 활동의 틀이 비교적 분명히 제시된다면, 프로젝트 진행과 관련된 많은 문제가 대학생들에 의해서 자체적으로 처리될 수 있다. 개별 프로젝트의 경우, 대학생들은 정기적인 모임을 통해서 동료 집단 앞에서 보고하고 또 질문을 받을 수 있다. 여기서 '무엇을 하려고 하는가? 그 일을 관리하기 쉽도록 여러 단계로 나눌 방법은 무엇인가? 무엇에서 또는 누구에게서 도움을 받을 수 있는가?' 등과 같은 질문을 주고 받을 수도 있다.

위와 같이 지침이 될 수 있는 질문들을 프로젝트가 끝날 무렵에 활용하는 것도 좋고, 최종적으로 결과물을 제출하기 전에 위와 같은 동료 집단이 총괄평가를 하도록 할 수 있다. 학생들의 요구에 지도교수가 도움을 주기 위해서는 그들 곁에 있어야 하지만, 가령 모처럼 프로젝트 집단을 만나서 글쓰기에 조언을 하려고 해도 '그냥 가세요. 교수님 안 계셔도 우리끼리 잘해요.' 라는 말을 들을 수도 있다(Clark, 1992: 7).

지원을 확대하는 또 다른 방법으로 가상학습 환경(VLEs-11장 참조), (글의 형식, 글의 분량에 대한) 안내 노트가 들어 있는 웹사이트의 게시판, 자주 묻는 질문들(FAQs), 질문에 관한 정보를 찾도록 돕는 것(WebCT, COSE, MERLIN과 같은 웹사이트들) 등을 설치할 수 있다. 이럴 경우 지도교수는 게시판을 늘 점검할 필요가 있는데, 적절하게 개입해서 제기된 문제가 정확히 해결되도록 할 수 있다. 끝으로, 대학생 전체에게 그 밖의 안내와 요령을 알려 주는 책들이 더욱 많이 나오고 있다(예, Parsons & Knight, 1998).

9. 일정 관리하기

마감시간이 다가오면 지도교수와 지도학생은 모두 시간의 압박을 느낄 것이다. 프로젝트와 졸업논문을 예정대로 추진하려면 일련의 문서자료를 활용해야 한다. 초기의 문서자료로 지침과 학습규약을 사용하는 것은 앞에서 언급하였다. 일정표, 실행계획, 점검표 등도 유용한 도구며, 다른 유용한 사례도 많이 나와 있다(Day, Grant, & Hounsell, 1998). 또한 〈사례연구 9-2〉에서 '예행연습' 식 지도과정을 도와주는 간단한 점검표를 살펴볼 수 있다. 잊어버리지 않고 기억하게 하기 위해서 그리고 합의된 활동 지침과 같은 모임 내용을 기록하기 위해서 점검표와 문서자료는 매우 유용하다. 그런 기록물은 대학생들이 이의를 제기할 경우에 아주 귀중하게 사용할 수 있는 자료가 될 것이다.

〈사례연구 8-2〉에 제시된 방법이나 다른 곳에 소개된 점검표(Day, Grant, & Hounsell, 1998; Wilkins, 1995)를 사용한다면, 지도교수와 학생이 모두 목적의식과 진행감각을 갖게 될 것이다. 엄정한 지도에 도움이 될 또 다른 방법은 개방적이고 투명한 평가기준을 명시하는 것이다. 이렇게 하면 지도교수가 여러 가지 평가요소에 대해서 적절한 비중을 두고 있음을 지도학생들이 확신하게 된다. 이와 관련하여 〈사례연구 8-3〉은 지도교수의 평가형식을, 〈사례연구 8-4〉는 대학생의 자기평가 형식을 보여 준다.

〈사례연구 8-2〉 프로젝트/졸업논문 지도 모임을 준비하는 점검표

프로젝트/졸업논문을 전문적으로 지도할 수 있는 기능을 향상하기 위해서 교수개발 워크숍을 열었다. 이 연수회에 참가한 대학교수들이 모여 브레인스토밍 시간을 가졌다. 여기서 얻은 결과물이 다음에 제시한 점검표다.

- 지도계획 – 다음 일을 어떻게 할 것인가?
  - 현재의 장점과 단점을 논의하는 일
  - 과제를 진행할 계획을 세우도록 학생을 격려하는 일
  - 실행계획 내에서 단기 목표(임시 계획을 포함)를 정하는 일
  - 더욱 세밀한 시간/실행의 틀을 설정하는 일
- 교수님의 일정에 포함할 것은 어떤 것인가?
  - 실행계획 등에 대해서 합의하기
  - 실행계획에 비추어 진행상태 점검하기
  - 수행한 바에 대해 피드백을 제공하기
  - 오류 처리하기, 문제 해결하기
  - 평가기준 수정하기
  - 실행계획과 시간표의 수정 및 재설정하기
- 어떤 정보를 참고할 것인가?
  - 지도학생이 작성한 진행 보고서
  - 지도학생의 보고서 초안 자료
  - 소속 학과의 프로젝트 규정 및 평가 기준
- 지도모임에 대한 준비
  - 방해를 받지 않을 '좋은 시간' 확보하기
  - 열린 논의에 도움이 될 장소 확보하기

• 지도모임은 구조화되고 잘 조직되어야 한다.

– 시작: 목적을 명확히 하고 일정에 합의하게 한다.
– 중간: 아이디어에 대한 논의를 촉진한다. 구체적인 문제점을 논의한다. 진척 정도를 점검한다. 건설적인 피드백을 준다. 효과적인 질문을 한다. 다음 지도모임까지 이행할 목표를 정하고 합의한다.
– 끝: 실행 계획(단기 목표를 포함함)을 기록한다. 긍정적인 말로 마무리한다.

〈사례연구 8-3〉 평가 형식 1

MSc 컴퓨터 과학 프로젝트 평정표, 1999
지도 학생 이름:
제목:
평정자 1: 평정자 2:

아래 12가지 기준에 따라 프로젝트 보고서를 '탁월', '만족', '불만족'으로 평정하시오. 보고서가 몇 가지 점에서 총체적으로 부실하면, 그 행은 빈칸으로 남겨 두시오. 필요하면 중간 열을 사용하시오.

왼쪽 아래에 있는 용어들은 전통적 방식으로 설계, 시행된 프로젝트에 맞는 것입니다. 오른쪽에 있는 용어들은 시행되지 않은 설계 연구에 맞게 만든 것입니다. 이 두 가지가 모두 알맞지 않다면, 모두 무시하고 평정란에 점수를 쓰고 설명하시오.

시행된 프로젝트	탁월	약간 만족	만족	약간 불만족	불만족	설계된 프로젝트
배경에 관한 독서. 주제 영역에 대한 전반적 이해						(왼쪽과 같음)
보고서의 조직과 구성						(왼쪽과 같음)
표현의 명확성						(왼쪽과 같음)
합당하고 잘 정당화된 결론. 작업에 대한 비판적 평가						(왼쪽과 같음)
핵심문제들의 확인 및 해결						(왼쪽과 같음)
문서자료(사용자/시스템 매뉴얼, 적합한 디자인 자료 등)						(왼쪽과 같음)

완성도. 완전히 성취된 목표						(왼쪽과 같음)
전체적 시스템 디자인						요구사항과 목표가 잘 이해되고 표현됨
적절한 자료 구조와 알고리즘의 사용						적절한 디자인 방법론을 사용함
적절한 툴, 라이브러리, 기존 코드의 사용						최종 디자인의 전반적 품질
잘 구조화되고 읽기 용이한 시행						디자인의 평가 그리고/또는 타당화(예, 원형에 의한)
시스템 검사 그리고/또는 타당화						디자인의 실용성
각 열에 표시된 점수를 합산						
각각의 점수에 가중치 곱하기	×8	×5	×4	×3	×1	
합의된 평점을 산출하기 위해 전체 가중치에 25/24 곱하기					%	

〈사례연구 8-4〉 평가 형식 2

수학 및 물리학부

코스 평가

Q5 프로젝트/졸업논문[1998/99] 컴퓨터과학과

지도교수(들) 성명: ____________________

과목코드: D 99

학년: __________

집단(G) 또는 개인 작업(I): __________

프로젝트/졸업논문과 관련된 여러분의 모든 자료를 제출한 후, 이 평가지를 작성하여 여러분의 프로젝트와 함께 제출하시오. 여러분의 성실하고 솔직한 협력을 바랍니다. 최종 평정자 모임이 끝나기 전에는 여러분의 응답을 분석하지 않을 것입니다.

다음 세 부분에 대해서 −2에서 +2 까지 해당되는 칸에 ✓를 표시하여 평가하시오.
여기서 사용한 '프로젝트' 는 어떤 경우에는 졸업논문의 뜻으로 해석할 수 있습니다.

(1) 준비 및 훈련		−2	−1	0	+1	+2	
프로젝트의 목적은	불명확						명확
프로젝트의 실제적 측면의 준비는	부족하다						좋다
이론적 배경의 준비는	부족하다						좋다
발표 기능의 훈련은	부족하다						좋다
자료 해석의 준비는	부족하다						좋다
시간 관리의 준비는	부족하다						좋다
지도의 질은	부족하다						좋다
지도의 양은	너무 작다						너무 많다
(2) 내용과 시설		−2	−1	0	+1	+2	
프로젝트의 표준작업량은	너무 낮다						너무 높다
프로젝트에 대한 당신의 관심은	낮다						높다
요구되는 보고서의 길이는	너무 짧다						너무 길다
도서관 시설은	부족하다						좋다
컴퓨터 시설은	부족하다						좋다
실험실 시설은	부족하다						좋다
(3) 전반적 평가		−2	−1	0	+1	+2	
전체적으로 프로젝트에 대한 나의 견해는	매우 부족하다						매우 좋다

(4) 총체적 의견

프로젝트/졸업논문의 개선 및 향상을 위해 도움이 될 것이라고 느끼는 점들을 뒷면에 거리낌 없이 적어 주시오. 익명성이 보장됩니다.

이 질문지 작성에 협조해 주셔서 감사드립니다.

지도교수는 프로젝트와 졸업논문을 완성하도록 할 때 엄정하게 접근해야 한다. 첫째, 형성평가 및 총괄평가의 기준이 투명해야 한다. 둘째, 전문적 지도 기능을 갖추어야 한다. 그렇게 되어야 비로소 교수의 지도가 프로젝트와 졸업논문을 완성단계까지 제대로 이끌어 주는 밑거름이 된다.

10. 개 요

이 장에서는 여러 학문 분야에서 프로젝트와 졸업논문이 광범위하게 활용되는 점을 검토했다. 또 프로젝트와 졸업논문에 대해 실제적인 정의를 내려 보았다. 첫째, 프로젝트와 졸업논문은 학생들에게 충분한 시간을 정해 주고 그들의 프로젝트 관리 기능을 증명하도록 한다. 둘째, 프로젝트와 졸업논문은 학습자 중심의 학습경험이 되며, 지도교수가 촉진자의 역할을 하도록 요구한다.

프로젝트와 졸업논문의 효과적, 효율적 지도를 위해서 지도교수가 자신의 관리기능과 대인관계 기능을 점검하고 다듬어야 한다는 점을 주장하였다. 관리 기능을 위해서 지도계획 수립을 위한 일련의 도구를 제시하였고 대인관계 기능을 위해서는 지도교수가 학생들에 대한 지원을 확대해야 한다고 하였다. 그래야 비로소 촉진자로서의 역할을 수행할 수 있으며, 학생들이 자신들의 해결책과 추진전략을 모색하도록 자극을 주고 격려할 수 있다고 하였다. 프로젝트와 졸업논문을 효과적인 학습수단으로 만들기 위해서는 이러한 독특한 특징들을 잘 결합해야 할 것이다.

참고문헌

Beattie, C., Hutchinson, S., & Marshall, S. (2001). What makes for effective PhD training and supervision in the Arts and Humanities? *English Subject Centre Newsletter*, (2), August.

Biotechnology and Biological Sciences Research Council (BBSRC) (2002). BBSRC, www.bbsrc.ac.uk.

Clark, C. (1992). Group projects in the department of history, *Staff Development and Training Newsletter*, Staff Development Office, York.

Day, K., Grant, R., & Hounsell, D. (1998) *Reviewing Your Teaching*, CTLA & UCoSDA, Edinburgh.

Hammick, & Acker (1998). Undergraduate Research Supervision: a gender analysis, *Studies in Higher Education*, *23*(3), pp. 335-47.

Henry, J. (1994). *Teaching Through Projects*, Kogan Page, London.

Holmes (1995). quoted in Livingston and Lynch (2000). 'Group Project Work and Student-centred Active Learning: two different experiences', in *Studies in Higher Education*,

25(3), pp. 325-45.

Jaques, D. (1989). *Independent Learning and Project Work*, Open Learning, Oxford.

Murray, R. (1998). *Research Supervision*, Centre for Academic Practice, Strathclyde.

NCIHE (1997). (Dearing Report) *Higher Education in the Learning Society*, National Committee of Inquiry into Higher Education, HMSO, London.

NISS (1997). Quality Assessment Overview Reports, http://www.niss.ac.uk/education/hefce/qar/overview.html.

Parsons, T., & Knight, P. (1998). *How to do your Dissertation in Geography and Related Disciplines*, Chapman & Hall, London.

Quality Assessment Agency (QAA). *Codes of Practice*, www.qaa.ac.uk

QO 2/95 Subject Overview Report - Chemistry, in NISS (1997) Quality Assessment Overview Reports, http://www.niss.ac.uk/education/hefce/qar/overview.html.

QO 8/96 Subject Overview Report-Sociology, in NISS (1997) Quality Assessment Overview Reports, http://www.niss.ac.uk/education/hefce/qar/overview.html.

QO 10/95 Subject Overview Report-Environmental Studies, in NISS (1997). Quality Assessment Overview Reports, http://www.niss.ac.uk/education/hefce/qar/overview.html

Race, P., & Brown, S. (1998). *The Lecturer's Toolkit*, Kogan, Page, London.

Ryan, Y. (1994). Contracts and checklists: practical propositions for postgraduate supervision, in *Quality in Postgraduate Education*, eds O. Zuber-Skerritt and Y. Ryan, Kogan Page, London.

Stone, B. (1994). The academic management of group projects, in *Using Group-Based Learning in Higher Education*, eds L Thorley and R Gregory, Kogan Page, London

Taylor, S. (2001). Postgraduate supervision, in *The Effective Academic*, eds S. Ketteridge, S. Marshall & H. Fry, Kogan Page, London.

Thorley, L., & Gregory, R. (1994). *Using Group-Based Learning in Higher Education*, Kogan Page, London.

Wilkins, M. (1995). *Learning to Teach in Higher Education*, Coventry Printers, Warwick

Williams, M., & Horobin, R. (1992). *Active Learning in Fieldwork and Project Work*, CVCP USDTU, Sheffield.

읽을거리

Day, K. Grant, R., & Hounsell, D. (1998). See above. Chapter 7 deals specifically with supervising projects and dissertations, and has some examples of useful pro-forma.

Habeshaw, S., Habeshaw, T., & Gibbs (1989). *53 Interesting Ways of Helping Your Students to Study*, Technical and Educational Services Ltd, Bristol.

Henry, J. (1994). *Teaching Through Projects*, Kogan Page, London. A comprehensive and thorough examination of the use of project work to inform extension of this practice by the Open University.

Rudestam, K., & Newton R. (1992). *Surviving Your Dissertation*, Sage, London.

Zuber-Skerritt, O. & Ryan, Y. (1994). *Quality in Postgraduate Education*, Kogan Page, London.

Williams, M., & Horobin, R. (1992). See above. As with all the contributions to this extensive volume of aspects of active learning, useful to dip into, particularly to examine the changed role of the supervisor in projects and dissertations.

C&IT learning environments to assist in promoting peer supp. ort and monitoring of projects and dissertations-Internet addresses.

WebCT (http://www.webct.com/).

COSE (http://www.staffs.ac.uk/COSE).

MERLIN (http://www.hull.ac.uk/ merlin/welcome. html).

제9장

대학생의 기능 개발을 위해 교수-학습은 어떻게 할 것인가

1. 서 론

때때로 대학교수들은 자신의 전공 분야에 몰두하여 대다수의 대학생이 졸업 후에는 자기 전공을 들춰 보지도 않는다는 기본 사실을 망각하기 쉽다. 과학을 전공한 졸업생이 회계사로 진출하고 역사학을 공부한 졸업생이 인사담당 이사가 되며, 철학 전공자가 경영 컨설팅을 하고, 법대 출신이 교사가 되는 등등 전공과 무관한 일을 하는 사례는 셀 수 없이 많다.

통계자료에 따르면 전체 졸업자 중 학부 전공과 관련된 일을 하는 사람은 소수다. 일부 학과의 경우 이런 사태는 자명하다(예, 철학 전공자가 주류가 될 수 있는 자리는 거의 없다). 그러나 (전자공학이나 영양학과 같이) 직업과 바로 연결된 학과의 경우에도 졸업과 동시에 또는 졸업한 다음에 다른 일자리를 찾는 학생도 많다.

그렇다면 졸업생들이 취업을 할 때 그들이 대학교육을 통해 얻은 것은 무엇일까? 그들은 분명히 자기 전공의 전문 지식을 (많고 적고의 차이는 있겠지만) 획득했을 것이고, 결국 그것은 교수들이 시간과 노력을 들여 대학생들에게 가르쳤던 것으로 대학생들을 평가하는 데 사용했던 것들이라고 할 수 있다. 의사, 조사원, 언어학자, 연구원, 물리치료사 등의 전문직에 종사하게 된 일부 대학생은 곧바로 이런 지식을 활용할 수 있을 것이다. 다른 대학생들도 가령 교사, 고문, 전문해설자로서 자신의 전공 지식을 바로 활용할 수 있을 것이다. 그러나 상당히 많은 대학생에게 학과 공부는 단순히 다른 목적을 위한 수단에 불과하다는 점을 인정해야 한다. 이런 대학생들에게 전공은 학습자로서 자신의 능력을 보이기 위한 수단으로 활용될 것이다. 다시 말해서 그들은 문학, 생화학 또는 역사학 등과 같은 전공 지식 이외에 어떤 중요한 것도 갖추어야 한다는 것이다.

가르치는 사람으로서 우리가 정말로 훌륭한 교육자라면 졸업생은 모두 대학교육을 받는데 유용할 뿐 아니라 학문세계를 넘어 전이될 수 있는 고도의 기능들을 폭넓게 개발해야 할 것이다. 이런 기능들은 대학생들이 대학교육을 받는 기간에 다양한 활동을 통해서 이루어져야 할 것이다.

이 장은 직업세계에 필요한 일반적인 기능을 설명하고, 이런 기능들을 교육 프로그램에 통합한 루턴(Luton) 대학의 개발 구조를 제시할 것이다. 내용은 대학생들이 익혀야 할 일반적 기능들을 대학교육에 통합시킨 현황 조사를 토대로 한다(Fallows & Steven, 2000). 그리고 대학교육에서 기능이라는 의제가 어떻게 대두되었는가에 관한 논의도 많다(Noble, 1999; Drew, 1998; CVCP를 참조).

2. 고용자의 견해

취업세계는 급격하게 변하고 있다. 과거에 대졸 신규 취업자들은 특정한 조직 내의 일자리를 갖기 원했고, 그 조직 안에서 단계적인 내부 승진을 기대했다. 이런 모델이 일부 학생에게는 여전히 적용되겠지만 대다수의 졸업생에게는 전혀 다른 모델이 적용될 것이다. 새로운 직업 모델은 조직 안에서 승진이 예정된 철밥통 모델이 아니라 여러 조직을 옮겨 다니고 여러 부문에서, 예를 들어 공공, 상업, 산업 등에서 일하는 모델이다.

더욱이 일반적인 기업 환경이 급속히 바뀌고 있다. 구식 기업이 사라지는 것만큼 곧바로 새로운 기회가 오고 있다. 경제활동 인구의 대부분은 20년 전에는 없었던 사업(예, 이동전화나 인터넷 부문)에 고용된다. 앞으로 20년 후에 새롭게 급성장할 대형 사업 분야가 어떤 것일지는 아무도 정확하게 예측할 수 없다. 확실히 예측 가능한 것은 오늘날의 대학생들이 이런 새로운 조직에서 중요한 역할을 하게 될 것이라는 점이다.

고용인들은 '업계에서 안타를 날릴' 대졸 신입사원이 필요하다고 수년 동안 얘기하고 있다. 대학 졸업생들을 위한 지속적이고 구조화된 훈련 프로그램이란 단지 소수의 엘리트에게만 허용되는 일일 것이다. 그 밖의 모든 대학생은 가능한 한 충분한 기능들을 갖추어 취업해야 하는데, 이런 생각은 취직 기회의 대부분을 제공하는 중소기업의 경우에 아주 적합하다.

취업에 대비하여 기능을 숙달하려면 앞으로 졸업생들은 특정 기능을 익혀야 하고 자신들이 익혀야 할 기능의 범위도 분명히 알아 두어야 한다. 이 범위에 포함해야 할 기능은 어떤 것들인지에 대하여 수많은 논의가 있었고 이 분야에 대한 출판물도 많다(광범위하고 비판적인 논평은 Bennet, Dunne, & Carre, 2000 참조).

3. 직업세계에 필요한 기능

기능이 필요하다는 점에는 전적으로 동의하나 어떤 용어를 사용할 것인가에 대해서는 상당한 차이가 있다. 가령 영국에서 널리 사용되는 용어들을 보면, 핵심 기능, 전이 가능한 기능, 공통 기능, 중심 기능 등이다. 세계 곳곳에서 다른 기능을 가리키는 다른 용어들을 사용하고 있다. 예를 들어, 밀워키의 알베르노(Alverno) 대학은 '능력', 오하이오 주의 보울링 그린 스테이트(Bowling Green State) 대학은 '발판 능력', 호주의 울런공(Wollongong) 대학은 '제3의 문해력' 등으로 말한다.

어떤 용어가 사용되건 간에 대학생들이 대학교육을 받는 동안 개발해야 한다고 보편적으로 받아들이는 기능은 다음과 같다.

- 다양한 접근 수단을 활용한 의사소통 기능
- 정보 관리 기능(검색, 평가, 분석, 활용)
- 현대의 정보통신 기술의 활용
- 인간적 기능(팀/집단 활동, 윤리, 다양성의 인정 등)
- 개인적 기능(시간 관리, 개인적 책임감, 학습 지속 능력)

4. 대학의 대응

대학교육 기관들은 기능 개발을 위해서 일정한 전략을 채택하고 여러 단계에서 실행하고 있다. 일부 대학에서는 대학생들이 학과 공부를 하는 동안 기능들은 자연스럽게 개발되므로 특별히 따로 가르치지 않아도 된다는 견해를 취한다. 이와 정반대로 어떤 대학은 훨씬 더 강력히 대처하는 입장에서 기능 개발을 대학의 교수-학습 전략의 우선 과제로 내세운다.

기능을 중요 의제로 채택한 대학 기관들을 다음의 몇 가지 모형으로 정리할 수 있다.

- 전면적 모형: 여기서 기능 개발은 교양과정 및 모든 강좌나 코스에서 추구한다. 이런 대학에서는 모든 교수가 어떤 학과에서건 공통된 기능을 개발시킬 것으로 이해한다. 이 모델은 대학 본부에서 강좌식 교육과정을 관리하여 대학생들이 폭넓게 선택할 수 있는 경우에 적합하다.
- 특수 기능 모형: 각 전공 학문마다 기능을 개발할 기회가 '자연스럽게 나타나고' 요구 조건도 상이하다는 입장을 대학이 가질 수 있다. 이 모델은 개별 학과에 상당한 자율성을 주는 전통적인 대학에서 가장 잘 적용된다.
- 기능 강좌 모형: 대학은 대학생들의 기능 개발에 특별히 초점을 둔 특별 강좌나 코스를 제공하기로 결정한다(Partridge의 사례연구 참조, Fry & Marshall, 2002). 이 모형은 일반형과 특화형으로 더 분화될 수 있다. 일반형에서는 단일 강좌/코스가 전공에 상관없이 개설되고 여러 전공의 학생으로 반을 구성할 수 있다. 특화형에서는 개괄적인 기능 강좌를 제시하되 그것을 대학생들의 학문적 관심에 따라 조율, 특화할 수 있게 한다.
- 외부 모형: 대학생들은 현장 경험이나 비교과 활동을 통해 미래의 취업과 관련된 기능을 획득하도록 권장 또는 요구받기도 한다. 이것은 강좌라든가 대학생들의 학습 프로그램의 일부분으로 공식적으로 포함되거나 전혀 독립적인 활동으로서 인증받을 수 있다.

기능 개발의 모형과 관련하여 몇 가지 더 고려해야 할 문제가 있다. 기능은 명확하게 평가되고 인증되어야 하는가? 아니면 대학생의 성적표에 기록되어 인정받으면 되는가? 기능 성취가 신통치 않으면 학부 과정이 실패한 것으로 보아야 하는가? 이는 물론 이와 유사한 질문에 대하여 단정적으로 대답할 수 없다. 그러나 기능 강좌를 개설하는 경우에는 특정 기능 등급을 따로 부여하는 것이 올바른 처사일 것이다. 실제로 특정한(예, 정보 관리) 기능을 숙달한 대학생은 표준 과제에서 높은 등급을 받을 것이고 그런 기능을 숙달하지 못하면 다음 단계로 나아가는 데 불리할 수밖에 없다.

기능에 대한 기대는 대학교육을 받을수록 높아야 하는가? 전면적 모형은 대학생들이 입학해서 졸업에 가까워질수록 더 많은 것을 요구한다. 이와 대조적으로 기능 강좌 모형에서는 지속적인 개발을 요구하지 않고 단일한 기대 수준을 요구한다.

1) 향상 파일

최근 영국 정부는 대학생의 취업능력을 개발하는 문제에 관심을 기울이기 시작했다(Dearing 보고서, 1997). 그 한 가지 사례가 향상 파일(progress files)이다(13장 참조). 향상 파일 중에서도 취업 기능의 개발/증명과 관련된 부분을 가리켜서 개인발전 계획(personal development plan)이라 부른다(12장 참조). 이것은 개인발전 일지(personal development logs)라는 아이디어에서 나온 것인데, 대학생들의 기능을 개발하고 기록하는 데 도움이 된다. 많은 대학에서는 대학생들이 취업능력과 관련된 기술을 개발하고 기록하는 데 사용할 수 있는 웹기반 시스템을 구축하고 있다. 이런 도구를 사용하는 데 어려움이 따르기 마련이다(Fry et al., 2002).

5. 교수들의 반응

앞에서 대강 얘기한 사항들은 대학교수의 전통적인 업무와 동떨어진 이야기다. 그것은 특별위원회나 자문단들이 대학의 사명이라는 맥락에서 거론하는 문제들이다. 이들은 보고서와 의견서를 발간하겠지만 실제로 대부분의 교수는 너무 바빠서 거들떠보기도 어려운 형편이다.

그러나 일단 대학이 전략을 수립한 후 채택된 전략을 이행하는 일은 교수 개인들의 몫이다. 그렇다면 어떻게 해야 하는가? 중진 교수들은 '어떻게 하면 수년 동안 개발해 온 교육과정을 파괴하지 않으면서 기능에 역점을 둘 수 있을까?' 를 고민하는 반면에 신임 교수는 '기능에 대해 생각하기는커녕 교육과정의 내용을 가르칠 수업 자료조차 제대로 개발하기 어려운데 어떻게 해야 하나?' 라고 물을 것이다.

이와 비슷하게, 기능에 관한 의제 때문에 교육과정이 희석되지 않을까 하는 우려도 생긴다. 차라리 그 시간에 교육과정의 내용을 더 가르치는 게 낫다고 생각하는 이들도 있다. 대학이 기능을 강화할수록 (교수나 학생이나) 추가 부담을 갖게 되어 교육 프로그램의 학문적 질이 떨어지지 않을까 하고 걱정하는 이들도 있다.

실제로 기능을 둘러싸고 벌어지는 논쟁의 많은 부분은 전혀 새로운 것이 아니다. 다만 더 공론화되었을 뿐이다. 수세기 전 공교육이 시작된 이래 학생들에게 요구한 것은 상호 의사소통하고, (관련 문헌을 활용하여) 정보를 만들고, 동료들과 함께 공부하는 것이었다. (정보통신공학과 같은) 다른 요소들은 최근에 와서야 나타난 것들이다.

6. 실 행

현장에서 어떻게 실천할 수 있는가? 이를 위해서는 특정 대학의 사례를 본보기로 삼아 이것을 중심으로 논의하는 것이 좋을 것이다. 따라서 1990년대 중반부터 후반까지 루턴(Luton) 대학이 채택한 모형을 중심으로 논의해 보자. 이 모형이 특별히 우수한 것이라기보다는 필자가 잘 알고 있는 것이어서 여기서 논의하고자 한다.

이 대학이 채택하는 접근방법을 보면, 학부에서 다룰 기능의 수준을 비교적 상세하게 밝히고 있다. 〈표 9-1〉은 루턴 대학에서 사용하는 '수준 기술용어(level descriptors)' 및 수준 3(학부 최종 단계)의 대학생에 대한 기대치를 보여 주고 있다. 이 표는 이 대학의 기능 기대치를 상당히 자세하게 그리고 작동상황, 인지적 문제, 핵심 기능 기술용어 등을 한 단계씩 언급하면서 제시하고 있다(수준 1과 2에 대해서도 유사한 표를 만들 수 있다).

자신의 수업 실제에 대해서 생각하기

대학은 어떤 전략으로 기능을 가르치고 있습니까? 그것은 수업/학습 전략에 포함되어야 합니다. 관련된 정책 문건의 사본을 구해 보시오. 그것은 대학 차원에서 합의된 것일 수 있고, 학과 차원에서 결정된 것일 수 있습니다. 그 속에 들어 있는 기본 요소들은 무엇입니까?

이 대학의 기대치는 크게 4등급으로 나누어지며, 이는 다시 13개의 기본 요소로 나뉜다.

1) 기획과 문제해결

'학습자는 명확하게 정의된 문제를 받아 일정한 도구와 방법을 정확하고 창의적으로 추상적인 데이터나 개념들에 적용하여, 그 데이터에 적절한 결론을 내릴 수 있기를' 흔히 기대한다. 문제를 정의하고 도구와 방법을 제공하는 것은 교수의 역할이지만 그것에서 기능 성과를 이루는 일은 학생의 책임이다. 기획과 문제해결은 다음과 같이 네 가지의 기능 영역

〈표 9-1〉 루턴 대학-강좌학점제-수준 3의 일반적 기술어와 핵심 기능

	문맥의 특징	책임	윤리적 이해
	3 수준의 학습자는		
1. 조작적 문맥들	광범한 혁신적 혹은 표준적 테크닉에서 선정, 적용할 것을 요구하는 복잡하고 예측할 수 없는 문맥 속에서 작업해야 한다.	폭넓은 지침 안에서 학습과정을 계획, 관리하는 일에 자율적이어야 한다.	개인의 책임감과 전문직 행위 규범들을 알아야 하며, 중요한 업무에 비판적 윤리적 차원을 포함할 수 있어야 한다.

	지식과 이해	분석	종합/창의성	평가
	3 수준이 끝날 무렵 학습자는			
2. 인지적 기술어	자기 전공 학문의 핵심 지식 기반 그리고 지식의 잠정적 성격에 대한 자신 있는 친밀감을 설명할 수 있어야 한다.	새로운 추상적 자료와 상황을 지도받지 않고서도 자기 학문에 적합한 다양한 테크닉으로 분석할 수 있어야 한다.	최소한의 지도를 받으면서 추상적 자료와 개념들을 일정한 목적을 위해서 변형할 수 있어야 하고, 또 새로운 해결책을 설계할 수 있어야 한다.	신뢰도, 타당도, 중요성 등을 포함하여 결론/제언을 지지하는 증거를 비판적으로 검토할 수 있어야 하고, 모순되는 정보를 찾거나 모순의 이유들을 확인할 수 있어야 한다.

	정보검색 및 처리		의사소통과 발표		계획과 문제해결		사회성 발달과 상호작용	
	3 수준이 끝날 무렵 학습자는							
3. 핵심 기능 기술어	학문의 문맥 내에서 정보를 추구, 기술, 해석할 수 있어야 한다.		말이나 글로 문맥 속에서 효과적으로 의사소통할 수 있어야 한다.		잘 정의된 문제에 주어진 도구/방법을 정확하고 신중하게 적용할 수 있고, 또 적절한 결론을 도출할 수 있어야 한다.		다른 사람들(튜터 혹은 학생들)과 함께 일하고 그들에 대한 의무를 이행할 수 있어야 한다.	
	복잡한 문제 사태를 지원해 줄 자신의 정보 필요 확인하기	11.3	주제의 어휘파악을 입증하고 그 주제에 맞게 글로 표현하는 일련의 기능을 사용한 복잡한 작품 생산하기	C1.3	실행계획을 정하고, 이를 효과적으로 이행하기	P1.3	다른 사람들과 함께 일하면서 목표를 달성할 효과적인 전략 구상하기	S1.3

3. 핵심 기능 기술어	적절한 범위의 일차적, 이차적 원천을 활용하여 정보탐색을 마친다. 교과 방법론을 활용하여 독립적으로 정확한 결론을 도출한다.	I2.3	자신의 구두 의사소통의 질을 평가하고 개선할 영역 확인하기	C2.3	의도한 목표를 이루기 위해서 시간을 효과적으로 관리하기	P2.3	팀의 운영에 효과적으로 참여하고, 다른 구성원들과 함께 협력하기	S2.3
	적절한 테크닉으로 자료를 분석한다.	I3.3	일련의 핵심 사항을 효과적으로 전달하는 데 성공한 글을 쓰거나 발표하기	C3.3	성공 기준을 분명하게 확인하고, 그러한 기준에 비추어 자신의 수행 평가하기	P3.3		
	이미 확인한 영역을 지원하기 위해 독립적으로 적절한 IT자원을 이용한다.	I4.3			복잡한 문제에 대한 창의적, 현실적 해결책 만들기	P4.3		

으로 나눌 수 있다.

(1) 실행 계획을 정하고 이를 효과적으로 이행하기

이는 모든 필수 과업이 필요한 만큼 완수되도록 자체 조직을 개발하는 일과 관련이 있다. 일이란 처리하기 쉬운 분량으로 계획, 준비, 착수될 필요가 있으며, 이와 유사하게 대학생은 다양한 학습 자료를 다루기 좋게 조직화해야 한다.

이런 기능은 대학에서 대학생이 투입한 시간 속에서 쌓일 것이다. 입학 당시에는 미비할지라도 수준 3 공부의 일부분으로 연구논문을 쓰는 시기면 이 기능이 잘 개발되었을 것으로 보아도 된다. 결국 논문 준비에서도 연구 프로젝트와 마찬가지로 기능 개발을 연습하는 것이다. 성공적으로 마치려면 대학생은 단계별로 작업 프로그램을 논리적으로 정리하고, 필요한 자료(특히 실험 연구의 경우)를 접하도록 조정하고, 전문적인 표준에 맞게 작업을 완결하고 필요한 보고서를 제출해야 할 것이다.

(2) 의도한 목표를 달성하기 위해 시간을 효과적으로 관리하기

기획의 기본 요소는 시간 관리며, 이것은 거의 모든 고용주에게 필요한 기능이다. 또한 많은 대학생에게 문제가 될 수 있는 기능이기도 하다. 부과된 작업이 막판에 가서 완결되지 못하고 마감시간을 연장해 달라는 요구도 흔히 나오게 된다. 대학생들의 작업에 마감시간을 엄격하게 규정하는 것은 예정된 시간에 결과물을 전달해야 하는 '현실세계'의 요청을 바로 반영한 것이다.

시간관리 기능의 개발은 쉽지 않다. 특히 최종 기한이 한참 남아 있을 때는 그렇다. 이때 택할 수 있는 한 가지 기법은 대학생들에게 일정한 시간 간격을 두고 간단한 활동을 하게 하는 것이다. 예를 들어, '유인물에 여백'을 남겨 두어 그곳에 간단히 요약문을 기재하도록 한다면 정규 강의나 개인지도 시간을 세분하여 사용할 수 있을 뿐만 아니라 빈틈없이 시간을 활용하게 할 수 있다. 서투른 시간 관리는 특히 연구논문이나 학위논문을 작성할 때 극복해야 할 문제다(8장 참조). 중간 보고서, 초고 등을 일찍 상의하게 하거나 시간을 정해서 개인지도를 한다면 자료를 정해진 시간에 완성하는 데 도움이 될 수 있다.

(3) 성공 기준을 분명히 밝히고 이 기준에 맞추어 학생들의 수행 평가하기

성공 기준이란 대학생들이 특정 등급에 도달하거나 특정 결과를 성취하도록 요구받는 것이다. 이 요구 조건은 시스템이 정비될수록 그만큼 더 엄밀해질 것이다. 필연적으로 각 단계별 기준이 분명하게 정해지고 이것은 대학생들이 이해할 수 있는 방식으로 제시된다. 어떤 경우에는 대학생들이 자신과 동료의 수행에 평점을 주는 식으로 평가과정에 직접 관여하는 것도 좋다. 이것은 학생들이 구두 발표 때 특별한 기준에 따라 동료 학생들끼리 피드백을 주고 받으면서 아주 쉽게 일어날 수 있다.

또 다른 방안으로는 대학생들에게 학술적 글쓰기 사례를 주면서 학술저널에서 동료 비평을 하는 것처럼 비평을 하도록 하는 것이다. 이 경우 대학생들에게 그들이 전공하는 학문의 저명한 저널에서 통용되는 특수한 비평 기준을 제공할 수 있다. 이 일은 발표된 논문의 단순 비평보다 조금 더 심화된 작업이다.

(4) 복잡한 문제에 대해 창의적이고 현실적인 해결책 제시하기

문제해결은 업무 수행의 근본이며 체험활동을 통해서 하는 것이 가장 적절하다. 대학생들이 복잡한 문제를 다룰 것으로 기대하지만 처음에는 간단하고 사소한 문제들을 계속 제공하는 것이 문제해결 기능 개발에 큰 도움이 된다. 간단한 문제를 몇 개씩 묶어서 제시하면 대학생들이 과제를 완성할 수 있을 뿐만 아니라 그것이 해결되는 메커니즘을 논의하고 토론할 수 있다. 복잡성이 큰 '현실세계'의 사례를 끌어다가 문제해결에서 활용하는 것이 바람직하지만 문제해결의 초기 단계에서 꼭 필요한 것은 아니다.

2) 정보의 검색과 처리

'대학생들은 자신의 전공 영역에서 정보를 찾고, 기술하고, 해석할 수 있어야 할 것이다.' 이와 같은 기대는 네 가지의 하위 요소로 나뉜다.

(1) 복잡한 문제해결에 필요한 정보 찾기

이 일을 성공적으로 하는 데 필요한 것은 앞에서 말한 문제해결 기능과 관련 정보의 획득이다. 대학생들에게 중요한 점은 적절한 정보가 필요하다는 것이다. 효율적인 자료수집 기능은 반드시 개발해야 하며, 이는 취업 후 곧바로 이용된다. 여기서는 시간적인 압력 때문에 신속하게 구체적인 정보를 활용하여 문제를 해결해야 하며, 경험이 없는 대학생들에게 공통적으로 나타나는 '실수할 수도 있는'이라는 접근은 통하지 않는 곳이다.

교수들의 당면 문제점은 대학생들이 졸업 후 부딪치게 될 직업적 필요와 연결되면서 이와 동시에 학문적 필요와 관련된 정보를 찾도록 하는 것이다. 개인지도나 전체 연습 시간에 문제해결 및 과업완수에 유용한 정보 목록을 뽑게 할 수 있다. 잠정적인 자료 목록이 나오면 과업과 관련지어 그 우선순위를 매길 수 있다. 이럴 경우에는 고려해야 할 자료들이 많은 과제를 선정해서 우선순위를 매기는 연습을 하는 것이 대체로 좋다.

(2) 1차 자료와 2차 자료를 적절하게 활용하여 정보탐색 끝내기

과거의 정보탐색은 도서관 인쇄물 자료에 국한되었다. 요즈음은 지역적으로 또는 인터넷을 통해 전자 자료에 접근하는 정보탐색이 크게 증가하고 있다.

대학생들은 주어진 주제에 관한 일정한 문서를 수많은 자료(예, 동료 비평 저널, 신문과 인터넷)에서 확인하고 수집된 자료의 강점과 약점을 논의하도록 요구할 수 있다. 대학생들이 할 일은 자료의 질을 확인하고 권위가 떨어진 자료들을 버리고 쓸 만한 것들을 골라내는 것이다. 인터넷은 아주 훌륭한 자료를 제공할 수 있지만 학문적이지 못한 자료를 대학생들에게 제공할 수도 있다.

(3) 적절한 기법을 활용하여 자료 분석하기

자료분석은 전공하는 학문마다 다양할 수밖에 없다. 일부 학과에서는 전통적인 통계학 코스가 제공되고 수치 분석을 강조한다. 다른 전공 분야에서는 이용할 자료가 질적인 특성을 갖는 것이 더 많다. 자료분석 연습의 기본 쟁점은 단순히 가설적인 수치 목록이 아니라 대학생들에게 흥미 있는 자료를 이용하는 것이다. 일반적인 견해에 이의를 제기하거나 논란이 되는 주제를 다루는 자료가 특히 관심을 끌 수 있다. 대학생들이 (그저 다른 사람의 자료를 제공받는 것이 아니라) 자기 나름의 자료를 산출할 수 있다면 이것은 자신의 것이 되고 후속 논의를 촉진할 수 있다.

요즈음은 보통 통계분석을 위해서 컴퓨터 소프트웨어 패키지를 이용한다. 여기서 중요한 점은, 가장 적절한 검사를 선택하고 검사결과를 해석하는 더욱 실질적인 일을 강조하는 것이지 소프트웨어에 관심을 집중하는 것이 아니다.

(4) 사전에 확인된 영역 지원을 위해 적절한 IT 자원 독립적으로 활용하기

IT 활용은 이제 직장생활에서 보편화되었다. 거의 모든 졸업생은 워드프로세서, 스프레드시트, 데이터베이스, 프레젠테이션 소프트웨어 등과 같은 표준 소프트웨어 모음을 활용해야 할 것이다. 그 정도는 대학에서 거의 보편적으로 사용하고, 중등 교육단계에서도 점차 그런 추세에 있다. 그러나 대학생들은 스프레드시트나 데이터베이스를 만들 수 있는 것만으로는 충분하지 않으며, 앞에서 언급한 자료처리 연습에서 그런 자원을 활용할 수 있어야 한다.

IT 자원은 다양한 학습자료를 포함한다. 컴퓨터 보조 학습(CAL) 패키지뿐만 아니라 대학생과 교수가 자료와 아이디어를 공유할 수 있는 더욱 다양한 온라인 학습 환경(11장 참조)을 활용한다.

전문적 소프트웨어는 영양학을 공부하는 대학생들을 위한 식이요법 분석 패키지에서 공학도를 위한 컴퓨터보조 설계 패키지에 이르기까지 수많은 전공 영역에서 활용할 수 있다. 대학생들은 그런 관련 자원을 활용하는 학습 경험을 쌓아야 한다.

3) 의사소통과 프레젠테이션

일반적으로 '대학생들은 …… 상황에 맞게 구두 또는 서면으로 효과적인 의사소통을 할 수 있을 것으로' 기대한다.

상황이란 여기서 전공학과 및 과업 수행에 적합한 수준의 표현이 두 가지와 모두 관련이 있다. 다음의 세 가지 요소를 살펴보자.

(1) 주제의 어휘를 파악하고 있고 그 주제에 적합한 문어적 표현 기능을 발휘할 수 있음을 보여 주는 작품 만들기

각 전공마다 전문지식이 있고 졸업생은 전공 어휘를 능숙하게 사용할 수 있어야 한다. 전통적으로 이런 능력은 에세이, 보고서, 졸업논문 등과 같이 그런 어휘를 사용하여 작성하는 서면 과제물을 통해서 증명된다. 대학생에게 어떤 주제에 관한 기록물을 작성하게 할 경우에도 그런 능력을 기를 수 있다. 예를 들어, 대학생들에게 일상적인 용어로 간단한 요약문을 준비하도록 할 수 있다.

특히 중요한 것은 대학생들이 전문용어로 작성된 문서 자료를 이해하고 이것을 일상용어로 옮겨 쓸 수 있어야 한다는 것이다. 이에 적합한 활동으로서 대학생들에게 적절한 학술지에서 최신 논문 한 편을 뽑아 그것을 읽고 간단한 신문기사를 작성하게 할 수 있다.

(2) 자신의 구두 소통의 질을 평가하고 개선해야 할 영역 확인하기

이와 같은 의사소통은 공식적 프레젠테이션과 분반토의나 집단토의 참여를 모두 포괄한다. 프레젠테이션을 위해서는 대학생들이 서로 비공식적인 피드백을 주고 받는 것이 유익하다. 다른 학생들에게 피드백을 주는 것은 소중한 학습 훈련이며, 동료 학생이 제시한 자료에 집중하도록 만드는 점에서도 유익한 일이다.

(3) 일련의 요지를 효과적으로 전달할 수 있는 [구두] 보고나 프레젠테이션 개발하기

놀랍게도 많은 교수들 역시 이 점에서 어려움을 겪는다. 학술 모임에서 경험 많은 교수들이 아주 지루하고 답답한 방식으로 개인 연구물을 읽고 있는 것을 흔히 볼 수 있다. 이와 같은 기능을 제대로 개발하는 좋은 방법은 대학생들에게 학술논문을 읽고 분석하게 하는 것이다. 대학생들은 핵심사항을 확인하고 특정의 청중에게 제시하기 좋게 그 내용을 슬라이드로 만들 수 있다. 대학생이 발표한 것을 비디오로 찍어 다음 시간에 분석하게 한다.

4) 사회성 개발과 상호작용

일반적으로 대학생은 '다른 사람들(조교나 다른 학생들)과 함께 작업하고 그들에 대한 의무를 이행할 수 있어야 한다.' 고 본다. 이런 기대는 두 가지로 나누어 논의된다.

(1) 다른 사람과 작업할 때 목표를 성취할 수 있도록 효과적인 전략 세우기

이것은 집단작업 기능의 1단계에 속한다. 학습활동이나 형식적 평가요소로서 집단작업은 거의 모든 대학의 교육 프로그램에서 표준 요소가 되었다. 많은 경우 집단들은 잘 돌아가지만 경우에 따라 어려움에 부딪칠 수 있다. 어려움이 생기는 경우는 역할과 책임을 지정하지 못했기 때문이다. '다른 사람들과 일을 한다는 것' 은 여러 가지 맥락에서 해석되어야 한다. 기관의 다른 구성원들(사서, 기능직 등), 연구활동의 참여자들, 전문기관의 의뢰인 등을 고려해야 한다.

(2) 팀의 활동에 효과적으로 참여하고 팀의 다른 구성원과 협력하기

팀 작업은 오늘날 수많은 조직에서 직업 활동의 중심이 되고, 이것은 성공하려는 개인의 욕구와 충돌한다. 대학생들은 상대방의 강점과 한계를 인정하면서 동료 학생과 함께 작업하는 방법을 학습해야 한다. 작업을 마감시간까지 끝내려면 팀 구성원들이 상호 작용하면서 건설적 비판을 계속 주고 받아야 한다.

팀 활동이 여러 역할로 수행되는 경우 팀 구성원에게 (실제 사회와 비슷하게) 불완전한 정보를 주는 것이 좋은 전략일 것이다. 효과적으로 과제를 완성하기 위해서는 협력이 있어야 할 것이다.

대학생들이 이런 영역의 기능을 개발하도록 다른 팀의 참여를 권장할 수 있다. 이것은 직업 현장이나 외부 연구기관의 팀에서 경험하게 하는 것이다.

자신의 수업 실제에 대해서 생각하기

소속 대학의 기능 전략을 살펴보시오. 여러분의 전공을 가르칠 때 어떤 영역의 기능이 강화될 필요가 있습니까?

7. 개 요

대학에서 기능 개발의 모형으로 어떤 것을 택하건 간에 대학생들의 주 전공과 그 핵심적인 지식기반에 알맞은 사례와 과제에서 멀어지지 않는 것이 가장 좋다. 이와 비슷하게, 관련 있는 전문직의 가치와 요건을 반드시 고려해야 한다. 예를 들어, 구두로 소통하는 기능의 개발은 남을 배려하는 직업(간호사)을 구하는 대학생에게 특별히 중요하지만 다른 대학생들에게는 덜 중요할 수 있다.

이 장에서 소개한 루턴(Luton) 대학 모형을 보면 알 수 있듯이 실제로 어떤 한 가지 기능만 따로 개발되는 일은 드물다. 예를 들어, 대부분의 학습 과제는 기획과 문제해결, 정보검색과 처리, 의사소통과 프레젠테이션 등과 같은 기능을 이용해야 할 것이다. 이 장에서는 (그리고 다른 사람들이 쓴 기능 관련 문헌에서) 다만 논의의 편의를 위해 기능을 분리하였고 그 구체적인 특징을 강조했다.

모든 교수의 당면 과제는 기능개발을 대학생들의 흥미와 결합시키는 일이다. 일부 대학생은 구두(혹은 서면) 소통 기능의 가치를 인식하지 못할 수 있는 반면 다른 대학생들은 수치자료를 처리하는 기능의 가치를 가볍게 여길 수 있다. 여러 기능을 활용하는 정도의 차이는 있겠지만 여기서 언급한 기능들은 모든 대학 졸업생의 포트폴리오의 핵심적인 특징이 되어야 한다는 것은 분명하다.

참고문헌

Bennett, N., Dunne, E., & Carre, C. (2000). *Skills Development in Higher Education*, Society for Research into Higher Education, Open University Press, Buckingham.

Committee of Vice-Chancellors & Principals (CVCP) (1998). *Skills Development in Higher Education, Full Report*, CVCP, London.

Drew, S. (1998). *Key Skills in Higher Education: Background and rationale*, SEDA Special No 6, Birmingham.

Fallows, S., & Steven, C. (eds.) (2000). *Integrating Key Skills in Higher Education: Employability, transferable skills and learning for life*, Kogan Page, London.

Fry, H., Davenport, E., Woodman, T., & Pee, B. (2002). *Progress Files: A case study*, Teaching in Higher Education 7, 97-111.

Fry, H., & Marshall, S. (2002). Revitalizing the curriculum, in *The Effective Academic: A handbook for enhanced practice*, (eds.) S. Ketteridge, S. Marshall, & H. Fry., Kogan Page, London.

National Committee of Inquiry into Higher Education (NCIHE) (1997). (Dearing Report) *Higher Education in the Learning Society*, NCIHE, HMSO, London (also to be found at: http://www.leeds.ac.uk/educol/ncihe).

Noble, M. (1999). Teaching and learning for employability, Chapter 10, in *A Handbook for Teaching and Learning in Higher Education: Enhancing Academic Practice*, (eds.) H. Fry., S. Ketteridge, & S. Marshall. Kogan Page, London.

읽을거리

Fallows, & Steven (2000). See above. A review of the material covered in this chapter, but in far greater depth.

제10장

대학생의 경험학습을 어떻게 지원할 것인가

1. 서 론

대학교육 프로그램에서 실천(실제)적 경험의 가치는 오랜 역사를 갖고 있다. 실험실 수업 혹은 실험은 과학과 공학에서 중요하다. 시뮬레이션과 게임은 경영학 및 사회과학 코스의 특징이다. 예술과 디자인 코스에서는 지식이나 심미적 이해와 함께 전문적 기능을 개발한다. 프로젝트는 졸업 학년 교육 프로그램의 특징이고 대다수 석사 과정의 필수 요소다. '샌드위치' 코스에서는 대학생들이 학술적 공부의 일부분으로 현장을 경험하게 그들을 일터에 배치한다. 의학 전문가는 병원 실습과 함께 학술 공부를 할 수 있도록 통합 프로그램을 구성한다. 이와 같은 여러 가지 접근은 경험학습(experiential learning)이 대학교육 프로그램, 특히 전문적, 응용적 성격을 띠는 프로그램의 중요한 부분이 되어야 한다는 점을 전제하고 있다.

직업 코스에서는 경험학습이 대학 밖에서 실무 중심 학습(work-based learning)으로 이루어지도록 계획된다. 이 장에서는 대학과 외부 현장에서 이루어지는 경험에서 배움에 초점을 둔다. 경험은 학습을 위해 자극이 된다.

취업능력은 대학 졸업생의 핵심 쟁점이다(10장 참조). 대학교육에서 경험 기반의 중요성은 점점 더 인식되고, 그것은 취업 관련 기능을 쌓는 데 중요하다. 예를 들어, 교사 양성과정에서는 현장 교사의 조언하에 교실 실습을 중시하는 경향이 있으나 간호 영역에서는 지식 기반의 중요성이 커지면서 그 반대 방향으로 나아가기도 한다.

대학교육 프로그램은 대학 안에서 쌓은 경험에 기반을 둔 학습을 평가하고 학점을 부여한다. 대학 밖의 현장배치 경험에서 이루어지는 학습에 대해서도 점차 학점을 부여하는 중이다. 이것이 더욱 중요하게 취급되는 까닭은 대학교육 프로그램이 더욱 유연한 것으로 변하고 있고 사전(경험) 학습의 인정과 같은 학점 축적 및 전환 시스템의 활용이 더욱 증가하고 있기 때문이다.

새로운 도전은 대학생들이 졸업 후 자신의 학습을 장래의 삶과 일에 전환시킬 수 있도록 경험학습을 교과 과정에 어떻게 끌어들일 것인가 하는 것이다. 이에 도달하려면 이론을 실천에 적용하는 것 이상의 일이 필요하다. 의사로서 전문적 진료를 하거나, 팔릴 수 있는 예술작품을 만들거나, 견고한 교량을 설계하는 일은 지식, 전문적 기능, 직업윤리의 적용 등 복합적 결합을 요구한다. 이에는 대부분 지혜가 필요하다. 지혜란 보통 세상 경험을 쌓고, 심사숙고하면서 오랫동안 학습한 데서 생긴다. 경험학습은 전인적이다. 즉, 학생을 인격을 가진 주체로 인정한다. 경험학습을 옹호하는 까닭은 인간의 삶과 사회의 질을 높이기 위하여 사람을 기르는 일에 관련 있다고 보기 때문이다.

이 장은 대학교육에서 경험학습을 활용하기 위한 여러 가지 모형을 기술하고 또 이론과 실천을 성공적으로 통합할 수 있는 코스설계 방안을 제시할 것이다. 그리고 경험학습에서 교수들이 대학생을 지원하는 데 필요한 지도, 조언, 안내, 촉진 등의 기능 등을 설명할 것이다.

2. 학술적 학습과 경험적 학습

현실세계에서의 학습과 대학세계에서의 학습 간에는 차이가 있다. 일상적인 경험에서 우리는 우연한 발견을 통해서 학습하게 된다. 우리가 무엇을 배우고 어떻게 배우는가 하는 점은 상황이나 맥락에 따라 달라진다. 대학이라는 학술적 환경에서 학습은 계획적이다. 미리 학습내용이 규정되고 학습방법도 신중하게 조직된다. '대학 교수들은 세상의 경험에서 얻을 수 있는 것 이상으로 더 많은 내용이 학습되기를 바란다. 체계화된 지식의 핵심은 체계적 지식이 설명, 논증, 해석 등과 경험에 관한 반성을 통하여 알 수 있는 것이고, 세계에 대한 이차적 경험을 나타낸다는 점이다(Laurillard, 1993: 25).

학술적 맥락에서의 학습이 대학생들의 바깥세상에서의 삶, 다시 말해서 미래 활동에 긍정적인 영향을 미치게 하려면, 학술적 학습이 현실과 관련성을 갖는 것으로 보여야 하고 또 현실에 잘 적용될 수 있는 방식으로 이루어져야 한다. 대학생들은 그런 지식을 자신의 미래 활동에 적용할 시기와 방법을 제대로 이해해야 한다. 대학생은 아이디어 자체뿐만 아니라 그 아이디어의 의의도 이해해야 한다. 그러므로 교수들은 이론적 아이디어와 함께 보기, 사례연구, 실습 등을 활용하여 대학생들의 학습이 어떤 맥락에 자리를 잡고, 그 맥락과 관련성을 갖게 하여야 한다. 그런 관련성을 대학생들이 스스로 경험한다면 학습은 더욱 강화될 것이다.

경험이 항상 학습으로 이어지는 것은 아니기 때문에 경험학습 이론들은 반성 혹은 성찰을 매우 중시한다. 널리 알려진 것은 콜브(Kolb)의 학습 사이클(1984: 2장 참조)을 기반으로 한 경험학습 이론이다. 그에 의하면 경험에서 효과적으로 학습할 수 있기 위해서는 경험을 반성한 후에 움직여야 한다. 경험에 대한 반성이란 현실적 맥락의 특징과 문제점을 관찰하고 이에 의식적으로 주의를 기울이는 일이다. 그리고 이런 경험을 일반화시키면서 이해하는 데 초점이 모아진다. 콜브의 학습 사이클의 이 부분은 이론이나 아이디어가 경험과 연결되는 곳이다. 사이클의 세 번째 부분에서는 경험을 평가하고 실험을 통한 변화를 기획하려고 한다. 그 다음 단계에서 우리는 경험으로 되돌아간다. 이때의 경험은 학습 사이클에 의해서 안내되고 그 결과는 사이클에서 나타난 학습으로 달라진다.

자연적인 환경에서의 경험이 탐구, 비판적 사고, 이해 등을 촉진하는 학습을 낳으려면 그 경험이 어떤 이론 속에서 성찰되고 숙고되어야 한다. 이것은 경험 그 자체만으로 학습을 지원할 수 없다는 말이다. 그러므로 교수들은 대학생들이 경험에서 배울 수 있도록 그들이 경험을 반성하고 비판적으로 평가하는 것을 도와주어야 한다.

학습 사이클은 일정 기간에 일어나며, 경험을 통한 학습을 염두에 두고 접근하는 것이다. 이 반성적 사이클에 행동에 대한 반성이 들어 있다. 대학생에게 경험에서 학습할 기회를 주는 것은 그들이 아이디어와 행동의 관계를 의식하도록 돕는 것이다. 경험학습에서는 학습 과정이 학습 내용에 우선한다.

3. 경험학습을 강좌에 끌어들이기

경험학습을 코스 설계의 핵심 부분으로 만드는 데는 기본적으로 두 가지 방식이 있다. 첫째는 대학 내의 통제된 환경에서 기능과 기술을 개발할 수 있도록 구조화되고 미리 계획된 실제적 활동 형태로 경험을 제공하는 것이다. 둘째는 자연적인 직업 현장에서 경험을 통해 학습할 기회를 대학생들에게 갖게 하는 것이다. 어느 경우이건 효과적인 학습의 핵심은 대학생들이 경험에서 학습을 이끌어 내는 일이고 경험에서 나타나는 핵심사전들을 밝힐 수 있는 아이디어나 이론과 연관시키는 것이다.

실습과 프로젝트 작업이 학습으로 결실을 맺으려면 대학생들이 그것들을 자신의 학업에 통합시킬 수 있도록 교수들이 적극 도와주어야 한다. 이와 비슷하게 현장 기반 학습도 행동과 반성의 사이클을 통해 적절히 지원되고 또 비판적으로 검토된 지식 기반에 의해 뒷받침되지 않으면 그 성과는 빈약해질 것이다.

4. 대학 내부의 경험 활용

대학 내에서 경험학습을 촉진하는 방법은 다음과 같다.

- 실험실 실험(18장)
- 시뮬레이션
- 사례 연구(PBL 포함)
- 마이크로 티칭
- 프로젝트(8장)

이 사례들을 보면, 대학교수들이 주로 설계한 경험들을 교과과정에서 제공함으로써 대학생들이 전문 기능과 대인관계 기능을 숙달해 보고 또 그 과정이 '현장 세계' 와 연관성이 있음을 이해하도록 도와준다.

1) 실험실 실험

실험실 실험에서 대학생들은 실험결과를 관찰하기 위하여 일련의 과제를 수행해야 한다. 실험은 개별적으로 혹은 집단적으로 실시한다. 실험 방법은 보통 처방되고 예상되는 결과도 알려진다. 실험을 하는 핵심 이유는 '실제로 과학 연구를 하는 것' 이 아니라 테크닉의 연마, 관찰 및 기록 기능이며 또한 이론이 실험결과와 연관성이 있음을 밝히는 일이다. 이와 같은 방법은, 특히 대학생들이 팀으로 공부할 때 심층적 학습 기회를 제공한다. 심층적 학습은 실험 경험의 비판적 반성 그리고 관찰의 중요성에 대한 집중에서 이루어진다.

2) 시뮬레이션

시뮬레이션은 통제된 환경에서 현실적 경험을 할 수 있게 한다. 아주 간단한 것에는 진술된 시나리오 안에서 대학생들이 참여만 하면 된다. 정교한 규칙이 들어 있는 게임들은 복잡한 관계를 보여 준다. 컴퓨터 공학을 이용하여 시뮬레이션을 만들면 변인을 달리할 때 복잡한 기계장치가 어떤 영향을 받는지를 보일 수 있다. 다른 형태의 시뮬레이션에서는 특정 행동에 따라서 어떤 반응이 다르게 나타나는지를 보여 주는 대인관계 사례 시나리오도 가능하다. 이런 형태는 경영이나 사회복지사 교육에서 널리 이용되며, 역할극을 도입하기도 한다. 시뮬레이션의 장점은 그 경험이 실제적이라는 데 있지만 외부세계에 대해 지속적인 영향을 미치지는 못한다. 따라서 시뮬레이션은 교량 건설, 원자력 발전소 관리, 환자 수술, 대리기능성 프로그램 관리 등에서 착오가 일어나도 실제로 큰 문제를 일으키는 것은 아니다. 시뮬레이션은 아주 좋은 학습기회를 제공하지만 대단히 신중하게 기획하고 구성할 필요가 있다. 훌륭한 시뮬레이션을 개발하는 데 여러 달 걸릴 수 있지만 일단 개발되면 반복해서 활용할 수 있다.

시뮬레이션을 이용할 때 교수들이 고려해야 할 중요한 사항은 다음 두 가지다. 첫째, 시뮬레이션을 통한 학습은 코스의 목표와 확실히 연결되게 해야 한다. 그렇지 않으면 대학생들은 원인과 과정을 비판적으로 분석하지 않아도 효과가 나타난다고 속단할 수 있다. 둘째, 역할극 시뮬레이션의 맥락은 비현실적이더라도 그 속에서 대학생들이 느끼는 것은 현실적이다. 여기서 중요한 점은, 사태에 대한 사람들의 반응 및 그 안에서의 역할이라는 측면에서뿐만 아니라 학습목표의 측면에서 사건들을 적절하게 보고하는 것이다.

3) 사례연구

사례연구는 사례의 맥락과 그 핵심 요지를 제대로 밝혀야 한다. 사례연구는 직업 관련 학위과정에서 많이 하며, 여기서 중요한 것은 복합적 관계를 이해하는 일이다. 사례연구에는 현실적인 것도 있고 가공적인 것도 있다. 현실적인 사례연구는 신문, 저널, (코스에서 활용하기 위해 허락을 받아야 할) 미간행 보고서 등에서 기초자료를 얻는다. 가공된 사례를 위해서는 교수들이 많은 준비를 해야 할 것이다. 사례연구의 목표는 이를 통하여 어떤 쟁점이나 문제의 청사진을 만들고, 대학생들에게 해당 사례와 관련지어 완성시킬 연습문제와 과제를 주는 것이다.

연습문제를 풀 때 대학생들은 먼저 사례의 성격을 이해하고, 사례의 특징을 적절하게 분석한 다음에 과제를 완성하도록 해야 한다. 이것은 풍부한 학습경험이 될 수 있고 또한 사례연구는 협동 작업을 이끈다. 여기서 사례에 대한 복합적 관점들이 나옴으로써 비판적 평가와 폭넓은 이해를 가능하게 한다. 사례연구를 폭넓게 사용함으로써 완벽한 코스 설계를 뒷받침할 수 있다. 문제 기반 학습은 일련의 사례연구를 중심으로 협동 작업을 하게 한다(23장 참조). 사례에 나오는 각 학문 영역들의 개념과 이론은 그때마다 공부시킨다.

4) 마이크로 티칭

마이크로 티칭은 집중적으로 기능연습을 하고 이를 관찰하는 것이다. 연습을 녹화한 후 피드백을 하는 멘토와 함께 이를 면밀히 검토한다. 연습은 실제 상황에서 할 수 있고, 실습실에서 가상적인 상황을 만들어 할 수도 있다. 이때 훈련 중에 널리 이용되는 프레젠테이션 기능과 인터뷰 기능을 집중적으로 연습시킨다. 녹화를 하면 구체적으로 행동을 지적하여 피드백을 줄 수 있는 장점이 있다. 대학생들은 멘토가 보는 것을 그대로 볼 수 있고, 또한 개인의 특성에 초점을 두고 가르칠 수 있다. 마이크로 티칭에 대한 피드백은 보통 일대일 지도에서 받는다.

5) 프로젝트

교수들이 대학생에게 하나의 주제를 깊이 있게 공부할 여지를 주려고 할 때 프로젝트를 사용한다. 프로젝트는 대학생에게 연구, 분석, 기록의 경험을 제공하며, 보고서를 작성하는 귀중한 연습이 된다. 다음은 경험학습을 코스에 도입한 사례다. '통합' 을 돕기 위해 지도교수는 집중적 그룹 프로젝트를 신중하게 구성한다.

자신의 수업 실제에 대해서 생각하기

여기서 이야기하는 방법들을 여러분의 수업에서 어떻게 적용할 수 있는가를 생각해 보시오.

〈사례연구 10-1〉 통합적 팀 프로젝트: 토목공학과

맥락

통합 프로젝트(IPs)는 브라이튼(Brighton) 대학, 토목공학과의 학위 프로그램에서 수시로 이용한다. 이것의 목적은 학과 공부의 여러 가지 측면을 통합하기 위한 것이다. 가령 개별적인 주제들, 글쓰기 기능을 전공 기술과 통합한다. 또 다른 목적은 대학생들이 다른 사람들과 함께 마감시간에 꼭 맞추어 작업을 완성하게 함으로써 인간적 측면들을 통합할 수 있는 경험을 갖게 하는 것이다. 이런 식으로 프로젝트는 현실적 환경에서의 그러나 선생이 제공한 통제와 구조에서의 작업 경험을 가공한다.

단기 집중 프로그램은 보통 일주일간 계속된다. 대학생들은 지도교수가 뽑아 준 대로 4~5명씩 짝을 지어 공부한다. 프로젝트의 구체적 목표는 코스를 이수하는 동안 각각 다르다. 예를 들어, 설계 기능의 통합을 목표로 하거나 실행 가능한 연구의 수행에 필요한 기능들을 목표로 한다.

프로젝트는 브리핑으로 시작한다. 대학생들은 프로젝트에 대한 설명과 일주일간의 일정이 들어 있는 문건을 받는다. 일정에는 현장 방문, 고객 인터뷰, 토의시간, 형성평가 과제 등이 포함된다. 이 문건은 위생과 안전지침, 처리절차 그리고 작업 규칙을 자세히 다룬다. 일주일은 다양한 이벤트와 방문 시간으로 짠다. 물론 팀별로 시간을 조직하거나 프로젝트 안의 여러 과제를 협력적으로 수행할 수 있도록 충분한 자유를 준다. 지도교수는 일주일 내내 자문에 응할 수 있다.

프로젝트를 평가할 때는 최종 보고서, 그룹 프레젠테이션, 소수 지도교수와의 패널 인터뷰를 고려한다.

5. 현장 경험 활용하기

대학 캠퍼스 밖에서 경험학습을 증진시키는 방법들은 다음과 같다.

- 현장답사
- 배치
- 실습 기반 학습 프로젝트

1) 현장답사

현장답사는 대학 안에서의 공부와 자연적 환경에서의 활동을 결합시킨다. 예를 들어, 지리학과 학생들은 테스트하고 표본을 수집하기 위해 특정 지역으로 갈 수 있다. 관찰하고 수집한 자료들은 대학에 돌아와 자세히 분석한다. 현장답사에서 지역 주민에 대한 질문, 자료 수집 또는 기록 복사 등을 한다. 현장답사의 이점은 주변 환경의 시각적 물리적 효과 때문에 이론이 삶과 가까워진다는 것이다. 현장답사를 통해 얻을 수 있는 2차적 학습목표는 많다. 앞에서 언급한 통합 프로젝트에서처럼 한 집단이 답사를 위해 장시간 한곳에서 함께 지내는 것은 집단적으로 협력할 기회가 된다. 현장답사가 제대로 이루어지려면 철저하게 기획하고 상황 설명도 신중을 기해야 한다. 현장답사의 목적과 일정은 지도교수와 대학생들이 모두 명확히 알고 있어야 한다.

2) 현장 배치

현장 배치는 대학생에게 일정 기간 직장 환경을 경험하게 한다. 배치된 대학생들은 대체로 조직 안에서 일정한 역할과 지도 감독을 받으며, 선발될 경우 더욱 의미 있는 방식으로 참여하게 된다. 작업장 배치를 허용한 조직에서는 해당 대학생들이 부여받은 역할을 수행할 만큼 적절하게 준비된 사람이라고 믿을 수 있어야 한다. 대학은 대학생들에게 필요한 지도 조언을 제공하면서 적절한 직장 경험을 쌓도록 도와주겠다는 합의 사항을 관련 조직이 이행할 것으로 믿을 수 있어야 하므로 기대 사항을 명확하게 합의하는 것이 중요하다.

현장 배치는 합의 당사자들의 태도에 따라 큰 영향을 받을 수 있다. 대학생들은 배치된 조직의 경험자들에게서 적극적으로 배우려고 하고 관계를 맺으며 유연하게 대처해야 한다. 이와 마찬가지로 그 조직의 선배 경험자들에게서 도움과 함께 건설적 비판도 적절하게 받아야 학습이 제대로 이루어질 것이다. 대학의 지도교수와 일터의 관리자가 서로 좋은 관계를 유지해야 비로소 배치된 대학생들이 적당한 도전과 지원을 받을 것이다. 그러므로 대학생들의 배치 경험을 기획하고 운영하는 데 세련된 학사 행정은 아주 중요하다.

3) 실무 중심 학습 프로젝트

실무 중심 학습 프로젝트는 대학생과 조직 사이에 고객관계를 형성한다. 학사 과정의 일부로 대학생들은 특정 조직을 위해 프로젝트를 수행하지만 피고용인 신분은 아니다. 대학의 역할은 프로젝트 자체의 성공과 관계없이 프로젝트 작업을 경험함으로써 학습을 하는 것이다. 조직과의 관계에서 대학의 역할은 상당히 다양하다. 어떤 경우 대학생들이 전반적으로 그 관계를 알아서 하고, 다른 경우에는 교수들이 합의 사항을 조심스럽게 관리하고 문서 정리를 하기도 한다. 특정 조직은 프레젠테이션에 참석하거나 프로젝트의 성과를 보고함으로써 작업 기반 학습의 평가에 참여하기도 한다. 현장 배치에서와 똑같이 이 학습 프로젝트의 통제는 공유된다. 역할과 책임의 명료화가 성공적인 결과를 낳는다. 작업 기반 학습 프로젝트에서는 프로젝트를 수행하는 경험에서 학습한다는 일 자체가 오히려 부차적인 것이 되어 버리고, 프로젝트를 수행하는 일이 우위를 차지할 위험성이 있다. 교수들의 역할은 프로젝트 수행 동안 대학생들이 학습에 주의를 집중시키게 하고 이 과정에서 관련된 학문적 내용을 채워 주는 일이다. 실무 중심 학습의 설계가 유익한 것이 되려면 대학과 고용 직장이 연구 및 자문 관계를 맺을 필요가 있다. 이런 형태의 파트너십은 현대 대학의 특징이다. 가르치고 배우는 기능을 매개로 파트너십은 장려될 필요가 있다. 특히 대학원 공부는 학문 세계와 직업 세계 간의 더욱 유연한 연계를 통해 강화될 수 있다.

6. 실무 중심 프로젝트의 보조로서 실행 학습

대학생들의 경험학습을 지원하기 위한 집단 과정으로서 실행 학습(action learning)을 이용할 수 있다. 이는 해당 개인과 프로젝트에 큰 도움을 줄 수 있는데, 이는 학습과 실행이 강조되기 때문이다.

실행학습은 반성과 실행의 관계에 기반을 두며 정기적인 집단 모임을 갖는다. 여기서 개인들이 제기하는 쟁점과 문제로 집단 성원의 구조화된 관심과 지원을 받으면서 장차 실행할 바를 기획하는 데 중점을 둔다. 간단히 말하면, 그것은 문제를 해결하여 실제로 일을 행하는 것이다.

"실행학습은 동료의 도움을 받아서 업무를 수행할 의도가 있는 학습과 반성의 지속적 과정으로 정의한다. 실행학습을 통해 개인은 실제 문제를 갖고 고민하고 자신의 경험을 반성하며 서로에게서 배운다. 그런 과정은 우리가 삶에 대해서 적극적인 자세를 갖도록 하고, 삶의 난관들에 대해서 그냥 생각만 하고 느끼고 끌려가는 경향을 극복하는 데 도움을 준다." (McGill & Beaty, 1995)

실행학습 집단모임에서 대학생들은 자신들의 진행 상황을 반성하면서 배울 수 있고, 자신들이 맡은 프로젝트뿐만 아니라 자기 자신에 대하여 여러 면에서 배우게 된다.

실행학습의 기본 구성요소는 다음과 같다.

• 개인들은 집단으로 만난다. 편의상 대개 5~7명으로 집단 구성이 된다.

- 개인들은 함께 일하고 싶어 하는 집단으로 자신의 현실 문제나 프로젝트를 가져간다.
- 전체 집단은 프로젝트별로 시간을 공평하게 배분하여 한 번에 하나씩 프로젝트를 진행시킨다.
- 목표는 대학생들이 각각 자신의 프로젝트를 실행할 수 있고 이런 경험을 반성하면서 학습하는 것이다.
- 합의된 기간 (예, 6개월, 9개월, 12개월) 4~6주마다 한 번씩 모여 3~4시간의 모임을 정기적으로 가진다.
- 집단은 효과적인 작업을 위하여 기본 규칙을 분명하게 작성한다.

실행학습의 기본 아이디어는 효과적인 학습과 발달이 다른 사람들과 함께 실생활문제를 가지고 작업함으로써 이루어진다는 것이다. 이것은 경험학습의 한 가지 지원 방안이며 이해와 실행 두 가지를 중요하게 본다.

〈사례연구 10-2〉 실무 중심 학습(석사): 실행학습에 근거한 실무 중심 학습 프로젝트

코벤트리(Coventry) 경영대학원의 석사과정은 작업 기반 학습을 강조하는데, 여기에 학부과정에도 적용할 수 있는 소중한 교훈이 들어 있다. 이 프로그램은 관리자가 작업하면서 프로젝트를 수행하도록 설계되었다.

이 석사과정에서는 1년 이상 걸리는 프로젝트 작업을 중심으로 실행 학습과 워크숍(개별 지도를 받음)이 진행된다. 작업 기반 학습의 강좌는 1학기에 진행하고 프로젝트 작업은 그 이후에 2학기에 걸쳐서 한다. 석사과정 대학원생은 실행학습 집단에 소속되어 프로그램이 진행되는 동안 도움을 받으면서 학습한다. 각자 자신이 수행할 수 있는 것으로, 그것도 1년 내에 결과를 도출할 수 있는 프로젝트를 선택한다. 예를 들면, 성과측정 척도의 도입, 조직 내의 결근자 관리, 평가시스템의 도입, 지원자의 채용과 관리 등이다(Johnson, 1998). 대학원생들은 4주에 한 번씩 반나절 동안 집단 모임을 갖는다.

집단 모임에서 그들은 프로젝트의 경과와 문제점을 논의하고 다음 모임까지 처리해야 할 여러 가지 실행 사항을 받아 간다. 집단 모임에서는 각자에게 필요한 지식이나 기능들을 대학, 고용기관 또는 코스 참여자 등에게서 얻을 수 있는가를 확인할 기회를 갖는다. 경험이 많은 사람으로 코스 팀을 구성하여 이들이 각 집단을 해당 코스와 연결하면 집단들은 도움을 받을 수 있으나 학습을 주도하는 사람은 대학원생들 자신이다. 코스의 초점은 프로젝트가 아니라 학습에 둔다. 이런 코스는 기업과 공공부문 기관에서 인기를 얻고 있다. 왜냐하면 그것은 각 조직에 유익할 뿐만 아니라 개별 참여자의 전문성 함양에도 도움이 되기 때문이다.

7. 실험 학습자를 위한 온라인 학습 지원

가상학습 환경(VLEs, 11장 참조) 활용도가 급속히 증가하는 것은 실험학습의 지원을 위해서도 희소식이다. 드디어 멀리 떨어진 곳에 있는 학생들은 캠퍼스에 오지 않고도 동료와 지도교수와 연락할 수 있는 길이 열렸다. 학습에 웹을 이용하는 여러 가지 실험이 시도되고 있다. 실험 학습자의 지원에서 가장 큰 성과를 거두고 있는 영역은 게시판과 인트라넷 메일을 통한 의사소통 부분이다. 완벽한 기능을 갖춘 가상학습 환경에는 취업 중인 대학생들에게 언제나 학술적 지원을 할 수 있는 공간이 있고, 이는 작업 기반 학습과 학생 배치를 지원하는 지도교수의 역량을 크게 증강시킬 것이다. 그것은 또한 대학생들이 대학에서 멀리 떨어진 곳에서도 서로 연락을 취할 수 있어 그들이 배치된 곳에서나 프로젝트 학습기간에도 늘 동료 집단의 지원을 받게 한다.

정보통신공학은 고용인과 대학 외부 전문가를 이전에 꿈꾸었던 것처럼 코스에 끌어들일 수 있게 한다. 웹 기반 통신공학이 지금은 잘 발전했더라도 활용 면에서는 아직 초기 단계에 불과하다. 따라서 대학과 고용주 모두가 진정한 네트워크 학습에 가장 적합한 설계를 만들어 실험할 필요도 있을 것이다. 여기서 우리가 꿈꾸는 것은, 기능 면에서 완벽한 지원을 할 수 있는 네트워크 학습환경에서 학문이 작업이나 여가와 통합되는 세계다. 우리가 아직 그 수준은 못 미치지만, 현대공학은 자연적인 환경에서의 경험학습이 대다수 학습자를 위한 핵심 코스의 일부가 될 기회를 이미 제공하고 있다.

8. 교수의 역할

이 부분은 경험학습을 지원하는 교수들의 역할을 설명한다. 경험학습은 학생 활동의 핵심이므로 교수들의 역할은 경험을 조직하고 적절히 개입하여 학습을 촉진하는 데 있다. 경험학습을 지원하는 교수들의 역할은 지도, 감독, 훈련, 조력 또는 촉진 등이 될 수 있다. 교수 한 사람이 여러 가지 역할을 복합적으로 할 것이다.

1) 지 도

지도(tutoring) 역할에서 교수는 학습경험의 조직에 관여한다. 학습 과정은 적어도 가르쳐야 될 내용 면에서 사전에 구체화되어야 한다(작업장에 배치될 때 어떤 것을 언제 배우는가 하는 점은 교수나 학생이 통제하지 못할 것이다). 지도교수의 할 일은 경험이 유익한 것이 되도록 하는 것이다. 대학생들은 지도교수를 학습환경을 책임지며 특히 학습의 평가를 인도하는 사람으로 본다.

2) 코 칭

코치(coach) 역할은 실천적 기능을 증진시키는 것이다. 이때 대학생은 여러 학습단계를 거치면서 어떤 행동을 어떻게 할 것인가를 배우는데, 기능은 주로 연습을 통해 개발된다. 대학생이 어디서 잘못하거나 모르는지 그리고 어디서 개입해서 도움을 주어야 되는지를 지적하는 것이 코치 역할이다. 코치는 실수하기 쉬운 부분을 단계별로 천천히 쉽게 연습하고 연습이 제대로 될 때 '종료 시간' 을 선언할 것이다. 이런 형태의 가르침은 전문적 능력을 연습하는 영역에서 매우 중요하다. 왜냐하면 전문적 기능의 개발은 해당 맥락의 이해와 병행하기 때문이다.

3) 조 력

조력(mentoring)은 나이가 더 많고, 더 많이 아는 사람으로서 도와주는 것이다. 그러므로 조력하는 사람은 학생들과 함께 관찰하거나 학생들을 위해서 시범을 보이면서 관찰의 대상이 되기도 한다. 피드백을 준 다음에 토의나 토론을 하는데, 여기서는 위계적이지 않은 분위기 속에서 동료애를 느끼게 만든다. 조력자 역할은 여러 전문 영역에서 대학생들을 서서히 그 세계로 이끌어 주고, 점점 더 많은 책임을 갖도록 하는 데 더욱 필요하다. 경험학습을 지원하는 역할에서 일반적으로 그러하듯이 조력의 성공과 실패는 조력자와 피조력자의 관계를 조성하는 데 달렸다.

4) 감 독

감독(supervision)을 하는 일은 조력자와 비슷한 기능이 필요하다. 조력자가 대학생들 곁에서 함께 움직이는 가이드라면 감독은 그보다는 약간 먼 거리에서 진행 과정을 독려한다.

감독은 학습과제의 특성에 대하여 명확하게 파악해야 하므로 보통 그 분야에 대해서 그리고 대학생의 진보 상황에 대해서 책임을 지는 전문가다. 감독의 역할은 대학생들이 발견을 통해서 학습하게 할 때와 감독이 개입해야 할 때를 파악하는 것이다(8장 참조). 개인마다 문제에 접근하는 방식들이 다르고 학습 양식도 다르므로 감독은 대학생이 문제에 접근하는 방식에 민감해야 하고 자신의 접근방식을 억지로 부과해서는 안 된다.

5) 촉 진

경험학습에서는 격려자 또는 촉진자(facilitator)라는 용어가 교수라는 용어보다 더 자주 사용된다. 격려 또는 촉진은 앞에서 이끄는 일이 아니라 옆에서 도와주는 일이다. 학습 경험은 결국 대학생들이 하는 것이므로, 대학생들이 경험에서 최선의 결과를 얻도록 하기 위해서 촉진자는 적절한 자료를 제공하고 개입하면서 학습을 격려한다. 대학생이 자율적인 학습자가 되어 내용과 과정을 전부 스스로 관리하면서 촉진자의 지원을 받는 것은 촉진 모형 중 하나에 속한다. 그 밖에도 많은 촉진 모형이 있을 것이다.

대학교육의 경우 대부분의 코스에서 촉진자가 학습과정을 통제할 것이다. 여기서 대학생이 프로젝트의 주제를 선택할 때 자신의 흥미를 따르도록 하겠지만 프로젝트의 시간, 규칙 그리고 평가는 교수가 관리한다.

일반적으로 경험학습에서 촉진이 더 많이 필요한 반면, 학술적 학습에서는 직접적인 수업이 더 필요하다. 학습과정이 전면으로 부각되고 학습의 내용은 경험하면서 나타난다.

6) 온라인 지도

촉진은 캠퍼스 외부의 실험학습을 지원하기 위해 온라인 학습을 활용하는 데 매우 중요하다. 여기서 촉진자는 어느 부분까지 가상 토의를 하도록 자극을 주고 어느 부분에서는 단순히 모니터만 할 것인지를 잘 간파해야 한다. 경험학습을 지원하는 일에서 지도교수는 온라인에 나타나야 한다.

9. 개 요

이론과 실제를 전혀 연결하지 못하고, 학습과 경험을 연계하지 못하는 대학교육은 아무런 도움도 주지 못할 것이다.

경험학습은 프로젝트, 실험, 사례연구 등의 형태로 학과 안 또는 작업 기반 학습, 현장조사, 실습 배치 등의 형태로 학과 밖에서 이루어질 수 있다.

자연적인 환경에서의 경험학습이 효과를 낳으려면 의도적으로 실행과 반성을 반복하게 할 필요가 있다. 실험실 실험이나 시뮬레이션과 같은 의도적인 교수활동을 기반으로 하는 경험학습은 해당 코스의 이론 공부와 신중하게 연계되어야 한다.

현재 대학교육이 당면한 도전은 단순히 다음 세대의 학자를 훈련시키는 일만이 아니다. 그것은 학술적인 공부를 경험적인 학습과 긴밀하게 결합시키는 것이다. 그것도 개인과 사회를 발전시키는 튼튼한 평생학습의 과정 안에서 이루어지도록 하는 일이다. 그렇기 때문에 코스를 설계할 때 경험학습을 지원하는 일에 주의를 기울여야 한다.

참고문헌

Beaty, E., France, L., & Gardiner, P. (1996). Consultancy style action research: a constructive triangle, *International Journal for Academic Development*, *2*(2).

Johnson, D. (1998). Workbased learning qualifications at Master's level: academically valid or the emperor's new clothes?, MA dissertation, Coventry University.

Kolb, D. A. (1984). *Experiential Learning*, Prentice-Hall, Englewood Cliffs, New Jersey.

Laurillard, D. (1993) *Rethinking University Teaching*, Routledge, London.

McGill, I., & Beaty, L. (2001). *Action Learning: A guide for professional, management and educational development*, revised 2nd edn, Kogan Page, London.

읽을거리

Jarvis, P., Holland, J., & Griffin, C. (1998). *The Theory and Practice of Learning*, Kogan Page, London.

Moon, Jennifer A. (1999). *Reflection in learning and professional development: Theory and practice*, Kogan Page, London.

Schon, D. (1987). *Educating the Reflective Practitioner*, Jossey-Bass, San Francisco.

Staff and Educational Development Association (1996). *Induction Pack for Teachers in Higher Education*, SEDA, Birmingham.

Sutherland, P. (1997). *Adult Learning*, Kogan Page, London.

Weil, S. W., & McGill, I. (1989). *Making Sense of Experiential Learning*, Society for Research into Higher Education/Open University Press, Milton Keynes.

제11장

가상공간, 실제학습: 가상학습 환경의 가치는 무엇인가

1. 서론: 가상학습 환경의 의미

가상학습 환경(Virtual Learning Environment, VLE)이란 하나의 학습세계로, 그 안에서 사람들은 실제로 생각하고, 읽고, 온라인 토론에서 의견이나 질문을 하며, 웃고 기쁨이나 실망을 느낀다. 또한 자신의 학습계획을 짜기도 하고, 때로는 서로에게 영향을 주기도 하며 살아간다. 가상학습 환경은 [그림 11-1]에서 제시하는 원격교육뿐만 아니라 점점 더 많은 학생과 교수가 경험하는 세계다. 영국의 디어링 보고서(Dearing Report, NCIHE, 1997)는 전통적인 교육환경이라는 캠퍼스에서 커뮤니케이션 정보기술(C & IT)을 더 많이 사용할 것을 권장하였다. 이런 추세 속에서 많은 교수와 학생은 어떻게 가상학습 환경에 적응할 것인가라는 문제에 직면하고 있다. 이 장에서는 가상학습 환경을 안내하려고 한다. 그것은 [그림 11-1]처럼 대학 자체에서 개발한 가상학습 환경이나 WebCT나 Blackboard와 같은 상업용을 포함한다.

영국의 개방대학교(The Open University)에서 자체 개발한 [그림 11-1]의 가상학습 환경은 현재 전 세계적으로 사용되는 가상학습 환경과 많은 공통점이 있다. 개방대학교의 가상학습 환경에서는 학습자가 한 화면에서 학습에 관한 여러 선택사항 중에서 자유롭게 선택할 수 있게 되어 있다. 예를 들어, 왼쪽의 메뉴에서 클릭을 하면 학생들은 어떤 일을 해야 할 것인지를 개괄적으로 알 수 있다. 그들이 선택한 활동을 하려면 오른쪽 메뉴 위쪽에 있는 그들의 강의 담당자 이름(Barbara, Eric, Gavin)을 클릭한다. 이렇게 하면 그 학생은 온라인 지도 그룹으로 배정되고, 이 그룹에서 활동 메시지를 적기도 하고 다른 사람의 메시지를 읽을 수 있다. 만일 그 코스를 수강하는 모든 학생을 '만나고' 싶다면, 오른쪽 두 번째 칸에 있는 'Plenary'를 클릭한다. 여기에서는 온라인으로 외래 전문가와 토론도 할 수 있고, 온라인 카페에서 동료학생들과 사귈 수도 있다.

학생들의 시간계획을 돕기 위해, Year Plan(연중계획)이 오른쪽 메뉴 세 번째 칸에 있다. 여기를 클릭하면, 각 Block(활동 블럭)의 시작일, 과제 제출기한 등을 알 수 있다. 바로 아래에 있는 'Assignment Gde(과제안내)'에는 학습과제와 과제 평가기준이 들어 있다. 그 아래 'TMA Office(과제방)'에서는 학생들이 과제를 제출하고 돌려받는다. 오른쪽 마지막 칸에서는 학생들이 온라인으로 각종 논문, 책, 데이터베이스, 서비스 문의 그리고 도서관을 이용할 수 있다.

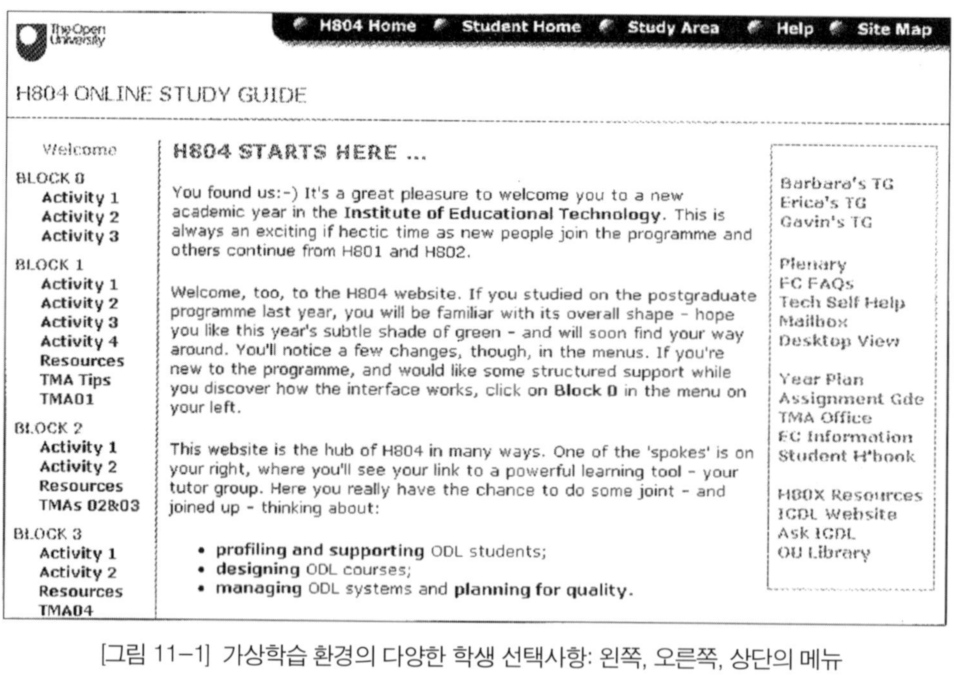

[그림 11-1] 가상학습 환경의 다양한 학생 선택사항: 왼쪽, 오른쪽, 상단의 메뉴

2. 가상과 실제

대학생들이 실제 캠퍼스에서 일을 처리하는 것과 똑같이 가상학습 환경(VLE)은 학생들이 지도집단 배속, 과제제출, 도서관 등과 관계된 일을 처리할 수 있다. 그런데 가상학습 환경을 가상 캠퍼스라고도 하는데, 웹사이트를 나무, 주차장, 콘크리트 등으로 이루어진 캠퍼스에 비유해서 말하는 데는 한계가 있다. '가상' 이란 웹기반 환경이 어떤 의미에서 '실제' 캠퍼스를 모방한다는 뜻이다. 그러므로 가상 캠퍼스와 실제 캠퍼스가 각각 서로 다른 특성과 장점을 지닌 학습환경으로 보는 것이 좋다. 이런 관점에서 이 장에서 다룰 내용은 다음과 같다.

- 대학생의 일상생활에 가상학습 환경을 통합시키는 방안
- 가상학습 환경의 실제 사용에 관한 사례 연구
- 교수와 대학생이 즐겁고 효과적으로 가상학습 환경을 이용하는 방법

먼저, 용어를 명확히 살펴보자.

3. 가상학습 환경과 학습환경 관리시스템

가상학습 환경(VLE)과 학습환경 관리시스템(managed learning environment, MLE)이라는 용어가 뒤섞여 사용되기도 하지만, 이를 서로 구별할 필요가 있다. 그 차이를 명쾌하게 설명할 수 있는데(JISC, 2001) 본질적으로 가상학습 환경은 [그림 11-1]에서처럼 학습자가 혼자서 또는 집단으로 교수와 함께 공부할 수 있는 공간이다.

학습환경 관리시스템은 그보다 더 큰 시스템을 말한다. 이는 가상학습 환경뿐만 아니라 행정직이나 사무직이 코스, 등록, 수업료 등에 관한 자료를 입력하거나 경영 관련 자료를 뽑는 것까지 '포괄하는' 시스템이다.

이는 거대한 시스템이 될 수 있다. 단과대학이나 종합대학에서 '가상학습 환경과 독립된' 학습환경 관리시스템을 개발할 수도 있다. 기존의 가상학습 환경을 다른 가상학습 환경으로 교체하거나 여러 가상학습 환경을 통합하려면, 학습환경 관리시스템 전체를 바꾸지 않아도 가능하다. 전문용어를 밝힌 후 이 장의 나머지 부분에서는 가상학습 환경을 사용하

는 사람들을 학생에서부터 살펴보고자 한다.

4. 캠퍼스 학습과 재택학습

다음의 시나리오는 가상학습 환경이 두 학생의 생활에 어떤 영향을 미치는가를 보여 준다. 이 시나리오는 각각 제시될 '자신의 수업 실제에 대해서 생각하기' 와 관련하여 교수의 입장을 결정할 상황을 제공한다.

1) 대학생 A

이 대학생은 캠퍼스에서 컴퓨터로 공부하고 있다. 컴퓨터는 대학에 있는 것이다. 그는 가상학습 환경 웹페이지를 통해 책을 읽고 있다. 이 웹페이지에서 그의 교수는 새로운 주제를 소개하는 다섯 가지 온라인 읽기 자료를 읽게 하였다. 교수는 학생에게 특별히 관심을 끄는 읽기 자료를 한 가지 찾게 했고, 면대면 토론을 대비하여 '온라인 학습집단' 에게 자신의 관심사를 설명하는 메시지를 보내도록 하였다. 읽기 자료를 하나씩 살피면서, 대학생 A는 중요하다고 생각되는 구문들을 찾기 위하여 화면편집/찾기 버튼을 사용한다. 마침내 하나의 읽기 자료를 선정한 후 더 자세히 공부하기 위해 자료를 출력한다.

자신의 수업 실제에 대해서 생각하기

교수님이 대학생 A라고 하자. 이런 방식으로 캠퍼스 내에서 가상학습 환경을 사용하는 것에 대해 교수님은 찬성합니까, 아니면 반대합니까?

2) 대학생 B

그는 대학생 A와 같은 코스를 수강하나 교통이 불편하여 캠퍼스에 자주 가지 못한다. 오늘밤 그는 가상학습 환경과 연결된 휴대용 컴퓨터를 사용하여 대학생 A와 똑같은 웹페이지를 살펴보며 공부하고 있다. 그러나 대학생 B의 컴퓨터는 일반 전화회선과 기본 모뎀을 통해 연결되기 때문에 대학생 A에 비해 각 웹페이지에 도달하는 시간이 더 많이 걸린다. 이제

막 그는 최신 메시지, 즉 새로운 읽기 자료에 대한 동료 학생들의 반응을 읽기 위해 온라인 지도집단을 클릭한다. 그는 이 메시지들을 읽고 나서 내일의 면대면 토론을 생각해 본다. 그는 또 가상학습 환경 달력을 보고 다음 과제를 언제까지 해야 하는가를 생각한다. 아마 그가 생각했던 것보다 빠른 것 같다. 또 다른 학생들은 얼마나 고생하는지 알아보기 위해 온라인 카페에 가서 확인하는 것이 더 낫겠다 …….

자신의 수업 실제에 대해서 생각하기

대학생 B처럼 캠퍼스 밖에서 가상학습 환경을 사용하는 것에 대해서 교수님은 찬성합니까, 아니면 반대합니까?

5. 네 가지 쟁점

이 두 개의 시나리오에서 많은 쟁점이 나타난다. 물론 다음 네 가지 외에 다른 쟁점도 제기될 수 있다.

- 유연성과 접근성: 여러 가지 이유로 학생들이 캠퍼스에 자주 오지 못할 수 있다. 대학생 B처럼 캠퍼스 근처에 살지 않거나, 장애로 인해 제한을 받거나 또는 학업과 육아 혹은 직장을 병행해야 할 경우도 있다. 이 경우 가상학습 환경을 통해 유연하게 대응하는 것이 중요하다. ('휴게실에서 벌어지는 토론' 과 같은) 비공식적인 학습을 놓칠 수밖에 없는 학생들에게 가상학습 환경은 가상 카페를 통해서 최소한 부분적으로 보충할 수 있을 것이다. 김이 모락모락 나는 커피잔을 그래픽 이미지로 보면서 말이다.
- 학습양식: 가상학습 환경이 면대면 수업과 통합될 경우에 다양한 학생에게 도움을 줄 수 있다. 예를 들면, 면대면 수업에서 수줍음을 타는 대학생도 온라인 토론에서는 아주 자신 있게 참여할 수 있다. 온라인 토론은 외국인 학생들에게 영어로 쓴 메시지를 읽고 반응하는 데 필요한 시간을 충분히 제공할 수 있을 것이다. 또 온라인 토론은 천천히 진행되기 때문에 시나리오에 등장한 A, B 학생뿐만 아니라 모든 학생에게 더 많은 성찰의 기회를 줄 수 있다. 이런 가능성은 꼭 그런 것은 아니므로 다른 결과가 나올 수 있다. 온라인 컨퍼런싱과 같은 공학기술이 수줍은 학생들에게 기회를 줄 수 있고, 활동적인

학생들에게 더 많은 시간을 성찰에 쏟을 기회를 줄 수 있더라도 이런 일이 반드시 일어나는 것은 아니다(Mason, 2001). 그러한 가능성은 학습자, 코스 설계, 교수의 헌신 등에 따라서 달라질 수 있다.

- 비용: 학과에서 무료 출력을 할 수 없다면 출력 비용을 학생들이 모두 부담해야 하고, 캠퍼스 밖에서는 전화 회선료도 감당해야 한다. 또 가정에 컴퓨터가 없는 학생도 있다.
- 통합: 시나리오에서처럼 가상학습 환경은 전통적인 면대면 수업과 통합된다. 통합은 이 장의 후반부에서 다룰 것이다.

6. 어떤 가상학습 환경인가

대부분의 이야기는 결국 '어떤 가상학습 환경을 사용하는가?'로 귀착된다. Blackboard인가, 자체 개발한 WebCT인가, 아니면 또 다른 어떤 것인가? 〈사례연구 11-1〉과 〈사례연구 11-2〉에서는 최근의 2대 유명 브랜드가 등장하고, [그림 11-1]에서는 자체적으로 개발한 것이 나타난다. 각각의 가상학습 환경이 독자적 장점을 갖고 있고, 어떤 것을 선택하거나 장단점이 있으므로 보완이 필요하다.

> 이 거대한 회사들이 갖고 있는 문제점은, 교육학적 관점에서 볼 때 너무나 처방적이란 점이다. 영국이 개발한 CoMento와 COSE를 포함한 소규모 시스템 중 몇 가지는 코스 개발에 더 많은 융통성을 허용할 수 있도록 특별히 개발되었다. 공학기술과 관련하여 흔히 있는 일처럼 큰 회사 제품으로 이용이 쉽고 지원도 잘 되는 시스템을 선택할 것인가, 아니면 작은 회사 제품이지만 개별 이용자 요구에 잘 맞춘 정교한 시스템을 선택할 것인가를 결정해야 한다.
>
> (Currier, Brown, & Ekmekioglu, 2001: 29)

대개 개별 교수나 학과에 선택권이 주어지지 않는다. 라이선스 비용 절약 등과 같은 다양한 이유에서 대학의 경영층에서 선택하게 된다. 이렇게 해서 사용하게 된 특정의 가상학습 환경에 따라서 교수들의 수업의 질이 완전히 결정된다는 느낌이 들지 않게 하는 것이 중요하다. 이와 더불어 코스 설계, 교수의 기능과 감각, 대학 분위기, 기술적 지원의 질 등이 매우 중요하다. 가상학습 환경이 가동되는 특정한 상황에 따라서(다음 사례연구 참조) 많은 요인이 작용하는데, 모두 경쟁 소프트웨어의 특성 때문인 것은 아니다.

〈사례연구 11-1〉 가상학습 환경의 이상적인 사례

수준: 초급; 평생교육, 학부, 석사, 박사
학생 수: 대학생 4,250명, 평생교육생 약간 명
가상학습 환경: Blackboard
수업방식: 면대면, 오디오-비디오 화상회의, 이메일, 메시지-기반 회의

유럽에서 두 번째로 인구밀도가 낮은 하일랜드와 아이슬랜드는 가상학습 환경이 적합한 곳으로 보인다. 흥미롭게도 하일랜드/아이슬랜드 대학(UHI)에서 대다수 강좌는 지역학습센터의 기술 지원을 받아서 온라인 상호작용과 면대면 수업을 결합하고 있다. 지역학습센터는 외딴 곳에 있으며 지역공동체 주민들이 사용하도록 컴퓨터, 다른 하드웨어, 소프트웨어 등을 갖추고 있다. 종종 지역별 학습 멘토링도 이용할 수 있다.

UHI는 가상학습 환경으로 Blackboard를 사용하고 있다. 주요 지역학습센터에서는 비디오 화상회의도 가능하다. UHI에서 다년간 코스 디자이너와 교수를 역임한 프랭크 래니 박사는 가상학습 환경과 비디오 화상회의 시스템의 결합에 대해 다음과 같이 말했다. "우리들은 학생들의 상황에 가장 적합한 지원을 할 수 있다. 지원의 유형은 시간에 따라 달라졌다. 초기에는 오직 한 가지 유형, 예를 들면 비디오 화상회의에만 의존하였다. 지금은 이메일을 포함하여 오디오-비디오 화상회의 그리고 메시지-기반 회의 등을 혼합해서 사용하고 있다."

〈사례연구 11-2〉 더 많은 접촉과 더 나은 자료

런던 킹스 칼리지 구강외과 학사학위 코스
프로그램: 응용치과학 3
학년: 5년 프로그램의 4, 5학년
코스: 치료학
가상학습환경: WebCT
수업방식: 강의(Webcasts)와 온라인 그룹 스터디, 실습, 자기주도 학습
인원수: 150명

이 사례는 가상학습 환경이 런던 내 3개 캠퍼스에 흩어져 있는 교수진과 150명의 대학생을 하나의 공동체로 끌어 모으는 것을 보여 준다. 역설적이지만 교수와 대학생은 면대면 강의에 시간을 덜 할애하고, 대부분의 강의는 가상학습 환경에서 녹화되어 시청한다.

교수진은 학생과 온라인으로 접촉할 기회를 가진다. 교수진이 선택 교과 수업을 위해 한 캠퍼스에서 다른 캠퍼스로 이동하면 병원을 비워야 하는데 그 대신 편리한 시간에 학생들과 접속할 수 있다. 그러나 교수가 온라인으로 과도한 업무를 담당하지 않도록 학생들은 집단으

로 나누어 학습하게 하였다. 이 코스 조직의 책임자인 Pat Reynolds는 가상학습 환경을 도입하였는데 다음과 같이 말한다. "나는 학생들에게 자신의 임상경험에 관해 기술하도록 하였고, 그저 정답만 제시하지 않고 충고나 방향을 가끔 제시할 수 있는 튜터들과 함께 다른 사람의 토론에 참여하게 하였다. 예를 들어, 학생들은 치과 공포증을 가진 환자의 두려움을 줄이는 법이라든가 당뇨 쇼크를 피하는 법에 관하여 함께 토론하였다."

이런 집단 활동은 놀라운 통찰력을 끌어낼 수 있다.

'2학년 학생들의 최초 주사실습은 대학윤리위원회의 지원을 받아 학생들 간에 서로 행해졌다. 대부분 치아가 좋아서 치과주사를 맞아 본 적이 거의 없었다. 학생들은 전자 게시판에 주사를 맞아본 경험을 기술하였는데, 중대한 사실은 주사를 놓는 사람이 주사를 맞는 사람보다 더 겁을 먹는다는 것을 새롭게 알게 되었다는 점이다.

가상학습 환경을 통해 코스 조직 책임자는 학생들이 이해하지 못하는 부분이 어딘지 또한 훈련이 부족한 부분, 예를 들면 대안적 치료법 등을 알아볼 수 있다. 또한 교육의 질 향상을 위해서 학생 활동에 대한 귀중한 자료를 수집할 수 있다.

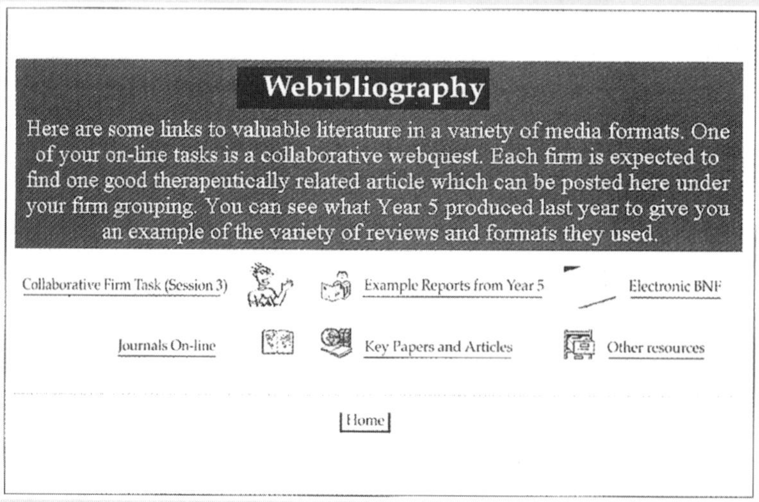

7. 초보 교수에서 성공한 교수로

〈사례연구 11-1〉과 〈사례연구 11-2〉는 가상학습 환경의 유연성을 보여 주며 두 명의 가상학습 환경 이용자의 경험을 통해 몇 가지 요점을 제시한다. 이것과 별도로 가상학습 환경에 친숙하지 않은 교수들에게 조언을 한다는 것은 그리 간단한 일이 아니다. 일반적 지침을 제시한다는 것도 진부한 일이고, 상세한 이야기를 하는 것도 너무 특수한 맥락에만 해당되기 쉽다. 이 장의 다음 부분에서는 이러한 문제점을 극복하기 위해서, 교수 자신의 가치관과 가상학습 환경을 사용하는 방법을 서로 연계시키도록 할 것이다.

가치는 매우 중요하다. 온라인 수업은 위협이나 기회가 될 수도 있고 구속이나 유용한 도구가 될 수도 있다. 온라인 수업은 전문적인 수업을 창의적으로 확장시킬 수 있고 쓸데없이 대학의 청사진을 의무적으로 따라갈 수도 있다. 그런데 중요한 것은 교수의 '개별적 몰입'이다. "공학기술을 수업에 활용하는 초기 경험들이 학습과정에 대한 교수의 경험 및 신념과 '부합해야' 하며, 처음에 성공적인 경험을 쌓음으로써 교수가 자신감을 갖도록 해야 한다." (Collis & Moonen, 2001: 56)

위와 같은 주장은 대학의 정책결정자 혹은 교수능력 개발책임자의 관점에서 나온 것이다. 그러나 교수들도 그러한 관점을 가져야 비로소 전문직의 만족감을 느낄 수 있다. 다음에 여러 가지 쟁점과 질문을 제시한다. 이에 대한 해답을 스스로 찾아보면, 자신의 경험과 신념에 잘 들어맞는 자신만의 방법을 개발할 수 있다.

8. 대학생의 상황 고려하기

대학생이 어디에 살고 있는지, 대학생의 재정상태가 어떤지, 다른 사람을 돌보아야 하는 상황인지, 유급 직장을 가져야 하는지, 동료 학생들과 어울리기를 얼마나 좋아하는지 등의 가상학습 환경이 대학생들의 일상생활과 잘 부합되게 하는 데 중요한 영향을 미친다. 즉, 가상학습 환경은 기술적 능력에 의해서만 성공하거나 실패하는 단순한 도구가 아니다. 가상학습 환경은 다양한 상황에서 성공을 거두어야 한다.

위와 같이 광범위한 재정적, 전략적, 사회적 측면 이외에 또 다른 중요한 요인으로 학습코스 그 자체, 특히 평가와 학생과의 의사소통이라는 두 가지 핵심 요인을 들 수 있다.

평가는 대학생들이 코스, 수업자료, 시간을 투자할 만한 것 등을 지각하는 방식에 영향을 미치고 왜곡하기도 한다는 주장이 많이 나왔다(Thorpe, 1998; 2장 참조). 이런 것들을 곰곰이 생각하면서 학생들은 교수의 기대를 간파하려고 애쓸 것이다. "학생들에게 과제를 줄 때 우리는 그들이 어려운 과제와 씨름하고 있을 것으로만 생각해서는 안 된다. 그들은 우리가 그들에게 원하는 것이 무엇인가에 대해 추측하느라 애쓴다고 보아야 한다." (Laurillard, 2002; 200)

자신의 수업 실제에 대해서 생각하기

가상학습 환경에 대해 더 많이 알고 싶어 하고, 또 사용하려고 하는 교수님의 이유는 무엇입니까? 교수님의 동기는 어느 정도로 자발적인 것이며, 어느 정도로 외부 압력에 의한 것입니까?

모든 학생이 교수의 의도를 추측하는 데에 똑같은 능력을 갖는 것은 아니다. 또 교수가 학생들이 원하는 바를 알고 있고 이것을 그들에게 전달했다고 생각하더라도 학생들이 똑같은 메시지를 받는 것도 아니다. 학생들의 과거 경험도 다양할 뿐만 아니라 의사소통도 다소 불확실할 수 있다는 점도 고려해야 한다. 그러므로 교수들이 다른 수업방식을 사용할 때 명확한 이유를 가져야 하는 것처럼 온라인 학습을 시도하는 이유에 대해서도 명확한 생각이 있어야 한다는 것도 상당히 중요하다(3장 참조).

9. 가상학습 환경을 더 알려고 하는 이유

1) 기관의 압력

가상학습 환경의 이용에 대한 가장 큰 불만은 그것을 사용하라는 외부 압력이다. 대학의 경영자는 다음과 같은 이유로 가상학습 환경에 매료될 수 있다. 예를 들면, 가상학습 환경은 면대면 수업시간에 비해 비용을 크게 줄일 수 있는 것처럼 보인다. 또한 가상학습 환경은 이미 언급한 것처럼 더 큰 정보시스템과 통합하여 하나의 학습환경관리 시스템을 만들 수도 있다. 대학은 가상학습 환경을 도입해야 할 필요성을 느낄 수 있고, 이미 가상학습 환경을 갖고 있는 다른 경쟁 대학들이 있을 때 자기 대학이 가상학습 환경을 갖지 않았다는 것을 약점으로 생각할 대학생도 있을 것이다. 이런 압력은 '어쩔 수 없다.'는 논리가 될 것이다. 어느 누구도 이런 사항을 무시할 수 없겠지만 다음 두 번째, 세 번째 이유는 그보다 더 강력하다.

2) 호기심

전문적 호기심은 대학의 압력보다 더욱 강력한 개인적 동기다. 이러한 동기는 결국 수업이 성공할 때 지속된다. 교수들이 가상학습 환경을 새롭게 접하게 되면 아마 사용하고 싶을 것이고, 새로운 공학기술과 새로운 수업방법을 익힘으로써 수업기술을 새롭게 개발하고 싶을 것이다. 또한 면대면 수업과 가상학습 환경을 통합할 방법을 찾고 학생들에게 종전과는 다른 학습방법을 획득하도록 도와주고 싶을 것이다.

3) 수업 개선 욕구

만일 다음과 같은 질문에 대해서 한 가지(또는 그 이상)에 '예'라고 대답하거나 수업과 관련하여 교수 스스로가 어떤 강력한 이유가 있다면, 가상학습 환경은 교수의 수업을 지속적으로 혁신시킬 수 있는 기반이 될 것이다.

- 가상학습 환경이 면대면 수업에서는 불가능한 학습을 촉진시킬 수 있다고 생각하는가? 이 질문은 두 가지 수업방법의 가치를 무시하는 것이 아니라 각각의 장점을 더 부각시킨다. "면대면 수업의 가치가 더 부각된 것은 바로 가상 수업의 중요성이 커졌기 때문이다." (Edwards & Usher, 2001: 64)
- 가상학습 환경을 활용하는 것이 학생과 교수에게 편리하며, 학생들의 수업참여에 관한 정보를 관리하는 데 유리하다는 점을 인정할 수 있는가(〈사례연구 2〉처럼)?
- 가상학습 환경의 장점이 평가라든가 수업의 다른 구성요소들과 잘 부합될 수 있다는 점을 구체적으로 밝힐 수 있는가?

다음 절에서 이런 사항들을 자세히 살펴보자.

10. 교수의 수업

학생들에게 새로운 주제와 관련 자료를 소개한다고 가정해 보자. 이는 앞에서 제시한 두 개의 시나리오에 나온 과제와 유사하나 여기서는 교수의 관점에서 접근한다. 교수는 다음 〈표 11-1〉과 같이 몇 가지 방식으로 수업주제를 소개할 수 있다.

유인물이라는 친숙한 공학기술도 여전히 많은 장점이 있다. 인쇄물은 화면상의 자료보다 읽기가 더 쉽고 이동성이 좋으며, 컴퓨터와 같은 개인용 디지털 보완물이 필요하지 않다. 반면 가상학습 환경은 캠퍼스에 쉽게 올 수 없는 학생들에게 자료를 전달하는 방법을 제공한다. 그러므로 당신은 두 가지 이상의 접근법을 사용하는 것이 좋을 것이다. 즉, (1)과 (3)을 결합하여 사용하면 학생들에게 쉽게 도달할 수 있을 것이다.

두 번째로 주목할 점은 다섯 가지 접근법이 똑같지는 않다는 것이다. 표 아래쪽으로 갈수록 학습의 기회가 달라지는데, 예를 들어 (3)과 (5)를 결합하면 학생들의 다양한 학습양식에 맞는 수업을 할 수 있다.

방법 (4)는 가상학습 환경의 가능성을 가장 잘 보여 주는 것으로 개방대학과 원격교육에서 가장 많이 사용되는 활동이다(〈표 11-1〉 참조).

〈표 11-1〉 새로운 주제를 소개하는 다섯 가지 방법

가능한 방법	찬반 의견
(1) 슬라이드와 질문을 준비하여 면대면으로 소개하고, 다섯 가지 참고문헌을 추천하며, 학생들 스스로 관심 있는 것을 찾아서 공부하게 함.	찬성: 몇몇 학생에게 면대면 수업은 가장 편안한 수업 형태임. 학생들의 이해 정도를 빠르게 알 수 있음. 반대: 학생들과 특정 시간에 만나야 함. 몇몇 학생은 결석할 수 있음. 출석 학생도 추천 도서를 제대로 파악하지 못할 수 있음.
(2) 위와 같음. 주제 소개를 뒷받침할 유인물, 다섯 가지 참고문헌을 담은 유인물을 함께 제공함.	위와 거의 동일함. 찬성: 유인물은 출석자에게 추천도서를 확실히 안내해 주며 주제 소개를 복습하게 함. 잃어버리지 않는 이상 출석자들은 언제 어디서나 유인물을 읽을 수 있음 반대: 복사를 많이 해야 할 필요가 있음.
(3) 가상학습 환경으로 웹페이지를 만들고, 주제를 소개하는 슬라이드를 탑재하며, 다섯 가지 참고문헌에 하이퍼링크시킴. 학생들이 스스로 참고문헌을 찾아 공부하게 함.	찬성: 교수와 학생들이 특정 시간에 특정 장소에 출석하지 않아도 됨. 학생들에게 많은 융통성이 주어짐. 참여도가 드러남. 반대: 스크린에서 읽는 것이 유인물로 읽는 것보다 더 어려운 사람이 많음. 대학에서 이용할 컴퓨터를 찾거나 전용회선이 있는 컴퓨터가 집에 있어야 함.
(4) (3)과 같으나 추천도서는 없음. 학생을 집단으로 나누어 집단별로 적합한 도서를 찾게 함. [그림 11-2]의 '협력적 웹 탐색'과 유사함. 학생들은 온라인에서 찾은 것을 토론함.	찬성: 어떤 학생에게는 그룹 활동 자체가 동기를 유발함. 과제가 온라인 탐색과 온라인 읽기자료 평가, 온라인 그룹 토론과 같은 부가적인 기술을 포함함. 반대: (3)과 같은 쟁점이 제기됨. 과도한 컴퓨터 접속, 온라인 토론은 더 많은 시간이 소요됨.
(5) 면대면 시간을 따로 지정함. 학생들이 스스로 선택한 참고문헌에 대해 토론케 함.	(1)의 찬성, 반대와 유사함.

11. 교수의 시간

가상학습 환경은 많은 가능성을 제공한다. 학생 집단들에게 협력 활동을 제공하고 온라인 카페를 제공한다. 온라인으로 논문들을 전달하고 달력도 제공하며, 이메일을 위한 공간을 제공한다. 이로써 아주 풍부한 환경, 축제, 보물창고 등을 창출한다. 뿐만 아니라 시간을 빨아들이는 블랙홀이다. 예를 들어, 이메일은 매우 많은 시간을 소모한다. 이메일을 사용할 경우 강의 초반부터 학생들이 교수에게서 기대할 수 있는 바를, 예를 들면 이틀 내에 학생들에게 답장을 준다는 점을 분명히 밝히는 것이 좋다. 또한 당신은 FAQ에 기본 정보를 모아 놓고 학생들이 그곳으로 가도록 안내하는 것도 좋을 것이다. 학생들에게 가상학습 환경에서 질문들을 보내라면서 (1) 동료학생들이 그 질문의 답을 제공하게 할 수 있으며, (2) 교수의 답신을 두 명 이상의 학생이 보게 할 수 있다.

또한 교수와 학생들이 해당 코스를 위해서 전체적으로 얼마나 많은 시간을 투입해야 하는지를 정하는 것도 중요하다. 예컨대 컴퓨터 회의가 활발할 때는 협력적 온라인 활동을 하는 것이 아주 좋다. 그러나 왜 협력적 온라인 활동을 하게 하며, 이런 활동들이 어떻게 학습 결과와 연결되는지를 분명히 밝힐 필요가 있다. 〈표 11-1〉의 (3)에서 보는 것처럼 처음에는 가볍게 시작하고, 교수와 학생들의 활동에 대한 피드백이 나올수록 더 많은 시간을 투자하는 것이 좋을 것이다. 이렇게 점진적으로 개선해 가면 좋은 결과가 나오고 놀라운 결실을 맺을 수 있다. 온라인 수업에 관한 한 가지 결론을 다음과 같이 얻을 수 있다. "나는 이제야 하나의 혁신이 시행되면 최소한 열두 가지 형태의 변종이 나타난다는 것을 알게 되었고, 나는 적극적으로 어떤 형태가 학습을 지원하고, 어떤 형태가 학습을 지원하지 못하는가를 살펴보고 있다." (Oliver, 2001: 87)

12. 결론 및 개요

현재로서는 가상학습 환경이 온라인 학습의 표준 매체다. 그러나 가상학습 환경을 과대광고하려고 한다면 대학 경영자, 교수, 학생 등을 실망시킬 것이다. 조기에 성공할 것이라는 보장도 어렵다. 온라인 작업은 교수와 학생에게 새로운 기능을 요구한다. 이 장의 처음에 제시한 두 가지 시나리오에서 알 수 있듯이, 면대면 수업과 온라인 수업을 혼합하여 실행하는 것은 교수에게 추가부담이 될 수 있다(Halfpenny & Wellings, 2001).

비현실적 기대와 과도한 업무 부담에 부딪치면, 교수들은 왜 자신들이 가상학습 환경을 사용하는가, 학생들의 경험에 무엇을 추가해 주려는 것인가에 대해서 명백히 해 두어야 한다. 그러나 이러한 규칙이 있음에도 불구하고 일이 예상대로 추진되지 못한 특별한 경우가 있다. 한편으로 시행과 착오를 각오하고, 다른 한편으로 장점과 단점을 명확하게 기억하는 것이 가상학습 환경에서 수업을 하려는 교수들에게 가장 좋은 길이 될 것이다. 가상학습 환경을 사용하면 학생과 교수의 고등교육 경험을 더 풍부하게 바꿀 수 있을 것이다.

참고문헌

Collis, B., & Moonen, J. (2001). *Flexible Learning in a Digital World: Experiences and expectations*, Kogan Page, London.

Currier, S., Brown, S., & Ekmekioglu, F. C. (2001). *INveStigating Portals for Information Resources And Learning* (INSPIRAL: final report to the JISC), Centre for Digital Library Research and Centre for Educational Systems, University of Strathclyde. Online: http://inspiral.cdlr.strath.ac.uk/ (15 March 2002).

Edwards, R., & Usher, R. (2001). *Globalisation and Pedagogy: Space, place and identity*, RoutledgeFalmer, London and New York.

Halfpenny, P., & Wellings, S. (2001). Can virtual seminars be used cost-effectively to enhance student learning?, *ALT-J*, *9*(3), pp. 43-52.

JISC (2001). *MLEs and VLEs Explained*, Joint Information Systems Committee, Briefing Paper No. 1. Online: http://www.jisc.ac.uk/mle/reps/beiefings/bp1.html (15 March 2002).

Laurillard, D. (2002). *Rethinking University Teaching: A conversational framework for the effective use of learning technologies*, 2nd edn, Routledge Falmer, London and New York.

Mason, R. (2001). Effective facilitation of online learning: the Open University experience in, *Teaching and Learning Online: pedagogies for new technologies*, ed. J. Stephenson, Kogan Page, London.

NCIHE (1997). (Dearing Report) *Higher Education in the Learning Society*, National Committee of Inquiry into Higher Education, HMSO, London (also to be found at: http://www.leeds.ac.uk/educol/ncihe).

Oliver, R. (2001). It seemed like a good idea at the time, in *Online Learning and Teaching with Technology: case studies, experience and practice*, eds D. Murphy, R. Walker & G. Webb, Kogan Page, London.

Thorpe, M. (1998). Assessment and 'third-generation' distance education, *Distance Education, 19*(2), pp. 265-86.

읽을거리

Hammerich, I., & Harrison, C. (2002). *Developing Online Content: The principles of writing and editing for the Web*, John Wiley, Chichester.

Lockwood, F., & Gooley, A. (eds.) (2001). *Innovation in Open and Distance Learning: Successful development of online and Web-based learning*, Kogan Page, London; accounts of risk and innovation.

McVay Lynch, M. (2002). *The Online Educator: A guide to creating the virtual classroom*, RoutledgeFalmer, London; step-by-step advice.

Murphy, D., Walker, R., & Webb, G. (eds.) (2001). *Online Learning and Teaching with Technology: Case studies, experience and practice*, Kogan Page, London; reassuring tales of struggle (see Oliver, 2001, above).

제12장

대학생의 학습을 어떻게 지원할 것인가

1. 서 론

오늘날 대학교육은 급속하게 대중화되고 있다. 영국의 경우를 보면 1979~99년에 재학생 중 18~19세의 비율(API)이 12%에서 32%로 2배 이상 증가했다(HEFCE, 2001). 그 이후로 성장세가 둔화되었지만 2010년까지 50%로 확대하는 것이 정부의 핵심정책이다.

대학의 대중화로 인해 대학은 더 이상 배타적이지 않다. 대학은 여러 가지 교육적 경험을 갖고, 다양한 문화를 가진 이질적인 학생집단에게도 개방적인 기관으로 변하고 있다. 18~21세의 연령 집단의 전일제 학생 이외에 고연령 학생, 원격학습(온라인도 증가함) 학생, 시간제 학생, 장애 학생, 다양한 인종/국가/종교 집단의 학생이 많아지고 있다. 하위 계급 출신의 학생들이 대학교육에서 상당한 어려움을 겪지만 전체 숫자는 증가하는 추세다. 우수한 성적을 가진 학생들 외에도 여러 가지 교육 자격을 가진 학생들도 쉽게 대학에 들어오고 있다(HEFCE, 2001).

고등교육의 거대한 변화가 시사하는 바는 무엇인가? 오늘날 고등교육의 목적이나 대학교육의 성격에 대하여 대학생들이 공통적으로 이해하는 바가 무엇인가? 이는 쉽게 말하기 어렵다. 대부분의 대학생은 문화자본이 없는 계층 출신들이다. 문화자본은 교수들이 대학생들에게 기본적으로 요구하는 사항이 무엇인가를 알 수 있게 하는 힘이다. 또한 특별한 학습 지원을 요구하는 대학생들, 바로 장애 학생들도 있다(특수교육 필요 및 장애법, 2002). 최근 개정된 법률은 장애를 가진 대학생들에게도 실질적으로 평등한 기회를 제공하도록 요구한다.

현대의 대학이 갖는 또 다른 특징은 문화적, 인종적 다양성의 증대다. 그것은 두 가지 의미를 갖는다. 하나는 한 나라 안에서 다문화적 특성이 강하게 드러난다는 것이고 또 하나는 대학에 외국 유학생들이 증가한다는 것이다. 한 나라의 문화적, 인종적 다양성과 차이는 대학교육 제도에 특별한 요구를 추가하는 반면 새로운 기회도 늘어난다. 이 부분은 이 장의 뒷부분에서 언급할 것이다.

대학교육 기회의 확대로 대학생들의 장래 성공이 큰 관심사로 대두되고 있다. 대학생들의 발전 상황과 학적 이동이 최근 몇 년 사이에 대학에서 중요한 문제가 되었다(DfES, 2001).

이 장에서는 대학생들이 등록한 코스를 성공적으로 마칠 때까지 차별 없이 공부할 수 있도록 대학 당국과 단과대학이 대학생들의 학습을 효과적으로 지원하는 방안을 살펴본다. 교수 집단뿐만 아니라 직원 집단도 대학생들의 학습을 지원하는 일에서 중요한 역할을 할 것이다.

2. 학습 욕구

대학교육의 상황이 변함에 따라 대학생들의 학습지원 방안을 더욱 체계화해야 할 필요가 생겼다. 단순전달식의 수업 모형은 더 이상 대학생들의 욕구나 필요를 충족시키는 데 적합하지 못하다. 최근에 이르러 가르치는 일에서 중대한 변화가 나타나고 있다. 가르치는 일을 단순히 대학교수들이 강의하는 과정으로만 생각했는데 요즈음에는 대학생들이 자신들의 학습을 위해서 지원을 받는 과정으로 그 생각이 바뀌고 있다. 대학교육은 더 이상 교수 중심의 수업 모형으로만 접근할 수 없고, 서서히 그리고 주저하면서 학생중심의 수업 모형 쪽으로 이동하고 있다(1장과 4장 참조).

'학생 중심' 이란 무엇인가? 물론 시험에 통과하기 위해 모든 대학생이 학습해야 하는 교과 내용이 반드시 있다. 그러나 대학생들은 각자 자신의 관점, 독특한 과거 경험, 자신에 대한 독자적 이해, 포부 등을 가지고 교과 학습에 접근하는데, 바로 이 점을 인정하자는 것이다. 대학생들은 각자 하나 또는 다수의 정체성을 갖고 있다. 이 정체성(들)은 연령, 과거 교육 경험과 성취, 계급, 인종, 국적, 성애, 자아인식, 목표, 능력, 장애, 언어기술 등에서 영향을 받는다. 이와 같은 다중의 정체성이 대학생들의 학습에 영향을 미치고 있다(2장 참조).

대학생들의 다양성이 증가하자 이에 대해 대학의 적절한 반응을 요구하는 목소리도 커지고 있다. 여기서 나타난 아이디어가 '학습요구(learning needs)'라는 개념이다. 모든 대학생은 자신의 현재 지식수준에서 출발하여 그들이 선택한 코스에서 높은 학점을 얻거나 시험에 통과할 수 있는 수준을 향하여 학문적 여정을 거친다. 대학생들이 갖고 있는 각자의 학습요구가 제대로 충족될 때 비로소 성공적으로 대학교육을 마쳤다고 할 수 있다. 이렇게 본다면 대학생들의 학습을 지원하는 일은 소수의 학생을 만족스러운 수준으로 끌어올리기 위한 구제 활동이 아니다. 이와 달리 '모든' 대학생이 학습과 발달의 과정에 몰입하게 해야 하고 또한 학습지원을 체계화함으로써 대학생들이 목표를 달성할 수 있도록 도움을 주어야 한다는 말이다. 어떤 대학생은 IT 기능을 개발해야 하고, 어떤 대학생은 언어 기능을 개발하고, 또 어떤 대학생은 취업 기능을 길러야 함을 의미한다(Cottrell, 2001). 여기서 목표는 무엇인가? 그것은 대학생들이 현재 자신이 갖고 있는 기능을 더욱더 발전시키는 것이다.

대학생들이 각자의 학습요구를 인식하고 이를 충족시킬 전략을 찾으려면 도움을 받아야 한다. 대학당국이나 단과대학은 이들의 학습요구를 인식하고 이에 적합한 여건을 마련해야 할 중대한 책임이 있다. 이것은 강의, 세미나, 스튜디오, 실험실, 현장답사 등에서 교수-학생 상호작용을 통해서 마련할 수 있고, 비공식적으로 또는 평가과정의 일부로서 대학생들에게 제공되는 피드백을 통해서 제공될 수 있을 것이다. 전통적으로 대학교육은 공식적인 '면담 시간'과 비공식적인 교수-학생 상호작용을 통해서 대학생들의 학습요구를 충족시켰다. 그렇다면 교수들이 이런 과정에서 대학생들의 학습을 어떻게 지원할 수 있는가에 대해서 논의해 보자.

교수-학생 비율이 감소하고, 학점이수 체제가 대학생들에게 강좌마다 분절된 학생경험을 하도록 만들고 있다. 따라서 앞에서 말한 유형의 접촉만으로는 불충분하다. 대학에 총괄적인 서비스 부서를 두고, 이를 통해 학습지원을 하는 형태가 필요하다. 중요한 것은 지도교수가 자신의 전공지식의 한계를 인식하고, 전문적 지식을 가진 다른 사람들에게 대학생을 위탁하는 것이 더 나을 경우가 언제인가를 식별하는 일이다. 예를 들어 사서, IT 직원, 영어나 공부기술 전문가, 장애학생 지원책임자, 상담자, 학문적 조언자 등을 들 수 있다.

여기서 구분해야 할 것은 '대학생을 위한 서비스'와 학습발달을 지원하는 서비스, 학습자원 등이다(Simpson, 1996).

- 대학생을 위한 서비스: 식당, 기숙사, 보건소, 육아시설, 상담, 재정지원, 오락 등 일상적 요구를 충족시키기 위해 설계되는 것들

- 학습발달을 지원하는 서비스: 대학생이 학과공부 프로그램과 관련된 학습에서 더 좋은 결과를 얻도록 돕는 일. 학습을 지원하기 위해 대학교 전체 차원의 서비스가 모종의 역할을 해야 할 것이다. 학과 교수들의 역할과 학습발달 지원인력들의 역할을 서로 통합하기 위해 더욱 총체적 접근이 필요하다. 이를 위해 위탁, 통합, 의사소통 등의 방법이 필요하다. 이 점들은 본 장의 후반부에서 논의한다.
- 학습자원: 대학생이 학습을 위해 이용하는 시설과 자료, 즉 도서, 학습패키지, 시청각자료, 조립물, 온라인 자료 그리고 이것을 사용할 수 있게 하는 하부 조직으로 도서관, 자료 센터, 실험실, 스튜디오, IT 사용실

대학생들의 학습지원은 서비스와 학습기회를 제공하는 것만이 아니다. 그것은 본질적으로 어떤 바람직한 풍토를 마련하는 것으로, 여기서 강조할 점은 다음과 같다.

- 대학생들은 각각 하나의 개인이며, 자기 나름의 학습요구를 가진다.
- 누구나 지원받을 수 있는 것이지, 구제받는 것으로 보면 안 된다.
- 지도교수는 지원할 책임이 있으며, 이는 전문가만의 일도 아니다.
- 대학생들을 격려하고 동기를 유발시켜야 한다.
- 성공적 지원체제를 위해 해당 부서의 참여와 원활한 의사소통을 해야 한다.

학과(부), 대학원에서 대학(원)생들의 학습을 지원할 여러 측면을 살펴보자.

3. 기능 개발

기능은 주로 연습과 시행착오를 통해 학습된다. 대학의 교과과정(코스)은 기능개발에 특별한 관심을 두고 설계할 필요가 있다. 즉, 대학생들은 평가받는 학업과정 안에서 필요한 기능을 사용하도록 늘 연마하고, 그 결과에 대한 피드백도 제공받아야 한다.

1) 공부 기능

대학교육이 대학생들에게 요구하는 기능과 능력은 복합적인 것이다. 그것은 과목에 따라 어느 정도 차이가 나타난다. 이런 기능들은 대부분 대학 전 기간에 획득하는 것이지, 코스를 시작할 때 별도의 독립된 기술로 따로따로 배울 수는 없다. 그러나 기본적인 공부 기능에 관

해서 도움을 받는다면 이는 대학생들에게 귀중한 토대가 될 수 있다. 특히 공부하는 데 익숙하지 않은 만학도나 통상적인 입학 경로를 거치지 않고 들어온 대학생에게는 상당한 도움이 된다. 대학교육에서 특별히 필요한 공부 기능은 학술적 글쓰기의 관례, 주와 참고문헌의 작성 방식, 도서관 정보의 검색, 선별, 인터넷 이용법, 강의 노트 작성법, 발표 방법, 복습과 시험 기법 등이다.

2) 과목별 기능

과목에 따라 대학생들이 습득해야 할 전문적 기능들이 있다. 이것을 대학생들이 개발하고 연습할 기회를 주어야 한다. 과목별 기능은 실험실 기능, 통계방법 이용, 텍스트 해석, 예술 공연 기능, 조사 기능/연구 방법, 현장 탐사, 데이터와 정보처리/IT, 전문 직업 기능 등이다(SEEC, 2002).

학술적 글쓰기도 특정 과목과 결부된 기능임을 인식해야 한다. 대학생들에게 요구되는 글쓰기는 전문 영역에 따라 그 형태가 달라진다. 예를 들어, 전공별로 요구하는 에세이는 각 과목의 '실천적 공동체'의 일부분으로 발전된 것이다. 물론 여러 가지 면에서 미묘한 차이가 나타날 것이다. 즉, 논증을 제시하는 방식, 권위 있는 자료를 참조하는 방식, 개인적 의견을 표출하는 정도, 인용문을 기대하는 정도, 특수 전문용어의 사용 등등은 대학생들이 쉽게 알아볼 수 없는 차이들이다. 실험보고서, 법률 글쓰기, 연구보고서 등에서 나타나는 언어 형태의 차이들은 모두 실제 사회의 특수한 맥락에서 나타난 것들이다.

모든 대학생은 과목 학습의 필수 요소인 글쓰기 기능을 제대로 숙달할 필요가 있으며, 그런 글쓰기 기능은 공부 기능의 핵심 요소다. 대학교육 담당자들은 대학생들이 어떤 종류의 글쓰기를 할 것인지를 알고 있다고 쉽게 간주해서는 안 된다. 따라서 만일 대학생이 두 가지 전공의 필수 과목(공동 학위, 혹은 주전공/부전공)을 공부하거나, 여러 학문 분야의 과목을 일반선택으로 공부할 경우에는 각 전공의 과목들이(또는 각 담당 교수가) 요구하는 점들에 차이가 있다는 것을 알도록 특별히 안내해야 한다.

3) 고등 수준의 인지적 · 분석적 기능

대학교육의 특징은 대학생들이 고등 수준의 사고력, 창의성, 문제해결, 자율성, 책임성 등을 가지고 공부하도록 요구한다는 점이다.

대학의 한 가지 질적 인정 기준에 따르면 그것은 "전형적으로, 성적이 매우 우수한 대학

자신의 수업 실제에 대해서 생각하기

SEEC 수준 척도에서는 인지적 기능을 네 가지 범주로, 즉 분석, 종합, 평가, 적용 등으로 나눈다. 예를 들어, 〈수준 1〉에서는 '종합'을 어떻게 정의하는가? 여기서 '종합'이란 '대학생들이 예측 가능한 표준 형태로 아이디어와 정보를 모으고 범주화할 수 있음'을 가리킨다.

- 여러분이 가르치는 과목에서 〈수준 1〉에 속하는 대학생들이 '종합' 기능을 연습하고 개발할 수 있는 학습 과제는 어떤 것인가?
- 대학생들이 자료의 종합에서 이용할 수 있는 범주나 개념을 어떻게 소개할 것인가?
- 비교적 예측 가능한 맥락에서 자료를 종합하는 연습을 시키려면 어떻게 할 것인가?
- 나의 과목이 표준형으로 요구하는 것을 대학생에게 이해시키려면 어떻게 할 것인가?
- 대학생들의 학습을 강화하기 위해 피드백은 어떻게 제공할 것인가?

생들은 논증, 가정, 추상적 개념, (불완전한) 데이터 등을 비판적으로 평가함으로써 판단을 내리고, 적절한 질문을 제기함으로써 문제를 해결하거나 일련의 해결책을 확인할 수 있어야 한다." (QAA, 2001)

때때로 교수들은 마치 대학생들이 분석, 비판적 이해, 해석, 평가, 논증 등과 같은 용어들이 무엇을 의미하는지를 다 아는 것으로 간주해 버린다. 그러나 이런 용어들의 의미는 과목별로 특수할 수 있다. 그리고 동일 전공의 교수들조차도 수업 중에 대학생들이 그런 용어들을 이해하고 있다는 것을 어떻게 보여야 할 것인지에 대해서 전혀 다른 기대를 할 수 있다. 학습성과(learning outcomes)와 평가준거(assessment criteria, 4장)를 이용함으로써 위와 같은 점들을 보다 명확하게 할 수 있다. 그러나 중요한 것은 담당교수가 수업에서 사용되는 용어의 의미를 대학생들과 논의하고, 동일한 어휘를 사용할 때마다 피드백을 해 주는 일이다.

4) 기본적, 일반적 취업 기능

영국의 교육과정 2000(www.qca.org.uk)에서 밝힌 기본적 기능은 대학교육에도 똑같이 적용된다. 기본 기능이란 (서면, 구두) 의사소통, 수치의 응용, 정보공학, 문제해결, 타인과의 공동작업, 학습과 수행의 개선 등이다. 또 다른 기본 기능들이 SEEC 수준 척도에도 나타난다. 집단작업, 학습자원 이용, 자기평가, 정보관리, 자율성, 의사소통, 문제해결 등이 그것이다(SEEC, 2002).

대학생들은 집단작업을 배울 기회나 지원조차 받지 못한 채 집단작업 기능에 관하여 평가를 받기도 한다. 이는 흔히 있는 일이다(7장 참조). 여기서 집단작업 기능을 개발하는 방법을 몇 가지로 제시할 수 있다.

- 대학생들에게 집단형성의 여러 가지 측면을 인식시키기
- 개인이 집단 속에서 할 수 있는 여러 가지 역할 논의하기(Jaques, 1992)
- 대학생들이 집단작업의 기록이나 일지를 꾸준히 작성하게 권장하기
- 집단의 역학에 관하여 반성할 기회가 있는가 확인하기

4. 학습의 발달

대학생들의 학습지원 활동은 대학생들이 입학하자마자 바로 시작해야 한다. 예비 대학생 지도 및 지원에서는 대학생들이 입학한 전공과정의 목표 및 구조 혹은 입학 전에 살펴볼 기초적인 독서 목록과 탐구거리를 제시해야 한다. 예비 대학생 지도에서는 대학생들이 선택할 전공과정이나 과목들이 장래의 진로 계획과 일치하는지를 확인할 기회를 제공해야 한다. 만일 입학생이 특별한 도움이 필요하다면 적절한 지원을 받도록 가능한 한 빨리 장애 서비스를 제공해야 한다. 예를 들어, 개인적 필요에 도움을 줄 대필자, 수화자, 단짝 등이 그것이다. 만학도나 2 · 3학년 코스에 편입학한 대학생들은 취득학점 인정, 추가이수 학점 확인 등의 기준이나 원칙을 이해시켜야 한다. 예를 들어, 외국인 학생의 언어능력 보강이 필요하면 학업 프로그램의 일부로 언어훈련을 요구할 수 있다(더 자세한 사항은 아래 참조).

대학생 안내 활동은 첫 학기 첫 주에 하지만 일부 안내 과정은 첫 학기나 첫 학년 내내 지속할 필요가 있다. 다음 학년이나 대학원 프로그램으로 이동하는 대학생들에게도 안내가 필요하다. 안내의 목적은 네 가지다.

- 사회적 목적: 대학생들 간에 그리고 등록한 교육 프로그램의 담당 교수진과의 사회적 상호작용을 촉진시켜 주는 환영 분위기를 만든다.
- 오리엔테이션: 대학생에게 대학, 시설, 규정 등에 대해 필요한 정보를 제공한다.
- 입학과 수강신청: 모든 대학생이 전공과정에 제대로 등록하는 데 필요한 행정 절차를

밟게 한다.

- 학습지원: 대학에서 공부할 교과과정을 소개하고 성공적 학습을 위한 토대를 마련해 준다.

위에서 말했듯이 대학교육의 특성, 교수가 학생들에게 부과하는 요구 사항, 공부할 과목의 요구 조건 등을 대학생들이 충분히 이해하고 있다고 단정할 수 없다. 그러므로 이 모든 문제점을 분명히 알려 줄 필요가 있고 어떤 것도 당연한 것으로 간주해서는 안 된다. 더욱이 대학에 갓 들어온 신입생들의 정서적 상태가 중요하다는 점을 인식해야 한다. 전반적으로 신입생들은 불안하고 대처 능력에서 자신감이 부족하며, 앞으로 무엇을 할 것인지에 대하여 불확실하다. 교수들은 말할 것도 없고 다른 학생들과의 관계에서도 과민한 상태다. 대학생들은 혼자서 묻는다. '무엇을 해야 하지?' '제대로 할 수 있을까?' '순조롭게 잘되는 건지 어떻게 알지?' '교수님은 나를 바보라고 생각하지 않을까?' '나는 이걸 왜 진작 알지 못했을까?' 대학생들의 학습을 지원한다는 일은 대학생들의 자긍심을 세우고, 자신의 (약점뿐만 아니라) 강점을 깨닫게 하며, 자신의 기존 지식/경험/문화를 귀중하게 여기면서 그것을 공부에 끌어들인다. 즉, 〈사례연구 12-1〉의 보기와는 다르게 능력과 자신감을 쌓을 기회를 제공하는 것이다.

대학생들은 입학 후 혼자서 많은 질문을 하기도 한다. '내가 해야 할 일이 무엇인지를 어떻게 알 수 있지?' '이것을 제대로 하고 있는지는 어떻게 알지?' '잘 나아가고 있는 것인지는 어떻게 알지?' '전공이 내게 맞는 건가?' '내가 알아야 할 것은 뭐지?' '나는 정말로 뭔가를 배우고 있는 건가?' '이것은 배워서 어디다 쓸 건지?' 〈표 12-1〉에 스스로 질문하는 것들의 보기를 늘어놓았다. 이런 자기의심과 불확실성을 경시하지 않고 오히려 이런 질문들

〈표 12-1〉 대학생의 걱정에 대한 대학과 학과의 대응

학생이 스스로에게 묻는 질문	학습지원
어떻게 ~을 알 수 있지?	반응
무엇을 해야 하지?	학생이 계획할 수 있는 정보의 제공
	기대치의 명료화
	기능의 개발
제대로 하고 있는가?	진행 중인 학업에 대한 피드백
얼마나 잘하고 있는가?	평가된 학업에 대한 피드백
강좌/코스를 제대로 선택해서 공부하고 있나?	학문적 조언
무엇을 배웠지?	성취 기록
어디로 가고 있지?	직업정보와 개인발전 계획(PDP)

〈사례연구 12-1〉 대학생의 기대와 현실

이 사례연구는 한 대학생의 기대와 대학 입학 후 경험한 현실 간의 격차를 보여 준다. 이 대학생은 계속 공부하여 '혁신' 분야의 교수가 되었다.

나는 학부에서 사회과학을 전공했다. 사회학이 무엇인지에 대하여 아는 바가 거의 없었지만 그것은 내가 사람과 집단을 더 잘 이해하는 데 도움이 될 거라고 생각했고, 우리 집의 노동계급 문화와 일류 사립학교 세계 간의 긴장을 이해하는 데도 보탬이 될 거라고 생각했다(물론 내가 그 당시에 그런 식으로 나의 기대를 표현할 수는 없었다).

내가 곧 알게 된 것은, 대학생들과 교수들의 경험(이것은 실제로 강의실에서 공존함)이 거의 전적으로 서로 무관한 것처럼 사회학을 늘 그렇게 가르치고 있었다는 점이다. 종교사회학 수업 시간에 내가 잘 모르는 종교집단의 교회활동을 파악하기 위해 말하자면 은밀한 현지조사를 나갔던 기억이 가끔 떠오른다. 이 밖에, 나 자신의 경험에 대해 반성해야 할 필요성으로 공부에서 혼란을 겪는 일은 없었다. 나는 대체로 대학 공부에서 소외된 상태에서, 다양한 하위문화 청년활동과 복잡한 이성교제 등으로 삶의 경험을 쌓는 데 나의 시간과 관심을 쏟고 대학을 다녔다.

을 대학 안내 활동에서 언급하는 것이 더 좋다. 그러나 이런 고민은 1학년 때 할 필요가 있다. 물론 대학에 다니는 동안 계속 고심해야 할 중대한 문제도 몇 가지 더 있을 것이다.

대학교육을 받기 위해서 필요한 것들을 '기능'을 가르치는 강좌에서 독립적으로 배우게 할 수도 있고, 이와 달리 그러한 것들을 핵심 강좌 속으로 통합시켜 가르칠 수도 있다. 전자의 경우, 그것들에 대해서 집중적으로 시간을 투입할 수 있고, 대학생들의 능력도 별도로 평가할 수 있다는 장점이 있다. 단점으로는 대학생들이 그와 같은 강좌의 필요성과 관련성을 항상 인식하는 것은 아니라는 점이다. 통합적인 강좌의 장점은 과목마다 특수한 맥락에서 기능을 배우게 할 수 있다는 점이지만 과목의 내용을 가르치는 데도 시간이 부족하기 때문에 기능에 대해 충분한 관심을 기울일 수가 없다는 단점이 있다.

이러한 사항들을 더 세부적으로 다룰 방법에 대해서 아래에 기술한다.

1) 안내서와 웹사이트

대학생들이 등록한 전공 코스에 대해 갖고 있는 걱정을 해소시켜야 한다. 여기서 중요한 점은 좋은 안내서를 만드는 것으로, 이러한 정보는 대학의 인트라넷이나 가상학습 환경

〈사례연구 12-2〉 대학생 안내 방안

학습 지원과 관련된 안내 사항에는 어떤 것들이 있는가?

- 프로그램의 목적과 목표
- 대학요람/프로그램: 학사 일정표
- 코스 구조: 필수, 선택, 일반
- 평가방법과 평가준거
- 성적 마감일
- 진급 조건
- 학점 인정(AP(E)L)
- 학습자원센터(도서관), IT 시설의 소개
- 표절행위 설명, 표절하지 않아야 할 이유와 이것을 피하는 방법
- 참고문헌과 각주에 관한 관례
- 외국어 기초능력 시험: 특별지도 기회 활용
- 공부기능 조언: 학생들이 이용할 수 있는 지원기관 알리기
- ICT의 활용과 이용 가능 기관 소개
- 독서 목록과 개인 공부에 대한 안내
- 특수한 요구 확인: 장애와 독서 장애 관련 서비스 제공처를 알림
- 보건과 안전 수칙: 특히 실험실과 스튜디오 사용 강좌

(VLE)에 올릴 수 있다. 대학생 안내서에는 대학생들이 공부하는 데 필요한 모든 필수 정보가 들어 있어야 요긴하게 참조할 수 있다. 여기에 학점이수 체계, 과목 소개, 교과 내용과 평가 방법 등과 더불어 학습성과와 상세한 평가준거가 들어갈 것이다. 교수진에 대한 정보, 조언받을 교수와 연락 방법, 도서관과 ICT 시설, 위치와 개방시간, 관련 도서목록과 참고문헌 제시 방법, 중요 학사와 시험 일정이 들어 있는 학사일정표, 필수 교과와 선택 교과가 명시된 코스 구조, 실험실, 연구, 현장답사와 관련된 특별 규정, 이용 가능한 지원서비스 등도 포함될 것이다.

2) 진단검사

첫 학기 초에 대학생들은 몇 가지 진단을 받을 수 있다. 이를 위해 서비스해 줄 부서에 위탁하여 도움을 받는 것이 좋다. 그것은 모종의 약점을 가진 대학생들을 지도교수가 파악할

수 있게 도와준다. 진단검사 후 특수한 학습곤란(가령 독서장애)이 있거나, 영어가 아주 약하거나, 수리능력이 형편없거나, 졸업기간 안에 학업을 완수할 능력이 아주 부족한 대학생들이 드러날 수 있다.

3) 개인발전계획

개인발전계획(Personal Development Planning, PDP)이란 "대학생이 자기 자신의 학습, 수행, 성취 등에 대해 반성하고 또 개인적/교육적/직업적 발달을 계획하기 위해 각자 지원을 받으면서 구조적으로 접근하는 과정이다." (Jackson, 2001) PDP는 때로 대학생 프로필(Assiter & Fenwick, 1993), 개인학업기록표 또는 이와 유사한 말(Gosling, 2002)로 바꾸어 부른다. 대학생들은 각자가 성취한 학습을 기록하도록 권장된다(또 그것이 필수인 경우는 그렇게 하게 해야 한다). 이는 교과과정을 통해서 혹은 개인적 경험, 자발적 활동 또는 그 밖의 생활체험 등을 통해 성취한 학습을 말한다. 또한 대학생들은 자신의 학업이 장래 취업하려는 곳에서 요구하는 바와 얼마나 맞는가를 살펴보도록 권장한다. 다음과 같은 제안(Jackson, 2001)을 살펴보자.

개인발전계획(PDP)은 다음과 같은 일에서 대학생을 돕고자 하는 것이다.

- 더욱 효과적이고, 독립적이며, 자부심이 강한 자기-지도적 학습자 되기
- 자신의 학습방법을 이해하고 자신의 학습을 더 넓은 외부세계와 연결시키기
- 공부와 진로 준비 등을 위한 일반적 기능을 향상시키기
- 자신의 삶의 목표를 명료화하고, 목표 달성 정도를 평가하기
- 그리고 평생학습에 대해 적극적 태도를 갖도록 조장하기

대학교육에서 보편화된 것이 바로 강좌 체제다. 이에 대한 한 가지 비평은 대학생들의 교육적 경험들이 분절되거나 파편화된 상태에 빠지도록 만든다는 점이다. 개인발전계획은 대학생들에게 자신에게 적합한 학업 프로그램을 구성하기 이전에 자신이 배워야 할 내용을 보다 총체적으로 살펴볼 수 있는 틀과 계획적으로 준비할 수 있는 기회를 제공하기 위한 것이다. 또한 개인발전계획은 대학생들에게 자신의 진보 상황에 대해 피드백을 제공하고, 진로 계획과 자기소개서(CV) 작성에 도움이 될 수 있는 유용한 취업기능을 기록하게 한다. 그와 같은 방안은 기능 개발을 위한 강좌라든가, 지도교수나 대학생활 안내자와의 정규모임, 즉 한 학년이나 학기에 한 번 있는 모임을 통해서 시행할 수 있다.

4) 대학생에게 형성적 피드백 제공하기

대학생 학습지원의 가장 중요한 측면 중 한 가지는 대학생이 자신의 학업에 관하여 피드백을 받는 일이다. 특히 학기별 학사체제에서 나타나는 일반적인 단점은 대학생들이 자신의 학업에 대하여 학기말에 학점이나 논평을 받고서야 비로소 자신이 얼마나 잘했는지 못했는지를 알게 된다는 것이다. 그때가 되면 너무 늦어서 개선할 기회가 없다. 지도교수의 관점에서 보면 학기 내에 대형분반의 많은 대학생에게 짧은 시간이나마 형성적 피드백을 제공하기가 어렵다.

이 문제에 대한 쉬운 해결책은 없으나 몇 가지 해결방법을 제안하면 다음과 같다. 대학생들은 학기 중간쯤에 기말 보고서의 일부를 제출하거나 학업 계획을 제출하게 할 수 있다. 혹은 학기 초반에 학습 결과의 일부분을 제출한 후 일정 기간에, 즉 학기말 학업 평가가 끝나기 전에 돌려받을 수 있게 할 수 있다. 일부 과목에서는 선택형 문제들을 활용할 수 있고 그에 대한 피드백을 온라인으로 제공할 수도 있다. 이러한 자료를 적절하게 구조화하고 분명한 기준도 제시할 수 있으면 자기평가나 동료학생 평가를 하게 할 수 있다.

5) 동료 지원

대학생의 학습지원은 지도교수나 또 동료 학생 간 상호지원 방식으로 다양하게 도움을 주고받을 수 있다. 보충지도(Supplement Instruction, SI)가 그중 하나다(Wallace, 1999). 또 가상학습 환경에서 온라인 토의집단을 활용할 수도 있다(아래 참조). 여기서는 지도교수가 토의되는 내용을 모니터할 수 있다는 장점이 있다. 대학생들이 서로 지원을 주고 받도록 동기를 유발하거나 그렇게 할 수 있는 틀을 마련한다면 동료 학생 간 조력 체제가 잘 돌아갈 것이다. 동료나 후배 학생들을 조력한 것에 대해서 모종의 인정이나 인증을 받게 한다면 더욱 나아질 것이다.

6) 교육과정

교육과정의 설계는 대학생 학습지원의 본질적 측면이다. 다음은 대학생의 학습지원과 관련된 코스 설계의 기본원칙이다.

- 대학생들이 현재 있는 곳에서 시작하자. 코스 내용을 대학생이 가진 지식과 기술에 연결시키자. 코스 내용은 때로 신성 불가침한 것으로 여기지만 대학생들이 받아들일 준

비가 되지 않은 내용을 가르치는 것은 무의미하다. 대학생들이 혼신의 힘으로 밀어붙일 필요가 있겠지만 출발점에서는 그들의 현재 이해수준을 반영해야 한다.

- 기능 개발을 교육과정의 핵심으로 포함하자. 기능들을 이미 갖추었다고 가정하지 말자. 위험부담이 없는 환경에서 기능을 습득할 수 있는 여지를 만들어 주자.
- 학습의 과정 측면에 더 주의를 기울이고, 그저 내용이나 결과에만 치중하는 일이 없도록 하자. 바람직한 학습성과에 도달하기 위해 대학생들이 거쳐야 할 단계들을 설계에 포함하자.
- 가능한 한 대학생들이 개인적 경험을 학습의 토대로 삼을 수 있도록 상이한 문화를 중시한다는 점을 보여 주자. 대학교육이 국제화되기 때문에 지식과 가치를 그냥 당연한 것으로 간주할 수 없다. 교육과정에 반영되었을지도 모르는 문화적 가정을 조심스럽게 살펴보고 대안적 '목소리들' 이 나올 수 있도록 하자.
- 학습에 대해 표면적, 피상적 접근을 하게 만들 수 있는 내용과 평가를 과도하게 부과하는 것을 피하자(2장 참조).

7) 교수-학습 방법

교수-학습을 통해 대학생의 학습을 지원할 수 있는 기회는 많다. 담당 교수와 대학생들 간에 모종의 풍토를 조성할 수 있고, 또 특별한 방법을 활용할 수도 있다. 대학생들은 담당 교수를 불쾌하게 만들지 않고도 그 교수의 지원을 받을 수 있다고 느껴야 한다. 그렇다고 해서 시도 때도 없이 담당교수가 대학생을 지원해야 한다는 말은 아니다. 대학생들을 위해서 특별 시간을 따로 정해 놓고 이것을 학생들에게 알려 주자. 지원은 이메일이나 가상학습환경의 토의집단을 통해서도 할 수 있다.

다음은 강의실, 세미나실, 스튜디오, 실험실 등에서 담당교수가 대학생의 학습을 지원하기 위하여 할 수 있는 일들이다.

- 대학생들이 기본 개념들을 이해하는지를 확인하기 위해 정기적으로 간단한 자기평가 과제를 주자.
- 대학생들이 어떻게 집단을 형성하는지에 주목하자. 모든 집단에게 지도 시간을 동등하게 배분하자.
- 모든 집단이 그들의 관심사를 표현하도록 기회를 주자.
- 대학생들에게 생길 수 있는 어려움을 파악하기 위하여 학기 초에 형성적 피드백을 집

중하자.
- 대학생의 여러 가지 학습 스타일을 감안하여 학습 과제를 다양화하자(15장 참조).
- 긍정적 피드백과 함께 이의나 비판을 제시하는 논평도 해 주자.
- 학습활동 중에 동료 대학생들 간에 지원하도록 권장하자.
- 학습활동에 대해 대학생들이 건설적인 기여를 할 경우 이를 인정하자.

이와 같은 생각들을 구체적으로 다루는 유익한 책들이 있다(Ramsden, 1992; Biggs, 1999).

5. 대학 내부 또는 외부 서비스

1) 도서관/자료센터

대학생의 학습을 지원하는 역할은 교수의 역할만큼 중요할 때가 있다. 왜냐하면 대학생들이 도움이 절실히 필요할 때 곧바로 도움을 요청할 수 있어야 하고, 또 도서관은 요즈음 도서 저장소 이상의 공간이기 때문이다. 종이 텍스트인 책과 학술지가 정보/지식의 가장 중요한 출처라고 할 수 있지만, 디지털 시대의 도서관은 대학생들이 온라인으로 접속하고, 전자데이터 베이스와 CD-ROM에 저장된 멀티미디어 패키지에 접근할 수 있는 장소이기도 하다.

자료센터는 발표 자료 외에도 IT 이용 안내서, 공부기능 자료, 장애학생을 위한 학습보조, IT시설 등을 제공한다.

도서관은 대다수의, 아마 모든 대학생이 약간 꺼리는 장소다. 도서관의 사서는 대출, 과태료, 개관시간에 대한 규정을 이해시킬 뿐만 아니라 더 중요한 것으로는 정보에 효과적으로 접근하는 방법, 대학생들이 접근하는 텍스트의 관련성, 최근 평판, 권위 등을 판단하는 방법, 특정 주제와 관련된 방대한 자료 중에서 필요한 것을 선별하는 방법 등을 대학생들이 이해하도록 지원하는 특별한 역할을 수행한다. 이와 같은 기능은 우수한 대학생들에게는 필수적인 것이다. 모든 대학생은 기초 수준에서뿐만 아니라 졸업논문에 필요한 치밀한 문헌조사를 할 때에도 지원을 받아야 할 것이다.

2) IT

대다수의 학생이 뛰어난 IT 기능을 익혀서 대학에 들어오고 교수의 수준을 능가하는 경우도 있지만, 상당수의 대학생(특히 만학도)은 이런 기능이 아예 없거나 그들의 코스가 요구하는 수준의 IT 기능을 자신 있게 갖추지 못할 수 있다. 모든 코스는 기본적인 워드프로세싱, 스프레드시트, 데이터베이스, 프레젠테이션 소프트웨어, 이메일과 인터넷 등의 활용에 대하여 소개할 필요가 있다. 모든 대학생에게 이것을 전부 소개할 필요는 없을 것이다. 코스가 요구하는 수준 높은 IT 기능을 개발할 필요가 있는 대학생이 누군지를 파악하기 위해 진단검사를 실시할 수 있다.

IT 직원들은 대학생들의 재학 기간에 그들을 지원할 중요한 역할을 한다. 왜냐하면 교과별로 더욱 정교한 소프트웨어를 사용해야 하므로 대학생들의 IT 기능에 대한 요구가 높아졌기 때문이다.

더욱 중요한 것은 가상학습 환경(VLEs)이다. 이것은 담당 교수가 웹(인터넷)과 내부망(인트라넷)을 통해 학습자료를 제공하거나 평가할 수 있게 함으로써 온라인 학습의 수단을 제공한다. 또한 가상학습 환경은 대학생들이 동료 대학생들이나 담당교수와 의사소통을 할 수 있는 수단이다. 담당교수는 수강 학생들이 가상학습 환경을 이용하는 것을 추적할 수 있으며 대학생들은 컴퓨터를 이용해서 언제든지 코스에 접근할 수 있다. IT 직원은 훈련을 제공하고 교직원과 대학생에게 가상학습 환경의 활용을 지원하는 역할을 한다(11장 참조).

자신의 수업 실제에 대해서 생각하기

교수님께서 담당하는 교과목 코스에서 IT 기능과 도서관 이용 기능을 증대시키는 데 사용하는 방법은 무엇입니까? 예를 들면 다음과 같다.

- IT 관련 기능에 대해 대학생들이 자기평가를 하도록 하기
- 후속 조치가 필요한 대학생에게 해당 과정을 제공함
- 대학생들에게 가상학습 환경을 이용해서 의사소통 하게 요구하기
- 정보검색 기능을 테스트하는 문헌 조사하기
- 코스 안내서에 웹사이트를 집어넣기
- 세미나 시간에 도서관 이용에 대한 논의를 포함하기

3) 언어와 공부 기능 지원

과목마다 수강생에게 요구하는 글쓰기 기능과 말하기 기능의 수준은 다르다. 그러나 모든 교육 프로그램은 대학생들이 모두 글과 말을 통한 의사소통 기능을 개발할 것을 요구한다. 많은 대학생이 이에 관해 어려움을 겪고 있을 것이며 그 이유도 다양하다.

첫째, 국어(영어)가 제1언어, 모국어가 아닌 학생들의 경우다. 아마도 이 점은 외국인 학생뿐만 아니라 '우리나라' 대학생에게도 상당수 적용될 것이다. 대도시의 대학들, 여러 인종 출신의 신입생이 입학하는 대학에서 이런 일이 생길 수 있다.

둘째, 제1언어나 모국어가 국어(영어)인 대학생의 경우다. 이들의 언어 사용 기능이 코스가 요구하는 수준에 미치지 못할 수 있다. 이것은 단순히 철자나 문법의 문제만이 아니다. 왜냐하면 앞서 언급했듯이 글쓰기는 과목별로 특수한 기능이기 때문이다. 글쓰기 기능이 부족하다면 이것은 공부에 대한 대학생들의 접근방식에 무엇인가 일반적인 결함이 있기 때문일 것이다. 이런 까닭에 국어(영어) 지원은 대학생들의 공부하는 기능의 총체적 개발의 일부로 행해질 때 가장 효과적이다.

물론 중요한 예외가 있다. 특수한 학습곤란, 예를 들어 흔히 '독서장애'라는 경우가 그에 해당된다. 독서 장애자들도 글쓰기 문제를 갖고 있는데, 이는 과목에 대한 이해 부족 때문이 아니라 다른 종류의 무능력 때문이다. 독서장애가 있는 것으로 의심되는 대학생은 전문적 진단과 판단이 필요하며, 이 문제는 나중에 논의할 것이다.

언어교육원의 역할은 교과 전문가가 제공할 수 없는 지원을 하는 것이다. 이런 특수한 목적에서 국어(영어)를 가르치는 일은 정규 수업과는 다른 별도의 숙련된 방법으로 제공해야

〈사례연구 12-3〉 언어 및 공부 기능의 지원

최근에 신설된 K 대학의 문화학과에서는 1학년 재학생의 학업 실패 비율이 심각한 상태에 이르렀기 때문에 이에 관심을 쏟아야 했다. 1학년 학년 지도교수는 문화학과 1학년을 가르치는 모든 담당교수와 만나 이 문제를 논의하였다. 그리고 '언어 및 공부 기능 훈련 센터'와 접촉해서 초기 진단용 글쓰기 과제에서 언어능력이 취약한 것으로 나타난 대학생들을 이 센터에 의뢰하기로 했다. 이 센터는 공부 기능에도 관심을 기울이면서 문화학과가 특별히 요구하는 언어 수준에 중점을 두어 주별 강좌를 운영하였다. 문화학과 교수는 학과 소속 대학생들이 이 서비스를 활용하도록 개별지도 교수들을 통해서 부탁하고 학생들이 배우도록 장려했다. 기말시험 결과, 서비스를 받은 대학생들의 평균 점수가 그렇지 않은 대학생들보다 더 높은 것으로 나타났다.

한다. 온라인이나 멀티미디어 언어 패키지를 통해 이용할 수 있는 자료도 일부 있겠지만, 면대면 수업도 필요하다. 그러나 이런 전문적 지원이 정규 교과목이 요구하는 바와 적절히 부합하려면 관련 학과와 밀접한 협력 관계에서 지원이 이루어져야 한다. 〈사례연구 12-3〉에 그 예시가 있다.

4) 장애학생의 지원

장애의 개념은 애매모호하며, 거의 모든 사람이 약간의 장애를 가지고 산다. 설령 어떤 장애가 있더라도 우리는 하고 싶은 일을 하는 데 별다른 지장을 받지 않기도 한다. 안경을 쓰는 경우처럼 장애를 쉽게 극복할 수도 있는데 어떤 장애에 대해서는 '정상적인' 생활을 할 수 있도록 조처를 취해야 할 경우도 있다. 단적인 예가 건물의 설계다. 계단은 이동에 문제가 있는 사람들에게는 고약한 장애물이다. 그런데 이동식 계단이나 승강기가 있다면 가고 싶은 곳으로 이동하는 데 아무런 문제가 없을 것이다. 대학은 모든 대학생이 학업 코스에서 성공할 기회를 똑같이 가지도록 장애물을 제거해야 한다.

최근 각국의 정부는 대학교육에서 장애학생들의 비율이 매우 낮은 점에 주목하기 시작했다. 이렇게 된 이유는 그들이 초중등 학교에서의 학업성취도가 낮고 포부도 낮기 때문이겠지만 대학 입학절차에서 어떤 편견과 무지가 작용해서 그와 같은 결과를 낳기 때문이라고 볼 수 있다. 이런 상황에 대처하는 방안으로 장애서비스를 정비하고, 장애학생의 요구를 연구하기 위해서 특별기금을 마련할 수 있다.

영국의 경우, 장애학생 수당제도가 있다. 이것은 필요한 장비, 지도, 개인 도우미, 대필자 또는 그 밖에 장애인의 '요구 판단' 절차에서 필요하다고 인정된 것을 구입하는 데 쓸 수 있는 경비다. 대학은 장애학생 수에 따라 '지원금'을 받기도 한다. 장애학생을 위한 설비 개선을 위해 국립 장애팀이 주도적으로 일하고 있다. 2002년부터 특수교육요구 및 장애법(SENDA)이 통과되어 모든 고등교육기관에 의무를 규정하고 있다. 이 법은 동등한 접근과 대우를 받을 권리를 위해 장애학생이 소송할 수 있는 여지를 열어 놓았다. 이 법에 따르면 보상청구를 피할 수 있는 최선의 방법은 장애와 관련된 문화의 변화를 꾀하고, 장애문제가 대학교직원의 정상적 사고 속에 포함되도록 하는 것이다(Ashcroft, 2001).

대학교육 기관의 형태에 따라 약간의 차이가 있겠지만 다음 사항을 일반적으로 제시할 수 있다.

- 장애학생들에게 베풀 수 있는 지원을 조정하고, 대학 방침과 법적 요건의 준수를 점검

해야 할 책임을 가진 본부 서비스 기구

- 장애인의 요구를 판단하기(지역에서도 가능하게 함)와 장애학생 수당을 요구하는 대학생에 대한 행정적 지원
- 개별지도, 특히 특수한 학습곤란(예, 독서장애)을 겪는 대학생을 위해 지원할 수 있는 전문가 팀
- 분명하게 이해하고, 잘 알려진 과목지도 교수에게 위탁하기
- 등록 시기에 장애학생을 확인하는 체계적 절차, 감추어진 문제, 특히 독서장애를 확인하기 위한 초기 진단검사
- 건물 접근 용이성과 안전 절차에 관한 정기적 확인
- 장애학생을 위한 물리적 보조기구와 시설(예, 도서관) 제공

장애학생의 지원과 관련하여 대학이 당면한 주요 문제는 무엇인가? 그것은 장애학생들에게 제공될 지원들이 아주 다양할 것이라는 점과 일부 대학생의 특수한 요구에 대해서 교직원들의 인식이 낮다는 점이다. 또한 장애학생에 대한 편견이 남아 있다는 점과 적절한 지원을 받는다면 그들이 할 수 있는 일도 상당히 많다는 것에 무지하다는 점도 있다. 일부 질병과 장애, 예를 들면 정신질환, 인체면역결핍 바이러스(HIV) 혹은 독서장애 등에 대한 낙인이 여전히 남아 있다. 그 결과 대학생들은 자신의 장애가 드러나는 것을 꺼리는 경우가 많고, 자신의 장애를 아는 사람들에게 몹시 불안감을 느낀다. 모든 대학은 위와 같은 사항들에 교직원들의 효과적인 인식변화를 도모할 수 있으며, 장애학생들에게 적절한 지원을 할 수 있다는 점을 알아야 한다.

독서장애는 대체로 장애를 호소하는 대학생들의 절반을 차지하며, 이 점만으로도 특별한 관심이 필요하다. 독서장애를 가리는 일은 본인 스스로 그런 것 같다고 생각하는 대학생과 지도교수가 위탁한 대학생 모두에게 필요한 일이다. 검진 과정에서 독서장애일 수 있다는 진단을 받을 경우, 심리학자나 적절한 훈련을 받은 전문가가 그 대학생에 대해서 심리학적 판단을 내려야 한다. 만일 독서장애가 확실하다면 그 대학생에게 필요한 공부를 확인한 후 적절한 수준에서 개별 지도를 한다. 또한 전문적인 도구나 소프트웨어를 제공하고 그 대학생의 판단을 적절하게 수용해야 할 때도 있다. 이때 그 대학생이 수강하는 과목의 담당교수와 협의할 필요도 있다. 담당 교수가 독서장애 학생의 요구를 인식하도록 하는 일은 본부 서비스 센터의 중요한 역할에 속한다.

5) 다문화 대학

오늘날 대학에서는 두 가지 이유에서 점점 다문화적 특성이 두드러지고 있다. 첫째, 대학생 집단의 구성에서 점점 더 인종적 · 민족적 다양성이 나타나고 있다(물론 소수 민족 출신의 대학생들이 특정 대학에 몰려 있기는 하다). 둘째, 대학교육은 전 지구적 시장이 되었고, 세계 각국의 학생이 많아지고 있다. 영국의 경우 고등교육에도 인종관계(수정)법(2000)이 최근에 적용되기 시작했는데, 이는 인종 간에 좋은 관계가 유지되도록 대학이 적극적인 정책을 수립하고, 인종이나 민족의 차이 때문에 불이익, 괴롭힘, 차별 등을 받지 않도록 조치를 취하도록 요구하고 있다.

문화적 · 민족적 다양성에 대응하기 위해서 대학 전체 차원에서 다음과 같은 조치가 필요하다.

- 교육과정 안에서 문화적 다양성을 인정하자.
- 참고 서적을 제시할 때 다양한 관점을 반영하자.
- 모든 문화권의 대학생들이 두루 참여할 수 있는 교수법을 사용하자.
- 평가의 과정이나 결과에서 모든 집단이 공정하게 대우받도록 확인하자.
- 학사일정표를 만들 때, 특정 집단의 문화적 · 종교적 휴일을 감안하자.
- 대학 간행물에서 특정 민족 · 인종의 특성만을 반영하는 일이 없도록 하자.
- 차별, 괴롭힘 등에 대해 사전 예방 방안을 마련하자.
- 전문가의 상담, 조언, 지원 서비스 등을 제공하자.
- 종교가 다른 신앙인들이 각자 예배 행위를 할 수 있는 공간을 제공하자.

이렇게 함으로써 다양한 문화집단 간에 동등한 기회를 제공하고 좋은 관계를 촉진한다. 이런 일은 대학이 '모든' 대학생에게 좀 더 지원적이고 풍부한 학습 환경을 제공해 주는 데 기여한다.

6. 결 론

대학생들의 학습지원은 대학의 모든 부분에서 다각적으로 접근해야 한다. 대학 내의 여러 기관 간에 적절한 협조관계가 구축되어야 비로소 대학생들에게 필요한 많은 도움을 적절하게 제공할 수 있는 환경이 조성될 것이다. 장애, 공부기술, 영어지원, IT, 도서관 시설 이용 등에서 그러한 협력적 지원이 필요하다. 그러나 대학생들의 학습을 지원한다는 것은 기본적으로 수업-학습 상호작용이 모종의 분위기를 갖도록 도와주는 일이다. 여기서 말하는 수업-학습 분위기란 어떤 대학생이건 학습요구를 갖고 있고, 어떤 대학생이건 그들의 전공 코스가 요구하는 기능을 학습하고 발달하는 일을 수행하고 있음을 인정해 주는 풍토를 말한다.

참고문헌

Ashcroft, R. (2001). Presentation to a HEFCE seminar on SENDA, September.

Assiter, A., & Fenwick, A. (1993). Profiling in Higher Education, in *Using Records of Achievement in Higher Education*, eds A Assiter and E Shaw, Kogan Page, London.

Biggs, J. (1999). *Teaching for Quality Learning at University: What the student does*, SRHE/Open University Press, Buckingham.

Boud, D., & Miller, N. (1996). *Working with Experience: Animating learning*, Routledge, London.

Cottrell, S. (2001). *Teaching Study Skills and Supporting Learning*, Palgrave Study Guides, Basingstoke.

DfES (2001). Higher education funding and delivery to 2003-04, Letter from the Secretary of State to the Higher Education Funding Council for England, 29 November

Gosling, D. (1999). *Induction Policy*, University of East London.

Gosling, D. (2002). *Personal Development Planning*, SEDA Paper 115, Staff and Educational Development Association, Birmingham.

HEFCE (2001). *Supply and Demand for Higher Education*, Paper 01/62, Higher Education Funding Council for England, Bristol.

Jackson, N. J. (2001). *What is PDP?* LTSN Working Paper 1, LTSN Generic Centre Web site: www.ilt.ac.uk.

Jaques, D. (1992) *Learning in Groups*, Kogan Page, London.

QAA (2001). *The Higher Education Qualification Framework*, Quality Assurance Agency for Higher Education, Gloucester.

Ramsden, P. (1992) *Learning to Teach in Higher Education*, Routledge, London.

SEEC (2002). *Credit Level Descriptors 2001*, Southern England Consortium for Credit

Accumulation and Transfer, London.

Simpson, R. (1996). Learning Development: deficit or difference?, in *Opening Doors: Learning Support in Higher Education*, eds. S. Wolfendale & J. Corbett, Cassell, London.

Wallace, J. (1999). Supporting and guiding students, in *A Handbook for Teaching and Learning in Higher Education*, 1st edn, eds. H. Fry, S. Ketteridge & S. Marshall, Kogan Page, London.

읽을거리

www.qca.org.uk – Qualifications and Curriculum Authority

www.seec-office.org.uk – Southern England Consortium for Credit Accumulation and Transfer

www.hefce.ac.uk – Higher Education Funding Council for England

www.qaa.ac.uk – Quality Assurance Agency for Higher Education

제13장
수업의 질과 수준을 어떻게 보증할 것인가

1. 서 론

교육의 질(quality)을 관리, 보증하는 일은 모든 교육기관과 교육자들의 주된 책임 중 하나다. 이 일이 어떤 것인가를 어느 특정 시점에서 정확하게 정의 내리기는 어렵다. 외부 기관들의 요구도 있는데 이것이 대학교육의 질을 부분적으로 규정하기도 한다. 그리고 그것이 대학의 문화 및 요구사항과 결합되어 대학교수의 교육활동 상황을 형성하기도 한다.

이 장의 목적은 국가 차원에서 수업의 질과 수준을 생각하는 바를 개략적으로 설명하는 것이다. 즉, 대학교육의 질에 관해서 교수들이 어떻게 이해해야 하는가, 대학교육의 질이나 수준과 관련하여 교수들이 갖는 역할과 의무는 무엇인가를 밝히고자 한다.

자신의 수업 실제에 대해서 생각하기

교수님은 스스로 대학 교육의 질을 유지, 증진시키는 데 어떤 책임을 갖고 있다고 생각하십니까?

2. 정의와 용어

질과 수준은 교육의 설계 · 제공 · 평가 · 심사 등에 관한 사고의 토대가 되는 개념이다. 그러므로 용어와 정의에 관해서 어느 정도 합의를 하는 것이 중요하다. 우리가 사용하는 언어를 보면, 처음에는 주로 산업체에서 사용했던 전문용어들이 어느새 대학으로 유입되어 대학교육의 '질(quality)' 에 대해 논의하고 이해하는 데 결정적인 영향을 미치게 된다.

'수준' 과 '질' 이라는 용어의 정의와 용법은 다양하다. 이는 교육의 목적, 국가적 · 역사적 맥락에 따라 달라질 수 있다. 가령 영국의 맥락에서 '수준' 이란 대체로 수행의 등급 측면에서 볼 때 학생들이 실제로 성취한 정도나 성취할 것으로 기대되는 정도를 가리키는 데 사용하는 말이다. '질' 이란 그보다 광범위하게 사용되고 그 의미 또한 매우 다양하다. 따라서 질은 대학생 개개인의 수행, 교육 프로그램의 산출결과, 대학생들의 학습경험, 제공된 수업 등 다양한 것을 가리키는 데 사용하는 말이다.

질의 개념을 몇 가지 범주로 세분할 수 있다(Harvey, Burrows, & Green, 1992).

- 탁월성(excellence): 전통적(종종 암묵적)으로 학술적 관점에서는 높은 학문적 기준을 목적으로 삼는다.
- 무결점(zero errors): 생산품의 명세서를 작성할 수 있고, 이에 따라 동일한 제품에 대해 표준화된 측정이 가능한 대단위 산업현장과 밀접하게 관련된 개념이다. 그러나 대학교육에서는 이 개념을 학습자료에 적용할 수 있을 것이다.
- 합목적성(fitness for purposes): '고객(혹은 이해당사자)' 의 '요구(예, 대학생, 고용주, 학문공동체, 정부 또는 사회의 요구)' 에 초점을 둔 개념이다. 이는 교육 프로그램의 명시된 목적과 학습성과에 비추어 정의된다. 지난 10년 동안 영국에서는 이런 의미로 '질' 이라는 용어를 주로 사용해 왔다.
- 향상도(enhancement): 이는 지속적인 개선을 강조한다.
- 변환(transformation): 이는 공부한 결과로 나타나는 학습자 행동 및 목표의 변화를 의미하거나 대학교육을 통해 나타나는 사회 · 정치적 변화에 적용되는 개념이다.
- 역(閾, threshold): 이는 학과 표준척도의 경우처럼 최소 수준의 충족을 가리키는 개념이다. 대체로 유럽 대학교육 시스템에서는 교육 단위나 프로그램들을 최소한 객관적으로 비교하기 위해서 최소 기준을 정한다. 이 최소 기준을 넘어야 할 것으로 기대한다.

자신의 수업 실제에 대해서 생각하기

'질' 에 관한 여러 가지 정의를 살펴볼 때, 교수님의 학과에서 수업의 질을 논의하는 방식과 가장 가까운 정의는 어떤 것이라고 보십니까?

질 보증(quality assurance)이란 질을 유지, 발전시키는 정책, 과정, 행위 등을 가리키는 용어다. 질 보증의 핵심요소는 평가(evaluation)며(수업을 평가하는 방법에 대해서는 제14장 참조), 주된 동기는 책무성과 향상도다. 여기서 책무성(accountability)이란 대학생, 사회, 정부 등에게 질 관리가 잘 되고 있음을 보증하는 것을 가리키고, 질 향상도란 질의 개선을 말한다. 이는 예를 들면, 훌륭한 교육 실제를 확산시키거나 지속적인 개선 사이클이 제대로 돌아감으로써 이루어진다. 내부 주도에 의해서 추구되는 질 보증은 보통 학과나 프로그램의 기능 개선에 목적을 두는 반면, 외부에서 주도하는 심사는 일반적으로 책무성에 중점을 둔다. 사실상 대학교육에서 질 보증이란 별로 새로운 것이 아니다. 이를테면, 평가과정에서 부분적으로 외부 평가자를 참여시키기도 하고 또한 연구물에 대해서 동료심사 시스템을 가동시키기도 했는데, 이를 통해 지난 수년 동안 질 보증을 추구했다고 볼 수 있다.

인증(accreditation)은 대학교육이 어떤 수준을 충족시키고 있음을 인정하는 것이며, 자격증을 부여하기도 한다. 인증의 결과는 대학 자체나 소속 대학생(예, 장학금의 지원 가능성), 혹은 졸업생(예, 취업 자격 요건)에게 영향을 미칠 수 있다.

질 보증 시스템의 일부로 수행지표(performance indicators, PIs)가 있다. 수행지표란 교육기관의 목표(예, 졸업생의 취업률 증진, 중퇴자의 최소화)나 교육의 과정(예, 학생 만족의 극대화, 수강 취소의 최소화) 측면에서 교육 시스템이나 기관의 산출 결과를 수치로 표시한 것이다. 수행과 직접적인 관계가 없는 지표들이 있다. 가령 교수-학생 비율, 대학생들의 학습자원 이용도 등이 그것이다. 지표를 개발할 때 우선적으로 고려되는 점은 측정 가능성(신뢰도)이지만 이것과 적절성(타당도) 간의 균형을 찾는 것도 중시해야 한다. 지표에 가중치를 부여하거나 여러 지표를 합산하는 방법은 어려운 문제에 속한다. 따라서 지표 자체를 질적 판단으로 받아들이지 않고, 무엇이 강점이고 무엇이 약점인가를 알려 주는 신호로 보는 것이 좋다.

볼로냐 선언(Bologna Declaration, 1999)에서는 유럽 대학교육의 자격요건을 밝혀 줄 공동의 틀이 중요하다고 강조했다. 영국은 여러 가지 조치를 취함으로써 수준, 단계, 이수단위 측면에서 제반 프로그램을 비교하는 데 도움을 주려 한다(아래의 '현행 아젠다' 참조).

질 보증을 위한 장치는 나라마다 다르지만 국가 차원에서 기구를 설치한 나라가 많다. 영국의 경우, 대학교육기관은 고등교육평가원(Quality Assurance Agency for Higher Education, QAA)의 질 관리 시스템에 소속되어 있다.

3. 국가적 상황

영국의 경우, 대학교육도 급변하고 있으며 질 유지, 향상에 관심이 커졌다. 왜냐하면 대학의 거대화, 참여 폭의 확대, 자원의 감소 등의 문제가 연루되었기 때문이다. 1980년대 이후, 정부는 대학교육에 투자된 공적자금에 상응하는 책무성, 질의 입증, 성과의 구체화 등을 강조하였다.

정부가 대학에 대해서 대학교육에 관한 질적 증거를 제시하고 평가를 받도록 요구할 때 어떤 방법을 어떻게 사용했는가 하는 문제는 흥미 있는 관심거리일 것이다(Middlehurst, 1999). 편의상 1997년부터 이야기하는 것이 이 장의 목적에 맞을 것 같다.

영국에서 대학교육을 심사하는 기구는 고등교육조사위원회(National Committee of Inquiry into Higher Education, NCIHE)였다. 이 위원회는 디어링 보고서(1997)를 출간하였고 심사결과와 권장사항이 공개되었다. 이 보고서의 권장사항에는 새로운 '질 아젠다' 의 틀, 교수를 위한 전문기구의 설립, 학문 분야별 네트워크의 결성 등이 포함되어 있다. 그 결과 1999년 대학교수학습연구소(Institute for Learning and Teaching in Higher Education, ILT) 및 교수학습지원 네트워크(Learning and Teaching Supp ort Network, LTSN)가 설립되었다. 전문 조직인 대학교수학습연구소는 반성적 실천, 대학교육의 철학과 학습방법의 이해 등을 강조하는 준거에 따라서 개별 대학교수와 대학별 교수-학습 프로그램을 인증하는 책임이 있다. 또 교수학습지원 네트워크의 학문 분야별 센터들은 교육 프로그램의 질 보증에는 관여하지 않고, 교수의 교육활동을 지원함으로써 질적 향상에 기여하고 있다. 즉, 각종 협의회, 웹사이트, 저널 등을 통해 최신 정보를 공유하고 보급하는 일을 도모한다. 위 기구에의 가입 및 활동 참여 여부는 대학교수의 질적 지표에 포함된다.

1997년에 고등교육평가원(QAA)이 출범했다. 고등교육평가원은 대학교육의 질에 대한 감사와 평가업무를 수행하도록 재정지원을 받고 계약을 체결했다. 여기에서 심사(audit)는 학사절차가 공시한 대로 이행되었는가를 검증하는 데 중점을 둔다. 또한 수업평가('수업의 질 평가' 내지 '학과평가')는 교과교육에 관한 것으로, 영국 내의 모든 학문 분야가 실제로 이 수업평가를 통해 고등교육평가원의 제반 활동과 연결되었다. 수업평가의 세부사항은 시간이 흐르면서 수정되었다. 스코틀랜드와 웨일스에서는 약간 다른 방법이 사용되었지만, 학문 분야별 외부 전문가로 평가팀을 구성, 활용한 점은 수업평가의 공통점이었다. 즉, 평가팀은 해당 학문 분야에서 선정하였고, 팀장은 해당 분야의 전문가가 아닌 사람으로서 평가의 과정과 방법 면에서 충실을 기하도록 역할을 부여하였다.

교과평가에서는 교수-학습에 관한 여섯 가지 사항을 점검하였다.

- 교육과정의 설계 및 조직
- 교수, 학습 및 평가
- 대학생의 향상도와 성취도
- 대학생의 지원 및 지도
- 학습자원
- 질 관리와 향상도

방문평가는 통상 4일 동안 수행했고 증거자료를 다각화하기 위해서, 즉 다양한 자료로 증거를 확보하기 위해서 다음과 같은 다양한 활동으로 최종 판단을 내리게 하였다.

- 평가대상 학과의 자체평가보고서 및 여섯 가지 평가 사항과 관련된 증빙자료의 검토
- 여섯 가지 평가사항을 검토하기 위해 교직원/학생과의 공식적인 회의
- 관리자 및 여타 인사들과의 모임
- 교수-학습 장면의 직접 관찰
- 편의시설, 도서관(학습 자료실), 컴퓨터실, 강의실 등 방문

영국에서는 평가영역별로 점수를 부여한다. 또한 학과별로 주요 강점과 개선 영역을 요약한 평가보고서를 작성한다. 이를 고등교육평가원의 웹사이트(http://www.qaa.ac.uk) 등에 공시한다.

학과평가가 시행된 후 후속 조치가 취해진다. 학과평가의 결과는 종전의 결과와 함께 출판하고, 향후 수년 동안 수업의 질 순위표를 매기는 데 활용된다.

〈사례연구 13-1〉 학과 평가위원의 훈련 과정

1994~2002년에 영국은 대학 학과의 질 평가를 담당할 약 4,500명의 대학교수 및 전문가를 대상으로 연수를 실시하였다. QAA 임원, 평가경험이 많은 조정위원, 대학교원개발원(Higher Education Staff Development Agency)의 책임자 등으로 구성된 연수팀이 2박 3일의 연수를 진행하였다. 연수지원 기관에 따라 운영 과정과 강조점이 다르겠지만, 이 연수의 취지는 아래와 같이 일반적인 의미를 갖는 것이다.

연수 대상자는 엄격한 선발 과정을 통과한 예비 평가자로, 모든 평가자는 반드시 연수를 받아야 한다. 그래야 평가자의 역할을 효과적으로 안내할 수 있고, 초기부터 일관성 있게 상황설명을 할 수 있다. 또한 실제 평가업무를 하기 전에 모의상황에서 예비 평가자를 관찰할 기회를 가질 수 있다. 연수의 일반적 목표는 평가방법을 이해하고 익히며, 평가에 필요한 일련의 의무를 이행할 유능한 평가자를 양성하는 것이다. 평가자의 역할에는 적어도 아래와 같은 활동이 들어갈 것이다.

- 평가 방법의 기초가 되는 평가 과정 및 가치에 대한 확실한 이해
- 참고 자료를 익히기(예, QAA의 실천 규범, 적절한 학과 표준척도)
- 충분한 분석기능, 정보관리 및 증거에 기초한 판단 능력
- 동료, 또래, 학생 및 사용자와의 모임을 이끌 수 있는 효과적인 의사소통 및 대인기술
- QAA의 보고서 및 명세서의 작성 양식에 따른 초안/최종보고서 작성 기능
- 스트레스 상황에서 정확한 일 처리 및 전문가 자세를 견지하는 능력

위와 같은 특수한 지식 · 이해 · 기능 · 태도 등은 설명식 교수법으로 계발될 수 없다. 따라서 연수는 폭넓은 학습방식을 활용한다는 강력한 철학을 토대로 계획해야 한다. 여기서 주된 학습 수단은 다양한 모의연습이다. 먼저 연수를 시작하기 전에 예비 평가자는 준비된 자료를 개별적으로 분석한 다음, 이 분석 자료로 모의 팀 모임을 갖고 주요 탐구문제를 추출하게 한다. 이어서 예비 평가자는 타 대학의 교수와 대학생과 만나는 일, 대학생들의 학업과 관련된 표본 자료들을 분석하는 일, 축적된 증거를 바탕으로 의제를 수정하는 일, 보고서 초안을 작성하고 최종 판단을 내리는 일 등을 할 기회를 갖게 한다. 이와 같은 개인별, 소집단별 실제 활동에서는 주요 쟁점과 과정, 관련 협약 및 핵심 가치 등이 담긴 간단한 정보자료를 활용한다.

예비 평가자에게 모든 연수 내용이 필요한 기능을 숙달시키는 데 적절하고 효과적이었는가를 평가하도록 하고 자신의 지각에 비추어 피드백을 주도록 한다. 실제로 여러 조사 결과에서 예비 평가자의 96%가 연수에 대해 매우 긍정적으로 평가한 것으로 나타났다. 이는 예비 평가자의 연수가 소기의 목표를 성취했을 뿐만 아니라 교육과정의 설계, 평가의 방식, 성취 기준의 설정, 학습자의 지원, 질 향상의 기제, 학습자원의 효과적 배치 등의 문제에 대해서 보다 일반적인 관점에서 생각할 기회를 제공했다는 점을 말해 준다. 이렇게 해서 예비 평

가자를 위한 연수는 연수팀들이 부분적인 사항들이나 전체적인 체제와 연관된 사항들에서 도움이 되는 준비를 한 셈이다. 이런 점에서 예비 평가자 연수는 경험 많은 중진 교수들에게 새로운 배움을 제공할 기회인 것이 분명하다.

4. 교육의 질에 관한 최근의 주요 의제

2000~2002년에 학과평가의 대안에 관해서 광범한 논의가 있었다. 외부 심사와 관료적 운영을 축소시키고 대학의 자율성을 증대시키며, (검열이 아닌) 개선방안으로서의 질 평가를 도모하는 방향이 거론되었다. 그 결과 2002~2003년 이후의 새로운 계획에서는 '검열'의 분위기를 약화시키고, 대학 외부에서 결정, 심사된 기준과 규준을 준수하도록 중점을 둘 것으로 보인다. 즉, 투명성, 책무성, 구체성의 확대를 강조하면서 이들 간의 상호연관성을 강조하는 형태를 취할 것으로 보인다.

질 평가의 주요 요소는 (대학 전체 수준의) 기관 심사(audit)와 (학문 분야 수준의) 학사 평가(academic review)가 될 것이다. 여기서 기관 감사는 완화된 형태로 진행하되 '성공적인 경우에는 개입을 축소한다.' 는 원칙에 따라 추후로 점검할 영역을 가질 것이다. 향후 '학문적 수준 및 질에 대한 국가 차원의 일반적 기대치를 충족시키는가를 학습 프로그램, 장학금, 자격증 제공 등과 관련하여 보여 주고, 이에 관해 각 대학의 도달 수준을 파악할 신뢰성 있고 중요한 공적 정보' (QAA, 2002년 3월)를 공개해야 한다는 점을 더욱 강조할 것이다.

위와 같은 요구는 대학교수나 직원들에게 상당한 부담이 될 것이다. 공개해야 할 정보의 사례로는 내부 확인과정, 대학생 평가, 대학생 만족도 조사, 고용자의 평가와 프로그램에의 반영, 내부 · 외부 평가자 보고서, 입학 · 졸업 자료, 프로그램 내용 및 평가에 관한 상세한 정보 등이 될 것이다. 특히 교수-학습 영역에서 ILT와 같은 전문기구에 회원으로 가입한 교수들의 비율과 같은 교직원 개발/훈련의 기회제공과 지원에 대해 상세한 조사를 실시할 가능성이 높다. 왜냐하면 위와 같은 활동이 대학 및 학과의 질 지표로 간주될 수 있기 때문이다.

고등교육평가원 팀은 아래와 같은 새로운 국가 차원의 요구사항이 각 대학에서 어떻게 충족되는가를 고려할 것이다.

- 교수–학습 전략에 대한 자료발간과 실행 그리고 수업의 질 향상 기금의 활용 여부
- 대학교육의 학문적 질과 수준 보증을 위한 실천규범, 영국 · 웨일스 · 북아일랜드의 대학교육 자격기준 및 학과 표준척도 진술문 등 대학 외부의 참고자료 활용
- 프로그램 명세서와 향상 파일의 개발, 활용, 출간

위와 관련된 최신 정보는 영국 고등교육평가원의 웹사이트에 올려져 있다.

1) 대학교육 자격기준

대학교육 자격기준(Framework for Higher Education Qualifications, FHEQ)은 2001년에 최종 승인된 것이다. 이는 고용자, 학생, 그 밖의 이해당사자에게 자격기준 통과자가 할 수 있는 일의 수준과 입사 시점에서 보유한 기능을 알리는 것을 목적으로 한다. 이것은 수여 범위를 단순화하여 다섯 가지 성취수준으로 나눈다. 세 가지는 단기 '기초' 과정을 포함한 학사학위 수준(기초 · 중간 · 우수)이고, 나머지 두 가지는 석사수준과 박사수준이다. 각 학과의 일반 진술서에는 다섯 가지 수여범위에서 성취 수준을 각각 명기한다.

이것은 서로 다른 대학이나 학과에서 수여한 자격이 비슷한 성취 단계를 가리키는 것을 외부에 알리기 위한 것이다. 이 다섯 가지 성취단계는 각 대학의 교육 프로그램이 의도한 학습성과가 과연 자격수여 기준에 적합한가를 판정하는 준거가 된다. 외부 평가가 시행될 경우에 다섯 가지 성취단계는 여러 대학의 교육 프로그램을 비교할 때 더욱 중요한 것이 될 것이다. 따라서 대학 및 대학교수들은 해당 교육 프로그램이 적정 수준에 이르도록 책임을 다할 필요가 있다.

2) 프로그램 명세서

1999년 고등교육평가원에서는 다음 사항을 공지한 바 있다. "프로그램 명세서의 활용은 대학이 학습성과를 더욱 상세화하는 데 도움을 주기 위한 전략의 필수 요소다. 이 명세서를 활용함으로써 프로그램 및 자격수여를 대학교육 자격기준과 관련시킬 수 있을 것이다." (QAA, 1999년 10월)

프로그램 명세서에서 교수들은 아래의 사항을 밝혀야 한다.

- 프로그램이 의도하는 학습성과(구체적이고 측정 가능한 의도는 지식과 이해, 기능과 여타 속성 면에서 대학생들이 할 수 있는 바로 표현함)

- 대학생들이 위와 같은 것을 할 수 있도록 하는 교수–학습 방법
- 학습성과의 성취도를 파악하기 위한 평가 방법
- 프로그램 및 공부의 내용과 대학교육자격기준 간의 관련성

프로그램 명세서는 교수 개인이나 교수팀의 활동에 직접 영향을 미친다. 교수들은 명세서를 만들고 수정해야(대학에서 마련된 통일된 형식으로) 한다. 그러고 나서 그러한 명세서에 따라서 대학(질보증위원회 등에서), 대학생, 고용주, 외부 평가자가 판단을 내릴 것으로 교수들은 당연히 예상한다. 프로그램 명세서를 만들 때는 프로그램의 필수 요소들이 아무리 복잡한 내용이라도 짧은 지면에 종합적으로 요약되어야 한다.

3) 학과 표준척도

학과 표준척도(subject benchmarks)란 특정 학문 분야의 각 수준별 자격수여와 관련하여 수준 · 속성 · 능력에 대한 일반적 기대를 기술한 것이다. 이는 각 학과의 중견 교수들이 소속 교수들과 협의하여 설정한 것으로, 최소의 질 · 수준에 대한 진술문이다. 예를 들어, 의학의 경우 "의학 학위의 표준척도는 졸업생들이 수련의로서 효과적으로 기능하고 전문성을 계발할 수 있는 지적 속성, 지식과 이해, 임상 · 대인 · 실천 기능들, 그리고 전문적 수행능력으로 정의되고 있다." (QAA, 2002)

학과 표준척도 진술문은 대학교육자격기준(FHEQ)과 함께 사용된다. 어떤 프로그램이든지 의도한 학습성과는 관련 프로그램 명세서와 부합되어야 한다. 2005년 이후 각 학과의 표준척도 진술문에는 해당 학문 분야의 발전, 그리고 기관과 구성원의 경험이 반영되어 공식적으로 수정될 것이다. 각 학과 교수들은, 특히 교육과정의 설계나 프로그램 명세서의 작성에 참여할 경우 해당 학과의 표준척도 진술문을 잘 알아야 한다. 새로운 프로그램을 설계하거나 기존 교육과정의 내용을 검토할 때, 이 진술문은 점검자료로 활용할 수 있다. 또한 외

자신의 수업 실제에 대해서 생각하기

프로그램 명세서 및 학과 표준척도 진술문이 교수님의 수업과 관련하여, 예를 들면 단위 수업의 기획과 평가의 설계에 어떤 도움을 줄 수 있다고 보십니까? '성과중심 접근'의 장점과 단점은 무엇이라고 보십니까?

부 기구에서도 이 학과의 목적을 점검할 때 참조자료로 활용할 수 있을 것이다.

4) 향상 파일

향상 파일(progress files, PFs)에는 두 가지 요소가 포함되어 있다. 2002~2003년에 각 교육기관에서 발급하는 향상 파일의 첫째 요소는 성적표나 학적부다. 이는 공통된 형식으로 대학생의 성취를 기재한 것으로, (평가결과를 포함하여) 대학생이 수강한 강좌의 세부사항이 적혀 있다. 향상 파일의 둘째 요소는 대학생들이 작성하여 갖고 있는 개인발전계획(personal development planning, PDP)이다. 이는 대학생들이 자신의 발전을 관리, 구상, 반성하도록 촉진할 것이다. 2005~2006년에 대학은 대학생들이 개인발전계획을 세우도록 조치를 취해야 한다.

교수들은 성적표에 기재할 수 있는 적절한 평가 정보를 충분히 적시에 제공해야 한다. 교수나 학사 관련 직원들이 대학생들의 개인발전계획을 위해서 어느 정도로 개입하고 독려할 것인가의 문제는 아직 확실치 않다. 이 문제는 대학 · 학문 분야마다 다를 것이다. 예를 들어, 개인발전계획은 대학생을 개별적으로 만나고 지도할 때 도구로 활용될 수 있으며, 형식은 아주 성찰적인 '학술지' 나 일기 형식도 있을 것이고, 개인의 발전과 기능획득을 산문형식으로 서술하는 형식도 있을 것이다. 그것은 다양한 유형으로 개발될 수도 있다. 물론 비밀유지와 책임의 문제가 제기될 소지가 있다. 따라서 대학에서는 그것을 컴퓨터로 관리하겠지만, 대학교수는 소속 대학에서 사용하는 개인발전계획의 형식과 처리 과정을 잘 알고 있어야 할 것이다.

자신의 수업 실제에 대해서 생각하기

교수님의 대학에서는 개인발전계획을 도입하였습니까? 그렇다면 대학생들이 자신의 공부나 발전에 대해서 반성적으로 접근하도록 하는 도구로써 그것은 얼마나 유용할 것이라고 보십니까? 대학생들이 개인발전계획을 활용하여 개인적 발달과 전문성 계발을 하는데 교수님은 어떤 도움을 줄 수 있다고 보십니까?

5) 외부평가제

고등교육평가원에서는 질과 수준을 보증하기 위한 주요 수단으로 외부평가를 활용할 계획이다(QAA, 2002년 3월). 그 이유는 외부평가가 학문적 질과 수준에 대한 공적 신뢰를 확보할 수 있다고 보기 때문이다. 외부평가 보고서의 요약본 출간은 심사과정의 한 부분을 이룬다.

6) 정보 공개: 학생 만족도 조사

새로운 질 평가의 핵심 조항은 대학교육의 다양한 '고객'에게(프로그램 명세서를 포함하여) 일련의 정보를 폭넓게 공개하도록 한 것이다. 대학생들의 평가도 공개 대상에 속한다. 정확하게 어떤 것을 공개하도록 요구할 것인지는 아직 미정이지만, 개별 강좌에 대한 피드백보다는 더 폭넓은 대학생 만족도와 같은 자료를 요구할 수도 있다.

〈사례연구 13-2〉 대학생 만족도 조사

지난 15년 동안 질연구센터(Center for Research into Quality)에서는 대학생 만족도 조사방법을 개발하였다. 변화와 개선을 유도하기 위해 대학생활경험 전반에 대한 대학생들의 의견을 수집, 분석, 보고하는 효과적인 도구를 마련하려고 하였다. 대학생 만족도(Student Satisfaction)는 지속적 질 개선의 과정에서 중요한 도구가 되었다. 지금은 '질' 정보 요구의 필수품이 되었다.

대학생 만족도 접근 방법은 영국은 물론, 뉴질랜드, 스웨덴, 호주, 남아프리카, 홍콩, 폴란드 등 수많은 해외 대학교육 및 평생교육 기관에서 수정, 활용되고 있다. 아래에서 대학생 만족도 조사방법을 간략하게 제시하고자 한다(http://www.uce.ac.uk/crq/satisfaction.htm 혹은 Harvey 외, 1997 등 참조).

조사방법은 대학생들의 현재 관심사를 파악할 수 있도록 유연해졌고 변화를 거듭했다. 방법론은 여러 상황에 쉽게 적용할 수 있어야 한다. 이것은 그동안 다양한 이해당사자, 즉 교수, 대학원생, 고용자, 채용 관리자, 심지어는 축구 후원자들의 의견을 탐색하는 데 사용되었다.

대학생 만족도 조사는 아래 네 가지 요소를 독특하게 통합한다.

- 대학생 중심의 설문: 대학생 만족도 연구는 (포커스 집단, 심층면접을 통해) 대학생들이 정의한 총체적인 학습경험에 초점을 둔다.
- 만족도와 중요성의 정도: 대학생활 경험의 여러 측면에 대한 대학생들의 만족도를 검토하고, 이 중에서 어떤 영역이 대학생들에게 중요한가를 확인한다.

- 정보활용 및 시정: 대학생들에게 중요한 것인데 불만족스러운 것으로 나타난 영역들에 대해서 먼저 조치하도록 한다.
- 명확한 피드백과 실행 사이클

활용 및 시정 정보

대학생들에게 중요하지만 만족을 주지 못한 것으로 드러난 조사항목은 시정 조치의 표적이 된다. 또한 해마다 대학생 만족도의 향상 정도를 파악하기 위해 만족도의 자료를 종단적으로 도표화한다.

조사결과는 부총장에게 보고하고 부총장은 이 결과를 이사회와 교수평의원회에 보고하며, 센터에서는 연차 보고서를 작성하고 대학 웹사이트를 통해 공개한다. 이 보고서의 특징은 알기 어려운 통계치를 과감히 없애고 시행 사항과 추세를 쉽게 확인할 수 있도록 종합 평정표와 동향 그래프를 제시한다는 점이다.

시행 및 피드백

시행 및 피드백 사이클은 이 과정의 핵심이다([그림 13-1] 참조). 이 사이클은 시행을 보장하기 위해 시행 책임과 추수 활동을 확인하는 데 중점을 둔다.

이 대학에서는 내부 자문과정을 통해 작년도의 시행 사항을 검토하고 대학생들의 의견에 기초하여 시행 우선순위를 정한 다음, 이를 예산 배정에 반영하고 있다. 부총장은 보고서의 성과에 대해 학장 및 기관장들과 면담하면서 향후 시행 계획과 작년도 시행사항의 결과를 설명하도록 요구한다. 여기서 나온 반응은 평의원회에서 논의되고 시행 요약본을 대학생들에게 공지하게 한다.

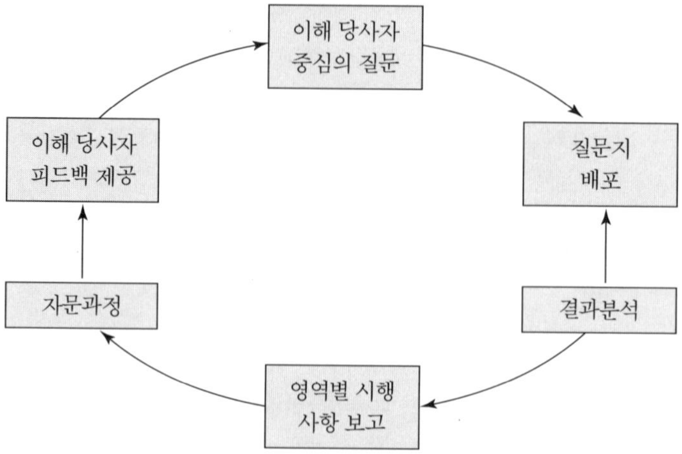

[그림 13-1] 만족도 사이클

대학교수나 행정가들은 대학생들에게서 자료를 수집하는 일에 협력하고 대학생들의 논평에 대해 응답을 제시하며, 이런 정보가 널리 활용될 수 있도록 공개하도록 전국적으로 혹은 대학 전체적으로 요구받을 수도 있음을 염두에 두어야 한다.

7) 과도적 조처

2002~2004년의 과도기에 고등교육평가원은 각 대학이 기관심사를 실시하고, 학문 분야별 심사활동에 참여하도록 할 것으로 예상하였다. 대부분의 대학은 질과 기준을 보증하는 내부 절차를 시행하도록 새로운 발전 중심의 형태를 취할 것이다. 2005년 말까지 모든 대학을 기관심사에 포함할 계획이며, 과도기에는 제한된 수의 학사평가도 시행할 것이다.

8) 기관 심사

2005년까지 국가 수준의 질 관리 조처는 통상적으로 대학 전체를 대상으로 하되, 5~6년 주기로 외부 심사팀이 한 기관씩 방문감사를 할 것으로 보인다. 각 대학은 방문감사 약 13주 전에 자체 평가보고서를 작성해야 한다. 감사는 프로그램의 단계별로(전일제 대학생의 약 10%에 해당하는 프로그램에 대한 학문분야별 추적심사, 혹은 전체 조직을 대상으로 한 '주제별 질문') 각 대학에서 시행하는 질 보증과정의 여러 가지 사례를 검토할 것이다. 감사팀은 각 대학과 협의하여 질문 및 추적 대상을 선정하게 된다. 심사는 주로 학과 수준보다는 대학 수준에 역점을 두지만, 심사자가 관심을 갖는 문제의 경우 학과 수준의 엄격한 학사심사를 병용할 것이다(감사 과정에서 법정 전문기구의 검토가 함께 이루어진다).

심사는 2회의 방문 실사, 즉 초기 브리핑 방문과 5주 후에 이루어지는 약 5일간의 본격적인 심사방문으로 이루어진다. 심사팀의 주요 과제 중의 하나는 프로그램/학문 분야별로 시행된 정기적 질 보증 평가의 내부 과정 및 그 성과를 살펴보는 것이다(향후 심사패널에는 외부 인사가 포함되어야 할 것이다). 이때 심사팀은 각 대학의 모든 업무가 교육적 질을 보증하고 향상시키는 데 충분한가의 여부를 판정하게 된다. 심사에서는 아래의 사항을 점검한다.

- 프로그램과 수여기준에 대해 공개한 정보(예, 웹사이트 상의 정보)의 정확성, 충분성, 신뢰성
- 대학생들에게 기대하는, 대학생들이 성취한 학문적 수준
- 학습자로서 대학생들의 경험

• 교수 임용 준거 등 교수진의 질 보증 그리고 수업 효과성의 평가, 개선, 피드백 방식

심사팀은 교수와 대학생을 만나고, 학문 분야별 추적심사 과정 중에 기록물(평가 대상 대학생 표본의 자료와 외부평가 보고서를 포함)을 평가하며, 내부 질 보증과 관련된 문제나 절차를 탐색하게 된다. 방문심사 직후에 심사팀은 주요 결과와 권장사항을 요약하고, 보고서 초안을 작성한다. 최종 공식 보고서는 심사팀이 그 대학에 갖는 신뢰수준을 진술한다. 만일 보고서에 긍정적인 신뢰의 진술이 담겨 있고 실행 권장 사항이 없다면, 평가단은 출판된 보고서에 공식적으로 서명하고, 고등교육평가원의 후속 조치는 별로 없게 된다. 그러나 신뢰의 진술문에 제한 조건이 있거나 시정해야 할 심각한 약점을 지적하는 권장사항이 있을 경우, 보고서는 출간되지만 후속 조처가 통보된다. 즉, 해당 대학의 시정계획 이행여부를 파악하기 위한 1년 후의 재방문 감사를 통보하게 된다. 결국 심사과정은 건전한 질 보증 및 향상 체제를 갖추었다는 점을 보일 수 있는 대학의 경우 별로 걱정거리가 안 될 것이다.

자신의 수업 실제에 대해서 생각하기

기관심사와 학사심사 과정이 교수님의 일에 어떤 영향을 미칠 것으로 봅니까?

5. 질 향상과 관리: 대학교수의 역할

모든 교수는 자기 자신이나 수강생들이 만족하도록 직무를 잘 수행하는 데 기본적으로 관심을 쏟고 있다. 그런데 이것을 '질 평가'와 연관된 기제 및 요구사항과 연계하기가 어려울 때가 많으나 교육의 질은 모든 교수의 책임이라고 볼 수 있고, 실제로 그렇게 보아야 한다.

각 대학은 앞에서 기술한 국가 차원의 의제에 따라 질과 수준의 공식적 관리를 위하여 적절한 방안을 마련해야 한다. 고등교육평가원과 법정 전문기구(PSBs, 의약/공학 분야)의 외부평가기준을 내부 질 관리의 틀로 활용하는 대학이 많다. 이는 여러 대학이 지향해야 할 초점이나 이정표가 될 수 있을 것이다.

대학에는 공식적인 위원회 조직이 있는데, 이는 부분적으로 외부평가를 하는 등 질 관리 및 감독 기능도 수행한다. 이때 대학생 피드백 질문지, 연도별 강의 평가, 입학 및 시험 통계

치 등 학문적 질과 관련된 자료 수집 및 조회를 위해(학적과, 수업과와 같은) 행정기구의 지원을 받을 때가 많다. 대학별로 위원회의 구조와 업무는 다르지만 적절한 시기에 적절한 방식으로 교육의 질에 관한 문제를 확인, 처리해야 한다는 점은 동일하다. 본부 보직자 중 한 사람(예, 전임 대학부총장)을 선정하여 교육의 질 확보와 학문적 수준 유지에 관한 확인 업무를 수행하도록 임무를 부여하기도 한다. 새로운 프로그램의 승인 및 정규 프로그램의 평가 시스템을 위한 장치도 분명하게 마련해야 한다. 질 보증의 기본 요소들 중 하나는 (대학생 · 교수 · 고용주들에게서) 피드백을 구하고 문제점을 파악하는 것이다.

더 나아가 더욱 세밀한 문제를 고려하고 관심사항이 신속하게 전달되도록 하기 위해, 교수진이나 학과 차원에서 공식적 장치를 가동하는 곳도 많다. 단적인 예로 (교수 · 학습 위원회와 같은) 위원회에 각 프로그램의 대표자를 참여시킬 수 있다. 이들 위원회는 조직의 전략, 정책, 제반 절차 등을 공표, 해석, 시행하는 업무, 교수단/학과 프로그램과 제반 절차를 감독, 심사하는 절차를 개발, 시행하는 업무, 심사 · 인증 · 감사 기구의 요구에 응하는 업무 등을 담당하게 된다. 교수-대학생 공동위원회도 이(혹은 프로그램) 수준에서 가동되는 위원회의 또 다른 예다.

교수 개개인이 질 보증에 주로 관여하는 일은 프로그램 수준에서 이루어진다. 강의를 담당하는 모든 교수는 제공하는 프로그램의 목적과 맥락을 이해하고 이에 헌신해야 하며, 대학생을 위해 '양질'의 학습경험을 구성해야 한다. 또한 프로그램 명세서, 단계, 표준척도 등을 활용하는 데 익숙하고 이를 제대로 이해할 필요가 있다. 더 나아가 수업을 담당하는 교수들은 공식적인 감독 · 심사 시스템을 통해서 행정적 절차(여기에는 평가 결과의 수집, 분석 혹은 강의 자료의 적시 배부 등과 관련된 일의 확인이 포함됨)를 포함하여, 모든 학습 관련 활동 및 학습 환경이 제대로 이루어지는가를 검토해야 한다. 대학생들에게 양질의 '학습경험'을 전달하기 위해서는 높은 수준의 수행능력과 이해가 필요하다. 이를 위해서는 대학의 교수-학습에 관한 공식적인 연수, 반성적 실천능력의 계발(제15장 참조), 그리고 수업에 대한 동료평가(제16장 참조) 등이 모두 도움을 줄 것이다.

자신의 수업 실제에 대해서 생각하기

교수님의 학과나 대학에서는 피드백 및 질 관리 시스템(예, 위원회 조직, 외부평가, 피드백 순환)이 어떻게 가동되고 있습니까?

각 대학은 교육의 질을 향상시키기 위한 내부 질 보증 절차 및 개발활동에 교수 개개인에 대한 평가를 포함할 수 있다. 이러한 평가는 대학생 피드백 질문지, 동료평가 시스템, 신규 교직원 연수 및 정기적 업적평가 등의 시스템으로 이루어지고 있다.

자신의 수업 실제에 대해서 생각하기

이 장을 읽으면서 교육의 질 유지, 향상에 대한 교수님의 책임을 어떻게 생각하셨습니까?

6. 결론 및 개요

교육의 질과 학문적 수준을 보증하고 향상시키는 일은 복잡하고 다면적인 활동으로 보일 수 있지만 그 중심에는 대학생과 교수 개개인이 있다. 그런데 '검열 대상으로서의 질'과 '향상으로서의 질' 간에 균형을 유지하기가 어려울 때도 많다. 대학교육은 주로 공적 자금으로 재원이 조달되고, 수업료를 납부하는 대학생들은 자신들의 학습 프로그램에 대해 막연한 기대를 갖는 경우가 많다. 새로운 질 의제는 대학교육이 더 투명해지고 책무성을 갖도록 하며, 학습 프로그램의 성과가 더 구체적으로 정의되도록 빈틈없이 설계되었다. 질에 관한 국가적 기구의 개념, 용어, 기대에 대한 인식이 필요하다. 수행능력 및 교수-학습 과정에 대한 이해의 증진도 또한 필요하다. 이 양자가 갖추어졌을 때 교수 개인이나 교수팀은 질 높은 대학교육 문화를 발전, 고양시키는 데 효과적으로 기여할 수 있을 것이다.

참고문헌

Bologna Declaration (1999). at: http://www.unige.ch.cre/activities/Bologna.

Harvey L., Burrows A., & Green D. (1992). *Criteria of Quality: Summary report of the QHE project*, University of Central Birmingham, Perry Barr, Birmingham.

Harvey, et al. (1997). *Student Satisfaction Manual*, University of Central Birmingham, Perry Barr, Birmingham.

Institute for Learning and Teaching in Higher Education: http://www.ilt.ac.uk.

Middlehurst, R. (1999). Quality and standards, in *A Handbook for Teaching and Learning in Higher Education*, 1st edn, H Fry, S Ketteridge and S Marshall, Kogan Page, London.

National Committee of Inquiry into Higher Education (1997). (Dearing Report) *Higher Education in the Learning Society*, NCIHE, HMSO, London (also to be found at: http://www.leeds.ac.uk/educol/ncihe).

Quality Assurance Agency (QAA) (October, 1999). Policy on programme specification, http://www.qaa.ac.uk/crntwork.

QAA (March, 2002). QAA external review process in Higher Education for England: operational description, http://www.qaa.ac.uk/crntwork/newmethod/fod.htm.

QAA (2002). Subject Benchmark in Medicine, http://www.qaa.ac.uk/crnwork/benchmark/phase2/medicine.pdf.

읽을거리

영국 대학교육 기금위원회의 웹사이트(http://www.hefce.ac.uk)에는 학문적 질과 수준에 관한 몇 가지 간행물이 올려져 있다.

교수–학습지원 네트워크(LTSN)의 총괄 센터는 대학이 고등교육평가원 정책을 효과적으로 활용하도록 지원하기 위해 웹상(http://www.ltsn.ac.uk/genericcentre/projects/ qaa)에 한 영역을 설정해 두고 있다.

고등교육평가원(QAA)의 홈페이지 주소는 http://www.qaa.ac.uk다.

실천 조항, 국가자격 요건, 교육적 심사 및 기관감사 핸드북을 포함한 최신 정보, 프로그램 명세서, 향상도 파일과 학과 표준척도 진술서는 다음의 홈페이지에 올려져 있다. (http://www.qaa.ac.uk/crntwork/currentwork.htm)

Southampton 대학교의 웹사이트(http://www.clt.soton.ac.uk/qah)에는 교수–학습 질 매뉴얼이 예시되어 있다.

제14장
수업평가는 어떻게 할 것인가

1. 서 론

영국에서 대학수업의 평가에 관한 첫 번째 책이 출간된 지 30년이 되었다. 이때만 해도 교수들은 수업평가가 학문적 자율성에 대한 모욕이고 부당한 학생들의 의견에 복종하는 처사라고 보고 부정적인 반응을 보였다. 그러나 요즈음에는 수업평가에 대해 못마땅해하는 경우는 거의 없다. 이제 수업평가는 책무성에 수반된 필수품일 뿐만 아니라 좋은 전문적 실천의 총화로 받아들여지고 있다. 이와 같은 현대적 관점에서 수업의 전문성이란 더 이상 경험의 산물로만 볼 수 없다. 성취도와 강점을 정확히 파악하고 개선의 여지가 있는 영역을 확인하기 위해 수업수행을 정기적으로 감독하지 않을 수 없다는 것이다.

평가의 필요성이 점차 받아들여지면서 방법론도 정교화되기 시작했다. 초기에 영국 대학의 수업평가는 표준화된 학생 평정 질문지를 일괄 시행해 왔던 미국의 방식에 큰 영향을 받았다(예, Flood Page, 1974). 그러나 주로 총괄적(summative) 목적에서 설계된 질문지를 도입했던 사람들조차 이를 그대로 수용하지는 않았다. 사실 위의 질문지는 서로 다른 교수들의 수업수행을 비교하는 데 사용될 수 있는 양적 자료를 제공한다. 따라서 교수의 계약, 정년 보장과 승진에 관한 의사결정에 외견상 객관적인 지표를 제공하자는 목적을 갖고 있었다. 이 때문에 수업은 협력적인 일이라는 입장을 견지하던 영국이나 호주에서 위의 수업평가는 대학교육의 체제에서 쉽게 채택될 수 없었다(Falk & Dow, 1971). 즉, 수업평가의 활용 목적은 판단보다는 발달이고, 따라서 표준화보다는 맥락화가 주 관심사였다(Hounsell & Day, 1991). 이를 위해서는 이 장에서 제시하는 바와 같이, 피드백 정보의 수집 및 분석을 중시하는 수업평가 방법을 광범위하게 개발할 필요가 있었다(예, Gibbs, Habeshaw, & Habeshaw, 1988; O'Neil & Pennington, 1992; Hounsell, Tait, & Day, 1997; Day, Grant, & Hounsell, 1998; Harvey, 1998).

자신의 수업 실제에 대해서 생각하기

학생에게서 피드백 정보를 수집, 분석하는 방법에 대해 대학이나 학과에 제안할 만한 권장사항 혹은 지침을 개진해 보시오.

2. 맥락과 초점

수업의 영향력과 효과성의 평가를 원하는 데는 여러 가지 이유가 있다. 신임교수들은 자신의 수업이 잘 진행되는지, 수업의 강점과 약점은 무엇인지, 자신의 수업이 동료교수들의 수업과 비교해서 어떠한지를 알고자 할 때가 많다. 경력이 많은 대학교수들도 신설된 강좌가 제대로 운용되는지에 대해 알고자 하며, 대학본부의 프로그램 관계자도 신입생들이 잘 적응하는가를 점검하고 싶어 한다. 사실 피드백을 받는 일은 다소간 정화적 기능을 갖기도 한다. 즉, 학생들이 어떤 '불만' 이나 '강좌에 대한 실제 생각' 을 토로하는 기회를 제공할 수 있다는 것이다. 그러나 피드백을 통한 수업평가는 내적 동인은 물론이고 외적 동인을 가질 수 있다. 예를 들어, 질 보증(quality assurance)이란 개념이 출현함에 따라 학과와 교수들은 피드백 정보를 활용하여 해당 교육과정이 목적한 대로 이행되고 있고, 합당한 수준을 성취하는지를 정례적으로 파악해야 한다. 2002~2003년에 영국에서 발효된 질 보증 검토과정(QAA, 2002)에는 학생들의 피드백 요약본을 '발달적 개입' 의 조사에 필요한 증거로 예시한 바 있다. 또한 수업의 질과 수준에 관한 Cooke 보고서(HEFCE, 2002)도 학생 만족도 조사결과가 기관 내에서 그리고 인터넷을 통해 쉽게 볼 수 있도록 공개할 것을 권장하였다. 이제 위와 같은 평가적 정보의 수집 및 공적 접근의 용이성은 해당 분야에서 점차 주목의 대상이 되고 있다(13장 참조).

이와 유사하게, 학습자들의 구성적 반응인 피드백을 찾아 일화적 증거로 제시하는 것은 대학교수의 전문성 계발 인증 프로그램의 필수요건이다. 또한 이들 증거가 승진 절차에서 수업 전문성을 예시하는 조건으로 채택되는 경우도 많다.

위와 같은 목적상의 차이는 원하는 피드백의 유형에 그대로 영향을 미치는 것 같다. 상위 직급 승진 요구에 적합한 피드백 증거의 유형(수월성을 예증해야 함)은 수습기간 종료시점에 있는 사람들에게 적용되는 피드백 증거(일정 수준 이상의 능력을 내보이는 데 주 관심이 있음)와는 현저하게 다르다. 이 같은 증거는 당연히 수업 포트폴리오(teaching portfolio)로 제시된다(제17장을 보시오). 일반적으로 외재적 목적을 위해 수집된 피드백 정보는 공식적인 요구조건을 충족해야 하지만, 자신의 개인적 목적을 위해 수집할 경우에는 피드백 유형이나 수집방법 면에서 더 광범위한 방식을 택하게 된다. 어떤 경우든 특정 상황에서 무엇이 가장 적합한 피드백인가의 문제를 세심하게 고려해야 한다. 예를 들어, 수업의 다양한 면모에 대한 전체 윤곽을 포착하려면 광각 렌즈와 같은 유형의 피드백이 필요할 것이다. 이때에는 강좌 설계와 구조, 교수-학습전략, 학업지도와 지원, 평가방법뿐만 아니라 이들 요소 간 상호관계 등의 문제가 망라될 수 있다. 그러나 우선적인 관심사가 컴퓨터 기반 학습이나 학습과제에 대한 코멘트의 양 및 질 등과 같이 구체적인 수업요소인 경우, 세부정보의 유형만을 상세하게 포함하면 된다.

위의 고려사항은 누구를 통해 그리고 어떻게 피드백 정보를 구할 것인가의 문제뿐만 아니라 언제 이 정보를 끌어낼 것인가(이는 자주 간과되고 있는 평가차원임)를 결정하는 데도 영향을 미친다. 단적인 예로, 학생들이 강좌 전체에 대한 경험이 있어야 효과적으로 코멘트 할 수 있다고 보고, 학기말까지 기다려 의견을 묻는 경우가 관례처럼 통용되고 있다. 그러나 이 방법을 적용할 경우, 학생들은 여러 달 이전에 이루어진 실제 수업이나 과제물을 정확하게 회상하기 어렵다. 또한 학생들이 제기한 문제점이나 관심사 중 그 어떤 것도 제때 유익하게

자신의 수업 실제에 대해서 생각하기

교수님께서는 수업 중 어느 시점에서 학생들의 피드백 정보를 수집하십니까? 이 피드백 시점이 학생들이 제기한 문제점에 응답할 수 있는 시간을 고려할 때 적절하다고 보십니까?

반영하지 못한다. 즉, 학생들의 피드백이 좋은 수업을 위해 활용되지 못할 뿐만 아니라 유익한 피드백 제공에 대한 학생들의 관심이 훼손되는 결과를 가져올 수 있다.

3. 피드백 유형

현재 대학교육에서 널리 받아들이는 피드백 유형은 다음과 같이 크게 세 가지로 구분된다.

- 학생에 의한 피드백(가장 일반적인 피드백 유형)
- 동료 교수에 의한 피드백(제17장)
- 자기 피드백(대학교수가 자신의 수업에 대해 재판관과 배심원의 역할을 맡을 수는 없다. 따라서 이 피드백은 반성과 성찰을 촉진한다는 목적을 갖고 있다)

위의 피드백 유형은 각각 특유의 장점과 제한점을 갖기 때문에 체계적이고 확고한 피드백이 되기 위해서는 최소한 두 가지, 그리고 가능하면 모든 유형을 활용하는 전략을 취하여야 한다. 예를 들어, 학생에 의한 피드백은 '학습자의 관점'에 직접 접근할 수 있는 기회를 제공한다. 사실 학습자는 설명의 명료성, 학습자료의 진도, 전산원이나 도서관 시설의 활용, 과제 제출기한의 설정, 쓰기 과제에 대한 피드백의 유용성 등의 문제와 관련하여 코멘트하는 데 적격자다. 학과의 동료 교수가 코멘트 하는 것이 더 적합한 사안도 있다. 예컨대, 강좌 목적·내용·구조의 적합성, 참조자료의 설계, 혹은 대안적인 형태의 과제와 시험의 구안 및 채점 등이 그것이다. 세 번째의 자기 피드백은 개개인의 일상적인 수업 실제·지각·반성에 토대를 둔 것으로, '좋은 점은 살리고', '실수는 재빨리 교정하는' 귀중한 기회를 만든다(Ramsden & Dodds, 1989: 54).

위의 세 가지 피드백 유형 이외에, 가용하지만 별로 활용되지 못하거나 부지불식간에 일어나는 네 번째 유형의 '부수적 피드백'이 있다. 이 피드백 자료는 일상적인 대학 수업 및 강좌의 운영 차원에서 쉽게 구할 수 있기 때문에 특정 조사기법을 활용할 필요는 없다. 출석 정도, 통과 여부나 수강변경 및 취소율, 성적이나 등급의 분포 패턴, 과제의 주제나 시험문제에 대한 학생들의 선택 양상, 외부 평가자의 보고 혹은 학문 분야별 평가 보고서 등이 그 예다. 이 피드백에는 교수-학습 상황에 대한 자연스러운 관찰 결과, 즉 강의의 경우 학생이 집중, 반응하는 정도, 피곤·산만·딴전을 보이는가의 여부, 설명할 때 교수를 응시하거나 피하는 정도 등이 포함될 수도 있다(Bligh, 1988; Brown, 1978).

자신의 수업 실제에 대해서 생각하기

교수님께서는 부수적 피드백을 어떻게 활용하십니까? 이 피드백을 자신의 반성적 연습을 위해 활용하고 있습니까?

4. 피드백 방법

'어떤 유형의 피드백을 구할 것인가.' 의 문제는 '피드백을 어떻게 찾아야 하는가.' 라는 질문과 밀접하게 연관되어 있다([그림 14-1] 참조). 피드백 유형과 방법의 조합은 피드백을 찾아 활용하는 대학교수들에게 풍요롭고 가용한 방법을 보일 수 있다.

학생에 의한 피드백을 구하는 질문지는 크게 두 가지 이유 때문에 가장 널리 활용된다(〈사례연구 14-1〉 참조). 첫째, 강좌 팀이나 교수 개인이 정기적으로 교체하여 올리고 있고, 교수-학습 관련 교육학 교재에 제시된(예, Hounsell, Tait, & Day, 1997) 기성 질문지가 많아 활용하기가 쉽다. 둘째로는 이 방법이 모든 학생에게 응답기회를 제공하고, 동시에 정량화된 자료를 얻을 수 있다는 큰 매력을 갖기 때문이나 위와 같은 장점이 문제를 야기할 수도 있

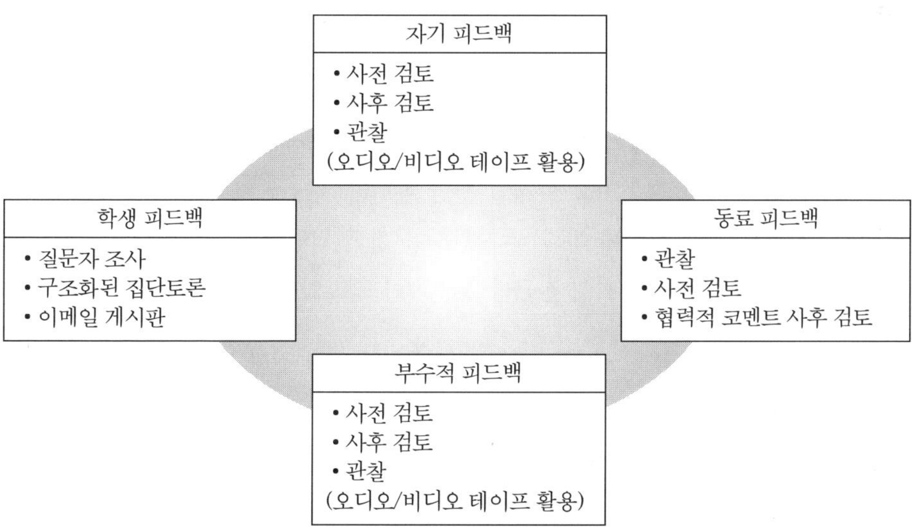

[그림 14-1] 피드백의 유형과 방법

〈사례연구 14-1〉 실습식 수업의 수업평가 질문지

학기말에 시행되는 다양한 수업평가 질문지를 구하기는 쉽다. 아래의 예는 에딘버러 대학교에서 실험·실습수업의 피드백을 받기 위해 사용한 질문지다.

아래의 문항은 여러분이 이 강좌에 참여하여 시행한 실습에 관한 진술문입니다. 각 문항에서 여러분의 생각과 일치하는 곳에 ✓를 표하시오.

	매우 그렇다	그렇다	보통이다	그렇지 않다	전혀 그렇지 않다
실습 내용					
• 주요 영역 및 아이디어를 모두 다루었다.	☐	☐	☐	☐	☐
• 강의내용과 잘 연계되었다.	☐	☐	☐	☐	☐
• 이론을 실제와 관련시키는 데 도움을 주었다.	☐	☐	☐	☐	☐
• 생동감 있고 지적 자극을 주었다.	☐	☐	☐	☐	☐
실습 시범자					
• 학생의 기대에 부응하였다.	☐	☐	☐	☐	☐
• 학생들이 어려움을 겪을 때 잘 도와주었다.	☐	☐	☐	☐	☐
• 학생 및 학생의 향상도에 관심을 보였다.	☐	☐	☐	☐	☐
학생					
• 실습 시간이 기다려진다.	☐	☐	☐	☐	☐
• 실습하는 일이 즐겁다.	☐	☐	☐	☐	☐
• 실습을 통해 많은 것을 배웠다.	☐	☐	☐	☐	☐

더 좋은 실습을 위한 코멘트를 아래에 적어 주십시오.

다. 대학에서 위의 질문지를 과도하고 무분별하게 활용한 결과, 학생 편에서는 '질문지 피로감'을 갖게 되고, 교수들 사이에서는 점차 질문지법의 약점을 경계하는 목소리가 커졌다. 그 결과 특출하고 적합한 질문지를 설계할 뿐만 아니라 자료를 체계적으로 처리, 분석하는 데 소요되는 시간과 전문성 등에 대해 많은 관심을 갖게 되었다. 다행스럽게도 학생 의견을 조사할 수 있는 여러 가지 대안적인 접근방법이 제안되고 있다.

- 간결하고 여유 있는 학생 코멘트 기회를 제공함으로써 질문지 피로감을 덜 수 있는 다양한 형식의 '즉석 1분' 질문지 활용
- 대학생집단의 생각과 반응을 구성적으로 교환, 수집할 수 있는 덜 공식적이고 개방적인 방식, 즉 구조화된 집단토론, 학생패널, 포커스 그룹의 활용
- 대학생들이 자신의 코멘트와 질문을 이메일로 공개할 수 있는 전자게시판의 활용

동료교수의 피드백을 받는 방법도 다양하다. 가장 널리 알려진 방법은 아마 직접관찰일 것 같다. 이는 동료교수가 강의 · 세미나 · 실습 시간에 '참여하여' 제3자로서 코멘트를 제공하는 방식이다(제16장 참조). 그러나 동료교수가 있을 때 신경이 쓰이거나 자유롭지 못한 경우, 즉 소집단 수업, 개별지도 혹은 개별면담 모임과 같은 상황도 있다. 이럴 때는 사전검토와 사후검토를 활용할 필요가 있다(Day, Grant, & Hounsell, 1998: 8-9). 여기에서 사전검토란 다가올 수업을 미리 생각하고 문제영역을 잠정적으로 예상하며, 최적의 대처방안을 탐색하는 기법이다. 한편 사후검토란 회고적으로 특정 수업장면을 생생하게 떠올리면서 성공적인 영역과 문제영역을 지적하는 기법이다. 위의 두 가지 기법은 모두 반성할 점과 탐색적 대안을 일러 주기 위해 동료교수를 대화자와 비판자로 활용하는 방법이다. 동료교수가 강좌의 교재나 수업자료를 비판적으로 검토하거나 학생의 글을 함께 채점하고 코멘트를 할 때도 위와 유사한 역할을 수행할 수 있다.

아무래도 시간에 쫓기는 동료교수들의 도움을 받는 일은 가끔 선택적으로만 이루어진다. 그러나 위와 동일한 여러 기법을 자기 피드백 자료수집에 적용할 수 있다. 비록 간접적이기는 하지만 비디오 녹화나 오디오 녹음을 통해 자신의 수업을 관찰하고, 동시에 각 개인별로 사전검토와 사후검토를 시도하는 것 또한 실행 가능한 선택사항이다. 특히 이때에는 체계적인 반성 및 자기평가용으로 만들어진 점검표를 활용하는 것이 좋다. 아래의 〈사례연구 14-2〉는 현장실습의 사후검토 때 사용 가능한 점검표다. 이 표는 사전검토, 사후검토, 직·간접적 관찰과 제16장에서 다룰 제반 고려사항을 이해하는 데 도움을 줄 것이다.

〈사례연구 14-2〉 현장실습 사후검토용 점검표

현장실습(fieldwork)은 직접관찰 혹은 수업을 통한 피드백을 받기가 어렵다. 이때 피드백을 구하는 가장 적합한 방법은 사후점검 기법을 활용하는 것이다. 이 방법을 그대로 다른 수업상황에 적용할 수도 있다. 예를 들면, 여러 시간 동안 진행되어 한 시간의 표본 관찰만으로는 유용한 피드백을 구하기 어려운 창의적 예술 분야의 일대일 활동에서 이 점검표는 유용하게 활용될 수 있을 것이다. 아래의 예는 에딘버러 대학교의 현장실습 사후 점검표다.

여러분의 생각과 가장 가까운 곳에 ✓를 표하시오.

나는 아래의 사항에 대해 얼마나 잘했는가?	잘 함	만족할 만함	잘하지 못함
학생들에게 필요한 자료, 지침, 장비 등이 갖추어졌는지 확인하였다.			
진행 중인 현장실습의 문제를 신속하게 처리하였다.			

설정된 모든 과제가 제때에 확실하게 완수되도록 노력하였다.			
전체 수업을 진도대로 수행하였다.			
학생들의 질문에 적절하게 대처하였다.			
학생들이 어려움을 겪을 때 잘 도와주었다.			
학생 개개인에게 반응을 보였다.			
학생들의 흥미가 유지되도록 노력하였다.			
일이 종결될 때마다 후속 과제를 간단히 설명하였다.			

5. 피드백의 분석과 해석

어떤 피드백 기법을 활용하든 분석과 해석을 해야 할 자료가 산출된다. 이때 미리 범주와 우선순위를 정한 양식에 피드백을 기재하도록 하거나(예, 구조화된 집단토론), 작성된 질문지상의 응답 자료를 광학판독기(OMR)로 읽은 다음 해당 기관에서 일괄 처리할 수도 있다. 최근에는 학생들이 인터넷상에서 선다형 질문에 응답하고 필요한 코멘트를 빈칸에 입력하게 하는 방법을 활용하고 있다. 위의 방식을 통해 여러 가지 유형의 보고서가 작성될 수 있다. 그러나 이들 보고서가 시간과 노력을 절약해 줄 가능성은 있지만 분석과 해석에 대한 첩경은 아니다. 왜냐하면 분석과 해석이 타인에게 위임될 수 있는 처리과정은 아니기 때문이다. 교수의 행위, 교수에 대한 학생들의 반응, 즉 피드백은 외부 관찰자나 별도의 평가자에 의해 접근될 수 있는 것보다는 '학생들의 의도와 지각 그리고 학생들이 가진 기초지식이나 가정에 비추어서만이' (Bligh, 1998: 166) 적절하게 이해할 수 있는 것이라는 입장을 취하는 사람들도 있다. 그렇다고 해서 이 같은 관점에 전적으로 찬성할 필요는 없다. 그러나 정확하게 말하면, 교수 이외에 어떤 사람도 피드백을 이해하는 데 직접적인 관심을 갖지 않고 교과지식과 수업목표, 피드백을 제공하는 학생의 흥미 · 포부 · 능력의 중요성을 제대로 가늠하지는 못할 것이다.

이와 대등하게, 타인의 도전을 허용한 피드백의 분석과 해석이 특유의 이점을 갖는 경우도 있다. 첫째, 달갑지 않은 피드백을 너무 쉽게 무시하거나, 다른 한편으로 칭찬을 줄곧 받아 온 수업방식에 가해진 덜 호의적인 코멘트를 고심하는 두 극단의 함정 사이에서 적절한 방향을 선택해야 할 때는 노련한 동료교수의 의견을 들어보는 것이 좋다. 둘째, 결과를 분석 및 해석할 경우 전문가의 도움이 필요할 때가 자주 있다. 특히 표준화된 학생 질문지를 사용하고, 여기에서 산출된 결과를 각 교수별로 비교할 때는 더더욱 그러하다. 런던 대학교 경제학부의 연구(Husbands, 1996, 1998)는 위에서 제기된 복잡한 문제를 다루고 있다. 셋째, 정보와 행위의 상호관계도 문제시된다. 긍정적인 피드백만으로 수업이 개선되는 것은 아니다(McKeachie, 1987). 수업의 개선은 대학교수들이 피드백을 받아들일 뿐만 아니라, 어떻게 강점을 최대한 살리고 약점의 보완에 역점을 둘 것인가를 전문가의 도움을 얻어 가며 탐색할 때 이루어질 가능성이 크다.

자신의 수업 실제에 대해서 생각하기

교수님의 소속 학과에서는 학생 질문지의 피드백 자료를 어떻게 활용합니까? 학생들에게 공개합니까? 교수들은 결과를 어떻게 분석, 검토하고 대처하십니까? 학생들의 반응에서 나타난 변화를 학생들에게 어떤 방법으로 알려 주십니까?

6. 피드백에 대한 대처

마지막으로 다루어야 할 중요한 한 가지 사항이 있다. 이는 전문가의 지원을 제공하는 교수학습센터나 교육개발센터를 이용하기가 쉽지 않을 경우 특히 중요하다. 우선 피드백에 대한 대처방법을 구안하기 위해서는 실제적인 제한점을 파악해야 한다. 피드백의 결과가 불명료하게 제시될 때도 있다. 이를테면 해결책을 찾기 위한 추가적인 조사가 필요하거나, 해당 쟁점이나 난점의 해석과 대응방안 마련을 위해서 다양한 방법을 검토할 필요가 있다고 제시되는 경우가 그 예다.

도움이 될 만한 두 가지 예를 들어 보자. 첫 번째 예는 강의에 대한 피드백에서 많은 대학생이 청취의 어려움을 경험했다고 지적한 경우다. 이 문제의 정확한 원인은 어디에 있는가? 강의실 음향효과의 문제인가, 많은 학생이 앞쪽에 앉지 않으려고 했기 때문인가, 아니면 교수가 말을 너무 적게 혹은 너무 빨리 했기 때문인가? 그렇다면 위의 문제에 적절하게 대처하는 방법은 무엇인가? 마이크와 스피커를 설치해야 하는가, 학생들을 앞쪽에 앉도록 권장해야 하는가, 교수의 발성과 말투를 바꾸어야 하는가, 아니면 학생들이 육성에 덜 의존하도록 유인물과 시청각 보조 자료를 더 많이 활용해야 하는가?

두 번째 예는 재정난 때문에 수업 집단규모를 키운 결과, 학생들이 토론에 대한 적극적 참여기회가 제한되었다고 불만을 토로한 경우다. 이 문제에 대처하는 첫 번째 방법으로 모든 학생이 매주보다는 격주로 출석하도록 시간표를 조정하여 수업 집단규모를 절반으로 줄일 수 있을 것이다. 두 번째 방법으로 수업 상호작용과 토론을 최대화할 수 있는 새로운 전략을 시도할 수도 있다. 세 번째로 학생들의 공부 자료에 대한 의존도를 높임으로써 수업에서 상호작용 기회가 늘어나도록 교수-학습전략을 변경해야 할지도 모른다.

위의 두 가지 예에서 살펴본 바와 같이, 수많은 교수-학습 상황의 피드백에 대한 명백하고 이상적인 하나의 대처방안은 없다. 오히려 여러 선택사항 중 적합하고 실행 가능한 한 가지 방안을 선택할 뿐이다. 자원상의 대처와 관련된 선택사항이 있는가 하면, 동료교수의 자문이 필요할 때도 있다. 앞서 제시한 두 번째 예와 같이, 염두에 두고 있는 다양한 선택사항을 대학생들에게 묻는 것이 최상의 해결책이 되는 경우도 있다.

7. 개 요

이 장에서는 수업평가 시 고려해야 할 주요 요인을 살펴보았다. 수업평가는 마구잡이식으로 전개되지 않는다. [그림 14-2]에 제시된 바와 같이, 전체적으로 보면, 수업평가는 사이클 내에 있는 일련의 연동된 단계를 모두 포함한다. 따라서 어떤 단계가 고려되지 않을 경우 역기능적 결과가 나타날 수 있다. 예를 들어, 초점과 목적의 명료화를 경시하면 쓸모없거

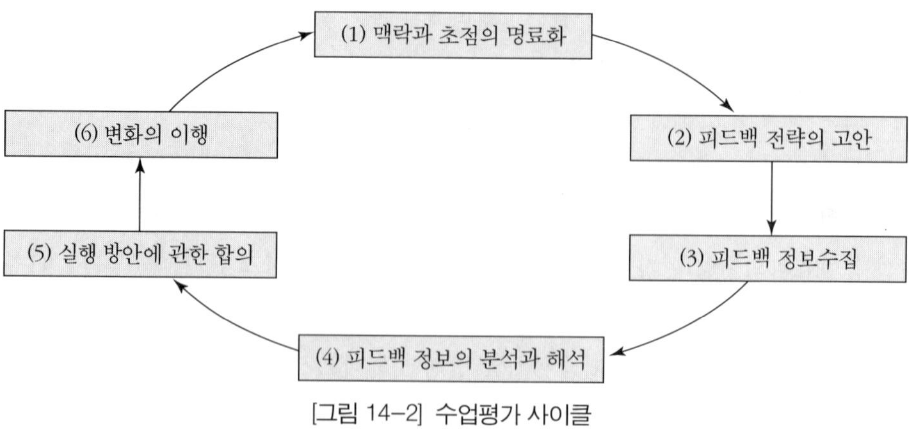

[그림 14-2] 수업평가 사이클

나 관련성이 적은 피드백이 산출된다. 한편, 합의된 실행 방안대로 변화를 이행해야 하는데도 이를 소홀히 하면 피드백을 제공하느라 수고한 사람들을 소외시킬 위험이 있다.

그러나 위의 평가 사이클을 곧이곧대로 따라야 할 대상으로 보아서는 안 된다. 대학교수가 일상의 모든 수업실제를 끊임없이 검토하는 일은 현실적으로 불가능하다. 또 필요한 시간 · 노력 · 전문성 자원을 충분히 고려하여 이에 딱 맞는 평가 전략의 실행안을 모두 만들 수도 없는 일이다. 효과적인 수업평가는 기법의 문제라기보다는 개인적 · 전문적 판단의 훈련을 요하는 일이다.

참고문헌

Bligh, D. (1998). *What's the Use of Lectures?*, 5th edn, Intellect, Exeter.

Brown, G. (1978). *Lecturing and Explaining*, Methuen, London.

Day, K., Grant, R., & Hounsell, D. (1998). *Reviewing your Teaching*, Edinburgh and Sheffield: University of Edinburgh, TLA Centre/ CVCP Universities' and Colleges' Staff Development Agency.

Elton, L. (1996). Criteria for teaching competence and teaching excellence in higher education, in *Evaluating Teacher Quality in Higher Education*, eds. Aylett & K. Gregory, Falmer, London.

Falk, B., & Dow, K. L. (1971). *The Assessment of University Teaching*, Society for Research into Higher Education, London.

Flood Page, C. (1974). *Student Evaluation of Teaching: The American experience*, Society for Research into Higher Education, London.

Gibbs, G., Habeshaw, S., & Habeshaw, T. (1988). *53 Interesting Ways to Appraise your Teaching*, Technical and Educational Services, Bristol.

Harvey, J. (ed.) (1998). *Evaluation Cookbook*, Learning Technology Dissemination Initiative, Heriot-Watt University, Edinburgh.

Higher Education Funding Council for England (HEFC) (2002). *Information on Quality and Standards in Higher Education*. Final report of the Task Group chaired by Sir Ron Cooke(HEFCE Report 02/15).

Hounsell, D. (1996). Documenting and assessing teaching excellence, in *Evaluating Teacher Quality in Higher Education*, eds. R. Aylett and K Gregory, Falmer, London.

Hounsell, D., & Day, K. (1991). Feedback, evaluation and quality in teaching in higher education, in *Managing the Higher Education Environment*, ed. M. Wright, Napier Polytechnic/EAIR, Edinburgh (proceedings of the 13th International Forum of the European Association for Institutional Research, Edinburgh, 1-4 September).

Hounsell, D., Tait, H., & Day, K. (1997). *Feedback on Courses and Programmes of Study*, University of Edinburgh, TLA Centre/Universities' and Colleges' Staff Development Agency/Institute for Higher Education Development in South Africa, Edinburgh, Sheffield and Johannesburg.

Husbands, C. T. (1996). Variations in students' evaluations of teachers' lecturing and small-group teaching: a study at the London School of Economics, *Studies in Higher Education, 21*(2), pp. 187-206.

Husbands, C. T. (1998). Implications for the assessment of the teaching competence of staff in higher education of some correlates of students' evaluations of different teaching styles, *Assessment and Evaluation in Higher Education, 23*(2), pp. 117-39.

McKeachie, W. J. (1987). Instructional evaluation: current issues and possible improvements, *Journal of Higher Education, 58*(3), pp. 344-50.

O'Neil, M., & Pennington, R. C. (1992). *Evaluating Teaching and Courses from an Active Learning Perspective*, Universities' and Collages' Staff Development Agency, Sheffield.

Quality Assurance Agency for Higher Education (QAA) (2002). *QAA External Review Process for Higher Education in England: Operational description*, 019 03/02.

Ramsden, P., & Dodds, A. (1989). *Improving Teaching and Courses: A guide to evaluation*, 2nd edn, University of Melbourne, Melbourne.

읽을거리

The following are practical guides, each approaching evaluation in a distinctive and contrasting way.

Day, K., Grant, R., & Hounsell, D. (1998). See above (http://www.tla.ed.ac.uk/ryt.html)

Gibbs, G., Habeshaw, S., & Habeshaw, T. (1988). See above One of two handbooks mentioned above that provide a range of practical examples of checklists, questions and pro-formas.

Harvey, J. (ed.) (1998). See above (http://www.icbl.hw.ac.uk/ltdi). Of particular interest to anyone wishing to evaluate the use of C&IT in university teaching.

제2부

교수-학습에 필요한 능력 개발

제15장

나의 수업을 실제로 어떻게 반성할 것인가

1. 서 론

우리는 자주 대학생들에게 반성(성찰)하는 습관이 바람직하다고 강조하면서 현실 혹은 실제에 대해서 반성하도록 권유한다. 반성 습관, 반성의 실천 등은 대학생뿐만 아니라 가르치는 능력을 계속 발전시켜야 할 교수들에게도 똑같이 적용해야 할 개념이다. 이 장은 교수들 특히 신임 교수들이 자신의 수업과 관련하여 반성의 실천을 어떻게 할 것인가에 초점을 맞추려고 한다.

2. 반 성

반성이라는 개념은 가치 있는 것이지만 그만큼 남용되기도 쉽다(Boud & Walker, 1998). 반성은 새로운 경험과 이해를 기존의 지식에 통합하거나 변형할 때 핵심 역할을 하며(제2장, 제10장 참조), 경험을 통한 학습의 핵심 부분으로 강조되고 있다(Kolb, 1984). 반성은 어쩌면 너무 수동적이고 '생각만 하고 실천은 못 하는' 활동으로 간주되기 쉽다. 그러나 실제로 반성은 대학생들이 적극 참여하고 능동적으로 활동할 때 가장 잘 통하는 개념이다. 가르치는 사람으로서 교수들은 대학생들이 반성할 수밖에 없는 상황을 만들려고 노력해야 한다. 이렇게 할 수 있는 전략으로서 교수들은 대학생들에게 질문이나 자기평가를 하게 하고(Boud, 1995), 일기나 일지를 쓰게 하며(Boud, Koegh, & Walker, 1985), 핵심사건분석 방법을 사용하고, 기존의 틀에서 벗어나 아이디어나 실제를 분석, 비판하게 하며, 이를 통해 기존 지식에 변화가 생기고 학습이 일어나게 된다. 또한 학습 도중에도 반성하는 습관을 길러 줌으로써 대학을 졸업하자마자 학습을 포기하는 일이 없도록 한다. 반성은 인지적, 정의적, 운동기능적, 대인관계 영역 등에서 모두 활용될 수 있다. 대학생들이 이론/개념 및 실제와 관련지어 새로운 스키마를 구성하는 과정에서도 반성은 도움을 줄 수 있다(제2장, 제10장 참조). 그 이외에도 이 장에서 논의할 것은, 대학생들을 가르치는 교수는 더욱 능동적, 목적적, 반성적 교육 실천가가 되어야 한다는 점이다. 반성하는 활동은 해석과 통합의 과정을 통해서 낮은 수준의 정보를 높은 수준의 지식으로 바꾸어 준다(Biggs, 1988: 190). 그러나 여러 전문성 개발 프로그램에서 강조되었던 반성의 실천이라는 개념은 너무 무비판적으로 적용되기도 하다가 1990년대 중·후반부터 공격을 받았다. 예컨대, 반성의 실천만이 전문성 개발 프로그램의 유일한 해결책인 것처럼 보았다는 지적이 있고(Harvey & Knight, 1996), 더 나아가서 반성의 실천은 도구주의의 의도를 은폐할 수도 있다는 지적도 있었다(Barnett, 1997). 이러한 다양한 비판은 타당한 것으로 생각되지만 이 글에서는 다만 비판적인 반성적 학습을 촉진하는 수단으로서 의식적인 반성의 실천이 갖고 있는 장점을 탐색하고자 한다.

3. 초보에서 전문가로

여러 전문직에서 초보자가 전문적 실천가로 발전하는 과정이 나타나며, 이를 분석한 연구가 있다(Eraut, 1994). 전문직에는 경찰, 간호사, 교사가 포함된다. 초보자에서 전문가로 발전하는 단계를 다음과 같이 독특하게 분류하기도 한다(Dreyfus, 1986).

- 1단계(초보 단계): 가르쳐 준 규칙에 집착하고 신중한 판단이 거의 없는 것이 특징이다.
- 2단계(발전된 초보자): 상황의 전체적 특징들을 고려하기는 하지만 모든 측면과 속성을 똑같이 중요한 것으로 취급하는 경향이 있다.
- 3단계(유능함): 활동을 장기적 목적의 일부분으로 고려하기 시작하며, 의식적이고 신중한 기획도 하고, 표준화된 일상적 절차도 수행할 수 있다.

- 4단계(능숙함): 상황들을 더욱 총체적으로 고려하고, 중요한 측면을 쉽게 파악하며, 의사결정을 쉽게 하며, 지침도 상황별로 다르게 해석할 수 있다.
- 5단계(전문가): 규칙이나 지침에만 의존하지 않고 심층적 이해를 하여, 상황을 직관적으로 파악하며, 무엇이 가능한지를 알고, 새로운 상황이나 문제가 발생할 때는 분석적으로 접근한다. 암묵적이고 무의식적 실천이 이 단계의 특징이다.

대학교육 경험이 많은 교수들의 경우, 전문가 수준에서 교육의 실제가 진행될 것이다. 이와 반면 신임 교수들(새로운 교육방법을 시도하는 교수들)의 경우, 교육의 실제는 전문가처럼 암묵적이고 거의 본능적인 상태에서 진행되지는 못할 것이다. 반성은 교수들에게 교육의 실제를 끊임없이 검토하고, 그것을 더욱 높은 수준으로 이끌어 가는 데 도움을 줄 것이다. 즉, 반성은 교육 실제의 유지와 개선을 촉진시킨다.

4. 반성적 교육 실천가가 되는 과정

'반성적 교육 실천가'가 된다는 것은 신임교원 연수과정에서 항상 언급하는 개념이다. 그러나 이와 연관된 다양한 구성 요소가 무엇인가 하는 점을 일반적으로 혹은 구체적 활동과 관련하여 분석한 연구가 거의 없다.

우리가 전문적 교육 실천가로서 우리의 실제 활동이 지속적으로 개선되기를 바랄 경우, 우리는 '무의식적 반성가'가 될 수 있을 것이다. 무의식적 반성가란 대학교수들이 자신의 특수한 전공 영역에서 학문적으로 도달한 상태를 가리킨다. 즉, 교수들이 새로운 지식과 이해에 끊임없이 접근, 도전, 혁신, 창조, 통합하고 있음을 가리킨다.

대학교수들은 어떻게 가르치는가? 교수들의 수업은 대학생들의 학습을 위해 어떤 의미를 갖는가? 어떻게 해야 교수는 수업에 이어 적절한 평가를 할 수 있는가? 주어진 상황에서(시간과 자원의 한계 내에서) 가장 적절한 수업 방법을 선택할 수 있는 길은 무엇인가? 이런 사항을 어떻게 하면 더욱 잘 인식할 수 있는가? 이 장의 나머지 부분에서는 '반성적 교육 실천가'가 되는 길에 도움을 줄 몇 가지 접근 방법을 제시하려 한다.

대학교수들이 하는 일을 전반적으로 살펴보면, '반성적 실천'은 다음의 세 가지 활동에서 지속적으로 일어나고 있다. 반성적 실천은 첫째, 개별적인 교수-학습 활동 과정에서, 둘째, 하나의 강좌가 종료될 때, 셋째, 하나의 프로그램이 종료될 때 지속적으로 일어난다(포트폴리오에서 반성의 활용 방안에 대해서는 제17장 참조). '초보자'에서 '전문가'로 전환하기 위해서, 반성적 교육실천은 모종의 행동으로 연결되어야 한다(Kolb, 1984; Freire, 1985). 이 개념은 곧 논의될 것이다.

1) 개별 교수-학습 활동

앞에서 초보자/전문가를 구분하였다. 초보자, 즉 신임 교수나 새로운 과목을 가르칠 교수들에게 개별 교수-학습 활동은 중요하다. 즉, 그것은 반성적 실천에 필요한 기능을 개발하는 좋은 기회가 될 것이다. 예컨대, 강의를 하고 말 것이 아니라 그 강의의 성공 여부를 살펴볼 수 있다. 여기서 강의 속도의 조절이나 학생 참여도의 측정과 같은 점에 관심을 쏟을 수 있다. 만일 '나의 강의 속도가 너무 빠른 것 같았다.'라는 결론에 이르면, 이것은 자신의 강의를 단순히 생각만 하는 차원을 넘어선다(Jarvis, Holford, & Griffin, 1998). 이는 사고의 과정이라기보다는 반성적 실천으로 보아야 한다. 교수들이 실천을 반복하고 강의의 여러 측면에 주목하다 보면, 초보인 1단계에서 전문가인 5단계로 발전해 가는 데 도움을 받을 것이다. 또한 교수가 수업이라는 실천활동에 대한 반성에서 수업이라는 실천활동 속의 반성으로 옮아가는 데 도움을 받을 것이다(Schon, 1987).

2) 강좌의 종료

한 강좌가 끝날 무렵 교수들은 수업 실제를 반성할 기회를 갖게 된다. 즉, 각 대학생들의 학습활동에서 나온 피드백들을 가늠할 기회가 생긴다. 수업 실제에 대한 반성을 반복하고 나면 교수들이 학생 설문조사, 강좌 평가, 교수-학생 위원회나 수강학생 대표에게서 나온 피드백을 균형 있고 의미 있게 분석하는 데 도움을 받을 것이다. 예를 들어, 다른 모든 방법(제14장 참조)을 무시하고 학생 설문조사 결과만을 양적으로 분석할 것인지, 아니면 다양한 학습요구나 학습양식과 같은 요인들도 고려할 것인가? 수업에 대한 평가를 단순히 학생들의 양적 반응만을 중심으로 반성할 것인가 혹은 대학생들의 학습을 도와줄 사항들에 대해서 진단하는 식으로 반성할 것인가? 반성을 통해서 경험은 지식으로 전환될 수 있다. 실제에 대한 반성은 교수들뿐만 아니라 해당 학과의 교수-학습 활동에 관여하는 사람들이 초보자에서 전문가로 발전하는 데 도움이 될 것이다(Brown & McCartney, 1999).

3) 프로그램의 종료

교수들은 수업, 학습, 프로그램 평가뿐만 아니라 그 밖의 다양한 활동에도 반성을 할 것이다. 교수들은 이러한 과정을 반복하면서 수업활동에 '관해서' 반성하고, 수업활동을 '위해서' 반성하는 기능뿐만 아니라 수업활동 '중에' 반성하는 능력을 반드시 얻게 된다. 수업활동 중에 반성하고, 반성에 따라 자신의 행동을 조절하고 변화시키는 능력이야말로 전문가와 초보자의 차이점이다. 이것이 바로 Schon(1983)이 전문가의 특징이라고 지적한 것이다. 전문가들은 현장에서 생각하고 특이한 상황에 잘 대응하며, 새로운 기능을 발휘할 능력을 갖고 있다. 반성은 주로 인지적, 정의적 과정이지만(Boud & Walker, 1998), 수업활동 '중'의 반성에서는 사회적 · 환경적 · 기술적 · 정치적 요소들도 고려해야 한다.

4) 반성적 실천의 기록과 활용

대학생들이 반성을 기록할 때 가장 널리 사용하는 방법이 '학습 일지'나 일기다. 물론 단순히 기록하는 것만으로는 충분치 않다. 왜냐하면 반성이 미래의 행동이나 활동을 위해 정보를 주지 못한다면 그것은 무의미하기 때문이다. 따라서 수업 · 학습 활동이 끝날 즈음에, 교수들은 '다음 시간에는 ~을 해야겠다.' 라고 기록할 수 있다. 이러한 일지는 교수들이 다음 수업활동을 기획할 때 유익한 비망록이 된다. 즉, 나중의 수업활동을 개선할 때 주의해야 할 세부사항을 알려 줄 것이다.

5. 수업의 몇 가지 개념

연구결과(Margaret Balla, Gloria Dall' Alba, Elaine Martin, & John Biggs)를 종합해 보면 '대학교수의 수업이론'을 유형화할 수 있다(Ramsden, 1996: 111-119). 물론 다른 여러 유형이 제시되기도 했지만(제22장), 크게 다음의 세 가지 이론으로 나눌 수 있다(수업의 모든 측면을 어느 한 가지 이론에 다 포함될 수 있는 것은 아니다. 세 가지 이론은 '이념형' 일 뿐이다).

- 이론 1: 수업은 말하는 일 또는 전달이다.
- 이론 2: 수업은 학생의 활동을 조직화하는 일이다.
- 이론 3: 수업은 학습이 일어날 수 있게 하는 활동이다.

자신의 수업 실제에 대해서 생각하기

교수님이 전공하는 학문 분야에서 수업이란 무엇을 의미합니까? 그것을 다섯 가지로 적어 보시오. 이 다섯 가지는 위에서 말한 세 이론 중 어느 것에 속합니까? 교수님이 갖고 있는 수업 개념, 즉 다섯 가지 의미가 가리키는 수업 개념은 위에서 말한 세 이론 중 어느 것과 가장 가깝습니까?

1) 수업양식과 학습양식

경험이 많은 교수들은 대학생들이 성공적인 성과를 낳을 수 있도록 자신의 수업활동을 조정할 수 있다. 성공적 학습에 기여하는 요인들이 무엇인가? 이것을 이해하기 위해서는 먼저 교수 자신이 어떤 수업관이나 수업 양식을 가졌는지를 알아야 한다.

교수가 수업 중에 실제로 가르치는 행동들을 살펴보면 그가 어떤 수업양식 혹은 어떤 수업 유형에 속하는지를 알 수 있다. 이런 관점에서 연구를 시도한 것이 몇 가지 있다(예, Butler, 1987; Entwistle, 1988). 이 연구결과는 교수가 자신의 수업이 어떤 유형, 양식에 속하는지를 알 때 매우 유용하다. 물론 교수가 어느 한 가지 수업 유형에 속하더라도 반드시 그 유형에 속한 행동만을 보여 주는 것은 아니다.

교수들이 여러 수업 유형의 특징을 더 많이 알수록 대학생들의 효과적 학습을 지원하는 일도 더 효과적일 수 있다. 대학 교수들은 일련의 과제를 수행한다. 예를 들면, 특정 시간 내에 과제물을 검토하고 되돌려 준다(〈수업양식 2〉 참조), 지도교수, 강좌 담당교수, 출제위원회, 상담자나 목회자, 대학생 등이 서로 긍정적인 의사소통 관계를 유지하게 한다(〈수업양식 3〉 참조), 대학생들이 숙제나 시험 준비를 잘 하도록 한다(〈수업양식 4〉 참조), 대학생 집단의 여러 요구를 충족시키기 위해 다양한 수업전략을 개발한다(〈수업양식 1〉 참조). 수행 과제가 어떤 것이냐에 따라서 접근방식이 달라질 필요가 있으므로 교수들의 유연한 대응은 그만큼 효과적일 수 있을 것이다. 이러한 유연성은 대학생들에게도 필요하다.

교수들이 자신의 수업활동을 반성할 수 있는 한 가지 방법이 있다. 그것은 '나의 활동이 여러 대학생에게 어떤 의미를 갖고 어떤 효과를 낳을 수 있는가.' 하고 생각하는 것이다. 이것은 대학생들의 학습양식과 관련지어 생각하는 것이 좋다. 왜냐하면 대학생들의 학습 실패는 동기유발이나 선행학습과 연관된 문제로 생길 수도 있지만 교수의 수업양식과 학생의 학습양식 간의 부조화 때문에 생길 수도 있기 때문이다(Butler, 1987).

자신의 수업 실제에 대해서 생각하기

지난 학기의 수업에서 교수님은 어떤 수업전략(예, 역할학습, 소집단 학습, 시범을 통한 기능 학습, 강의)을 사용했습니까? 이 수업전략 중 어떤 것이 가장 편안하게 느껴집니까? 그 수업전략은 교수님의 수업관에 일치합니까? 그것은 네 가지 수업양식 중 어느 것과 가장 가깝습니까?

〈표 15-1〉 네 가지 수업양식과 행동 특징

수업양식 1: 나는~	수업양식 2: 나는~
• 대학생들이 기존의 지식을 넘어서도록 도전하게 하는가. • 대학생들의 독창성을 높이 사는가. • 새로운 자원과 활동을 통해 대학생들의 창의성을 촉진시키려 하는가. • '자극이 풍부한' 환경을 제공하는가. • 표준화된 구조나 형식에 얽매이지 않고 중대한 아이디어를 다루는가 • 개방형 과제를 부과하는가.	• 실천적 학습을 강조하는가. • 상세한 지시사항과 함께 구조화된 과제를 제공하는가. • 정확하고 정리된 형태나 성과를 장려하는가. • 사진이나 복사물을 이용하여 창의성을 촉진시키는가. • 상세하게 내용을 다루는가. • 분명한 과제를 부과하는가. • 정시에 수업을 끝내는가.
수업양식 3: 나는~	**수업양식 4: 나는~**
• 대학생의 개인적 표현과 상상을 격려하는가. • 칭찬을 많이 하는가. • 변화와 다양성을 좋아하하는가. • 협동적 과제를 촉진하는가. • 비구조화된, 친숙한 환경을 만드는가. • 예술적, 미적, 문학적 매체를 포함하는가. • 다양한 매체를 이용하여 학습내용을 개발하는가.	• 아이디어, 개념, 이론을 강조하는가. • 아이디어를 분석하고 평가하는가. • 학생이 지식은행을 갖기를 원하는가. • 일관되고 신뢰성 있는 규칙과 절차를 따르는가. • 주의가 산만해지는 것을 싫어하는가. • 논리적 사고에 의존하는가. • 아이디어의 상상이나 프로그램의 조직에 시간을 투자하는가.

출처: Entwistle, 1988.

2) 학습양식

대학생들의 학습양식과 각각의 행동특징을 이해하는 것은 교수들이 분석하고 반성하는 데 유익한 도구가 될 것이다. 대학생의 특성을 관찰하고 분석해 보면 학습양식을 파악할 수 있다(제2장 참조). 각 학습자가 학습상황에 접근하는 방식에는 특징이 있는데, 그것은 개인의 인지과정과 성격의 특성에서 오는 것이다. 학습에 접근하는 양식에 영향을 미치는 대학생의 성격과 그의 사고를 조직화하는 방식 등은 근본적으로 다르다는 주장도 있다(Briggs Myers, 1987).

학습양식의 이론가들마다 학습 특성을 기술할 때 서로 다른 용어를 사용한다. 그러나 학습 집단을 두루 살펴볼 때 정도의 차이는 있겠지만, 대체로 네 가지 형태의 학습양식이 대표적으로 나타난다는 점에서 서로 동일하다. 이 네 가지 학습양식의 특징은 〈표 15-2〉에 들어 있다.

어떤 학습양식(또는 수업양식)이 다른 것보다 우월하거나 열등하다고 판단할 수 있는 것은 아니다. 바꾸어 말하면 각각의 학습자에게 타당한 학습양식이 따로 있다. 일반적으로 학습자들은 두 개 이상의 학습양식에 속하는 특성을 갖고 있다. 그러나 학습자 자신의 '지배적'

〈표 15-2〉 네 가지 학습양식과 특성

학습양식 A	학습양식 B
• 혼자서 학습을 잘한다. • 효과적으로 학습계획을 수립한다. • 완료기한을 잘 맞춘다. • 지시사항을 주의 깊게 읽는다. • 개방적 과제에 세심하게 주의를 기울인다. • 노트필기를 잘한다. • 다른 여러 가지 학습방법을 싫어한다. • 세부사항에 집착하다 '큰 그림'을 놓칠 수 있다. • 다른 사람과 함께 언제나 공부를 잘 하는 것은 아니다.	• 자료를 잘 조직한다. • 문제 해결하는 것을 즐긴다. • 종이 위에서 문제를 잘 해결한다. • 꼼꼼하고 완전하다. • 아이디어들을 잘 연결한다. • 공부를 시작하기 전에 너무나 많은 정보를 요구할 수 있다. • 지나치게 조심스러울 수도 있다. • 반드시 창의적 사고가인 것은 아니다. • 공식적인 강의를 해 주었을 때 학습을 잘 한다.
학습양식 C	**학습양식 D**
• 창의적 해결책을 내놓을 수 있다. • 세세한 것은 무시하기도 하지만 전체 그림을 볼 수 있다. • 자주 새로운 질문들을 정확히 제기한다. • 아이디어들에 무비판적일 수 있다. • 범주화하는 것이 어렵다는 것을 알게 된다. • 폭발적인 에너지로 공부를 한다. • 쉽게 주의가 산만해진다. • 비디오, 음악과 같이 반응을 유발하는 다양한 매체에 반응한다.	• 새로운 아이디어를 시도하려 한다. • 통찰력이 있다. 언제나 '왜'라는 설명을 할 수 있는 것은 아니다. • 다양성과 변화를 즐긴다. • 대충 읽는 것을 좋아한다. • 미리 계획을 세우려는 경향은 없다. • 마지막 순간까지 일을 미룰 수 있다. • 세세한 것에 항상 주의를 기울이는 것은 아니다. • 시간 활용을 조직적으로 하는 일에 한계가 있을 수 있다. • 확산적 사고를 한다.

학습양식에 맞은 방식으로 수업이 이루어질 때 가장 편안함을 느낀다고 한다. 예를 들어, 학습양식 'C'의 특성을 강하게 갖고 있는 대학생은 다양한 수업전략을 사용하는 교수의 수업에서는 비교적 잘 따라갈 수 있지만 순전히 강의식 수업만 하는 경우에는 잘 따라가지 못할 것이다. 대학생들에게 각각 타당한 학습양식이 따로 있겠지만, 자신이 좋아하는 학습양식과 별로 맞지 않는 상황, 교수, 과제 등을 만날 수도 있다. 어떤 과제는 너무 어려워서 교수에게서 개별적인 도움을 따로 받아야 할 경우도 생길 것이다. 가령 세세한 부분까지 주의를 기울여 읽어야 할 과제가 있을 경우, 평상시에 대충 대충 읽는 대학생들은 텍스트를 작은 부분으로 나누도록 지도받을 필요가 있다. 즉, 작은 부분에 해당되는 질문을 구조화하여 제공해 줄 필요가 있을 것이다.

3) 유의 사항

학습양식은 학습과정에 영향을 미치는 한정된 중요한 변인만을 다룬다. 대학생들은 이외에도 다른 특성들도 많이 갖고 있어 이것들이 그들의 학습경험에 영향을 미치기도 한다. 이 특성들을 예로 들면, 기존의 내용 지식, 능력, 기능과 사회경제적 지위, 성별, 인종, 언어 등의 개인적 배경 및 학습동기 등이다(제5장과 제10장). 대학생들을 고정관념으로 파악하거나, 학습에 대해서 일시적/지속적으로 영향을 주는 다른 요인들을 무시하거나, 자기충족적 예언을 하거나 하는 일에 학습양식이라는 개념을 사용한다면 이는 아무런 도움도 되지 못할 것이다.

학습양식은 대학생들이 부딪치는 문제들을 교수들이 종합적으로 이해하고, 이를 지원할 적절한 수업전략을 찾는 데 도움을 줄 수 있다. 교수는 주로 두 가지 방향에서 학습양식에 대응할 계획을 세울 수 있다. 한 가지는 다양한 학습양식을 포용할 수 있도록 대학생들과 접촉할 시간을 갖는 것이다. 다른 하나는 〈사례연구 15-1〉에서 개관한 것처럼 수업이 모든 학습양식을 포함하도록 만드는 것이다.

효과적인 교수-학습을 촉진하기 위해서 여러 가지 수업전략이 필요하다. 그러나 어떤 전략은 어느 교수에게 불편할 수 있다. 그러나 수업활동에 대해 반성하고 수업을 수정하며 학습양식들을 고려하는 일이야말로 교수가 일련의 수업전략을 개발, 실천하는 데 도움을 줄 수 있다.

〈사례연구 15-1〉 학부 강좌: 문화적 다양성의 사회를 위한 교육

1학년과 2학년에게 제공되는, 교육학과의 이 강좌는 아홉 주에 매주 두 시간의 수업으로 진행된다. 교직에 진출하지 않을 수도 있는 10명 내지 16명의 대학생으로 구성된 집단이다. 9주 동안 여러 가지 학습양식들을 다양하게 다룬다.

수행된 교수-학습 활동	다루어진 학습양식
• 세미나 준비 – 도서관 자료를 활용하고 지정도서 읽기 등 개인적으로 공부하는 것을 포함함	A, B
• 강의	A, B
• 대학생들이 자리에서 일어나 강의실을 돌아다니면서 공부하게 함	D, C
• 선정된 교재의 핵심 이론을 분석, 확인함	B, A
• 비디오, 시집, 문학작품, 전기 등 개인 증언 활용	C, D, A
• 해당 과목에서 선정된 주제에 대한 프레젠테이션 준비	A, B, C, D
• 단서 목록과 관점을 제시하는 역할 카드를 활용하여(문제해결 과제의 일부분으로) 보고된 사건을 분석하기	D, C, B
• 문화다원주의 이론의 관점에서 국가교육과정을 검토하기	B, A
• 협력에 초점을 두면서 한 과제에 대한 소집단 활동을 한 후 결과를 전체 집단에게 전달하게 함	A, B, C
• 분석의 핵심을 부각시키는 질문을 개발하면서 사진, 문자정보, 비디오를 활용함	C, D, A

그 밖에 대학생들은 주제를 골라서 5,000단어의 논술문을 쓴다. 특히 아이디어와 이론을 분석하고, 관련 자료를 폭넓게 읽고, 이들을 서로 연결시키도록 한다.

6. 개 요

이 장에서 교수가 효과적인 반성적 교육실천가가 되는 데 도움을 줄 요인들을 살펴보았다. 효과적인 교수는 '학습내용을 전달하는' 관점보다는 '학습자에게 수업이 어떤 영향을 미칠 것인가.' 를 고려하는 관점에서 자신의 수업을 반성하고 수업 기술을 발전시키고 또 수

업을 생각하는 사람일 것이다. 대학교육에서 효과적 수업의 여섯 가지 핵심 원리가 있다(Ramsden, 1992: 96-102). 후속연구를 통해 이 원리들은 더 체계화되기도 했지만 이 목록은 기본적으로 동일하다.

- 수업시간을 재미있게 만들고 분명하게 설명하자.
- 대학생과 그들의 학습에 대해 관심과 존중을 보이자.
- 적절한 평가와 피드백을 주자.
- 분명한 목표와 지적 도전감을 제시하자.
- 대학생의 독립성, 자기 통제력, 능동적 참여를 보장해 주자.
- 대학생들에게서 배우자.

이러한 모든 원리가 반성적 실천가에게는 분명히 중요하다. 그러나 더 추가할 점은 교수가 자신의 수업관을 솔직하게 파악하는 일이다. 수업양식과 학습양식에 관심을 가지면, 수업 담당자인 교수는 자신의 수업 개념을 해체하고, 교수와 대학생 모두를 위해 가장 적합하고 효과적인 교수-학습 전략을 반성적으로 생각하는 데 도움을 얻을 것이다.

참고문헌

Barnett, R. (1997). *Higher Education: A critical business*, SRHE/Open University Press, Buckingham.

Biggs, J. (1988). Approaches to Learning and to Essay Writing, in *Learning Strategies and Learning Styles*, ed. R. Schmeck, Plenum Press, London.

Boud, D. (1995). *Enhancing Learning through Self-Assessment*, Kogan Page, London

Boud, D., Keogh, R., & Walker, D. (eds.) (1985). *Reflection: Turning experience into learning*, Kogan Page, London.

Boud, D., & Walker D. (1998). Promoting Reflection in Professional Courses: the Challenge of Context, *Studies in Higher Education*, *23*(2), pp. 191-206.

Briggs Myers, I. (1987) *Introduction to Type: A description of the theory and application of the Myers-Briggs Type Indicator*, Consulting Psychologists Press, Palo Alto, California.

Brown, R., & McCartney, S. (1999). Multiple mirrors: reflecting on reflections, in *Developing the Capable Practitioner*, eds. D. O'Reilly, L. Cunningham & S. Lester, Kogan Page, London.

Butler, K. (1987). *Learning and Teaching Style in Theory and Practice*, The Learner's Dimension, Columbia, Connecticut.

Dreyfus, H., & Dreyfus, S. (1986). *Mind over Machine: The power of human intuition and expertise in the era of the computer*, Basil Blackwell, Oxford.

Entwistle, N. (1988). *Styles of Learning and Teaching*, David Fulton Publishers, London.

Eraut, M. (1994). *Developing Professional Knowledge and Competence*, Falmer, London.

Freire, P. (1985). *The Politics of Education*, Macmillan, London.

Harvey, L., & Knight, P. (1996). *Transforming Higher Education*, SRHE/Open University Press, Buckingham.

Jarvis, P., Holford, J., & Griffin, C. (1998). *The Theory and Practice of Learning*, Kogan Page, London.

Kolb, D. A. (1984). *Experiential Learning*, Prentice-Hall, Englewood Cliffs, New Jersey.

Ramsden, P. (1992). *Learning to Teach in Higher Education*, Routledge, London.

Schon, D. (1983). *The Reflective Practitioner*. Jossey-Bass, San Francisco.

Schon D. (1987). *Educating the Reflective Practitioner*. Jossey-Bass, San Francisco.

읽을거리

Brookfield, S. (1995). *Becoming a Critically Reflective Teacher*, Jossey-Bass, San Francisco. Written specifically for teachers in higher education. Guides readers through many processes for becoming critically reflective about teaching.

Eraut, M. (1994). See above. Most useful in exploring the nature of professional knowledge and theories of professional expertise.

O'Reilly, D., Cunningham, L., & Lester, S. (1999). *Developing the Capable Practitioner*, Kogan Page, London. The focus of this book is on developing the capable practitioner, with one of its five sections devoted to the reflective practitioner.

Schon, D. (1987). See above. A must for any professional taking reflective practice seriously. Focuses particularly on reflection-in-action.

제16장

대학교육에서 수업 관찰의 가치는 무엇인가

1. 서 론

수업 관찰은 교수-학습의 질을 향상시키기 위한 중요한 수단이다. 수업 관찰(observation of teaching)은 오늘날 영국의 대학교육에서는 보편적인 일이 되었으나, 1990년대 초반만 해도 그러지는 않았다. 수업 관찰은 초중등 교사 양성 과정에서만 하는 일이라고 간주해 왔지만, 지금의 대학 현실은 크게 변했다. 여러 대학에서 수업 관찰의 가치를 인식하게 되었다. 직접적인 수업 관찰이 하나의 제도로 자리 잡게 된 계기는 수업 질 평가(QAA 학과 평가) 방법론 때문이었다. 이 일이 동일한 형태로 진행된 것은 아니었지만 점차적으로 정착되기 시작하였다. 대다수 대학은 수업의 질을 확보하기 위한 한 가지 수단으로 수업 관찰을 수용하고 있다. 많은 대학교수는 오늘날 자신의 전문성 개발의 핵심 부분으로 직접적인 수업 관찰을 받아들이고, 스스로 수업 관찰자가 되거나 수업관찰의 대상자가 되는 것을 가치 있게 여기고 있다. 이와 같이 수업 관찰이 점진적으로 수용됨에 따라 종전에는 금기시되었던 동료 교수의 수업 관찰이라는 일도 이제는 가능하게 되었다. 교수들이 수업관찰에 대해서 일단 관심을 가지면 수업 관찰에는 어떤 접근방법과 모형이 있는가를 알고 싶어 한다. 이 경우에 도움을 줄 논문 모음집(Brown, Jones, & Rawnsley, 1993)이 있다.

수업관찰은 신임교수와 중견교수들의 전문성 개발 프로그램의 필수 요소다. 학과 내에서도 동료 관찰은 점차 널리 퍼지고 있다. 수업관찰의 목적은 실제 수업이 효과성을 높이도록 개발, 향상시키는 것이고, 또 다른 교수들과 반성을 공유한다든가, 현장 연구를 통해 지속적 개발의 발판을 마련하기 위한 것이다.

영국 교수-학습 지원네트워크 총괄센터(www.ltsn.ac.uk/genericcentre/projects/peer-ob/)는 이제까지의 수업관찰 경험들을 모아 광범위한 웹기반 자료를 구축하였고 미래의 방향도 탐색하고 있다.

2. 합리적 근거

대학교수라면 누구나 자신의 의무가 되는 일에서 유능하려고 노력할 것이다. 그러나 수업의 모든 측면에서 유능하려면 어떻게 해야 하는가는 그리 분명하지 않다. 교수들이 수업에 대한 접근방식을 탐색, 개발할 때 자신의 연구논문 발표 경험을 상기하고 싶을 때가 있다. 그러나 교수가 자신의 논문 발표 경험을 따른다면 강의가 너무 빨라지고 아주 몰개성적인 강의가 될 위험이 크다. 또 신임 교수들은 이전 경험, 즉 자신이 배웠던 방식에 의존하려고 한다. 물론 어떤 교수이건 간에 수업을 재미있고 유익하게 했던, 따라서 본받고 싶은 인상적인 원로 교수들에 대한 기억이 있을 것이다. 그러나 그런 교수들의 수업에 어떤 매력적 요소가 들어 있었는가를 확인하기 위해 그 분들의 수업을 분석적으로 검토, 반성하는 일까지는 신경을 쓰지 못하고 있다.

3. 수업관찰의 이점

관찰의 과정은 관찰자와 관찰 대상자에게 모두 유익한 일이다. 관찰 과정을 통해서 교수들은 학생들의 실제 행동을 보고 분석할 수 있는 희귀한 기회를 갖게 된다. 신임교수 연수과정에 참여한 교수들은 수업관찰 피드백이 수업의 실제에 대해 배우고 이를 발전시키는 데 아주 귀중한 것이었다고 평가하고 있다. 신임교수들은 수업관찰을 통해 다른 교수들의 수업실제를 배울 수 있고, 잘된 점을 확인하고, 실천적인 아이디어를 교환하며, 문제를 해결하고, 수업실제를 발전된 수업이론에 비추어 조명할 수 있다. 즉, 수업 관찰은 자신감과 수행능력을 얻을 수 있는 기회가 된다. 초보 교수건 경험이 많은 교수건 간에 수업관찰은 교수의 수업행동에 의문을 제기해 보고, 분석적 접근방식을 적용하여 자신의 수업 실제를 발전시키도록 자극을 주고 받는 과정이다.

수업관찰은 아래와 같은 장점을 제공한다.

- 대학생들의 학습에 도움이 될 사항과 효과적인 수업활동의 요소에 대한 통찰
- 여러 수업기술 및 수업방식에 대한 피드백
- 토론, 협력 및 아이디어의 교환
- 동료 교수 간 상호 지원
- 교수-학습에 대해 이야기를 나눌 시간의 제공
- 새로운 아이디어, 방법, 문제 해결책을 마련해 주는 피드백
- 대학생의 지각 조사 및 강좌/프로그램 평가 등과 같은 절차의 다각화
- 특정 단위의 수업에 초점을 둔 반성
- 학과의 수업과 학과 학생의 학습경험에 대해 학과 교수들의 이해를 넓힐 기회
- 모범이 될 만한 수업 실천가를 관찰할 수 있는 기회

자신의 수업 실제에 대해서 생각하기

교수님의 학과에서 교육 부문에서 우수한 교수는 누구라고 생각하십니까? 그분의 수업을 참관해도 좋은지 문의해 보시오(왜 그렇게 하고 싶은지를 설명한다면, 그 교수도 기쁘게 생각할 것입니다).

4. 언제 그리고 누구의 수업을 관찰할 것인가

자신의 수업을 타인이 관찰할 수 있는 대상이 되도록 허용할 때는 언제일까? 그 적절한 시기는 바로 지금이다. 어떤 직업이든지 모든 단계에서 배워야 할 사항들이 있기 마련이다. 특히 신임교수의 경우에는 수업의 피드백, 재확인, 조언, 도움 등이 필요하고, 현실과 이론이 어떻게 관련되는지에 대해서도 숙고할 기회가 있어야 한다. 이제 막 교수가 된 신임교수들이 능숙하게 수업을 할 것이라고 기대하는 사람은 없을 것이다. 신임교수들은 초기 연수기간에 자기 수업을 자주 관찰 대상이 되도록 해야 한다. 보통 연수 프로그램에는 멘터, 교

자신의 수업 실제에 대해서 생각하기

학과에 소속된 교수로서, 혹은 대학에 처음 들어와 초기 연수 프로그램에 참여하는 신임 교수로서 수업관찰에서 요구되는 사항이 무엇인가를 확인해 보시오.

육개발센터 직원 혹은 강의 전문가의 관찰 시간이 들어 있다. 또 이보다 덜 형식적인 방법으로는 다른 신임 교수들과 서로 교수-학습 경험을 공유하기 위해 상호 관찰할 수 있는 기회를 갖는 것도 유익할 것이다. 수업 관찰자를 선정할 때는 학습자들과의 의사소통이나 개입에 관해 언급할 수 있고 또 해당 학문분야의 전문적 측면을 논의할 수 있는 전문가를 포함해야 한다.

5. 무엇을 관찰할 것인가?

대학 교수의 역할이 다양한 만큼, 이 질문에 대한 해답도 여러 가지일 것이다. 관찰은 강의, 개인지도, 세미나, 실험실습, 현장실습, 창의적 워크숍 혹은 환자 지도 등을 대상으로 할 수 있다. 이 중에서 가장 보편적인 관찰 대상은 역시 강의다. 특히 강의 집단의 규모가 커짐에 따라 강의의 효과성에 영향을 미치는 요인을 찾는 데 중점을 두게 된다. 강의는 의사소통과 설명을 명확하게 하고, 특수한 목표나 학습성과를 지향하는 비교적 짧고, 차분한 학습경험을 제공한다. 따라서 강의는 분명한 구조를 가져야 하고, 의사소통과 설명도 분명해야 한다.

6. 수업관찰의 제 측면

관찰해야 할 요소는 수업 유형이나 학문 분야에 따라서 달라질 것이다. 먼저 전형적인 강의식 수업(제6장 참조)에서 관찰자가 주목해야 할 요소는 다음과 같다.

- 학습목표/학습성과의 적절성과 성취여부
- 대학생들에게 학습목표를 알림 및 학습목표와 사전 지식 간의 연결

- 수업의 구조: 도입, 수업의 조직화, 정리
- 전달: 진행 속도, 가청도(audibility), 가시도(visibility) 등
- 대학생과의 의사소통: 상호작용, 질문, 활동 등
- 대학생들의 학습과정 참여

개별 지도나 세미나식 수업과 같은 소집단 수업활동(제7장 참조)에서 관찰자가 주목해야 할 요소는 다음과 같다.

- 현재 수업이 명시된 학습목표/학습성과와 갖는 관계
- 대학생과 교수, 대학생들끼리의 상호작용
- 대학생의 참여 유도, 집단 활동의 관리, 질문, 경청, 반응, 비판적 · 분석적 사고의 고취 등을 포함한 지도교수의 촉진 기술
- 집단의 전체 구성원 참여
- 학습자를 격려하기
- 수업 공간의 활용
- 대학생에 대한 형성적 피드백의 질
- 학습 내용의 요약 및 정리를 위한 준비
- 대학생들이 자신의 학습에 대해 잘 알도록 도움을 받는 과정

자신의 수업 실제에 대해서 생각하기

교수님께서 혹시 나중에 해당 학문 분야의 수업활동의 관찰자 혹은 관찰 대상자가 될 때, 위에서 열거되지 않은 수업 요소에 대해서도 논의하고 싶은 것들이 있습니까?

7. 수업관찰의 과정

대학의 수업관찰은 네 단계의 과정으로 이루어질 수 있다. 즉 초기 토론, 관찰, 추후 토론 모임, (관찰 대상자의 반성적 응답 등이 포함된) 보고서 작성 등이 그것이다.

1) 1단계: 초기 토론

수업 전 토론(전화나 이메일을 통해 직접 함)이 관찰자에게 제공하는 것은 다음과 같다.

- 수업 상황의 이해
- 대학생들의 배경 정보
- 수업의 목적과 목표, 그리고 수업목표와 대학생들의 학습경험 간의 관계
- 관찰 대상자가 피드백이 필요한 측면들
- 유인물, 사례연구 자료와 같은 수업 관련 자료

신임 교수들은 '여하튼 모든 것' 에 대한 피드백을 원한다고 자주 말한다. 그들이 자신의 수업 실제를 점차 자각하면 더욱 구체적인 피드백을 요구하게 된다.

2) 2단계: 관찰

수업을 관찰할 때 관찰자는 일찍 강의실에 도착하여 수업에 방해가 되지 않도록 자리를 잡아야 한다. 수강생 수가 적을 경우에는 관찰자들이 앉아 있다는 점을 대학생들에게 설명해야 한다. 관찰자는 필요한 사항을 기록할 것이다. 작성방식은 수업 진행 시간별로 혹은 어떤 합의된 준거에 따라서 하기도 하고, 학과나 대학에서 수업 관찰용으로 제작한 양식을 사용하기도 한다. 그동안 여러 대학에서 종전의 QAA 학과 평가(QAA, 1997)에서 사용한 틀을 기초로 하여 수업관찰 서식을 개발했다. 이 장의 부록에 영국의 한 대학교의 관찰 서식을 수록하였다. 다른 예를 원한다면, 노팅엄 트렌트(Nottingham Trent) 대학교의 교육발전연구센터 웹페이지(www.celt.ntu.ac.uk/pages/pot.htm)와 SEDA의 수업관찰 보고서(Brown & Jones Rawnsley, 1993)를 참고할 수 있다.

수업 관찰자는 수업 중에 학습이나 상호작용에 영향을 미친 요인들을 예시하기 위해 실제 말투나 행동을 기록해 두어야 한다. 수업 관찰자는 실제로 교수의 행동은 물론, 학생의 행동도 주시해야 한다. 때로는 수업 관찰자가 있다는 사실이 집단 구성원의 행동을 부자연스럽게 만드는 요인으로 작용하겠지만, 저자가 소속해 있는 대학의 학생들은 그다지 우려할 만한 반응을 보이지 않았다. 이와 정반대로, 대학생들이 너무 잘 보이려고 행동하여 평상시의 수업처럼 활기 있게 교류하는 모습을 보이지 않기도 했다.

3) 3단계: 추후 토론

추후 토론은 수업 직후에 하는 것이 이상적이지만, 한 시간 정도의 시간 여유를 줄 필요가 있다(최소한 24시간 이내에는 해야 한다). 추후 토론이야말로 수업관찰 대상자나 수업관찰자 모두에게 수업관찰 과정 중 가장 가치 있는 시간일 것이다. 각자의 경험이 어떠했든 간에, 신념 · 가치 · 접근방식 · 해석 · 아이디어 · 경험 · 이론과의 관계 등에 대한 의견을 공유함으로써 풍요롭고 창의적인 대화를 낳을 수 있다. 그러나 토론이 섬세하게 이루어지지 못할 경우엔 역효과가 나올 수 있다.

4) 4단계: 관찰 기록

관찰기록물은 수업시간에 발생한 주요 사항의 요약문으로 보통 관찰된 수업을 주관한 교수에게 전달되는데, 여기에는 피드백 토론에서 쏟아져 나온 실천 사항이 포함되기도 한다. 일반적으로 학과나 대학의 서식에 따라 관찰기록을 작성하는 경우가 많다. 수업 관찰자들은 가능하면 기억이 생생히 남아 있을 때 관찰기록을 작성해야 한다. 특히 보고서 작성자는 수업을 담당한 교수가 계속 살려야 할 구체적인 강점을 기록할 뿐만 아니라, 다음 수업에서부터 중점적으로 개발해야 할 사항도 지적해야 할 것이다. 영국의 어느 대학교에서는 최종 단계에서 관찰 대상자가 관찰자의 기록에 서면으로 답하면서 향후 활동계획을 언급하고, 지속적 전문성 개발을 위한 시사점을 적어 보도록 요구하고 있다. 한 가지 대안으로 관찰 대상자가 자신의 요약서와 발전 계획을 작성하도록 할 수 있다.

관찰기록의 기밀유지가 논란이 될 수 있다. 일반적으로 관찰기록은 관찰 대상자와 관찰자만 열람할 수 있어야 한다. 물론 관찰 대상자가 이 기록을 자신의 수업 포트폴리오에 포함

자신의 수업 실제에 대해서 생각하기

수업 과정을 녹화한 비디오나 DVD를 골라서 살펴보면 많은 것을 배울 수 있습니다. 교수님의 학과나 대학에서 사용한 양식이나 서식을 활용하여 혼자서 관찰 노트를 작성해 보시오. 가능하면 교수학습센터나 교육발전연구원에서 관련 자료를 대출해서 보시오. '성공에 이르는 길(Making the Grade)' 이라는 타이틀이 붙은 HESDA(종전의 UCoSDA)의 1996년도 자료 모음집에는 유용한 비디오 클립과 노련한 관찰자의 관찰 노트가 수록되어 있습니다.

시키기를 원할 수도 있다(제17장 참조). 또한 대학 내의 학과장들이 해당 학과 교수들의 수업 관찰 기록이나, 최소한 수업관찰을 했다는 증거물을 보려고 할 때도 있을 것이다. 또한 이런 관찰 기록은 평가 회의의 일부 의제가 될 수도 있다.

대학에 따라서 수업 관찰의 실제는 다르다. 개별 대학의 지침에 따라 강조하는 단계가 다를 수 있는데, 대개 마지막 두 단계를 통합하고 있다. 일례로 일부 대학교에서는 3단계 방식을 취하고 있다(Martin & Double, 1998).

8. 피드백

수업관찰 후에는 가능한 빨리 피드백을 주는 것이 좋다. 관찰 대상자가 잘된 점과 그 이유를 확인하고, 부족한 점과 그 이유를 반성하기 위해서는 무엇보다도 수업에 관한 언급이나 논평을 관찰 대상자에게 제공해야 한다. 이때 관찰자는 효과적이었던 사항들을 강조해야 한다.

피드백을 주고 받을 때 항상 신경을 써야 할 사항이 한 가지 있다. 아무리 능숙한 사람이라도 피드백과 관련된 감정을 무시하기는 어렵다. 그렇기 때문에 양쪽 참가자 모두의 발전에 기여한다는 목적이 분명하게 인식되어야 걱정을 덜어 낼 수 있다. 즉, 피드백이 양쪽 모두의 개인적 발전을 위한 창조적 과정이 될 수 있다는 인식과 의도가 공유되어야 한다는 것이다. 또한 동료들과의 피드백 과정에서 겪는 당혹감은 피드백 제공 규칙에 합의하고 표준 관찰양식을 사용함으로써 감소시킬 수 있다.

1) 피드백 제공의 지침

동료 교수에게 피드백을 주는 일은 대학 교수생활 내내 필요한 기술이다. 이때 유의 사항은 다음과 같다.

- 일단 관찰 대상자가 반성하게 하려면, 관찰자는 피드백의 시작과 끝에 긍정적 측면을 부각시켜야 한다(항상 긍정적인 면은 있기 마련이다).
- 사람 자체보다는 변화 가능한 행동에 초점을 두어야 한다(구체적인 예를 들어 이야기하는 것이 도움이 될 수 있다).
- 피드백의 양은 관찰 대상자가 바로 활용할 수 있는 정도로 맞추어야 한다.

- 예를 들어, '판서를 하려고 뒤돌아 설 때, 뒤쪽에서는 목소리가 들리지 않았습니다.' 와 같이 객관적인 사실적 언급을 통해 덜 효과적이었던 측면은 처리될 수 있다. 혹은 '수업시간이 곧 끝난다는 것을 알았을 때 여전히 수업해야 할 분량이 남았던 것도 문제라고 봅니다. 이 문제를 어떻게 처리해야 한다고 보십니까?' 와 같이 해결을 요하는 문제를 제기할 수 있을 것이다.
- 개선이 가능하도록 긍정적, 건설적 제안을 제시해야 한다. 관찰 대상자가 어떤 조치도 취할 수 없는 사항을 언급해야 아무런 소용이 없다. 예를 들어, '키가 너무 작아서 교수님이 강의대 뒤에 서 있는 모습을 볼 수 없었을 것입니다.' 라는 표현보다는 '강의대 뒤에 서 있는 시간을 줄였다면, 학생들과 대화 관계를 지속하기가 더 쉬웠을 것입니다.' 라고 말하는 편이 더 낫다.
- '솔직히 다소 지루했고 너무 오랫동안 똑같은 방식으로 진행했다.' 라고 단정적으로 가치판단을 하지 말고 '핵심 부분의 강의를 시작한 지 20분 뒤에 학생들이 불안정하고 안절부절못하는 것 같았다.' 라고 말하는 것이 더 유용한 토론을 이끌 것이다.
- 토론을 유도하고, 관찰 대상자가 자신의 수업 실제에 대해 반성하도록 격려하며, 실천계획을 세우는 데 도움을 줄 수 있도록 다음과 같이 질문하는 것이 좋다. '말씀하신 내용이 어떤 효과를 갖는다고 보십니까?' '이 부분에서 학생들이 더 참여하도록 했으면 좋았다는 지적에 대해 어떻게 생각하십니까?' '학생들이 이 목표를 성취했는지를 어떻게 알 수 있습니까?' '이 사항과 특별히 관련지어 성취하려 했던 바는 무엇이었습니까?' '이 부분에 대해 어떻게 생각하십니까?' '이 문제에 어떻게 대처할 수 있을까요?'

2) 피드백 수용의 지침

피드백을 받는 것도 쉬운 일이 아니다. 피드백을 받을 때는 아래의 지침에 유의해야 한다.

- 어떤 유형의 피드백이 자신에게 도움이 될 것인가를 분명히 밝혀야 한다.
- 진솔하고 건설적인 비평을 기꺼이 수용하려고 해야 한다.
- 덜 효과적인 것으로 지적된 수업 영역에 대한 대처방안을 찾아야 한다.
- 다른 접근방식을 시도하는 데 필요한 사례나 아이디어를 요청할 필요가 있다.
- 좋은 피드백을 받으면 자연스럽게 실행 계획을 세울 수 있다. 따라서 특정 수업영역의 전문가의 수업을 관찰하거나 참고문헌을 찾아보고, 교수개발 프로그램에 참여하는 것도 도움이 될 수 있다.

위스콘신 대학교의 경우, 웹사이트 상에 수업에 도움을 주는 한 방법으로써 동료 수업관찰에 관한 유용한 정보(www.wisc.edu/MOO/index.html)와 반성적 피드백의 특징이 되는 점들을 올려놓고 있다(www.wisc.edu/MOO/listfb.html).

9. 또 다른 관찰방법

이 장에서는 지금까지 신임교수가 초기에 참여하는 공식적 연수 기간의 수업관찰 위주로 설명하였다. 그러나 중진교수들의 경우, 수업에 대한 '동료관찰(peer observation)' 이 모든 학문 영역에서 널리 활용되고 있다. 즉, 교수 본인이 동료를 선정한 다음, 해마다 서로 두 번 이상의 수업관찰을 하게 한다. 이때 A는 B를, B는 C를, C는 A를 관찰하는 3인조 관찰방법도 쓸 수 있지만, 두 사람이 짝을 이루어 서로 관찰하는 것이 가장 보편적인 형태다.

이와 달리, 두 사람이 제3자를 관찰하거나 한 사람이 다른 두 사람의 팀 수업을 관찰할 수 있다. 동료 관찰에 유용한 지침들과 점검 사항들이 이미 제시된 바 있고(Jarzabkowski & Bone, 1998), 관찰자가 동료관찰을 통해 자기개발 잠재력을 충분히 확인하는 데 도움을 얻을 수 있도록 관찰양식을 특별히 고안한 경우도 있다(Cosh, 1998). 4~5명으로 집단을 구성한 다음, 각 집단별로 최소한 한 사람 이상 관찰하도록 하는 경우도 많다. 한편 이들 동료집단이 중대한 교육 과정상의 변화를 촉발시킨 모종의 쟁점사항을 함께 공유하고 확인하는 하나의 시스템을 기술한 연구도 있다(Smith, 1998).

비디오 녹화가 결국 수업의 객관적 기록물이 될 것이라고 생각하는 교수들도 있다. 비디오 녹화가 오히려 수업의 방해 요인이 될 수 있는 것도 염려되지만, 교수들은 수업시간이 10분만 지나면 비디오 촬영기의 존재조차 잊어버릴 때가 많다. 비디오 녹화는 교수들의 자기평가 과정으로 혹은 수업과정을 돌이켜 보면서 다른 교수와 의견을 나누는 데 활용될 수 있다(Claydon & McDowell, 1993). 이렇게 할 경우, 관찰 대상자가 먼저 비디오테이프를 틀어 보고, 보여 주고 싶거나 논평을 얻고 싶은 부분들을 선택하도록 하는 것이 좋다. 시간이 지나고 자신감을 갖게 되면 교수들은 더 광범위한 피드백을 요청할 것이다. 이와 같은 방식에 대해서 자세히 알고 싶으면 영국 뉴캐슬의 한 대학교에서 제작한 비디오를 참조하면 된다(Claydon & Edwards, 1995).

〈사례연구 16-1〉 신임교수와 함께한 일상적 수업관찰

대상: 플리머스(Plymouth) 대학교 전기 · 전자 · 통신 공학부의 강의 담당 예정자

상황

대학 표준양식(부록 참조)에 따라서 세 번째 수업관찰이 진행되고 있었다. 신임교수는 지난 번 수업 관찰에서 제기되었던 측면, 즉 수업이 시작될 때 학습목표를 상세화하고, 또 수업 중에 연습활동을 도입할 필요가 있다는 지적을 반영하려고 하였다. 이 교수는 대학생과의 상호작용, 그리고 연습활동에 대한 피드백을 요청했다.

관찰자의 논평

- 수업에 대한 '구상'은 좋았지만, 대학생들이 실제로 얼마만큼 알고 있는가에 대해서 신중하게 파악해야 한다.
- 대학생들에게 반응할 때보다 더 긍정적으로 대응해야 한다. 대학생들이 핵심사항이나 좋은 질문을 제시할 때 칭찬을 한다면 상호작용이 잘 이루어질 것이다.
- 명확한 목소리(큰 소리를 낼 필요는 없음)와 훌륭한 유머 감각이 강점이다. 집단 활동도 잘 이루어졌고, 학습 과정을 강화시켰다. 대학생들 사이를 지나다니면서 그들의 이해 정도와 과정을 점검하는 일을 꺼리면 안 된다. 강의실의 스크린 상태가 좋지 않으므로 화면이 명확하게 나오도록 기계를 잘 맞추어야 한다.

관찰 대상자의 반성

- 목적, 목표, 그리고 수업 구도가 명확하게 전달되었고, 배부 자료와 연습활동에 대해 긍정적 피드백을 받게 되어 기쁘다. 예전에는 50명의 대학생을 가르치는 수업에 자신이 없었다.
- 대학생들이 질문을 하거나 나의 질문에 대답을 할 때 칭찬하는 일을 잊지 않겠다.
- 스크린에 문제가 있는지 몰랐는데, 이제 알게 되어 다행이다. 수업 끝 부분에 질문할 시간을 주도록 신경을 쓰겠다.
- 이번 강의의 방법을 앞으로 향상시키는 일 외에도 나의 수업 전반에 도움이 될 일반적인 요인에 대해 많은 지적이 있었다.

10. 개 요

수업 관찰의 활용은 대학의 교수-학습 실제의 한 부분으로 정착되었다. 이제 신임교수를 대상으로 한 초기 연수 프로그램에서 수업관찰은 보편화되었다. 관찰하기, 관찰받기 그리

고 반성하기는 자신감을 심어 주고 실제 수업을 향상시키는 첩경이다. 대학의 교육 질 향상 체제의 일부분으로 동료 교수의 수업 관찰을 통한 수업의 질 향상은 자리를 잡아 가고 있다. 교수들의 교육업적 평가항목을 논의할 때 동료 관찰이 표준 의제가 되는 경우도 많다. 수업 관찰은 총합평가보다는 형성적 발전을 위해서 활용되고 대화와 활발한 논쟁에 기여할 때 더 만족스럽고 유용한 것이 될 것이다. 특히 피드백을 주고 받는 방법이 중요하다. 수업 관찰이 보편화되면서 수업 실제의 관찰 내용을 기록하는 방법이 많이 제안되고 있다. 위와 같은 활동이 보편화될수록 교수들은 자기 수업이 관찰되는 것을 덜 불편하게 느끼게 되고, 관찰하는 교수나 관찰 대상이 되는 교수나 모두 대화, 반성, 수업 향상 등에서 얻는 것이 많아질 것이다. 현재 여러 대학에서 동료 관찰에서 얻어진 경험들이 계속 축적되고 있으므로 이를 전체 대학이 공유할 수 있을 것이다. 예를 들면, 동료 관찰의 장점과 원칙(Gosling, 2001) 그리고 행동 규약(Cove & Lisewski, 2001) 등을 현재 활용할 수 있다.

참고문헌

Brown, S., Jones, G., & Rawnsley, S. (1993). *Observing Teaching* (SEDA Paper 79), Staff and Educational Development Association, Birmingham.

Claydon, A., & Edwards, A. (1995). *Teaching Process Recall: A user's guide*, Educational Development Service, University of Northumbria at Newcastle.

Claydon, T., & McDowell, L. (1993). *Watching Yourself Teach and Learning from it*, Paper in *Observing Teaching*, (SEDA Paper 79), Staff and Educational Development Association, Birmingham.

Cosh, J. (1998). Peer observation in higher education: a reflective app. roach, *Innovations in Education and Training International*, *35*, pp. 171-76.

Cove, G., & Lisewski, B. (2001). *Peer Observation for Teaching: Code of conduct in peer observation of teaching: taking it beyond surveillance*, University of Salford, Salford.

Gosling, D. (2001). *Guidelines for Peer Observation of Learning and Teaching*, www.escalate.ac.uk/briefing/briefing.01.

Jarzabkowski, P., & Bone, Z. (1998). A 'how-to' guide and checklist for peer app. raisal of teaching, *Innovations in Education and Training International*, *35*, pp. 177-82.

Martin, G. A., & Double, J. M. (1998). Developing higher education teaching skills through peer observation and collaborative reflection, *Innovations in Education and Training*

International, 35, pp. 161-70.

Quality Assurance Agency for Higher Education (QAA) (1997). *Subject Review Handbook, October 1998 to September 2000*, QAA, Gloucester.

Smith, B. (1998). Adopting a strategic approach to managing change in learning and teaching, in *To Improve the Academy*, ed M Kaplan, 17, pp. 225-42, New Forum Press and the Professional and Organizational Development Network in Higher Education, Stillwater, Oklahoma.

읽을거리

Brown, S., Jones, G., & Rawnsley, S. (1993). 상게서. 이 보고서는 관찰 과정의 계획, 기본원칙의 설정 등에 관한 설명, 자기평가 양식을 포함한 여러 가지 양식과 점검표가 예시되어 있어서 매우 좋은 자료 창고다.

Claydon, A., & Edwards, A. (1995). 상게서. 여기에는 수업과정 회상(Teaching Process Recall: TPR) 절차를 설명한 소책자 및 예시 비디오가 들어 있다. 이 자료는 신임교수들이 소집단으로 나누어 수업 실제를 관찰하도록 하는 데 특히 유용하다. www.ltsn.genericcentre.projects/cpd/london/pres%20-%20June(BL).ppt.를 참조.

Gosling, D. (2001). 앞 웹사이트. 이 사이트에서는 수업관찰 및 학과 실행방안을 위한 집단 구성, 원리, 구조, 조언, 교정 등에 대해 논의하고 있다.

UCoSDA (1996). *Making the Grade: Achieving high quality assessment profiles, video and use guidebook*. Sheffield: Universities' and Colleges' Staff Development Agency. 이것은 학문 분야별로 열 가지 수업을 녹화하여 두 개의 비디오테이프에 담은 것으로 매우 유용한 패키지다. 별도의 소책자에는 이전에 수업의 질 평가에서 사용했던 관찰 양식과 평가자 코멘트가 예시되어 있다.

유용한 웹사이트

www.celt.nyu.ac.uk/se/observ/html (동료 수업관찰: 여러 가지 관찰양식)

www.ltsn.genericcentre.projects/peer–ob/ (동료 수업관찰: 최신정보 및 국내 · 국제 동향 소개)

www.wisc.edu/MOO/index.html (Madison 소재 위스콘신 대학교, 동료 교수 수업의 심사 자료)

부록: 플리머스대학교의 수업관찰 양식

이 양식은 원래 신임교수용으로 제작된 것이다. 관찰 대상자는 맨 앞면을 작성하고, 관찰자는 추후 토론 후에 중간에 있는 두 면을 작성하며, 관찰 대상자가 반성 후 마지막 면을 작성하도록 되어 있다.

〈관찰양식 16-1〉 교수-학습 관찰

수업 시작 전에 다음 사항을 적어 주시오.

이름:	날짜:
관찰자:	장소:
집단:	시작 시간:
학생 수:	관찰한 시간: 00시 00분~00시 00분
수업 유형:	피드백 시간:

목 적

• 교수님이 설정한 목적은 무엇이며 교과목 해설과 어떤 관계에 있는가?

목 표

• 대학생들을 위해 설정한 구체적 학습목표는 무엇인가? 예, 지식과 이해, 핵심 기능, 인지기능 (실제적/전문적 기능 등) 교과 특유의 기능

학습 성과

• 대학생들이 이 수업 및 이와 관련된 학습경험을 통해 궁극적으로 얻게 될 이득은 무엇인가?

• 수업을 계획할 때 특별히 고려했던 요인이나 문제는 무엇인가?

• 이 수업에서 교수님에게도 새로운 측면이 있다면 그것은 무엇인가?

• 최근에 교수님의 수업을 위해서 제안되었던 (적용할 수 있는) 사항들을 이 수업에 어떻게 반영하였는가?

• 교수님이 특별히 피드백을 받고 싶은 측면이 있습니까?

〈관찰양식 16-2〉 관찰자의 논평

각 항목의 아랫 부분에 제시한 세부내용(•)은 논평과 토론을 위한 지침으로 관찰자에게 제공하는 것입니다. 이들 지침이 총괄적인 것은 아니기 때문에, 필요한 모든 내용을 포괄하지는 못합니다. 학문분야에 따라서는 추가적으로 고려해야 할 측면이 있을 것입니다.

수업의 특성 – 논평
1. 수업의 계획과 시작 • 목적 · 목표 · 학습 성과의 적절성. 대학생들에게 목적, 목표, '수업구도' 등을 전달하고 설명하기. 다른 수업 및 대학생들의 사전 지식과의 연계성 2. 수업의 진행 • 구조. 내용의 적합성과 조직. 교과에 대한 태도. 설명의 명료성. 핵심 부분의 강조. 수업의 진행 속도. 끝 혹은 중간 부분의 요약. 학습자의 후속 활동 등 3. 대학생의 참여 • 질의 응답 기법. 연습/활동. 교실 관리. 대학생을 위한 지침. 전반적인 교실 분위기. 대학생들의 참여 및 상호작용 수준. 주의집중과 흥미. 대학생들에 대한 태도. 개별적 요구에 대한 인지. 평가 절차. 대학생-교수 신뢰관계. 4. 수업방법 • 교수-학습 방법의 선정/다양성. OHP나 다른 기자재, 칠판, 유인물, 실제사례 그리고 여타 관련 자료 등의 활용. 적절한 강화의 제공. 예와 유추. 핵심 부분의 강조. 참고문헌 및 연구결과와의 연계 5. 일반사항 • 목표가 성취되었습니까? 교수-학습 방법의 적절성. 효과적인 의사소통이 이루어졌습니까? 학습자의 요구를 인식하고, 이에 따라 접근방식을 차별화하였습니까? 교수-학생 간 상호관계에는 문제가 없었습니까? 6. 추후 중점을 두어야 할 영역 7. 장 점

〈관찰양식 16-3〉 강의 담당자의 반성 기록

이름:

수업 후 토론이 끝난 다음에, 이 면을 작성하여 수업 관찰자에게 주시오.

- 관찰 과정에서 도움을 받은 점은 무엇이었습니까?

- 논평받은 점에 따라 교수님의 수업방식을 바꿀 생각이 있습니까? 향후 교수님에게 도움이 될 참고문헌이나 공식적 · 비공식적 교육개발 프로그램으로는 어떤 것이 있습니까?

- 수업과 관찰에 대해서 하고 싶은 이야기는 없습니까?

제17장
티칭 포트폴리오란 무엇인가

1. 티칭 포트폴리오의 정의

티칭 포트폴리오(teaching portfolio, 수업활동서 혹은 교수이력서)란 대학교수로서의 성취도 및 전문성 계발에 관한 개인별 기록물이다. 티칭 포트폴리오는 성취 수준, 기능과 활동의 범위, 향상도 등을 증빙할 수 있는 자료를 조심스럽게 선정하여 구조화한 자료집이다.

포트폴리오는 크게 두 가지 목적을 위해서 만들어진다. 첫째, 포트폴리오는 자격 이수 과정이나 학습 프로그램의 일부분으로 시행되는 총합평가에 활용된다. 둘째, 승진 및 지속적 전문성 계발에서 성취의 증거로 사용된다. 사실 이것이 서로 분명히 구별되지 않을 때가 많으나 포트폴리오의 구성이나 관련 문제를 논의하는 데 도움이 된다.

통상적으로 포트폴리오는 대학이나 외부 전문가 기구가 명시한 틀에 따라 작성한다. 현재 많은 대학교수가 포트폴리오를 준비하기 시작한다. 사실 영국의 경우, 포트폴리오 준비는 교수학습센터(Institute for Learning and Teaching, ILT)의 정회원이나 준회원이 되는 데 직·간접적으로 영향을 미칠 수 있다. 이상적으로 말하면 포트폴리오 자료는 일정 기간에 목적의식을 가지고 수집해야 하나 상황에 따라서는 곧바로 만들어서 제출할 수도 있다. 특히 총합평가를 위해서 제작된 포트폴리오의 경우에는 어떤 형태의 해설을 특별히 준비하여 적을 때가 많다.

2. 티칭 포트폴리오의 배경

티칭 포트폴리오는 전혀 새로운 것은 아니다. 선도적으로 티칭 포트폴리오를 사용한 캐나다의 퀸즈 대학교는 1970년대에 이를 도입하였다(Kappa, 1995). 그 후 포트폴리오는 미국으로 확산되어 1990년대 중반까지 500여 개의 대학에서 티칭 포트폴리오나 '기록철(dossiers)'을 사용한 것으로 추정된다(Seldin, Annis, & Zubizarreta, 1995). 또 포트폴리오는 영어권 국가, 특히 오스트레일리아로 확산되었다. 영국에서는 당시 옥스퍼드 브룩스 대학교에서 포트폴리오의 가치를 중시한 책이 발간되었다(Gibbs, 1988). 포트폴리오를 활용하여 수업의 실제를 발전시키고, 승진 및 자격 심사에 활용할 수 있다(Seldin, 1997).

티칭 포트폴리오를 보면 대학교수의 경험과 전문성을 알 수 있다. 대학교수의 포트폴리오는 다른 전문직의 포트폴리오, 예컨대 전기공학자협회나 왕립공인감정인 협회의 회원자격 취득 지원자들에게서 수집한 전문성 개발 기록철과 비교할 수 있다. 대학교수들은 연구실적이나 연구비 수탁 실적을 순차적으로 제시하는 등 연구업적 자료철을 아주 익숙하게 작성한다. 이와 달리 티칭 포트폴리오는 대학생의 학습을 지원하는 활동을 제시한 것이다. 이것은 동료 교수에게서 피드백이나 심사를 받을 수 있다. 대학교수들의 수업 전문성이나 연구 전문성을 개발하는 일에 대해서 국제적으로 어떻게 접근하는가를 전반적으로 살펴보는 것도 중요하다(Nicholls, 2001). 여기서 지식의 본질이나 교수학습센터의 역할에 대한 논의가 뒤따르게 될 것이다.

최근 영국에서는 대학교수들의 수업 전문성이 중요한 정책의제로 부상하여 티칭 포트폴리오가 갑자기 각광을 받게 되었다. 티칭 포트폴리오는 대외비 문서가 아니며 그것은 패널, 평가자, 동료 교수들에게서 상세한 검토를 받을 수 있는 것이다. 티칭 포트폴리오는 민감한 자료를 다루기 때문에 자료를 익명으로 제시하고, 자료에 대한 권리를 침해하지 않게 할 필요가 있다. 예를 들면, 특정 대학생에게 제공한 학습지원 사항, 실습에서 접하는 환자치료에 관한 사례, 혹은 내담자에 관한 직업상의 비밀 등이 그런 것이다.

3. 티칭 포트폴리오의 내용

일반적으로 대학이나 전문가 기구에서는 포트폴리오의 구조나 내용에 관해 정확한 지침을 제공한다. 티칭 포트폴리오를 총합평가를 위해서 작성하든, 아니면 여타의 목적으로 작성하든지 간에 일정한 지침에 따라 작성해야 된다. 그러나 보급, 포괄성, 비교 가능성에 대비하기 위해 범주나 유형에서 상이한 자료를 제출하도록 요구할 수 있다. 전형적으로 포트폴리오에는 아래의 세 가지 요소가 포함된다.

- 포트폴리오의 목록
- 수업실제의 제반 자료 중 선정된 예시 자료 및 그 증빙 서류 모음
- 증빙 서류에 대한 해설

위의 세 가지 요소에 대한 비중은 포트폴리오의 목적, 요구조건, 학문 분야별 성격과 관심사에 따라 달라질 수 있다. 특히, 둘째와 셋째 요소는 포트폴리오의 목적이나 구조에 따라 더욱 세분화되기도 한다. 또한 교수학습센터의 인증 프로그램에서 이수 및 통과 여부를 판정할 경우, 혹은 승진 판정에 활용될 경우에 포트폴리오의 구조는 달라질 수 있다.

1) 티칭 포트폴리오의 목록

티칭 포트폴리오의 '목록'은 포트폴리오를 읽는 사람이 포트폴리오의 내용을 찾아보는 데 도움을 주기 위한 것이다. 포트폴리오를 읽는 사람들은 대체로 일정한 요구사항이 포트폴리오에서 충족되는가를 알고자 한다. 요구사항이란 포트폴리오에 어떤 상세한 학습성과나 가치가 예시되었는가(예, 교수학습센터의 인증 프로그램의 경우) 혹은 필수사항이 포함되었는가(예, 승진 목적으로 포트폴리오를 활용할 경우) 등을 가리킨다. 포트폴리오의 '목록'은 독자들이 포트폴리오의 전체 혹은 일부분을 읽을 때 요구사항이 어디에 수록되었는가를 가리킬 문서나 표를 따로 제시하는 것이다. 이와 달리 증거자료나 해설 사이사이에 표식이나 코멘트를 첨가하여 안내할 수도 있다.

2) 수업 실제의 자료

티칭 포트폴리오에는 수업 및 수업 담당자의 학습지원에 관한 실제적 증거자료가 들어있어야 한다. 이런 증거자료는 일상적인 수업 실제의 일부분이어야 하며 포트폴리오를 위해 특별히 만든 것이어서는 안 된다. 포트폴리오의 증거자료는 가령 코스/강좌, 수업 단원 등과 연관 지어 명시해야 독자들이 읽기 편할 것이다. 포트폴리오에 포함할 증거자료는 다음의 유형으로 나눌 수 있다(순서는 무관함).

- 교수가 작성한 학습지침 혹은 프로그램 명세서
- 목적과 목표/성과 등 강좌 해설
- 수업일정표 및 유의 사항
- 수업 관련 모임의 기록
- 웹 기반 학습자원
- 문제 중심 학습의 계기
- 시청각 자료(예, 파워포인트 발표자료 출력물)
- 대학생들의 발표자료나 워크북
- 수업 실제에 관한 증거자료
- 대학생의 학습을 평가하는 도구
- 시험결과의 요약
- 수업에 대한 대학생들의 평가–도구, 견해 및 결과
- 질 보증 보고서
- 외부 평가자 보고서
- 비디오, 오디오, DVD 및 사진 자료
- 교수가 제작한 정보통신공학 자료
- 교수가 고안한 학습모형
- 이메일 송수신 내역 출력물
- 녹화된 자신의 수업에 대한 기록물
- 교수–학습 관련 코스 및 워크숍 참여 사항
- 교육 관련 간행물
- 최근에 수행한 전문성 계발 활동의 목록

자신의 수업 실제에 대해서 생각하기

위에 열거한 것들 중에서 교수님의 실제 수업의 증거물로 예시할 수 있는 것들을 구체적으로 여섯 가지만 적어 보시오. 교수님은 이와 같은 기록을 어떻게 보관하고 있습니까? 향후 제출할 증거를 어떻게 준비하고 있습니까?

3) 증거자료에 대한 해설

포트폴리오의 해설 부분은 다양한 형식을 취할 수 있다. 즉, 그것은 목적이나 대학에 따라 크게 달라질 수 있다. 가령 총합평가의 일부분으로 포트폴리오를 사용할 경우, 증거 자료에 대한 해설은 정교하게 다듬어서 내야 한다. 증거자료를 잘 배치하고, 구체적인 주제와 연계시키고, 관련 문헌을 제시하고, 그리고 수업의 실제가 신중하고 검증된 결과임을 보여야 한다. 이 마지막 사항이 바로 반성에 해당되는 것이다.

반성에는 수업의 실제를 회고하고 수업방법 및 접근방식을 정당화하며, 수정안을 고안하는 수업실제의 향상에 필요한 실천 활동 등이 포함된다. 그런데 이와 같은 방식으로 사고, 논증, 행위를 명시하는 일은 대학의 전통이 아니었다. 따라서 포트폴리오는 특이한 도전거리를 제공해 준 셈이다. 그러나 실제로 교수들은 수업이나 연구에서 어떤 방향으로 나갈 것인가를 고민하고 결정할 때 어떤 특별한 변화를 시도한 것은 아닐지라도 항상 위와 같은 과정을 거치고 살았다. 이제 대학교수들에게 주어진 과업은, 이유를 밝히면서 위와 같은 반성의 과정을 학문적 형태로 진술하는 일이다. 대학교수들이 반성적 실천가로서 변해 가는 경험을 조사한 연구도 있다(Lyons, 1988).

엄밀한 의미에서 반성이란 기술(description) 이상의 것이다. 반성은 자기평가 및 분석을 포함한다. 여기서 반성은 고도의 인지적 기능이 된다. 반성의 결과에 따라 어떤 조처를 취함으로써 교수 개인의 수업 실제를 향상시키고, 학습자나 동료교수의 피드백에 대해 반응을 보일 수 있다. 즉, 반성이란 교수-학습의 질 향상의 핵심 부분이다.

반성의 기록이 단순한 진술 이상의 것임을 포트폴리오는 보증해야 한다. 이 점은 반성의 세 가지 방식에 대한 다음 이야기에서 잘 지적되고 있다(Mezirow, 1992).

- 내용의 반성: 변화에 대한 사유에서 신념과 증거를 구분할 변별적 사고를 증거로 제시한다.
- 과정의 반성: 문제해결을 위해 채택한 전략(루트나 변화 전략 등)의 성공 여부를 고찰하는 과정이 제시된다.
- 전제의 반성: 문제 자체의 기본적인 적합성이나 타당성에 관한 의문이 제기된다.

위 구분은 대학교수들이 석사과정 수준의 포트폴리오에서 확인하게 될 유형이나 수준을 가리킨다. 이런 맥락에서 반성이란 변별, 평가, 종합하는 능력 그리고 전문적 판단력을 보여주는 등 실제와 관련하여 고등사고 기능을 발휘하는 한 가지 방법인 셈이다.

자신의 수업 실제에 대해서 생각하기

반성을 시작하는 출발점으로 교수님의 가장 최근의 수업을 생각해 보시오.

(1) 잘된 점은 무엇이었습니까?

(2) 기대했던 것만큼 잘 진행되지 못한 점은 무엇이었습니까?

(3) (2)에서 지적한 점들을 어떻게 변화시킬 수 있겠습니까? 그렇게 생각하는 이유는 무엇입니까?

포트폴리오의 해설 부분에서 교수들은 일반적인 교육학 개념과 원리, 학문 분야별 교수-학습의 규준과 최상의 수업 실제에 대해서 충분히 이해한다는 점을 보여야 한다(학문 분야별 훌륭한 수업은 이 책 제3부에 들어 있음).

해설 부분은 아주 다양한 방식으로 작성할 수 있다. 가령 어떤 특정 강좌를 다양한 관점에서 상세하게 논의하기, 여러 가지 주제에 대한 고찰, 입증해야 할 학습성과를 중심으로 구성하기, 이야기 들려 주기, 증거자료를 간단히 해설하기 등으로 할 수 있다. 또 해설 부분은 핵심사건 분석을 포함하거나 이를 근거로 작성될 수 있다. 또한 해설 부분에는 일지나 일기의 반성문이나 수업관찰 후 피드백 과정에 대한 반성을 보통 포함하기도 한다. 가끔 현장 연구 보고서의 내용을 담을 때도 있다.

해설 부분에서 자신의 강점과 약점을 분석한 후에 느끼게 된 지속적 전문성 계발의 필요성을 진술해야 할 것이다.

4. 포트폴리오의 작성

포트폴리오를 작성할 때 핵심 활동은 증거 자료를 수집하는 일이다. 자료의 선별은 그 다음 단계의 일이다. 모든 대학이 포트폴리오 작성 지침의 필요성을 느끼게 될 것인데, 이 지침은 포트폴리오 작업의 또 다른 출발점이 된다. 그 다음의 주요 단계는 해설을 어떻게 정리할 것인가를 구상하는 일이다. 예를 들어, 주제를 중심으로 정리할 것인가, 아니면 드러낼 성과를 중심으로 정리할 것인가 하는 것이다. 더 나아가 교수 자신과 동료 교수가 공동으로 만든 자료를 어떻게 처리할 것인가도 고려해야 한다. 이때 대학의 지침을 따르는 것이 중요하다.

포트폴리오를 총괄평가에 대비하여 작성할 경우, 대체적으로 대학에서 모종의 지원을 받을 수 있을 것이다. 가령 친근한 동료 교수의 논평을 받거나, 초안에 대한 피드백을 얻거나, 학습 그룹을 통해서나 도움을 받을 수 있다. 그 밖의 주요 고려사항은 다음과 같다.

- 대학에서 요구하는 조건과 준거를 분명히 알아 둔다.
- 제출마감일을 확인한다.
- 대학교수로 임용된 날부터 중요한 자료를 수집하기 시작한다.
- 쓸 만한 포트폴리오의 견본을 참고한다.
- 대학에서 마련한 관련 워크숍에 참석한다.
- 선배 교수 · 조언자 · 조력자와 함께 자신의 포트폴리오를 상의한다.

〈사례연구 17-1〉 티칭 포트폴리오 작성을 되돌아보며

이 사례연구는 어느 대학교에서 박사 후 교수 자격의 일부분으로 포트폴리오를 작성했던 법대 교수의 경험을 성찰적으로 기술한 글이다.

포트폴리오란 학습했던 과정을 있는 그대로 밝히는 것이라는 점에서 희귀한 평가 형태입니다. 포트폴리오를 준비하면서 저는 교수-학습에 대해 내가 배웠던 것들을 다시 생각할 수 있었다는 점을 느끼고 스스로 만족했습니다.

저에게는 포트폴리오를 도대체 어떻게 시작해야 하는 것인지라는 문제가 가장 골칫거리였습니다. 이 작업을 언제 끝내야 할 것인가를 결정하는 것도 마찬가지였습니다.

그렇다면 어떻게 시작하는 것인가? '마지막 순간까지 포트폴리오 작업을 멈추어서는 안 된다.' 라는 충고가 제 귓가에 맴돌았습니다. 시작할 방법에 대해서 몇 가지 긍정적인 아이디어를 궁리하다가 마침내 반성일지를 생각하게 되었습니다. 이 일지는 매주 교수-학습 시간에 일어난 주요 사건과 이에 대한 저의 반성을 개인적으로 기록한 글입니다.

이때만큼은 컴퓨터를 끄고, 저는 한 주일 동안 작성한 일지에 무엇인가를 덧붙여 썼습니다. 1학기가 끝날 때쯤 저는 평가자들이 읽을 자료를 작성하기 전에 나의 강의의 각 주의 학습성과를 내가 과연 성취했는지를 생각해 보았습니다. 그리고 그런 생각을 확인할 증거를 찾기 위해서 내 일지를 뒤적거려 보았습니다. 이런 과정에서 글쓰기도 많이 했지만 그보다는 오히려 써야 할 중요한 내용이 어떤 것인가에 대해서 생각을 더 많이 했습니다.

저는 이 과제를 언제 끝내야 할 것인지를 모르고 있었습니다. 그러나 제가 이윽고 깨달은 점은 포트폴리오는 우리가 교수로서 수업 능력을 개발해야 하는 한 결코 중단될 수 없는 일이고, 따라서 그것은 자기 자신에 달려 있다는 점을 알게 되었습니다. 저는 제출 마감일에 맞추어 포트폴리오 작성을 끝마쳤습니다.

• 공동 작품에 대한 타인의 기여도를 인정한다.
• 양보다 질을 우선 고려하여 최종 자료를 선정한다.
• 기한이 지난 자료를 포함하지 않는다.
• 해설 부분을 분석적으로 또 전문적으로 작성한다.
• 자료의 진실성을 입증하라는 모든 요구를 수용한다.
• 포트폴리오와 그 내용을 전문성 있게 제시한다.

5. 온라인 포트폴리오

최근 수업매체가 널리 확산된 결과 DVD, CD ROM, 비디오, 웹 혹은 오디오 자료가 점차 보편화되고 있다. 어떤 포트폴리오 증거자료는 지면에 작성하기가 어렵고 따라서 다양한 매체에 담을 필요가 있다. 실제로 포트폴리오 작성자 중에는 C & IT에 익숙하여 전체 포트폴리오를 웹에 올리거나 CD로 제시하기를 원하는 사람들도 있다. 아래의 〈사례연구 17-2〉는 온라인 포트폴리오의 장점과 난점을 검토한 다음 어느 대학에서 개발한 '온라인 포트폴리오 저작자를 위한 지침'을 제시한다.

〈사례연구 17-2〉 온라인 포트폴리오

웹을 사용하여 수업을 하는 교수들의 경우, 작성한 포트폴리오를 온라인을 통해 제출하기를 원한다.

온라인 포트폴리오의 장점

• 교수가 수업에서 웹을 사용한 경우, 기존 웹 자료를 증거자료로 쉽게 링크할 수 있다.
• 포트폴리오는 내부적으로 상호 연결된 자료이므로, 하이퍼링크된 페이지의 유연성과 비선형 구조에 적합하다.
• 온라인 포트폴리오는 어디서건 접근이 용이하다.
• 온라인 포트폴리오는 교수로 활동하는 과정에서 나타나는 제반 요구사항에 맞게 쉽게 고칠 수 있다. 즉, 그것은 휴대할 수 있는 전문 기록물로 종이에 쓴 것에 비해서 오랫동안 살아 있는 형태로 남는다.

그러나 다음과 같이 몇 가지 극복해야 할 문제점도 있다. 그 해결방안도 그 다음 부분에 제안해 본다.

- 제출일: 작성자가 웹 공간에 있는 포트폴리오에 접근할 수 있기 때문에 제출 후에도 해당 내용을 변경하려고 할 것이고, 그 결과 여러 평가자가 서로 다른 포트폴리오를 보는 경우가 생길 수 있다(온라인 포트폴리오의 CD를 요구하거나 지원자용 임시 창구를 개설한 다음 제출받은 후에 접근을 막는 방법을 쓸 수 있다).
- 프라이버시: 포트폴리오가 웹상에 있으면 중요한 개인 정보가 노출될 수 있다(기밀정보는 CD본으로 제출하게 하거나 포트폴리오에 비밀번호를 설정하는 방법을 쓸 수 있다).
- 접근성: 포트폴리오가 대학 기관 내의 인트라넷 상에 올려질 경우, 외부 평가자가 접근하지 못하는 문제가 발생한다(지원자가 별도의 CD본을 제출하거나, 해당 학과에서 CD를 제작하여 제공할 수 있다).
- 영속성: 포트폴리오가 저작자의 웹 공간에서 올려질 경우 변경 · 이동 · 제거가 용이하기 때문에 원래의 요구대로 기록물을 영속적으로 보관하기는 어렵다(위 경우와 마찬가지로 CD본을 작성해야 할 것이다).
- 교수의 웹 기능: 웹에 친숙하지 못한 교수들이 있는가 하면, 지금도 문서에 주석을 달아가며 읽는 데 친숙한 교수들도 있다(기초적인 '웹 기능' 훈련 자료를 준비해야 함).

가능한 해결책

퀸메리 대학의 교육개발 센터에서는 위 사항들을 실제적으로 검토하였다. 박사 후 대학교육 자격증이 요구하는 포트폴리오를 제출해야 할 사람들을 위해서 아래와 같은 지침을 마련하였다.

온라인 포트폴리오에 대한 지침

포트폴리오 작성자는 CD본이나 온라인과 같은 양식으로 본인의 포트폴리오를 제출할 수 있다. 포트폴리오를 온라인으로 제출할 경우 지원자는 최종 포트폴리오를 CD로 2부 복사하여 제출하고, 이때 CD와 CD케이스에 지원자의 이름, 제출일 그리고 온라인일 경우 포트폴리오를 찾아볼 수 있는 URL 등을 기입해야 한다. 제출된 온라인 포트폴리오는 평가가 끝나기 전에 수정해서는 안 된다. 즉, 평가 기간 중에 온라인 포트폴리오는 제출일이 기재된 CD본과 동일한 내용을 유지해야 한다. 또한 CD에 들어 있는 포트폴리오의 첫 페이지를 여는 방법에 대해서 명확한 지침을 제시해야 할 것이다.

WWW에 있는 하이퍼링크된 증거자료를 CD에 제시할 필요는 없지만 평가기간 중 이동, 수정될 소지가 있으면 반드시 제시해야 한다. 이 자료를 저작자가 관리하는 경우(예, 웹상에 올린 강좌 관련 자료), 저작자는 평가기간 중 변경, 이동하지 않았다는 점을 보증할 책임이 있다. 또한 대학의 인트라넷에 있는 증거자료도 CD본에 포함되도록 해야 한다.

지원자는 별도의 CD나 문서에 기밀 자료를 담아 제출할 수 있다.

6. 포트폴리오에 의한 평가

포트폴리오는 일반적으로 높은 타당도를 가졌다고 보지만, 개인이 작성한 것이고 2~3명의 평가자만 이를 검토하기 때문에 신뢰도는 낮은 편이다. 일반적으로 대학에서 포트폴리오 평가절차를 비교적 완벽하게 만드는 방안은 여전히 고심거리다. 포트폴리오 평가 절차와 관련된 긴장과 미해결 쟁점이 검토된 바 있으며(Fry & Ketteridge, 1999), 이 문제는 계속 연구가 필요한 영역이다. 한편, 최근에 어떤 대학교의 교수인증 프로그램에서 제출받은 티칭 포트폴리오의 평가자의 신뢰도를 조사하였다(Baume & Yorke, 2002). 이 연구의 중요한 메시지는 해당 과제에 대한 이해를 공유하고 또 평가준거를 적용하도록 하기 위해서 평가자들을 연수시킬 필요가 있다는 점이다.

포트폴리오가 더욱 공정한 평가방법으로 자리 잡기 위해서는 명확하고 열린 명세서, 평가준거, 상세한 구조가 마련되어야 한다. 가령 특정 부분에서 기재할 내용의 최대 · 최소 글자 수에 대한 준거도 있어야 할 것이다. 또한 작성자가 충족시켜야 할 성과를 구체적으로 밝히는 준거가 있어야 한다. 합격 · 불합격 등의 성취수준에 대한 진술도 있어야 한다. 현재 많은 대학은 총괄적 결정을 내릴 때, 세분화된 판정등급을 내리기보다는 만족할 정도로 이수했는가, 아니면 별도의 연수가 필요한가만을 일정 기준에 따라 판정하는 방식을 채택하고 있다.

모든 평가와 판단이 그러하듯 평가의 형식과 목적, 판단의 방법 등을 균형 있게 고려하는 부분이 있다. 대학의 티칭 포트폴리오의 경우, 포트폴리오 작성의 형성적 가치, 상대적 실행 가능성, 내용의 타당도 등이 신뢰도 문제보다 더 중요한 것 같다.

자신의 수업 실제에 대해서 생각하기

교수님이 소속된 대학에서 티칭 포트폴리오를 제시하도록 요구할 경우에 어떤 점을 중시할 것인가를 찾아보시오. 소속 대학은 포트폴리오의 구조나 특성에 관한 지침을 갖고 있습니까? 이 지침은 의도하는 목적에 따라서 상이한 내용을 갖고 있습니까?

7. 개 요

오늘날 티칭 포트폴리오는 대학교수의 수행능력과 전문성을 밝혀 주는 실질적인 수단으로써 보편화되고 있다. 즉, 포트폴리오 작성은 대학교수의 정규 활동으로 자리 잡아 가고 있고, 대다수의 대학이 포트폴리오 작성의 기본 틀을 제공하고 있다. 포트폴리오 작성에서 가장 어려운 점은 반성적 해설을 작성하고 변별력 있는 증거자료를 선택하는 일이다. 대학들은 빠른 속도로 포트폴리오를 총괄 평가에 활용하는 경험을 축적하는 중이다. 대학교수들이 임용된 초기부터 포트폴리오를 작성하는 것은 훗날 승진이나 전직을 할 때 자신의 수업 전문성을 입증하는 일에 큰 도움을 줄 경험이 될 것이다. 앞으로 포트폴리오는 지속적 전문성 개발의 증거자료로 점점 더 활용될 것이다.

참고문헌

Baume, D., & Yorke, M. (2002). The reliability of assessment by portfolio on a course to develop and accredit teachers in higher education, *Studies in Higher Education*, *27*(1), pp. 7-25.

Fry, H., & Ketteridge, S. W. (1999). Developing teaching in undergraduate medical and dental schools: introduction of teaching portfolios in the context of a national requirement programme, in *Selected Proceedings*, 8th Ottawa Conference on Medical Education, Philadelphia.

Gibbs, G. (1998). *Creating a Teaching Portfolio*, Technical and Educational Services Ltd, Bristol.

Lyons, N. (1998) Portfolios and their consequences: developing as a reflective practitioner, in *With Portfolio in Hand: Validating the new teacher professionalism*, ed N Lyons, pp. 247-64, Teachers College Press, Columbia University, New York

Kappa, C. (1995). The origins of teaching portfolios, *Journal of Excellence in College Teaching*, *6*(1), pp. 5-56.

Mezirow, J. (1992). *Transformative Dimensions of Adult Learning*, Jossey-Bass, San Francisco.

Nicholls, G. (2001). *Professional Development in the Higher Education*, Kogan Page, London.

Seldin, P. (1997). *The Teaching Portfolio*, 2nd edn, Anker Publishing Company, Bolton, Massachusetts.

Seldin, P., Annis, I., & Zubizarreta, J. (1995). Answers to common questions about the teaching portfolio, *Journal of Excellence in College Teaching*, *6*(1), pp. 57-64.

Weeks, P. (1996). The teaching portfolio: a professional development tool, *International Journal for Academic Development*, *1*(1), pp. 70-74.

읽을거리

Newble, D., & Cannon, R. (1994). *A Handbook for Medical Teachers*. London: Kluwer Publishers. 여러 학문 분야에서 쉽게 활용될 수 있는 유용한 포트폴리오 작성방법을 부록에 제시하고 있다.

Seldin, P. (1997). 상게서. 미국 대학시스템에서 활용된 여러 학문분야별 포트폴리오 자료의 예가 다수 들어 있다.

제3부

학문 분야별 교수-학습의 핵심 측면

제18장

실험과학, 공학 분야 교수-학습의 핵심 측면

1. 서 론

이 장의 목표는 실험과학과 공학 분야에서 나타나는 교수-학습의 특징을 찾는 것이다. 화학, 물리학, 생물학, 환경과학, 무기재료학 및 그 외 모든 공학 분야의 교수들에게 이 장은 도움을 줄 것이다.

이 장에서는 특히 과학과 공학에 관련된 배경, 주제, 방법 등이 검토될 것이며, 이것은 이 책의 초판에 실린 글(Kate Exley, 1999)을 확대, 발전시킨 것이다.

2. 배 경

다른 학문 분야의 교육과정은 대학 교수가 주로 개발하는 데 비해서 실험과학과 공학 분야의 교육과정은 물론 교수-학습 방법에 대해서까지 전문가 단체가 결정하기도 한다. 일부 전문가 단체는 상당히 자유로운 방식으로 학부과정 교육 프로그램을 인정하거나 인증하고 있다. 여기서 인증(accreditation)이란 어떤 프로그램이 최소한의 수준을 만족시키는 것을 의미한다. 일부 전문가 단체는 대학교육과 관련하여 더욱 능동적이기도 하며, 대학교육 프로그램에 대한 그 단체들의 인증은 졸업생들의 미래에 아주 결정적일 수 있다. 이 경우 전문가 단체는 학부과정 프로그램의 입학기준, 세부적인 교육과정, 특수한 평가 방법 등을 정할 수 있고 또한 실습이나 프로젝트의 최소 요건을 구체화하기까지 한다. 이런 점들은 대학교수가 무엇을, 어떻게 가르쳐야 할 것인지에 부분적으로 영향을 미칠 수 있다. 전문가 단체의 요구 조건 외에도 QAA 교과 표준척도 진술문(QAA, 2000-02)이 있는데, 이것은 인증 요구 조건과 공존할 수도 있고 그렇지 못할 수도 있다.

자신의 수업 실제에 대해서 생각하기

교수님의 전공에서는 전문가 단체의 요구사항이 교육과정에 어떤 영향을 미치고 있습니까? 학부교육 프로그램의 인증에 대한 전문가 단체의 적절한 태도는 무엇입니까? 교수님의 전공 프로그램이 인증받기 위해서 어떤 세부 요건이 충족되어야 합니까? 그것은 교수님의 수업에 어떤 영향을 줍니까?

과학/공학 관련 학과에서 발생하는 주요 난제 중 하나는 학부생의 충원이다. 젊은 사람들은 과학/공학 관련 교과를 점점 더 '어렵고' '매력 없는' 것으로 본다. 현재 새로운 학문 분야가 등장하는 가운데 과학/공학의 많은 영역은 자칫 시대에 뒤떨어진 것으로 보일 수 있다. 지난 20년 동안 학생 수가 증가했지만 과학/공학 학생 수가 그만큼 증가한 것은 아니다(Institute of Physics, 2001). 과학 AS와 A2 코스를 공부하는 대학생의 비율은 감소하며, 이를 방치할 경우, 대학은 계속 감소하는 지원자들 중에서 학부생을 선발할 것이다. 이렇게 되면 대개의 경우 입학생의 수준이 떨어지고, 준비가 부족한 학생들이 어려운 과목들을 공부하게 된다. 이러한 사실은 특히 입학 초기부터 교육과정의 설계, 교수-학습에 대한 접근방법, 학생 지원과 재학생 확보 시스템 등에 대해 중요한 시사점을 준다.

과학/공학 분야에서 교수-학습에 직접적인 영향을 미치는 또 다른 중요한 문제는 학부생의 수학 과목 준비도다. 입학생들의 수학 능력이 저하되었다는 연구도 많고 널리 알려져 있다(예, The Engineering Council, 2000). 수학성적이 좋았던 학생도 물리/공학의 수학적 측면에서 고생할 수 있다. 위에서 말한 신입생 모집 상황에서는 수학 능력이 뒤떨어진 학생도 학부에 들어올 수 있다. 이런 문제를 개선하려면 수학 보충 강의를 제공해야 한다. 이 경우 필수적으로 배워야 하는 수학은 처음 몇 주부터 아주 힘들게 느껴져서 대학생들이 그것 때문에 환멸을 느낄 수도 있다. 학부생을 위한 수학 특별교육은 중요한 문제지만 이 장의 범위를 벗어난다(12장 참조). 수학 지원에 대한 유용한 아이디어와 자료를 다른 곳에서 얻을 수 있다(Learning and Teaching Support Network Subject Center).

1990년대 전문가 단체의 후원으로 과학/공학 관련 학문에서는 '학부 석사' 과정이라고도 불리는 '속진' 학사 학위를 만들었다. 이런 석사 수준(M level) 과정이 생긴 것은 국제적 경쟁을 갖춘 과학자/공학자 양성을 위해 학부 수준에서 더 많은 시간이 필요했기 때문이다. 이렇게 새로운 프로그램이 필요한 이유는 고학년에서 더욱 '최첨단' 공부를 해야 할 필요도 있고 또 신입생의 취약한 과학적 기반을 보완해야 할 필요도 있었기 때문이다. MChem, MPhys, MEng, MSci 등과 같은 석사수준 과정들이 빠르게 성장하고 다양한 방식으로 발전하고 있다. 이 중 상당수는 졸업학년에 중요한 프로젝트를 수행하고 또 현장에 적용할 수 있는 기능을 개발하기도 하는 BSc/BEng와 유사하다. 다른 학과에서는 '2+2' 제도를 도입하여 1, 2학년 때 전 학년 공통과정을 이수하게 하고, 3학년에 BSc 과정을 하거나 3, 4학년에 석사 수준 과정을 이수하도록 한다. 많은 학과에서는 석사 수준의 학부 프로그램만을 제공하기도 한다. 다른 대학에서는 석사 프로그램을 BSc/BEng와 함께 제공하기도 한다. 이럴 경우 학사과정과 석사과정의 차이에 관한 문제, BSc를 이류의 코스로 경시되지 않도록 해야 하는 문제가 생긴다. 학사과정과 석사과정이 공존할 때, 각 과정의 성과는 분명히 구분되어야 하므로 결과적으로 교육과정 설계와 학습, 수업과 평가방법 등에 시사점을 준다.

결과적으로 대학에서 과학/공학 관련 학문을 가르쳐야 할 신임 교수들이 부딪치는 상황은 우수학생 모집의 어려움, 대학생의 수학능력 부족, 외부 단체에 의해 크게 영향을 받는 교육과정 등에서 어려움을 겪고 있다.

3. 교수-학습

과학/공학에서 특히 중요한 교수-학습 방법은 여기서 더 상세하게 다룰 것이다. 강의, 개인지도, 세미나 등과 같은 방법은 이미 6, 7장에서 언급하기도 했다. 과학/공학 분야의 한 가지 특징은 아주 내용에 쫓기는 분야라는 점이다. 이 분야의 지식 기반은 계속 확장되고 있고, 또 그렇다고 해서 기존의 내용을 쉽게 빠뜨릴 수도 없어서 교육과정은 계속해서 과부하되고 있다.

1) 강 의

강의는 여전히 과학/공학에서 '내용'을 전달하는 주된 방법이다. 많은 교수가 학생의 상호작용, 참여, 활동에 더 많은 기회를 부여하여야 최근에 과학/공학의 강의 형식은 많이 변화했다.

과학/공학의 교육과정은 직선적인 성격을 뚜렷하게 보인다. 기본적인 개념들이 있고 이것을 숙지해야 그 다음 공부를 계속할 수 있다는 점이 공통적이다. 다른 학문에서는 그렇지 않다. 다른 학문에서는 강좌나 과정을 개설, 설치해야 하는 학년도가 정해져 있지 않고, 그 수준도 내용 자체의 '수준'에 의해서 정해지는 것이 아니라 그 주제를 어떤 식으로 접근하느냐에 따라서 결정된다.

자신의 수업 실제에 대해서 생각하기

교수님의 다음 학기 강의 목적과 목표는 무엇입니까? 교수님은 수강생들이 무엇을 배우기를 원합니까? 강의 시간 동안 학생들이 참여할 수 있는 간단한 활동을 한 가지 설계해 보시오.

2) 소집단 수업

개별지도 방법은 과학/공학에서 여전히 많이 사용되지만 수강생 집단의 규모가 계속 커져 점점 더 많은 압박을 받고 있다. 개별지도 방법은 신임교수들이 그리 쉽게 사용할 수는 없을 것 같다. 개별지도에서 학생들의 참여를 촉진할 방법은 무엇인가에 대해서는 7장에서 언급하였다. 과학에서 소집단 수업은 특별히 어려울 수 있다. 왜냐하면 이 학문의 특성을 볼 때 분명한 토론사항이 늘 있는 것도 아니고, 대다수 학생이 대개 어떤 질문에 대한 올바른 답은 하나라고 생각하는 경우가 많기 때문이다. 만일 문제해결을 소집단 수업의 한 가지 측면으로 중시할 경우에는 정답이 꼭 하나가 아닌 혹은 폭넓은 해석을 요구하는 불확실한 문제들을 설계하는 것이 좋다. 이런 문제를 준비해야 학생들은 단순히 어디가 잘못이 있는가만을 파악하지 않고 다양한 반응을 서로 토론할 기회를 갖게 될 것이다. 그러한 기회를 제공할 수 있는 문제와 주제를 찾을 필요가 있을 때, 이런 주제들과 연관된 책들을 참고하면 좋다(예, Garratt, Overton, & Threlfall, 1999).

자신의 수업 실제에 대해서 생각하기

교수님께서 개별지도를 할 경우 어떤 목적을 염두에 두고 합니까? 교수님은 학생들이 무엇을 배우기를 원합니까? 학생들의 능동적인 참여를 위해 교수님은 어떤 전략을 사용할 것입니까?

3) 문제 기반 학습

과학/공학 분야의 수업은 상당히 전통적인 방식으로 하지만, 특히 공학에서 문제 기반 학습(Problem-based Learning, PBL)과 같은 새로운 방법도 부각되고 있다. 문제 기반 학습이라는 학습양식에서는 문제들이 학습의 배경이나 추진력으로 사용된다. 새로운 지식을 학습할 때는 언제나 문제점들을 배경으로 삼아 이루어진다. 문제 기반 학습은 '문제해결'과 다르다. 문제기반 학습의 경우에는 문제들이 관련된 지식을 획득하기 이전에 제시되고, 문제를 해결한 결과로 지식과 문제해결 기능을 획득하게 된다. 문제해결의 경우에는 흔히 관련된 지식을 획득한 이후에 이 지식을 탐색하거나 향상시키기 위한 수단으로 문제가 활용된다.

문제 기반 학습은 의학교육에서 비교적 제대로 이루어지고 있다(23장). 그것은 다른 실무기반, 건강 관련 학문에서도 활용되었으며, 공학과 같은 다른 '전문적' 학문에서도 채택되는 중이고 과학에 토대를 둔 학문으로까지 확대되고 있다.

옹호자들의 주장에 따르면 문제 기반 학습접근법은 다음과 같다.

- 대학생들의 동기를 더 잘 유발시킨다.
- 주제에 대해 더욱 깊이 이해하게 한다.
- 자발적 학습과 협력 학습을 장려한다.
- 고차원의 인지 기능을 발달시킨다.
- 문제해결, 집단 학습, 비판적 분석, 의사소통 등 다양한 기능을 개발한다.

교육과정은 문제를 중심으로 조직된다. 따라서 문제들은 소기의 학습성과와 신중하게 연결되어야 한다. 문제 기반 학습의 경우, 학생들은 문제를 해결하기 위해 집단으로 공부한다. 강의가 없는 대신 학생들은 자기주도적 학습을 한다. 교수는 촉진자, 멘토, 안내자로서 활동한다.

그러나 문제 기반 학습 방법만을 전적으로 사용하는 것에는 몇 가지 단점이 따른다. 강의중심 수업과 비교할 때 문제 기반 학습에서 다루는 내용은 분량이 더 적다. 문제 기반 학습의 경우, 집단의 크기가 작아야 하므로 전통적 방식보다 더 많은 수업시간이 필요하다. 200여 명의 학생에게 문제 기반 학습 수업은 성공할 수 없다. 문제 기반 학습을 위한 공간, 예를 들면 이동식 책상을 갖춘 평평한 세미나실이 없는 대학도 많다. 이런 상태에서 집단학습은 학생들의 참여 부족, 성격 충돌 등으로 인해 어려움을 겪을 수 있으므로 적절한 전략을 투입하여 효과적으로 이루어지도록 해야 한다.

문제 기반 학습에서 사용되는 문제들은 교육과정 목표와 연결되어야 하고, 현실적이고 매력적이어야 하며, 정답이 뻔하지 않아야 하고, 학생집단이 과학자/공학자와 같은 전문 역할을 수행하도록 해야 한다. 대학생들이 해야 할 일은 문제해결 전략의 개발, 새로운 지식의 획득, 판단과 충당, 결핍/과잉 정보의 처리 등이다. 문제 기반 학습에 맞는 효과적인 문제를 개발하는 것이 쉬운 일은 아니다. 그러나 많은 교수는 문제를 개발하는 초기 단계에서 심혈을 기울이는 것이 중요하다고 본다. 〈사례연구 18-1〉은 맨체스터 대학교 공학 프로그램에서 도입한 문제 기반 학습을 기술한다.

〈사례연구 18-1〉 공학에서 PBL의 채택

2001년 9월부터 맨체스터 공과대학(MSE)은 학부 과정에 문제 기반 학습을 주요 수업방법으로 채택하였다. 문제 기반 학습 그 자체는 새삼스러운 것은 아니지만 공학, 특히 학부 과정의 첫 학년에 응용한 것은 처음이었다. MSE는 영국에서 이런 급진적 방법을 택한 첫 번째 공대로, 이는 엄청난 문화적 변화를 수반하였다.

대학생들은 간단한 문제를 해결함으로써 프로그램에 진입하게 한다. 1학년에서 다룰 문제들은 학습의 과정을 강화시키는 방향으로 설계되었고, 학습할 모든 내용을 담아 내려고 하지는 않았다. 학년이 올라가면 대학생들은 학습 기능을 개발하게 되는데, 이 시기에 다루는 문제들은 지식에 좀 더 중점을 두게 된다.

문제 기반 학습 활동을 할 때, 학생들은 8개 집단으로 나뉘어 '문제 시나리오'를 가지고 체계적으로 공부한다. 각 집단들은 한 대의 컴퓨터, 프린터, 사물함, 칠판을 갖춘 학습실을 사용한다. 전형적인 문제 시나리오는 주로 1일에서 2주까지 지속되는 것이다. 각 집단은 반장과 서기를 뽑은 후, 문제의 분석 및 정의 등으로 나아간다.

문제 기반 학습 설계자가 문제를 설계할 때 정한 방향으로 학생들이 소기의 학습성과를 낳을 수 있도록 학문적 촉진자가 대학생들을 이끌어 준다. 또한 촉진자는 집단 내에서 해결될 수 없는 문제들을 처리한다. 1학년 초기에는, 대학생들에게 문제 기반 학습 방법에 적응하도록 요구하고 처음부터 촉진자와 긴밀하게 접촉하게 하나 시간이 지나면 학생들은 더욱 독립적으로, 마침내 촉진자의 존재도 의식하지 않고 공부할 것이다.

대학생들은 1주일에 최소 3번 이상 촉진 모임에 참석하는데, 특별 지도를 제공하는 전문가 포럼 혹은 워크숍이 그 시간표에 포함되기도 한다. 이 모임에서 학생들은 연구결과를 발표하고 지식을 공유한다. 여기서 그들은 동료를 도와주고, 서로를 가르치고, 자기 자신의 학습을 강화하는 역할을 수행한다. 학생들은 상대방의 정보에 서로 의존하기 때문에 모든 학생이 함께 기여하도록 압력을 준다. 이 방법은 학생들에게 계획하게 하고, 타협과 자제를 통해서 합의에 도달하도록 요구한다. 지속적 자기 평가를 장려하고, 학생들은 반성의 자료로서 학습일지를 작성하게 한다. 이것은 개별학업발전계획(Personal and Academic Development Plan, PADP)의 일부분이 된다. 문제 기반 학습 기간에 학생들은 자신의 노트, 다른 집단의 학생들이 준 자료물, 자기발달 상황에 대한 반성적 기록 등을 작성, 보관한다. 이 반성 기록에는 팀 공부를 통해 얻은 개인별 기능은 물론, 집단에서 개인이 수행한 역할, 집단 과제의 처리 수준, 시간 관리, 집단 내 견해차이의 해결방식 등이 포함될 수 있다.

평가는 집단 과제와 개별 과제를 활용하여 관리한다. 여기에는 다지선택형 시험, 발표, 웹페이지 설계, 보고서 작성 테스트, 논증 등이 포함된다. 또 평가의 일부로 포함될 학생들의 PADP에는 과정, 성찰, 동료 평가 등의 기록, 문제기반 학습 기간에 획득한 지식, 그 지식의 응용 등이 포함된다.

문제 기반 학습으로 전환하는 것은 교수뿐만 아니라 학생들에게도 문화적 변화를 수반한다. 그렇기 때문에 각 집단 문제 기반 학습 촉진자들은 축적된 경험이나 우수한 실제를 서로 공유하기 위해, 그리고 과정 중에 발생한 문제점에 빠르게 반응하기 위해 매주 한 번씩 만났다. 문제기반 학습의 한 가지 성과는 전통적인 강의 중심 시스템에 비해 교수들이 팀으로 일할 수 있게 한다는 점이다. 그뿐만 아니라 교수들은 새로운 문제 기반 학습의 개발을 위해서 좋은 충고자가 될 수 있고 또 동료 교수가 어떤 자료를 개발하는지도 알 수 있다.

4) 산업연수 경험

많은 과학/공학 프로그램에서 학점과 결부된 실무 중심 학습이 점차 증가하며, 특히 4학년과 석사과정 프로그램에서 그렇다. 현장 경험의 기간은 몇 달, 한 학기, 1년 등 다양하다. 고용기관들은 현장 경험을 매우 높게 평가하며, 산업체를 경험한 학생들은 일반적으로 아주 고무되어 있고, 현장 적용이 가능한 개인적 기능을 많이 개발하였다. 산업체 경험을 학점 이수와 연결할 경우에는 그것이 의미 있는 경험이 되도록 해야 하고, 이를 위해서는 고용

기관을 신중하게 선택하고 고용기관-대학 간 협력 관계를 구축해야 한다. 많은 학과에서는 고용기관과의 협력 구축, 학생 배치와 지원 등을 책임질 사람을 정한다. 현장 경험의 목적은 대학과 고용기관 모두에게 분명해야 한다. 만약 현장학습이 학점으로 인정될 경우에는 평가할 수 있는 실질적인 학습 성과가 나와야 한다.

현장학습 계획의 성공을 위해서 필요한 주요 단계들은 다음과 같다.

(1) 현장 접촉

현장학습 담당 교수가 산업체와 처음부터 접촉하고 상호조정 역할을 수행하는 학과 시스템이 갖추어져야 대학생과 관련기관을 위해서 최선의 서비스를 제공하고, 협력관계를 증진시킬 수 있을 것이다.

(2) 협력관계: 회사, 대학, 학생

성공적인 협력관계를 조성하기 위해서는 책임 소재를 분명히 해야 한다. 그에 관한 사항은 핸드북에 학생, 담당 교수, 산업체 감독 등으로 나누어 정리할 필요가 있다. 산업체의 현장학습 담당자의 접근 태도를 신속하게 파악하고, 연결고리를 유지해야 담당교수는 협력관계를 활성화할 수 있다.

(3) 학생 준비

학생들은 현장학습의 이점, 시간표, 지원 방법, 현장의 일반적 요구사항(복장과 같은) 등을 알아야 한다. 이력서 작성, 지원서 양식, 인터뷰 기술 등에 대한 준비 과정은 중요하다. 현장 실습을 마치고 돌아온 학생들이나 산업체 인사들이 산업체에 관한 발표를 듣게 하는 것도 유용하다.

(4) 학생들과 관계 유지

학생들은 문제점이나 성취 결과를 논의하기 위해 대학과 접촉하도록 해야 한다. 현장에 있는 학생들에게 대학 관계 인사의 방문은 아주 큰 힘이 된다. 현장에서 학습하는 학생들은 전자 매체를 통해 교수나 혹은 동료 학생에게서 도움을 받기도 한다.

(5) 평가

현장학습 과정에 대한 공식적 평가가 분명하게 이루어져야 학생들은 현장에서 많은 이득을 얻을 수 있다. 학생들은 자신의 발전 정도를 의식하고 그 변화 정도를 스스로 평가하도록 격려해야 한다. 이것은 포트폴리오 혹은 자기발전 일지를 통해 평가할 수 있다. 학생들은 현장학습을 위해서나 대학에 되돌아올 것에 대비해서 어느 정도 학과 공부도 병행하게 할 수 있다. 이것은 대학에 온 후 지필 과제나 시험을 통해 평가할 수 있다. 산업체에서 많은 학생은 프로젝트 작업을 수행하며, 이 프로젝트 보고는 평가 과정의 주된 부분이 될 수 있다.

5) 실 습

실험/실습 수업 및 워크숍은 과학자/공학자의 교육에서 중요한 역할을 한다(Boud, 1986). 이 속에서 학생들은 과학자/공학자가 되는 것을 배우고 전문 기능을 개발한다. 과학/공학은 실제적인 과목이며, 대학교수들은 이러한 실제적 경험을 핵심적인, 타협 불가능한 부분으로 본다. 이러한 학문의 대학생들은 예술이나 인문 학생들과 비교하여 수업 중에 더 많은 시간을 접촉한다. 그러한 학습 경험은 교수의 소요 시간, 지원 인력, 재료 소비, 장비 등의 측면에서 비용이 많이 든다. 따라서 학습경험은 가능하면 효과적인 것이 되도록 해야 한다. 이러한 경험은 실제적, 학문-특수적 기능의 개발을 위해서 중요하고 또한 지적인, 전이 가능한 기능의 개발을 위해서도 풍부한 기회를 제공한다.

학생들이 조사, 디자인 설계 등을 하고 있더라도 수업 기간의 학습목표는 훨씬 더 광범위하다. 실습 시간의 목적에 포함될 것은 다음과 같다.

- 실제적 기능을 습득한다.
- 특수한 기구, 장비, 도구를 경험한다.
- 설계를 한다.
- 실험을 계획한다.
- 이론과 실습을 연결한다.
- 자료를 수집한다.
- 자료를 처리하고 해석한다.
- 관찰을 한다.
- 가설을 세우고 검증한다.
- 판단을 한다.
- 문제해결 기능을 개발한다.
- 자료와 개념들을 의사소통한다.

- 개인적 기능을 개발한다.
- ICT 기능을 개발한다.
- 안전한 실습 현장을 만든다.
- 학생들의 동기를 유발시키고 열중하게 한다.
- 전문적 실습을 모의화한다.

이론–실습, 학생–교수 상호관계가 복잡해지는 실습 현장에서 이 항목은 더 늘어날 수 있다. 실습이 아주 제한적이고 한정되었을 경우에, 학생들은 독자적 사고를 하지 않고 상세한 지시를 따른다. 이러한 경험은 특히 수업 초기에 기본적인 실습 기능을 개발하고 또 학생들이 자신감을 갖게 하는 데 기여한다. 실습활동이 더욱 개방적인 형태로 이루어질 경우에, 학생들이 실험 설계나 현장 조사의 일부분에 참여하도록 한다. 이러한 경험은 실제적이고 전문적인 기능을 더욱 개발할 뿐만 아니라, 설계 기능이나 문제해결 기능을 개발하고 이론을 실제에 응용하도록 요구한다. 이런 활동은 수업의 후기 단계에서 도입할 수 있다.

수업 담당 교수가 실험 수업을 완전히 새롭게 계획하는 것은 아니다. 대부분 종전의 활동을 따라 하고, 이용할 수 있는 자원과 장비에 의해 제한된다. 실습을 계획할 때는 의도하는 학습성과가 무엇인지, 학습경험이 그런 성과를 낳을 수 있는지를 확인하는 것이 중요하다. 평가 방법이 중요한 기능들을 모두 평가할 수 있는지, 이것이 평점 방식에 반영되었는지를 확인한다. 보고서 작성과 이론적 개념에 관한 토론을 통해서 전문 기능을 평가할 수 있겠는가? 보고서 작성에서 '좋은 성적'을 받았다고 해서 실습 성적이 좋을 수 있는가? 실제적 기능이 향상되어야 하지 않을까? 만약 이 마지막 질문에 대해 '그렇다'라고 답한다면 평가 방법이나 평점 방식에 상당히 주의해야 한다.

대학생들이 실험실, 워크숍, 현장 답사에 들어가기 전에 그들이 해야 할 활동에 대해서 그리고 그 배경으로 필요한 이론이나 정보에 대해서 잘 알아야 한다. 이러한 요구 사항을 명확하게 주지하지 않으면 학생들은 일정표나 지침서를 읽지 않고 나타날 것이다. 학생들이 실습 현장에 오기 전에 미리 생각하게 하는 가장 쉬운 방법은 미리 연습을 시키는 것이다. 연습의 길이는 짧게, 학생들이 사용할 일정표나 유인물에서 뽑은 몇 가지 질문으로 만들거나 학생들에게 이런 자료를 참고 삼아 읽어 오게 한다. 학생들은 수업이 시작 전에 미리 연습해 오도록 해야 한다. 그와 같은 '실습 전'이나 '실험 전' 활동은 지필로 하거나, 웹이나 가상학습 환경(VLE)을 통해 자동으로 이루어지게 할 수 있다. 이런 방법은 학생들의 준비도를 위해서 또한 그 공부에서 최선의 성과를 얻게 하는 데 아주 효과적이다. 〈사례연구 18–2〉

는 현장 실습을 위해 학생들을 준비시키는 한 가지 방법을 보여 준다. 현장 학습은 수업비용이 많이 들어가기 때문에 특히 학생들을 잘 준비시켜야 한다.

효과적인 실습을 위해 또 다른 중요한 문제는 교수 보조원이 주는 지원의 질이다. 많은 학과에서 현장 학습, 실험, 워크숍의 교수보조원으로 대학원생이나 박사 후 과정생을 쓴다. 학생-교수 비율이 증가함에 따라 대학원 과정 교수보조원은 팀의 중요 구성원이 되며, 그

〈사례연구 18-2〉 현장학습 준비: 환경 과학

현장학습은 현대의 환경공학 코스에서 중요한 역할을 한다. 현장학습은 다양한 형태로 이루어지며, 이론을 심화시키기 위해서 사용될 수 있다. 학생들은 학문 특유의 전이 가능한 기능을 개발하는 기회를 얻게 된다. 예를 들어 표본 추출, 자료 분석의 기술과 방법을 얻을 뿐만 아니라 '실생활' 시나리오에서 문제를 해결하는 귀중한 훈련을 쌓게 된다.

그런데 특히 학부 수업 초기에 대학생들에게 현장학습을 지도하는 데는 어려움이 따른다. 그 이유는 학생들이 배울 수업자료가 보통 여러 학문 영역에 걸쳐 있는 내용이기 때문이고 이와 동시에 대다수 학생이 현장학습의 '과정'에 익숙하지 못하며, 요구받거나 기대받는 바가 무엇인가도 아직 이해하지 못하기 때문이다.

이 문제를 해결하려면 안내를 위한 강의, 문서자료를 통한 지원 등과 같은 방법이 쓸 만하다. 그런데 불행히도 학생들의 피드백을 살펴보면, 그런 방법이 가장 중요한 메시지를 제대로 전달하지 못하고 오히려 정보 과부하를 일으킬 위험도 있다. 한 가지 대안으로서 웹기반 자료는 유연하고 상호작용적인 방식으로 현장학습을 준비하는 데 다양한 요소를 결합시킬 수 있다.

플리머스(Plymouth) 대학의 환경과학 학사과정에서는 더번(Devon)의 남동쪽 틴(Teign) 저수지에 관한 일주일간의 통합된 학습과 더불어 지역현장 주말학습을 시킨다. 여기에는 틴 지역의 수질에 미치는 (고대와 근대의) 토지 사용 평가가 포함되고, 그리고 관리된 산림지 몇 곳, 농업, 간척지 산업, 관광 사업도 포함된다. 이러한 활동과 관련된 여러 가지 학습성과 및 기대사항에 맞추어 학생들을 제대로 준비시키기 위해서 우리는 쌍방향 웹 사이트(www.science.plym.ac.uk/departments/learn/teign/teign_home.htm)를 개발하였다. 1주일의 공부 기간에 개인별로 사이트 방문이 가능하게 하였다. 웹 사이트의 내용은 실제 현장학습의 대체물이 아니라 더욱 효과적인 현장학습 준비가 되도록 하였다. 적절한 그래픽과 함께 다른 웹 사이트와 연결되도록 링크되었으며, 각 부분에는 학생들이 자신의 이해 수준을 평가할 수 있도록 쌍방향의 자기평가표가 들어 있다. 학생들은 웹 사이트를 사용함으로써 자신의 학습을 좀 더 잘 알고, 독립심을 기를 수 있게 하였다. 웹 사이트는 언제나 접근할 수 있고, 현장학습 1주일 전까지 안내를 위한 강의를 대신해서 일정 소개가 제공된다.

이 접근방법의 효과에 대한 한 가지 증거는 교수들의 이야기에서 얻어진다. 예컨대, 각 사이트를 처음 방문할 때 컴퓨터 고장으로 고생하는 일이 거의 없었다고 말하는 교수도 있다. 학생들의 피드백을 보면, '현장학습의 준비를 위한 안내 설명/수업은 얼마나 효과적이었는가?' 라는 질문에 대한 학생 응답을 보면, '매우 높다' 는 답변은 50%(안내 강의)에서 90%(웹 사이트 수업) 등으로 나타났다. 학생들은 웹 사이트의 일부 내용을 활용하여 발표하고 공식적 평가의 일부로 활용한다. 웹 사이트의 성공에 기여한 바는 사이트의 접근 용이성과 상호작용 등이었다.

들이 주는 도움의 질이 훨씬 더 중요해졌다. 더 높은 효과를 내기 위해 그들은 그 활동에 익숙해야 하고, 그들에게 기대하는 바를 잘 알아야 하며, 학생들과 우호적 관계도 형성하고, 어떤 문제든 기꺼이 다룰 수 있어야 한다. 대부분의 대학은 교수보조원을 위해 훈련 기간을 두어 교수보조원으로서 필요한 기능, 지식, 수업태도를 갖추도록 한다. 실습반을 맡는 교수는 교수보조원이 수업 목적과 관련 장비를 잘 알고 있는지, 질문 사항을 처리할 만한 충분한 지식을 갖는지에 대해 숙지하도록 실습 전에 간단한 시간을 갖는 것이 좋다. 교수와 교수보조원이 모두 자신의 역할이 무엇이며 자신에게 기대하는 바가 무엇인지를 분명하게 파악하도록 해야 한다. 만일 교수보조원이 학생의 평점에 관여할 경우에는 학생 집단 구성원들에게 모두 일관된 기준이 적용되도록 상세한 평점계획을 세우게 해야 한다. 여러 학과의 실험실, 실험수업, 현장수업에서 교수보조원이 제공하는 지원의 질이 어떤가를 알아보기 위해서 학부생에게 설문조사를 실시하고 있다.

공학자/과학자가 '되는' 법을 배우는 또 다른 중요한 부분은 프로젝트 작업이며, 여러 가지 형태로 행해진다(8장 참조). 학과에서 연구 교수 옆에서 독창적인 연구에 참여할 수 있다. 또 프로젝트 작업은 현장실습을 기초로 삼을 수 있고 탐색적 문헌조사를 포함할 수 있으며,

자신의 수업 실제에 대해서 생각하기

교수보조원이 될 대학원생의 이상적 자질을 열거해 보시오. 다음 학기 실습 과목을 도와줄 교수보조원에게 위와 똑같이 하도록 하시오. 두 사람이 작성한 항목들을 비교해 보시오. 만일 큰 차이가 있다면, 이것으로 교수보조원과 논의해 보시오. 교수님의 학과/대학은 대학원생 교수보조원을 어떻게 훈련시킵니까?

컴퓨터에 의존할 수도 있다. 학생들은 개인적으로 또는 집단으로 연구 프로젝트를 수행할 수 있으며, 그 기간은 졸업 학년의 일부 혹은 1년간 계속될 수 있다.

4. 기능과 고용능력

모든 학과 표준척도 진술문(Subject Benchmark statements; QAA, 2000-02)은 현장에 적용할 수 있는 기능들의 획득에 관한 진술을 포함한다. 디어링 보고서(NCIHE, 1997)에 따르면 졸업생들이 나중에 무슨 일을 하건 간에 미래의 성공을 위해서 핵심이 될 기능으로 네 가지가 있다. 그것은 의사소통 기능, IT 사용, 수리능력, 학습방법 등이다. 고용주들이 과학/공학 분야 졸업생들에게 요구하는 기능에 대한 연구결과를 살펴보면, 그들은 '부드러운' 대인관계 기능을 높게 평가하며, 발표나 의사소통 측면에서 학생들이 실패하고 있다고 한다. 우리는 당연히 이러한 기능들을 개발할 기회를 학부생들에게 제공하기로 마음을 모으고 실제로 노력해야 한다(9장 참조). 과학/공학 학부생들에게 그와 같은 기능을 길러 주는 가장 좋은 방법은 강좌의 학문 내용에 그런 기능들을 끼워서 가르치는 것이다. 예를 들면, 의사소통 기능의 개발은 과학적 주제를 발표하는 과정에서 이루어질 수 있다. 이렇게 기능 개발과 수업 내용을 통합한 예가 〈사례연구 18-3〉에 있다. 실습, 프로젝트, 열린 문제해결 활동 등은 개인별로 응용할 수 있는 기능을 개발할 기회를 많이 제공한다. 그러나 학생들이 이 점을 인지하고 중시하도록 그와 같은 기회와 기능을 명시해야 한다. 학생들의 향상 파일(progress files)을 활용하면 교수와 학생들이 기능 개발에 더 주의를 기울이고, 교육과정 안에 기능 개발과 반성 시간을 집어넣는 데 크게 도움이 될 것이다.

〈사례연구 18-4〉에서는 여러 유형의 기능 개발을 살펴볼 수 있다. 이 사례는 레스터 대학 물리학과에서 사업/기업 기능에 대한 대학생들의 인식을 더 높이기 위해 어떻게 강좌를 운영했는가를 밝혀 준다.

〈사례연구 18-3〉 화학자를 위한 의사소통 수업

'화학 의사소통' 강좌는 일련의 의사소통 기능들을 통합적 방식으로 다룰 수 있는 한 가지 방법이다. 여기서는 대학생들이 일반적으로 즐길 수 있는 과제를 사용하며, 그런 기능들을 개발할 합리적 기회를 제공한다. 이 강좌의 본질적 특징은 학생들이 (상당히) 실제적 상황에서 전공과 관련된 특수한 기능을 사용하며, 새로 배운 기능을 활용, 평가, 재활용할 수 있는 충분한 시간을 갖는다는 점이다. 이 강좌의 주요 목적은 탁월한 의사소통자를 만드는 것이 아니라 각 학생들이 자신의 장점을 알고 그들의 의사소통 기능을 향상시키는 것이다. 이 기능을 교과의 특정 내용과 관련시켜 배울 때 다른 상황에도 쉽게 전이될 수 있다. 우리가 다루고자 하는 기능은 다음과 같다.

- 정보 검색
- 구두, 문어, 시각적 의사소통
- 문제해결과 비판적 사고
- 집단작업

대부분의 연습 문제는 두 가지 이상의 기능이 포함되도록 설계하였다. 우리는 8주의 강좌에서 100시간의 학생 연습을 요구하는 10개의 연습문제를 사용하여 전반적으로 균형 있게 내용을 다루도록 하였다. 구어적/문어적/시각적 전달의 특징에 비추어 연습문제 속에 간결한 보고서나 소논문, 포스터 제시, 간단한 대화가 포함되도록 하였다. 강좌의 내용은 〈표 18-1〉에 요약하였다.

〈표 18-1〉 '화학 의사소통' 강좌의 기능 개발

연 습	내 용	시간	정보 검색	문자 전달	시각 전달	구두 전달	집단 작업	문제 해결
Fluoronfen 프로젝트	화학 문제 풀기 연습(팀별)	1					✓	✓
과학 페이퍼	화학 페이퍼 분석 연습(팀별)	3	✓				✓	✓
키보드 기능	워드와 ChemDraw의 기본 기능(개인별)	10		✓	✓			
New Scientist 수록 논문	짧은 페이퍼가 New Scientist 수록 논문으로 바뀜(짝)	18	✓	✓	✓		✓	
WWW 보물찾기	Net, Bids, e-mail로 입문	8	✓	✓				✓
'흥미 있는 화학사전'	'흥미 있는 화학 사전' 을 위한 짧은 글쓰기(짝)	20	✓	✓	✓		✓	
연구 포스터	새로운 연구 영역에 대한 포스터 제작(팀별)	12	✓	✓	✓		✓	
연례 리뷰 이야기	흥미 있는 화학에 대해 10~12 짝에게 5분 이야기 하기	12	✓		✓	✓		
인터뷰	모든 학생을 다른 팀이 인터뷰하기(CV 필요)	8		✓		✓	✓	
Hwuche-Hwuche bark	비즈니즈 게임을 실제 화학문제를 갖고 함	8	✓		✓	✓	✓	✓

이 강좌는, 의사소통 기능을 교과와 관련된 집중 연습을 통해 가르쳐야(이와 동시에 다른 주요 강좌에서 강화되어야) 가장 잘 가르칠 수 있고, 또 연습문제들이 관련성 있는 시나리오를 중심으로 만들어질 때 그리고 그럴듯한 문제나 과제와 연결될 때 가장 효과가 있다는 점을 전제로 하고 있다. 학생들의 피드백은 대단히 긍정적이었으며, 최근 졸업생들이 거의 모든 화학 수업에서 부족하다고 느꼈던 기능들이 개발되었다(Bailey & Shiton, 1999).

자신의 수업 실제에 대해서 생각하기

교수님의 학과에서는 어떤 기능 개발전략을 갖고 있습니까? 교수님의 대학에는 어떤 교수-학습 전략이 있습니까? 교수님이 가르치는 과목에서 전이 가능한 기능의 개발 기회로는 어떤 것이 있습니까?

학생들은 그러한 기회를 알고 있습니까? 개발된 전이 가능한 기능들은 평가에서 반영되고 있습니까?

〈사례연구 18-4〉 물리학 전공을 위한 사업/기업 기능의 개발

이 강좌의 목적은 다음과 같다.

- 사업 기능에 관한 기본 지식을 얻을 기회를 제공함.
- 학생들이 경험을 통해 사업에 대해 배우는 것을 시작하도록 함.
- 수준 높은 집단 기능을 가르치고 집단 작업을 활용함으로써 학생들의 관심과 참여 동기를 유발함.
- 인터넷 테크놀로지를 활용함.

대학생들에게 사업 경영의 몇 가지 측면을 소개한다. 시장 연구, 시장 영역, 사업계획서 작성, 재정관리, 품질 문제. 그 다음 과학 학부의 학생들에게 훈련 과정을 제공하는 인터넷 훈련 회사를 6주 동안 운영하게 한다. 최종적으로 마케팅, 재정, 고객관리 등 개별 부문을 책임지는 학생 집단들과 함께 회사 보고서를 작성한다.

레스터 대학교의 경영 센터는 이 과정의 사업 기능 부분을 가르친다. 참여 학생들은 고객 등록과 수업 진행을 준비한다. 사업 부분이 모의화되는 동안 회사에서 실제로 훈련과 서비스를 제공하며, 평가는 고객 만족도에 의해 이루어진다.

첫째 시간에는 본 과정의 구조, 학습성과, 평가 등을 간단히 설명한다. 그리고 경영센터의 두 교수가 6회의 강의를 실시한 후 학생들은 웹 훈련 과정을 제공하는 회사를 조직한다. 회사 웹 사이트, 마케팅 전략, 수업 자료를 학생들이 제작한 후 그 과정이 등록한 학생들에게 제공되는데, 등록 학생들이 평가하고 피드백을 준다. 회사 보고서는 함께 준비하고 평가는 그 강의 자료의 이해 정도와 적용 범위에 비추어 강의 담당자에 의해서 이루어진다.

학생들은 회사 내의 역할을 선택한다. 그 역할들은 작업 관리자, 전략 관리자, 고객 관리자, 재정 관리자 등이다. 그들이 제공하는 웹 훈련 과정은 3개 반이며, 웹 사이트에 추후 지도 자료를 제작하여 올린다. 이와 같은 학생-주도적 수업에서 중도 탈락생은 없었으며, 지도 자료는 매우 가치 있는 것으로 받아들여졌다.

5. 학생 학습의 평가

과학/공학 학문에서 사용하는 주요 평가 도구는 다음과 같다.

- 필기시험
- 과제 혹은 에세이 작성
- 다지선다형 문제(특히 낮은 수준에서)
- 실험/실습/답사 보고서
- 프로젝트 보고서와 개발된 소프트웨어
- 포트폴리오와 개인발전계획
- 포스터 발표
- 구술 발표

이 책의 다른 부분(4장)에서 이 중 처음 다섯 가지에 대해 논의하였다. 여기서 언급한 방법 중에서 필기시험은 여전히 과학/공학 과정에서 주요 총괄평가 방법으로 사용되고 있다. 신임 교수에게 가장 겁나는 일은 처음 해 보는 출제로, 수업을 하기 전에 미리 작성할 것을 요구받기 때문에 더욱 어렵게 느껴진다. 많은 교수는 필기시험으로 전문 과학자/엔지니어에게 필요한 자질과 기능을 쉽게 평가할 수는 없지만 그것만이 엄밀한 형태의 평가라고 생각한다.

실험과학/공학 분야의 한 가지 독특한 특징은 많은 분량의 실험 보고서나 실습 보고서를 통해서 지식의 이해와 적용, 문어적 의사소통 기능, 추론 등을 평가한다는 것이다. 학생들은 한 강좌 혹은 1년 과정이 진행되는 동안 매주 1개 또는 2개의 보고서를 작성한다. 이 보고서는 교수에 의해 평가되는데, 석사 과정의 교수보조원의 도움을 받기도 한다. 이 방법을

자신의 수업 실제에 대해서 생각하기

교수님이 앞으로 담당할 실험/실습 수업이나 워크숍의 목표는 무엇입니까? 여기서 개발된 지식과 기술을 어떻게 평가할 것입니까? 교수님의 평가 기준은 타당하며, 측정해야 할 것을 측정하고 있습니까?

여러 번 반복 사용하지만 언제나 의문시되지 않는다. 실습 기능과 실험 성과에 대한 또 다른 평가방법으로 컴퓨터 채점 결과, 요점 정리 보고서, 답안지 기입, 다지선다형 문제 등이 있는데 이에 대한 검토도 이미 되어 있다(Gibbs, Gregory, & Moore, 1997 참고).

6. 의사소통 정보기술의 사용

문서 처리, 스프레드시트 등과 같이 일반화된 ICT 활용과는 별도로 실험과학/공학 분야의 교수-학습을 지원하기 위해 점점 더 많은 전자 자료를 사용하고 있다. 전자 자료에는 소프트웨어 패키지, 학습운영체제, 가상학습환경(VLEs), 웹기반 자료 등이 포함된다. 서버에 전통적인 강의록을 올리는 정도로만 ICT를 활용하는 경우가 많다. 이 방법은 학생들, 특히 결석자들에게 유리하지만, 그 자체로 좋은 수업이라고 할 수 없고 단지 인쇄비를 학과에서 학생에게로 떠넘기는 것에 불과하다.

소프트웨어를 일반적으로 이용하는 방법 중의 하나는 수학 지원이다. 학생들은 필요할 때 소프트웨어나 웹 기반 자료에 접속할 수 있다. 전문적으로 제작한 수학 지원 패키지도 많은데, 질은 매우 높지만 가격이 너무 비싸다. 자체 제작한 수학 지원 자료도 증가하는데, 이 자료들은 특정 학문의 필요에 따라 만들어진 것으로 인터넷을 통해 혹은 저자에게 적은 비용을 주고 사용할 수 있다. 자세한 것은 교수학습 지원네트워크 학과센터(LTSN Subject Centre)의 웹사이트를 참고하자.

모의실험에 ICT를 사용하는 것도 유익하다. 모든 학생이 비싼 장비를 실험 시간에 이용할 수 없다. 모의실험은 다수의 학생이 특수한 테크닉을 제한적으로 경험할 수 있게 할 것이며, 한 가지 예가 〈사례연구 18-5〉에 들어 있다. 또한 모의실험은 실험실에서 결과를 산출하는 데 걸리는 시간에 훨씬 더 많은 결과를 산출하도록 하며, 실험의 확대가 가능하게 한다. 교수학습지원네트워크 학과센터는 여러분의 학문에서 이용할 수 있는 모의실험을 자세히 안내한다.

〈사례연구 18-5〉 온라인 실험의 개발: 화학 분야

이상적인 대학이라면 과학 실습의 과정은 오직 학문적으로 바람직한 것이 무엇인가에 따라서 결정해야 한다. 그러나 현실을 보면 물리적으로 그리고 재정적으로 할 수 있는 것에 의해서 제약을 받는다. 공간, 적절한 증명 기능의 유무, 재정 문제 등에 의한 제약은 적절한 실험을 찾거나 창출할 필요성에 따른 제약보다 더 근본적인 것이다.

옥스퍼드 대학, 물리화학 과목의 실습은 이 점을 보여 준다. 화학과에는 해마다 190여 명에 달하는 많은 학생이 들어오므로 실험 비용은 엄청나다. 1학년의 모든 학생은 실험적 오류에 대한 2개의 필수 연습을 해야 한다. 이 연습은 학생들이 컴퓨터를 이용하는 것보다 실제 장비를 이용하는 것이 통계분석에 필요한 자료를 만들어 내는 데 더 효과적이나, 이를 위해서는 적절한 장비가 필요하다.

몇 년 전 이 실험에 쓰던 장비를 교체해야 했다. 그때 우리는 하나의 실험 장비에 여러 명이 접근할 수 있다면 한정된 자원을 효율적으로 이용할 수 있겠다고 생각했다. 그래서 인터넷을 통하여 접근하고 통제할 수 있는 실험을 창출하기로 결정하였다. 그리하여 여러 집단의 학생이 하나의 실험 도구를 동시에 사용할 수 있었고 총 비용이 절감되었다.

실제 장비를 웹을 통해 제어할 때 몇 가지 어려움이 실제로 발생한다. 같은 시간에 장비에 접속하려는 사용자들 사이의 다툼, 장비를 손상시킬지 모를 악의적인 혹은 미숙한 사용자들, 화학약품을 써야 할 때 너무 많이 사용함으로써 초기 비용효과를 떨어뜨리는 너무 열성적인 사용자 등이다.

이러한 어려움을 처리하는 방법이 여러 가지 있다. 우리가 온라인에 올린 첫 번째 실험을 위해서, 각 부분들이 이동되지 않고 화학약품도 쓰지 않는 장비를 사용하기로 했다. 그렇게 해서 운영비는 최소화되고 기계 고장도 줄였다. 암암리에 대기행렬 시스템을 통하여 사용자의 사용 신청이 충돌되지 않고, 여러 명의 사용자가 동시에 온라인에 있을 때는 신청자의 실험 순서를 정할 수 있도록 하였다. 웹 신청 때 자동적으로 사용자의 IP 주소가 붙기 때문에 대학의 특정 사용자들에게 우선권을 주고, 수요가 낮을 때에는 다른 사용자에게 무제한 접속을 허용하도록 했다.

우리의 목적은 처음에는 화학 과정을 위해서 최신의 실험을 제공하는 것이었는데, 대학들이 여러(아마 20 이상의) 웹기반 실험을 공유하도록 네트워크가 구축됨으로써 많은 것을 얻게 되었다. 그 이점을 보면 실습 실험의 경비 절감, 교육과정의 확대, 신체장애자나 원격학습 신청자의 실제(모의가 아닌) 실험실습 접근, 고가의 혹은 특별한 장비에 대한 접근 등이다.

웹 자체가 실험을 하기 위한 수단으로 고안된 것이 아니므로 실제적인 어려움이 남아 있다. 그러나 인터넷을 통해 폭넓게 접근할 수 있는 실험 풀을 만듦으로써 얻는 이점은 상당히 크다. 우리는 몇 년 안에 많은 과학 전공자가 하는 실습 작업의 일정한 부분이 웹상의 실험을 통하여 행해질 것으로 기대한다.

7. 추가 지원

교수들은 전공 학문의 맥락에서 수업 기능을 발휘하고, 대학생들은 특정 학문의 맥락 내에서 학습한다. 그렇기 때문에 교수의 학문 분야 내에서 가장 유용한 지원을 얼마간 얻을 수 있어야 한다. 전문가 단체들은 수업 관련 영역에서 최신의 정보를 제공하거나 교수-학습에 관한 학술모임을 기획하는데, 이것은 매우 유익하다. 교수-학습지원 네트워크 학과센터는 대학교수를 위해서 교과별 지원을 해 준다. 서비스는 무료며, 양질의 실제 수업 저장고의 기능을 한다. 또 지속적 전문성 개발 보급, 회의와 워크숍 조직, 다양하고 유용한 자료 출판, 실질적인 웹 사이트 유지 등으로 제반 학문 분야의 우수한 수업실제의 사례를 총괄하고 있다. 신임 교수들 그리고 교수-학습 프로그램에 처음 참여하는 교수들을 위해 특별 서비스를 제공하는 곳도 많다. 이 학과센터의 전문지식을 활용하는 데 관심이 있다면 그들의 웹사이트를 보고 어떤 서비스가 있는지를 먼저 확인하는 것이 좋다. 이 장과 관련된 학과센터와 접촉하려면 다음을 참고하면 된다.

- The Learning and Teaching Support Network (www.ltsn.ac.uk/)
- LTSN Bioscience (http://bio.ltsn.ac.uk/)
- LTSN Engineering (http://www.ltsneng.ac.uk/)
- LTSN Geography, Environmental and Earth Science (http://www.gees.ac.uk/)
- LTSN Maths, Stats and OR (http://ltsn,mathstore.ac.uk/)
- LTSN Materials (http://www.materials.ac.uk/)
- LTSN Physical Sciences (http://www.physsci.ltsn.ac.uk/)

8. 개 요

이 장에서는 실험과학/공학 분야의 교수-학습에 대해 중요한 점들을 살펴보았다. 다양한 학과의 교수-학습이 가진 특성들을 알아보았다. 이런 점이 어떻게 변해 왔는가 하는 점을 학생들의 요구 변화, 학생들의 대학교육 준비도, 외부 관계자의 요구사항 등으로 살펴보았다. 이 장은 여러 대학의 사례연구 자료를 수록하고 있다. 여러 대학을 대표하는 학과의 교수-학습의 모범 사례들을 보여 주었다.

참고문헌

Bailey, P. D., & Shinton, S. E. (1999). Communicating Chemistry: A teaching manual for university teachers, Royal Society of Chemistry, London.

Boud, D. (1986). *Teaching in Laboratories*, SRHE/Open University Press, Buckingham.

Boud, D., & Feletti, G. (1998) *The Challenge of Problem-Based Learning*, Kogan Page, London.

The Engineering Council (2000). *Measuring the Maths Problem*, Engineering Council, London.

Exley, K. (1999). Key aspects of teaching and learning in science and engineering, in *A Handbook for Teaching and Learning in Higher Education*, 1st edn, eds. H. Fry, S. Ketteridge & S. Marshall, Kogan Page, London.

Garratt, J., Overton, T., & Threlfall, T. (1999). *A Question of Chemistry*, Longman, London.

Gibbs, G., Gregory, R., & Moore, I. (1997). *Labs and Practicals with More Students and Fewer Resources, Teaching More Students 7*, Oxford Centre for Staff Development, Oxford.

Institute of Physics (2001). *Report of the Inquiry into Undergraduate Physics*, Institute of Physics, London.

Ketteridge, S., & Fry, H. (1999). *Skills Development in Science and Engineering*, Final Project Report to the Development for Education and Employment, URL: http://www.innovations.ac.uk/btg/projects/theme2/eigests/project9.htm.

Murray, R., & Wallace, R. (2000). *Good Practice in Industrial Work Placement*, LTSN Physical Sciences.

National Comittee of Inquiry into Higher Education (NCIHE) (1997). (Dearing Report) *Higher Education in the Learning Society*, NCIHE, HMSO, London (also to be found at: http://www.leeds.ac.uk/educol/ncihe).

Overton, T. (2001). *Web Resources for Problem Based Learning*, LTSN Physical Sciences.

Quality Assurance Agency for Higher Education (QAA) (2000-02) *Benchmarking Academic Standards*, QAA, URL: http://www.qaa.ac.uk/crntwork/ benchmark/index.htm

읽을거리

Barrett, J. (1996). *Teaching University Students Chemistry*, Technical and Educational Services, Bristol.

Moore, I., & Exley, K. (eds.) (1999). *Innovations in Science Teaching*, SEDA Paper 107, Staff and Educational Development Association, Birmingham.

Habershaw, S., & Steeds, D. (1993). *53 Interesting Communication Exercises for Science Students*, Technical and Educational Services, Bristol.

Planet Special Edition 2 (2001). *Case Studies in Problem-based Learning (PBL) from Geography*, Earth and Environmental Sciences, LTSN GEES.

Planet Special Edition 1 (2001). *Embedding Careers Education in the Curricula of Geography, Earth and Environmental Sciences*, LTSN GEES.

Race, P. (2000). *Designing Assessment to Improve Physical Learning*, LTSN Physical Sciences, Hull.

Savin-Baden, M. (2000). *Problem-Based Learning in Higher Education: Untold stories*, SRHE/Open University Press, Milton Keynes.

Smith, R. A. (1991). *Innovative Teaching in Engineering*, Ellis Horwood, Chichester.

Wankat, P., & Oreovicz, F. (1993). *Teaching Engineering*, McGraw-Hill, London.

제19장

정보, 컴퓨터 과학 분야 교수-학습의 핵심 측면

1. 배 경

정보통신 및 컴퓨터 기술은 모든 대학수업, 더 크게는 평생학습에서 매우 중요한 구성요소라 할 수 있다. 정보통신 및 컴퓨터 과학(ICS)에서 교수-학습의 핵심 쟁점을 알아보고 싶을 때는 이 교과의 길지 않은 역사에 대해 살펴보는 것이 꼭 필요하다. 선진 세계에서 정보통신 및 컴퓨터 분야는 다른 분야와 비교할 수 없을 정도로 대다수 사람의 일상생활에 큰 영향을 미치며, 다른 어떤 학문 분야도 비교되지 않을 정도로 빠르게 변하고 있다.

컴퓨터는 1940년대 이후 지속적으로 발전했는데, 초기에는 기업과 대학 연구기관에서 복잡한 수치계산과 자료처리 솔루션을 제공하는 데 사용되었다. 1960년대와 1970년대에 미니컴퓨터 시대를 거치면서 컴퓨터 기술은 더욱더 발전하였는데, 당시에는 경제적이면서도 쉽게 구현이 가능한 공장 제어나 소규모 회사 관리 기능과 같은 연구가 학술연구 프로젝트 예산에 의해 주로 이루어졌다. 지금은 단일 마이크로프로세서 칩이 개발됨으로써 모든 사무실 책상에서 개인용 컴퓨터를 사용할 수 있게 되었고, 컴퓨터와 통신 산업의 융합으로 컴퓨터의 범세계적 상호접속이 가능해졌다.

대학의 학과, 특히 과학/공학 분야는 점점 더 산업의 요구에 부응하기 위해 노력하고 있다. 항상 남들보다 경쟁에서 앞서야 하며, 미래 신기술에 대해 가르쳐야 할 것을 요구받고 있다.

하지만 지금까지의 미래 예측은 재앙에 가까울 정도로 잘못된 진술로 가득하다. 1940년대 IBM 회장은 미래사회는 기껏해야 다섯 대의 컴퓨터가 필요하며, 네트워크를 위해 10MHz의 최대 속도를 가진 표준형 컴퓨터 정도면 모든 요구를 수용할 수 있을 것이라고 예측하였다. 아무도 이 새로운 기술이 가져올 영향과, 점점 더 빠르고 더 많아지는 서비스에 대한 요구를 정확하게 예측하지 못했다. 현재 사용되는 인터넷 주소 공간 10^{32}개가 거의 소진되었지만, 새로 제안된 10^{128} 주소체계를 사용하면 바다를 포함한 모든 지구표면의 $1m^2$ 마다 7×10^{32}개의 기기를 설치할 수 있을 것이다. 현재는 모바일 컴퓨터와 무선을 통한 네트워킹 추세다. 다른 학문 분야와는 달리 이 분야의 발전은 이윤 증대를 추구하는 다국적 기업에 의해 주도되고 있다. 그러므로 이 분야의 교수들은 정보통신 및 컴퓨터 교육이 이윤추구를 목적으로 하는 상품생산을 위한 전문 훈련만이 아니라, 대학에서 제공하는 지적 훈련의 한 과정이라는 점을 전달할 수 있도록 끊임없이 노력해야 한다.

정보과학(Information Science)은 최근에 평가를 받았지만, 컴퓨터과학 교육에 관한 최종 보고서는 1994년에 출간되었다(NISS). 다음 장에는 1994년 보고서에 담긴 여러 논의를 고찰해 보고, 그간 급변했던 이 학문 분야의 변화에 대해서도 살펴보도록 한다.

2. 교육과정 설계

영국 대학에서 컴퓨터과학 학위를 수여하기 시작한 것은 30년 정도밖에 되지 않는다. 이 분야의 학문적 시각은 전자공학, 수학, 경영학의 일부분과 자연과학에 기반하여 발전되었다. 그래서 대학에서 컴퓨터 과학을 가르치는 사람들 중에는 이와 같은 다른 전공 분야의 자격증과 경험을 가진 경우가 많았다. 초기 컴퓨터 교육과정은 기계어나 어셈블리어 프로그래밍 그리고 Algol과 같은 다른 언어들, 기본 오퍼레이팅 시스템, 컴파일러와 어셈블러에 대한 연구 및 이론에 대한 수학적 접근법 등에 초점을 맞추었다.

오늘날 모든 영국 대학은 컴퓨터학과 또는 정보학과를 가지고 있다. 현재 이 학과들의 교육과정은 '인터넷 지향'이며 객체지향 언어인 자바, 그래픽 유저 인터페이스(GUI), 웹 테크놀로지, 스크립트 언어, 인공지능, 분산 시스템, 컴퓨터 네트워크 프로토콜, 응용프로그램 관련 멀티미디어 등에 집중하고 있다. 많은 경험을 가진 현장 전문가들에 따르면 이러한 변화가 C나 Pascal, 그리고 Modula와 같은 언어를 배웠던 중간단계를 거친 후에야 일어났다는 것을 알고 있다. 컴퓨터 과학 교육은 너무 빠르게 변화하여, 다른 어떤 분야에서도 이렇게 수명이 짧은 교과과정을 다루어야 할 일은 없을 것이다.

1) 끊임없이 변화하는 교육과정

대학의 다른 학문과 비교하면, 컴퓨터 과학은 비교적 새로운 학문이다. 컴퓨터 학과들은 우후죽순으로 생겨났는데 대학의 구조에 따라 소속되는 대학이나 학부도 다르며, 그에 따라 수업에 대한 접근방법도 달랐다. 그러나 어떤 방법으로 접근하건 간에 현대 교육과정의 근간을 이루는 이론적 요소 및 연구와 실제 일을 할 때 필요한 실무경험 간에는 적절한 균형을 유지할 필요가 있다.

최근에는 컴퓨터와 그 활용기술이 거의 모든 학문 분야에서 사용되었다. 이로 인해 새로운 연계학문 주제(예, 멀티미디어, 의료정보, 컴퓨터 윤리 등)들이 생겨났다. 이렇게 계속 개발되는 새로운 전공 때문에 '컴퓨터 과학' 에 대해 엄밀하게 정의를 내리는 일은 점점 더 어려워졌다.

컴퓨터 과학의 교수 요목이 무엇인가에 대해 전국적 합의는 없다. 컴퓨터 과학 표준척도 진술 사이트(www.QAA)에서도 마찬가지다. 학과 표준척도에는 학문의 정합성과 정체성을 밝혀 주는 개념 틀이 정의되어 있다. 그것은 기술과 결부되어야 할 지적 능력 및 이해와 컴퓨팅에 관한 공부를 통해 발전시켜야 할 활용 능력을 구분하여 정의하고 있다. 하지만 컴퓨팅에 관한 학과 표준척도에 따르면 교과과정의 내용은 매우 광범위한 주제를 포괄할 수 있다. 각 대학 컴퓨터 학과는 직업적 필요나 지역 혹은 전국 소프트웨어 업계의 필요를 고려하여 어떤 과목이 교과과정에 포함되어야 하는지를 결정해야 한다. 따라서 교육과정은 종종 아주 다양한 연구 관심, 산업 경험 및 직업 등에 따라 계획되고 영향을 받는다.

영국컴퓨터학회와 전자공학협회는 교육기관들이 컴퓨터 분야에서 일하려는 사람들에게 적합한 어떤 표준을 따르기를 바라며, 이 기준에 따라 코스에 대해 인증하는 시스템을 제안하였다. 이는 학과의 교과과정이 산업 및 상업계의 요구에 적합한 교육과정을 제공하고 있음을 전문가 집단이 인정하는 귀중한 제도다. 코스의 인증 여부를 판단할 때는 근거가 있어야 한다. 그 근거란 교과과정이 컴퓨터 과학의 학문적 기반을 건실하게 닦기에 적합한 주제를 충분히 폭넓게 학생들에게 제공하는가와 관련되며, 그것을 증명할 수 있어야 한다. 인증기관에서 만든 교육과정 지침은 그 핵심 교과목을 특정한 것으로 지정하지 않고, 각 학과가 특성화하거나 독특한 자기만의 색깔을 낼 수 있도록 했다.

프로그램 설계는 유연하게 했지만 공통 내용, 특히 프로그래밍을 가르칠 때는 모두 포함해야 할 핵심요소들이 있다. 컴퓨터 학과에서 프로그래밍을 가르치는 것(배우는 것이 더 중요하지만)과 연관된 문제는 전문가들 사이에서 상당한 논쟁을 불러일으켜 왔다.

2) 프로그래밍 수업

프로그래밍은 컴퓨터과학에서 핵심 기술이다. 프로그래밍을 가르치는 데는 문제가 많은 것으로 인식되고, 프로그래밍 강좌가 학과 학생들의 재학률에 악영향을 미치는 것으로 확인되고 있다. 프로그래밍을 배우는 데 어떤 인지적 어려움이 있고 또 좋은 프로그래머를 만드는 데 필요한 기술이 무엇인지를 밝히는 일은 어렵다. 컴퓨터 과학의 다른 분야보다 프로그래밍을 가르치는 데 가장 많은 시간을 투자하는데도 학생들은 여전히 그 프로그래밍 기술을 습득하기 위해 고생을 한다. 그런데도 컴퓨터학과 졸업생 중 많은 수가 프로그래밍 능력에서 뒤떨어지며, 그래서인지 그들은 프로그래밍이 별로 요구되지 않는 직업을 구하려고 한다. 그렇기 때문에 교수들은 학생들을 위해 프로그래밍과 관련된 문제에 어떻게 대처하는 것이 가장 좋은 것인지 고민해야 한다.

〈사례연구 19-1〉 프로그래밍 지도

컴퓨터 프로그래밍을 가르치는 일은 정말 어렵다. 이 문제는 그 기술 자체의 특성에서 비롯된다. 즉, 프로그래밍은 오랜 기간 배워야 하고 많은 연습이 필요하다. 이것은 오늘날 널리 퍼진 강의 중심 교육과 잘 맞지 않고 학기 단위로 운영되는 대학교육 시스템과도 잘 맞지 않는다.

강의 중심 수업에는 교수가 전달하는 정보를 학생이 수동적으로 수용하기만 할 위험성이 있다. 그 수업에서 정보는 교수와 학생의 마음을 통해서 전달되는 것이 아니라 교수의 노트에서 학생의 노트로 전달되기만 할 뿐이다. 이런 강의법이 어떤 학문분야에서는 수용될 수 있고 또 효과적일 때도 있겠지만 프로그래밍을 가르치고 배우는 상황에서는 극히 치명적이다.

프로그래밍 강의를 더 효과적으로 하기 위해서는 '교수'가 학생들을 적극적으로 참여시켜야 한다. 학생들이 수동적 수용자가 아니라 능동적 참여자가 되어야 한다. 이것을 가능하게 할 방법은 많다. 다만 강의자의 상상력이 문제일 뿐이다. 몇 가지 예를 들어 보자.

인자 전달

프로그래밍 언어에서 지원하는 인자 전달(Parameter Passing) 방식에는 두 가지가 있으나 초보자는 그 차이를 구분하기 힘들다. 변수 값(values)으로 전달하는 방식과 참조 값(references)으로 전달하는 방식 간 근본적 차이는 다음과 같은 간단한 보기를 통해 설명될 수 있다.

몇 가지 예제 함수를 가지고 다양한 인자를 받아들이면서 교수는 여러 개의 프리스비(원반던지기에 쓰이는 원반) 뒷면에 변수 값을 기록할 수 있다. 여러 색상 및 여러 크기의 프리스비가 서로 다른 유형의 변수를 표시하는 데 사용될 수 있다. 몇 가지 예제 함수를 '처음부터 끝까지 걸으면서' 시범을 보인 후에 이 과정을 시도하도록 학생(또는 그룹)을 지명하면 그들은 교수에게서 적합한 인자를 전달받는다. 만약 변수 값을 전달하려면 교수는 단지 그 값을 읽기만 하면 된다. 참조 값 전달을 사용하려면, 그 함수를 표현하는 학생에게 해당 값(프리스비) 자체를 전달해야 한다. 만약 함수가 변수 값을 바꾸면 학생들도 프리스비에 기록된 값을 바꿔야 하는데, 이 값은 함수 호출의 끝에서 호출한 함수에게로 돌려진다.

이 간단한 방법은 인자전달 방식의 차이를 시각적으로 설명한다. 당기면 바로 되돌아올 수 있도록 프리스비에 끈을 묶는 방식으로 이 방법을 확장할 수 있다. 이렇게 하면 포인터에 대한 설명이 훨씬 더 깔끔하게 된다.

데이터 구조

프로그래밍의 기본을 마치면 연결리스트(Linked List) 또는 스택과 같은 간단한 데이터 구조를 구현하게 된다. 이 데이터 구조를 가르치는 과정에서 심혈을 기울여야 할 가장 중요한 부분은, 학생들에게 데이터 구조란 무엇이며 어떻게 포인터들이 데이터 구조를 만드는 데 사용되고, 그것을 이용해서 탐색할 수 있는지 설명하는 것이다.

강의실에서 학생들을 이용해 연결리스트를 구현할 수 있다. 한 학생을 처음 리스트(실제로는 첫 번째 항목의 포인터)로 지정하고, 큰 털실 공의 끝을 쥐어 준다. 그 학생은 털실 공을 교실 안에 있는 다른 학생에게 던지고, 공을 받은 학생은 다시 두 번째 요소가 되어, 이런 과정을 계속 진행한다. 적절한 만큼 구조가 만들어지면, 교수는 특정 값을 찾기 위해서 그 목록을 어떻게 가로질러야 하는지, 그러기 위해서는 첫 번째 요소를 잃어버리지 않는 것이 얼마나 중요한지를 보여 줄 수 있다.

요소 삭제와 같이 더 복잡한 조작을 설명하기 위해서는 이러한 수업 아이디어를 곧바로 확장할 수 있다. 목록을 만드는 털실을 자르고 다시 연결하는 과정에는 임시 포인터들(및 가위)이 필요하다.

주의사항

이러한 테크닉들이 효과가 있는 이유는 참신하기 때문이다. 이런 수업은 기억하기 쉽고 많은 토론을 유발한다. 이 점이 중요하다.

기초 프로그래밍 수업에서는 여러 부분을 시범으로 설명하는 것이 가능하다. 하지만 이 방법을 과도하게 사용하면 가장 중요한 참신성이 떨어질 수도 있다.

3. 수업방법

정보통신과학 수업은 이론과 실제에 관한 내용을 한꺼번에 제공하기 때문에 학생들에게 지식 전달과 동시에 기술 발전을 가능하게 한다. 각 대학에서는 다양한 형식의 교과과정과 강의법, 개별지도, 세미나, 실습실 업무 등 여러 가지 교수-학습방법을 택하는데, 현장경험, 개별 및 집단 프로젝트 등을 통하여 습득할 수 있는 학습경험을 점점 더 중요시하고 있다. 이러한 새로운 학습양식은 교과전문기술을 발달시킬 뿐만 아니라 현장에 적용할 수 있는 기술 습득을 매우 용이하게 한다. 그러나 이러한 접근은 동료학생과 떨어져 있고 또 대학과 먼 곳에서 지내야 하는 학생들의 학습을 지원하고 수업을 관리하는 새로운 방법이 필요하다. 이를 위해 점점 더 기술적인 해법이 필요한데, 이에 대해서는 뒤에서 논하기로 한다.

컴퓨터 과학은 실습실 과목으로 만들어졌기 때문에 실습이 가장 중요한 부분이다. 시간표상의 실습실 수업은 교수나 대학원 조교가 주로 맡는다. 이들은 학생들에게 크게 개입하지 않고 독자적으로 발전할 수 있도록 지원하고 독려한다. 학생들은 정규수업 외에도 개인연구나 학습을 위해 시설을 사용할 수 있다. 이 점은 학생들의 학습을 지원할 자원과 관련된 부분에서 더 논의하기로 한다.

정보통신과학은 국가 경제의 주요 성장 영역이며, 숙련된 졸업생에 대한 수요는 계속 증가하고 있다. 따라서 컴퓨터과학 교육에 대한 미래의 수요를 기존의 코스가 제대로 충족시키지 못할 가능성이 높다. 게다가 능력 있는 현장 기술자들은 전문가 단기과정을 이수함으로써 최신 기술능력을 유지하고, 그들의 기술적 기반을 확대하며, 전공 분야의 최근 동향에 뒤떨어지지 않기를 원하고 있다. 많은 사람은 e-러닝이 교육과정과 학습자료를 접하도록 도와주며, 필요하다고 느끼는 분야의 단기 최고 코스를 제공할 것으로 본다. 가상학습환경(VLEs)은 e-러닝 프로그램을 공급하고 관리하는 핵심이다. 그것은 학생들에게 동기를 유발

자신의 수업 실제에 대해서 생각하기

현재 사용하는 교수방법론에 대해 생각해 보시오. 그 교수방법을 사용하는 이론적 근거는 무엇입니까? 당신의 접근법은 학생들의 학습 기회를 극대화시킵니까? 새롭게 시도할 수 있는 수업방법에는 어떤 것이 있습니까?

> **자신의 수업 실제에 대해서 생각하기**
>
> 당신의 수업에 어떻게 가상학습 환경을 도입할 수 있을지 생각해 보십시오. 의사소통/협력학습 도구는 교실수업을 변화, 발전시킬 수 있다고 보십니까? 그것은 학생들의 경험을 증진할 것으로 보십니까?

하고, 교수방법을 다양하게 변화시킬 수 있도록 재미있고 지적으로 흥미 있는 교수-학습 환경을 제공한다(11장 참조).

1) 대집단 수업

대학의 학생 증가는 정보통신과학에서 매우 심각한 문제다. 최근에 학생들이 급증하면서 컴퓨터과학은 공학/자연과학 영역에서, 교수 수나 학생 수로 보건대, 가장 큰 학문 분야가 되었다. 그에 반해 학생 1인당 예산 지원이 감소하고, 산업체나 기업체에서 필요한 기술을 지닌 대학원생들이 줄고 있어, 정보통신과학 교수들에게 돌아오는 지원은 점점 더 감소하고 있다. 학생집단의 거대화와 다양화는 규모와 범위 측면에서 점점 더 복잡한 대학교육 구조를 만들며, 이에 따라 전통적인 강의 수업방식은 도전에 부딪친다. 하지만 이와 동시에 공학기술이 발전하면서, 이런 복잡한 대학교육을 정교하게 지원할 수 있는 상황이 되었다.

다수 학생(때로는 300명이 넘는)을 상대로 하는 강의식 수업은 대개 단조롭고 기껏해야 정보제공에 그치는 설교가 되고 만다. 개별지도와 세미나 등은 언제나 수업 과정의 중요한 구성 요소다. 왜냐하면 그것은 대집단 수업을 효과적으로 보완할 수 있고, 교수에게는 교육과정에 연구활동을 연결할 수 있는 기회를 주기 때문이다. 전통적인 교실 강의는 물리적 공간에 따라서 수강 학생 수가 제한받지만, 소집단 개별지도는 대체로 가용 자원의 양 때문에 제

> **자신의 수업 실제에 대해서 생각하기**
>
> 신입생들의 다양한 경험에 대처하기 위해 학과에서는 어떻게 하고 있습니까? 수업/평가를 계획할 때, 신입생들의 다양한 학습 양식과 요구를 고려하고 있습니까?
>
> (12장, 15장 참조)

약받는다. 따라서 교수진은 학생들이 강의실에서 전하는 교육내용을 넘어서서 사실과 원리를 생각하고 지적으로 자극받고 발전하도록 새로운 교수법을 개발해야 한다.

2) 집단활동

오늘날의 기업 고용주들은 대학 졸업생이 집단활동 및 의사소통 기능을 더 갖추어야 한다고 늘 말하고 있다. 집단활동은 정보통신과학 프로그램에서 절대적으로 필요한 요소다. 하지만 학생 수의 증가로 인해 집단 프로젝트를 조정, 관리하는 것은 더욱 어려운 일이 되었다. 예를 들면, 학생들을 적절한 집단에 배정하는 일, 집단 내에서 과제를 배정하는 일, 팀 구성원의 동기를 유발하는 일, 개별 노력을 적절하게 측정하는 일 따위가 그런 것이다. 이런 문제가 더욱 심각할 때가 있다. 그것은 파트타임 학생이나 원격학습자가 전일제 학생과 같이 활동해야 할 때다. 더군다나 교수법이 전통적인 교사 중심에서 학생 중심으로 바뀜에 따라 교수의 역할도 정보제공자에서 학습 보조자 혹은 조력자로 근본적인 변화를 겪게 되었다(2장 참조).

팀 실습과 소집단활동은 학생들에게 개인적, 전문적 기술의 향상을 가져다주며, 현장에서 바로 사용할 기술을 가르치는 데도 유용하다. 집단 프로젝트가 특히 유익할 경우는 아이디어(혹은 관심사)를 공유하고 상호 관심사를 토론하며, 합의된 일정에 맞춰 작업하기를 배워야 할 때다. 게다가 집단 프로젝트는 내향적인 구성원들이 자신감을 가질 수 있도록 도와준다.

협력학습이 어렵기는 하지만 또 다른 가치를 갖는 경우도 많다. 아이디어를 짜내고 계획을 수립하는 데 책임을 지는 학생들을 자극하고 그들에게 동기를 유발하는 일이 그것이다. 현장에서 사용할 수 있는 기술과 전문적인 기술을 발전시키기 위해 팀 활동을 사용한 사례는 꽤 많다. 더럼 대학교 2학년 학생들은 소프트웨어 공학에서 집단 프로젝트에 참여한다(〈사례연구 19-2〉 참조). 집단 프로젝트의 조직은 대학원생들의 지원을 받는 한 명의 교수를 중심으로 구성된다. 대학원생들은 집단 모임에서 도우미의 역할을 잘 수행하도록 특별히 훈련받는다. 학생들은 모임을 갖고, 일지 및 의사록을 작성하며, 매주 도우미의 확인을 받는다. 이런 조직은 간단하지만 효과적이다.

현장에서 사용할 수 있는 기술과 전문적인 기술을 개발하는 데 사용되는 팀 활동에 대한 사례는 많다.

〈사례연구 19-2〉 집단활동

더럼 대학 컴퓨터학과에서 소프트웨어 공학 그룹 프로젝트는 그룹별로 그룹을 추동하고 감독하는 고객 한 사람에게 기반한다. 개별 그룹에 대한 요구가 다르므로 개별 그룹의 활동이 각각 크게 다르고, 그 때문에 상대방의 프로젝트를 표절하는 문제는 없다. 관리 측면에서 말하면 대학생들이 그룹 작업 조정회의를 주재하고, 일지 및 의사록을 작성하고, 시간을 관리하는데, 이 모든 활동은 학업 도우미에 의해 검토된다. 따라서 개별 구성원들의 기여도와 집단 전체의 진행 상황은 한꺼번에 자세히 관찰된다.

그러나 안타깝게도 집단활동에는 실제적인 어려움이 따르기 마련이다. 전형적으로 나타나는 문제들을 보면, 집단활동 결과물을 정확하게 평가하는 일, 항상 다르기 마련인 집단에 대한 개인별 공헌도 차이를 평가하고 평점에 반영하는 일, 모든 학생에게 좋은 학습 환경이 제공되도록 집단 프로젝트를 통제하는 일 등이 있다. 그중 세 가지 주요 문제에 대해서 더럼 대학이 취한 해결책을 살펴보자.

평 가

집단에 선택의 자유가 많이 주어지면 집단작업 프로젝트를 평가하기가 더 어려워지지만, 학습 잠재력을 극대화하려면 집단에 대한 통제를 최소화할 필요가 있다. 통제의 최소화는 각 집단이 아주 다양한 결과물을 만들어 낼 가능성을 높인다. 하지만 다뤄야 할 영역이 늘어나면 그에 대한 평가는 더욱 어려워지기 마련이다. 더군다나 더럼 대학에서는 요구조건을 정한 고객에 의해 평가가 행해지기 때문에, 평점 방법과 기준이 모든 집단에게 일관되게 적용되게 할 필요가 있다.

모든 집단활동에 적합한 자세한 평점기준이 반드시 필요하다. 이를 위해 더럼 대학에서는 각 고객이 요구조건들을 정할 때 따라야 할 기본적인 명세를 분명히 하였다. 어떤 그룹의 감독자도 이 기본 명세를 수정할 권한을 가질 수 없으므로, 공통된 평점기준이나 시험이 모든 집단의 최종 시스템에까지 어느 정도 적용될 수 있다.

개인별 기여도의 평가

집단활동 평가에서 개인별 점수를 주는 데는 여러 가지 접근법이 있다. 어떤 대학에서는 집단 내 모든 학생에게 똑같은 점수를 주기도 한다. 더럼 대학에서는 개인별 기여도가 평가되고, 개별 학생들에게 구체적인 점수가 부여된다. 이 대학에서 사용하는 접근방법은, 각 개인이 집단활동 프로젝트의 구체적 단계에서 기여한 바를 튜터, 동료 그리고 자신이 평가하게 하는 것이다. 개인별 기여도로 평가하기 때문에 집단 내의 개인 점수는 수정될 수 있지만, 집단의 전체 점수는 변하지 않는다. 예를 들어, 점수가 60점인 집단의 구성원이 세 명이라면, 개인별 기여도에 따라 A는 55점, B는 60점, C는 65점을 받을 수 있다.

더럼 대학에서 실시한 연구에 따르면, 이런 평점을 위해 가장 좋은 방법은, 등위 수가 집단 구성원의 수보다 꽤 크게 만들어 놓고 학생들과 교수에게 학생들의 기여 순위가 얼마쯤인지를 묻는 것이다. 예를 들어, 등위를 15개 만들어 놓을 경우(1순위는 가장 높은 기여, 15순위는 가장 낮은 기여임), 위에서 예로 든 A는 아마 12위, B는 7위, C는 3위가 될 것이다. 이런 식으로 학생들의 상대적 순위가 정해지면 학생 간 차이를 의미 있게 보여 줄 수 있을 것이다.

프로젝트의 통제

더럼 대학의 경험에 따르면 프로젝트에는 그것을 이끌어가고 통제할 사람이 있어야 한다. 집단활동을 할 때는 여러 문제가 발생하며 그것은 종종 집단 구성원 간 성격 충돌에서 야기된다. 이런 문제가 집단 구성원의 학업에 영향을 주기 전에 신속히 처리하는 것이 중요하다. 현재까지는 집단 내부에서 해결방안을 마련할 수 있어서 집단의 구조를 바꾸어야 할 일은 없었다. 대부분의 경우 집단의 튜터가 의사결정 과정에 더 많이 개입함으로써 문제가 해결되었다.

더럼 대학 사례에서 나타난 또 다른 중요한 문제는 컴퓨팅 집단 프로젝트에 참여한 학생들의 지나친 열성 때문에 발생한다. 대개의 경우 학생들의 열성은 바람직한 것으로 보지만, 극단적인 경우 다른 강좌에 전혀 관심을 기울이지 않는 경우도 발생한다. 더럼 대학의 사례에서 보면, 대개 이런 문제는 학생들이 자신의 아이디어를 실행에 옮기는 실행 단계에서 나타났다.

이 문제를 해결하기 위해서 대학은 지난 몇 년간 토큰 발행을 통해 학생들의 활동을 통제할 수 있도록 조처를 취했다. 학생들이 실행 계획을 세울 때는 단계별로 그 계획을 실행할 수 있도록 확인해야 한다. 이 단계별 접근은 실행 단계에도 적용되는데, 다음 단계로 이동하기 위해서는 토큰을 신청해야 한다. 이때 토큰을 받으려면 학생이 제시한 그 다음 실행 계획이 적절함을 인정받아야 한다.

마지막 격려

집단활동과 관련된 수많은 문제 때문에 독자들은 집단활동이 시행할 만한 가치가 있는지 우려할지도 모른다. 그러나 더럼 대학의 사례를 보면, 학생들이 집단활동에서 얻는 기술과 기쁨은 또 다른 우려를 불식시키고도 남았다. 또 과거에 집단활동에 참여했던 학생들의 반응을 살펴보면, 컴퓨팅에 관해 그들이 획득했던 기술들은 관련 산업체에서 매우 자주 사용되는 것들이라고 생각한다.

자신의 수업 실제에 대해서 생각하기

교수님이 실시한 집단 실습에서 얻어진 구체적인 학습결과는 무엇입니까? 교수님은 현장에서 사용할 수 있는 기술에 관해 의미를 부여하고 있습니까? 있다면 어떤 평가기준을 사용합니까? 교수님이 원하는 학습 결과가 얻어졌음을 아는 방법은 무엇입니까? 교수님은 어떻게 집단 활동을 준비하고 관리합니까? 관리/도우미 역할을 수행하는 대학원생을 어떻게 훈련시킵니까?

4. 평 가

대학생들이 공부하는 데 점점 전략적(점수를 받기 위한)으로 되면서, 점수 평가가 학습의 추진력이라는 증거들은(Kneale & Collins, 1996) 많다(Brown, Bull, & Pendlebury, 1997). 또한 정기적인 평가(와 피드백)가 학생들의 동기를 유발하며, 전반적인 학업을 확실히 향상시키는 것으로 나타나고 있다(Schmidt, Norman, & Boshuizen, 1990).

평가문제는 정보통신과학 교수들의 가장 큰 관심사 중 하나다. 집단활동 프로젝트를 평가하는 문제는 이미 언급한 바 있다. 이와 비슷하게 입학생의 증가로 졸업할 학생도 증가하고, 지도와 검토를 해야 할 MSc 프로젝트 수도 증가했다. 그러나 그에 비례해서 교수가 충원되지 못하기 때문에 그렇지 않아도 바쁜 교수들에게 (시험 기간에는) 더욱 많은 업무가 부과되고 있다. 졸업 프로젝트 수행이 모든 학생의 필수요건이므로 학생 프로젝트의 관리와 평가를 위해 동료 형성 평가 및 포스터 발표와 같은 혁신적인 방안들이 이미 채택되었다. 정보통신과학 프로그램은 자원(인력) 부족으로 고전을 면치 못하는데도 지역의 요구에 충족할 맞춤형 학습 사례를 보이라는 요구가 강력하게 나오고 있다.

자신의 수업 실제에 대해서 생각하기

교수님은 어떤 평가 방법을 사용합니까? 개별평가를 위해서는 어떤 방법을, 전체평가를 위해서는 어떤 방법을 사용합니까?

학생 수의 증가로 정기적으로 과제를 주고 곧바로 형성적 피드백을 제공하는 일은 부담스럽기까지 하다.

하지만 평가한 과제물을 효과적으로 관리하고 평점을 줌으로써 교수-학생 관계가 매우 개선된다는 것은 분명하다. 그러므로 이러한 시험 및 평가 과정을 지원할 자동화 방안에 대해 계속 관심이 높아지는 것은 놀라운 일이 아니다.

1) 대집단 실습의 평가

많은 학과에서는 비공식적 체제로 학생들에게 추가 지원을 제공하는데, 그 경우에는 학생들이 스스로 향상 정도를 평가하고 언제 도움을 청할지를 판단해야 한다. 교수-학생 간 의사소통을 촉진하는 데 정보통신기술을 활용한 해결 시스템을 이용하여 학습 결과물을 효율적으로 수집하는 것도 도움이 된다. 이러한 시스템은 학습을 크게 도울 수 있으며, 나중에 발생할 수 있는 문제점을 미리 경고할 방안도 제시한다.

이미 언급한 바와 같이, 프로그래밍은 컴퓨팅 프로그램의 핵심적 구성요소다. 프로그래밍과 관련된 실제 능력을 평가하는 일은 시간이 많이 걸린다. 왜냐하면 정기적으로 리포트를 제출받고 이를 곧바로 돌려주어야 하기 때문이다. 더 심각한 문제는, 학생 수가 많아지면서 표절을 찾아내기가 어렵고 점점 확산된다는 점이다. 인터넷에서 다양한 자료를 손쉽게 얻을 수 있으므로 학생들은 쉽게 표절하고 그것을 자신의 것인양 제출한다. 정보통신과학 교수들은 표절문제를 오랫동안 고민해 왔으며, 대부분의 학과는 표절방지 예방책을 구상했다. 정보통신과학저널에서 의뢰받은 소스 코드 표절탐지 연구는 시간이 부족한 교수들이 표절을 찾아내고 다룰 수 있는 도구 및 방법과 함께 표절 문제와 관련된 여러 쟁점을 잘 정리해 준다.

코스 운영, 과제 평가, 자원 관리 등을 도와주는 시스템은 인력자원을 최대로 활용할 수 있도록 돕는다. 워릭 대학에서는 대단위 학생을 관리하고 평가하기 위해 온라인 평가시스

자신의 수업 실제에 대해서 생각하기

표절문제를 해결하기 위해 당신의 대학에서는 어떤 정책을 실시하고 있습니까? 당신의 학생들은 표절의 심각성을 인식하고 있습니까? 당신의 강좌에서는 표절문제를 어떻게 다루고 있습니까?

템을 개발하였다. 〈사례연구 19-3〉에 제시된 BOSS 시스템은 학생들의 과제물에 대해서 곧바로 자세한 피드백을 제공하며, 교수가 학생들을 모니터하고, 과제물의 평가를 자동처리하고, 표절 가능성에 대한 보고서를 작성하는 데 큰 도움을 준다. BOSS를 이용하면서 학생들은 효과적인 피드백을 받으면서 더욱 많은 교과 공부를 할 수 있다.

〈사례연구 19-3〉 대집단 평가의 관리

워릭 대학 컴퓨터 관련 학과에서는 1994년부터 프로그래밍 과제 제출과 평가를 위해서 자동화 도구를 개발해 왔다. 본래 목적은 과제물 채점 과정을 간소화하고, 정확성을 높이며, 곧바로 피드백을 주도록 하는 것이었다.

BOSS(The BOSS Online Submission System)로 알려진 이 시스템은 유닉스 텍스트 기반 유틸리티로서, 두 개의 대규모 파스칼 프로그래밍 강좌를 목표로 시작되었다. 그 이후 그것은 플랫폼과 독립된 대형 네트워크 도구로 발전되었고, 컴퓨터학과 및 다른 학과가 운영하는 12개 이상의 강좌에서 사용되고 있다. 이 강좌들에는 초급 프로그래밍(파스칼, 자바, SML, C++, UNIX Shell)뿐만 아니라 고급 소프트웨어 과목(소프트웨어 공학, Concurrent 프로그래밍)도 있는데 300여 명의 학생까지도 수용할 수 있다.

BOSS는 컴퓨터에 저장될 수 있는 모든 것을 온라인으로 제출할 수 있게 한다. 학생들의 신원은 대학교의 학생 데이터베이스 자료에 의해 검증되고, 과제 제출은 학생들의 이메일을 통해 확인한다. 제출된 파일에는 보안 체계가 작동하는데, 이것은 제출된 모든 파일에 대해 일종의 전자서명이라고 할 수 있는 해쉬코드를 포함하고 있다. 이 보안체계는 제출된 과제의 원형을 그대로 보전할 수 있어서 시스템 때문에 자신의 파일이 망가졌다는 학생들의 항의에 대처할 수 있다.

만약 과제가 컴퓨터 프로그램이거나, 자동으로 확인될 수 있는 것(예, 에세이의 스타일 분석)이면 자동 테스트가 이루어지며, 이 과정은 마니아들이 우연히 또는 고의로 시스템의 데이터를 손상하는 것을 방지하기 위해 보안이 이루어지는 환경에서 진행된다. 학생들은 자신들이 제출할 과제가 평가기준에 적합한지를 알아보기 위해 사전에 제출하여 이를 확인할 수도 있다. 강좌 리더가 설정한 평점 범주(자동 테스트와 그 외의 것을 포함하여)에 따라 한 명 혹은 여러 명의 평가자에게는 다양하게 점수를 줄 수 있는 직관적인 인터페이스가 제공되며, 강좌 리더는 추후에 점수분포를 조정한 다음 학생들에게 이메일로 피드백을 줄 수 있다. 슬라이더 바, 버튼 및 그 밖의 다른 그래픽 인터페이스들이 이러한 처리과정을 한층 빠르게 한다. 마지막으로 BOSS에 있는 'Sherlock' 이란 도구는 학생들이 제출한 과제를 탐색하여 유사성의 정도를 알아내고, 표절 가능성까지도 확인할 수 있도록 지원한다.

교수와 학생들은 대개 이 시스템에 매우 호의적이었으며, 평가 관리에 소요되는 전체 시간은 크게 감소했다. 채점의 일관성도 매우 높아져서 채점 오류는 거의 사라졌다. 표절 탐지

도구를 정기적으로 사용함으로써 학문적 위법행위도 현저하게 줄어들게 되었다. 시험을 보지 않는 경우에는 BOSS가 단순히 과제 제출을 편리하게 하는 도구로 사용되었는데, 이때에도 그것은 매우 효과적인 관리 도구임을 입증했다.

이런 도구의 성공적 활용은 컴퓨터 과학자에게는 별일이 아니다. 이들의 특별한 관심은 이런 도구를 개발하는 과정이며, 도구를 개발하고 사용하는 과정에서 부딪치는 기술적 교육적 쟁점들이다.

BOSS는 비슷한 일을 하는 프로그램을 구입할 수가 없어서 대학이 자체적으로 개발한 것인데(지금도 우리의 현재 요구를 모두 만족시키는 프로그램은 없다), 그 과정에서 대규모 소프트웨어를 개발하는 것과 관련된 일반적 문제점들이 동일하게 나타났다. 예를 들어, 초기 단계 코딩, 소프트웨어의 유지 및 개발을 위해서는 숙련된 프로그래머가 있어야 하는데, 영국 대학에서 주는 보수로 이런 일을 할 사람은 거의 없었다. 이 소프트웨어는 '업무수행에 아주 필수적이어서', 교수들과 학생들은 이것에 큰 신뢰를 줄 수 있어야 한다. 즉, 보안은 최고 수준이어야 하며 (또 그렇다는 것이 입증되어야 하며), 철저히 검사해야 한다.

컴퓨터 프로그램에서 자동 테스트는 작성하기 매우 어려워서 아주 작은 프로그램이라도 예기치 않은 작동을 보이곤 한다. BOSS의 초기 버전에서는 프로그램의 텍스트 결과물과 원하는 결과를 비교할 수 있도록 자동 테스트를 구체화하였다. 하지만 기준을 너무 엄격히 구체화하면 구두점, 여백, 수치 표시, 철자법 등의 사소한 변화에도 자동 테스트가 실패해서 개별 학생들에게 말도 안 되는 결과를 줄 수 있었다. 즉, 너무 엄격하면 소프트웨어가 너무나 '까다롭다'는 학생들의 비판을 받게 되고, 그렇지 않으면 테스트 장치로서 효율성이 떨어진다. 게다가 텍스트와 달리 그래픽 입출력을 다루는 자동 테스트는 더욱 구체화하기 어렵다(자바 objects의 사용이 도움이 되더라도).

만약 학생들에게 부과되는 과제가 강좌의 점수에서 큰 비중을 차지한다면, 자동 테스트로 모든 점수를 처리하는 것은 바람직하지 않다. 또한 예측하지 못한 어떤 시스템 문제 때문에 어떤 학생들에게 불이익이 갈 수도 있으므로 자동 처리된 점수는 반드시 수작업으로 확인해야 한다(이것이 현재 대학의 방침이기도 하다).

우리가 배운 가장 중요한 교훈은 컴퓨터 시스템이 늘 우리가 원하는 수준의 신뢰성을 주기는 어렵다는 점이다. 200명의 학생이 마감 5분 전에 동시에 네트워크 장치를 사용하려면, 시스템이 장애를 일으킬 가능성이 아주 높아진다. 컴퓨터 고장과 네트워크 장애는 흔한 일이지만, 소프트웨어는 극단적인 경우를 포함하여 다양하게 테스트되었다. 과제 제출 최종 기한 설정과 같은 학과 일정에는 융통성이 있어야 하며, 결정적 시기에 예상치 못한 일이 발생했을 경우에 이를 처리할 수 있는 인력이 항상 대기해야 한다. 이 소프트웨어 소스는 공개되어 있고, 관련 문서와 함께 sorceforge.net/projects/cobalt에서 받을 수 있다.

5. 학생지원

컴퓨팅 분야는 국가 경제의 주요 성장 영역이며, 숙련된 졸업생에 대한 수요는 점점 증가하고 있다. 대부분 대학에서 최근 정보통신학과 신입생 모집은 지속적으로 증가하고 있다. 현재 여학생 응시자가 적다는 점이 문제지만 공학, 수학, 자연과학에 비하면 컴퓨터학과에 훨씬 많은 학생이 응시하고 있다. IT 산업의 급속한 신장과 정보통신과학 전문가에게 제공되는 높은 급여 때문에 다른 학문에서 컴퓨터과학으로 옮기려는 학생들의 수도 비슷하게 증가하였다. 이와 더불어 어떤 학생들은 미리 경험으로 배운 것을 학점으로 인정해 달라고 요구한다. 이런 학생들의 학습 동기는 매우 높으며, 이 중 많은 학생은 산업체 경험을 (물론 그 성격은 다양하지만) 갖고 있다. 그런데도 그 과정은 대개 매우 압축적이어서(보통 1년) 모든 학생에게 장차 관련 산업체에서 필요한 기초 기술과 폭넓고 깊이 있는 전공 지식을 제대로 쌓게 하는 일은 상당히 어렵다.

모든 정보통신학과는 학생 증가, 기대치 상승, 교수들의 과도한 업무, 과열 경쟁 등으로 어려움을 겪는다. 이것은 정보통신 분야 대학 공동체에 많은 중요한 문제를 안기며 심각한 도전이기도 하다.

모집학생이 급증함으로써 학생들에게 적절한 자원과 지원책을 제공, 유지하는 데 많은 문제가 발생한다. 정보통신학과의 문제는 어떻게 정원을 채울 것인가가 아니다. 오히려 늘어난 학생들을 (한정된 자원으로) 어떻게 유지, 관리할 것인가가 일반적인 문제다. 입학 정원이 늘어났기 때문에 신입생들의 수준이 교수-학습의 질을 위협할 가능성이 생긴 것도 문제다. 합당한 입학허가 절차와 적절한 학생지도 프로그램 등이 반드시 마련되어, 그들을 대학생활에 제대로 적응할 수 있어야 한다(12장 참조). 예비 대학생들에게 교과 내용을 적절하게 설명해야 열성적인 학생들이 나중에 필요한 것들은 미리 준비할 수 있다. 개별지도 시스템은 학업이나 일상생활을 도와주는 데 효과적이고 바람직하다. 그러나 학생이 너무 많고 자원도 빠듯하여 늘 그리할 수 없어 결국엔 개별적 학문 지원은 포기하고 만다.

정보통신과학 프로그램이 여러 전통적, 직업적인 교육 배경을 가진 학생들을 불러들임에 따라 정말 다양한 학생이 모이게 되었다. 이러한 모든 학생이 일반적으로 인정받을 만한 성취 수준에 도달하도록 하기 위해서는 학생지원 제도가 꼭 필요하다.

1) 참여 확대

컴퓨터정보통신 교육에 대한 참여기회를 확대하는 데는 두 가지 길이 있다. 하나는 입학 조건을 완화하는 일반적인 방법이고, 또 하나는 평생교육 기관이나 외부 기관에서 접근할 수 있는 코스를 늘이는 방안인데, 이 결과 전과나 전학이 촉진되기도 한다. 참여기회 확대와 연관된 문제는 평생교육 기관에서 더 심각하다. 대학에서 제공하는 평생교육을 살펴보면 정보통신과학이 이미 아주 많은 부분을 차지하며, 게다가 교양과정 프로그램의 도입으로 더욱 팽창하고 있다. 실무중심 학습과 고등교육기관으로 진학하는 문제도 관심사로 떠오르고 있다. 아무튼 평생교육 담당교수는 과도한 수업업무로 인해 현재를 지탱하는 데도 많은 어려움을 겪고 있다.

대학 구조와 교육과정 개발이 각각 다르겠지만, 대다수 정보컴퓨터 학과는 학생들의 입학 정원을 확대할 필요성을 수용하고, 교과과정 체제와 학생들의 전공코스 선택에서 유연성을 높이려고 애쓰고 있다. 이미 대다수 학과는 유연한 강좌 프로그램을 채택함으로써 학점 취득과 전공 코스 변경을 지원하고 있다. 그러나 유연성을 높이면 수업 프로그램이 복잡해지며, 그렇게 되면 전공 코스를 밟을 학생들이 그 프로그램의 학습목표에 도달하는 데 필요한 능력과 사전경험을 갖추지 못할 가능성이 생긴다. 교수들은 학생 개개인의 진행 상황을 신중하게 점검하고, 학생들이 상호 무관한 과목들을 아무렇게나 수강하는 일이 없도록 해야 한다.

정보통신 학과가 당면한 과제들은 엄청나지만 학습이 공학기술로 뒷받침된다면 해답은 물론 새로운 기회가 생길 수도 있다. 현재 많은 학과가 e-러닝 전략을 개발하는데, 이것은 발전된 교수 도구들을 공학기술과 결합하는 일이다. 이를 통해서 학과는 다음과 같은 일을 할 수 있다.

- 코스의 내용 및 프로그램 준비에 대한 지속적 개선
- 학생 모집과 유지
- 캠퍼스 개념 확대를 통한 입학 기회 확대
- 졸업생의 취업 제고

그러나 교수들도 전통적 수업방식에서 벗어나 e-러닝 지도방식으로 전환하기 위해서는 새로운 기능을 습득할 필요가 있으며, 최근에는 이 점을 대부분 인식하고 있다. 정보통신과학 교수들이 새로운 기술을 최대한 활용하기 위해서는 지역 발전 및 주어진 자원의 효율적 활용과 관련된 최근의 훌륭한 교육사례 및 경험에서 뒤떨어지지 않도록 노력해야 한다.

2) 학습자원

추가적인 지원이 제공되지 않으면, 지금과 같은 정보통신 학문의 지속적 성장은 불가능할 것이다. 교수들은 이 절박한 문제를 해결할 혁신적인 방안을 모색하고 있다. 정보통신 학문을 공부하는 파트타임 학생, 원격 학습자, 평생 학습자 등이 증가함에 따라 다양한 학습 요구를 가진 이들 학습자를 지원하기 위해 공학기술에 대한 관심이 급속히 높아지고 있다. 최근의 공학기술은 교수-학생 의사소통을 개선하고 학생들에게 귀중한 참고자료와 함께 온라인 학습지원의 기반을 제공하고 있다. 공학기술에 의한 학습지원은 전통적 수업활동을 보완하고 개선하는 데 사용될 때 그 효과가 가장 크며, 새로운 학습 기회를 주고, 개별 학습의 범위를 넓히게 된다.

정보통신과학 교육에서는 개인별 학습을 중요한 특징으로 삼고 권장한다. 컴퓨터과학이 본래 실험실 교과로 설립되었기 때문에 교실 수업에 못지않게 실험실 수업이 중요하고 꼭 필요한 부분이라 할 수 있다. 실험실 수업은 장비 의존도가 아주 높은데, 구입하기에도 비싸며 또한 계속해서 빠르게 변화, 발전하고 있다. 이 장 두 번째 절에서도 언급했듯이, 프로그래밍과 연관된 실제 기술을 습득하는 데는 시간과 자원이 집중적으로 필요하다. 그러므로 이런 목적에 부합되도록 자원을 적절하고 충분히 확보하는 일은 아주 중요하다.

컴퓨터가 교육 도구면서 동시에 교과목의 주제가 된다는 점은 정보통신 과목의 학습과정을 독특하게 개선할 기회를 준다. 컴퓨터 분야의 핵심 산업은 대학생들이 학교에서 질 높은 장비에 익숙했기를 바란다. 이러한 장비는 대학생들에게 학습 과정을 지원할 적절한 도구 사용과 실습 기회를 제공한다. 이상하게도 이런 밀접한 관계 때문에 정보통신 과학 수업을 지원할 수 있는 공학기술의 힘을 간과하는 근시안적 경향도 나타난다. 최근에는 학습 효율성 제고에 대한 관심이 높아졌지만 수업을 위해 공학기술의 잠재력을 완전히 이용하는 데는 좀 더 많은 노력이 필요하다. 학생의 급속한 증가, 교육과정 개선, 장비 보수 및 지속적인 보충작업 등으로 주어진 자원은 금방 고갈되는데, 바로 이 자원의 한계가 교수-학습의 질 향상을 가로막고 있다. 공학기술의 적절한 사용은 혁신적이고 효과적인 수업을 촉진할 수 있으며 개별적으로 학습하는 학생들에게 더욱 많은 기회를 제공할 것이다.

정보통신과학은 다양하고 아주 역동적인 학문 영역이다. 이 학문의 급변성 때문에 교육과정과 학습 자료의 생명은 극히 짧고, 컴퓨터과학과 기술 관련 정보과학 분야의 자원은 금방 고갈된다. 예전에는 그 이유 때문에 저자나 출판사들이 여러 가지 미디어나 출판물 등의 출시를 미뤄 왔다. 현재는 보편적 플랫폼이라 할 수 있는 인터넷을 통해 수업에 필요한 여러 자료를 쉽게 갱신하고 그 양도 지속적으로 늘릴 수 있다. 그러나 많은 정보가 구조적으로 분류된 것이 아니어서 필요한 자료를 찾는 일이 쉽지는 않다. 대학 내 사용자들은 관련 자료 및 최신 자료를 찾는 데 많은 어려움을 겪으며, 성공적인 연구를 위해 엄청나게 노력한다. 이용 가능한 자료의 양이 많다는 것은 자료를 발견, 평가, 선택하는 과정이 몹시 까다로워졌다는 것을 의미한다.

정보통신기술 서비스와 네트워크는 사람들의 생활, 일, 학습의 양식을 급격하게 변화시키고 있다. 사람들에게 이제 도래할 '정보사회'와 평생학습에 필요한 지식과 기술을 갖추는 일은 모든 교육자에게 중요한 일이 되었다. 정보통신기술 능력은 기본적인 읽고 쓰기와 계산하는 능력과 함께 '생활 기능'이 되었다. 정보통신과학 졸업생들이 생활하는 데 필요한 IT 기술을 갖추는 것은 분명하다. 그러나 젊은이들이 자신의 사고와 아이디어를 전달할 수 있다는 의미에서 더욱 중요한 것은 바로 '의사소통'의 차원이다. 정보통신과학 교육자들은 어떻게 온라인 수업 기술이 모든 교수-학습 과정 및 관리의 중요 구성 부분이 될 수 있는지를 인식할 필요가 있다. 어떻게 교육을 향상시키고 풍부하게 하며, 전자정보와 대화식 학습 자원을 제공하고, 유연하고 효과적인 학습양식을 촉진시킬 수 있는지를 말이다.

6. 정보통신과학 분야 직업

정보통신과학 교육과정을 새롭게 개발할 때 기능, 취업, 전문성 등의 요구에 부응할 수 있는 원격학습과 평생학습을 중시해야 한다. 취업과 전문성에 필요한 기능을 개발하기 위하여 학과에서는 경제적·사회적·문화적 요구를 혁신적으로 수용해야 한다. 새로운 취업 관련 교과과정을 통해서 대학생들이 전문직이나 고급 기술직에 필요한 특수 지식과 기능을 갖추도록 하고, 이와 함께 산업, 지역공동체 그리고 공공 기관과 새로운 관계를 맺을 필요가 있다. 학과에서도 대학과 지역산업 간 동반자 관계를 점차적으로 활용하고 있다. 교수-학습에서 산업체의 요구를 반영하는 것은 이미 일상적인 일이 되었다. 많은 학과가 지역 업체와 좋은 관계를 맺고 성공적인 학생 취업, 산업기반 프로젝트, 연구 협력, 겸임교수나 설비 활용 등을 통한 교육과정 개발을 추진하고 있다. 이를 통해 학생들은 산업현장에 가까워진다. 이런 우호적 관계를 통해 대학에서 지역사회로 지식이 전수되며, 산업체와의 협력을 통해서 대학의 연구와 교육과정이 의미 있게 변화하기도 한다.

'혁신이 경쟁력의 핵심이다.' 는 말이 유행하고 있다(CORDIS, 2001). 경쟁과 세계화로 인해 기업 운영이 변하고 있고 새로운 혁신적 아이디어의 창출과 적용이 더욱 중시되고 있다. 정보통신과학 졸업생들이 현장에서 성공하려면 새로운 상품 개발에 필요한 실무 기술을 익혀야 한다.

잘 훈련되고 기업가 정신을 갖춘 인재가 필요하다. 닷컴(dot.com) 시장에는 성공 가능성이 많은 졸업생으로 넘쳐나고 있다. 그들은 벤처사업을 하기 위해 대학에서 기업가의 자질과 정신에 대해 공부하였다. 과학기업도전(Science Enterprise Challenge) 프로젝트를 통해 12개의 과학기업센터(Science Enterprise Centres)가 영국의 여러 대학에 설립되었다. 이 센터는 과학/공학 교과과정에 기업가 자질 및 능력 개발을 통합시키는 일에 중점을 두는데, 그것은 개인 및 팀의 핵심적 기술 능력을 개발하는 일과 기업가 문화를 고취시키는 일을 결합해야 한다. 이와 같은 새로운 전문적 내용을 반영하기 위해서 이미 포화상태인 정보통신과학 분야의 교육과정은 더욱더 복잡해지고 학생들을 붙잡아 두는 일도 더욱더 힘들어지고 있다.

대학생들에게 기업가 문화가 퍼지려면 현장 경험이 있어야 한다. 1997년 영국의 고등교육에 관한 연구(NCIHE, 1997)에서 제안했듯이 대학은 '대학생들이 현장 업무에 익숙해지고, 현장 경험에 대해서 사고할 수 있도록 도와줄 프로그램을 확대할 기회를 모색해야 한다.' 현장 중심 학습은 대학생들의 직업 능력을 향상시키며, 산업체가 요구하는 바가 무엇인지, 그리고 산업이 어떻게 발전하는지에 대한 이해의 폭을 넓힌다. 게다가 산업 현장에서 돌아온 학생들이 갖고 온 지식과 전문기술이 교과목 전체의 교수-학습 경험을 향상시키기도 한다.

많은 학과의 교과 과정에는 실무 중심 학습(현장실습)이 있고, 이것은 그만큼 산학연계가 이루어져야 한다는 것을 의미한다. 보통 마지막 학년에 실시되는 산업현장 실습은 실제 업무 경험과 실무에 필요한 기능을 습득할 수 있게 한다. 이 제도는 학생과 회사 모두에게 도움이 되며, 현장실습을 잘한 학생은 곧바로 취업되기도 한다. 실무 중심 학습은 수년간 정보

자신의 수업 실제에 대해서 생각하기

산업현장에서 복귀하는 대학생들은 어떤 독특한 경험을 갖고 있습니까? 실험실에서 이루어지는 실습을 향상시키기 위해서 교수님은 그런 경험을 어떻게 활용합니까?

통신학과 프로그램에서 중요한 역할을 했으나, 학생의 급격한 증가로 이를 관리하고 운영하는 일도 크게 증가하였다. 현장실습의 관리, 운영, 평가를 혁신적으로 할 수 있는 한 가지 방안은 현장실습 과정을 지원하는 데 가상학습 환경(VLEs)을 활용하는 것이다.

현장실습을 받는 학생들은 자신들의 기술적 역할뿐만 아니라 실습기관의 경영 및 시장 동향에 관한 세부사항을 보고서에 기록해야 한다. 학생들은 다른 업체에 대한 실제 지식이 별로 없어서 혼자서 보고서를 작성하기가 매우 어렵다. 학생들은 가상학습 환경에 있는 의사소통 장치를 활용하여 문제를 해결하고 공동의 목표를 달성하기 위해 여럿이 함께 작업함으로써 본인의 책임을 다할 수 있다. 게다가 학생들은 접근 가능한 필수 정보가 들어 있는 관련 자료를 통해 원리와 개념을 파악하며, 이해를 하기 위해 선정된 출판물을 찾아볼 수 있다. 이 과정에서 학생들은 동료나 지도 교수와 토론하고 문제 해결을 위해서 도움을 찾고 관심사를 공유할 기회를 가지며, 이 과정을 가치 있게 받아들일 것이다.

정보통신과학 교과과정에서, 현장에서 사용할 수 있는 개인적 기술을 강조하는 등 직업적인 요소를 강화하면서 산업/기업 현장에 적합한 기능을 가진, 즉 취업 가능성이 높은 졸업생들이 배출되었다. 많은 학과에서는 교과과정의 핵심 부분으로 전문기능 훈련 프로그램을 도입하였고, 개인별 발전계획(그리고 향상 파일의 순차적 도입)을 만들어 대학생들이 재학기간에 그들이 습득한 기능과 능력을 계속 추적하고 기록하도록 하였다. 개인적, 전문적 기능을 평가하기 위해서는 각 개인별로 포트폴리오를 만들어야 하는데, 이것은 어떤 일을 했고 어떤 기능을 습득했는가를 지속적으로 관찰하고 기록으로 남긴 것이다. 이런 과정은 고도로 체계화되어야 한다. 학생들이 습득하고 발전시켜야 할 지식, 기술 및 이해도를 확인하고 검토하며, 취해야 할 조처를 정하고 책임사항과 시간표를 정하는 등과 관련된 실질적인 일들이 있다. 자신의 발달을 이해하고, 성찰하고, 계획하는 능력은 살아가는 데 중요한 능력이다. 이것은 끊임없이 변화하는 직업세계에서 생존할 수 있게 하는 여러 기술을 개발하고 습득하도록 도와준다. 정보통신과학 졸업생들이 관련 전문단체에 가입할 때는 포트폴리오를 간직할 필요가 있는데, 이는 지속적 전문성 개발 프로그램의 일부분이다.

정보통신과학 졸업생들은 고용시장에서 아주 좋은 대우를 받는다. 실제로 취업률도 높고 보수도 많다. 다른 학과와 비교할 때 정보통신과학 졸업생의 취업률은 여전히 높다. 정보통신과학 관련 과정을 성공적으로 이수한 학생들은 모든 경우에 산업체와 기업에서 곧바로 일자리를 가질 수 있다. 관련 분야에서 평생직장을 원하는 학생들은 대부분 졸업하자마자 곧바로 취업할 수 있다. 현재는 IT 산업계가 국내, 국제적으로 안정화 단계에 들어감에 따라 새로운 인력자원에 대한 수요가 조금씩 감소되고 있다. 그러나 컴퓨터 관련 코스에 대한 수요는 여전히 높고 또한 지속적으로 성장할 것으로 예측된다. 컴퓨터 적용 분야가 지속적으로 확대되므로 그러한 분야의 교수에 대한 수요 역시 증대할 것이다.

결론적으로 정보통신과학 영역의 대학교육은 이중의 도전에 부딪치고 있다. 하나는 최신 현장 경험과 지식을 겸비한 새로운 교수진을 확보해야 하는 문제다. 또 하나는 취업과 벤처 사업에 필요한 지식과 기능을 갖춘 학생들을 길러 내도록 기존 교수진의 전문성을 지속적으로 개발시켜야 하는 것이다. 국가적으로는 교수학습 지원네트워크 센터와 같은 기구를 설립하였는데, 그것은 이 장에서 본 바와 같이 여러 대학에 흩어져 있는 정보통신과학 분야의 실제 사례와 경험을 모으고 서로 공유하기 위한 것이다.

참고문헌

Brown, G., Bull, J., & Pendlebury, M. (1997). *Assessing Student Learning in Higher Education*, Routledge, London.

CORDIS (2001). *Focus*, *186*, 3 December (ISSN 1022-6559).

Kneale, P., & Collins C. (1996). *Study Skills for Psychology*, Edward Arnold, London.

National Committee of Inquiry into Higher Education (NCIHE) (1997). *Higher Education in the Learning Society*, NCIHE, HMSO, London (also to be found at: http://www.ncl.ac.uk/ncihe/index.htm).

NISS, Quality Assurance Agency Overview reports: www.qaa.ac.uk

QAA Subject Benchmark for Computing http://www.qaa.ac.uk/crntwork/benchmark/benchmarking.htm

Schmidt, H., Norman, G., & Boshuizen, H. (1990). A cognitive perspective on medical expertise: theory and implications, *Academic Medicine*, *65*, pp. 611-21.

Wand, I. (2001). *Research Assessment Exercise 2001: Overview Report from the Computer Science Panel*, UoA, *25*.

읽을거리

See Ltsn-ics@ulst.ac.uk for a comprehensive overview of the work of the Learning and Teaching support Network for Information and Computing Sciences, to include hyperlinks to other relevant sites.

제20장

예술, 인문학, 사회과학 교수-학습의 핵심 측면

1. 서 론

이 글의 목적은 강의실에서 사용할 수 있는 기법을 제공하는 데 있지 않다. 그보다는 강의실에서 우리가 하는 일이 어떤 일이고, 왜 그렇게 하는 것인지에 대해서 일련의 문제를 제기하려는 것이다. 이 글의 기본 생각은 두 가지다. 첫째, 대학생을 적극적 주체로 보고 대학생을 교육의 중심에 놓고 생각한다. 왜냐하면 예술이나 인문학에서 수동적 학습 또는 수동적인 지식 소비는 결코 가능한 일이 아니라고 보기 때문이다. 위와 같은 학문 영역에 종사하는 교수들은 이 점의 정당성에 대해 별로 이의를 제기하지 않을 것이다. 물론 그것을 이상적인 제안으로 보는 교수들도 없지 않다. 둘째, 예술, 인문학, 사회과학 등은 가치를 깊이 있게 다루는 학문 분야다. 물론 모든 교육이 전부 가치와 밀접하게 연관된 것이 아니냐는 반론도 있을 수 있다(Rowland, 2000: 112-4). 그러나 강조하고 싶은 점은, 이 장에서 논의하는 학문 영역들을 볼 때 윤리적 쟁점, 사회적 관심사, 판단, 인간 주체성의 인식 등이 철저하게 스며들어 있다는 것이다. 호텔 경영이나 외식 산업은 결코 그렇지 않을 것이며, 물리학도 다를 수 있다. 따라서 예술, 사회과학, 인문학 영역에서 교수-학습 문제를 논의하기 전에 고도의 민감성을 늘 감안해야 한다. 이런 학문 영역을 가르치는 강의실에서는 개인적 견해의 타당성, 주체성, 개인적 경험, 창조적 회의론 등이 옳고 그름, 진실과 허위, 질서와 혼돈 등에 관한 판단과 서로 뒤섞이기 마련이다. 여기서 교육자로서 교수의 과업은 무엇일까? 교수들은 그러한 판단이 적절한 정보에 토대를 두게 하고, 또 이런 정보가 논증을 통해서, 신중한 증거 제시와 해석을 통해서, 그리고 중요한 문제의 확인 등을 통해서 이루어지도록 해야 할 것이다.

2. 개 념

넓게 보면, 예술과 인문학은 다음과 같은 공통점을 갖고 있다. 예술과 인문학 영역의 교육에서는 기능이나 능력을 전수하는 것보다는 오히려 지식 세계와 (실천 예술의 경우) 활동 세계에 몰입하는 것이 일차적으로 중요하다. 비록 이러한 '세계' 들에서 정확한 용어 규정이나 경계 설정이 쉽지 않고, 학자나 활동가들에 의해 그것들이 지속적으로 논란의 대상이 되겠지만, 그와 같이 폭넓게 규정하는 것도 그리 틀린 것은 아닌 것 같다.

물론 위와 같은 구분은 상당히 인위적인 것이다. 지식이나 활동의 세계에 몰입하는 데에는 이해 방법의 획득과(언어 분석이나 자료 분석에서 혹은 예술의 창조 과정에 대한 이해에서처럼) 기술의 파악도 필요하다. 대학생들이 '자연적' 으로 입문하는 것은 아니다. 대학생들은 학문을 배우고, 지식에 대해 접근하는 방법을 터득해야 한다. 이런 학습을 '기능' 의 성취라고 말할 수 있겠지만 교육적 경험의 핵심은 기능 성취가 아니다.

여기서 우리는 중요한 역설을 보게 된다. 우리가 교육의 핵심을 지식의 획득에 필요한 기능이나 능력으로 볼 수 없는 것처럼 지식활동이나 실천활동이라는 양적 차원으로 볼 수도 없다. 이것은 골치 아픈 복잡한 문제다. 그러나 우리가 예술, 인문학, 사회과학 등에서 이루어지는 교수-학습 활동의 핵심 측면을 이해하려고 한다면 이 점을 반드시 이해해야 한다. 이 학문 영역들을 전체적으로 살펴볼 때, 이 영역의 교과들은 '지속적인 재해석과 수정의 활동' 과 연관되어 있어 '참여 혹은 몰두(engagement)' 라는 용어를 쓰게 된다. 이 영역의 교과에서는 교수와 학습의 동등한 관계가 무너지는 것처럼 지식과 이해라는 인습적 구분도 무너진다. 먼저 교수와 학습의 구분에 대해서 살펴보자.

교수(teaching)라는 개념이 대학의 강의실을 지배하게 된 것은 그리 오래되지 않았다. '교수-학습' 이라는 개념은 강의실 안팎에서 대학생들이 경험하는 바를 강조하는 차원에서 도입되었고, 요즈음 교육적 경험을 더욱 강조하기 위하여 (어느 정도 정치적 영향 때문이기도 한데) '학습-교수' 라는 개념도 대두되었다. 그러나 어떤 식으로 표현하건 간에, 그것들은 두 가지 요소가 구분된다는 점을 함축하므로 약간 부적당한 개념이다. 거칠게 표현하면 그렇게 구분한다는 것은 (교수라는) 능동적 투여와 (학습이라는) 수동적 소비를 함의한다. 또한 그것은 (학생을 가르치고 또 교과를 가르치는) 두 가지 일을 종합하는 일과 동화하는 일(학습)을 함축한다. 이러한 언어 구분 혹은 어휘는 어색한 구분을 강요한다. 물론 '교수-학습' 이라는 용어는 교수와 학생이 함께하는, 나눌 수 없는 실천활동을 가리킬 수 있다. 이럴 경우에 '-' 은 분리된 두 가지 요소를 연결하는 것이 아니라 양자를 통합하는 힘을 가진 것으로 이해해야 한다. 그러나 그런 의도가 있더라도 두 용어는 분리된 기능을 갖는 것처럼 보인다.

이해와 지식도 위와 마찬가지다. '지식' 이라는 것이 있고 이것을 '이해' 하면 될 것이라고 말할 수 있다. 지식이라는 것이 일차적으로 있고, 이를 이차적으로 실천활동에 의해 이해하는 것으로 본다는 것이다. 우리는 이 점에 대해서 이의를 제기할 수 있다. (지식은 원 자료가 아니기 때문에) 이해가 지식을 구성한다고 우리는 말할 수 있다. 이해가 순전히 해석적 기능만을 하는 것은 아니다. 지식 혹은 지식의 구분은 역사적 구성물일 뿐이다.

그러므로 '교수-학습' 그리고 '지식과 이해' 는 예술과 인문학에서는 어색한 용어일 수밖에 없다. 이 용어를 사용할 수 없다는 말이 아니라 그것을 조심해서 사용해야 한다는 것이다. 왜냐하면 예술교육이나 인문교육은 일차적으로 지식이나 기능의 전수로 이해되지 않기 때문이다. 오히려 교수와 대학생이 지식을 수정하고 형성하는 일에 같이 참여한다. 이 과정의 일부분인 '기능' 도 구성물이라고, 즉 지식을 만들고 해체하는 강력한 결정적 행위자라고 이해해야 한다. 요컨대, 이 분야의 교수들은 대학생들에게 무엇을 생각하라든지 그것에 대해 이러이러하게 생각하라 등과 같이 말하지 않는다. 교수들은 대학생들이 스스로 생각하고, 이런 사고 과정이 폭넓은 학문적 근거 위에서 작동하는 것으로 이해하도록 한다. 이런 식으로 교수와 대학생은 지식 세계의 구성과 수정에 함께 참여한다. 이와 아주 비슷한 방식으로 예술 영역에서도 교수와 대학생들은 실천 세계의 형성과 수정에 함께 참여한다. 이런 교과에 종사하는 사람들에게 그런 말은 아주 자명한 것으로 들릴 것이다. 예컨대 만일 인간의 주장과 아이디어가 불변하는 것이라면, 영국 사람들은 여전히 매콜리(Macaulay, 영국의 역사 · 평론 정치가, 1800~59)와 똑같이 역사를 가르칠 것이다. 만일 문학적 관심사가 전혀 변하지 않는다면, 전국의 영문학과는 그동안 영문학 교육과정에 새로 등장한 작가들의 절반을 아예 가르치지 않았을 것이다.

과학의 경우 기본 패러다임을 바꾸어 버리는 발견에 의해서 교과의 변화는 촉진된다. 또 공학 과목들의 경우 테크놀로지의 진보에 의해서 변화는 생긴다. 또 일부 직업 교과들의 경

자신의 수업 실제에 대해서 생각하기

교수님의 학문 영역을 지식이라는 범주와 분석하고 이해하는 기능이라는 범주로 양분할 수 있다고 보십니까? 그와 같은 기능은 그 자체로서 지식의 양식이며, 따라서 지식의 형식이라고 보십니까? 수업을 계획할 때 교수님은 대학생들이 무엇을 '알기'를 원합니까? 그리고 그들이 무엇을 '할' 수 있기를 바랍니까?

우 상업적 · 법적 변화에 대응하는 전문적 실천에서 변화가 일어난다. 그런데 이와 달리 예술과 인문학은 끊임없이 변동하는 문화적 요소들에 의해서 지속적으로 변화한다. 따라서 예술과 인문학은 내적 논의, 논쟁, 취향과 방법의 수정, 발견이나 재생 연구, 정치, 철학 등을 통해서 변화한다. 예술과 인문학 교과들은 끊임없이 논쟁과 토론의 상태에 처해 있다. 즉, 새로운 작가나 예술가들이 나타나서 현재의 규범에 도전(하는 것으로 발견되기)하기 때문에 담론의 영역이 자극을 받는다. 또 새로운 역사이론, 증거, 발견 등이 이루어짐에 따라 다양하고 도전적인 역사적 서사들이 나타나고, 이것들은 다시 논쟁을 통해서 검증받는다. 이런 교과들은 이런 식으로 움직이는데, 이는 교수나 대학생이나 마찬가지다. 이런 교과들은 대학생들이 적극적이고 참여적이기를 요구한다. 왜냐하면 토론과 논쟁이 그런 교과의 근본 활동이기 때문이다. 그러나 이것 자체가 어려움을 제기하기도 한다(〈사례연구 20-1〉 참조). 그처럼 역동적인, 즉 새로운 연구 분야가 끊임없이 나타나는 영역에서 대학생들을 어떻게 적절하게 지원할 수 있을 것인가? 이 점을 세심하게 고려하는 일은 상당히 중요하다.

지식의 힘겨루기 과정에 참여하는 적극적 · 참여적 대학생들에 대한 묘사는 상하 위계나 차별이 없는 아주 이상적인 학습 공동체라는 개념과 매우 유사하다. 이런 학습 공동체에서 자유주의적 · 포스트모던적 철학이 지식의 타당성을 부정하는 이유는 지식을 잠정적이고 상대적인 것으로 보기 때문이다. 그런데 아주 추상적 의미에서 볼 때, 그런 개념은 그런 것처럼 보일 수 있다. 그러나 우리는 추상세계에서 사는 것이 아니라 현실세계에 살고 있다. 그런 추상적 개념들은 우리가 교육과정을 구성하거나 강의할 때 혹은 전통적으로 3~4년간의 학부 교육을 시행할 때 현실화되는데, 이때 우리는 실용적으로 접근하게 된다. 그래야 우리는 교과의 지적 기초를 인정하게 될 것이다. 이러한 의미에서 우리는 (개념으로서의) 교과와 (실제 혹은 실천으로서의) 학문을 구분할 수 있을 것이다. 그렇다면 우리의 일차적 과업은 목적에 맞는 전략을 설정하는 일이고, 또 교육과정 설계를 고려하고 이 설계에 따라 살아 있는 수업이 이루어질 상황을 확정하는 일이다.

〈사례연구 20-1〉 현대문학 수업

대학생들은 현대 소설을 읽을 때, 이제까지 그들이 배운 프로그램에서 그들을 인도했던 난간에서 벗어나기를 요구한다는 느낌을 자주 갖는다. 만일 대학생들이 찰스 디킨스(C. Dickens)의 『황폐한 집(*Bleak House*)』이나 제인 오스틴(Jane Austen)의 『오만과 편견(*Pride and Prejudice*)』에 대해 비평이나 글쓰기를 준비할 경우, 그들은 소설, 영화, TV 각색물 등을 통해서 저자의 작품을 미리 접촉했던 바를 끌어들일 수 있다. 그와 같은 고전적 텍스트와 저자들은 묘하게도 대학생들이 세미나와 과제에서 활용할 수 있는, 문화적 통화(currency)와 같은 것을 갖고 있다. 로맨스를 뛰어넘는 제인 오스틴의 작품을 읽도록 권장한 사람들이 모두 알고 있듯이, 위와 같은 친밀성을 교수들은 자주 제거할 필요가 있다. 그런데도 영문학의 많은 코스에서 강좌가 시작할 때 대학생들은 이미 모종의 문화자본에 의존하면서 무엇인가를 시도하려고 한다.

현대 아일랜드 산문은 영국 소설이나 심지어 아일랜드 시와 비교할 때 아직 연구가 미진한 부분이다. 대학생들은 일반적으로 그것을 즐겁게 읽긴 하지만, 연구하라면 흔히 표현의 위기를 겪는다. 왜냐하면 대학생들은 보통 어떤 소설에 대해서 비평가들이 이미 대화한 것에 자신들의 논평을 덧붙여 짜 맞추곤 했는데, 이젠 그런 것도 없이 스스로 비평을 해야 하기 때문이다. 비평가들의 대화는 출판이나 도서관 소장을 통해서 이미 수용될 수 있는 것으로 보통 인정받은 것이다. 그런데 대학생들이 현대 소설을 읽을 때는 그 텍스트에 대한 아무런 해설도 없이 본인 스스로 자신의 반응을 형성해야 한다. 그 소설이 대학생 자신의 문화와 상당히 다른 문화를 탐구하게 할 경우, 그 대학생들에게는 취약한 부분이 생기고 혹시 '엉뚱한 이야기' 를 하는 것이 아닌가 하는 두려움도 훨씬 커진다.

이러한 상황에서 대학생들이 부족하다고 느끼는 안정감을 가지는 일과 독창적인 공부가 가능하게 하는 위험성을 감수하는 일 사이에서 적절한 균형을 찾을 수 있다. 우선 필자가 기대하는 바를 분명히 해 줌으로써 이러한 균형을 얻을 수 있다. 상세한 안내서를 통해서 나는 대학생들의 불안감을 인정하고, 그들이 알아야 할 것과 '몰라도 될 것' 에 대한 나의 생각을 명확하게 밝힌다. 그러고 나서 텍스트에 나오는 방언 해설, 공적인 인물과 정치적 사건에 대한 설명, 참고문헌 등을 제시한다.

대학생은 강의를 받으면서 이 자료를 자기 나름대로 확충할 수 있고, 나는 간단한 세미나 대비 연습문제를 대학생들에게 제시한다. 여기에는 대학생들이 눈여겨보아야 할 사항들에 대한 몇 가지 지침과 가능한 독서 전략이 담겨 있다. 대학생들은 가령 '기질과는 상반되는' 아일랜드 글쓰기에 나오는 여성에 관한 이번 볼랜드(Eavan Boland)의 열정적 옹호론을 미리 읽어 오게 했을 때 대학생들은 특별히 반응을 잘했다. 대학생들에게는 『Object Lessons』

(London: Vintage: 2000)에 들어 있는 그 시인의 입론을 따르기보다는 성찰하도록 요구하였다. 위와 같은 연습 문제는 대학생들이 낯선 텍스트를 읽을 수 있도록 도움을 주며, 이 연습문제들은 강좌에 포함된다. 강좌는 세 부분으로 나뉘어 운영되는데, 여기서 대학생들은 정체와 진보라는 의미에서 강좌를 생각하고, 강좌가 진행될수록 성취감과 발달의식을 갖게 된다.

강의나 세미나에서, 대학생들이 이전 학기에 수강했거나 이번 학기에 수강하는 강좌를 통해서 이미 친숙해진 텍스트와 비교하는 것도 도움이 될 것이다. 만일 대학생들이 다른 강좌에서 성(sexuality)에 관한 세지윅(Kosofsky Sedgewick)의 생각을 다룬다면, 그들에게 동료학생을 위해서 세지윅(Sedgewick)의 아이디어에 대한 자신의 이해를 요약하도록 부탁할 수 있다. 모든 세미나에서 그렇듯이, 대학생들은 이미 알고 있는 것에 의존하여 모르는 것에 이르게 된다. 그러나 이런 과정에서 교수가 유일한 안내자로 행세해서는 안 된다. 다시 말해서 문제의 텍스트에 관한 다른 일차적인 논평이 없을 경우, 그 텍스트 해석의 유일한 권위가 되서는 안 된다. 세미나에서 일차적 자료를 활용함으로써 대학생을 동료 비평가로 자리매김하는 일은 대학생의 자립심을 발달시키는 데 교수가 집중하도록 도움을 줄 것이다. 예컨대, 아일랜드 헌법인 *Bunreacht na hEireann*은 온라인에서 활용할 수 있는 자료다. 토이빈(Colm Toibin)의 *The Heather Blazing*의 부교재로 그것을 대학생들에게 읽힐 수 있다. 토이빈의 작품은 대법원의 어느 판사와 그의 지배에 초점을 두고 있다. 'LIP 팜플렛' 이라는 애틱 출판사에서 발간한 시리즈처럼 아일랜드 문화에 대한 짧은 논문들은 강의실에서 벌어지는 논쟁의 기초로 삼을 수 있다. 여기에서 대학생들은 그룹별로 이차적 텍스트의 저자들의 입장을 대변할 수 있다. 이러한 접근의 이점은 무엇인가? 그것은 대학생에게 비판적 전략을 연출하고 또 비판적인 목소리를 낼 수 있도록 함으로써 그 다음에 그들이 공부할 소설을 읽을 준비를 하도록 한다는 것이다. 세미나에서 대답보다는 질문을 하게 하고, 또 소집단별로 상대방의 질문에 응답하도록 하는 등 그런 간단한 전략들은 대학생들이 이미 갖고 있고, 또 더욱 발달시킬 필요가 있는 비판적 기능을 더 자각하도록 도움을 줄 것이다.

대학생들이 독자적 비평가가 되는 법을 배우는 일도 우리가 공부하는 소설과 똑같이 강좌의 초점으로 삼아야 한다. 소설과 비평가-대학생이라는 두 가지 초점은 현대 아일랜드 소설에 관한 나의 강좌에서 관심을 두고 있는 이론적 쟁점에 의해 부분적으로 뒷받침된다. 대학생들은 아일랜드 저자들이 아일랜드 민족주의와 연관된 담론들을 끌어들이거나 그로부터 멀어져 가는 다양한 방식들에 대해서 성찰해 보도록 한다. 대학생들이 텍스트에 대해 처음으로 독자적인 반응을 시도하다 보면, 자신들이 공부하는 저자와 자기 자신들이 맥가헌(John MacGahern)이 말한 '약간의 축복이 되는, 일상적인 담화의 난간' (1990: 52)에서 어떻게 멀어져 가는가 그리고 이것이 어떤 효과를 낳는가에 대해서 비판적으로 성찰하게 된다.

3. 교육과정과 교육과정 설계

교육과정의 설계 그 자체가 변화를 가져온다. 왜냐하면 그것은 한편으로 대학생과 교수의 피드백에서 자극을 받아서, 다른 한편으로 연구에서 파생된 변화를 통해서 기존의 실천과 상정에 대해 성찰할 기회를 제공하기 때문이다. 이와 동시에 대학생을 능동적 참여자로서 인식하는 것이 아주 중요하기 때문에, 교육과정의 설계는 교육과정을 이수하는 대학생들이 그로부터 자극을 받아야 한다는 '소망' 위에서 이루어져야 한다. 교육과정의 설계를 이상한 새로운 개념으로 받아들이는 사람들은 일부 혹은 시대에 뒤진 소수 사람일 것이다. 이들은 교과의 가치는 신성불가침의 것이고, 따라서 간섭받아서는 안 될 것으로 믿기 때문에 그 맥락은 전혀 고려하지 않은 채(다시 말하면, 대학생을 가르치는 것이 아니라 교과를 가르친다고 고집하면서) 교과를 (인간 활동의 한 분야로 보지 않고) 물화된 대상으로 가르치려고 한다. 문화적 · 지적 변화를 고려할 때 그것은 받아들일 수 없는 주장이다. 이와 별도로 그것은 대학생과 '대학생 학습의 맥락'을 인정할 필요가 없다고 주장하는 점에서 교육적 무책임성이 너무 크다. 예술, 인문학, 사회과학 등의 교육과정이 아주 광범위한 까닭은 그 연구 영역이 방대하기 때문이다.

첫째, 인습적인 학문들 속에서는 문화적, 시대적 구분에 따라 하위 학문들이 구분된다. 또한 (예컨대 언어와 언어학 내에도) 하위 학문이 있으며, 실천 예술에는 장르의 구분(소묘, 공연, 회화, 판화, 조각, 도예 등)이 있다. 둘째, 학문의 연계 영역이 있다. 이것은 교과 간의 결합(예, 문학과 역사), 극히 최근의 정치적 · 사회적 · 기술적 · 문화적 발전의 결과로 나타난 것(성 연구, 매체 연구 등) 등이 있다. 또한 인습적으로 생각되었던 영역에 대한 이론적 도전에서 도출된 것(예, '영어'라는 광범한 영역에서 작업하면서 자기 스스로를 문화사학자나 문화비평가라고 이해하는 사람들도 많음)이 있다. 셋째, 더욱 인습적인 실천 분야에서 발생한 새롭고 독특한 영역이 있다. 가령 매체 연구나 문화 연구에서 혹은 예술사에서 시각 문화가 발전하는 중이다. 창조적 글쓰기가 영문학에서 발전하고, 그런 과정에서 저널리즘과 가까워지고 있다. 그리고 대본 쓰기가 퍼포먼스라든가 영화연구 프로그램에서 발전하는 중이다. 예술, 인문학, 사회과학의 여건은 언제나 변화하는 것이지만 유동성의 증가, 학문영역 간의 돌출점 증대, 강력하고 새로운 영역의 출현 등의 측면에서 볼 때, 변화의 속도는 이전보다 훨씬 빠르다. 이와 달리 최근의 변화 상황을 학문들의 해체라고 이해할 수 있다(Barnett, 1994: 126-39).

자신의 수업 실제에 대해서 생각하기

교과란 특정 학문의 탐구 절차에 의해 그 경계가 규정되는 실천 활동으로 이해할 수 있는데 교수님의 교과를 이와 같이 이해합니까? 어느 정도로 이해합니까? 대학생들이 교수님의 교과에 대해 무엇을 기대한다고 생각합니까? 교수님이 가르치는 교과의 정합성(coherence) 그리고/또는 학문영역 간 연계에 대해 대학생들에게 어떻게 설명합니까?

우리가 교육과정 설계를 시작할 때 부딪치는 첫 번째 문제는 위와 같은 지적 소용돌이에서 우리의 교과 프로그램이 차지하는 자리를 파악하는 일이다. 이런 영역 설정은 흥미로운 일이지만, 그것은 최대한 신중하게 추진해야 우리의 탐구 열정 때문에 대학생들이 혼돈이나 혼란을 겪지 않는다. 학자들이 자신들의 지적 열정이나 지적 위기를 무심코 대학생들의 경험 속으로 끌어들인다면 잘될 수 있는 프로그램조차도 쉽게 망가뜨리게 될 것이다.

따라서 첫 단계의 핵심은 영역의 설정이다. 그런데 이것은 반드시 대학생들에 대해서 이해하는 일, 그리고 전체 프로그램이 도달하려는 바가 무엇인가를 파악하는 일과 더불어 추진되어야 한다. 이것도 매우 도전적인 일이다. 전국적으로 보아 인문학, 사회과학, 예술 영역의 대학생들은 매우 다양하다. 그리고 어떤 경우에는 그러한 다양성이 개별 대학 안에서도 나타난다. 오늘날 교수들은 이전에 비해 훨씬 더 다양한 능력을 가진 학생집단을 가르치고 이러한 경향은 계속 확산될 것이다. 이는 그동안 아주 우수한 학생들만을 받아들인다고 비난받았던 대학에서도 나타나고 있다. 이러한 다양성 증대가 교수-학습에 대해서 일반적으로 시사하는 점은 상당하지만 아주 특수하게 교육과정 설계에 대해서 시사하는 점도 있다. 확실히 프로그램 설계의 첫 번째 수준이야말로 교육과정 설계의 모든 활동에서 최대의 관심을 기울여야 하는 측면이다. 대부분의 교수는 대학생들이 학사 학위를 받을 무렵에 어느 위치에 도달해야 하는가에 대해서 분명한 생각을 갖고 있다. 그리고 교수들이 자신의 학문을 제대로 이해하기 때문에, 그들은 자신의 학문 분야에서 졸업생의 위상을 어떻게 규정해야 하는가에 대해서 확신을 갖고 있다. 이에 비해서 학부 학생들이 자신의 학사 학위과정을 어떻게 시작해야 하는가에 대한 교수들의 이해는 아직 불분명하다. 그 이유는 여러 가지다. 첫째, 대학생의 지식과 능력의 경계는 결코 안정적이거나 공통적이라고 상정하기가 어렵다(Haslem, 1998: 117-18). 둘째, 모든 학과마다 대학생이 갖추어야 한다는 기초적 경험에 대해서 나름대로의 이해를 갖고 있을 것이다. 셋째, 대학의 인프라와 구조들은, 특히 강좌

자신의 수업 실제에 대해서 생각하기

교육의 초기 단계에서 진행 상황을 모니터링하는 교수와 대학생의 요구를 충족시키기 위해서 교육과정을 어떻게 설계할 수 있습니까? 대학생들이 자신의 강점과 약점을 확인할 수 있도록 그들에게 피드백을 제공할 수 있는 최선의 실제적 방안은 무엇입니까?

체제에 의해서 결정되는 그것은 대학에서 할 수 있는 일과 할 수 없는 일에 대해서 강력하게 그리고 지속적으로 영향을 미칠 것이다. 이 점들을 아래에서 하나씩 살펴보자.

1) 대학생의 지식/능력의 한계

예술, 인문학, 사회과학 영역의 학과에 들어오는 대다수 학생은 학습환경이 매우 구조화된 학교나 대학 출신이다. 이런 학교에서는 단계적 학습 프로그램에 따라서 과제를 주고, 이를 평가한다. 이와 달리 성인을 위한 비전통적인 '개방 과정' 이나 이와 동등한 과정을 거친 대학생들도 있다. 이런 과정의 학습환경은 더욱 친밀한 편인데, 지도교수나 동료 학생의 후원이 거기서 핵심을 차지하는 요소다. 더 나아가 그들은 대체로 특수한 목적을 위한 수단이나 지식과 기능의 소비자로서가 아니라 한 사람의 개인으로서 자리매김할 수 있는 인격적 발달을 위해서 예술, 인문학, 사회과학을 공부한 사람들이다. 이런 교육에서는 공리주의적 교육정책의 고아들이나 다름없는 즐거움과 만족이 동기 유발의 핵심이다. 그리고 그러한 즐거움과 만족은 매우 상이한 맥락의 교육과정에서, 대학생들에 의해서, 그들 속에서 발달되고 실천되는 것이다. 그리하여 여기서 교육과정 설계자들이 부딪치는 도전이 나타난다. 즉, 대학생들은 자신들을 독립적 학습자로 취급하는 학습 환경에 처했음을 발견하게 될 것이며, 그들이 선택한 폭넓은 강좌 속에서 자신들의 특수한 관심과 반응을 구성할 것으로 기대받는다. 또 그들은 동료나 학교의 지원을 그다지 받지 못한다는 것을 알게 될 것이며, 이런 환경에서 그들은 아마도 자신이 전공을 선택할 때 영향을 주었을 자기 자신의 만족과 즐거움을 지속시키고 더욱 발전시키려고 애쓸 것이다. 1학년 동안 그들은 자신들이 어떻게 해 나가는가를 알고 싶어 할 것이다. 강의를 하는 교수들도 위와 동일한 것을 아는데, 아마도 시각이나 관점을 달리 하여 알려는 데 관심을 둘 것이므로 피드백이 극히 중요하다. 그리고 피드백이야말로 대학 교육의 초기 단계에서 대학생들의 복잡한 문화적응에 활용해야 할 핵심 요소다. 대학에서 작동하는 새로운 문화적 힘은 아주 급변하는 것이다(Barnett, 1990: 95-109 참조).

이상적으로 말하면 각 학과는 대학생들이 그들의 첫 번째 공부 단계에서 어떻게 발전해야 하는지에 대한 견해를 가져야 할 것이다. 즉, 대학생들의 이전 경험이 무엇이건 간에, 이들이 제2, 제3 수준의 학위에 필요한 준비를 잘 갖추고, 선택할 여지가 있을 경우에는 적절한 일관성 있는 형태의 공부를 선택해서 할 수 있다고 대다수 교수는 믿고 싶을 것이다. 예술, 인문학, 사회과학 영역의 교수들을 위해서 초기 단계의 교육과정 설계에서는 기초지식 쌓기와 필수적 분석도구의 숙달 간에 최적의 균형을 이루어야 한다. 물론 여기에는 비판적, 이론적, 분석적 어휘의 획득을 반드시 포함해야 한다.

기초지식 쌓기는 넓은 학문의 지도 속에서 대학생이 장차 스스로 연구해야 할 것들의 위치를 파악하는 데 중요하다. 분석도구는 대학생들이 스스로를 자신 있게 능동적 학습자라고 규정할 수 있는 핵심적 수단을 제공한다. 왜냐하면 일차적 재료들(텍스트, 문서, 데이터)은 대학생 자신의 연구 활동을 통해서 활력 없는 상태에서 새로운 의미와 이념의 구성 요소로 전환되기 때문이다. 기초지식 쌓기나 분석 도구가 어떻게 설계되는가 하는 점은 특정 프로그램의 성격과 목적(고도의 이론적인 것에서 실용적인 것까지)에 의해 결정할 것이다. 여기서 핵심은 이러한 성격이나 목적은 대학생들이 분명히 알아볼 수 있어야 한다는 것이다. 그것은 대학생들이 취향이 서로 다른 교수들과 그저 아무렇게나 만남을 통해서 만들어져서는 안 된다.

현재 대부분의 대학은 학생 수나 활동을 기준으로 건물 공간이나 인프라를 측정, 계산하는 체제에서 압력을 받고 있다. 게다가 아주 많은 대학이 학문 영역 내/외에서 대학생들이 선택하여 이수하는 강좌 체제를 운영하고 있다. 이러한 일반적인 특징은 학문 교과의 교수-학습에 크고 다양한 영향을 미치므로 이 점은 교육과정을 설계할 때 인식하고 고려해야 할 사항이다. 무엇을 공부할 수 있는가 하는 점은 그것을 어떻게 가르칠 것인가 하는 점과 분리될 수 없고 이것은 결국 자원과 시간의 이용 가능성에 달려 있다. 교육과정 설계자는 온갖 훌륭한 이유로 4시간의 연속 수업을 요구하다가 나중에 강좌별 시간표 때문에 그것이 불가능하다는 것을 깨닫는 경우도 있다. 마찬가지로 소규모 집단의 학생들이 2명 또는 4명씩 짝을 이루어 공부할 수 있는 좋은 시설을 갖춘 강의실을 요구해도 그것이 없으면 어쩔 수 없다. 각 학문 영역에서 더욱 복잡한 문제는 많은 학위 과정에서 요즈음 신입생들에게 폭넓은 학문적 기초를 탐구하기를 요구하고 권장하여 자기 학문의 기초 단계에 쏟을 시간조차 아주 줄어든다는 점이다. 그와 같은 (자신들에게는 잘 알려지지 않은) 구조에서 각 학문 영역의 교육과정 설계는 피라미드가 거꾸로 된 형태로 이루어진다. 여기에서 3~4년간의 학위 과정에 대학생들의 교과 경험은 협소한 기초에서 시작하여 광범위한 상층부로 나아가게 된다.

2) 기초적 경험

대학생이 공부를 시작할 때 영향을 미치는 세 가지 결정적 요소를 검토한 후에 우리는 그것들을 다시 결합할 수 있고, 이를 학위 프로그램 전반에 걸쳐서 발전시킬 수 있다. 대학생이 여러 교과를 조합하여 공부하는 경우(그리고 아주 많은 수의 대학생이 특히 1학년 수준의 대학생들이 여러 학문 영역을 공부할 경우), 역 피라미드와 같은 현상은 반드시 대처해야 할 중요한 사항이다. 왜냐하면 각 교과의 기초 단계에 투입할 수 있는 시간은 대학생들의 공부 시간 중 극히 일부분이기 때문이다. 게다가 예술, 인문학, 사회과학 등의 기초 단계에는 반드시 풍부한 내용이 들어 있는 것으로 흔히 이해하고 있다. 영어를 공부하는 대학생들은 영문학의 여러 장르, 어떤 역사적 맥락, 이해의 방법 등으로 입문될 것이다. 역사학을 공부하는 대학생들은 일련의 시대와 지역을 폭넓게 혹은 중요한 시대를 깊이 있게 탐구함으로써 상이한 종류의 역사적 분석에 대한 이해나 원전과 사료의 성격에 대한 이해를 극대화하게 된다. 실천 예술을 공부하는 대학생들은 자신의 실천 분야를 통해서 그와 같은 폭넓은 이해의 필요성을 느끼게 될 것이다. 이러한 기초 단계에서는 피드백도 극대화하고 또 지식과 분석도구도 동시에 구축할 필요가 있어서 기초 과정은 압축적인 것이 되고 만다. 따라서 교육과정 설계자들은 어려운 사고를 재량껏 시도하면서 핵심 요소의 확인에 초점을 둘 것이다. 예술, 인문학, 사회과학 등의 교과에서 기초 단계의 내용은 협소하기보다는 광범하고 대표적인 것으로 짜일 것이며, 그 결과 대학생들은 나중에 더욱 깊이 있게 드러날 다양한 여러 종류의 자료에 충분히 입문될 것이다. 이와 동시에 폭넓은 내용은 충분한 범위에서 대학생들이 여러 가지 분석 양식에 입문되고, 이를 점차적으로 다듬을 수 있게 할 것이다.

자신의 수업 실제에 대해서 생각하기

만일 기초 단계가 폭넓은 기반을 제공한다면, 이 점이 교수님의 학문 영역에서 대학생들이 다음 수준의 공부를 하는 데 어떤 시사점을 제공한다고 봅니까? 이와 반대로 기초 단계가 협소한 기반(역 피라미드의 일부)을 제공한다면 이 점은 또 어떤 시사점을 제공합니까?

수많은 학과에서 자유재량적 사고는 결국 어려운 실제적 선택으로 나아가게 된다. 기존의 자원으로 성취할 수 있는 것은 무엇인가? (대학생들이 경험하게 될 여러 학년 수준 간에) 자원 분배는 어떻게 할 것인가? 할 일은 많고 시간은 부족하므로, 1학년 학생들을 더 많이 집중적으로 가르쳐야 하는가?

이러한 의문점들은 다른 학과에서는, 즉 2학년 이후의 수업이 분화되지 않은 학과에게 더욱 절실한 문제가 된다. 이런 학과에서는 학년별로 강좌가 구분되지 않고, 대학생들이 어느 학년의 강좌나 들을 수 있도록 설강된다. 이런 경우에 1학년 단계에 더욱더 큰 압력이 가해진다. 왜냐하면 대학생들은 나중에 2학년 때도 3학년 때 받게 될 기대와 동일한 수준의 기대를 받으면서 수강해야 하기 때문이다. 그리고 학년별로 강좌가 분화되어 개설될 경우에 교육과정 설계자들은 초보 단계의 공부를 그 다음 수준으로 끌어올릴 기회를, 그리고 학년별로 수준 차이가 아주 클 경우에는 그렇게 하지 않을 수 없는 계기를 갖게 될 것이다.

3) 대학의 인프라와 수준들

그러므로 학년별 학업 수준은 대학생의 학업 과정을 신중하게 구상하려는 교육과정 설계자들에게는 유용한 것이다. 여러 단계로 수준을 나누면 첫째 학년 수준에서 대학생들이 경험할 것에 대한 무거운 압력이 줄어들 것이다. 또한 여러 학년 수준에 걸쳐서 평가 과제들도 난이도를 완만하게 조정하여 배치할 수 있을 것이다. 예컨대 독립적 연구에 필요한 기능을 숙달하거나, 구술고사나 발표에 필요한 훈련을 받을 수 있게 한다. 수준들이 구분되지 않으면, 그와 같이 다양한 일을 할 수 없다. 왜냐하면 어떤 단계에서 새로운 기법을 발전시키는 일에는 위험부담이 있음을 신중하게 감안해야 하고, 또 그 기법의 발달 여부는 대학생이 제대로 준비되었을 때 다시 평가할 수 있을 것이다. 그것은 결국 학생들이 적절하게 준비되었을 때 평가될 것이다. 물론 이 일을 상상력을 발휘하여 수행할 수 있지만 미분화 시스템은 평가 방식에서 보수적인 경향을 보인다. 즉, 특수한 영역의 수준 높은 능력을 찬양하거나 보통 아주 높은 수준의 자질을 갖춘 동질적 학생 집단에 기반을 두고 있다.

예술, 인문학, 사회과학 영역에서 위와 같은 점진적 수준의 구조화에 대해 거부감을 갖기도 하는데, 이것은 그와 같은 학문들이 공유하는 학습의 근본 성격에서 연유하며, 이 점은 이 장의 첫머리에 언급하였다. 우리는 여기서 내용이 담긴 지식체제를 다루고, 또 이것을 우리가 조작할 수 있는 분량으로 나눈다는 것 자체가 상당히 임의적이거나 개념적인 일이며, 또한 한 단계의 지식 패턴이 다음 단계의 지식 패턴을 필연적으로 함축하는 선형적 지식 패턴에 기반을 두는 것이 아니기 때문에 우리가 수준으로 나누는 것도 구체적으로 보면 적절하지 못하다. 일단 기초가 확립된 이후에는 피카소(Picasso)를 공부하는 것이 터너(Turner)를 공부하는 것에 비해서 그 자체로서 더 어렵다고 볼 이유가 없으며, 탈식민주의 이데올로기를 공부하는 것이 중세 신학을 공부하는 것보다 더 어렵다고 볼 이유도 없다. 일차적 재료 중 어떤 것은 다른 것보다 더 어렵거나 접근하기가 어렵다는 생각은 어느 정도의 신빙성을 갖겠지만 그렇다고 해서 그것이 그 자체로 보건대 졸업 학년 수준에서나 다룰 주제일 것이라는 상정으로 곧바로 바꾸어지지는 않는다. 그러므로 이런 주제를 다루는 교수들이 어떤 표준화된 전제 조건에 따라 엄밀한 질서를 가진 내용에서 파생된 학습 모형에 저항을 보이는데, 이것에는 확실한 지적 근거가 있다.

자신의 수업 실제에 대해서 생각하기

교수님이 잘 알고 있는 교육 프로그램에서 수업의 진행은 어떤 것을 근거로 이루어집니까? 교수님의 전공 학문에서 대학생들이 공부해야 할 주제들의 경우, 어떤 관습이나 이해방식에 따라서 그 순서가 정해집니까?

4. 교수-학습

지난 10여 년간 예술, 인문학, 사회과학 영역을 가르치는 사람들은 수강 학생 수가 높은 비율로 증가하였음을 알 것이다. 이는 대부분 1990년 초 대학생 수가 전반적으로 늘었기 때문이며, 그 결과 대학생의 학습에 관한 반성 혹은 성찰이 유행하게 되었다. 왜냐하면 교수들은 강의, 세미나, 개별지도 등 지금까지 크게 의존했던 전통적 기법이 별로 효과적이지 못했다는 것을 깨달았기 때문이다. 물론 그 일차적 원인은 수강생 집단의 크기다. 교수들은 대학생들과 함께 수준 높은 토론을 진행하려고 무척 노력하였고, 또 세미나를 계속 확대하거나 제시된 주제에 관한 집단 전체의 토론도 점점 더 어렵다는 것을 알게 되었다. 학문 영역의 학습 원리가 토론 참여나 동료 간 아이디어 교환 등에 크게 의존하는 학과에서는 교육자원이 불충분한 상황에서 대학생 수만 급증하게 되어, 대학생들을 어떻게 해야 가장 잘 가르칠 수 있는가에 대해시 커다란 혼란을 겪게 되었다.

이러한 어려움을 극복하기 위해서 새로운 기법들이 도입되기 시작하였다. 그런데 이것은 혁명적이라기보다는 재생적이라고 말하는 것이 적절하다. 왜냐하면 대부분의 기법은 학습 경험의 목적을 근본적으로 수정하려는 것이 아니라 최상의 학습을 일으키고 이를 유지하는 것에 관심을 두기 때문이다. 그 결과 대부분의 교과는 강의, 세미나, (특별한 경우 교수의 도움을 받는) 워크숍 등의 수업 틀에 따라서 움직이고 있다. 이런 용어로써 우리는 공식적 수업으로 이루어지는 교수-학생의 접촉 활동까지도 분류할 수 있으나 실제로 교수 기법의 거의 모든 목록을 포괄한다. 사실상 강의와 세미나 그 자체는 최근의 학습 환경을 적절하게 묘사하는 것이 아니다. 최근의 학습 환경은 실제로 아주 많은 요소로 이루어져 있다. 이 중 많은 것이 학습의 과정을 향상시키기 위한 테크놀로지 활용 경향에 대한 대응책으로 발달하였다. 일찍이 역사학이나 고고학과 같은 학문들은 IT의 활용에서 생기는 이점을 일찍부터 수용하였다. 이 점은 이 책의 1판에서 길게 논의되었다(Cowman & Grace, 1999). 다음 〈사례연구 20-2〉는 철학 수업을 지원하기 위한 기술 활용에 주목한다.

〈사례연구 20-2〉 현대철학사 수업

나는 철학은 대학생들이 오직 '행함'으로써 배울 수 있는 '활동'이라고 학생들에게 말한다. 이것은 철학 교과의 다른 측면과 마찬가지로 그 역사에도 적용된다. 어려운 일차적 텍스트를 가지고 씨름하는 것은 산을 오르는 것과 같다. 그리고 만일 내가 등산을 가르칠 때, 내가 정상에서 바라본 전경의 모습을 대학생들에게 알려 주고, 다른 산악인들이 잘못 가기 쉬운 길을 말해 주기만 한다면, 그들은 속았다는 느낌을 가질 것이다. 그들은 자신의 신발로 걷고 땀을 흘릴 필요가 있다.

철학사를 가르칠 때 (교수와 대학생이 모두) 가장 쉬운 방법은 교수가 대학생들에게 텍스트를 해석하는 것이다. 그렇게 되면 대학생들은 텍스트 그 자체를 읽을 필요도 없고 동기도 갖지 못하여 그들은 속은 셈이다. 배경 지식도 없이 교재를 넘기면서 고생해서 이해할 것을 그들에게 기대하는 것은 합당하지 못하다. 그렇다면 그들을 어떻게 도와줄 수 있을까? 등산의 경우와 마찬가지로, 교수들은 불필요한 장애물을 제거하고 남아 있는 난관들을 대학생들이 극복해가도록 안내하는 것이 도움이 될 것이다.

(다른 인문학 학생들에게는 꼭 필요한 것은 아닐 것이지만) 철학 전공 대학생들에게 불필요한 한 가지 장애물은 '언어'다. 내가 처음 데카르트와 홉스를 비교하는 과목을 개설했을 때, 대학생들은 홉스의 영어를 이해할 수 없다고 불평하였다. '왜 홉스는 데카르트처럼 고상한 현대 영어를 쓰지 못하는가?' 라고 한 대학생이 투덜거려서 나는 홉스의 텍스트를 현대 영어로 번역하였다. 그 후 대부분의 대학생은 데카르트보다 홉스를 읽는 것이 더 좋았다고 말

하고 있다.

대학생들을 지도할 때에는 난점들에 부딪치는 정확한 지점에서 손을 잡고 이끌 필요가 있다. 책상 한쪽에 빽빽한 텍스트를 그리고 그 옆에 해설서를 놓고 공부해 봤자, 그 텍스트와 해설서를 쉽게 연결할 수 없다면 별로 도움이 안 된다. 가장 쉬운 해결책은 전자 스크린을 상하로 분할하여 그 모든 자료를 그 안에 집어넣는 것이다. 텍스트를 짧은 문단으로 나누어 위쪽에 제시하고 그 해설은 아래쪽에 제시한다. 하이퍼링크를 통해서 대학생들은 텍스트를 보다가 관련된 논평을 열어 볼 수 있고, 논평을 보다가 다시 관련 텍스트로 돌아갈 수 있다.

대학생들이 좀 더 능동적인 학습 경험을 갖기 위하여, 나는 그들이 강의 노트를 만들어 가면서 교재를 이해하도록 권장한다. 스크린을 다시 좌우로 분할하면 2개의 창이 만들어진다. 한쪽은 텍스트와 해설의 창이 되고 다른 한쪽은 워드프로세스 패키지 창이 된다. 대학생들은 왼쪽 창에서 복사하여 오른 쪽 창에 옮겨 쓸 수 있다. 대학생들이 노트를 작성할 때는 일련의 질문을 따라서 기록하도록 하며, 이 질문들은 교수와 대학생들이 직접 만나는 세미나 시간에 다시 논의된다.

물론 대학생들의 학습을 고취하기 위한 이런 접근 방식에 그들을 능동적으로 참여하는 데는 심각한 문제들이 없지 않다. 너무 많은 대학생이 (상당한 비용을 지불하면서까지) 문서를 단순히 인쇄할 뿐 하이퍼링크의 이점을 살리지 못하며, 이 강좌는 지속적으로 개발 중이다. 나의 희망은 오직 온라인을 통해 살릴 수 있는 특징들을 더 부가시킴으로써 장차 대학생들이 이러한 전달 방식을 충분히 이용할 수 있게 하는 것이다.

1) 강 의

많은 교육자는 강의가 대학생의 학습에 별로 효율적이지 못한 기법이라고 무시한다. 그런데도 강의는 예술, 인문학, 사회과학 분야에서 여전히 주된 위치를 차지하고 있다. 물론 요즈음에는 강의가 위대한 사상가의 극적 표현, 극적 경험으로 위력을 떨치지는 못한다. 강의에 대한 반대론은 강력하다. 강의는 능동적인 교수와 수동적, 소비적인 대학생이라는 어색한 관계를 낳을 가능성이 있고, 강의는 무리가 될 정도의 시간을 집중하도록 요구한다. 또한 강의는 암암리에 일인 독백이 되기 쉽고 소외된 형태의 지식을 낳는다. 뿐만 아니라 발화라는 일차적 담론을 특권시 함으로써 노트 작성이라는 이차적 기록 형태를 이끌어 가고 강의는 대학생의 참여를 명시적으로 요구하지 않는다. 이와 같은 강의 반대론은 어느 정도 타당한 것이고 그 이면에는 나쁜 강의야말로 정말 나쁜 수업 경험 중에서도 가장 나쁜 것이라는 확실한 지식이 깔려 있다.

그러나 강의의 장점을 옹호하는 반론도 있다. 그렇지만 그런 옹호론이 나쁜 강의를 구제하거나 나쁜 강의가 생길 위험성을 제거할 만큼 아주 강력하지는 못하다. 강의 수업의 목적과 조심스럽게 연결되지 않는다면, 그런 강의 옹호론은 받아들일 수 없다. 이렇게 볼 때 총체적인 교수 양식으로 강의를 옹호하는 것은 거의 불가능하다. 다만 목적에 따라 그에 적합한 특수한 종류의 강의를 옹호할 수 있을 뿐이다. 이런 이유 때문에 다른 교수 양식에 비해서 강의에 대한 분류법에 많은 관심이 쏠리게 된다. 물론 세미나, 개인 지도 또는 워크숍 등도 여러 가지 양식이 있을 것이다.

강의는 부분적으로 재정 사정이 악화되어 학과가 대단위 수업으로 나아가지 않을 수 없기 때문에 계속 채택되고 유지된다. 강의는 가장 단순한 수준에서 대규모 대학생을 동시에 가르치는 데 효율적인 양식이지만 다음과 같은 질문은 반드시 검토해야 한다. 강의가 제공할 수 있는 것은 무엇인가? 이 질문에 대한 답을 찾기 전에 강의의 종류도 아주 많다는 점을 언급할 필요가 있다. 여기서 우리는 강의의 성취 목적을 분석하는 것이 첫째다.

먼저 예시 강의(exemplification lecture)는 일련의 분석 사례를 중심으로 설계된 강의를 가리킨다. 예컨대, 문학의 경우, 예시 강의는 대학생들이 친숙한 텍스트를 골라서 이에 대한 상이한 해석 양식들을 보일 것이다. 예시 강의는 이러한 양식들의 장점과 단점을 보임으로써 대학생들에게 스스로 일종의 조정자가 되게 하고, 상이한 양식들을 뒷받침하는 독특한 지적·이론적 입장을 탐구하도록 요구할 것이다.

이와 대조적으로 논제 강의(thesis lecture)는 일종의 논증으로서, 자주 논쟁적이고, 때로는 도발적인, 그러나 항상 하나의 입장을 구축한다. 논제 강의의 양식은 반응을 불러일으키고 친숙한 주제에 대해서 뜻밖의 관점을 전달하기 위해서 설계된다.

이와 밀접히 연관된 것이 해설 강의(explicatory lecture)다. 이것은 대학생들이 어려운 영역을 더 잘 이해할 수 있도록 중간 역할을 하는 것이다. 과연 교수가 주기적으로 학생의 진보 상황을 점검하면서, 어떻게 하면 어려운 개념과 아이디어를 더욱 잘 이해할 수 있는가를 밝히는가에 따라서 해설 강의의 가치는 거의 전적으로 좌우된다.

또한 강의는 '콘텍스트'의 제공이나 규정을 중심으로 배열할 수 있다. 콘텍스트란 관련 자료의 결합을 의미하는데, 이에 따라서 공부의 대상은 상이한 방식으로 드러날 수 있다. '강의' 전체는 폭넓은 범주가 될 것이다. 그것은 여러 하위 장르로 구성되며, 이 하위 장르의 특징은 각각 특수한 목적과 목표에 의해 달라진다. 각각의 경우 강의는 다른 수업 방식에 의해서는 불가능한 것을 제공한다. 그것은 지적으로 극적인 과정을 제공한다. 이는 엉뚱한 행위가 아니라 질문, 아이디어, 이론, 반론 등에 대한 생생한 탐구를 가리킨다.

끝으로 강의는 목적에 따라서만이 아니라 강의를 하는 스타일이나 양식에 따라서도 다양한 형태로 구분되며, 비공식적으로 상호작용적일 수 있다. 즉, 계획에 없던 것이지만 중단하고 질문을 유도할 수 있고, 강의는 공식적으로 상호작용적일 수 있다. 가령 탐구의 방향을 미리 정하거나 대학생들 사이의 토론을 포함하거나 하는 등 미리 짜 넣을 수 있다. 또한 강의는 '대화' 로 꾸밀 수 있다. 즉, 서로 상반된 논증을 제시하는 2개의 강의를 만들 수 있다. 강의는 미니 강좌 시리즈로 만들 수 있다. 여러 명의 교수가 5~10분 제시할 수 있도록 신중하게 상호 조절할 수 있다.

2) 세미나

세미나는 못자리라는 뜻의 라틴어에서 유래한 말이며, 순수한 형태의 세미나도 여러 가지다. 이상적으로 볼 때 세미나는 대학생들의 아이디어와 지적 발달이 토론과 성찰에 의해 이루어지는 곳이다. 그렇다면 세미나는 교수의 '투입' 이나 지도를 위한 장소가 되어서는 안 되나 실제적으로 그렇지는 못한다. 대학생 수가 담론 활동에 적절한 한계(10명)를 빈번하게 넘어간다. 또 '세미나' 라는 용어는 교수가 공식적으로 발언하고 그 다음에 일반적 혹은 구조화된 토론이 이어지는 1~3시간의 집단활동을 가리킨다. 이런 활동을 가리켜 '워크숍' 이라고도 한다. 물론 세미나와 워크숍을 하위 범주로 더 세분할 수 있다.

여기서 수업 양식을 선택하는 근거는 대체로 대학생의 참여라는 원리다. 대학생들에게 가장 큰 도움을 주는 것은 어느 것인가? 세미나에서 집단 토론을 구조화함으로써? 집단이나 개인의 발표를 통해서? 혹은 교수가 주는 일련의 구조화된 질문을 통해서? 어느 한 가지 교수 양식이 그 자체만으로 다른 것보다 더 효과적임이 입증될 수는 없다. 이 문제의 핵심은 그것이 목적에 적합한가의 여부다.

세미나는 토론과 지적 교류를 증진하기도 하지만 (활기가 없는 경우) 방해하기도 한다. 수업 형태는 확정되지 않은 구조를 갖고 있어서 그 목적에 따라 정비할 필요가 있다. 만일 세미나의 목적이 정해진 텍스트나 주제에 관해 대학생들 간의 토론을 조장한다면, 세미나를 위한 준비가 먼저 적절하게 이루어져야 하며, 그 다음에 적절한 의견교환이 제대로 이루어지도록 신중하게 계획되어야 한다. 예컨대 큰 학생 집단의 편성과 구조화는 작은 집단에 비해 더 잘해야 한다.

이와 달리 세미나의 목적이 대학생들이 정해진 주제, 텍스트, 문서 등을 함께 탐구하게 하는 것이면, 여기서 중요한 것은 대학생들을 필요에 따라 소집단으로 구성하여 집단적 탐구가 제대로 효과를 낳게 하는 것이 중요하다. 여기서 우리가 엄격하게 따라야 할 규칙이 있는 것은 아니다. 다만 염두에 두어야 할 적절한 규칙은 있다. 가령 두 사람씩 짝을 이루어 토론하는 것이 좋은 내용이 있고 그렇지 못한 것도 있을 것이다. 문학이론의 한 부분이나 복잡한 역사적 원자료는 두 사람만 같이 일해도 더 효과적으로 검토될 수 있다.

오늘날 대학 강의실에는 교육적 배경도 다르고, 능력 차이가 크게 나타나는 대학생들이 모여 있어서 조직과 준비 측면에서 크게 신경을 써야 한다. 대부분의 교수가 알고 있듯이, 세미나에 들어오기 전에 대학생들의 시간을 잘 구조화하고, 특정한 형태의 준비를 하게 요구해야 세미나는 성공할 수 있다. 점차적으로 교수들은 가상 세미나(virtual seminar)와 같은 보완적 형태가 유익하다는 점을 알게 된다. 가상 세미나는 대학생들에게 토론의 핵심에 관해 성찰하고, 응답하기 전에 읽고, 연구하고, 생각할 기회를 제공한다. 이러한 교과에서 매우 중요한, 종합적인 과정은 새로운 테크놀로지에 의해 잘 지원받을 수 있다. 게다가 가상 세미나는 말하는 능력에 자신감이 부족한 대학생들에게 자신감을 불어넣을 수 있고, 대단위 세미나 집단을 괴롭게 느끼게 하는 수행 불안도 줄일 수 있다. 두 가지 측면에서 가상 세미나는 현실 세미나에 이득을 가져다줄 수 있다. 하나는 준비를 위한 틀을 제공하고 내성적인 대학생들에게 자신의 참된 목소리를 발견, 수용할 수 있는 기회를 제공한다.

자신의 수업 실제에 대해서 생각하기

구체적 사례를 염두에 두면서 답해 보시오. 교수님의 학문 영역에서 어느 특정 주제로 세미나를 열 경우에 몇 명의 학생이 가장 적합하다고 생각하십니까? 매주의 정규 교육 프로그램에서 이것은 어떻게 변화할 수 있습니까? 세미나를 어떻게 조직화하면 충분한 유연성을 제공할 수 있습니까?

5. 평 가

예술, 인문학, 사회과학의 수업에서 가장 논란이 큰 부분이 바로 학생 평가일 것이다. 또한 지난 10년 동안 실제로 가장 많은 혁신이 이루어진 부분도 바로 이 학생 평가 영역이다 (이 글을 쓰고 있을 때 몇몇 대학에서는 대학생들의 표절이 심각하므로 시험 평가를 일정 부분 다시 살려야 한다는 주장이 나오는 그런 혁신도 있음). 오늘날 평가는 매우 다양한 형태로 이루어진다. 구체적인 예를 들면, 창조적 · 실천적 작업에서 삽화나 설계 작업, 논술적 에세이와 논문, 사회과학적 조사와 자료 해석, 집단적 또는 개인적 실행과 구술 발표, 온라인 평가 등 다양하다. 또한 그와 같은 형태의 평가도 시험, 과정 이수, 형성 · 총괄 평가 등과 같이 다양한 양식으로 나누어진다. 평가에 대한 흥미 있는 접근 그리고 성별적(gendered) 사항에 대한 흥미 있는 접근은 〈사례연구 20-3〉에서 예시된다.

여기서 이처럼 끝없이 다양한 사항을 요약할 필요는 없겠다. 왜냐하면 예술, 인문학, 사회과학 등에서 평가 목록 그 자체는 별로 유용한 것은 아니기 때문이다. 그런데도 특정 교육 프로그램에서 사용하는 평가에 대해서는 모종의 근거가 있어야 하고 교수들이 평가 목적에 대해서 반성하는 것도 중요한 일이다.

〈사례연구 20-3〉의 핵심 요소는 기능이다. 이 장에서 내용과 별개의 것으로서 기능을 가르치는 일을 결코 강조하지 않았다. 그러나 평가 영역에서 당연히 고려해야 할 점은 평가 양

〈사례연구 20-3〉 사회지리학 수업

내 강의를 듣는 대다수 학생에게, 사회지리학 II 강좌는 지리학 영역에서 첫 번째로 듣는 수업이다. 이 강좌의 목적은 공간이 사회적 삶에서 차지하는 중요성을 탐구하는 것이다. 나는 미디어에서 최근 논란이 되는 사건 혹은 대학생들의 직접적인 경험 영역에서 주제를 선정하였다. 이는 대학생들의 흥미를 유발하고, 각자가 수업에 제대로 기여할 몫을 가졌다는 느낌을 심어 주기 위해서 그렇게 한 것이다. 또 대학생들이 연말에 자기 졸업논문을 쓰기 시작해야 하므로 이 강좌에서 연구 기능도 길러야 한다. 예를 들면, 지도 제작이나 통계 기법에 의해 사회 현상을 발표, 분석하는 기능이 필요하다. 이 밖에 그런 현상을 다른 방식으로 설명하는 법도 대학생들이 알아보도록 노력한다. 즉, 소수인종 차별, 노숙자, 범죄 등과 같은 문제점에 대한 대중적인 혹은 다른 설명이 아주 당연한 것으로 받아들여질 경우 대학생들이 이 점에 대해서 의문을 제기하도록 한다.

이와 같은 학습 성과를 의도할 경우, 몇 가지 교수법을 기막히게 결합해야 한다. 내가 맡은 2시간 수업의 일반적 틀은 강의에 다른 활동들을 추가한 자유로운 구조다. 이 활동에는 지도나 계산기로 실제 연습을 하는 일이 포함된다. 강의실에 몇 가지 실질적 자극물, 즉 비디오 · 오디오 테이프, 신문 기사, 질문 세트 등을 갖고 가서 이에 대해서 대학생들이 성찰하도록 자주 요구한다. 대학생들은 아이디어들을 간단히 메모하고, 전체 학생들과 함께 그것을 공유하게 한 다음 짧은 강의로 들어간다.

사례를 들어 보자. 대부분의 대학생은, 사회지리학 I에서 그런 주제를 공부할 기회가 없기 때문에 성(gender)과 지리학이 상호 연관성을 갖는다는 것을 거의 알지 못한다. 그리하여 성

과 환경에 관한 수업을 시작할 때 대학생들에게 소집단으로 나누어 각자 자기 자신이 남성 또는 여성이기 때문에 '남의 동네에 있다.' 라고 느끼는 지역을 확인하도록 요구하거나 (최근에 대학생의 글에서 얻어낸 아이디어인데) '어머니' 와 '아버지' 의 생일 카드에 사용된 이미지가 어떤 종류인지를 생각하도록 요구한다. 공간이 어떻게 성과 관련될 수 있는지를 밝히는 일에 대학생들의 다양한 경험을 활용함으로써 대학생들의 지식은 정당화되기도 하고, 이와 동시에 부드럽게 도전받기도 한다.

여러 가지 이론이 어떻게 구성되는지를 가르치기 위해서, 나는 학문적 수준에 가까운 글에서 간략한 설명들을 뽑아서 대학생들에게 나누어 준다. 대학생들은 그 주장의 미세한 부분은 지나치고 언어에 초점을 두고 빠르게 읽어야 한다. "특별히 관심을 끄는 단어나 구절에 밑줄을 친다." 예컨대 도시의 고급화에 관한 글은 '도시 개척자' 라는 언어로 표현될 수 있으며 또한 자본의 흐름을 강조하는 언어로 표현될 수도 있다. 나는 대학생들에게 하나의 단어나 구절을 말하게 하고 그것을 칠판에 쓴다. 이렇게 해서 선정된 단어들을 수단으로 삼아 우리는 각각의 설명에서 지식이 어떻게 구성되는지를 검토할 것이다. 이와 유사하게 환경이 범죄에 어떻게 기여할 수 있는지를 가르칠 때, 공공 정책에 중대한 영향을 미쳤던 1980년대의 영향력 있는 책에 있는 사례에 초점을 맞춘다. 간략하게 소개한 후, 대학생들은 지리학회지에 수록된 그 책에 대한 비판적 서평, 그 책의 저자의 반박문, 논평자의 답신 등(을 축약한 글)을 읽는다(이들은 각각 매우 치밀하게 쓴 글이어서 대학생들의 흥미를 촉발하는 데 도움이 된다). 대학생들은 두 사람씩 짝을 지어 원전의 주장과 관련하여 긍정적 측면으로 두 가지, 그리고 부정적 측면으로 두 가지를 찾는다. 그들이 OHP 시트지에 쓴 것을 모아 다시 그것을 오려 붙여 OHP 위에 제시한다. 이것을 시각적 보조 자료로 삼아 환경 설계가 사회적 행위를 어떻게 결정하는지에 대한 토론과 미니 강의를 한다. 연속된 수업을 통해서 우리는 거리 범죄와 도시 무질서를 통제하기 위해서 사용된 다양한 전략을 토의한다. 이것은 대학생들이 지역에서 저녁 시간에 생활한 경험을 토대로 이루어지고, 이러한 전략들이 상이한 정치적 의제라든가 (대학생에 대한 편견을 포함하여) 사회생활의 구조에 관한 여러 가지 기본 상정을 어떻게 반영하는지를 고찰한다.

대학생들의 학습은 두 가지 방식으로 평가된다. 시험을 보이는 것은 아이디어를 다루는 능력에 대한 인습적인 총괄 평가를 위해서다. 다른 평가는 특정 지역에서 선정된 사회 집단에 관한 사회 지리학 프로젝트다. 이것은 학술지에 있는 글과 똑같이 쓰게 한다. 대학생들은 각각 강좌를 시작할 즈음에 나와 의논하고 주제를 선정하고(그 단계에서 나는 수정된 A급 프로젝트와 같이 보이는 것은 거부한다), 진척 상황은 개별 지도 시간에 점검한다. 수집할 정보원(통계, 현장 관찰기록, 인터뷰 자료)과 이런 일차적 연구를 담아낸 책이나 논문들을 가르쳐 준다. 프로젝트에 의한 평가에서 대학생들의 성취는 보통 높다. 그들은 그런 작업을 도발적이지만 만족스러운 것으로 평가한다. 이러한 주제를 확장시켜서 졸업논문으로 발전시켜 보도록 권장한다. 이 강좌의 총괄 평가는 다음 수준의 공부를 위해 형성 평가의 역할을 한다.

식에 관한 대학생의 훈련이며, 이것은 예술, 인문학, 사회과학 영역에서 특히 그래야 한다. 이러한 영역에서는 한편으로 다양화를 추구하는 열정, 다른 한편으로 학문 구분의 파괴 등이 결합됨으로써 자칫 대학생들에게 그리고 이들 학문의 기준에까지 해로운 영향을 미칠 수도 있다.

대학생들이 2~3개 학과를 드나들며 공부하는 복수 전공이나 공동 학위 과정에서 특히 그렇다. 예컨대 (연습과 훈련을 받은) 드라마 전공 학생들은 구술 능력, 발표 기능에서 매우 유능하나 다른 학생은 그렇지 못하다. 디자인이나 매체 전공 학생들은 웹사이트 연습에서 특히 뛰어나지만 영문학과 학생들은 사전에 거의 아무런 지원도 받지 못하므로 더욱 전통적인 학문 영역에서 평가를 다양화한다는 것은 복잡한 문제여서 민감해야 한다.

가령 웹사이트 설계를 학습 과제로 줄 경우, 이는 학문 영역이 상당히 다른 대학생들이 따라갈 수 없는 기준을 전제로 하여 시키는 공부가 될 것이다. 이와 마찬가지로 교수들은 평가 과제에 관해서 대학생들을 지원하고 조력할 수 있는 기능을 자신이 만족할 정도로 갖고 있어야 한다. 이와 동시에 새로운 평가 양식은 그 교과에서 요구하는 수준에서 내용을 공부하는 데 도움이 되는 것이어야 한다. 모든 혁신이 그 자체로서 다 좋은 것은 아니다(Hannan & Silver, 2000: 1-13). 그래서 혁신적인 혹은 다양한 평가 작업은 대학생들에게 요구하는 평가 과제의 범위, 훈련 및 지원에 대해서까지 적절한 관심을 쏟을 수 있는 틀 안에서 추구되어야 한다. 왜냐하면 다양성이 너무 크면 충분한 실천이 불가능해질 것이며, 대학생들이 자신의 능력을 다듬을 기회를 제대로 갖지 못할 것이다.

근본적으로 내가 주장하는 바는 평가해야 할 기능들의 범위에 대해서 일단 광범한 합의를 이루고 이를 '중심으로' 일관성 있는 평가 전략을 세워야 한다는 것이다. 일단 세워지면, 그와 같은 전략은 안전하고 자세한 지도를 만들 것이고, 그 안에서 다양성이 생길 수 있을 것이다.

자신의 수업 실제에 대해서 생각하기

교수님의 전공 학문에서 널리 행해지는 평가 양식의 장점과 단점은 무엇입니까? 교수님이 소속한 학과의 평가 전략을 설계할 경우, 먼저 고려해야 할 주요 요소는 무엇입니까?

6. 개요 및 성과

이 장에서 우리는 예술, 인문학, 사회과학 등의 학문 분야에서 행해지는 학습의 실제와 종류가 매우 다양함을 인식하였다. 그리고 대학생들이 능동적 참여자로서 공부하도록 하는 일을 일차적 목적으로 강조하면서, 맥락(context)에 민감할 필요가 있음을 강조하였다. 이런 측면에서 우리가 하는 모든 일의 합리적 근거가 중요함을 주장하였다. 능력이 서로 다른 대학생으로 구성된 학습 집단을 유연하게 포용할 수 있는 합리적 이유가 중요하다고 하였다.

그와 같은 합리적 근거나 전략의 엄밀성에 관해 신중하게 언급할 사항이 몇 가지 남아 있다. 교수-학습이 치밀하게 계획되어야 한다는 것, 교수법상의 스타일과 선호를 인정하는 틀 내에서 교수-학습은 개념화되어야 한다는 것, 교수-학습은 특수한 종류의 이해를 발달시키는 방향으로 움직이는 것으로 이해해야 한다는 것 등에는 논쟁의 여지가 없다. 이와 동시에 예술, 인문학, 사회과학 등의 학문들은 각 단계가 이전 단계에 의해 예견되는 식의 선형적 · 누적적 형태의 지식으로 구성되는 것은 아니다. 따라서 교수-학습의 계획이나 구조화가 어떤 구체적인 '성과'라는 것으로 깔끔하게 그릴 수 있는 것은 아니다(Ecclestone, 1999 참조).

사실상 이런 학문 분야의 뚜렷한 특징은 예측 불가능성이다. 가장 훌륭한 가르침은 교수가 예상한 성과를 무너뜨리고 바꾸는 것이라는 말도 있다(Rowland, 2000: 1-2). 이 경우 대학생들은, 개인적으로 또는 다른 방식으로 모종의 분석 형식을 끌어 와서 이를 공부할 대상에 적용함으로써 기존 지식을 근본적으로 변형해 버린다. 이와 달리 다른 학문에서 생성된 이해 양식을 끌어오거나 교수도 예상하지 못한 형태의 선행 지식을 통해서 기존의 지식을 개조하기도 한다. 그리고 이러한 형태의 개입이 아니어도 예상된 성과가 다른 식으로 뒤집힐 수 있다. 예컨대 대학생들의 이해 수준이라고 예상한 바가 과대평가되었거나 지나치게 동질적인 것으로 볼 수 있다. 이런 경우 기본 수준에서 근본적인 의문들이 제기되고, 이런 의문들은 기존의 견해에 도전할 수도 있는 것이다(Seitz, 2002). 상이한 능력을 가진 대학생들이 모여든 강의실은 (예술, 인문학, 사회과학 등의 학문에서 통용되는) 문화적 지식에 관한 우연적인 상정조차도 불가능한 공간이기도 하다.

참고문헌

Barnett, R. (1990). *The Idea of Higher Education*, SRHE/Open University Press, Buckingham.

Barnett, R. (1994). *The Limits of Competence: Knowledge, higher education and society*, SRHE/Open University Press, Buckingham.

Cowman, K., & Grace, S. (1999). Key aspects of teaching and learning I arts and humanities, in *A Handbook for Teaching and Learning in Higher Education*, 1st edn, eds. H. Fry, S. Ketteridge & S. Marshall, Kogan Page, London.

Ecclestone, K. (1999). Empowering or ensnaring?: the implications of outcome-based assessment in higher education, *Higher Education Quarterly*, *53*(1), January, pp. 29-48.

Hannan, A., & Silver, H. (2000). *Innovating in Higher Education*, SRHE/Open University Press, Buckingham.

Haslem, L. S. (1998). Is teaching the literature of Western culture inconsistent with diversity? *Profession*, pp. 117-30.

McGahern, J. (1990). *The Pornographer*, Faber, London.

Rowland, S. (2000). *The Enquiring University Teacher*, SRHE/Open University Press, Buckingham.

Seitz, D. (2002). Hard lessons learned since the first generation of critical pedagogy, *College English*, *64*(4) March, pp. 503-12.

읽을거리

Learning and Teaching Support Network (LTSN): http://www.ltsn.ac.uk. Click on 'subject centres' for all Subject Centre addresses, where subject specific materials relating to the enhancement of teaching and learning will be found.

http://www.hca.ltsn.ac.uk/

http://www.gees.ac.uk/

http://www.english.ltsn.ac.uk/

http://www.lancs.ac.uk/palatine/

Brown, S., & Knight, P. (1994). *Assessing Learners in Higher Education*, Kogan Page, London.

Davies, S., Lubelska, C., & Quinn, J. (eds.) (1994). *Changing the Subject: Women in higher education*, Taylor and Francis, London.

Downing, D. B., Hurlbert, C. M., & Mathieu, P. (eds.) (2002). *Beyond English Inc.: Curricular reform in a global economy*, Heinemann, Portsmouth, New Hampshire.

Gibbs, G., Habeshaw, S., & Habeshaw, T. (1988). *53 Interesting Things to do in your Seminars and Tutorials*, 3rd edn, Technical and Educational Services, Bristol.

제21장
간호학 교수-학습의 핵심 측면

1. 서론 및 목적

이 장은 간호(조산사) 교육의 교수-학습을 위한 핵심 요점들을 탐구하여, 상대적으로 경험이 부족한 교육자들을 돕는 데 그 목적이 있다. 또한 다른 학문 분야의 교육자들에게도 본 장의 몇 가지 측면은 많은 도움이 될 것으로 기대된다.

보건간호 환경은 시시각각 빠른 변화를 보이고 있다. 간호사, 조산사, 다른 건강관리자들은 교육을 통해 지식, 기술, 태도 등을 발전시키고자 한다. 이 양자의 연관성에 관한 논의에서 시작하고자 한다. 또 최근의 교육과정 변화에 대해 간략하게 설명한 다음에 교수, 학습, 평가에 대해 논의하고자 한다. 또한 대학생들의 학습을 돕기 위해 생긴 다양한 교육자/촉진자 역할에 대해 서술할 것이다.

그런데 먼저 우리가 속한 환경과 그에 따른 영향을 언급하고자 한다. 이 장의 필자들은 영국의 대도시에 소재한 간호(조산) 학부에 근무하고 있다. 이 지역의 인구는 윤리적 · 언어적 · 경제적 · 사회적 측면에서 다양성을 갖고 있다. 간호사(조산사)를 대상으로 한 자격증 미취득자와 취득자를 위한 교육은 주로 NHS에 근무하려고 훈련받는 대학생들에게 초점이 맞추어졌으며, 그 지역주민의 특별한 보건간호 요구를 충족할 것을 강조하고 있다. 특히 이 학부는 전문 교육과정에 중점을 두고 있다. 결론적으로 이러한 환경들은 우리의 사고방식에 모종의 영향을 줄 것이다.

2. 환 경

최근 10년간 보건간호에 관한 의제는 급속하게 변화했다. 보건간호 전문직을 전공하는 대학생들은 지속적 변화에서 생기는 도전과 기회에 대해서 적극적으로 대처할 수 있는 기능과 태도를 습득해야 한다.

보건간호 환경의 변화로는 서비스 제공, 새로운 전문 능력의 필요성 등이며 이에 따라 교수, 학습, 평가에 대한 접근법도 변화하였다. 변화를 일으킨 주요 원인은 여러 가지다. 인구의 노령화, 축소된 가족구조, 가족의 해체, 질환 형태의 다양화, 새로운 기술, 정책의 변화, 환자/고객과 가족들의 기대수준 변화, 상호보완적 치료법의 발전, 고등교육의 확대, 고용 형태의 변화, 노동인구의 부족 등이다. 정부와 전문기구는 이런 많은 문제에 대해 논의해 왔으며, 의료 서비스 기관과 고등 교육기관의 반응을 수용하고자 하였다. 예를 들면, 『Making a difference』(DoH, 1999), 『Fitness for Practice』(UKCC, 1999), 『A health service of all the talents』(DoH, 2000) 등은 그와 관련된 혁신적인 문서들이다.

간호사와 조산사의 역할은 지속적으로 확대, 발전되었다(UKCC, 1992, 1997, 2002). 간호사와 조산사는 점차적으로 이전에는 의사의 역할이었던 특정 환자/고객 집단을 위한 주도적인 전문인 역할을 수행하는 추세다. 첨단 기술, 전문 경영기술의 필요성이 대두됨에 따라 지속적 전문성 개발도 늘어날 수밖에 없었다.

최근 대학생들은 연령, 문화, 교육수준, 실무경험, 인생경험 등 여러 면에서 다양하다. 이것은 교수-학습에 영향을 미친다. 뿐만 아니라 실무-재교육 프로그램(return-to-practice program)이나 다른 프로그램(stepping-on/stepping-off points)에 대한 요구의 증가도 교수-학습에 영향을 미친다(DoH, 1999; UKCC, 1999).

교과과정의 개편을 검토할 경우 이러한 변화에 대응하는 것은 당연한 일이지만 그것만으로는 충분하지 않다. 대학생들이 미래를 예측하고 주도적인 활동을 수행하며, 요즈음 필요한 보건간호와 미래의 의료 서비스를 구축하는 데 참여할 준비도 시켜야 한다.

자신의 수업 실제에 대해서 생각하기

교수님이 참여하는 교육과정이 현재와 미래에 필요한 서비스에 부합하도록 하기 위하여 그 교육과정을 언제, 어떻게 검토해야 할지를 알고 있습니까? 이러한 작업에 교수님은 얼마나 효과적으로 기여할 수 있습니까?

3. 지식, 기능, 태도

보건간호 분야와 같이 끊임없이 변화하는 환경에서는 유연성과 융통성을 갖고 평생학습의 자세를 가진 실무자가 필요하다(DoH, 2001). 평생학습을 촉진하는 기능이란 학습할 필요가 있는 사항들을 인지하고, 확인된 필요 사항을 충족시킬 수단을 계획하는 능력을 가리킨다. 즉, 정보의 검색/관리 기능, 비평, 종합, 평가, 실무 상황에서 전문 지식을 실무 활동에 적용하는 경험 등이 필요하다. 대학생들은 자신의 평생학습에 골몰할 뿐만 아니라 다른 사람들, 즉 동료, 후배, 서비스 이용자 등의 학습도 촉진할 필요가 있으며, 또한 대학생들은 교육자가 될 준비도 해야 한다.

다양한 보건간호 환경 속에서, 간호사(조산사)들은 적절하고 효과적인 간호를 수행하기 위해 개별 환자/임산부들의 요구와 문제점을 파악해야 한다. 이를 위해 임상적 판단을 하게 되는데 이때 이론적 지식과 임상 실무경험이 그 토대가 된다. 제한된 여건에서도 간호사(조산사)들은 가장 확실한 근거에 따라 간호를 계획, 조정, 수행, 평가해야 한다. 대부분의 핵심적 전문 활동은 간호(조산)교육의 교과과정에서 잘 설명되며, 성공적인 성과를 낳기 위해서 교수, 학습, 평가 면에서 다양한 전략을 추구하고 있다.

보건간호 전문가들은 신중하게 청취하고 정보를 제공하고 이에 관한 논의에 많은 시간을 투입할 필요가 있으며, 이 모든 일은 신중하고 정중하게 시행해야 한다. 여기서 훌륭한 의사소통 기능은 기본 사항이며, 이와 아울러 다양성과 윤리적 측면도 중요하다. 환자/고객의 복합적인 요구 사항은 전문가들의 효과적인 상호협력을 통해서 가장 효율적으로 충족될 것이다. 이를 위해서는 좋은 의사소통 기술 외에도 전문가의 역할과 책임에 대한 지식이 필요하다. 대학생들은 일정한 환경에서 실무를 배우고, 또 여러 전문 분야로 구성된 팀에서 효과적 구성원이 되는 법과 간호를 도와주는 가족이나 자원봉사자들을 교육하고 지원하는 법도 배워야 한다.

테크놀로지 사용의 증가는 우리 삶의 전반에 영향을 주었는데, 특히 건강에 지대한 영향을 끼쳤고, 이전에는 불가능하였지만 현재는 효과적인 중재가 가능하게 되었다. 중재적 조치들은 가정이나 그 근처에서 신속히 제공될 수 있으며 사적 영역의 침범도 줄어들었다. 기대치가 점점 높아짐에 따라 전문가들은 새로운 기술을 유용하게 또 인도적으로 사용하는 방법을 터득해야 한다. 뿐만 아니라 오늘날 서비스 이용자들과 전문가들은 인터넷상의 많은 정보(예, National Electronic Library for Health (NeLH) www.nelh.nhs.uk), 빈번한 전화상담, e-mail 상담 서비스 등을 받을 수 있다. 더욱더 많은 정보를 입수한 환자/고객들은 자신의 간호에 관한 계획에 더 관여할 것이므로 대학생들은 이런 과정에서 생기는 일과 일어날 사태에 대해서도 준비해야 한다.

근거중심(evidence-based) 보건간호(Trinder & Reynolds, 2000)와 임상 조직관리(NHS Excutive, 1999; Swage, 2000)와 같은 질적 간호교육 정책은 보건관리 요원들의 책임과 교육적 요구를 증가시켰다.

간호(조산) 교육의 기회 확대는 대학생들의 개인적 혹은 학문적 문제를 지원해야 할 필요성을 증대시켰다. 대체적으로 대학생들의 학업을 교수들이 평가할 때 여러 사항을 요구하는데 이를 학습하고 충족시키는 일을 효과적으로 잘할 수 있는 방법이 있을 것이고, 이를 개발하거나 환기시킬 일들이 생겨났다(12장 참조).

요약하면, 실무자들은 전문가 능력의 모형에 포함된 모든 능력을 요구한다.

- 메타 능력: 의사소통, 자기개발, 창의력, 분석력, 문제해결력 등
- 지식/인지 능력: 암묵적/실제적, 기술적/이론적, 절차적, 맥락적
- 기능적 능력: 구체적 직무와 관련한 조직 기능, 두뇌 활동기능, 심리운동 기능
- 개인적 · 행동적 능력: 의사소통 기능, 협동 작업
- 가치/윤리 능력: 전문가 규약과 법의 준수, 민감성, 환자존중심, 비밀유지

이러한 지식, 기술, 태도를 발전시키려면 폭넓은, 도전적 교육 프로그램이 필요하고, 간호(조산) 교육 프로그램은 학위증 수여와 전문기관 등록증으로 이어진다. 다시 말하면, 그 결과로 면허증이 제공되므로 대학생들에 대한 평가는 신뢰성과 타당성이 있어야 하며, 대중의 안전을 보호하도록 해야 한다.

자신의 수업 실제에 대해서 생각하기

보건간호 전문인에게 요구되는 지식, 기술, 태도에 비추어 볼 때 교수님은 어떤 방식으로 학습, 교수, 평가 등에 접근하는 것이 가장 효과적이라고 봅니까? 교수님의 프로그램은 대학생들에게 필요한 지식, 기술, 태도를 성취하는 데 어떤 도움을 주려고 합니까?

4. 최근 교과과정의 변화

1980~1990년대에 들어와서 대학이 간호(조산) 교육을 시키기 시작하면서 간호 이론과 연구가 강조되기 시작했다. 그러나 최근 신규 간호사(조산사)의 실무 능력에 대해 비판이 계속되고 있다(NBS, 1998; UKCC, 1999). 게다가 국지적 요구들을 충족시킬 수 있는 유연성도 필요하지만 프로그램의 내용과 기준을 볼 때 우려할 정도로 너무 다양하다는 지적이 있다. 특히 실무 자격증을 부여하는 교육과정에서는 이것은 문제가 된다. 따라서 전문가 기구에서는 자격증 취득을 위한 간호(조산) 교육과정에 알맞은 학습성과와 능력을 명시하였다(UKCC, 2000a, 2001).

자격증 취득을 위한 간호 교육과정은 2000년 9월, 16개 시범 대학에서 도입되었고, 다른 모든 대학도 2001년에 도입할 예정이다. 이 교육과정은 간호의 모든 분야에서 공통적으로 1년간의 기초단계 그리고 전문 과정(성인, 소아, 학습장애, 정신건강 간호)에 더 중점을 둔 2년간의 분야별 프로그램으로 구성되어 있다. 또 이 교육과정은 임상 기능의 개발과 평가, 장기간의 실무 근무를 강조하고 있다. 실무 경험이 교육 프로그램의 50%를 차지한다는 요건은 여전히 남아 있지만, 실무 범위의 축소를 새롭게 강조하고 있다. 실무 범위는 축소하고 실무 기간을 연장하는 것이야말로 임상 기능을 개발하는 데 도움이 되고, 또한 문제의 인식에서 해결이나 고통완화에 이르기까지, 24시간이나 7일을 주기로 하여 간호사들에게 요구하는 바가 어떻게 달라지는지 등에 관해서 좀 더 진실한 환자간호 경험을 제공할 것으로 기대하였다. 임상 경험의 대부분에서 대학생들을 Home Trust에 연결시키는 것을 강조하였는데 이는 그들에게 소속감을 부여하는 일, 그리고 궁극적으로 Home Trust 신규채용에 목적을 둔 것이다. 그뿐만 아니라 전문교육기관 간 학습과 협력을 강조하고 있다(UKCC,1999). 학과 표준척도가 발간됨에 따라 새로운 교육과정은 곧바로 평가를(일반적으로 별다른 변화를 요구하지 않지만) 받게 되었다(QAA, 2001a, b). 진행 중인 평가 내용에는 4개 분야에 관한 협의를 추진하려는 간호조산위원회(Nursing and Midwifery Council)의 목적이 담겨 있다.

교육과정에 대해서만 비판이 있었던 것은 아니었다. 모든 단계에서 보건부(Department of Health, 1999)는 교육에 대해 더욱 유연한 접근을 제안하였다. 가령 실무 중심 학습이라든가 '전문 분야 간 팀 구성에 초점을 둔 학습'을 더 많이 권장했고, 반성을 증진하는 전략을 더 많이 사용하도록 제안하였다.

다른 학문 분야도 그러겠지만 간호사(조산사)에게 요구되는 지식과 기술이 늘어났기 때문에 교과과정은 넘치게 되었고, 이로 인해 대학생들에게 너무 많이 가르치는 것이 아니냐는 우려가 생겼다. 이 문제를 다루기 위해 일부 프로그램은 문제 중심 학습(problem-based learning, PBL)으로 전환하였다. 이것은 탐구 중심 학습(enquiry-based learning, EBL)이라고 알려지기도 했다(더 자세한 설명은 23장 참조).

보건간호 교수가 충분하지 못한 가운데 실무 재교육 프로그램이나 간호교육에서 지도할 학생 수만 계속 늘어나게 되었다. 이렇게 학생 수는 늘었지만 임상 현장을 세심하게 관리, 감독할 필요가 있다. 또한 지역사회에 기반을 둔 간호를 실시하는 추세 속에서 이와 같은 임상 현장에 나아갈 대학생들의 학습을 어떻게 지원할 것인가가 현실적 당면과제로 제시되었다(Hodgson, 2000).

5. 학습, 교수, 평가

간호(조산)학은 의학, 치의학, 기타 보건전문 영역과 공통적으로, 실무에 기반을 둔 학문이다. 실제로 현장에서 사용되는 기능이야말로 이 분야 전문가 능력의 핵심이다. 그러나 이것은 단순히 요령을 아는 것과는 다르기 때문에 참관, 시범, 실습, 피드백, 지도 등을 통해 점차적으로 습득된다. 이 측면은 아래에서 논의할 것이며 이와 관련된 교수, 학습, 평가의 전략도 거론될 것이다. 수업에 대한 더 일반적 접근은 6~8장에서 다루고 있고, 4장에서는 평가에 대해, 23장에서는 평가의 유형에 대해 부분적으로 언급하고 있다.

1) 임상적 추론의 개발

이론적 관점, 경험적 지식, 반성은 모두 임상적 의사결정에 도달하는 '임상적 추론'의 기초가 될 것이다. 보건전문직의 임상적 추론의 성격 그리고 학습자를 도와주는 전략 등에 관해 아주 좋은 책이 나와 있다(Higgs & Jones, 2000). 환자와의 접촉에서 시작되는 순환적 진행과정을 우리는 '위쪽과 바깥쪽 방향으로 퍼지는 나선형 용수철' 모양으로 그릴 수 있다(Higgs & Jones, 2000: 11). 이것은 유명한 나선형 교과과정(Bruner, 1966; 2장 참조) 모델과 비슷하다.

훌륭한 실무과정은 환자/고객과의 접촉(실제로 만남, PBL 모형, 사례연구, 환자관리 시나리오)에서 시작한다. 이는 보건간호 대학생의 적절한 간호를 하려는 내적 동기를 중시하며, 보건간호 대학생들은 그러한 모습을 보여야 한다. 이와 같이 학습을 유발시키는 일은 대학생들의 사전 지식이나 경험과 조율되어야 수준의 격차가 적절하게 드러나게 된다. 여기서 격차는 (의식적이건 무의식적이건 간에) 알고 이해하는 것과 알거나 이해할 필요를 느끼는 것의 차이다(Jarvis, 1987 참조). 적절한 격차는 학습 준비 자세를 갖게 하고 차이를 줄여 준다. 과도한 격차는 대학생들에게 학습을 포기하도록 만들며, 이것은 '비교육적 경험' (Dewey, 1938)이다.

적절한 학습 자극을 제공하기가 어려운 까닭은 이질적 학습자 집단 또는 학습 대상 집단에 대한 사전 지식의 부족 때문이다. 그러므로 여러 전문 영역 출신으로 구성된 집단을 위해서 학습 자극을 만들거나 선택하는 일은 특히나 어렵다. 학습을 위한 자극을 만드는 경험이 아주 중요할 때가 있다. 경험이 아주 많은 동료라든가 혹은 학생 집단이나 실무 영역에 대한 지식을 훨씬 많이 가진 동료와 함께 일하는 것도 좋을 것이다.

임상적 추론에 대한 평가도 어려움에 부딪친다. 임상적 추론 기능은 실무 중심이지만 이론적 · 경험적 지식을 토대로 삼기 때문에 딜레마에 부딪히게 된다. 평가를 할 때 일반적으로 이론적인 것과 실무적인 것을 구분하는 일이 별로 도움이 되지 않는다. 따라서 임상적 추론의 다양한 측면을 알아보는 평가 방법이 요구된다. 임상 교수들이 멘토로서(이 장의 끝 부분에서 멘토의 역할을 설명함) 행하는 실무 중심 평가(PBAs)가 효과적일 수 있으며, 이것은 OSCE(Objective Structure Clinical Examination)가 효과적인 것과 비슷하다(이 장의 마지막 부분에서 교육자의 역할에 대해 설명한다).

2) 이론과 기초지식

간호(조산)의 실무에서 기초가 되는 이론적 관점과 경험적 지식은 여러 학문 영역에서 나온 것인데, 생물학, 심리학, 사회학, 윤리학, 경영학, 교육학과 정보학 등이 그것이다. 이런 학문 영역들은 간호(조산)에서 새로 나타나는 연구와 이론적 관점에 의해서 통합되거나 보완되기도 한다. 이처럼 광범한 교육과정에서 주제와 학습 목표를 적절하게 맞추기 위해서는 교수-학습에 대해 다양하게 접근하는 방식이 요구된다. 전통적 강의, 세미나, 개인/개별지도, 실험, 실습, 경험 학습, 개인/집단 프로젝트, 시뮬레이션, 자기주도 학습, 웹 기반 학습과 포트폴리오, 문제 해결과 PBL/EBL 등이 필요하다.

학습을 촉진하는 다양한 접근 방법은 각각의 장점을 살리고 약점을 최소화시킴으로써 학습경험을 강화해야 한다. 예를 들면, 강의에서는 다수의 수강생을 가르칠 수 있으며, 새로운 주제나 개념을 소개하는 데도 유용하다는 점이 자주 입증되었으며, 이때 제공된 선행조직자(advance organizer; Ausubel, 1978)는 소집단 학습이나 개별학습에 도움을 줄 것이다. 질이 우수한 강의는 구성이나 속도 면에서 잘 되어 있어서 대학생들이 상호작용 및 능동적 참여를 할 수 있는 기회를 제공하며, 강의에서는 대학생들의 선행 지식과 경험을 잘 감안할 수 있다. 강의는 더욱 폭넓은 교육 프로그램과 전문적인 실무 맥락 내에서 주제를 다룰 수 있고, 강의 이외의 다른 교수법도 비슷하게 분석할 수 있다. 예를 들면, 이 책의 1부나 Quinn(2000)을 참조할 수 있다. 학문적이며 통찰력 있는 분석방법과 실천적 도움을 제공할 수 있는 자료도 있다(Light & Cox, 2001).

대학생들이 이론을 제대로 파악하는지, 지식을 제대로 기억해 내는지, 이론과 지식을 통합하고 적용할 수 있는지 등에 대한 평가는 다양한 접근방식을 통해서 이루어질 수 있다. 지식의 기억은 책을 안 보고 치르는 지필 시험이나 온라인 시험으로 평가할 수 있는데, 이때 사지선다형 문제, 도표 해석문제, 단답형 문제 등을 사용할 수 있다. 서술형 평가문제도 필요한데, 이것은 반성, 종합, 적용, 창의성 등을 검증하는 데 좋고 에세이를 쓰게 하는 평가도 필요하다. 이와 더불어 여러 주일에 걸쳐 완성할 수 있는 과제물도 부과해야 한다. 예를 들면, 교과 내용에 관한 에세이, 포트폴리오, 학술지 학습, 프로젝트 보고 등이다. 이때 발표를 시킬 수도 있다.

각각의 평가 방법에서 그 과정은 가능한 한 투명하고, 공정하고, 윤리적이고, 타당성과 신뢰성을 가져야 한다. 평가의 안면 타당도(face validity)는 대학생들의 학습동기를 유지하는 데 매우 중요하다. 위와 같은 수준 높은 기능들을 평가함으로써 대학생들이 이론과 경험적 지식을 환자 간호 시나리오에 활발하게 적용하게 해야 한다. 이론과 실무의 통합은 이 장의 마지막에 다시 설명할 것이다. 평가의 과정에서 많은 문제점이 또 생길 것이므로 적절한 참고자료를 활용하여(Rowntree, 1988) 이를 해결할 필요가 있다.

자신의 수업 실제에 대해서 생각하기

교수님이 담당하는 강좌에서 사용하는 학습, 교수, 평가 등에 대한 접근방식의 강점과 약점은 무엇입니까? 각 접근방식은 효과적으로 사용되고 있습니까?

3) 실무 기능과 전문가적 판단

자격증 취득을 위한 간호(조산) 교육과정은 전체 시간의 50% 정도를 실제 환경에서 지도감독을 받는 실무경험을 통한 학습에 할애해야 한다(EnB/Doh, 2001a). 임상 현장에서 지도/감독에 의한 임상 경험은 4~12주 이상 계속된다. 학습의 초점은 배치된 장소에 따라 다르겠지만 대학생들의 수준과 (확인된) 학습 요구사항과 연관되어야 할 것이다. 대학생들은 각각 임상팀에 소속된 어느 한 멘토에게서 지원을 받아 배우게 되며, 대학생들은 간호활동을 관찰하고, 또 직접 간호활동을 해야 한다. 임상 현장은 다양하게 마련되어야 하며 병동, 보건센터, 환자의 가정 등이 그것이다. 여기서 폭넓은 기능을 발달시키고 다양한 전문분야에 접할 기회를 갖게 될 것이다. 이것은 간호(조산) 교육이 광범위한 임상현장에 접근할 것을 요구한다(ENB/DoH, 2001a).

앞에서 지적한 대로 적절한 임상 환경을 충분히 제공하는 일은 쉽지 않다. 여러 영역에서 실무경험을 쌓기 위해서 간호(조산) 대학생들은 다른 학과 대학생들과 경쟁하게 된다. 새로운 임상 환경을 찾고, 대학생들을 이에 대비시키고, 임상 교수들이 대학생들을 감독, 지도, 교육, 평가하는 역할을 지원하고, 또 정기적으로 임상 학습의 모든 환경을 관리하는 등 여러 가지 노력이 지속적으로 필요하다.

임상현장에 배치할 대학생의 수는 많아지고, 임상을 담당할 교육자는 부족하고, 보건 관련 실무 자체가 원래 바쁜 일이기 때문에 임상교육 현장에 가기 전에 대학생들은 모든 기본 기능을 익히는 것이 바람직하다. 이는 대학생과 환자에게 모두 좋은 일인데, 이 기능을 가르칠 때는 모의병동 환경에서 하는 것이 가장 좋다. 모의병동은 전통적인 실습실이나 이보다 더 복잡한 임상기술센터를 모방한 것이다.

나선형 교육과정에서는 수준 높은 기능과 복잡한 전문 판단력을 점진적으로 습득하기 위해서 다양한 간호 사례를 반복적으로 체험하도록 한다. 임상 환경이나 모의 환경에서 쌓을 경험 학습을 설계, 지원할 때에는 학습 사이클이 모두 이루어지도록, 즉 구체적 경험, 관찰과 반성, 추상적 개념의 형성과 일반화, 새로운 상황에서의 개념 적용 등이 제대로 이루어지도록 해야 한다(Kolb, 1984).

실무 영역에서 실천적 기능, 임상적 추론, 전문 판단력 등에 대한 평가는 어떻게 할 것인가? 이와 같은 평가는 일반적으로 멘토가 실무를 기반으로 임상 기능과 의사소통 기능을 평가하는 형태(practice-based assessments, PBAs)를 취한다. 이와 달리 학생과 멘토가 기능 스케줄을 작성할 수도 있다. 이는 다양한 임상 환경에서 일정 기간에 걸쳐서 대학생들이 실습해야 할 기능의 매뉴얼이다. 멘토는 수준 기술용어(level descriptors)를 참고하여 각 대학생들이 실무현장과 연관된 각각의 기능을 어느 정도로 성취했는가를 확인하게 된다. 대학생들은 또 다른 실무 현장에서 그 기능들을 다시 연습함으로써 자신들의 성취 수준을 향상시키고 이를 기록한다. 교과과정에는 프로그램의 진행 일정에 따라 대학생들이 습득해야 할 기능들의 수, 범위, 수준 등에 관한 요구조건을 명확하게 제시한다. 실무 중심 평가(PBAs)는 대학마다 다양하겠지만, 보통 대학생들이 프로그램의 핵심 사항으로 구체화된 학습성과를 성취하였음을 보일 것을 요구한다. 간호 대학생들의 경우 그것은 분화된 전문 프로그램으로 진입하기 전, 즉 기초 학년의 끝 무렵에 특정의 핵심 기능을 숙달하였음을 보여주는 것이다.

실무 중심 평가(PBAs)와 기능 스케줄은 보건 관련 전문 분야에서 광범위하게 이용된다. 실무자들은 일반적으로 그것들의 안면 타당도, 정확성, 실용성 등에 대해 긍정적 견해를 보인다. 그러나 실무 중심 평가와 기능 스케줄은 기회 균등성, 객관성, 신뢰성 면에서 약간의 논란을 불러일으키고 있다. 프로그램에 참여하는 대학생의 수가 너무 많고, 그에 따라 여러 곳의 실무 현장에서 다양한 학습경험을 습득해야 할 인원 수 때문에 걱정되는 경우가 많다. 대학생들의 평가에 관여하는 수많은 멘토는 학습성과의 해석 그리고 평가 도구의 적용 두 가지 면에서 일관성과 정확성을 증진해야 할 과제를 안고 있다. 대학은 이러한 과제를 극복하기 위해서 멘토의 평가 사례를 수정할 기회를 주고, 또 모의 실습 상황에서 교수가 지도/통제하기가 쉬운 평가를 확대할 필요가 있다.

4) 모의 실습

모의 실습을 통한 학습은 지난 10년 동안 간호(조산) 교육의 확고한 부분으로 자리를 잡았다. 역할극은 다음 절에서 논의할 것이다. 전통적 실습실이나 현대적 임상기능센터(Nocol & Glen, 1999)와 같은 모의 환경은 임상 환경(예, 병동, 외래진료, 간호대상자의 가정)의 조건들을 부분적으로 만들어 놓고 심리운동 기능, 경험 학습, 토론, 반성 등에 걸쳐 실습을 할 수 있게 한다. 과학기술의 발전으로 더욱 정교한 마네킹과 기타 모의실험장치가 개발됨에 따라 정맥천자나 봉합과 같은 심리운동 기능을 실습할 수 있게 되었다. 컴퓨터에 의한 모의 실습은 대학생들에게 심음 청취와 부정맥 파악을 가능하게 하였으며, 또 상호작용적 CD ROM을 통해 응급상황 대처도 가능하게 되었다.

모의실습은 많은 장점이 있다. 환자에 가해질 위험성을 걱정하지 않고도 학습을 시킬 수 있다. 대학생들은 실수할 수 있고 또 실수에서 배울 수도 있다. 실무 기능은 체계적 지원을 통해서 개발될 수 있지만 분주한 임상 환경(Fry & Marshall에서 Nicol이 기술한 사례연구 참조)에서는 그렇게 하기가 어렵다. 기능개발센터에서는 모의실습 집단의 인원을 16~20명으로 해도 관리할 수 있으나 임상 실무에서는 그럴 수 없다. 모의 실습 환경에서는 이론적, 윤리적 문제를 논의하면서 실무 기능을 발전시키는 일을 동시에 할 수 있다. 이것은 환자 앞에서는 하기가 어려운 일이며, 임상 중심의 교수-학습 상호작용에서는 간과되기 쉬운 부분이다.

핵심 기본기능의 개발은 임상환경에 들어가기 이전, 즉 자격취득 프로그램의 처음 몇 주 동안에 가능한 일이다. 가장 중요한 기능은 환자뿐 아니라 대학생 자신과 동료 대학생들에게도 안전한 임상현장 경험을 쌓는 것이다. 여기에는 환자의 이동과 대응, 교차감염의 예방, 환자의 정보 기록 및 점검 등에 관한 기능이 포함된다. 다른 중요한 기능으로는 대학생이 자신을 훌륭한 팀원으로 느끼고, 또 유능한 지도자들이 그렇게 보게 하는 기능이다. 예를 들면, 기본 관찰을 할 줄 아는 것이다. 이것은 대학생들의 학습 경험을 증진시키는 기능이다.

프로그램의 후반부에서 임상기능센터와 같은 모의실습 환경은 여러 임상 영역에서의 경험을 반성해 보고 또 학습의 핵심을 이끌어내는 데 유용하다. 이처럼 모의실습은 이 장의 다른 곳에서 설명하듯이, 임상 추론을 개발시키고 이론-실무를 통합시키는 데 기여한다.

이러한 환경에서 실무 기능에 관한 평가는 OSCEs(Objective Structure Clinical Examinations)를 활용할 수 있다. 일부 간호(조산) 관련 OSCEs는 의학 분야에서 개발된 간단한 형태를 따른다(23장 참조), 간호(조산) 교육에서 일련의 간단한 평가 행위는 몇 가지 우려를 낳기도 한다. 여기서 장려하는 행위가 지식, 훌륭한 의사소통, 성찰, 전문 판단력 등에 기반을 둔 전인간적 간호와 반대되는 방향으로 나아갈 수 있다. 일부 대학에서는 OSCEs 형태를 수정하였는데, 특히 각 '실습장소'에 머무는 기간을 연장하고, 모의환자 한 명과의 관계 속에서 몇 가지 기능을 평가하는 방향으로 수정했다(Nicol & Freech, 1998). 객관성은 감소될지 모르나 현실 적합성은 향상된다.

5) 의사소통 기능

임상실습이나 교육실습의 어떤 측면이건 의사소통을 핵심 측면으로 삼지 않는 것은 거의 없다. 그러므로 관련된 여러 활동에서 의사소통 기능을 분리한다는 것은 상당히 인위적인 일일 것이나 좋은 의사소통 기능은 환자/고객의 복지 증진에 중요하다. 효과적인 서비스 전달을 위해서는 보건의료 교과과정에 의사소통과 관련된 '학습성과'를 반드시 포함하여 이러한 전문적 기술을 강조해야 할 것이다.

'의사소통 기능'이란 명칭의 수업에서는 의사소통의 심리학, 언어적-비언어적 의사소통, 문화적 다양성, 언어 장벽, 통역자 혹은 대변자와 함께 일하기, 친인척들과의 의사소통, 불쾌한 소식 알리기 등의 주제를 다룰 것이다. 이상적으로는 대부분의 수업에서는 소집단으로 차분한 환경에서 촉진자의 도움을 받아 진행하고 또한 핵심 기능을 연습/시도하는 기회를 제공한다.

토론과 역할극은 이런 영역의 교육과정에서 주로 쓰는 교수 전략이며, 여기서 참여 대학생들은 능동적 학습자가 되게 한다. 역할극에서는 일방향 거울이나 전화기와 같은 소품이 필요하고, 또 가능한 경우 특별히 훈련된 전문 연기자도 투입된다. 연기자들은 환자 역할 후에 대학생들에게 피드백을 제공한다. 의사소통을 비디오로 녹화하여 나중에 자체 분석이나 지도교수의 피드백에 사용할 수 있다.

의사소통 기능을 발달시키기 위한 수업시간을 따로 둔다고 해서 다른 교수-학습 활동에서 의사소통 문제에 대해 유의할 필요가 없다는 말은 아니다. 예를 들면, 환자에게 음식을 먹이고 씻겨주는 실무 기능을 대학생들에게 가르치는 도중에도 적절하게 의사소통을 하고 논의하게 하는 것은 중요하다. 일부 수업 시간에는 심리운동 기능에 중점을 두기도 하는데, 이 경우에 어쩔 수 없이 불편하거나 당혹스러운 절차들이 생긴다. 이런 상황에서 간호(조산) 실습의 중요한 부분은 지지적인 언어적-비언어적 의사소통이며, 이것은 심리운동적 기능의 발달과 더불어 고려해야 한다. 더 나아가, 대학생들의 임상 실습을 도와줄 사람들은 적절한 경우에 의사소통 문제를 논의하고, 대학생들의 수행을 관찰하고, 형성적인 피드백을 제공하는 것이 좋다.

의사소통 기능만을 평가하는 경우는 드물다. 의사소통은 다른 활동들과 통합된 것이므로 그것을 지식이나 심리운동 기능과 함께 평가하는 것이 아주 좋다. 주요 평가 방법은 에세이, 보고서, OSCEs와 같은 실기시험 등이다. 발표와 포스터도 의사소통 기능을 평가할 때 상당히 좋으며 평가의 유형이 무엇이건 명확한 평가 기준을 개발하는 것이 중요하다. 만일 이런 기준이 없으면 의사소통 평가의 질이 떨어질 수 있다. 왜냐하면 의사소통의 성격이 워낙 복잡 미묘하며, 또 신뢰성과 타당성을 갖춘 평가를 하기가 쉽지 않은 일이기 때문이다.

6) 전문 분야 간 상호 협력

대학생들이 깨달아야 하는바, 간호란 여러 학문 분야로 이루어진 팀들이 제공하는 것이다. 예를 들면 NHS, 사회서비스, 민간 부문, 자원봉사 단체 등이 관여한다. 효과적, 효율적, 고객 중심적 간호가 이루어지기 위해서는 전문 영역들과 전문 기관들 간의 상호 협력이 필요하다. 각 팀의 구성원들은 자신의 역할과 그 한계를 잘 이해하고 또 다른 팀의 구성원들의 기여를 인정하려고 노력해야 한다. 훌륭한 의사소통, 팀 작업에 필요한 기능들, 생산적 협력을 통해서 환자를 도우려는 자세 등은 교육 프로그램을 통해서 개발되어야 한다. 적절한 기능과 태도는 어느 한 가지 전문영역 내의 학습 경험 속에서 '길러질 수도' 있겠지만 협동적 실무를 향상시키는 핵심은 여러 학문 영역과 전문영역을 관통하는 학습이다(DoH, 2000;

〈사례연구 21-1〉 여러 전문 분야의 협동적 실습 배치

4개 전문 영역의 졸업반 대학생들이 정형외과/류머티스 병동에서 팀으로 일했다. 교수의 관리 감독하에, 그들은 12명의 환자그룹에 대한 간호를 계획하고 실행하였다. 이 프로젝트의 목적은 대학생들이 각자의 역할과 기여도를 이해함으로써 더욱 효과적으로 협력하는 것을 배우게 하는 것이었다.

이 시범 연구에 참여하는 각 영역(의학, 간호, 직업치료, 물리요법)에서 한 명 이상의 대학생을 모아 팀을 여러 개 구성하고, 2주 동안 함께 일하도록 했다. 각 팀은 일주일에 7일을 일했다. 간호사의 교대 시간에 맞추어 아침 근무(07:30~15:30)조와 저녁 근무(12:30~21:30)조로 교대 근무를 했고, 야간근무는 하지 않았다. 각 팀의 모든 구성원이 교대근무의 시작과 끝에 인수, 인계를 하였다. 환자 간호의 계획과 실행도 팀원이 모두 참여하였다. 저녁근무 교대 후에 남은 팀은 1 시간 동안 실무와 학습에 관해 반성하는 시간을 가졌다.

이 시범연구에 대한 평가 결과를 보면, 여러 전문 분야의 협동적 실습 배치는 참여자에게는 모두 매우 유익한 것으로 밝혀졌다. 또한 여러 전문 분야의 협동적 실습 배치가 몇몇 보건 프로그램의 핵심 요소로 제자리를 잡기까지는 원래의 설계를 수정할 수밖에 없는 것으로 나타났다. 그 밖에 세부적인 문제점도 많다(Freeth et al, 2001; Reeves & Freeth, 2002).

이 프로젝트는 수정, 보완되어 현재는 노인 간호와 관련된 임상 실무 환경에서 계속 추진되고 있으며, 9개 전문분야가 관여하고 있다. 대학생들의 학습 경험을 위한 새로운 형태가 2002년 9월부터 마련될 것이다.

GMC, 2002; UKCC, 1999).

자격증 취득을 위한 교육과정에서 여러 전문 영역을 관통하는 학습을 하기란 매우 어렵다. 예를 들면 대학생 수, 프로그램의 기간과 학문 수준의 차이, 시간표, 제한된 자원, 전문단체의 요구조건의 충족 여부, 조직문제, 대학 간 전공학문의 지역적 분산 등이 그것을 어렵게 만든다. 그런데도 열성주의자들은 통합적 학습을 시도하는데 여러 가지 사례가 소개되고 있다(Barr et al., 2000; Glen & Leiba, 2002).

통합학습의 시도는 주로 강의실이나 기능센터에서 이루어졌으나, 최근에는 실무 현장에서 통합학습의 기회를 활용하려는 관심이 높아지고 있다. 결국 전문 분야 간 상호협력이 가장 중요한 곳은 실무 현장이다. 교육자가 할 일은 임상 현장에 있는 실무 동료들과 협동하게 함으로써 임상 환경에 투입된 여러 전공 대학생의 활동을 조정하는 것이다. 함께 배우고 또 서로에게서 배우는 일이 쉽게 이루어지도록 도와주어야 한다. 〈사례연구 21-1〉은 이와 같은 접근 방법을 보여 준다.

7) 이론과 실무의 통합

대학생들은 실무 기능을 발전시키는 일과 더불어 기본적 이론과 경험적 지식을 공부해야 한다. 그들은 간호 업무를 수행해야 하며, 이러한 간호 활동의 합리적 근거를 알아야 한다. 또한 간호 활동은 이론을 학습하고 싶은 동기를 촉발하기도 하며, 양자는 상호보완적 관계에 있다.

이론과 실무의 통합을 촉진하는 교수, 학습, 평가 등에 대한 접근 방법은 다음과 같다.

(1) PBL/EBL

이것은 간호를 도와주는 친지, 친구, 개인의 요구에 중점을 둔다. PBL/EBL은 환자가 있는 실무 환경에서 적용될 수 있다. 여기서 강조하는 것은 능동적 학습과 비판적 탐구다. 즉, 요구분석, 발생 가능한 반응들, 선택, 그 시사점이 강조된다. 또한 PBL은 의사소통 기능을 발전시키며, 전문 분야 간 상호협력을 위해 적절한 수단이다.

(2) 포트폴리오

이것은 학습과 경험의 반성적 분석, 장점과 약점의 파악, 미래의 전문직이나 개인에게 필요한 개발에 대한 고찰 등을 포함한다. 포트폴리오의 목적은 지속적 모니터링을 통하여 학습을 극대화하는 것이다(Gannon et al, 2001). 처음에는 반성적 글쓰기가 어렵지만 학생들에게 비판적, 분석적 기능을 개발시킬 수 있는 좋은 수단이 될 수 있다(Jasper, 1999).

(3) 모의 전문 실습

이것은 환자/고객 상황을 이용하여, 대학생들이 실무 기능을 발휘하고, 또 자신의 행동의 밑바탕에 깔려 있는 이론적 근거를 논의하게 한다. 예를 들면, '모의 임신 실습'은 모의 신체와 멀티미디어 컴퓨터 시뮬레이션으로 이루어지는데, 후자는 복부 측정기능을 발달시키기 위한 것이다(Lyons, Miller, & Milton, 1998). 이런 접근 방법은 교수-학습을 위한 '대화적 틀' (Laurillard, 2002)에 근거를 두고 있다.

(4) 실습 현장의 경험에 대한 반성적 설명

이를 통해서 이론과 실무의 연결에 관한 대학생들의 지식과 이해를 평가하는 대학이 많다. 대학생들은 익명의 임상 사례나 사건을 기술하고 비판한 다음에 그 간호활동과 그런 활동의 토대가 되는 이론을 분석한다.

자신의 수업 실제에 대해서 생각하기

교수님의 교육 프로그램에서는 이론과 실무가 서로 분리되는 요소로 들어 있습니까? 만일 그렇다면 그것들을 어떻게 통합시키겠습니까?

8) 다수의, 이질적인 학생 집단

앞에서 우리는 대학생 집단(연령, 문화, 언어, 교육배경, 경력 등)이 더욱 다양해지고, 인력개발 요구에 부응하기 위해서 간호사(조산사)들을 더 많이 교육시키라는 NHS의 압력을 확인하였다. 〈사례연구 21-2〉는 필자의 대학에서 시도한 교육적 노력의 중요성을 보여 준다. 여기서 중요한 것은 대학생 집단을 세심하게 분류하여 훌륭한 학문 및 지도 체계를 제공하고, 필요한 학습 지원활동을 제공하며, 테크놀로지를 최대한 활용하도록 하고, 지나치게 많은 것을 가르치고 평가하는 것을 억제하게 하는 것이다.

〈사례연구 21-2〉 학습 집단을 구성하기

자격증 취득을 위한 교육은 매우 거대하고 복잡한 일이다. 우리 학부에서는 1년에 40~60명의 조산 교육생을 수용해야 하며, 조산 교육생의 거의 3배가 되는 150~160명의 간호대학생을 1년에 3회 수용해야 한다. 대학생 집단은 지극히 다양하다. 예를 들면, 2001년 자격증 취득 프로그램에 등록한 간호 대학생은 146명이었는데, 그중 여자는 88%, 남자는 12%였다. 대학생들의 연령과 스스로 밝힌 인종은 다음에 제시된 표와 같다.

입학생의 연령 범위		스스로 밝힌 인종 구성	
17~24	37%	아프리카	58%
25~30	27%	방글라데시	1%
31~35	14%	카리브 흑인	11%
36세 이상	22%	기타 다른 나라 흑인	1%
		인도	20%
		백인	20%
		기타	8%

이 대학생들의 입학 자격은 아주 다양하다. 영국과 다른 나라 출신, 학사 학위자와 예과 졸업자, 대학수학능력시험 합격자, 직업 관련 자격증 소지자 혹은 평생교육 과정생 등이다. 일부 대학생 중에는 보건 분야 사회복지사로 일한 경험도 있다.

자격증 취득 프로그램의 대학생 집단은 최대 23명으로 세분한다. 집단 구성원은 가능한 한 바꾸지 않는다. 각 구성원들이 자기 정체성을 확립하고, 각자가 안전하게 문제를 논의, 토론할 수 있는 환경을 발전시킬 수 있게 한다.

6. 학습을 지원하는 역할과 조직

대학생의 학습을 지원하는 역할들은 매우 다양하다. 이런 역할과 관련된 전문적, 교육적 요구 조건들이 규정되고 있다(ENB/DoH, 2001b; UKCC, 2001). 이러한 규정들은 대학생들의 학습을 지도하고 이들의 능력을 평가하는 전문가들이 간호사(조산사)로서 적절한 경험을 갖추고 관련된 교육적 원리들을 제대로 공부하도록 하기 위해서 만든 것이다. 멘토가 되는 데는 학사학위가 그리고 실무 조력자(practice facilitator), 실무 교육자(practice educator), 강의 담당자(lecturer), 튜터(tutor)는 석사 학위가 필요하다.

신규 간호사(조산사)를 지도하는 강의 담당자/튜터는 구체적 상황 속에서 학습을 지원하는 자신들의 역할이 어떤 기여를 할 수 있는가를 제각기 이해하게 해야 한다.

1) 멘 토

실습 현장에서 각 대학생에게 멘토(mentors)가 배정된다(UKCC, 1999). 멘토는 대학생들에게 적절한 학습 기회를 제공하거나 강조함으로써 학습활동을 촉진한다. 또 멘토는 대학생의 실습을 평가하고, 처방된 혹은 협의된 학습성과들이 제대로 성취되었는가를 확인하는 책임자다. 멘토는 대학생들의 실습 준비가 제대로 되었는가의 여부를 분명히 밝혀야 한다. 멘토의 역할은 이 역할에 필요한 교육적 요구조건을 충족시킨 유자격 실무자(practitioners)가 수행해야 할 것이다.

2) 실무 교육자

실무 교육자는 대학이 아닌 NHS 위탁 기관에서 고용하는 실무자다. 이런 역할이 생기게 된 데는 몇 가지 요인이 작용하였다. 임상 실습을 받을 대학생의 증가, 임상 교수의 역할 감소, 강의 시간의 축소 및 압축 활용, 실습 영역에 투입할 시간의 확보 등이다. 이 역할은 급속히 확대되고 있다. 그러나 그 핵심 의도를 보면 실습 교육자는 임상적으로 유능함과 동시에 대학생들의 교육 프로그램도 잘 알고 있어야 한다. 실습 교육자의 역할은 이론-실무를 연결하고, 실무 경험을 통해 학습하도록 하는 것이다. 실무 교육자들은 대학생들과 멘토를 지원한다. 그들은 실무 현장을 관리, 개발할 책임자인 대학 교수와 긴밀하게 접촉한다.

3) 강사 실무자

강사 실무자(lecturer practitioner)의 역할은 실습 교육자와 전통적 강사 역할을 결합한 것으로 NHS 위탁기관과 대학 간의 연결고리 역할로 개발된 것이다. 말하자면 실무자들은 대학생들과 함께 실무 역할을 수행하고 일부 시간에 멘토 역할을 하면서, 대학에서 가르치는 역할도 수행할 수 있다는 것이다. 이들은 실무에서 교육으로 이동하기를 원하는 사람들에게 유익한 '디딤돌'로 간주되었다. 이들이 두 가지 고용주, 즉 NHS 위탁기관과 대학의 요구를 함께 충족시키는 것은 어려울 수 있으며, 따라서 예전처럼 인기를 끌지 못하고 있다.

4) 강의담당자/튜터

대학의 강의담당자들은 다양한 역할을 수행한다. 예를 들면, 대학생들을 위한 교육 프로그램에서 이론 수업과 평가를 맡으면서 이를 실무와 연결시킨다. 또 그들은 서비스 제공 기관과 연계하여 대학생, 멘토, 계선 관리자를 지원하고, 실무 개발을 돕는다. 강의담당자들은 대학생들의 개별 튜터 역할도 하며, 그들은 교과과정 개발 및 학술활동에 종사한다. 간호(조산) 학부에 근무하는 대부분의 강사는 간호사(조산사)들이지만 다른 보건전문직 출신도 있다. 때로는 비보건전문직 출신의 강사들이 채용되기도 한다. 왜냐하면 이들이 특별한 전문 영역의 능력을 갖고 있어서 보완적 역할을 할 수 있고, 또 상이한 관점을 제공할 수 있기 때문이다.

5) 대학의 학습 서비스 전문가

대학생들의 학습을 지원하는 전문가가 필요한 분야가 나날이 늘어나고 있다(12장 참조). 예를 들면, PBL/EBL을 지원할 도서관 직원, 새로운 테크놀로지의 힘을 이용하도록 학생들을 도와줄 IT 및 매체 지원인력, 언어와 학습 기능을 지원하는 인력 등이 있다. 예술가, 시인 혹은 작가들도 대학생들 곁에서 이들의 학습의 질을 향상시키기 위하여 고용되는 추세다.

6) 학습 지원 기관

교수학습개발원(ILT-www.ilt.ac.uk)은 영국 대학에서 대학생들의 학습을 지원하고 가르치는 사람들을 위한 전문기관이다. ILT는 교수학습 프로그램들을 인증하고, 행사를 기획하며 출판물을 발행한다. 이 기관은 교수학습 지원네트워크(Learning and Teaching Support Network; LTSN-www.ltsn.ac.uk)와 긴밀하게 연결되어 있다. LTSN은 일반적인 교수-학습의 쟁점에 관한 전문적 조언과 정보를 제공하는 '총괄 센터(Generic Centre)' 와 24개의 '학과 센터(Subject Centre)' 로 구성되어 있다. 간호(조산) 교육 및 보건 관련 전문직에 종사하는 사람들에게 가장 밀접한 관계가 있는 학과 센터는 '건강과학과 실무센터' (www.health.ltsn.ac.uk)다.

ILT와 LTSN 이외에도 실무 교육을 연구하려는 사람들에게 유용한 정보와 접촉은 영국교육학회(British Educational Research Association: BERA-www.bera.ac.uk)에서 가능하다. BERA에는 여러 가지 특별관심 집단(Special Interest Groups, SIGs)이 있으며, 이 중에는 전

문직 종사자 교육에 관한 것도 있다.

전문 분야 간 협동 학습에 관한 한 최고는 CAIPE(UK Centre for the Advancement of Interprofessional Education: CAIPE-www.caipe.org.uk)다.

자신의 수업 실제에 대해서 생각하기

교수님의 교육 프로그램에서 대학생의 학습을 지원하는 역할에는 어떤 것이 있습니까? 이러한 역할을 수행하려면 어떤 준비가 필요합니까? 교수님의 역할은 다른 사람들의 역할을 어떻게 보완하고 있습니까?

7. 개 요

이제까지 우리는 간호(조산) 교육을 위한 교수, 학습, 평가의 핵심 측면들을 논의하였다. 즉, 교육환경, 필요한 지식, 기능과 태도, 전문성 개발을 위한 전략, 학습을 지원하는 역할들의 범위 등을 고찰하였다. 그러나 하나의 장에서 이러한 쟁점들을 상세하게 다루는 것은 불가능하며 관심을 갖고 있는 사람들은 관련 자료들을 면밀히 검토할 것이다.

참고문헌

Ausubel, D. (1978). *Educational Psychology: A cognitive view*, Holt, Rinehart and Winston, New York.

Barr, H. et al. (2000). *Evaluations of Interprofessional Education: A United Kingdom review for health and social care*, CAIPE/BERA, London.

Brunner, J. (1966). *Toward a Theory of Instruction*, Oxford University Press, Oxford.

Cheetham, G., & Chivers, G. (1999). Professional competence: harmonising reflective practitioner and competence-based app. roaches, in *Developing the Capable Practitioner: Professional capability through higher education*, eds D. O'Reilly, L. Cuningham & S. Lester, Kogan Page, London.

Department of Health (DOH) (1999). *Making a Difference: Strengthening the nursing, midwifery, and health visiting contribution to health and healthcare*, DOH, London.

DOH (2000). *A Health Service of All the Talents*, DOH, London.

DOH (2001). *A Framework for Lifelong for the NHS*, DOH, London.

Dewey, J. (1938). *Experience and Education*, Macmillan, New York.

English National Board for Nursing, Midwifery and Health Visiting and Department of Health (ENB) (2001). *Report on the Quality of Students' Practice Experience in the Community in Pre-registration Nursing Programmes*, ENB/DoH, London.

ENB, & DoH (2001a). *Placements in Focus: Guidance for education in practice for Healthcare Professions*, ENB/DoH, London.

ENB, & DoH (2001b). *Preparation of Mentors and Teachers: A new framework of guidance*, DoH, London.

Freeth, D. et al. (2001). 'Real life' clinical learning on an interprofessional training ward, *Nurse Education Today, 21*, pp. 366-72.

Fry, H., & Marshall, S. (2002). Revitalizing and renewing the curriculum, in *The Effective Academic*, eds H. Fry, S. Ketteridge & S. Marshall, Chapter 10, pp. 182-99, Kogan Page, London.

Gannon, F. T. et al. (2001). Putting portfolios in place, *Nurse Education Today, 21*, pp. 534-40.

General Medical Council (GMC) (2002). *Tomorrow's Doctors*, GMC, London.

Glen, S., & Leiba, T. (eds.) (2002). *Multi-professional Learning for Nurses: Breaking the boundaries*, Palgrave, Basingstoke.

Higgs, J., & Jones, M. (eds.) (2000). *Clinical Reasoning in the Health Professions*, 2nd edn, Butterworth-Heinemann, Oxford.

Hodgson, P. (2000). *Clinical Placements in Primary and Community Care Project*, NHSE, Leeds.

Jarvis, P. (1987). *Adult Learning in the Social Context*, Croom Helm, London.

Jasper, M. A. (1999). Nurse' perceptions of the value of written reflection, *Nurse Education Today, 19*, pp. 452-63.

Kolb, D. A. (1984). *Experiential learning*, Prentice-Hall, Englewood Cliffs, New Jersey.

Laurillard, D. (2002). *Rethinking university teaching: a conversational framework for the effective use of learning technologies*, Routledge/Falmer, London.

Light, G., & Cox, R. (2001). *Learning and teaching in higher education: the reflective professional*, Paul Chapman Publishing, London.

Lyons, J., Miller, M., & Milton, J. (1998). Learning with technology: the use of case-based physical and computer simulations in professional education, *Contemporary Nurse*, *7*, pp. 98-102.

National Board for Nursing, Midwifery and Health Visiting for Scotland (NBS) (1998). *Information Base on Arrangements which Support the Development of Clinical Practice in Pre-registration Nursing Programmes in Scotland*, NBS, Edinburgh.

National Health Service Executive (1999). *Clinical Governance: Quality in the new NHS*, NHSE, Leeds.

Nicol, M., & Freeth, D. (1998). Assessment of clinical skills: a new approach to an old problem, *Nurse Education Today*, *18*, pp. 610-09.

Nicol, M., & Glen, S. (eds.) (1999). *Clinical Skills in Nursing: The return of the practical room?* Macmillan, Basingstoke.

Quality Assurance Agency for Higher Education (QAA) (2001a). *Subject Benchmark Statements: Healthcare programmes - Nursing*, QAA, Gloucester.

QAA (2001b). *Subject Benchmark Statements: Healthcare programmes-Midwifery*, QAA, Gloucester.

Quinn, F. M. (2000). *Principles and Practice of Nurse Education*, 4th edn, Stanley Thornes, Cheltenahm.

Reeves, S., & Freeth, D. (2002). The London training ward: an innovative interprofessional initiative, *Journal of Interprofessional Care*, *16*, pp. 41-52.

Rowntree, D. (1988). *Assessing Students: How shall we know them?* 3rd edn, Kogan Page, London.

Swage, T. (2000). *Clinical Governance in Healthcare Practice*, Butterworth-Heinemann, Oxford.

Trinder, L., & Reynolds, S. (2000). *Evidence-based Practice: A critical appraisal*, Blackwell Science, Oxford.

United Kingdom Central Council for Nursing, Midwifery and Health Visiting (UKCC) (1992). *Scope of Professional Practice*, UKCC, London.

UKCC (1997). *Scope in Practice*, UKCC, London.

UKCC (1999). *Fitness for Practice: The UKCC Commission for Nursing and Midwifery Education*, UKCC, London.

UKCC (2000a). *Requirements for pre-registration midwifery programmes*, UKCC, London.

UKCC (2000b). *Standards for the Preparation of Teachers of Nursing, Midwifery and Health Visiting*, UKCC, London.

UKCC (2001). *Requirements for pre-registration nursing programmes*, UKCC, London.

UKCC (2002). *Report of the higher level of practice pilot and project*, UKCC, London. (Executive summary available in printed form, full report available only from Website www.ukcc.org.uk).

읽을거리

English National Board for Nursing, Midwifery and Health Visiting and Department of Health(2001). See above: available for download from the Internet: www.doh.gov.uk

Higgs J., & Jones M. (eds) (2000). See above.

Light, G., & Cox, R. (2001). See above.

O'Reilly, D., Cuningham, L., & Lester, S. (eds) (1999). See above.

Quinn, F. M. (2000). See above.

Rowntree, D. (1988). See above.

제22장

언어 영역 교수-학습의 핵심 측면

1. 서 론

이 장은 대학에서 현대 언어를 효과적으로 가르치고 배우는 일과 관련된 문제점을 논의할 것이다. 전반부에서는 다음과 같은 사항들을 고찰한다.

- 대학교육에서 언어 공부의 변화 양상
- 학교 교육과정과 시험의 변화가 대학의 언어학습에 주는 시사점
- 제2언어 습득 연구의 시사점
- 언어 교육에 대한 의사소통적 접근방식
- 자율적 학습
- 정보통신 기술(C&IT)
- 번역

그 다음에 1학년 언어 강좌에 관한 〈사례연구〉를 다룬다. 여기서 언어영역의 교수-학습에서 나타난 최근의 발전 모습을 몇 가지 보이고 이러한 점들이 어떻게 해서 하나의 일관된 체계로 통합될 수 있는지를 밝혀 본다. 이 장에서는 언어 학습에 초점을 모았고, 비언어적 부분들은 9장과 10장에서 다루었다.

2. 대학교육에서 언어

지난 40년간 외국어 교육의 발전은 부분적으로는 새로운 방법론의 적용에서 나온 결과지만 이와 함께 언어 교육을 담당하는 대학의 역할 변화에서 나온 결과이기도 하다. 대학의 언어 코스는 그동안 주로 대학 수준의 언어 학습, 특정 외국어의(로의) 번역, 학술 논문 작성, 음성학 연구, '회화 교실' 등의 특성을 가졌다. 요즈음 언어는 보통 처음부터 의사소통의 도구로서 도입된다. 번역을 별로 중시하지 않는데, 학부과정의 초급단계에서 특히 그렇다. 특정 언어를 수업용 언어로 집중적으로 사용하는 경향이 몇몇 대학에서 나타나며, 학습활동의 폭도 넓어져서 구술발표, 집단토론, 토의, 발췌, 요약, 편지, 비평, 보고서 등을 통해 활발한 학습이 이루어지고 있다.

'비언어적' 요소도 많이 변했다. 20세기 이전의 문학작품 공부는 줄어들고, 여성 작가의 글을 더 많이 읽고 사회, 문화, 정치 분야의 연구가 부가되고 미디어 연구나 영화가 추가되었다. 이때 외국어를 수업의 도구로 사용하는 정도는 다양하다. 가령 지역연구 과정(Area Studies courses)들에 언어 전공 학생들과 비언어 분야 전공 학생들이 뒤섞였을 경우도 있고, 또 교수들이 지적 내용의 '질 저하'를 우려하는 경우도 있기 때문이다.

시간강사, 박사 후 연구생, 회화 보조강사—요즈음 외국인 강사라는—들이 많아져서 수업의 핵심 부분을 차지한다. 그러나 이들이 자신의 중요한 역할 수행을 위해 어느 정도의 훈련과 지원을 받는가도 다양하다(Klapper, 2001 참조).

외국어를 공부하는 대학생 전체 인원은 1990년대 초 급격히 증가하였다. 그러나 어떤 연구(Thomas, 1993)에 따르면 그중 60% 이상의 대학생들이 '비전공'이라고 한다. 더욱 최근의 연구(Marshall, 2001)에서 49%의 학생은 전공이고, 51%의 학생들이 비전공으로서 이들의 수준을 언어적으로 '덜 전문적인' 학생이라고 하였다. 통계자료(HESA modular record)를 보면 그런 학습자의 수는 6만 3,000명이며, 이로 인해 또 다른 주된 변화가 나타났다. 즉, 비전공자를 위한 일반 언어 과정이 우후죽순처럼 언어 센터를 중심으로 생겨났다. 짧게는 한 학기 강좌에서 길게는 1년의 해외 연수를 포함한 4년 과정까지 있다. 그것은 코스 학점의 10~25%를 차지한다. 비전공자를 위한 이러한 교육의 한 가지 특성은, 언어 관련 학과의 언어 수업과는 대조적으로 잘 훈련된, '헌신적인', 전일제 혹은 대개 시간제 언어 강사를 비정규 계약으로 고용한다는 점이다.

3. 입학생

가장 널리 알려진 교육 원리 중 하나는 '학생들을 그들의 눈높이에서 그들의 장점과 단점을 감안하라.' 라는 것이다(Saunders, 1996: 32). 이는 다음에 논의할 모국어와 외국어(L1과 L2)의 습득에 관한 통찰과 더불어, 최근 수십 년간 중등학교의 교육과정과 평가를 크게 변화시켰다. 이런 변화의 예를 들면 다음과 같다.

- 통합(comprehensive) 교육의 확대
- O-level보다 더 넓은 능력에 부합되는 GCSE 시험의 개발
- 학생들이 의무교육 기간에 무엇을, 어떻게 배워야 하는가를 요약하는 국가 교육과정 훈령의 도입
- 의무교육 기간의 모든 학생이 국가교육과정의 일부로서 한 가지 현대 외국어를 배우도록 법제화함
- 상의하달식보다는 하의상달식 교육개혁. 중등교육의 초기 단계에 도입한 변화들이 GCSE의 틀을, 그리고 궁극적으로 A-level 평가를, 그리하여 대학입학자들의 특성까지도 규정한다.

이런 변화들은 언어 학습이 소수의 지적 엘리트만을 위한 것이 아니라 모든 사람이 접근할 수 있고 또 유익한 것이라고 보게 만든 원인인 동시에 결과다.

이런 발전은 대학의 수업에까지 큰 영향을 미친다. 학교에서 사용되는 수업 방법과 평가 절차들은 더 이상 언어학/문학 전공 학생들을 준비시키기 위한 것이 아니다. 오히려 더욱 더 많은 사람에게 언어학습은 가능하고 또 가치 있는 것임을 납득시키고, 그들의 잠재적인 다양한 필요를 충족시킬 수 있도록 준비시키기 위한 것이다.

앞으로 해결해야 할 과제도 만만치 않다. GCSE 시험의 원래 의도는 태도와 기능을 현대화시키려고 했던 것인데, 오늘날 언어 사용의 정확성에서 언어 사용의 유창성으로 너무 치우침으로써 균형이 상실되고 그 두 가지를 모두 향상시키지 못한다는 비판을 받는다. 학교 성적이 외부로 공개되는 교육체제에서는 교과과정의 모든 주제를 '하나하나 다루지' 않을 수 없어서 정작 언어학습을 촉진하는 일은 도외시될 수 있다. 대학 신입생들의 문법 부분에 결함이 있다는 불만 표출에 몇몇 정당한 근거가 없지는 않으나, 대학의 언어 교수들은 GCSE가 이룩한 언어 학습의 대중화라는 공적을 과소평가해서는 안 된다. 만일 이것이 없

었다면 대학에서 언어를 공부하는 학생들의 수는 더욱 적어졌을 것이다. 대학교육의 임무는 신입생들의 부족한 부분을 메울 수 있는 창의적이고 효과적인 방법을 찾고, 또 그들의 기능을 더욱 발전시키는 것이다.

영국 국가교육과정의 공부 프로그램은 학생들을 위한 언어학습 프로그램을 다음과 같이 규정한다. 즉, 그것은 내용 중심 프로그램이 아니라 과정 중심 프로그램으로서 실제적 목적을 위해 언어를 사용하는 자발성과 즐거움을 강조하며, 다른 문화에 대한 긍정적 태도를 발달시키기 위한 것이다. 이는 언어 학습에 대한 의사소통적 접근의 원리를 반영한 것이다. 이는 언어를 학문적 연구 대상이 아닌 의사소통의 수단으로 보는 관점이다. 그러나 다른 한편으로 의사소통 이전(pre-communicative) 활동의 중요성을 인식하고 또 의사소통 기능들과 좀 더 형식적인 언어학습 기능 간의 관계를 재설정할 필요가 있다. 국가 문해력 전략(The National Literacy Strategy)은 이에 도움이 될 것으로 여겨진다(국가교육과정의 근대 외국어 부분을 이행하는 데 어려움이 '실제로' 있었다. Dobson, 1998).

실제로 학생들의 학습을 크게 좌우하는 것은 공적인 시험과 시험 준비용 교재들이다. 이 교재들은 여러 종류지만 근본적으로는 비슷비슷한 것이다. GCSE와 A-level 시험은 실제 언어 사용에 적용되는 국가교육과정의 원칙을 따라야 한다. GCSE 수준에서 나타난 주요 변화는 목표로 하는 언어가 시험 항목들과 목적들을 위해서 대상 언어의 사용을 확대하였고, 이와 관련하여 분리-기능 테스트보다는 혼합-기능 테스트로 변화했다는 점이다. 여기서 긍정적 채점도 핵심 특징이다. 즉, 응시자들이 실수한 것에 대해서 점수를 깎지 않고 기준을 만족시킨 정도에 따라 성적을 준다.

16세 이상의 청년들은 지금 GNVQs(General National Vocational Qualifications) 시험에 도전하고 대학준비학교(sixth-form college)들은 RSA, City, Guilds와 같은 기관이 인증하는 교수요목과 시험을 제공한다. 그런데도 대학에서도 언어를 공부하는 많은 학생은 A-level 자격이라는 좀 더 전통적인 루트를 밟아온 것 같다. 물론 이 과정도 많은 변화를 겪었다. 특히 언어 학습자들의 기능과 관심에 부합되고 수업 및 평가의 방법론에 관한 최근 동향에 대응하여 변화를 거듭하고 있다. 혼합기능(mixed-skill)의 교수와 시험이 강조되고, 또 의사소통의 주요 매체로서 해당 외국어를 사용하도록 강조하고 있다. 또한 실생활 언어 학습 기능을 발달시키기 위해서 시험에서 텍스트를 사용하도록 제공하거나 듣기에서 학생들이 개별적으로 테이프를 작동하게 한다. 그뿐만 아니라 강좌의 특성을 다양화시킴으로써 학생들은 학문적, 문학적, 직업적 과목을 선택해서 들을 수 있다. 또한 일정 기간에 걸쳐 강좌들을 모두 '축적해서' 들을 수 있다. 최근 A-level의 가장 급격한 발전은 교육과정 기반의 확대를 권장한 것이었다. 여기서 좀 더 짧은 기간에 훨씬 더 많은 과목들을 배우는 것을 보상할 A1 자격증을 도입하였다. 이것으로 끝날 수도 있고 이 외에 공부를 추가하여 A2 자격증을 받을 수도 있다. 이러한 변화의 장기적인 결과는 아직 두고 볼 일이다.

4. 제2언어 습득: 연구 결과의 시사점

제2언어 습득에 대해서 근년에 상당한 연구가 있었으나(Mitshell & Myles, 1998), 아직 체계적으로 합의된 모델은 없다. 왜냐하면 제2언어 또는 외국어(L2) 습득에 기여하는 여러 요소를 분리하고 평가하는 일이 어려울 뿐 아니라 제2언어 습득에서 학습자의 모국어(L1)가 차지하는 역할에 대해서도 의견이 분분하기 때문이다.

그런데도 언어 교수라면 누구나 제2언어 습득의 원리적 측면들에 대해서 기본적으로 이해해야 한다. 이를 몇 가지로 나누어 살펴보면 다음과 같다(Towell & Hawkins, 1994: 7-16).

- 전이(transfer): L2 학습자들은 L1의 문법 체계를 L2에 무의식적으로 적용한다.
- 단계적 발전: L2 학습자들은 일련의 단계를 거쳐 L2를 습득한다.
- 일률성: L2 학습자들이 특정 외국어 사용 능력을 발달시키는 방식이 거의 유사하다. 대부분의 L2 학습자는 그들의 L1이나 투입 받은 언어자료 입력의 유형과 관계없이 동일한 발달 단계들을 거친다.
- 변이성: 발달 단계를 거치는 동안에 학습자들의 'L2 심리문법들'은 오랜 기간 공존할 수 있는 대안적 형태들을 허용한다.
- 비완결성: 대다수의 L2 학습자는 모국어 사용자의 것에 견줄 수 있을 수준의 자동적 문법 지식을 성취하지 못한다.

외국어 학습의 특징들에서 얻을 한 가지 시사점은 실수나 비정확성은 불가피하고 필요하다는 점이다. 언어 수업에 관한 전통적인 상정 중에 학습자는 새로운 언어 형식을 처음 대할 때 의식적으로 그것을 숙달해야 하며, 실수는 용납될 수 없고 어떻게 해서건 피해야 한다는 입장이 있는데 이는 잘못된 것이다. 이와 반대로 제2언어 습득 연구에 따르면 제2언어 능력은 일반적이거나 특별한 문법 능력의 경우에도 모두 본질적으로 발달적인 것이고 이는 의식적/무의식적 학습을 통해서 성장해 가는 것으로 성장발달의 모든 단계에서 실수는 중요한 역할을 한다는 것이다.

모국어(L1) 습득은 학습자들이 그 모국어를 사용하는 다른 사람들과 상호 작용하고, 자신의 선행 지식 위에 차곡차곡 쌓이는 새로 늘어나는 정보와 교류하는 과정에서 이루어진다. 그러므로 제2언어 습득 역시 진정성 있는(authentic) 언어와의 상호작용을 통해 촉진된다는 주장도 합당한 것으로 보인다. 몰입 학습(immersion learning, 캐나다에서)과 몇몇 나라의 이중 언어(bilingual) 프로그램의 경우, 언어에 대한 형식적 학습이 전혀 이루어지지 않으면 오류가 화석화될 위험이 있다는 점이 부각되기는 했지만, 외국어를 접하는 긴 기간에 학습자들이 반복해서 의미에 초점을 두고 학습해야 한다는 점도 입증되었다. 이러한 이유로 교실에서 목표 언어를 사용하는 것, 그 목표 언어로 쓰인 다양한 교재를 사용하는 것 등은 모두 상급 수준의 언어 학습 과정에서 핵심이라고 인정하고 있다. 원어 교재의 실질적 이점은 그 교재가 상호작용의 초점을 L1/L2 매체 중심 의사소통에서 L2 메시지 중심의 의사소통으로 전환하는 데 도움을 준다는 것이다. 다시 말해서, 원어 교재와 실제적 학습과제(예, 프랑스의 한 정당 정책에 기초하여 모의 선거의 연설문을 프랑스어로 작성하는 일 등)는 학생들에게 명시적인 내용 중심의 학습 목표를 제공한다. 여기서 학습의 초점은 메시지와 학습과제의 성취에 맞추게 된다. 그러한 과제들은 그 자체로 충분하지는 않지만 해당 목표 언어의 구문, 형태, 어휘 특성에 관한 '암묵적' 학습을 촉진한다.

이런 측면에서 보면 제2언어와 모국어 습득은 중요한 몇 가지 점에서 서로 비슷하다. 그러나 대다수의 제2언어 학습자는 모국어에 대한 숙달과 문해력을 상당 부분 지닌 채 제2언어에 접근한다. 이는 읽기와 쓰기 능력을 외국어 학습을 촉진하는 데 활용한다는 뜻이다. 더 나아가 제2언어 학습자들은 의식적이고 명시적으로 문법 형식들을 탐색하는 능력을 제2언어 학습 과정에 끌어들이며, 언어에 '관하여' 이야기를 할 수 있다. 따라서 제2언어 학습은 공식적 교육 체제에서 훨씬 더 계획적이고 의도적인 과정이 된다.

이때 어려운 문제점은 형식적 규칙을 아는 것 자체가 이 규칙에 따라 언어를 구사하는 능력을 보장하지 못한다는 것이다. 이는 많은 학습자, 특히 대학에서 다른 학문 분야와 언어를 결합시키는 학습자들에게 현실적인 문제다. 즉, 언어 학습에서 귀납적 학습과정은 인지적인 연역적 접근 방식만큼 중요하다. 연역적 접근은 많은 다른 학문 분야에서 전형적인 것인데, 여기서는 명시적인 규칙 수업이나 오류 교정의 결과로서 학습이 자주 이루어질 수 있다. 그러나 언어학습은 언어와 그 기능에 관한 분명한 지식에만 언제나 의존하는 의식적 활동은 아니다. 언어학습은 의식적 학습과 점진적, 무의식적 발달이 혼합된 과정의 산물이다. 여기서 점진적/무의식적으로 발달되는 것은 언어를 자연스럽게 사용하는 내적 능력 그리고 의식적 마음에 의거하지 않은 자발성이다.

언어 교육의 목표는 학습자의 내면화된 언어 능력을 발달시키는 일이다. 내면화된 언어 능력이란 적절하게 언어를 사용할 수 있는 능력과 이에 대한 암묵적 지식이다. 이러한 능력과 지식은 늘 문법적, 음성학적 규칙에 대한 명확한 지식과 '병행' 하고, 또 '상호작용' 관계에 있다. 여기에 필요한 것이 상호 결부된 기능들의 확대, 발전이다. 모방, 반복, 훈련, 빈번한 연습 등이 더욱더 넓은 맥락에서 이루어지면 그런 기능들은 자동적인, 무의식적인 것이 된다. 여기서 언어 학습을 피아노 연주에 견주면 아주 적절하다. "풋내기 피아니스트가 의식적으로 손가락과 발 동작을 배워야 하듯이 언어 학습자도 단어와 구절, 발음과 억양 등 언어의 부분들을 의식적으로 배워야 한다. 이것은 기억에 쌓이게 되고 자동적으로 접근할 수 있다." (Little and Ushioda, 1988:15)

5. 언어 수업: 의사소통적 접근

위와 같은 시사점들을 바탕으로 현대 외국어 수업에 대한 의사소통적 접근이 발전하였다. 이러한 접근은 여러 가지 형태로 널리 퍼지고 있다. 지난 40년간 현대 언어교육에 대한 접근방식이 다양하게 나타났다. 문법-해석과 시청각/듣고-말하기 방법과 같은 문법 중심의 언어 수업은 구조에 대한 경직된 단계적 접근방식을 취했다. 이런 관점에서 쓰인 아직도 많이 남아 있는 교재는 일정한 논리적 계열에 따라 교수요목을 제시한다. 가령 현재 시제 다음에 과거 시제를, 주격 다음에 여격을 제시한다. 이는 학습자가 좀 더 다른 복잡한 항목으로 나아가기 전에 어떤 사항을 습득하도록 가르치기 위해서다. 이러한 접근방식은 앞에서 살펴본 제2언어 습득의 시사점들을 고려하기가 힘들다. 예를 들어, 조건문이나 가정법을 배우기 전에는 'je voudrais', 'ich moechte' 와 같은 기본적 의사소통의 표현을 가르치지 못하게 한다.

이와 달리 의사소통적 필요에 기반을 둔 언어수업 방식은 학습자들이 해당 외국어를 사용해서 할 일들을 고려하는 데서 출발하며, 그런 다음에 이러한 '기능들' 을 수행하는 데 필요한 어휘, 표현, 문법 등을 쌓도록 한다(Wilkins, 1976. 기능-개념 중심[functional-notional] 교수요목을 참조). 결과적으로 동일한 문법 사항들이 수업 전체 과정에서 계속 반복된다. 여기서 문법은 직선적으로 혹은 한 번에 하나씩 소화시켜야 할 토막으로 습득될 수 있는 것이 아니라 단계적인 발달 과정으로서 차근차근 습득될 수 있는 것으로 인식된다.

의사소통적 접근방식의 핵심 목표는 학습자의 독자적 의사소통을 촉진하는 것이다

(Pachler & Field, 1997: 70). 의사소통적 교실은 다음과 같은 특징을 지닌다.

- 문법은 의사소통의 촉진자임
- 전(前) 의사소통적 연습에서 자유로운 의사소통적 연습으로의 단계적 발전
- 문법의 귀납적 학습
- 해당 외국어 사용의 극대화
- 의미에 초점을 둠
- 일정한 목적을 위해 외국어 사용
- 학습자 필요를 최우선시
- 언어의 개별화
- 언어의 창조적 사용
- 학습자 간 상호작용
- 원어와 원어 자료의 활용
- 교수와 평가에 대한 통합-기능적 접근

이와 같은 특징들의 실제적 의미는 무엇인가? 의사소통적 접근 방식은 언어 형식이란 의미를 표현하고 교환하는 데 필요한 도구라고 본다. 그것은 언어학적 지식과 정확성을 쌓기 위해서 일련의 문법 사항을 순차적으로 다루는 순전히 구조 중심의 교수요목에 기반을 두지 않는다. 이것은 문법의 역할을 부정하거나 경시하지 않는다. 이와 반대로 수준 높은 숙달된 의사소통은 오직 학습자가 일련의 복잡한 문장 구조들을 터득하고, 이를 다양한 상황에 적용하면서 어떤 효과를 낼 것인가도 이해할 때 비로소 가능하게 된다. 그렇지만 문법과 언어에 '관한' 지식 그 자체가 목표일 수는 없다.

문법은 일련의 규칙을 인위적으로 분리하여 제시하는 연역적 방법이 아니라 내용 중심의 언어 속에서 유용한 문장 패턴을 확인하는 귀납적 방법으로 가르친다. 반복적으로 나타나는 문장 구조들에 주목하고, 그 다음에 이를 명료화하고 반복하는 연습을 한다. 그러나 이러한 학습에서 강조되는 것은 단연코 그러한 문장 구조가 쓰이는 상황과 그러한 문장 구조가 전달하려는 의미를 파악하는 것이다. 이는 제시된 규칙을 기반으로 예시문을 만드는 일이 아니고, 예시문에서 규칙을 확인하는 일이다.

의사소통적 접근방식의 주요 신념 중 하나는 수업이나 상호작용에서 해당 외국어를 최대한 사용해야 한다는 점이다. 만일 외국어를 배우는 과정에서 모든 가능한 경우에 그 외국어를 사용하지 않으면, 의사소통의 수단으로서의 그 외국어의 위상은 추락하고 말 것이다. 그

자신의 수업 실제에 대해서 생각하기

교수님이 최근에 가르쳤던 문법을 한 가지 생각해 보시오. 학생들은 성공적으로 그 문법을 배웠습니까? 학생들은 그것을 연역적으로 혹은 귀납으로 배웠습니까? 그 문법을 좀 더 효과적으로 제시할 수 있는 방법은 없습니까?

뿐만 아니라 의미를 표현/교환하는 것을 배우고 또 어려움을 이겨내는 전략들을 개발하도록 자극을 받을 진정한 기회도 막아 버릴 것이다. 이와 동시에 실제 상황에서 그 외국어의 사례에 둘러싸이면, 그렇지 않은 경우에 비해 훨씬 더 다양한 패턴이나 어휘를 접할 것이다.

교실 상호작용에서 초점은 의미의 표현에 두어야 한다. 왜냐하면 새로운 혹은 의미 있는 말이 없는 곳에서는 의사소통도 멈출 수밖에 없기 때문이다. 그러므로 특히 상급 수준에서는 학습자가 스스로 표현하고 싶어 하는 의미가 학습 과정의 핵심을 차지해야 한다. 따라서 내용, 자료, 문법 패턴이 도입되는 순서는 학습자들의 필요와 흥미가 반영되어야 하며, 그래야 학습자들이 그 모든 것에 몰두하게 하고 사용해 봄으로써 언어를 습득하게 될 것이다.

여기서 의사소통적 접근방식의 또 다른 측면이 강조된다. 즉, 가르치고 배우는 외국어는 개별화되어야 비로소 학습자 자신의 것이 된다. 이 속에 언어 사용의 예측 불가능성이 들어 있다. 학습자는 듣고 본 것을 단순히 반복하는 것이 아니라 외국어로써 자기 자신의 의미를 창조하도록 권장된다. 예를 들어, 세미나실이라는 사회적 맥락은 그 자체로서 그러한 의사소통을 가능하게 하는 드물고 진정한 장소가 될 수 있다.

이러한 수업이 발전하려면 현실적 혹은 원본 자료들을 사용하는 것이 중요하다. 이것에는 해당 외국어의 사회 문화적 맥락이 반영되어 있다. 학습 과정 초기에는 학습자가 접근할 수 있도록 교재를 다듬어야 한다. 결국 우리가 모국어를 배울 때도 특별히 제작한 교재나 조심스럽게 고친 성인들의 이야기처럼 대체로 다듬어진 것들을 접하게 된다.

마지막으로, 의사소통적 언어 수업에서는 듣기, 말하기, 읽기, 쓰기 등 네 가지 언어 기능이 통합된다. 실생활 언어 사용에서는 이 네 기능이 혼합되나, 우리가 대화할 때는 듣고 말한다. 문서를 본 다음에 우리는 서식의 빈칸을 채워 쓰거나, 편지를 쓰거나, 읽은 내용을 가지고 다른 사람과 토론한다. 현대의 교수/평가 방식은 이와 같은 기능들의 상호의존성을 인정하며, 억지로 구분하지 않고 이를 학습자의 과제에 포함한다.

6. 자율적 학습

만일 앞에서 언급한 것처럼, 학습자가 외국어 학습에 대한 책임감을 좀 더 갖고 교수가 통제하지 않은 채 외국어 학습 과정을 촉진시키려면, 자율적 학습이 중요하다. 자율적 학습은 자습이나 교수가 없는 학습을 의미하지 않는다. 그것은 면대면 수업을 보완하는 한 가지 방법으로 학습의 생산성을 높이고 독립심을 길러 주는 것이다. 교육학 연구에서 오래 전부터 인정되었던바, 학습자가 교수에게 많이 의존할수록 학습 효과는 떨어지고 자신의 학습에 대한 책임감도 약해진다. 그러므로 최근 들어 수업과정에서 학습자의 역할을 강조하는 것은 바람직한 일이다.

급변하는 세계에서 대학생들에게는 지식을 축적하는 것보다 현재와 미래에 지식을 얻는 방법을 배우는 것이 더 중요하다. 그래서 언어 교육은 효과적인 언어 학습자란 무엇인가에 대한 이해를 바탕으로 전이 가능한 언어학습 기능들을 발전시킴을 의미한다.

이 안에 세 가지 핵심 사항이 있다. 첫째, 대학생들은 언어가 어떻게 습득되는가를 발견해야 한다. 둘째, 대학생들은 언어 학습자로서 자신의 장점과 단점을 알아야 한다. 셋째, 대학생들은 학습 과정의 진행에 어느 정도 참여해야 한다.

언어 학습의 본질에 대한 통찰을 대학생들이 갖게 하는 것은 그들이 특정한 교실 활동에 몰두해야 하는 이유를 설명한다는 뜻이다. 그것은 다음과 같은 전략이나 기법을 가르쳐 준다는 뜻이기도 하다.

- 어휘 배우기: 예를 들어, 의미론적으로 혹은 문법적으로 어휘 분류하기, 색깔 카드나 단어장 사용하기, 어원이 같은 단어 찾아내기, 비유, 마인드맵, 단어 연상 활용하기
- 문법 배우기: 유형이 다른 문장 구조들을 색깔별로 구분하기, 규칙 습득을 위해 기억술 사용하기
- 읽기: 배경지식 활성화하기, 표제나 삽화 활용하기, 요지 파악을 위한 대략적인 글 읽기 및 특정 정보 찾기, 글을 응집력 있고 통일성 있게 하는 언어 장치 파악하기
- 듣기: 특정한 목적을 갖고 듣기, 배경지식을 이용하여 요점 파악하여 듣기, 교재를 가지고 또는 교재 없이 듣기
- 쓰기: 초안 쓰기, 작성한 글 검토하기, 오류 지적하기
- 말하기: 발음 향상을 위해 테이프를 들은 후 읽고 반복하기, 반복/설명을 요구하는 표

현이나 기법, 교실 밖에서 대화를 늘이기 위한 아이디어

- CALL(Computer-Assisted Language Learning, 컴퓨터 보조 언어 학습) 활용하기: 짝과 함께 또는 혼자서 컴퓨터 활용하기, 개인적 약점에 초점 맞추기, 외국어 철자 검사/교정 도구 사용하기, 정보원 및 의사소통 수단으로 인터넷 사용하기

이러한 기법들을 매학기 초에 수강 지침으로 열거하면 유용하게 쓰일 수 있으나 그것들은 언어학습 과제들과 통합되어야 한다. 그래야 기법들이 관련성과 응용 가능성을 갖는 것임을 입증할 수 있다. 또 교실 밖의 비슷한 과제로 전이될 가능성을 높일 수 있다.

학생들은 어떻게 해야 가장 효과적으로 학습할 수 있는지를 정할 필요가 있다. 학습 스타일과 관련하여 '장 의존적(field dependent)' 학습자와 '장 독립적(field independent)' 학습자로 흔히 구별한다(Skehan, 1989: 111-13). 장 독립적 학습자는 정보를 더 용이하게 구조화할 수 있고 좀 더 연역적인 학습 양식과 정확성에 관심을 더 갖는다고 본다. 이에 반해 장 의존적 학습자는 귀납적 학습자로서 더욱 사회적으로 외국어 의사소통이 더 좋을 가능성이 있고 정확성보다는 유창성에 더 큰 관심을 갖는다. 학습자들이 어떤 전략을 더 선호하는가 하는 점은 그들의 인지적 학습 스타일에 의해 영향을 받는다. 그래서 학습자가 자신의 학습하는 방법을 자각하는 일이 중요하다. 이와 함께 학습자의 덜 지배적이고, 덜 자연적이며 혹은 덜 '본성적인' 인지 양식과 관련된 학습 전략들을 연습하도록 권장하는 것 또한 중요하다.

학습 양식이 중요하지만 결국에는 학생들의 동기가 성공적 언어 학습에서 가장 중요한 요인이다(Doernyei & Csizer, 1988; 5장 참조). 여기서 '통합적(integrative)' 동기와 '도구적(instrumental)' 동기를 구분하기도 한다(Lambert & Gardner, 1972). 통합적 동기는 외국과 외국어 사용자들에 대해 진정한 관심이 있음을 가리키며, 도구적 동기는 자격증 취득이나 취업 도구와 같이 외국어 학습의 실제적 이득에 더 큰 관심이 있음을 가리킨다. 통합적 동기를 갖거나 외국문화를 적극적으로 수용하는 학습자들은 오래 걸리고 힘든 외국어를 지속적으로 학습하도록 동기를 유발하기가 더 쉬울 것이다. 통합적 동기를 더 많이 가진 학생일수록 외국어 학습에 성공할 가능성이 높아질 것이다. 게다가 다른 학문 분야들과 달리 외국어 학습은 학습자에게 자신의 정체성의 일부분을 포기할 것을 요구한다는 점도 유념해야 한다. 여기서 정체성이란 특정 언어 공동체와의 관계에 의해서 형성된 자아상과 같은 것이다. 외국어 학습자들은 또한 불완전한 언어 사용자라는 불확실한 역할과 그에 따르는 불안감도 받아들여야 한다. 이 두 가지 요인에 얼마나 잘 대처하느냐에 따라 외국어 습득의 성공 여부는

크게 좌우된다. 교수들은 이러한 학습 동기 문제에 민감해야 한다. 즉, 교수는 해당 외국어를 사용하는 공동체와 그 사람들에 대해서 제공하는 이미지에서, 그리고 또 학생들의 불확실감에 대처하기 위한 교실 활동을 구조화하는 방식에서 주의를 기울여야 한다.

외국어 코스를 조직할 때 학생들을 참여시킨다는 것은 다음을 의미하기도 한다.

- 대학생들의 마음에 드는 주제를 찾도록 하는 것
- 교재를 선택할 때 대학생들의 의견을 반영하는 것
- 대학생들이 독자적으로 정보수집에 몰두하게 하는 것
- 대학생들이 각자 선택한 프로젝트 작업을 시키는 것
- 개방된 학습 공간에서 다양한 활동과 수업을 연결시키는 것

요약하면, 학습자들은 자신의 언어 학습에 대해 책임감을 가질 필요가 있다. 또한 학습자들은 자신의 개인적 학습 양식에 대해 고찰할 수 있는 능력을 길러야 하고 학습자들은 이러한 고찰을 통해 그 다음 학습의 내용과 과정을 결정해야 한다.

7. 정보통신기술의 활용

정보통신기술을 이용하면 자율적 학습을 발전시키는 데 도움을 얻을 수 있다. 언어 교육자들이 흔히 주장하는바, 언어는 인간 상호 간 의사소통과 상호작용을 의미하며 대면 접촉이 필요하다. 왜냐하면 언어 보조 메커니즘이라고 할 수 있는 표정이나 몸짓 언어가 의미에 공헌할 수 있도록 얼굴을 마주 대할 필요가 있다고 보기 때문이다. 그러나 요즈음 무시할 수 없는 변화가 나타났다. 상호 의사소통의 수단으로서 전자우편이 성장했고 정보의 원천으로서 인터넷이 확장됐으며, 전달과 상호작용의 수단으로서 기관 내부의 인트라넷이 증가하고 있다. 컴퓨터는 잠재력을 가진 학습 도구 중 하나로 귀중한 장점을 많이 갖고 있다. 학생들이 적절한 도구들을 충분히 활용할 수 있도록 권장하는 것은 교수의 임무다.

여기서 핵심 의문은 '무엇이 적절한 것인가?' 다. 컴퓨터를 활용한 교수-학습 활동들을 평가할 때는 그것이 학습자의 언어 기능을 얼마나 향상시키느냐, 그것이 학습자의 독립성을 얼마나 촉진시키는가에 주목해야 한다. 정보통신 기능의 발달은 중요하지만 이 기능의 사용은 정보통신기술보다는 외국어를 중심으로 이루어져야 한다. 또한 우리는 컴퓨터를 사용해서 얻는 이점을 확실히 해 두어야 한다. 왜냐하면 종이와 펜을 사용하는 것이 더 효과적

인 활동에 컴퓨터를 굳이 이용하여 그 활동의 개발과 시행에 드는 시간을 낭비할 필요는 없기 때문이다.

일반적인 학습이나 언어 영역의 학습에 적합한 소프트웨어를 사용하면 언어 학습에 특별히 도움이 될 수 있다. 예를 들면 다음과 같다.

- 대학생들이 개별지도와 함께 문법강화 프로그램을 통해 연습과 시험을 반복하면 문법의 정확성을 향상시킬 수 있다.
- 멀티미디어 CD ROM들을 사용하면 발음과 유창성을 발달시킬 수 있다.
- 표준 CD ROM들은 프로젝트 작업에 필요한 연구자료를 얻을 수 있는 귀중한 원천으로 사용할 수 있다.
- 어디서 정보를 찾고, 어떻게 정보의 신뢰성과 타당성을 평가할 것인가에 대해 적절한 지도를 받는다면, 인터넷은 흥미 있는 원본 자료들을 찾는 데 유용한 원천이 될 수 있다.
- 대학의 인터넷망은 의사소통 및 지원 수단으로서 학습자의 개별 학습을 위해 도움이 되도록 활용할 수 있다.
- 전자우편과 화상회의를 활용하여 언어 학습 환경의 수준을 높일 수 있다.

이 목록은 완전한 것은 아니다. 정보통신 기술의 혁신적인 사용법에 대한 여러 가지 설명을 언어학습 저널에서 찾아볼 수 있다(LLJ, 1998 참조). 기술 혁명은 대학 내부의 유기적 성장의 산물이 아니고 대학교수들에게 부과된 측면이 강한 경우가 많지만, 언어 교수들은 교수-학습 환경의 개선을 위해서 정보통신기술의 잠재력을 활용해야 한다. 〈사례연구 22-1〉은 교수들이 기술을 활용하는 데 필요한 기능들을 개발하도록 도와주는 프로젝트의 단면을 보여 주고 있다. 이는 특별한 의의를 갖는데, 재정이 축소되는 상황에서 대학이 많은 돈을 투자하여 정부의 정보통신 정책을 따르는 중이기 때문이다. 언어학자들은 이러한 변화 속에서 자신들에게 필요한 몫의 이익을 얻을 수 있어야 한다.

〈사례연구 22-1〉 교수 개발 프로젝트를 위한 지원

대학의 학과에 지원되는 기술 장비 지원금은 지속적이지 못하여 어려움을 일으킨다. 그런데 그 장비를 효과적으로 사용하는 방법을 교수들에게 훈련시킬 자금을 별도로 제공하는 경우는 전혀 없다. 이로 인해 장비를 최대한 유용하게 사용할 줄 아는 교수들은 극소수에 불과하다. 그리하여 많은 교수, 특히 시간제 교수들은 새로운 기술에서 소외감을 느낀다. 이러한 문제는 특히 언어교육원에서는 심각하다. 왜냐하면 언어교육원에서는 시간제 교수들이 큰 비중을 차지하기 때문이다. 모든 교수에게 장비를 다룰 능력이 요구되는데도 시간제 교수들은 여전히 장비를 다룰 줄 모르며, 학생들이 효과적으로 사용할 수 있도록 도움을 줄 수 없다. 나는 나의 NTFS(National Teaching Fellowship Scheme) 상금을 우리가 Communitec(Communicating technology)라고 이름 지은 프로젝트에 쓰기로 결정했다. 이 프로젝트는 테크놀로지를 교수들에게 어떻게 알릴 것인가에 초점을 두었다. 즉, 그들이 자신들에게 맞는 속도로 테크놀로지를 활용할 능력을 개발하도록 도와주기 위한 것이다. 간단히 말해서 기술 거부자들이 기술 애호가로 바뀌도록 도와주는 일이다.

우리는 1년 동안 거창한 연수 프로그램을 시행했다. 이 프로그램은 교수들의 다양한 필요를 충족시키기 위해 구상한 것으로 정규직 교수들에게는 수업시간을 면제해 주고 참여하도록 했으며, 비정규직 교수들에게는 연수비를 지급하였다. 이 프로그램은 1년 동안 교수들이 모두 적절한 지식 기반을 쌓도록 단계적으로 시행하였으며, 나아가 교수 자료를 개발할 전문 능력을 갖춘/원하는 교수들을 위해서 별도의 기회를 제공하였다. 전문성을 상당히 갖춘 교수들은 신임 교수나 다음 단계로 발전하기를 바라는 교수들을 도와줄 수 있을 것이다. 우리의 목적은 다음과 같다.

- 모든 교수가 디지털 기술을 사용할 수 있도록 훈련시킨다.
- 모든 교수가 새로운 기술들을 친숙하게 느낄 수 있도록 한다.
- 신임 교수들을 도와줄 선임 교수팀을 내부적으로 창출한다.
- 투자한 만큼 기술적 전문성을 습득하여 충분히 발휘하게 한다.
- 대면/개별 학습을 위해 교과별 웹 기반 자료를 개발한다.
- 이질적인 구성원들의 팀워크를 권장한다.

※ 추가 정보를 얻을 곳: www.lse.ac.uk/depts/language

8. 번 역

많은 대학교에서 '산문' 번역이나 '즉석' 번역, 다시 말해 외국어로(를) 번역하는 것은 여전히 교수활동이나 평가활동에서 중요한 자리를 차지하고 있다. 번역이 대학생의 언어 습득에 도움을 주는지 그렇지 않은지를 증명하기란 어렵다. 지금도 많은 사람이 의문을 갖고 있지만 여전히 외국어를 모국어로 번역하는 것을 계속 시켜야 한다고 주장한다. 최소한 마지막 학년에서는 번역이 핵심 기능이라고 주장한다. 또 다른 사람들은 번역의 또 다른 장점을 다음과 같이 주장한다. "번역 연습은 언어의 부분들을 정밀하게 다루고, 두 가지 언어에서 동등한 표현들을 평가하도록 하기 때문에 대학생들이 두 언어를 모두 숙달하는 데 어

느 정도 도움을 줄 수 있는 것으로 보인다." (Sewell, 1996: 142)

번역의 존속에 대해 유보적인 입장은, 특히 여러 학과의 전통적 접근방식과 연관되어 있다. 이런 입장에 의하면 수업 외의 시간에 대학생들이 번역한 것을 제출하면 교수들은 수업 시간에 대부분 그 번역문을 검토하고, 문제점을 지적하고, '적절한' 번역을 제시하기도 한다. 이런 접근 방식에서는 대학생들이 그 번역을 '통해서', 또는 그 번역에 '대해서' 어떻게 배워야 하는지를 명확하게 파악하지 못한다. 그런 접근 방식은 번역을 일반적인 언어 학습에 막연히 도움이 되는 것으로만 생각하며, 그리고 그 과정은 결국 반복되는 시험에 지나지 않는다. 아래 〈사례연구 22-2〉에 있는 대안적 접근 방식은 대학생들이 번역에 대해서 배우는 것을 촉진시키려고 한다.

〈사례연구 22-2〉 비전공 독일어 학습자를 위한 독일어-영어 번역반

이 과목은 법학, 정치학, 경제학을 전공하는 대학생들을 위한 것이다. 이 과정의 기본 원리 중 한 가지는 이러하다. 만일 그 대학생들이 효과적인 방식으로 텍스트에 접근하려면, 그들은 먼저 발췌문의 맥락을, 즉 그 텍스트 전체에서 그 발췌문이 차지하는 중요성, 그 텍스트가 쓰인 목적, 그리고 그것이 지향하는 독자층 등에 관해서 먼저 알아야 한다.

수업이 시작될 때 학생들에게 밝혀야 할 점은, 번역은 단순히 어휘나 문법의 차원에서 한 언어를 다른 언어로 옮기는 것이 아니라 의미를 전달하는 일이라는 점이다. 의미를 재구성하는 작업의 첫 번째 단계로서, 전체 텍스트를 철저하게, 적극적으로 그리고 비판적으로 읽도록 장려하는 짧은 연습이 도입된다. 이 연습에서 다음과 같은 질문을 다루게 된다.

- 이 글은 왜 이런 방식으로 쓰였는가?
- 왜 이 문장이나 단락이 처음에 오는가?
- 이 긴(또는 이 짧은) 문장이 첫 번째 단락에 나오는 특별한 이유라도 있는가?
- 만일 여러 문장을 하나로 합쳐서 번역하면 어떤가? 어떤 효과가 있을까?

번역 초보자들은 자기 자신을 두 문화의 매개자로 생각하는 것이 좋다. 다시 말해, 다른 문화에 익숙하지 못한 사람들이 외국어 텍스트가 가진 모든 문화적 뉘앙스를 이해하고 파악할 수 있도록 도와주는 사람으로 스스로를 생각할 필요가 있다. 그러므로 번역은 의사소통 행위다. 번역은 의미를 해석하는 차원(de-code)을 넘어 새로운 의미를 만들어 가는(en-code) 과정이다.

이 수업을 받는 학생들에게 번역 일지를 작성하도록 장려한다. 이 일지에 체계적으로 정리할 것은, 몇 주에 걸쳐 번역하면서 자주 보거나 혹은 자주 잊게 되는 표현이나 구절들의 임시 번역이라든가 그에 대한 대처 요령 등이다. 이는 알파벳 순서로, 구조적으로 혹은 핵심 단어 등에 따라서 정리할 수 있다. 학생들은 필요한 경우 번역문에 주석을 달도록 요구되며, 이때에는 그렇게 번역한 이유를 제시해야 한다. 이 작업은 학생들에게 번역 행위에 의식을 집중토록 하고, 더 반성적으로 임하게 하는 데 도움을 준다. 번역 과정에 대해 초점을 두지 않고 번역을 반복하면 학습이나 진보를 기대하기 힘들다.

위에서 언급한 전략 이외에, 강의 담당자들은 학생들이 문법이나 어휘에 마음을 쓰기보다는 전체 텍스트나 번역 과제에 주의를 기울임으로써 직역이나 안일한 번역을 피하도록 지속적인 노력을 기울인다. 다음과 같은 아이디어는 이런 목적에 도움이 된다.

- 학생들은 특수한 목적을 갖고 외국을 방문하는 사람에게 브리핑을 할 자료로서 그 외국어 텍스트를 자국어로 요약한 자료를 제작한다. 이 일은 자료의 관련성과 적절성, 브리핑을 듣는 사람에게 그 정보의 필요성, 학생의 모국어 번역 스타일 등에 대해 주의를 집중하도록 도움을 준다.
- 교수는 학생에게 구체적인 과제를 주고(예, 특정의 국내 주요 일간지에 게재될 글을 번역하라는 등) 문화 관련 내용, 해외 인물 혹은 사건들에 대해 명확한 설명을 하도록 한다.
- 학생들은 국내 전문 학술지에 수록될 글을 번역하고 그 번역물을 특정의 조판 스타일에 맞게 다듬도록 한다(Fraser, 1996: 128-129).
- 학생들은 잘못된 번역을 바로잡는다. 이 교정 작업은 번역자의 숙달 정도에 따라서 단순한 사실 차원에서 이루어질 수도 있고 혹은 관용구, 연어, 은유 차원에서 이루어질 수도 있다.

외국어로의 번역은 특별한 문제를 제기하며, 이로 인해 많은 학생이 아예 동기를 잃어버리거나 빈약한 학습경험이 생길 수 있다. 즉, 학습자들에게 너무 많은 과제를 동시에 수행하도록 요구하거나 개별 학생들의 단점을 충분히 고려하지 못하는 경우가 흔하다. 그 대안으로 다음 세 가지가 있다.

1) 시 범

교육의 기본원리 중 하나는 무슨 일을 어떻게 할 것인지를 보인 다음에 학생들에게 그것을 직접 해 보도록 하는 것이다. 번역에서 이 원리를 따르면, 학습자에게 두 가지 언어로 쓰인 병렬 텍스트를 줌으로써 그 두 언어를 대조, 분석하게 하는 것이다. 이는 번역자가 어떻게 원본을 번역했는지를 보여 주고, 두 텍스트 사이에 흥미 있는 차이라든가 혹은 실수까지도 부각시킴으로써 학생들을 매료시킬 수 있다. 게다가 학생들은 어휘나 문법 측면을 넘어서 어조, 스타일, 사용역(register) 등의 차이까지 살피게 된다. 그리고 병렬 텍스트로 진행된 수업이 끝날 즈음에는 외국어 텍스트를 거두고 학생들에게 자국어 텍스트를 외국어로 번역하도록 한다. 이렇게 하면 채점할 때 교정은 훨씬 더 줄어들고 학생들의 사기를 덜 떨어뜨리게 된다. 원래의 외국어 텍스트를 기반으로 피드백을 줄 때 학생들의 대안적 번역 가능성에 초점을 둘 수 있다. 이때 올바른 번역이 한 가지만은 아님을 강조하고, 번역자가 전달할 것은 바로 '의미' 임을 분명히 할 수 있다.

2) 비 교

두 가지 외국어 번역문을 수업에서 사용할 수 있다. 학생들에게 두 번역문을 비교하면서 어휘, 문법, 숙어 등에 초점을 맞추도록 할 수 있다. 이것은 힘든 일이기는 하지만 더욱 정밀한 대조 분석의 형태로 학습에 많은 보탬이 된다. 이를 기획하기가 어려운 일인데 두 가지 언어에 능숙한 보조자들이나 에라스무스/소크라테스라는 유럽공동체 대학생 교류 프로그램에 참여한 학생들이 번역한 글들을 모아서 데이터를 구축할 수 있다. 또 영국의 문학작품을 동일 외국어로 번역한 두 가지 사례를 찾아보는 것도 때로는 가능한 일이다(물론 이와 반대로 국내에서 두 가지로 번역된 외국어 작품으로 연습하게 할 수 있다.).

3) 협 동

학생들이 혼자서 번역하게 하지 않고 두 명씩 짝을 지어 공부하도록 할 수 있다. 이때 문제가 될 구조를 미리 강조하거나 모르는 어휘를 찾아오게 한다. 다음으로 네 사람이 모여서 아이디어를 짜내거나 집단적으로 토의를 하게 할 수 있다. 오버헤드 프로젝터를 이용하여 어휘나 구조들을 화면 위에 떠올리고, 특수한 표현을 옮기는 여러 가지 가능한 방식을 함께 논의하고, 외국어 사전도 함께 활용하면서 주를 다는 기능도 개발할 수 있다. 그 다음으로 숙제를 정해 준다. 이 접근 방식에는 이점이 있다. 우선 조금 뒤떨어진 학습자가 좀 더 유능한 학습자와 협동 학습을 함으로써 득을 본다는 점이고, 또 공통된 난점들을 교정하는 시간이 줄어들어 채점 시간도 감소한다는 점이다. 그리하여 개인별로 실수를 진단하여 적절한 조언을 제공하는 일이 훨씬 쉬워진다.

번역에 대한 이러한 접근 방식은 과정에, 번역하는 방법을 배우는 것과 번역을 계속해서 평가의 기재로서 사용하는 일이 없도록 하는 데 중점을 둔다.

〈사례연구 22-3〉 개별 학습과 협동 학습을 위한 프랑스어 첫 해 과정

위에서 지적한 많은 사항은 여기에 소개할 언어 코스에 잘 나타나 있다. 새로운 언어 코스를 개발한 목적은 고등학교 졸업생의 언어 기능과 대학 언어 공부의 요구사항 간의 격차를 줄이기 위한 것이다. 이 코스는 아직 공식적으로 평가된 적이 없고, 그래서 전반적으로 모방할 수 있는 모델로 제시하지는 못한다. 그러나 대학의 학부가 프랑스어 상급반을 마친 학생들의 변화하는 요구를 충족시키기 위해 어떻게 움직이는지를 이 코스는 보여 준다. 이 코스는 학생들에게 긍정적으로 받아들여지며, 교수진은 이에 열의를 쏟고, 그 성과에 대해서 낙관하고 있다.

4년에 걸친 Single and Joint Honours 언어 교육과정에 대한 종합적 검토의 일부로 개발된 이 코스는 대학 1학년생의 필요와 기능 프로파일을 다루고, 제2언어 습득(SLA)에 대한 최근의 관점과 학생 중심의 학습을 감안한 것이다. 특히, 이 코스는 한편으로 고급의 대인적 의사소통 기능과 다른 한편으로 프랑스어 문법의 핵심영역과 이것을 작문에서 응용하는 능력의 숙달 간의 균형을 유지하는 데 역점을 둔다.

기존 프로그램

기존의 언어교육 프로그램은 극히 인지적이고 지식-기초적인 문법 요목으로 구성되었다. 여기서 문법-번역의 방법론의 요소들이 특징적이며, 대체로 훈련이 부족한 강사들이 담당하는 전통적인 회화 반으로 이어졌다. 아주 어려운 바꾸어 말하기(paraphrase) 연습이 두드러진 반면, 구두 중심의 활동이나 프랑스어 자유 작문은 비교적 낮은 비중을 차지하였다.

새로운 프로그램

이와 대조적으로 새로운 프로그램의 목표는 다음과 같다.

- 학생들이 언어학습의 즐거움과 동기를 유지하게 하고 이를 향상시킨다.
- '실제' 의사소통 상황에서 구어와 문어 사용을 촉진시킴으로써 A-level에서 배운 훌륭한 경험과 기능을 더욱 개발한다.
- 학생들의 문법 능력을 향상시키고 이를 적용할 학습 전략을 개발하도록 함으로써 정확성에 대한 필요성을 더 인식하도록 조장한다.
- 신중하게 단계화한 프로그램을 통해 문법 구조에 대한 지식을 확충한다. 여기서 기초적인 분석적 발표와 개인적/집단적 연구는 강화와 재활용의 충분한 기회와 함께 이루어진다.
- 자율적인 학습, 특히 기초적 문법 기능을 강화하는 데 CALL 프로그램 사용을 촉진한다.
- 교실 수업의 주된 언어로서 프랑스어를 사용한다.
- 사전을 효과적으로 사용하고, 프랑스어로 필기하는 능력을 발달시킨다.

• 어휘 습득을 확충하고, 원본 텍스트를 체계적으로 접함으로써 언어 사용역(register)에 대한 인식도 확대한다.

구 조

이 프로그램은 매주 3시간의 만남을 중심으로 한다.

(1) 언어 수업(Le cours de langue): 대체로 프랑스어로 수업이 진행된다. 16명으로 집단을 구성한다. 상급 의사소통 교재인 누보 상 프롱티에르(Le Nouveau Sans Frontieres 3)(CLE, 1990)을 중심으로 한다. 말하기와 쓰기 연습이 특징인데, 주로 소집단으로 진행된다. 매주 쓰기 과제를 주고 이에 대한 피드백과 토론을 한다.

(2) 구두 표현 수업(Le cours d' expression orale): 8~9 명의 학생으로 집단을 구성한다. 비정규 교수를 위한 연수 프로그램(초보 외국어 강사들에게 5일간의 의무적 과정)에 참여한 강사가 가르친다. 프랑스어로만 수업이 진행된다. 이해와 말하기 기능을 향상시키기 위한 연습이 특징이다. 학생들의 참여는 말하기에 대한 지속적 평가 점수에 반영된다.

(3) 문법 수업(Le cours de grammaire): 문법적 '지식' 은 말하기와 쓰기의 정확성과 반드시 일치하지 않고 또 문법은 직선적, 즉 '한 번으로 완전히(once-and-for-all)' 습득되는 것은 아니라고 상정하는 과정이다. 문법 요목의 '무엇' 과 '왜' 를 상당히 강조한 예전의 문법 강의와 대조적으로, 이 새로운 과정은 '어떻게' 를 훨씬 더 강조한다. 상호작용적인 형식으로 처음에는 영어로 시작하여 차차 프랑스어로 가르친다. 줄이고 단순화시킨 문법 요목을 다룬다. 형식적 설명을 들은 후 소집단으로 나누어 제시한 자료를 실제적인 연습문제지에 번안하게 한다. 또한 자율적 학습을 확대시켜 학생들이 문법 규칙을 조사하고 용법을 검토하며, 스스로 발견한 사항을 제시된 과제와 연습 문제에 적용하도록 한다. 모든 연습문제와 과제의 해답은 학습자가 각자 접근할 수 있는 자료 센터에서 찾아볼 수 있다.

문법: 약점을 파악하기

모든 학생은 먼저 진단검사를 하고 자신의 문법적 약점을 확인한다. 이 검사를 바탕으로 학생들은 보충 학습 프로그램을 짜야 되고, 나중에 두 번의 점검 기회에 대비해야 한다. 이것의 목적은 학습자들이 처음부터 좋은 언어학습 습관을 갖도록 하려는 것이다. 즉, 그들이 스스로 찾아보고 스스로 이끌어 가도록 훈련시키려는 것이다. 그리고 더 능력 있는 학생들은 기초 프로그램을 뛰어넘도록 권장하기도 한다.

문법: 자기-평가

이 대학의 학생평가장치(Student Assessment Facility, SAF)는 교수들이 간단한 마크업 언어를 사용하여 전산화된 평가를 할 수 있도록 한다. 이 평가는 열린 학습 서버에 올려지고, 대학 내 여러 컴퓨터 클리스터에서 접근할 수 있게 한다.

- 24가지 프랑스어 시험이 있다. 각 시험은 100~250개의 빈칸이 있는 문장으로 되어 있다.
- 각 평가는 20개의 빈칸으로 이루어져 있다.
- 학생들은 마감일까지 8가지 문법 사항에 대해서 각각 물어보는 시험을 최소한 3가지를 치러야 한다.
- 피드백은 각 시험이 끝남과 동시에 제공된다. 필요하면 조언도 덧붙인다.
- 학생들은 각 문법 사항에 관해서 5가지 시험을 치를 수 있고 시험 때마다 문항은 바뀐다. 학생들이 로그인할 때마다 데이터베이스에서 새로운 문항을 선정하도록 프로그램되어 있다.
- 결과는 저장된다. 평가 종료 일정에 따라 보고서가 나오고 코스 책임자에게 전해진다. 학생의 시험 성적 중에서 가장 좋은 3개의 평균 점수가 공식적인 점수로 기록된다.

자율 학습

SAF 자료 이외에 학생들에게 제공되는 것은 다음과 같은 사항을 토대로 명확하게 정리된 자율 학습 프로그램이다.

- 참고도서, 사전, 문법서
- 신문과 잡지
- 위성 TV, 오디오 및 비디오테이프
- CD ROM, 상업용 CALL 프로그램

이 자율학습에는 공부일지(Study Diary)가 따르는데, 모든 학생은 이를 작성해야 하며 그들이 수업 이외의 시간에 한 모든 일을 기록한다. 이것은 모두 언어학습에 기여하는 일이어야 한다. 공부일지에는 진단 검사를 받은 후에 문법을 보완하기 위한 초기 공부 계획이 들어간다. 물론 이 계획에 대해 학생은 교수와 개별적으로 의논한다. 전체 공부일지는 첫 학기가 끝날 때 학생과 교수가 의논할 기초 자료가 된다.

평 가

- 코스워크: 지필 검사 2회, 구술 과제 1회, 지필과제 6회, SAF 검사 8회(25%)
- 말하기/듣기 시험(25%)
- 3시간에 걸친 지필 시험(50%)

9. 개 요

대학의 언어 교육자들은 최근의 변화에 대응해야 한다. 중등학교의 외국어 교육 시스템이 변화할 뿐만 아니라, 언어가 어떻게 학습되는가에 대한 이해도 변화하고 있다. 최근에 나타난 변화 중 가장 중요한 것은 내용 중심과 의미 중심의 언어학습에 중점을 두는 것이다. 학생들은 자신의 필요와 흥미와 관련된 주제들을 혼합기능 활동을 통해서 탐구하도록 권장한다. 이 방식은 전통적인 방식과 대조된다. 전통적 방식이란 글 중심과 문법 중심의 방법이다. 이것은 대학 신입생들의 선행 학습경험과 맞지 않다. 신입생들의 장단점은 유연한 학습 패키지 내에서 다루어야 한다. 이러한 유연한 학습 패키지는 언어 습득을 촉진하고 전이될 수 있는 학습 기능을 개발하고, 개인별 약점을 확인하고 보완해 줄 것이다. 〈사례연구 22-3〉에서 본 것처럼, 정보통신기술은 학생들의 학습을 위해서 개별적인 지원을 제공해 줄 아주 유용한 도구가 될 수 있다. 이것은 가장 중요한 문법 숙달을 위해서 학습자가 독자적인 학습을 할 수 있도록 해 준다. 번역이 언어 교육과정의 일부로 남아 있는 경우, 번역의 결과뿐만 아니라 번역의 과정에도 주의를 기울여야 한다.

참고문헌

CLE (1990). *Le Nouweau Sans Fronties*, Paris.

Dobson A. (1998.) *MFL Inspected: Reflections on inspection 1996/7*, CILT, London.

Dobson C. J. (1985). Second language acquisition and bilingual development: a theoretical framework, *Journal of Multilingual and Multicultural Development, 6,* pp. 325-46.

Dornyei, Z., & Csizer, K. (1998). Ten commandments for motivating language learners: results of an empirical study, *Language Teaching Research, 2*, pp. 203-29.

Fraser, J. (1996). 'I understand the French, but I don't know how to put it into English': developing undergraduates' awareness of and confidence in the translation process, in *Teaching Translation in Universities*, eds P. Swell & I. Higgins, pp. 121-34, AFLS/CILT, London.

Gray, C. (2001). Training postgraduate and foreign language assistants: the DOPLA approach, in *Teaching Languages in Higher Education*, ed J. Klapper, pp. 56-74, CILT, London.

Klapper, J. (2001). *Teaching Languages in Higher Education: Issues in training and continuing professional development*, CILT, London.

Lambert, W., & Gardner, R. (1972). *Attitudes and Motivation in Second Language Learning*, Newbury House, Rowley, Massachusetts.

LLJ (1998). *Language Learning Journal, 18.*

Little, D. (ed.) (1989). *Self-Access Systems for Language Learning*, Authentik, Dublin.

Little, D., & Ushioda, E. (1998). *Institution-wide Language Programmes*, CILT/Centre for Language and Communication Studies, Trinity Collage Dublin, London/Dublin.

Marshall, K. (2001). Survey of Less Specialist Language Learning in UK Universities (1998-99), unpublished report of the University Council for Modern Languages.

Mitchell, R., & Myles, F. (1998). *Second Language Learning Theories*, Arnold, London.

Nuttall, C. (1982). *Teaching Reading Skills in a Foreign Language*, Heinemann Education, London.

Pachler, N., & Field, K. (1997). *Learning to Teach Modern Foreign Languages in the Secondary School*, Routledge, London.

Saunders, K. (1996). Grammatical accuracy: a response to Derek McCulloch, *German Teaching, 13,* pp. 30-32.

Sewell, P. (1996). Translation in the curriculum, in *Teaching Translation in Universities*, eds P Sewell and I Higgins, pp. 135-60, AFLS/CILT, London.

Skehan, P. (1989). *Individual Differences in Second-Language Learning*, Edward Arnold, London/New York.

Thomas, G. (1993). *A Survey of European Languages in the United Kingdom*, CNAA.

Towell, R., & Hawkins, R. (1994) *Approaches to Second Language Acquisition*, Multilingual Matters, Clevedon/Philadelphia.

WELL (2002). Web-enhanced language learning, FDTL project Web site, www.well.ac.uk

Wilkins, D. A. (1976) *Notional Syllabuses*, Oxford University Press, Oxford.

읽을거리

Broady, E. (ed.) (2000). *Second Language Writing in a Computer Environment*, AFLS/CILT, London. A varied collection of case studies of innovative ways to teach L2 writing.

Bygate, M., Tonkyn, A., & Williams, E. (eds.) (1994). *Grammar and the Language Teacher*, Prentice-Hall, Hemel Hempstead. A collection of articles on different views of the role of grammar in language teaching.

Coleman, J. A. (1996). *Studying languages. A survey of British and European students*, CILT, London. A key study of British undergraduate language learners, their proficiency, skills, motivation and background.

Engel, D., & Myles, F. (eds.) (1996). *Teaching Grammar: Perspectives in higher education*, AFLS/CILT, London. Contains a number of suggestions for integrating grammar into the modern languages curriculum.

Hervey, S., & Higgins, I. (1992). *Thinking Translation: A course in translation method*, Routledge, London. Available in French (1992), German (1995), Spanish (1995) and Italian (1999).

Lewis, T., & Rouxeville, A. (eds.) (2000). *Technology and the Advanced Language Learner*, AFLS/CILT, London. A set of articles that look at innovative uses of technology such as video, CALL, e-mail tandem partnerships, bulletin boards and discussion lists.

Parker, G., & Rouxeville, A. (eds.) (1995). *'The Year Abroad'. Preparation, monitoring, evaluation, current research and development*, AFLS/CILT, London. A thorough and practical introduction to all aspects of this central element of the undergraduate degree.

Towell, R., & Hawkins, R. (1994). *Approaches to Second Language Acquisition*, Multilingual Matters, Clevedon/Philadelphia. One of the more readable surveys of the theoretical principles of SLA.

CILT produces a useful 'Pathfinder' series on all aspects of language learning. Although often written with a secondary audience in mind, the very practical issues discussed in these slim volumes are relevant to all educational sectors.

제23장

의학, 치의학 분야 교수-학습의 핵심 측면

1. 목적, 범위 및 도입

이 장은 앞 장에서 다룬 일반적인 내용을 토대로 하고 있다. 앞 장에서는 대학생의 학습, 평가, 강의, 소집단 수업 등에 대해 설명하였고, 관련 내용이 3, 4, 12, 18, 21장에 상당 부분 들어 있다. 영국 대학의 학부 교육에서 비교적 교육경험이 부족한 교수들을 위해서 의학과 치의학 분야의 교수-학습의 핵심 부분을 다루고 있다.

이 장에서 다룰 내용은 다음과 같다.

- 환자 중심의 교수-학습
- 모의 상황에서 수업 기능
- 경험학습
- 문제 기반 학습(PBL)
- 평가

의사와 치과 의사를 양성하는 교육이 복잡한 일임은 잘 알려져 있다. 의학 교육과 치의학 교육에는 다음의 내용들이 포함된다.

- 많은 양의 사실적 자료의 기억
- 복잡한 메커니즘의 이해
- 광범위한 영역에 걸친 전문적 기능의 수행 능력
- 과학적 방법의 이해와 사용
- 사회적으로 책임 있는 태도 함양과 윤리적 실천
- 동료 및 환자와 함께 일하기 위한 대인관계 기능의 증진
- 복잡한 문제해결 기능과 추론 기능의 개발
- 자기평가 등의 개인적 기능

의학/치의학 교수들이 위에서 언급한 내용을 모두 가르치는 경우는 거의 없다. 그러나 모든 교수가 위에 제시한 내용을 알고 적절한 방법을 신중하게 선택해야 한다. 의학/치의학 교육은 공통된 관심사를 공유하기도 하지만 서로 다른 부분도 있다. 이 두 가지 전문직 훈련에서 중요한 차이점을 하나 들어 보면, 학부 수준에서 치대생들이 의대생들보다 환자들과 접촉하는 일이 더 많다는 것이다. 또 다른 차이점은 치대생들은 졸업과 동시에 교수의 지도 없이 독립적 진료를 할 수 있어야 한다는 것이다.

1) 상황 및 배경

치과의사와 의사 교육은 교육과 건강 증진이라는 두 가지 큰 서비스 활동의 실제와 관행 속에서 이루어진다. 두 가지 서비스 활동은 모든 수준의 교육에서 다루어지지만 항상 조화되는 것은 아니다. 1990년대 초부터 영국의 보건 서비스와 의과 및 치과 진료는 실제로 중요한 변화를 겪었다. 병원에서의 건강관리를 강조했던 것이 일차적 건강관리를 강조하는 것으로 바뀌었다. 이러한 변화는 치과의사와 의사가 무엇을, 어떻게 훈련받아야 하는가에 큰 영향을 준다(Turner, Collinson, & Fry, 2001).

일반치과의사회(General Dental Council, GDC)와 일반의사회(General Medical Council, GMC)는 학부 교육과정의 승인 그리고 교육과정 지침서와 권장사항의 출판에 대해 법적 책임을 갖는 기관이다. 고등교육평가원(Quality Assurance Agency)의 학과 표준척도는 일반의사회와 일반치과의사회의 지침과 부합되고, 교육과정에도 영향을 준다(QAA, 2002a, 2002b).

1993년 일반의사회에서는 학부 교육과정에 대한 근본적이고 광범위한 요구사항을 발표하였고 2002년에 개정되었다(GMC, 2002). 『미래의 의사들(*Tomorrow's Doctors*)』(1993)에

서는 지식의 세계적 확산과 소멸 속도를 강조하였다. 기존의 다른 문서와 마찬가지로 『미래의 의사들』도 교육과정의 사실적 내용이 너무 과중하다는 점을 비판했다. 21세기 대학교육에 대한 새로운 기대는 핵심 기능과 지식을 중심으로 한 혁신, 전문영역 간 훈련, 자기평가와 윤리적 진료의 중시 등을 강조하는 것이다. 일반의사회는 엄청난 분량의 자료를 가르치고 외우는 것보다는 학습과 공부의 기능, 지식에 대한 호기심과 비판적 접근, 기초적 원리/개념/기제의 이해 등을 강조한다. 이것은 대학생과 전문가들이 어떻게 학습하는가에 대한 현대 학문의 이해 성과와 일치한다(2장 참고). 이와 같은 제언에 따른 주요 성과는, 영국의 의과대학들이 교육과정에서 '중핵+선택' 식의 접근을 하게 되었고 문제 중심의 수업 방법을 시행하게 되었다는 점이다. 핵심 기능과 지식을 가르칠 때 간호사, 치료사, 방사선 기사 등 다른 전문 분야의 학부생과 함께 가르치는 경우가 많다. 평가 부분의 변화는 내용이나 방법 부분의 개혁에 비해서 느린 편이다.

의과대학 입학정원 확대(M.W.S.A.C, 1997)를 비롯한 정부의 권장사항으로 학부 수준의 의학교육에 많은 변화가 있었고, 이는 교육과정, 평가, 학생지원, 교수-학습 등에서 나타났다. 의과 대학생들의 육성을 다양화하기 위해 대학원 입문과정(graduate entry programs)도 생겼다. 영국에서는 St. George's Hospital Medical School에서 선도적으로 대학생들을 모집하였다. 그에 따라 좀 더 성숙한 학습 기능을 갖춘 대학원생들은 더욱 빠르게 4년 과정을 이수하게 되었다. 새로운 의과대학이 생겼는데, 런던의 의과대학을 연합하여 매년 300~400명의 의대생을 모집하는 몇 개의 '초대형 학부(super schools)'가 나타나게 되었다. 이것은 교육과정 책임자들의 머리를 어지럽게 만들었다. 공간, 소집단 학습 시설, 임상실습 순환, 기타 시설들이 문제가 되고, '대형 강의'가 새로운 의미를 갖게 되었다.

일반치과의사회의 학부 교육과정 권고사항이 출판됨으로써(1997) 상당한 변화가 일어났다. 일반치과의사회는 교육과정의 과밀한 내용을 줄이고, 더 일찍부터 환자와 접촉하게 할 뿐만 아니라 교육적으로 진보적인 아이디어와 향상된 공부 방법이 적용되기를 원했다. 일반치과의사회는 일반의사회에 비해서 '핵심 요소들'에서 좀 더 처방적인 입장을 갖고 있다.

대학원 수련과정도 면밀하게 검토되었다. 학부와 대학원의 수련과정에 대해 더욱 총체적 관점이 강하게 대두되었다. 여기에 학부 수련과정에다 졸업 후 등록 학년(post-registration year)이 포함된다. 그리고 최신 기술 습득을 위해 은퇴할 때까지 학습과 평생 학습을 계속하는 것에도 관심이 높아졌다. 칼먼 보고서(Calman Report, 1993)는 측정과 평가 부분을 더욱 공식화하는 것을 포함해서 전문의 수련 기간을 더 단축하고 더 구조화하였다. 1997년에 일반치과의사회는 pre-registration house officers의 전문적 · 교육적 요건을 제시하였다. 새로 자격증을 받은 치과의사를 위한 1년간의 직업수련 과정은 별도의 National Health Service(NHS) 실습 이전에 이수해야 할 요건이 되었고, 전문의 등록부가 만들어졌다.

간호사와 치과 치료사의 임상 책임이 더 확대되고, 전문직종 간 협력 진료가 발전함에 따라 치과의사와 의사의 역할도 변할 가능성이 있다. 미래의 치과의사와 의사를 위한 수련과정에는 근거 중심 진료(evidence-based approach to practice)를 실시하기 위해 더 많은 준비과정이 포함되고, 정보통신기술을 활용하는 훈련도 더 많이 포함될 것이다. 대학원 교육과 지속적 의학/치의학 교육을 공식화하려는 경향이 계속될 것이다. 이러한 모든 발전은 대학 교육과정 설계, 수업, 현장학습, 평가 등에 영향을 줄 것이다.

자신의 수업 실제에 대해서 생각하기

교수님은 전국적으로 전문 영역에서 시행되는 학부와 대학원의 수련과정에 대한 국가 차원의 권고사항을 잘 알고 있습니까?

2. 환자 중심의 수업과 학습

임상 수업은 교수, 환자, 학습자라는 세 주체 간의 역동적 관계에서 이루어지고, 임상 수업은 현장에서 이루어진다. 통제하는 주체로서 교수는 모든 관점에서 수업상황을 극대화할 책임을 가진다. 좀 더 일찍 임상에 들어가게 된 대학생들은 지식, 전문 기술, 전문가의 태도와 행동 등을 습득하는 일에서 더욱 균형 있게 접근하지 않을 수 없을 것이다.

자신의 수업 실제에 대해서 생각하기

임상의사로서 임상실습에 처음 참여했던 대학생 시절을 회상해 보시오. 임상실습에서 어떤 것들을 학습했습니까? 대학생들이 그러한 것들을 제대로 배울 수 있도록 교수님은 어떤 도움을 주었습니까?

1) 환 자

임상 실습, 수술 상황, 병실 환경, 임상적 시범 강의실 등에서 가장 취약한 위치에 있는 사람은 교수/학생/환자 중에서 환자다. 대부분의 의료 환자는 임상수업이 매우 중요한 것으로 알고, '대학생들이 배워야 된다고 느꼈다.'는 말까지도 한다. 그러나 치과에서는 그 관계가 조금 다르다.

환자들은 지도교수의 지도 아래 초보자의 진료를 받는다. 환자들의 취약성은 커지고 교수의 (법적) 책임도 커진다. 환자들에게는 진료과정이 세심하게 배려되고 있음을 확신시켜야 한다. 의과와 치과의 임상수업에서, 자신이 수업에 활용된다는 것에 대한 환자의 태도는 항상 존중되어야 한다. 그리고 그들의 결정이 어떤 것이건 환자의 진료나 간호에 영향을 주지 않을 것이라는 점을 강조해야 한다. 수업이 이루어지는 병원 혹은 수술실에서 이 시설이 수업 환경이라는 점, 학습자들이 나타날 수 있다는 점, 치과의 경우 학습자들이 필요한 진료도 한다는 점을 환자들에게 알려야 한다. 이렇게 해야 환자들도 새로운 대면을 준비할 것이고, 불안이 생길 경우 이를 드러낼 것이다.

어떤 경우라도 환자에게 알려야 하고 수업 기간에 대해 동의를 구해야 하며, 가장 중요한 것으로 환자의 사생활과 존엄성이 존중되게 해야 한다. 환자에게 만나게 될 학생들의 수와 그들의 수준, 환자들에게 주어질 역할 등을 설명해야 한다. 공통적으로 나타나는 질문으로 환자들이 옷을 벗어야 하는가, 학생들이 환자들에게 어떤 조처를 취하게 되는가, 환자나 질환에 대해서 토론을 하게 되는가 등이다. 그리고 환자의 동의를 얻어야 한다. 이와 달리 치과 수업에서는 지도교수의 지도 아래 환자들이 대학생들에게서 치료를 받고 계속 접촉하게 된다. 치과 교수는 치료 방안을 승인하고, 이것이 정확히 환자들에게 설명되었는지를 확인해야 하며, 그 과정과 결과를 점검해야 한다.

2) 학 생

영국의 경우, 새로운 교육과정이 도입됨으로써 초기부터 대학생들은 임상수업 환경에 대처해야 한다. 환자의 경우와 마찬가지로 적절한 준비는 불안을 감소시키고, 명확하게 전문적 시술을 가능하게 한다.

환자와 만날 준비를 하기 전에 학생들은 기초적인 임상지식/의사소통 기능을 연습해야 한다. 이 연습은 임상실기센터와 같이 안전하고 협력적인 환경에서 이루어져야 한다. 치과 대학생의 경우 임상 영역으로 들어가기 이전에 핵심 기능들을 숙달하였음을 보여야 한다.

학생들이 바른 자세로 임상시간에 들어오도록 해야 한다. 치대생들은 곧바로 전문가로서의 의무에 직면하며, 교수는 환자에 대한 책임을 강조해야 한다. 시간 준수, 외모, 기초지식 습득, 기능 연습 등을 강조하여야 한다. 경험 학습은 임상 상황의 핵심이다. 교수들은 환자들이 참여할 수 없을 때에도 학생들에게 교수-학습을 제공해야 한다. 자기 주도적 학습과 컴퓨터 보조 학습은 학생들이 자신에게 맞는 속도로 지식과 기능을 검증할 수 있는 시간을 줄 것이다.

의과 대학생의 경우 임상실습은 상대적으로 덜 힘든 시간이 될 수 있다. 그렇지만 이들도 전문가로서의 의무를 이해해야 하고, 청진기와 같은 기본 장비를 갖고 있어야 한다(교수가 학생들에게 조건반사 검사용 망치, 검안경, 이경과 같은 추가 장비를 제공할 필요도 있다). 학생들이 병동이나 진료실로 이동하기 전에 미리 설명을 잘해 두어야 한다.

학생들을 지원하지 못하는 환경에 학생들을 방치하거나, 자신의 수준에 버거운 훈련이나 자신의 문화적 신념과 갈등을 일으키는 과제를 수행하도록 압박해서는 안 된다. 학생들은 윤리적인 딜레마에 직면할지 모른다. 아무런 사전 지도 없이 그런 딜레마에 직면해서는 안 된다.

3) 교 수

임상 교수들에게 임상 환경은 편안하게 느끼는 곳일 것이다. 임상 교수들은 임상 환경이나 관련 직원과 친숙할 것이고, 수업 중에 부딪칠 수 있는 문제들을 알고 있을 것이다.

치의학 전임 교수들은 치대 학부수업을 대부분 맡기 때문에 의학 비전임 교수들이 부딪치는 여러 위험 요소는 치의학 수업에서는 제외된다. 환자 곁에서 이루어지는 의대 수업은 교수, 환자, 학생 들이 주로 한다. 반면에 치의학 임상 수업에서는 교수 한 명의 지도 아래 몇 명의 학생이 각각 환자와 함께 하며, 교수 대 학생 비율은 대체로 1:8이다. 치대 학생들은 수련의 초기 단계에서 다른 보건 전문가들과 함께 긴밀하게 일하게 되는데, 교수는 이런 관계의 변화를 알아야 한다. 교수의 역할은 감독과 지도뿐만 아니라 모든 참여자의 안전을 보장하는 것이다.

병동에서 수업할 때는 수업에 동참하는 환자가 소송이나 조사에 '이용되지' 않을 것이라는 점을 확인할 필요가 있다. 교수는 수업 시간이 병동의 일상 업무를 방해하지 않도록 확인해야 한다. 장소와 시간이 갑자기 변경될 필요도 있지만, 시간을 준수하고 준비를 갖추는 일, 변경이 불가피한 경우에 학생과 환자에게 미리 알리는 것은 분명히 교수의 책임이다(의

대생들이 임상실습에 자주 불참하는 이유로 흔히 정보 부족 혹은 임상 교수들의 무관심을 말한다).

어떤 환경이건 교수는 환자 진료 시간을 강의 시간으로 이용하거나 환자를 '칠판' 이나 살아 있는 교재로 이용해서는 안 된다. 의학 교육의 기본 원리는 시범과 관찰이며, 안전하고 윤리적인 경우에 실습 기회를 갖는 것이다.

(튜터, 동료, 학생 자신, 환자에게서 나오는) 실습에 대한 피드백은 중요하지만 자주 무시된다. 치과교육에서 주임교수의 역할은 기본적으로 조언과 감독이다. 교수의 입장에서 보면 학생-환자 상호작용이 일상적인 것으로 보일지도 모르나, 학생과 환자 편에서 보면 특히 치과 수련의 초기 단계에서는 양자 간의 상호작용은 복합적인 경우가 있어서 많은 지도가 필요하다. 의과나 치과에서 모두 계획하지 못한 수업을 해야 할 때가 있으므로 결코 간과해서는 안 된다.

사실 의학 교육에서 환자 중심 수업을 상세하게 미리 계획하는 것이 불가능할 때가 많다. 의학교육의 상황에서 임상교수는 대학생들을 순환시키는 전반적 목표(학습성과)를 알아야 하고, 환자와의 대면이 그러한 목표의 달성에 어떤 기여를 할 것인가를 생각해야 한다. 교수가 학생에게, 학생이 교수에게 하는 질문은 임상수업(7장 참조)에서 중요한 기능이지만, 환자에 대한 존중도 고려되어야 한다. 대학생들이 반성하고 피드백을 받을 수 있도록 충분히 준비하고 그런 시간을 수업과정에 넣어야 한다.

임상 수업과 학습은 매우 흥미 있고 가치 있는 것이다. 그러나 적절한 조명, 기본 장비, 심지어 환자 등과 같은 핵심적인 점들이 부족하면 수업이 어렵게 된다. 지역사회에서 치과 외래환자와 함께 치과 교육을 할 경우에 그런 환경을 규제, 계획, 통제해야 할 일들은 병동에서의 임상교육보다 훨씬 많아진다.

환자 중심 수업을 할 때 고려할 점은 다음과 같다.

- 환자, 학생, 교수의 안전 및 불안
- 대학생들에게 임상 환경의 안내
- 기능 습득, 실습, 피드백, 평가
- 전문가의 행동을 관찰하고 실습하기
- 수업 대 치료

3. 기능과 모의실습

'하나를 보고, 하나를 하고, 하나를 가르치라.' 는 원리는 의학/치의학 임상교수들에게 오랜 동안 전수된 가르침이다. 임상 교수-학습에서 모의실습을 받아들여 활용함으로써 대학생들은 안전한 환경 속에서 불안에 대처할 수 있고, 교수들은 통제와 반복이 가능한 수업 무대를 확보할 수 있다. 모의실습의 요소는 대개 학습자료, 행위자, 역할놀이 등이다.

임상실기센터나 임상실험실은 실습 절차와 의사소통 기능을 시연하고 연습하는 곳인데, 오늘날 대다수 의과/치과 대학에서 기본 시설로 자리를 잡았다. 임상기능센터의 구조나 보유 장비는 대학에 따라 다르다. 단일 공간에서 다목적 '실험실' 까지를 갖춘 곳, 고무나 합성수지 마네킹에서 고해상도의 시뮬레이터를 갖추는 곳까지 다양하다. 임상기능센터는 임상교수의 수업을 위해서, 자기 주도적 학습(SDL)과 컴퓨터 보조 학습(CAL)을 위해서도 사용될 수 있을 것이다. (리드 대학교 의대의 경우처럼) 헌신적인 기능 교수를 한 명만 채용해도 센터의 이용과 잠재력을 혁신시킬 수 있다(Stark, Delmotte, & Howdle, 1998). 치의학 분야에서는 영상 두뇌실을 포기하고, 더욱 정교한 모형이나 부분 치과기기실을 활용하여 위에서 언급한 기능을 수행하고 있다(Suvinen, Messer, & Franco, 1998).

일반외과 의사인 페이튼(Peyton)은 '4단계 접근 방식' 이라는 기능 수업모형을 제시한다. 이는 널리 알려진 우수한 것으로 가상 환경도 포함한다.

- **단계 1**

설명은 거의 또는 전혀 없이 보통 속도로 기능을 시범적으로 보인다.

- **단계 2**

충분한 설명과 함께 기능을 반복해서 시연하고 학생에게 질문하도록 한다.

- **단계 3**

시범자가 그 기능을 세 번째로 시연한다. 이때 학습자는 각 단계마다 설명을 하게 되고 핵심 문제에 대해서 질문을 받는다. 시범자는 필요한 경우에 교정을 해 준다. 시범자는 학습자가 이 기능을 완전히 이해했다고 만족할 때까지 이 단계를 여러 차례 반복할 필요가 있다.

- **단계 4**

엄격한 지도 아래 학습자는 각 단계를 미리 설명한 다음에 그 기능을 수행한다(Peyton,

1998: 174-77).

학습자가 이미 가진 기능에 따라 이 모형은 확대/축소될 수 있으며, 단계 1과 2에서 비디오 자료를 이용할 수도 있다. 모든 수업이 그렇듯이, 학습자에게 건설적 피드백을 주고 습득한 기능을 연습할 시간도 주어야 한다. 의학임상기능센터에서, 특히 자기 주도적 학습(SDL)을 할 때 항목별 점검표를 활용하면 학습에 도움이 된다.

자신의 수업 실제에 대해서 생각하기

만일 아직 페이튼(Payton)의 4단계 모형을 사용하지 않았다면, 교수님의(모의/비모의) 임상 수업에 그것을 어떻게 적용할 수 있겠습니까?

1) 모의실습

의사소통 기능 담당교수의 주도로 임상 시나리오의 모의상황은 점점 더 정교해지고, 요즈음에는 전문 배우를 고용하기도 한다. 안전한 모의실습 상황에서 대학생들은 배우의 눈을 통해 환자의 관점을 연구하면서 더욱 자유롭게 자기 자신을 표현할 수 있다. 교수는 배우에게 상세한 배경 각본을 제공한 다음에 배우와 환자에게 모의실험에 대해서 분명하고 간단한 설명을 해야 한다. 실제 환자를 훈련시켜서 임상 훈련과 평가에 활용할 수도 있다. 대학생들이 자신에게 주어진 역할에 대해 편안함을 느껴야 하고, 시나리오는 학습자들의 능력에서 벗어나지 않도록 하는 것이 중요하다. 모든 단계에서 학습 목표는 분명해야 하지만 과도한 요구나 기대는 역효과를 낼 수 있다.

의대와 치대의 학부/대학원 교육에서 모의환자가 1960년대에 처음 사용되었고, 80년대 이후 급속히 확대되었다(Barrows, 1993). 어려운 임상 시나리오에서 실제 환자를 대신하여 모의환자를 활용할 수 있다. 좋지 않은 긴급 뉴스라든가, 전통적 임상 시험으로 평가할 수 없을 만큼 심각한 문제를 재생할 때 그렇게 할 수 있다. 미국에서는 질 검사(vaginal speculum examination)와 같은 곤란한 임상 절차를 훈련하거나 평가할 때 모의환자를 활용하기도 한다. 치과에서 모의 환자는 주로 의사소통 기능을 훈련하거나 평가할 때 활용된다(Davenport et al., 1998). 많은 장점이 있지만 모의실습에는 한계도 있다. 따라서 실제 환자를 가지고 임상실습을 하는 기회를 모의실습으로 아예 대체해 버릴 것이 아니라 그 예비훈련으로서 모의실습을 추가적으로 활용해야 한다.

역할놀이는 아주 유용한 또 다른 교수-학습 도구다. 대학생들은 자신이 선택한 역할을 통해서 임상상황에서 상호작용을 하는 쌍방을 조사, 실습, 탐구할 수 있다. 이러한 장점들은 미리 대학생들에게 주지시켜야 한다. 역할놀이 기법에 대한 비판도 많은데, 이는 일반적으로 수업 준비가 불충분하기 때문에 생긴다. 교수의 시범이라든가 미리 준비한 비디오를 통해서 역할을 분명히 하는 것이 대학생들의 학습을 지도하는 유익한 길이다. 수업 기간에 학생들에게 지원적이면서도 아주 공식적인 환경이 조성되게 하면, 학습자가 자신의 역할을 지속적으로 수행하는 데 힘이 될 것이다. 사전에 지시사항을 주지시키고 적절하게 보고하고 반성하도록 한다면, 역할놀이가 유용한 기법임을 대학생들도 알 것이다.

실습과정을 비디오로 녹화하는 방법은 의학 분야의 일반 실습에서 특히 대학원생들을 위해 오랫동안 이용하였으나, 이 방법은 치과교육에서 아직 충분히 활용되지 못한다. 비디오 녹화가 유용하게 쓰이는 경우는 특히 반성, 자기평가, 피드백 등이다. 또한 모의실습, 역할놀이, '실제 현장'의 상호작용을 기록하는 데도 활용할 수 있다.

기능과 모의실험에 대해서 생각하는 질문들은 다음과 같다.

- 임상기능센터의 학습 환경과 실제 임상의 학습 환경은 어떻게 다른가?
- 모의실습의 긍정적 특징과 부정적 특징은 무엇인가?
- 임상 훈련에서 환자들을 어디까지 활용할 수 있고 활용해야 하는가?
- 학생들을 평가할 때 모의실험의 비중은 어느 정도로 해야 하는가?
- 정보기술(IT)을 더 많이 활용할 수 있는 여지는 어디에 있는가?

4. 경험 학습

대학생들이 일단 임상환경 속으로 들어간 다음에 그들의 학습의 많은 부분은 기회에서 생기는, 즉 경험적 특성을 갖는다. 경험 학습은 2장에서 소개하였다. [그림 23-1]은 의학과 치의학 분야에 맞는 경험 학습을 나타낸 것이다.

대학생들이 임상 실습에서 새로운 개념이나 변화에 직면할 때, 이 활동에 대한 자신들의 이해를 새롭게 조절하는 것을 배워야 한다. 이럴 때 학생들은 자신의 지도교수나 다른 사람들의 역할 모형, 동료집단 경험, 자신의 행동/수행, 실습활동의 의의 혹은 개념의 의미 등에

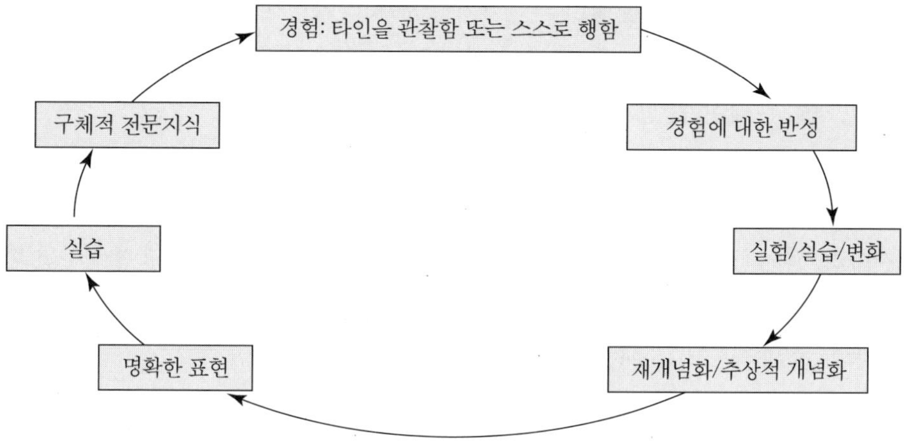

[그림 23-1] 대학생의 경험 학습

출처: Peyton, 1998; Kolb, 1984.

대해서 반성하게 된다. 이러한 점들은 학부/대학원 과정을 통해서 지속적으로 발전한다. 즉, 학생들은 중요한 권고사항과 적응 사항을 인식하고 자신의 이해, 행동, 기술, 태도 등을 수정하며, 도움이 되지 못하는 것을 버리는 등 여러 가지 기능이 계속 발전한다. 교수는 학생들이 실습에 대해 질문을 제기하고, 자신의 불확실성에 대해 두려워하지 않도록 격려해야 한다. 경험 학습방법을 활용하도록 하기 위해서 교수와 교과과정 설계자가 할 수 있는 일이 많다(Stanton & Grant, 1999 참고).

5. 문제 기반 학습

문제 기반 학습(problem-based learning, PBL)은 1960년대부터 지금까지 통용되는 아이디어지만(Neufeld & Barrows, 1974), 1990년대 중반까지는 영국 의학 교육과 치의학 교육에서 널리 활용되지 못했다. 그러나 요즈음 문제 중심 학습은 영국의 여러 의학/치의학 학부 교육과정에서 하나의 요소로 자리를 잡고 있으며, 몇몇 대학에서는 교육과정 편성의 주요 원칙과 교육 방법이 되었다.

여러 가지 형태의 PBL이 있다(Boud & Feletti, 1996). 일반적으로 다음과 같은 몇 가지 요소들이 PBL에 나타나고 있다.

- 관련된 모든 학습 자료를 미리 가르치지 않고 시나리오나 문제를 제시한 다음에 이루어지는 학습과 수업
- 문서, 녹화된 테이프, 환자 등의 '형태' 로 된 문제
- 소집단의 학생들이 상호 작용하는 가운데 구조화된 방식으로 문제를 탐구하고, 지식과 이해를 공유
- 시나리오와 관련하여 무엇을 조사하고 무엇을 배울 것인가에 대해 교수가 아닌 학습자들이 즉각적인 의사결정
- 집단 토의 과정을 기록하는 '서기' 역할을 수행하는 학생이 있음
- 비지시적 촉진자로서의 교수
- 학문적, 임상/기초 교과목의 통합
- 학습자들이 연구 결과를 보고

가장 널리 알려진 것이 아마 마스트리히트(Maastricht) 대학교의 PBL일 것이다. 이에 따르면 대학생들은 문제나 시나리오를 '7단계 도약' 모형에 따라 탐색한다. 7단계 도약 모형에서 학생들은 다음과 같은 일을 한다.

(1) 문제에 들어 있는 용어와 개념을 명확히 한다. 학생들이 이해하지 못하는 단어와 구를 골라내고, 집단 내에 누가 이 단어와 구를 설명할 수 있는지 확인한다.
(2) 문제를 정의한다. 학생들은 설명되고 이해되어야 할 용어나 아이디어를 해설하고 재진술한다.
(3) 문제를 분석한다. 학생들은 가능한 설명을 제시한다(틀린 것도 늘 나타난다).
(4) 단계 3에서 나온 설명을 체계적 목록으로 만든다. 이때 학생들은 아이디어를 연결하고, 이들의 관계를 밝힌다.
(5) 학습 질문을 만든다. 이것은 문제를 이해/설명할 수 있기 위해서 학생들이 학습/대답

자신의 수업 실제에 대해서 생각하기

문제 기반 학습(PBL)이 문제해결 방법과 어떻게 다른가? 위에서 제시된 8가지 항목을 검토하고, 일반적으로 문제해결 방법을 활용하는 코스의 특징이 될 수 없는 항목들을 골라 내시오. 제외된 항목들은 PBL의 독특한 특징이 될 것이다.

할 필요가 있다고 생각하는 것들이다.

(6) 정보를 수집한다. 학생들은 다음 단계로 넘어가기 전에 학습 질문의 해답을 찾기 위해 노력한다.

(7) 정보를 종합하고 검토한다. 학습자들은 보고하고 발견 사항을 논의한다(Bouhuijs, Schmidt, & van Berkel, 1987).

전형적인 PBL 교육과정을 보면, 공통의 주제를 가진 문제들이 여러 블록으로 배열되어 있다. 각 블록마다 포괄적인 목표들이 있고 학습영역을 가리키는 제목이 있다. 짧은 PBL 문제들은 일반적으로 두 강좌로 진행되는데, 단계 1~5는 첫 강좌에, 단계 6과 7은 두 번째 강좌에 1주일 안에 다루어진다. 이와 다르게 접근할 수도 있다. 더 길고 복잡한 문제들을 사용하면 학습 기간이 더 길어지고 문제별로 요구되는 강좌도 더 많아질 수 있고, 사례와 관련된 정보를 더 많이 점진적으로 밝힌다. 어떤 식으로 접근하건 간에 관련 문제와 일치되는 적절한 임상 시범, 실험실 작업 등을 예정표를 짜는 것이 이상적일 것이다.

PBL을 이용하려는 교수들은 새로운 기능을 개발할 필요가 있음을 자주 느낀다. 다음과

〈사례연구 23-1〉 PBL 시나리오

문제(Trigger)

47세의 피터 씨는 친구의 도움으로 M 병원의 응급실로 실려 왔다. 이들은 지역 클럽에서 사업 문제로 저녁식사를 마치고 집으로 가는 중이었는데 피터가 몸이 좋지 않다면서 택시기사에게 차를 갓길에 세워 달라고 말했다. 피터는 차에서 내린 지 1분 정도 지난 후 음식과 피를 토했다. 피터가 피를 얼마나 토했는지 정확히 알 수는 없지만 대략 한 컵 정도라고 친구는 생각했다. 피터가 몸이 떨리고 땀이 난다고 해서 택시기사의 도움으로 그를 병원으로 데려온 것이다.

이 문제는 호주 뉴캐슬 의대 학부과정 1학년 3학기에 사용되는 사례다. 대학생들의 학습에서 임상적 추리가 핵심으로 간주된다. 이 추리과정은 교수 안내서에 명시되어 있고, 학습 집단은 가설-기반 탐구(hypothesis-based enquiry)를 통해 문제에 접근하는 것을 학습한다. 학습목적은 임상상황에서 기초/임상 과학을 학습하는 것이므로, 가설들은 '질병' 보다는 기초 과학 메커니즘에 기반을 둔다. 이 코스의 첫 해에 임상추리 과정에 대해 형성평가와 총괄평가를 실시한다.

문제의 초점은 위장 상부의 급성 출혈이며, 출혈 부위와 증상에 기반을 두고 가설들이 설정될 것이다. 환자가 '몸이 떨리고 땀을 흘렸다.' 고 보는 것은 급성 출혈의 결과라고 생각하게 한다(첫 번째 학기에 이미 외상에 의한 출혈에 대해 학습했다).

같은 일반 지침이 도움이 될 것이다. 학습 촉진자로서의 교수는 다음의 역할을 해야 한다.

- 강의를 하기 위해서 거기에 있는 것이 아니다. 학습 촉진자로서의 교수는 그 과정이 정해진 시간과 트랙을 따르도록 하고 학습자들이 틀린 정보 때문에 문제에서 벗어나지 않도록 하며, 적절한 경우에 비주도적 질문을 하고 (여러 가지 방법으로) 수행을 평가한다.
- 새 집단을 받아들일 때에는 집단 기본 규칙을 만들거나 반복해서 설명한다.
- 사회자나 서기가 역할을 수행하도록 보조하고, 그들의 지위를 차지하지 않는다.
- 탐구적이고 두려움 없는 학습 환경을 만들도록 도와준다.
- 적절한 방법을 사용하여 학습자들이 서로 질문을 하고 그 질문을 탐색할 수 있다고 느끼도록 한다.
- 학습자들이 다양하고 폭넓은 정보 원천을 활용하고 그 정보를 공식적으로 평가하도록 장려한다.
- 학습자들이 설득력 있게 발표하고 산만하게 '강의' 하지 않도록 돕는다.
- 모든 학습자가 참여하도록 장려한다.
- 학생들이 하나의 사례 또는 그 사례의 여러 측면을 정기적으로 요약하게 한다.
- 각 문제의 마지막 단계에서는 학습자들이 스스로 발견한 바를 요약하게 하고, 그 문제를 어떻게 다루었는지를 평가하도록 하며, 그 과정이 어떻게 하면 더 효과적일 수 있는지에 관해 제안하도록 한다.
- 학생들의 수행에 대해 구체적이고 건설적으로(대개 해당 집단 내에서) 피드백을 준다.

기존 대학에서 PBL을 도입하려면 상당한 변화가 필요한데, 왜 이런 노력을 해야 하는가? PBL이 효과적인가에 대한 증거를 검토한 논문이 몇 가지 있다(Schmidt, Dauphinee, & Patel, 1987; Norman & Schmidt, 1992; Vernon & Blake, 1993; Albanese & Mitchell, 1993; Berkson, 1993). 다섯 가지 연구는 광범위한 논증과 특성들을 다루지만 다른 교육 측면에서도 그렇듯이 결정적인 증거를 찾기는 어렵다. 그러나 다섯 가지 연구는 모두 PBL로 학습한 대학생들이 학습에 대해서 더욱 심층적 접근(2장 참조)을 할 수 있다고 말할 증거를 찾는다. 그뿐만 아니라 전통적 교육과정을 이수한 학생들은 지식에 관한 전통적 시험에서 약간 높은 점수를 받는 경향이 있는 반면, PBL 학습자들은 배운 지식을 더 오랫동안 기억한다는 점이 더욱 확실하게 밝혀졌다. 또한 학생들은 PBL이 임상과 더 관련성을 갖는 것으로 지각하며, 그러한 학습 프로그램을 더 긍정적으로 평가하고 있음을 밝힌 연구도 있다. 의사 교육에서도 PBL이 효과적인가에 대해서는 의견의 일치를 얻기가 어렵지만, 이 경우에도 의사들은 다른 학습 방법에 비해서 PBL이 더 만족스럽다고 보고한다.

1) PBL을 도입할 때 고려 사항

PBL에도 다양한 측면이 있다. 예를 들면, 교수가 정한 학습 목표를 어떤 단계에서 학생들에게 제공할 것인가? 모든 학생이 모든 학습 질문과 학습 목표를 따라갈 수 있는가? 학생들이 접근할 수 있는 다양한 학습지원 정보가 있는가? 뿐만 아니라 다음과 같은 문제에 대해서도 의견이 분분하다. 교수가 개입할 수 있는 정도는 어떤가? PBL을 임상 과정에서 얼마나 이용할 것인가? 그리고 전문가든 비전문가든 최고의 PBL 교수를 만들 수 있는가? 어떤 형태로 PBL을 활용하든 간에 중요한 점은, PBL을 활용할 교수와 학생들을 훈련시키고 적절한 지도/학습 공간을 제공하며, 필요한 학습자원을 활용할 수 있게 하는 것이다. 인터넷은 학생들이 자주 사용하는 학습자원이지만 신뢰성 문제가 늘 생긴다. PBL에서 기대하는 학습 성과와 적절한 평가에 활용할 수 있는 새로운 평가방법이 요구된다(14장 참조). 교육과정을 계획하고 문제를 진술하며, 교수 안내 자료를 개발하는 데 시간이 필요하다.

6. 평 가

기본적 평가지침(4장; Crosby, 2002 참조)에 따라 적절한 평가방법을 사용하는 것은 중요한 일이다. 평가에는 타당성, 신뢰성, 공정성이 있어야 하고 실행 가능하며, 타당한 근거가 있어야 한다. 또한 학습에 미칠 효과가 잘 고려한 것이어야 한다.

냉소적인 비판자들은 특히 미국에서 시험 관련 소송이 많이 발생하기 때문에 평가방법을 바꾸는 것이라고 말하겠지만, 이렇게 해야 할 더욱 적절한 이유도 있다. 즉, 그것은 학생들이 알고 행하고 이해해야 할 핵심 사항을 과연 우리가 평가하는가를 확인할 필요가 있기 때문이다. 기존 형태의 임상평가(짧은 사례나 긴 사례에서)의 주요 문제점은 타당도는 비교적 높은 반면 신뢰도가 낮다는 것이다. 기존의 필기시험은 타당도와 신뢰도에서 모두 약하며, 점수를 합치는 방법이 적절하지 못한 경우도 흔히 있다.

새로 도입된 변화의 핵심은 의학 평가의 '객관화'(Van der Vleuten, Norman, & De Graaff, 1991), 그리고 이와 더불어 신뢰도 제고였다. 타당도를 높인다고 주장하는 새로운

자신의 수업 실제에 대해서 생각하기

교수님에게 친숙한 모든 유형의 평가를 열거해 보시오. 그 평가방법들이 각각 지식/사고/기술/태도/행동 중에서 어떤 것을 평가하는지 생각해 보시오.

평가 방법도 도입되었다. 또 다른 변화는 '빅뱅(big-bang)' 과 같은 졸업시험에서 지속적인 평가로 전환하는 것이다. 이는 최종 시험의 강조점을 '임상 실제와의 합치성' 으로 변화시켰다. 이런 여러 가지 변화로 인해서 요즈음 새로운 유형의 평가 방법이 많아졌다. 훌륭한 평가의 핵심은 학습성과와 일치하는가 하는 점이고, 완벽한 시험 유형은 없음을 인식하는 것이다. 따라서 일련의 평가 유형들이 필요하다.

1) 최신 임상 평가: 간단한 사례

두 명의 평가 교수 앞에서 한 명의 대학생이 4~5명의 환자를 보면서, 임상적 검사를 수행하거나 진단하게 하는 것이 전형적인 의학/치의학 평가 사례다. 임상평가에서 나타난 첫 번째 주요 변화는 OSCE(objective structured clinical examination, 객관적이고 구조화된 임상 시험)였다. 1990년대 초반 이후로 OSCE는 학부와 대학원 과정 평가 방법으로 널리 이용되었다.

OSCE는 각 학생이 순서대로 통과해야 하는 일정 수의 시험실로 구성되며, 각 시험실에서 학생은 주어진 과제를 수행해야 한다. 평가자가 과제 수행내용을 관찰, 평가하고 학생에게 질문을 하고 대답하게 한다. 과제에는 의사소통 기능, 병력 확인, 환자 동의 구하기, 실제/가상 환자의 임상 검사, 마네킹에게 수행한 임상 절차, 자료 해석 등이 포함된다. 각 시험실에서는 종전의 평가에서 하지 못했던 다양한 태도와 행동을 평가할 수 있다. 각 학습자들은 동일한 평가자에게서 동일한 과제로 평가를 받는다. 객관성을 높이기 위해 관찰자(평가자)에게 해당 과제를 항목별로 나눈 점검표를 주면, 관찰자는 각 항목별로 학생의 점수를 주게 된다. 보다 최근에는 총체적 평점 척도가 권장, 사용되고 있다. 총체적으로 점수를 주는 척도를 사용하는 것이 종전의 평가로, 즉 주관적으로 점수를 주는 체제로 퇴보하는 것이 아닌가 하는 우려에도 각 항목별로 점수를 주는 것만큼 신뢰할 수 있는 것으로 나타나고 있다.

OSCE는 계속 발전되는 평가 방법이다. 시험실에 머무는 최대 시간, 신뢰성 있는 검사를 위해 요구되는 최소 검사 시간, 평가실의 수와 과제의 수 등에 관한 논의가 계속되고 있다.

대부분의 대학에서 이러한 세부 사항들은 평가받을 학생 수, 이용 가능한 시설 그리고 아마도 가장 중요한 재정 상황과 같은 실제 형편에 따라 결정될 것이다. 현재 영국 학부과정에서 중요한 OSCE는 대부분 20~30개의 시험실로 구성되어 있고, 각 평가는 5~10분가량 소요된다. 두 시간 반 이하의 OSCE는 점차 신뢰성이 떨어지고, OSCE가 총괄평가에 사용되어서는 안 된다고 지적된다. 그러나 각 시험실에서 5~10분가량 평가하는 형태는 평가되는 과제가 이 시간 내에 수행할 수 있는 것으로 제한되기 때문에, 단일 과제를 수행할 능력이 있는가를 확인하기 위해 개별적으로 평가해야 할 경우, 즉 저학년 과정에서 학생을 평가하는 데 활용하는 것이 좋을 것이다. 졸업 시점과 치의학의 경우에는 그보다 이전에 총체적인 OSCE 평가에 관심을 가질 수 있고, 하나의 임상 시나리오 내에서 일련의 기능을 평가하기 위해서는 평가실 수를 더 늘리거나 평가실을 짝으로 묶어서 활용할 수 있을 것이다.

〈사례연구 23-2〉 치의학 분야 OSCE

졸업 학년 5분 시험실에서는 학생들이 연조직을 모의연습하기 위해서 막 혼합된 알지네이트(alginate, 구강 내 본을 뜨는 물질)를 사용한다. 이 절차를 수행하는 데 일반적인 수술 기구들을 이용할 수 있으며, 평가자와 학생에게 각각 별도로 지시사항이 준비되어 있다.

과제

하악 제 1대구치의 근심과 원심면의 치주낭을 치료하기 위해 역 사면 피판 치주 수술(inverse bevel flap periodontal surgery)을 할 것이다. 제공된 모형의 구강 측면을 절개하고 피판을 적절하게 들어 올리시오.

평가자의 채점표에는 학습자가 올바르게 수행해야 할 10가지 사항이 자세하게 기술되어 있다. 만일 채점표에 기록된 대로 학생이 수행하면 해당 사항에 점수가 주어지고, 그렇지 않으면 아무 점수도 주어지지 않는다. 10가지 사항은 다음과 같다.

- 절개를 위해 정확한 기구를 선택한다(15번 수술용 칼날).
- 치아를 지지하기 위해 손가락을 사용한다.
- 잇몸의 윤곽에 칼끝 돌기를 유지한다.
- 잇몸 가장자리에서 역사면 1mm를 절개한다.
- 치아의 장축에 따라 정확한 각도로 절개한다.
- 치조골 아래로 절개를 더 한다.
- 제2 대구치와 제1 소구치 원심까지 피판을 늘이거나 적절하게 완화시키는 절개를 한다.
- 인접면 치은 부위에 두 번째 절개를 한다.
- 정확한 기구(periosteal elevator, 골막 거상기)를 사용하여 피판을 들어올린다.
- 골막 거상기를 정확하게 사용한다.

〈사례연구 23-3〉 의학 분야 OSCE

5분 임상 시험실에는 모의환자를 위한 배경 대본이 있고, 평가자와 학생에 대한 별도의 지시사항이 있다.

과제

당신은 외래 방문한 다음 환자의 진찰을 담당할 의과 대학생이다. 환자는 심계항진을 호소하는 72세의 남자다. 환자의 병력을 검토하고 진단을 하기 위해서 고려할 다른 관련 병력을 검토하시오.

OSCE 평가자의 채점표에는 '훌륭함', '적절함', '못함' 이라는 3점 척도가 사용되었고, (자신을 소개하고 환자에게 질문을 하도록 유도하는 것과 같은) 환자와의 의사소통에 관한 항목과 이런 증상을 가진 환자에게 정확한 질문을 하는 것에 관한 항목이 포함되어 있다. 이 시험실에서 최종적으로 평가자가 학생에게 감별 진단을 하게 한다. 학생이 평가받는 과정에 참여하는 모의 환자는 채점지에 나와 있는 두 가지 질문에 답하게 한다. 이 학생은 당신을 전문적 방식으로 치료를 하였는가? 이 학생은 당신의 염려 사항을 표현할 수 있도록 했는가?

OSCE 평가 방식의 중대한 문제점은 재정적 비용과 필요한 인력 문제다. 학부과정에서 OSCE를 시행할 행정, 세부 계획, 실제 사항 등에 대해 폭넓은 설명이 필요하다(Feather & Kopelman, 1997). 전문가들의 경험에 비추어 볼 때, OSCE 평가방법은 전통적 시험보다 30~50% 비싸다고 하나 경비 문제는 신뢰도와 비교되어야 한다. 이 방법은 간단한 사례로 평가하는 전통적 평가방식에 비해 훨씬 신뢰도가 높다.

2) 최신 임상 평가: 장시간 사례

의학/치의학에서 전통적인 장시간 사례는 관찰자 없이 한 시간 동안 학생이 환자를 보살피면서 환자 관리 계획을 수립하는 것에서 출발했다. 그 다음에 두 명의 평가자에 의해 평가가 진행되는데, 이 평가는 1840년대 케임브리지의 패짓(Paget) 시대 이래로 거의 변화가 없었다. 그러나 이 또한 최근에 검토 대상이 되었고 더욱 객관적인 평가 형태가 개발되었다. 여기에는 관찰되는 장시간 사례(Newble, 1991)와 OSLER(objective structured long examination record, 객관적으로 구조화된 장시간 평가 기록)가 포함되었다. 이러한 변화에 따라 평가자가 관찰하는 가운데 환자를 돌보는 일의 일부 혹은 전체를 학생들이 수행하게 하고 동일한 측면을 평가하였다. OSCE에서 사용된 것과 유사한 점검표에 따라 학생들의 수행에 대해 점수를 매겼다. 환자에 대한 더욱 총체적인 접근을 평가하지만, 장시간 사례를 관찰/평가하는 것도

OSCE만큼 타당도와 신뢰도가 있는 평가를 할 수 있다는 주장도 있다(Wass & Jolly, 2001). 아주 중요한 임상평가에서는 45~60분으로 관찰시간을 연장하여 장시간 사례를 통해 평가하는 방법이 OSCE와 함께 사용되어야 한다는 것이다.

최근까지 환자를 돌보는 일을 하는 의과대학 학부생과 대학원생을 관찰하는 일은 거의 없었다. 최신의 장시간 사례 평가방법을 형성평가나 총괄평가에 활용하려면 이 점을 고쳐야 한다. 이를 여러 훈련 분야에 적용하면 공통된 문제를 골라내는 데 좋은 도구가 될 것이다. 이것은 치의학 평가에서도 마찬가지다. 교수와 학생들은 똑같이 이러한 형태의 평가에 대비해야 할 것이다.

미국에서 더욱 발전된 것으로 환자 대면 집중 평가(focused patient encounter, FPE) 방법이 있는데, 이것은 대학원 교육에서 미니 임상 시험 연습(mini-clinical examination exercise, mimi-CEX)이라고 알려졌다. 이 방법에서 학습자들은 치통이나 흉부통 같은 임상 문제의 한 가지 핵심 요점에 대해 자신의 경험과 검토를 집중시키도록 요구받는다. 이 방법은 형성평가와 총괄평가에 활용될 수 있다.

3) 최신 임상평가: 구술시험

구술시험은 가끔 총괄평가의 도구로 사용되었다. 그러나 많은 사람은 이 방법이 교육적으로 결함이 있어서 문제가 있는 방법이라고 생각한다. 구술시험은 다른 임상평가방법과 비교할 때 가장 신뢰도가 떨어지는 것이다. 그 이유는 겨우 두 명의 평가자가 있는 데에서 구조화되지 않은 형태로 구술시험이 치러지기 때문에 시험 때마다 아주 다양한 상호작용이 나타날 수 있다는 것이다. 구술시험이 '평가하려는 내용을 정확히 평가하는가.' 하는 내용 타당도에 문제가 있으며, 구술시험에서 '모든 학생에게 일관되게 일정 수준의 구체적 질문을 할 수 있는가.' 하는 내용 구체성 문제는 구술시험의 신뢰도에 중대한 영향을 미친다. 신뢰도가 낮은데도 영국에서는 여전히 구술시험을 사용하고 있다. 구술시험은 통과/낙제를 결정하는 상황에서도 사용되고 '수월성 정도'를 결정할 때도 종종 사용되었다. 구술시험 옹호자들은 이 방법이 '실제 생활'을 반영하며 '학생의 전반적인 지식을 평가하는 데 유용하다'고 주장한다. 그러나 학생에 대한 평가의 많은 부분이 실제로 신뢰도가 높은 다른 방법들에 의해서 이루어지고 있다. 옹호자와 반대자를 결집하기 위해서 이 평가 방법도 어느 정도 '객관화'되고 있다.

4) 최신 임상평가: 업무일지와 반성적 글쓰기

업무일지는 학부/대학원 교육에서 임상 실습, 현상, 사건 등을 기록하기 위해 오랫동안 사용되었으나 전통적 형태의 업무일지는 잘못 사용되기 쉽다. 감독이 잘되는 치의학 교육에서도 그런 일이 발생한다. 줄여 쓰기, 불명확한 목표, 비현실적 대상 등으로 잘못 사용되는 일이 발생하며, 이러한 비판 때문에 업무일지의 사용이 바뀌었다. 요즈음에는 학생들이 참여했던 임상 사태를 되돌아보기 위해 업무일지를 사용하도록 장려해야 한다. 업무일지에 무엇을 기입하는지를 점검하고 논평을 해 줌으로써 학습자의 학습을 지도해야 한다. 따라서 업무일지는 형성평가 도구로 사용될 수 있다(칼먼 제안이 도입됨에 따라 대부분의 병원 수련의와 전문의들이 수련 일지를 작성하도록 하고 있다. 이러한 수련일지는 모든 수련학생들이 국가적 합의 기준에 도달하도록 하기 위해 사용되지만, 수련을 받는 학생들이 자신의 장점과 개선점에 대해 반성하게 하는 데에도 유용하다.).

〈사례연구 23-4〉 EMQ 형식

주제: 빈혈

선택 사항

A 후천성 비면역용혈성 빈혈	G 철결핍성 빈혈
B 만성질환 빈혈증	H 백혈구적모구성 빈혈
C 재생불량성 빈혈	I 악성빈혈
D 자가면역 용혈성 빈혈	J 겸상적혈구병
E 선천성 구상적혈구증	K 철적모구성 빈혈
F 엽산결핍	L 경증성지중해빈혈

위에서 제시된 목록을 참고하여 아래 각 환자에게 가장 적합한 진단을 하시오.

- 55세 여자 환자가 피로와 사지 통증을 호소한다. 검사 결과, 그녀는 허약하고 말초 감각 신경장애를 가지고 있다. 혈청에는 체벽세포에 대한 자기항체와 내인자가 포함되어 있다.
- 64세 남자 환자는 복부 우상방부에 통증이 있다고 호소한다. 그는 10년 전에 대동맥 판막 대체 수술을 받았다. 검사 결과, 분해적혈구와 망상혈구증가증을 수반하는 정색소성, 정적혈구성 빈혈이 나타났다. 쿰(Coomb) 검사 결과는 음성으로 나타났다.
- 44세 여자 환자는 피로를 호소한다. 전혈구 수치검사는 혈색소감소성, 소적혈구성 빈혈을 나타냈다. 혈청 페리틴(ferritin)은 낮은 수치로 나타났다.

5) 지필 평가의 발전: 확장 결합형 문항

과거 30년 동안 지필 평가에서 많은 변화가 일어났다. 이 변화는 컴퓨터를 활용한 채점 방식과 신뢰도와 타당도를 제고시킬 필요성에 의해 주도되었다. 선택형 시험문항(MCQ)과 단답형 문제들은 여러 학문 분야에서 일반적으로 활용되고 있다. 진단적 추론을 포함한 고차적인 인지능력을 평가하기 위해서 확장결합형 문항(extended matching question, EMQs)이 개발되었다(Case and Swanson, 1996).

평가는 의학/치의학 교육에서 가장 빨리 변화하는 분야 중 하나다. 이는 지속적 전문성 개발이 중요한 분야다. 〈표 23-1〉은 가장 일반적인 평가 유형 중 몇 가지를 제시한 것이다.

〈표 23-1〉 영국 의학/치의학 교육에서 사용되는 평가 유형

필기평가	실습평가	기타
자유응답 에세이	객관적이고 구조화된 임상시험(OSCE)	특별 프로젝트, 비디오/사진, 기사, 작품
구조화된/단답형 문제(SAQ)	장시간 사례 관찰(OSLER)	360도 평가(이는 형성적 측면을 강조하는 특별한 평가 유형임)
선택형 문항(MCQ)	실세계에서 학습자 관찰	팀/회사평가 1~0명의 구성원이 한 명의 수련자를 판단함
확장결합형 문항(EMQ)	물라즈 가상활동 시나리오(Moulage-simulated action scenario)	구술시험 구조화된 구술시험 비구조화된 구술시험
업무일지	실생활에 대한 비디오	
PBL 사례 기술		
반성적 실습 일기		
포트폴리오/향상 파일		
프로젝트 보고서		

〈사례연구 23-5〉 의학/치의학 교수-학습의 지원

의학, 치의학, 수의학 학과센터(The Subject Centre for Medicine, Dentistry and Veterinary Medicine, LTSN-01)는 2000년 1월에 설립된 교수학습지원네트워크(Learning and Teaching Supp. ort Network, LTSN)에 소속된 24개 학과센터 중 하나다.

뉴캐슬어폰타인 대학교의 의과대학에 본부를 두고, 에딘버러 대학교의 수의대, 런던의 왕립 의과대학(Royal College of Physicians)과 협력관계를 맺고 있는 LTSN-01은 고등교육 예산지원을 받고, LTSN 집행부와 영국 고등교육재정위원회(Higher Education Funding Councils)에 대해 직접적으로 책임을 진다.

우리의 과업은 대학에서 의학, 치의학, 수의학의 교수-학습에 관여하는 모든 교원을 지원하는 것이다. 여기에는 대학 교원, 대학 고위 관리자, 학습공학자, 교육개발 직원 및 교원연수 개발자가 포함된다. 우리 사무실은 월요일부터 금요일까지 오전 9시부터 오후 5시까지 근무한다.

센터의 주소와 연락처는 다음과 같다. LTSN-01 Catherine Cookson Centre for Medical Education & Health Informatics, University of Newcastle 16/17 Framlington Place, Newcastle upon Tyne NE2 4AB. 전화번호: +44(0) 191 222 5888. 팩스: +44(0) 191 222 5016. 이메일: enquiries@ltsn-01.ac.uk

우리가 제공하는 서비스의 범위는 다음과 같다.

- 학습자료 접속(예, 이미지 은행에 접속, 교수-학습 소프트웨어 안내)
- 교육과정 검토와 고등교육 쟁점들에 대한 뉴스(예, 학과 표준척도 진술)
- 좋은 진료 실제에 관한 '지식 기반' 제공
- 학습자원
- 자주 하는 질문(FAQ) 제공
- 이벤트와 재정 지원 기회

이 모든 정보는 웹 사이트(http://www.ltsn-01.ac.uk)에서 이용할 수 있다. 이 사이트에서는 교과별 프로젝트와 일반적 교육 프로젝트에 참여할 기회도 얻을 수 있다.

우리 임무의 우선순위는 다음과 같다.

- 기존의 지식에 쉽게 접근할 수 있게 하고, 연구와 개발을 촉진함으로써 기존의 자원의 가치를 높인다.
- 재정지원 확보에 노력하고 새로운 네트워크 구축을 촉진하며, 기존 집단/네트워크와의 새로운 협력을 촉진함으로써 권역 내의 혁신을 확인 · 촉진하고 역량을 강화한다.
- 후원자와의 초기 협의과정을 통해 우선순위를 확인하고, 우선순위가 높은 결과영역(평가와 같은)을 토대로 혁신적인 R&D 계획을 개발하고 실행한다.
- 새로운 질 보장 과정, 학과 표준척도, 법적 권고사항 등에 대한 이해/실행을 촉진하고, 구성원들이 변화를 관리하도록 지원한다.

우리가 실제로 하는 일은 다음과 같다.

- 소규모 프로젝트의 재정지원
- 구체적인 수업 요구를 해결하기 위한 소프트웨어 탐색에 관한 답변
- 교수-학습 연구개발 프로젝트를 위한 회의와 파트너십 촉진
- 정기적인 이메일 소식지
- 학교 방문

• '전문가 자문' 알선
• 이벤트와 컨퍼런스 자료

이상의 것들은 우리가 구성원들과 접촉할 수 있는 방법 중 몇 가지일 뿐이며 앞으로 더 많은 활동을 기대한다.

7. 개 요

의학/치의학 교수-학습은 최근에 '커다란 수술' 을 받았다. 이는 양질의 교육이론과 전통적 교수-학습 방법을 융합하기 위한 것이었다. 새로운 교육과정, 학습자 중심의 학습, 평가의 객관화와 혁신, 그리고 대학원 구조의 변화는 '현장의' 임상 의사들에게 많은 일거리를 안겨 주었다. 〈사례연구 23-5〉에서 설명하는 교수학습학과센터(LTSC)는 여러 가지를 제공할 수 있다.

여러 전통적 의과와 치과대학들이 의학/치의학 교육의 혁신이 과연 가치 있는 것인지에 대해 의문을 제기한다. 과거의 기준에 따라 측정된 것이지만, 위에서 언급한 의학/치의학 교육에서 나타난 주요 변화들이 소위 '더 나은' 졸업생을 배출한다고 말할 수는 없어도 종전과 다른, 더욱 완벽한 개인, 즉 일반 대중이 신뢰할 수 있는 사람을 양성한다는 증거가 나오고 있다.

전문직 종사자인 우리를 점점 더 많은 대중이 지켜보고 있고, 특히 의학/치의학 교육에 대해서 더욱 주목하고 있다. 우리가 과학적 연구를 하거나 임상 실습을 할 때 그러는 것처럼, 실제로 가르치는 일에서도 증거를 기반으로 접근하지 않을 수 없다. 전통적인 방법을 구태여 버릴 필요는 없다. 그러나 그것은 현대의 교육 이론과 실제에 따라 개선되고 향상시킬 수 있을 것이다.

참고문헌

Albanese, M., & Mitchell, S. (1993). Problem-based learning: a review of literature on its outcomes and implementation issues, *Academic Medicine*, *68*(1), pp. 52-81.

Allen, R., Heard, J., & Savidge, M. (1998). Global ratings versus checklist scoring in an OSCE, *Academic Medicine*, *73*(5), pp. 597-98.

Barrows, H. (1993). An overview of the uses of standardized patients for teaching and evaluating clinical skills, *Academic Medicine*, *68*, pp. 443-53.

Berkson, L. (1993). Problem-based learning: have expectations been met? *Academic Medicine*, *68*(10), pp. S79-88.

Boud, D., & Feletti, G. (eds.) (1996). *The Challenge of Problem-Based Learning*, Kogan Page, London.

Bouhuijs, P., Schmidt, H., & van Berkel, H. (eds.) (1987). *Problem-Based Learning as an Educational Strategy*, Network Publications, Maastricht, Netherlands.

Calman Report (1993). *Hospital Doctors: Training for the future*, Report of Working Group on Specialist Medical Training, Department of Health, London.

Case, S., & Swanson, D. (eds.) (1996). *Constructing Written Test Questions for the Basic and Clinical Sciences*, National Board of Medical Examiners, Philadelphia.

Crosby, J. (2002). Assessment, in *Effective Learning and Teaching in Medical, Dental and Veterinary Education*, eds. S Huttly, J. Sweet & I. Taylor, Kogan Page, London.

Davenport, E., Davies, J., Cushing, A., & Holsgrove, G. (1998). An innovation in the assessment of future dentists, *British Dental Journal*, *184*(4), pp. 192-95.

Feather, A., & Kopelman, P. (1997). A practical app. roach to running an OSCE for medical undergraduates, *Education for Health*, *10*, pp. 333-50.

Feather A., Visvanathan, R., & Lumley, J. (1999). *OSCEs for Medical Undergraduates*, Pastest, Cheshire.

General Dental Council (GDC) (1997). *The First Tears*, GDC, London.

General Medical Council (GMC) (1993, 2002). *Tomorrow's Doctors*, GMC, London.

Gleeson, F. (1992). Defects in postgraduate clinical skills as revealed by the objective structured long examination record (OSLER). *Irish Medical Journal*, *85*, pp. 11-14.

Harden R., & Gleeson, F. A. (1979). Assessment of clinical competence using an objective structured clinical examination (OSCE). *Medical Education*, *13*, pp. 41-54

Kolb, D. A. (1984). *Experiential Learning*, Prentice Hall, Englewood Cliffs, New Jersey.

Medical Workforce Standing Advisory Committee (1997). *Planning the Medical Workforce*, Medical Workforce Standing Advisory Committee, Third Report, Department of Health.

Neufeld, V., & Barrows, H. (1974 'The McMaster Philosophy': an approach to medical education, *Journal of Medical Education*, *49*, pp. 1040-50.

Newble, D. (1991). The observed long case in clinical assessment, *Medical Education, 25*(5), pp. 369-73.

Norman, G., & Schmidt, H. (1992). The psychological basis of problem-based learning: a review of the evidence, *Academic Medicine, 67*(9), pp. 557-65.

Peyton, J. W. R. (1998). *Teaching and Learning in Medical Practice*, Manticore Europe Limited, Rickmansworth, Herts.

Quality Assurance Agency for Higher Education (QAA) (2002). Subject Benchmark Statement for Medicine; QAA, Gloucester.

QAA (2002). Subject Benchmark Statement for Dentistry; QAA, Gloucester.

Schmidt, H., Dauphinee, W., & Patel, V. (1987). Comparing the effects of problem-based and conventional curricula in an international sample, *Journal of Medical Education, 62,* pp. 305-15.

Smits, P., Verbeek, J., & Buisonje, C. (2002). Problem-based learning in continuing medical education: a review of controlled evaluation studies, *British Medical Journal, 324,* pp. 153-56.

Stanton, F., & Grant, J. (1999). Approaches to experiential learning, course delivery and validation in medicine: a background document, *Medical Education, 33*(4), pp. 282-97.

Stark, P., Delmotte, A., & Howdle, P. (1998). Teaching clinical skills using a ward-based teacher, presentation at the ASME Conference, Southampton, September.

Suvinen, T., Messer, L., & Franco, E. (1998). Clinical simulation in teaching pre-clinical dentistry, *European Journal of Dentistry, 2*(1), pp. 110-18.

Turner, T., Collinson, S., & Fry, H. (2001). Doctor in the house: the medical student as academic, attendant and apprentice? *Medical Teacher, 23*(5), pp. 514-16.

Van der Vleuten, C., Norman, G., & De Graaff, E. (1991). Pitfalls in the pursuit of objectivity: issues of reliability, *Medical Education, 25*, pp. 110-18.

Vernon, D., & Blake, R. (1993) Does problem-based learning work? A met-analysis of evaluative research, *Academic Medicine, 68*(7), pp. 551-63.

Wass, V., & Jolly, B. (2001). Does observation add to the validity of the long case? *Medical Education, 35*(8), pp. 729-34.

읽을거리

Albanese, & Mitchell (1993). See above. The best place to gain an idea of the strengths of PBL and possible variations in its use.

Case, & Swanson (1998). See above. For different types of examination questions.

Jolly, B., & Grant, J. (eds.) (1997). *The Good Assessment Guide*, Joint Centre for Medical Education in Medicine, London. Probably the best single source of explanation about suitable types of assessment.

Sweet, J., Huttly, S., & Taylor, I. (eds.) *Effective Learning and Teaching in Medical, Dental and Veterinary Education*, Kogan Page, London. An overview compendium of basic app. roaches. (In press.).

Jolly, B., & Rees, L. (eds.) (1998). *Medical Education in the Millennium*. Oxford University Press, Oxford. Many useful chapters, especially student learning.

Newble, D., & Cannon, R. (1994). *A Handbook for Medical Teachers*, Kluwer Publishers, London. A basic 'how to do medical education'; also useful for dentistry.

Peyton, J. W. R. (ed.) (1998). See above. Some aspects helpfully described.

제24장

회계학, 경영학 분야 교수-학습의 핵심 측면

1. 서 론

이 장에서는 회계, 기업, 경영 교육의 고유한 특징이 무엇이고, 이런 특징들이 교수, 학습, 평가 등의 전략에 어떤 영향을 미치는가를 논의하고자 한다. 기업 교육은 고등교육에서 큰 비중을 차지하고 있다. 영국에서 1999~2000년에 15만 7,000명의 학부생(전체의 약 10%)이 기업과 경영 우등과정(honours degree) 프로그램(회계학 학위 포함)에 등록했다. 여기에 전공의 일부로서 기업 과목을 공부한 학생들을 추가하면 그 숫자는 더 늘어날 것이다. 이런 학생들의 포부와 공부 형태는 매우 다양하다.

기업 교육은 매우 다양한 학문과 이해 당사자들을 포함하고 있다. 기업 교육과 관련된 학생, 학문 그리고 이해 당사자들의 다양성으로 인하여 쉽게 해결되기 어려운 긴장이 생기고, 교수에게는 복잡한 도전적 환경이 조성된다.

이 장은 이와 같은 환경이 주로 학부 수준에서 기업 교육의 교수, 학습, 평가 등의 전략을 개발하는 데 어떤 시사점을 주는가를 중심으로 탐색할 것이다.

2. 기업 교육의 독특한 측면

고등교육평가원(Quality Assurance Agency, QAA)의 학과 표준척도 진술문(QAA, 2000a)에서는 일반 경영 및 기업 경영 프로그램의 목표를 다음과 같이 제시하고 있다.

- 조직, 조직 경영, 그리고 외부 환경의 변화 등에 관한 연구
- 기업과 경영 분야의 직업 준비와 발전
- 평생 학습 기능의 향상 그리고 사회에 기여할 개인적 발달

회계학 표준척도 진술도 유사하다. 여기서는 모든 회계학 학생이 회계사 자격 취득이 목표라고 가정하지 않는다. 회계학 학위 프로그램은 '기업과 재무관리의 세계에 대한 유익한 입문 과정' (QAA, 2000b)을 제공하는 것으로 본다.

이 목표들은 얼핏 명확한 것처럼 보이지만, 더 자세히 검토하면 교수, 학습, 평가 등의 전략을 세울 때 고려해야 할 고유한 특징과 긴장이 드러난다. 기업 교육의 가장 두드러진 특징(및 긴장)은 처음 두 가지 목표에 들어 있다. 많이 인용되는 1983년에 제기된 주장은 "이 (기업 학위) 과정에서 교수와 학생의 근본 관심사가 기업에 대한 연구인지 혹은 기업을 위한 연구인지가 분명하지 않다." (Tolley, 1983: 5)는 것이다.

학과 표준척도를 볼 때, QAA에서 보는 기업 교육은 이 두 가지 측면을 모두 포함한다. 기업을 '위한' 연구는 기업교육에 직업적 측면이 있음을 인정한다. 학생들은 기업에 고용되기 위해 적절한 준비를 해야 한다. 기업에 '관한' 연구는 교육의 역할이 더 광범하다는 점을 인정한다. 기업 교육은 학생들이 기업의 사회적 역할, 즉 기업의 사회학적 · 법적 · 경제적 · 윤리적 측면을 연구하게 한다는 것이다. 이와 같은 교육목표의 이중성은 오랜 역사가 있고, 직업교육 대 자유교육의 대조적 가치가 여기에 반영되어 있다(대조적 교육관에 관한 개관과 논의는 Grey & French, 1996 참조).

기업을 가르치는 교수는 복잡하고 역동적인 환경 속에서 교육한다. 표준척도 진술에 나타난 견해에도 불구하고 기업 교육자들은 정부, 고용주, 전문가 단체, 학생들에게서 나오는 대립적인 요구들을 수용하고 반응해야 한다. 더구나 대학의 전통과 문화 그리고 이 속에서 일하는 교수들도 기업 교육의 방향에 영향을 미친다. 기업 교육에 대해 더욱 직업적 접근을 지지하는 세력이 강력하지만, 이와 동시에 자유교육적 접근을 더 지지하는 세력도 있다. [그림 24-1]는 이런 환경을 잘 보여 주며 아래에서 이를 상세하게 논의할 것이다.

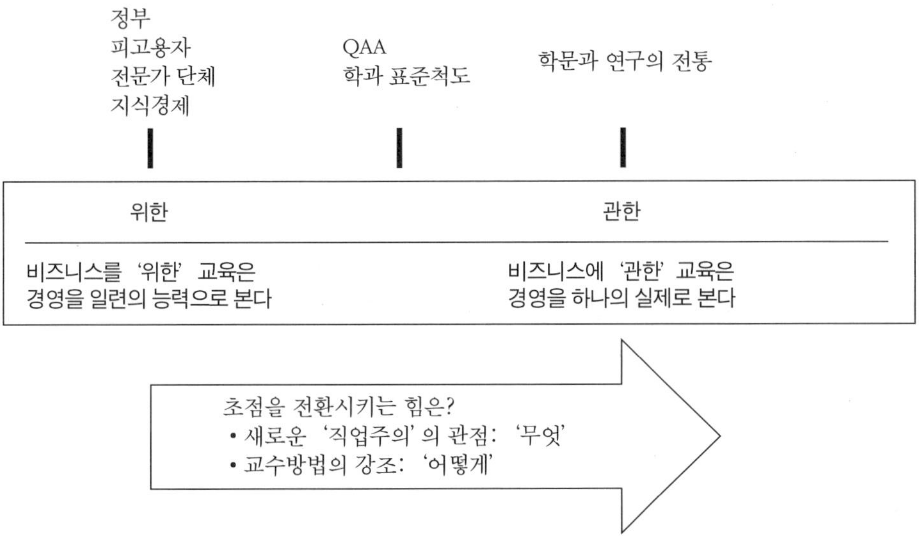

[그림 24-1] 기업 교육에서 '위한-관한 연속선'

교수들은 교과 교육에 대해 특별한 관점을 갖고 있다. 기업과 경영에 관한 연구는 단일 학문으로 이루어지지 않았다. 오히려 그것은 한편으로 경제학, 수학, 법학, 사회학 등 전통적 학문을 포함하고, 다른 한편으로 다양한 전통 학문을 빌어 지식기반을 구축하는 마케팅, 회계, 경영전략 등 새로운 과목을 포함한다. 어떤 교수들은 전통적 박사학위 과정 출신으로서 기업 교육을 가능한 한 기업에 '관한' 것으로 이해하는 경향을 보인다. 반면에 기업 경험을 실질적으로 겪은 후에 대학에 들어온 다른 교수들은 기업 교육을 가능한 한 기업을 '위한' 것으로 이해하는 경향을 보인다(Macfarlane, 1997). 따라서 한 대학 안에서도 기업 교육의 역할에 대해 다양한 관점이 있을 수 있다.

대학생도 학습에 대해 특별한 관점을 갖고 있다. 기업을 공부하는 학생들은 매우 다양하다. 1999~2000년에 전체 학생의 약 22%가 시간제 학생으로, 이 중에서 많은 학생이 직장과 학업을 겸하고 있었다. 기업을 공부하는 학생들의 상당 부분이 어떤 형태이건 현장에 '배치' 되어 있었다. 이 두 가지 부류의 학생들은 자신의 공부에 대해서 18세에 전일제 대학생으로 입학한 사람들과 매우 다른 관점을 갖고 있었다. 학생들의 직업적 관심도 다양했다. 경영에 대해서 포괄적인 전문성을 얻으려는 학생이 있는가 하면 회계학과 같은 특수 영역에서 전문적 자격을 취득하려는 학생도 있었다. 이 모든 요인은 교육과정의 설계, 교수법, 수업에 대한 태도 및 평가 등에 대해서 시사하는 바가 있다.

제도적 틀 속에서 과정들을 설계하다 보면, 비즈니스를 '위한' 교육과 비즈니스에 '관한' 교육 간의 긴장이 격화될 수 있다. 영국에서는 강좌식 코스가 널리 활용되고 있다. 이런 강좌식 코스의 전체 구조는 다학문적 특성을 갖지만, 이 속에서 개별 과목들은 서로 고립된 채 일부 강좌는 너무 전문화되는 경우도 생긴다. 그 결과 학생들은 교과들 간의 관계를 파악하는 데 어려움을 겪을 수 있다. (아래에서 논의하겠지만) 이런 문제를 극복하기 위해 대학이 취할 수 있는 조처는 다양하다. 그러나 이런 모든 조처의 실효성은 (다양한 관점을 갖는) 교수들이 보다 통합적으로 협력할 의지와 능력이 있는가에 좌우된다.

기금 관리기관, 정부, 고용주들이 강조하는 것은 학생들이 공부를 마치면 바로 '고용될 수 있어야' 한다는 점이다. 그들은 기업 관련 지식과 기능을 강조한다. 기업주들이 기업 교육 프로그램에서 개발되어야 한다고 주장하는 기능들은 국가 고등교육 조사위원회에 제출된 제안서에 들어 있다(National Committee of Inquiry into Higher Education, NCIHE, 1997). 이러한 기능 개발은 관련 학과 표준척도에서도 매우 강조되고 있다. '졸업능력' 은 장래의 취업활동에서 유용하게 쓰일 '능력' 과 교과지식을 포함한다(Association of Graduate Recruiters, 1995). 이 능력은 자신감 같은 태도와 기능을 포함한다. 기능은 기업 문제의 해결, 금융 용어의 사용 등과 같은 기업 및 회계 실무와 직접적으로 관련된 기능, 계산, 의사소통, 팀 작업 등과 같은 더욱 일반적 기능을 포함한다(9장 참조). 교육학 문헌들을 살펴보면 기능의 본질, 기능의 전이 가능성, 기능의 평가 수단 등을 탐구한 프로젝트가 많이 있다. 이런 연구결과들을 아주 간결하게 정리한 것도 찾아볼 수 있다(Atkins, 1999). 팽팽한 긴장이 바로 교육과정의 '여지' 를 확보하려는 경쟁에서 생겨난다. 기능 개발에 대한 강조가 과연 교과 지식 및 개념적 이해를 강조하는 입장과 타협을 이룰 것인가? 기업 및 회계에 관한 국가고등기술자격증(Higher National Diploma) 프로그램은 전통적으로 기능 개발을 매우 강조해 왔고, 학사학위 프로그램도 최근에 와서는 그런 방향으로 움직이고 있다.

기업 분야에서 나타난 지식 성격의 변화는 기업 교육에 중요한 영향을 미친다. 적절한 지식은 전문적인 능력(예, 회계 기준, 인사 관리 실무)과 함께 조직이나 사회의 경영 및 회계 실무에 대한 비판 능력을 포함한다. 기업 경영과 관련된 새로운 아이디어에 대한 연구의 증가(Huczynski, 1993)는 기업과 경영 분야 지식의 성격에 대한 논란, 경영 실무와 학문적 접근에서의 '유행' 요소들 그리고 복잡하고 척박한 환경을 이길 수 있는 새로운 아이디어에 대한 경영자들의 끝없는 갈증 등을 반영하는 것이다. 그러므로 기업 교육과정은 교과 지식의 다양성과 역동성을 고려해야 한다. 테크닉을 강조하는 탈맥락적 접근방식은 단지 파편적인 지식과 이해를 발달시킬 뿐이다. 그러나 기업 교육자들은 교육과정에 '유용한' 지식을 포함해야 한다는 압력도 받고 있는 것이다.

자신의 수업 실제에 대해서 생각하기

교수님이 알고 있는 기업/회계 관련 포상에서 교과 지식의 발달과 '기능' 개발이 어떻게 균형을 잡고 있는가를 살펴보시오. 그 균형이 적절하다고 생각합니까? 기능 개발은 고용 가능성을 어느 정도로 향상시킬 것이라고 봅니까? 개발된 기능은 얼마나 학습에 도움이 되며, 교과의 지식과 이해의 발달에 보탬이 된다고 봅니까?

최근 수년간의 추세를 보면 기업을 '위한' 교육 쪽으로 초점이 변화하고 있다. 그러나 정부, 고용주, 전문가 단체, 학생 등의 강력한 요청에도 불구하고 기업에 '관한' 교육 쪽으로 초점을 변화시킬 것을 지지하는 흐름도 있다. 이 중 첫 번째는 직업주의의 의미에 대한 관점의 변화를 근거로 삼고 있다. 최근에 평생학습이 강조되는데, 이는 기업 전공 졸업생들에게 자율적 행동과 비판적 사고의 능력이 필요하다는 고용주들의 깨달음을 반영한 것이다. 예컨대, 1990년대 미국 중심의 회계교육개선위원회(Accounting Education Change Commission)는 위와 같은 이유 때문에 자유교육의 원리를 회계학 교육과정에 도입하려고 노력하였다. 직업주의에 대한 이러한 관점 변화는 '무엇을 연구해야 할 것인가.' 에 대해서 뿐만 아니라 '어떻게 연구해야 할 것인가.' 에 대해서도 관심을 갖도록 요구한다. 이는 교수-학습 전략이 자율적 학습자들의 발달을 지원할 수 있어야 한다고 요청하는 것이다.

기업에 '관한' 교육 쪽으로 초점을 변화시키는 두 번째 흐름은 프로그램 설계에 관한 더욱 형식적인 접근 및 교수방법의 강조다. 고등교육평가원(QAA)은 각 학위과정에서 프로그램 명세서(programme specifications)를 작성할 것을 요구한다. 프로그램 설계자들에게 학위과정 프로그램의 목적 및 학습성과가 학생들이 이수할 여러 가지 강좌나 코스를 통해서 어떻게 성취될 수 있는가를 설명하게 하는 것이다. 이는 각 과정의 학습성과에 대한 명확한 진술 및 지식과 기능이 어떻게 발달되고 평가되는가에 대한 진술 등을 포함한다. 더구나 기능은 '비판적 사고, 분석, 그리고 종합' 과 같은 인지적 기능도 포함할 것을 요구한다. 이 속에는 '전제를 파악하고, 증거를 통해 진술을 평가하는 능력' (QAA, 2000a: 3) 등이 들어간다. 교수학습지원센터의 설립에서 알 수 있듯이 점차 교수법이 강조되고 있고, 교수들도 모종의 전문적인 교수법 개발에 참여해야 한다는 기대가 점점 더 커지고 있다. 결과적으로 기업 교육의 '내용' 뿐만 아니라 '방법' 의 변화까지 바라는 기업 교육자들을 실질적으로 지원할 수 있는 것들이 이전보다 더 많아졌다.

자신의 수업 실제에 대해서 생각하기

위에서 언급한 요소들을 염두에 두면서 교수님의 대학을 생각해 보시오. 기업에 '관한' 교육이나 기업을 '위한' 교육 중에서 어떤 방향에 치우쳐 있습니까? 프로그램의 '구조'는 프로그램의 방향에 어떤 영향을 미치고 있습니까? '교수님'은 무엇이 기업 교육의 목적이 되어야 한다고 생각합니까? 교수님은 어떤 입장을 택하고 있으며, 그 이유는 무엇입니까?

3. 출발점: 학생들에게 귀 기울이기

위에서 언급한 대로 기업 교육의 한 가지 특징은 학생 구성의 다양성이다. 학생들은 기업 학습에 대해서 서로 다른 동기, 서로 다른 태도를 갖고 있다. 어떤 학생들은 기업 과정의 전 분야를 원하고, 어떤 학생들은 회계, 마케팅, 인사 관리와 같은 특정 과목에 특별한 관심을 갖고 있다. 같은 강의실에서도 각자 독특하게 자신의 학습에 대해 이해하는 학생들이 모여 있다. 더 나아가 교수들은 자기가 담당하는 과목이 '위한-관한 연속선' 중 어디에 속하는가에 대해 특별한 견해를 가질 수 있지만, 이것은 일부 (혹은 모든) 학생의 입장과 매우 다를 수 있다. 〈사례 연구 24-1〉은 이 문제를 다루고 있는데, 교수가 기능 개발에 대한 학생들의 지각을 어떻게 파악했는지를 보여 주고 있다. 이 사례 연구에서 예상치 못했던 사항을 발견하면, 교수들은 도전감을 느끼게 될 것이다.

〈사례연구 24-1〉 기능 개발에 대한 대학생들의 지각을 확인하기

기능 발달

핵심 기능들의 성격 그리고 그것들을 교육과정에서 개발할 수 있는 방법에 대한 논의는 많았다. 기능 개발을 교육과정 수준에서 분리해서 취급해야 하는지 아니면 개별 강좌 속에 포함시켜야 하는지는 매우 중요한 결정이다. 그러나 설령 핵심 기능을 분리하여 개발할지라도 학생들이 개별 강좌 속에서 이 기능들이 어떻게 연관되었는가를 인식하는 것이 중요하다.

서부 잉글랜드 대학에서는 이 대학의 '핵심 기능과 졸업 능력 프로젝트'의 일부분으로 연구팀을 구성하여 프로그램에서 개발시키려는 기능들을 기술한 프로그램 명세서를 작성하였다. 학생들에게 이 명세서를 보인 다음 이런 기능들에 대해 상당히 심층적으로 토론할 기회를 주었다. 그들에게 '이런 기능을 개발하는 데 여러분의 코스는 어느 정도로 도움이 되었는가?' 라고 질문을 하였다.

연구의 결과는 예상치 못한 것이었다. 학생들은 기능 개발을 암묵적 발달 과정으로 경험했고, 어떤 경우에는 그것이 너무 암묵적이어서 발달 과정으로 전혀 느끼지 못하기도 했다. 예컨대, 하나의 기능을 갖는다는 것을 '모종의 인간이 되는' 것과 연결시키기도 했다. '너는 기능을 가진 사람이다, 혹은 갖고 있지 않은 사람이다.' 라고 판정하는 경향을 보였다. 또는 하나의 기능을 성숙 과정의 일부로서 '시간이 흐르는 가운데 얻게 되는' 어떤 것이거나, 대학에 '그저 다니기만 해도' 무의식적으로 개발되는 것으로 여기기도 하였다. 그리고 대학에서 기능이 개발되는지의 여부는 '어쨌든 그것을 얼마나 잘 하는가에 달려 있다.' 고 생각하기도 하였다. 물론 대학에 입학할 당시 학생들의 기능 개발 정도는 매우 다양했다. 마지막으로, 학생들은 기능을 기술하는 용어를 매우 낯설게 느꼈다. 그 결과, '도대체 누가 이걸 썼지?' 하는 불만스러운 항의도 있었다(이 프로젝트에 관한 추가적인 정보는 Lucas et al., 2001 참조).

학생들의 지각 고려하기

교수가 대규모 학생집단을 다룰 경우, 학생들의 다양한 생각을 어떻게 고려할 수 있는가? 첫째, 위에서 언급한 연구의 가장 긍정적 발견 내용은 학생들이 자신들이 지각하는 바를 토론할 기회를 가진 것을 아주 가치 있게 여겼다는 점이다. 그런 기회를 통해서 학생들은 반성하였고, 그 코스를 새로운 시각에서 이해하기 시작했다. '내가 그런 기능을 갖고 있다는 것을 전혀 생각하지 못했다…….' 는 것이 전형적인 반응이었다. '다른 학생들은 기능을 다른 방식으로 보고 있었다' 는 점을 아는 것 자체가 학생들의 눈을 뜨게 했다. 대규모 집단일지라도 학습이나 교과에 대한 학생들의 지각을 확인하고, 토론하고, 비교할 시간을 주는 일은 어렵지 않다.

둘째, 교수들은 교과 학습에 대한 학생들의 다양한 이해 방식을 폭넓게 인식하면서 자신들의 교수-학습을 설계할 수 있다. 학습에 나쁜 영향을 미칠 수 있는 학생들의 지각을 바로잡기 위해서 워크숍이나 강의를 활용할 수 있을 것이다. 셋째, 이를 통해 배운 지식은 그 코스의 후반부에 다시 환기시킬 수 있다. 이때에 학생들은 수강 중에 자신의 생각이 어떻게 변화 (안)했는지를 돌이켜 볼 수 있다.

이와 같은 접근 방식에 대한 흥미 있는 설명은 다른 데서도 찾아볼 수 있을 것이다 (Mladenovic, 2000). 이것은 회계학 과정에서 나타난 접근방식을 기술하지만 다른 모든 교과에서도 활용할 수 있다.

〈사례연구 24-2〉 학부 수준에서 전이 가능한 개인적 기능을 개발하기

교수들이 학생들에게 귀를 기울이고 그들의 상이한 생각들을 감안하는 것은 중요하다. 그런데 학생들이 자기 자신에게 귀를 기울이는 것도 똑같이 중요하다. 학생들은 자아인식과 자신의 경험을 반성하는 능력을 발달시킬 필요가 있다. 브래드포드 대학교 경영대학의 '경영 기능 연습' 강좌에서 기능을 개발시키기 위해 사용한 접근방법은 홀로서기 기능 강좌의 이용과 함께, 다른 수업을 통한 기능 통합을 유도하는 것이었다. 이 대학의 사례는 피드백의 부족, 기능을 보여 줄 기회의 부족 그리고 '피상적' 학습 등으로 인해서 생기는 어떤 환경에서 다른 환경으로의 '기능의 전이 가능성' 문제를 부각시킨다.

이 강좌를 개발한 이유는 학생들이 다양한 상황에서, 즉 강의실에서 혹은 시간제 노동과 같은 인생 경험에서 기능을 발달시킨다는 사실을 인식했기 때문이다. 학생들은 이런 모든 상황에서 전이 가능한 기능을 드러내고 개발하는 방식에 대해서 스스로 반성할 기회를 갖는다. 이 강좌는 폭넓은 인생 경험을 가로지르는 통합을 이루고, 이와 함께 전이 가능성을 향상시키는 것을 목표로 한다.

학생들은 어떤 영역에서 기능을 향상시키고, 이 기능을 실제로 적용하고 피드백을 받으며, 또 반성할 것인가를 파악할 수 있어야 한다. 변화된 행동 자체가 학습(2장, 콜브의 학습 사이클을 택함)을 증명해 줄 것이다.

이 강좌의 수업 내용은 다음과 같이 광범한 기능 영역을 포괄한다.

- 자기 발전과 계획
- 발표 기능
- 시간 관리
- 면접
- 능동적 청취
- 집단 작업
- 스트레스 관리
- 리더십
- 자기소개서 준비
- 의사 결정
- 피드백 제공

이 강좌에 대한 평가는 학생들이 이런 기능들을 다양한 영역에서 발휘하고 발전시킬 기회를 확대하기 위해 고안되었다.

- 자아인식에 대한 두 가지 성찰: 하나는 약점을 파악하고 그것을 강점으로 바꾸기 위한 계획이고, 다른 하나는 그 계획의 성공 여부를 평가하고 미래의 개발 분야를 제안하는

것이다.

- 선정된 기능에 대한 개별 경험의 성찰
- 동급생들에 대한 성찰적 집단 발표(학생들은 네 가지 제목 중에서 하나를 선택한다. 가령, '인간관계 기능과 관련하여 우리는 무엇을 배웠는가?')

본 사례에서는 두 가지 핵심적인 혁신을 설명한다.

(1) 학생들이 자신의 일로 간주하고 참여하는 기회는 선택-필수의 균형을 통해 만들어진다. 자아인식은 필수다. 그러나 더욱 발전시킬 개인적 기능 영역을 파악하기 위해서 학생의 반성을 강조한다. 학생들은 무엇을 평가받을 것인지를 선택하고 평가 시점도 어느 정도 선택하게 된다.

(2) 평가 구조들은 기능의 전이 가능성을 높이는 데 사용된다. 학생들은 강좌에서 배운 것들을 다른 상황에서 개인적 경험에 적용할 수 있을 뿐만 아니라 다른 영역(예, 다른 강좌의 평가에서 사용한 발표 기능, 시간제 노동에서 발달된 기능)에서의 경험에 대해서도 성찰할 수 있다. 평가는 학생의 필요에 따라 탄력적일 수 있지만, 계획의 메커니즘과 내용은 일관성을 갖고 있다.

학생들은 적극적인 참여와 개입을 통해 반성의 기회를 잘 활용했다. 학생의 피드백은 긍정적이었다. 어떤 학생은 자기개발과 경력개발 간의 연계에 초점을 맞춤으로써 또 다른 이득을 얻기도 했다. 교수에게 유익했던 점으로 보고된 것들은 다음과 같았다. 학생들의 필요와 쟁점을 앎으로써 학생들과 더 좋은 관계를 형성하는 것, 더욱 효과적인 학습을 유도하는 것, 자신의 수업에서 개인적 만족을 얻는 것 등이다.

이 강좌에서는 특히 개별지도에 집중적으로 신경을 써야 하는 것으로 판명되었다. 그러나 여기서 보다 효과적인 형태의 준거 중심적 피드백을 개발해야 한다는 자극을 받기도 했다. 이 강좌를 담당하는 교수들은 통제 문제에 직면하기도 했고, 학생의 지각을 관리하기가 어렵다는 것을 알게 되었다. 이 강좌는 이론적이거나 활동적인 학습양식을 지닌 학생들에게는 덜 효과적인 것으로 판단되었다. 이 문제점들의 일부는 평가와 기준에 대해 충분한 조언을 제공함으로써 극복되었다. 여기서 모든 학생은 각자의 개인적 필요에 맞는 평가 주제들을 선택할 수 있도록 하였다. 이 사례에 관해서 더 많은 정보를 찾아볼 수 있다(Morgan, 2001a, b).

쟁점/질문

기능들은 상황과 배경이 달라짐에 따라 어느 정도로 '전이 가능한' 것으로 간주될 수 있는가?

기능의 개발은 독립 강좌를 통해서 가능한가 혹은 모든 강좌를 통해서 통합되어야 하는가?

반성은 기능 개발을 촉진시키는가?

4. 교수, 학습, 평가 전략의 설계

이 절은 프로그램 수준과 개별 강좌 수준에서 '위한-관한 연속선상'을 따라 초점을 이동하는 데 교수, 학습, 평가 전략을 사용할 수 있는 방안을 다룬다. 총체적 접근방식으로써 기업 교육의 복합학문적 경향에 대응하려는 모든 시도는 프로그램 설계 수준에서 통합전략이 필요하다. 그러나 개별 교수들은 '위한-관한 연속선상'을 따라 수업의 초점을 여러 가지로 변화시킬 수가 있다. 그 초점을 어떻게 변화시킬 수 있는가에 대한 제안은 [그림 24-2]에 요약되어 있으며 다음에서 이를 논의할 것이다.

1) 학습 성과

학습, 교수, 평가 전략의 설계에서 먼저 시작할 일은 학습성과를 파악하는 것이다. 학습성과에 대한 교육적 조언은 일반적으로 교수들에게 블룸의 목표분류학(3장 참조)을 가리키는 일이다. 그러나 직업/전문 교육에는 그와 다른 목표분류학이 더 적절할 것이다. 예컨대, 전문교육목표분류학(Carter, 1985)과 능력 분석(Eraut, 1994)은 전문직 실무에 필요한 다양한 유형의 지식과 기능을 분석한다. 특히 그들은 블룸과는 달리, '무엇을 하는 방법을 앎'과 '그것을 할 수 있음'을 구분한다. 따라서 경험적 지식(10장 참조)이 태도와 가치의 중요성과 함께 언급된다. 학습성과에 관한 결정은 그 프로그램이 '위한-관한 연속선상'의 어디에 위

초점 변화를 위한 장치는?
- 교육과정과 교과내용 설계(학습성과)
- 강조점 변화: 전이 가능하고 전문적인 교과 특수적 기능에 점점 초점을 맞춤
- 전문적 실무를 수업에 활용
- 평가(전문적 기능을 개발시키는 문제 중심의 사례 연구)

위한	관한
비즈니스를 '위한' 교육은 경영을 일련의 능력으로 본다	비즈니스에 '관한' 교육은 경영을 하나의 실제로 본다

초점 변화를 위한 장치는?
- 교육과정과 교과내용 설계(학습성과)
- 강조점 변화: 비판적 사고와 반성 기능에 점점 초점을 맞춤
- 수업을 위해서 연구를 활용함
- 평가(학위논문, 학습일지, 사례 연구를 통한 상정 검토, 자기 및 집단 평가)

[그림 24-2] '위한 – 관한 연속선' 상에서 초점의 변화

치할 것인가에 대한 결정과 함께 내려야 한다. 개별 프로그램의 방향은 각각 다르겠지만, 프로그램의 세부내용에서 총체적으로 어떤 접근방식을 택하게 될 것이다.

2) 통 합

프로그램이 '위한-관한 연속선상'에서 어디에 위치하는가 하는 것도 문제지만 이와 별도로 통합이라는 문제도 언급해야 한다. 통합을 이룰 수 있는 방안은 다양하다. 첫째, 교육과정을 가로지르는 주제들—환경, 윤리, 지구화, 지식 경제학 등—을 파악할 수 있다. 이 주제들은 모든 강좌에서 더 좋은 것으로는 평가되는 활동에서 다룰 수 있을 것이다. 둘째, 마케팅과 회계학 교수들이 함께 '기업 환경'을 가르치는 경우처럼 팀티칭을 채택할 수 있다. 셋째, 프로그램과 직장이 결합된 경우 평가 차원에서 학생들에게 이론과 실무를 연계하도록 하고, 여러 가지 주제가 자신의 경험과 어떤 연관성이 있는지를 파악하도록 요구할 수 있다. 그런데 통합을 이루는 데 개별 교수의 역할을 소홀히 다루어서는 안 된다. 학생들은 포괄적 그림 속에서 어느 부분이 특정 주제에 '적합한' 지점인지를 파악하는 데 늘 도움을 받아야 하기 때문이다. 교수들은 현재 공부하는 바와 연결되는 맥락이 될 교육과정의 부분들이 어떤 것인가를 확인시킬 수 있다.

또한 '위한-관한 연속선상'에서의 변동은 개별 강좌에서 강조하는 기능의 정도와 관계가 있다. 학습성과에 실무 기능의 개발과 실무 관리의 비판적 검토 두 가지를 얼마나 포함시킬 것인가를 결정해야 한다. 그것은 결코 '전부 혹은 전무'의 문제가 아니다. 실무 기능을 강조하면서도 비판적 검토의 요소들을 추가할 수 있고 또 그 반대로도 할 수 있다. 예컨대, 학생들에게 접근 기술의 바탕에 깔려 있는 상정과 이론 틀에 의문을 제기해 보도록 요구하는 평가를 설계할 수 있을 것이다. 혹은 학생들에게 '전문적' 테크닉과 실무를 규준으로 받아들이게 된 수단들에 대해서 의문을 제기하도록 할 수 있다.

현장에 배치된 기간은 학생들이 자신의 학문적 공부를 구체적 맥락 속에서 파악할 수 있고 또 실험적으로 기능을 개발할 수 있는 좋은 기회가 될 것이다. 이 장은 현장 경험의 역할을 더 이상 고려하지 않을 것이다. 그러나 대학에서 배운 것을 현장에서 활용하는 것에 대한 논의는 다른 곳에서(Foreman & Johnston, 1999) 찾아볼 수 있다.

3) 연구, 교수 그리고 전문적 실무 간의 시너지 효과

교수들은 자신의 전문적 실무나 연구 실제를 활용함으로써 대학생들에게 공부하는 내용의 맥락을 알려 줄 수 있다. 교수의 입장은 대학생들이 공부하는 과목을 어떻게 지각하는가에 대해서 중대한 영향을 미칠 수 있다. 교수가 기본적으로 기업에 '관한' 과정을 설계할 경우에는 과목의 기반이 되는 이론 틀을 언급할 것이다. 그러나 이런 경우에도 교수의 전문 경험이나 기업 경험이 현실적 맥락을 제공함으로써 이론적 지식이 현실과 연관성을 갖게 하고 또 효과적으로 이에 대해 도전하게 할 수 있다. 이와 달리 근본적으로 기업을 '위한' 과정을 설계함으로써 전문적 기능의 개발을 추구할 수 있다. 그러나 교수가 전문기능의 연관성과 효과성에 대해서 문제를 제기할 때에도 해당 영역의 연구 결과를 활용할 수 있을 것이다.

학습성과를 구체화한 후 교수-학습 전략을 개발할 때 중심이 되는 것은 평가로서 이는 이미 확인된 학습성과와 직접 연관되어야 한다. 평가 유형도 타당성, 신뢰성, 공정성을 가져야 할 것이다(4장 참조). 평가는 학생들의 동기유발을 좌우하는 핵심 요소며, 학생들의 에너지가 적절한 활동으로 투입되도록 교수가 이끌어 주는 기회다.

4) 평가 전략

평가에 관한 일반적인 안내 자료는 4장이나 다른 자료(Macfarlane & Ottewill, 2001: 53)를 참조하면 된다. 여기서는 기업 교육과 아주 밀접한 평가 측면들을 논의한다. 이미 지적한 대로 기업 교육의 다양성으로 인해 긴장이 생긴다고 하였다. 여기서 핵심 문제로 제기될 수 있는 것은 '평가가 이런 긴장을 해소하는 데 도움이 될 것인가?' 라는 문제다. 평가가 '위한-관한 연속선상' 에서 교육의 초점을 변화시킬 수 있다.

기업에 '관한' 교육을 강조하는 코스를 살펴보자. 여기서 평가는 특수한 맥락 속에 들어 있는 문제에 초점을 둠으로써 대학생들이 지식과 이론을 실제 시나리오 속에서 살피도록 할 수 있다. 따라서 사례 연구와 비즈니스 게임은 학습과 평가를 위해서 중요한 자원이 된다. 이와 달리 기업을 '위한' 교육을 강조하는 코스를 살펴보자. 여기서 평가는 학생들에게 자신의 실무 공부를 개념 틀 속에서 살펴보도록 장려할 것이다. 학위논문은 대학생들이 자신의 실무 공부의 기반이 되는 이론과 지식을 확인하고 비판하는 기회가 될 것이다.

평가는 개별 강좌 속에서 따로따로 공부한 교과들을 연결시키도록 고무할 수 있다. 또 사례 연구는 대학생들에게 문제해결을 위해 통합적인 접근을 하도록 기대한다. 그러나 통합 평가를 발전시키기 위해 강좌들 간의 협력이 이루어진다면 이는 또 다른 가치 있는 변화가 될 것이다.

평가는 의사소통, 집단작업 혹은 기획과 조직 등과 같은 취업 관련 기능의 발달에 도움이 될 것이다. 여기서 평점 기준이 그러한 기능들의 수준을 충실하게 평가하게 하는 것이 아주 중요하다. 어떤 경우에는 기능 개발의 성과를 눈으로 확인하기가 쉽지 않다. 따라서 대학생들에게 반성 기록이나 학습일지를 작성하게 함으로써 특정 기능의 개발과 훈련에 대해 반성하도록 할 수 있다. 취업 관련 기능을 이미 강조하는 경우, 평가의 초점을 비판적 사고와 반성에 둘 수 있다. 전문적 기능의 질에 대해서 평가를 할 경우, 대학생들에게 직무 맥락 속에서 그런 기능의 적절성과 타당성을 비판적으로 검토하도록 요구할 수 있다.

평가는 학생이 비판적으로 반성하는 개인으로 발달하도록 도와줄 수 있다. 평가에 대한 피드백을 제공함으로써 대학생들이 자신의 수행에 대한 이해를 증진하는 데 크게 기여할 수 있다. 평가의 다른 한 부분으로서 '평가를 통해 자신이 배운 것' 에 대해 반성적인 글을 쓰게 할 수 있다(〈사례연구 24-3〉 참조).

기업 교육의 한 가지 중요한 성과로 이야기하는 것은, 평생학습을 할 수 있는 능력을 지닌 자율적인 개인으로서 대학생들이 성장하는 것이다. 기업 교육은 학생들이 3~4년의 학위 과정의 평가 과정에 독자적으로 참여할 수 있도록 평가 전략을 개발할 수 있을 것이다. 즉, 학생들을 평가 문제나 평점의 설계에 참여시킴으로써 (자기논평이나 집단논평을 통해) 그런 일을 협동적인 일이 되게 하는 것이다.

사례연구들은 기업 교육에서 수업과 평가의 수단으로 널리 이용된다. 그러나 그것을 사용하는 방법도 여러 가지 있을 수 있고, 매우 다양한 학습성과와 평가 결과를 낳을 수 있다는 점을 염두에 두어야 한다. 예컨대, 어떤 사례는 설명용으로 활용되어 이론적인 접근에 생명을 불어넣을 수 있다. 또 어떤 사례를 '해결' 해야 할 문제로도 활용할 수 있다. 이와 달리 어떤 사례는 '경계가 불분명한' '해결하지 못할 수 있는' 문제들을 포함하는 복잡한 맥락을 제공하는 데 활용될 수 있다. 이 장에서는 그 이상의 사례 연구를 언급하지 않는다. 이를 보다 상세히 언급하는 자료를(Foreman & Johnston, 1999) 활용하는 것도 좋다. 기업 교육에서 '사례 방법' 의 이용법과 적절성에 대한 유익한 자료는 다른 곳에서(Booth et al., 2000) 찾아볼 수 있다.

자신의 수업 실제에 대해서 생각하기

교수님이 현재 가르치는 코스를 검토해 보시오. 그 코스의 진술된 학습성과는 교수님이 실제로 성취하려고 노력하는 것에 어느 정도까지 반영되고 있습니까? 교수님은 이 코스의 초점이나 학생들의 동기를 변화시키려고 할 때 평가 전략을 어떻게 바꿀 수 있겠습니까?

5. 학생들의 반성과 자기 인식 격려하기

교육의 핵심 목적은 학생들의 반성과 자기인식을 장려하는 것이다. 이 점은 기업 교육에 내재하는 다양성과 긴장을 고려할 때에도 지극히 중요하다. 그러나 대학생들에게는 이론과 실제를 연결시킬 뿐만 아니라 '확대 중'인 이론과 '학생들'의 실제도 연결시킬 수 있는 기회도 필요하다. 앞에서 언급한 바와 같이, 기업 환경은 지식 기반의 팽창을 크게 겪었다. 그에 더하여, 우리는 대학생들에게 자신의 개인적 지식과 경험 기반을 파악하는 능력이 중요하다는 점을 더 잘 알고 있다.

〈사례연구 24-3〉 연구에 대한 대학생의 이해 증진

학부 과목으로 회계 및 일반기업경영 교과에서 대학생들은 최신의 지식을 습득하고, 당면 문제에 대한 최근의 연구를 이해해야 한다(QAA, 2000a, b). 여기서 후자는 대학생들이 연구 수행 능력을 갖추어야 함을 강조한다. 이런 요청은 '전통적으로' 졸업논문을 통해서 해결하는 경우가 많았으나(8장 참조), 이런 접근은 교수들의 시간을 과다하게 요구할 수 있다. 인적 자원의 제약으로 인하여 논문 방식을 유지하기가 쉽지 않다. 교수들은 기초 교과목을 폭넓게 가르쳐야 하고, 이것은 HEFCE 재정지원을 제일 적게 받는 부분이 있다. 더구나 학생들은 이차적 연구뿐만 아니라 일차적 연구를 수행하도록 요구하기도 한다. 이는 연구 주제와 자료에 대한 접근 문제를 제기한다. 어떤 대학에서는 대학생들에게 현장에 배치되는 시간에 일차적 자료의 수집을 장려 혹은 요구하기도 한다. 이것이 모든 학생에게 적절한 것은 아니고 기업이나 회계 분야에서 수여하는 상 중에는 현장 학습을 요구하지 않는 것도 많다.

배 경

학부의 기업 전공 학생들은 전통적으로 현장 배치 기간에 수집한 일차 자료를 이용하여 졸업 학년에 학위논문을 작성하도록 요구받았다. 1993년에 새로 도입된 비-샌드위치 기업경영 과정에서는, 학생들이 이차적 자료만을 이용하여 독자적인 연구 프로젝트를 수행하도록 요구하고 있다. 일부 뛰어난 학생도 있지만 많은 학생은 교수의 실질적인 도움이 없이는 그런 프로젝트를 완성할 수 없다. 학생 수가 증가함에 따라, 이 프로젝트는 지속될 수 없었다. 기업지식개발(Developing Business Knowledge)이라는 새로운 중핵 강좌가 1998년에 개발되었다.

강좌의 목표와 접근

어떻게 연구할 것인가를 가르치는 것과 어떻게 연구를 평가할 것인가를 가르치는 것 중에서 선택하게 된다. 이 강좌의 목적은 출판된 연구결과를 비판적/자아인식적/반성적으로 읽고 소화하는 대학생을 길러내는 것이다. 이를 위해 학생들에게 연구결과를 평가하는 데 필요한 도구들을 제공하려고 노력한다. 이 강좌의 초점은 다음과 같다.

- 출판된 연구결과의 해석과 평가
- 방법보다는 방법론과 인식론의 쟁점들
- 경영학 연구의 다 학문적, 간 학문적 성격
- 경영학 연구를 경제적 · 정치적 · 사회적 맥락에서 파악하기
- 최근의 일반적인 쟁점

여기서 강조하는 것은 기업 및 경영에 관한 연구결과에 총체적으로 접근하게 함으로써 교차 학문적 주제와 접근 방법을 이해하도록 하고, 이와 함께 경영학의 모든 하위 과목의 기반에 놓여 있는 쟁점을 잘 이해하도록 학생들을 도와주는 것이다. 이 강좌는 전통적으로 주별 강의를 실시한다. 여기서는 방법론, 인식론, 연구 맥락 등에 초점을 둔다. 워크숍을 통해서는 학생들이 출판된 연구 사례들을 긍정적으로 또 비판적으로 평가할 수 있게 한다. 평가는 학년말 시험(40%), 문헌 검토와 학술논문의 반성적 학습(60%)으로 한다. 학생은 현재 쟁점이 되는 광범한 문제 목록 속에서 자신이 검토할 주제를 선택할 수 있으며, 문헌의 선택과 비판적 논평에 대해서 지원할 튜터를 할당해 준다. 학생들은 강의와 워크숍에 참석하여 출판된 연구 사례들을 평가하게 한다.

쟁점과 질문

- 학생들이 '연구 결과를 평가하는 방법' 을 배우도록 하기 위해 연구를 하게 할 필요가 있습니까?
- 학위논문은 학부의 기업 관련 상을 수여하는 데에 필수적인 사항이라고 봅니까?
- 기업과 회계 전공 학생들이 '연구 결과의 효과적 소비자' 가 되기 위해서 연구 방법론에 대한 지식과 이해를 어느 정도까지 터득해야 한다고 봅니까?

〈사례연구 24-4〉 이론과 실제의 연결

배 경

'리더십' 은 성공적인 기업 실무의 핵심으로 알려져 있으며, 교수와 경영자 모두가 이에 관심을 갖는다. 그러므로 리더십 강좌는 이론과 실제의 경계선에 위치한다. 이 강좌는 학생들이 이 경계선을 탐색하고 또 관련된 교과 지식과 기능을 개발하도록 하기 위해서 설계되었다. 이 강좌는 수준 3의 선택 과목으로 기업과 회계 전공 학생들을 위해 일반적으로 제공된다. 1997년에 설강된 이후 인기가 계속 상승하고 있다. 이 강좌는 설계, 전달, 평가 등에서 혁신적이고

통합적인 특징을 갖는다.

목표와 접근

이 강좌의 설계는 콜브(kolb, 1984)의 경험학습 사이클에 토대를 둔 것으로, 학생들이 적극적으로 반성하고 실험하도록 만들어졌다. 이 강좌는 네 가지 유형의 통합적 활동을 포함한다.

- 구체적 경험: 학생들은 리더십 문제에 초점을 맞춘 실무 경영과 팀워크 연습을 함. 기업 지도자들이 대학에 와서 자신들의 리더십 실제에 대해서 이야기를 함. 학생들은 실제가 이론을 통해서 어떻게 밝혀지고 설명되는가를 생각하게 함.
- 반성적 관찰: 학생들은 접촉 시간에 관해서 반성하고 학습일지를 작성하게 함. 학생들은 연습 시간이 끝날 때마다 각자 리더십 기능에 대해서 검사하도록 함. 이때 행위 중심의 리더십 틀을 통해 자기 자신과 리더의 신념을 반성해 보게 함.
- 추상적 개념화: 전통적인 강의를 통해서 교과서와 참고도서에 들어 있는 개념과 이론을 다룸.
- 능동적 실험: 학생들이 리더를 면담한 후, 최근의 리더십 이론을 사용하여 그 자료를 분석해 보도록 요구하고 이를 평가에 반영함.

이 강좌의 평가에서 드러난 바, 학생들이 자발적으로 통제하는 상호 지원적 학습 환경 속에서 학생들의 적극적 피드백이 있었다. 또 학습에 대한 심층적 접근의 증거도 나타났다. 이 강좌의 경험적 측면을 통해서 학생들은 강력한 자아인식, 학습의 창의성, 자신의 리더십 기능 등을 발전시켰다. 이 사례에 관한 또 다른 정보도 많다(Grisoni & Beeby, 2001).

쟁점과 질문

- 이론적 지식, 지식의 응용, 자아인식 등의 개발을 촉진하도록 학생들에게 이론과 실제를 어떻게 제시해야 할 것인가?
- '실험' 은 학습에 얼마나 중요한가?

6. 비즈니스 교육에서 ICT의 활용

교육 활동에 정보통신기술(ICT)이 광범하게 적용되기 때문에, 기업 교육자들은 그것에 압도당하는 느낌을 갖기 쉽다. 그런데 기업, 경영, 회계 교수-학습 지원 네트워크의 기업교육지원단(Business Education Support Team, BEST)에서 귀중한 자원을 활용할 수 있다.

〈사례연구 24-5〉 BEST는 교수들을 어떻게 지원하는가

핵심 활동으로 BEST는 교수들을 대상으로 먼저 실태 조사를 했다. ICT 활용과 e-러닝은 가장 지원받고 싶은 두 가지 분야였고, 그 다음이 평가였다. BEST는 이 세 영역에서 모두 다양한 서비스를 제공한다.

교수들이 이용할 수 있는 e-러닝 자료는 다양하다. BEST는 교수-학습을 향상시킬 수 있는 잠재력을 지닌 새로운 컴퓨터-기반 자료들을 파악하고 검토한다. 나아가 ICT를 활용한 훌륭한 사례들을 파악하여 '이야기' 시리즈로 작성하여 출간한다. 교수들에게 이것을 전파하는 것은 '무엇을 할 수 있는가.' 에 대한 실제 사례를 제공한다는 점에서 중요하다. 교수마다 자료를 다양하게 활용하지만, '다른 사람들이 자료를 어떻게 활용하는가.' 를 아는 것은 교수들에게 개별적으로 적절한 형태의 혁신을 촉발시킬 수 있다. 이것은 BEST가 지속적으로 수행하는 활동이고 새로운 사례들이 계속 탐지되고 있다.

최근에는 가상학습환경(VLEs)에 대한 관심이 폭발하고 있다. 교수-학습에서 이것을 효과적으로 활용하자면 교수와 학생에게 모두 새로운 기능이 필요하다. 이런 기능에 대해 생각하도록 교수들을 지원하기 위하여 BEST는 숙련자와 초보자가 함께 참여하는 워크숍을 개최함으로써 상호 간 배울 수 있게 한다. 이런 시스템이 흥미 있고 도전적인 학습 경험을 제공할 가능성은 상당히 크나 여기에는 비전과 신중한 계획이 요구된다. 온라인상에 자료를 제공한다면 이러한 이점들을 얻을 수 없을 것이다. 학생들은 '교수들이 자기에게 기대하는 것이 무엇인지' 그리고 '그 시스템과 어떻게 상호 작용해야 할 것인지' 에 대해서 분명히 알아야 한다. 학생들 간의 그리고 교수와 학생들 간의 협동 작업과 온라인 토론은 유익할 것이지만, 성공을 하려면 적절한 조치가 필요하다.

VLEs와 WWW가 기업 교육자들에게 제공하는 기회는 크지만 그 활용은 창의적 교수의 손에 달려 있다. 회사의 실제 자료가 온라인상에 올라 있고 회계, 재정, 마케팅 등으로 활용할 수 있다. 회사 웹사이트의 많은 측면, 즉 온라인 마케팅 정책, 소비자의 관심 등을 비교할 수 있다. 온라인 사례 연구도 활용할 수 있으며, 학생들은 다른 원천의 수업 자료에 접속할 수 있다. 특히 BEST는 사례 연구나 시뮬레이션 자료의 활용 범위에 대해서 자문을 할 수 있다.

물론 이러한 광범한 접속에 문제가 없는 것은 아니다. 이 중 하나는 표절이다. 그러나 학생들이 출처를 언급해야 할 필요성을 이해하고, 실질적인 비판을 추가하도록 작성 기준을 설정한다면 이 문제점은 상당히 감소될 것이다. 학생들이 찾은 자료에 대해 비판하도록 가르치는 것도 중요하다. 이것은 학부생들이 온라인에서 공부하든 오프라인에서 공부하든 개발해야 할 한 가지 기능이다.

BEST의 역할은 교수-학습의 모든 측면에서 기업 교육자들을 지원하는 일이다. ICT 활용의 지원은 그중 가장 중요한 측면이다.

앞에서 논의한 바와 같이, 기업을 공부하는 학생들 중에는 직업이 있어서 모든 공식적 수업에 참여하기 어려운 경우가 많다. 이러한 학생들을 지원하는 데 VLEs 혹은 인트라넷의 활용은 귀중한 수단이다. 일 때문에 계획된 수업에 참여하지 못하는 MBA 학생들도 마찬가지다.

최근 10년 동안 고등교육에 활용되는 ICT 자원에 중대한 변화가 있었다. 포맷은 변했지만, 활용의 기본 원리는 비슷하다. 교수법이 테크놀로지보다 중시되어야 한다. 테크놀로지는 교수-학습을 지원하는 새로운 도구일 뿐이다. 교육자들이 이 점을 간과하지 않는 것이 중요하다.

자신의 수업 실제에 대해서 생각하기

BEST의 웹사이트(http://www.business.ltsn.ac.uk)에 접속하여 둘러보시오. 자원 페이지에서 제공되는 링크를 찾아보시오. BEST의 워크숍, 출판, 자원 등은 교수님의 수업에 어떤 도움을 줍니까?

신임 교수들에게 (기업, 경영, 회계 분야 이외에도) 가르치는 일은 흥이 나는 일이다. 그러나 가르치는 일을 준비할 때 고려해야 할 요인들이 복잡해서 때때로 답답할 수 있지만 수업의 내용과 접근 방법을 결정할 때 교수마다 '혼자서 그것을 할' 필요는 없다.

- 동료교수들의 경험을 참고하고 조언을 요청하자. 수업 자료와 경험에 관해서 개별적으로 포트폴리오를 만들려면 상당한 시간이 걸린다. 모든 교수는 어느 때인가는 협조적인 선배 교수에게서 도움을 얻고 지내며, 대다수 교수는 교수들을 기꺼이 지원해 주고자 한다. 개인적으로 의미 있는 수업 방법을 채택하는 것이 중요하지만 완전히 '새롭게 만들' 필요는 없다.
- 기업 교육에서 수업의 상당 부분은 팀에서 이루어진다. 교수님이 소속한 특정 집단에서 활용할 수 있는 다양한 기능과 전문성을 찾아보고, 교수님이 더욱더 발전시킬 책임을 갖게 될지도 모르는 수업의(혹은 과목의) 몇 가지 측면을 파악해 보자.
- 기업의 교과 요목은 끊임없이 확대되고 있다. 교수가 모든 것을 감당해야 된다(그래서

학생들에게 책임을 나누어 주지 않고 자기 자신이 모두 책임을 져야 한다)고 느끼지 말자. 교과 요목에 포함시켜야 할 주제들을 파악하고자 할 때 현실적으로 다가서자. 많은 경험을 쌓은 교수들은 총체적인 내용을 다루는 일보다 과목 특유의 기능이 더 중요하다는 점을 깨닫고 시간이 흐름에 따라 주제의 수를 줄여 간다고 한다.

- 꼭 '전문가'가 되어야 한다고 서두르지 말자. 가르치는 일은 교과 전문능력을 제공하는 일이라기보다는 그것을 촉진하는 일이 되는 경우가 많다. 다양한 학생 집단을 대할 때 그들의 경험(그리고 전문능력)을 분명히 이끌어 내자. 학생들이 자기 자신의 '이야기'를 하도록 하거나 자기 자신의 관점을 파악하도록 하자. 이와 마찬가지로, 교수의 열정과 그 과목에서 교수가 겪는 난점도 학생들과 공유하자. 이런 공유는 좀 더 공부해야 할 분야를 함께 찾는 일에 도움이 될 수 있다.

7. 개 요

기업 교육은 복잡한 일이지만 아주 보람있는 교육 영역이기도 하다. 이 장은 프로그램 차원에서나 개별 강좌 차원에서 기업 교육자들이 반드시 고려해야 할 기업 교육의 고유한 측면들을 확인해 보았다. 온갖 긴장이 생기는 것은 대학생과 이해당사자들의 다양한 요구 때문이기도 하고 기업이라는 학문의 성격 변화 때문이기도 하지만, 아무튼 본질적으로 사라지지 않을 것이다. 모든 학위 프로그램이 '위한-관한 연속선상'의 어느 한 지점에서 개발될 수 있다거나 그렇게 되어야 한다고 볼 수는 없다. 학과 표준척도 진술을 일종의 국가교육과정으로 보아야 하는 것은 아니다. 대학생, 이해 당사자, 교수 등의 다양성을 감안하여 각 대학은 '위한-관한 연속선상'의 어떤 지점에서 독자적인 기여를 할 수 있다고 본다. 기업 교육자들이 당면한 도전은 위와 같은 긴장을 해소하는 데 있는 것이 아니라 각 대학의 특수한 상황 속에서 나타나는 긴장의 특성을 인식하는 데 있으며, 또 각 대학마다 독특한 형태로 접근함으로써 그러한 긴장에 창의적으로 대응하는 데에 있다.

참고문헌

Atkins, M. J. (1999). Oven-ready and self-basting: taking stock of employability skills,

Teaching in Higher Education, *4*(2), pp. 267-80.

Association of Graduate Recruiters (AGR) (1995). *Skills for Graduate in the 21st Century*, AGR, Cambridge.

Booth, C. et al. (2000). The use of the case method in large and diverse undergraduate business programmes: problems and issues, *International Journal of Management Education*, *1*(1), pp. 62-75.

Carter, C. (1985). A taxonomy of objectives for professional education, *Studies in Higher Education*, *10*(2), pp. 135-49.

Eraut, M. (1994). *Developing Professional Knowledge and Competence*, Falmer Press, London.

Foreman, J., & Johnston, T. (1999). Key aspects of teaching and learning in business and management studies, in *A Handbook of Teaching and Learning in Higher Education*, 1st edn, eds H. fry, S. Ketteridge & S. Marshall, pp. 372-90, Kogan Page, London.

Grey, C., & French, R. (1996) Rethinking management education, in *Rethinking Management Education*, eds. R. French & C. Grey, pp. 1-16, Sage, London

Grisoni, L., & Beeby, M. (2001). Experiential leadership development at undergraduate level, in *Innovation in Teaching Business and Management*, eds. C. Hockings & I. Moore, pp. 39-50, SEDA, Birmingham.

Huczynski, A. A. (1993). *Management Gurus*, Routledge, London.

Kolb, D. A. (1984). *Experiential Learning*, Prentice Hall, Englewood Cliffs, New Jersey.

Lucas, U. (2000). Worlds apart: students' experiences of learning introductory accounting, *Critical Perspectives on Accounting*, *11*, pp. 479-504.

Lucas, U., et al. (2001). Implementing a skills framework for learning and teaching: taking account of students' perceptions, in *Improving Student Learning Strategically*, ed C Rust, pp. 282-94, Oxford Centre for Staff Development, Oxford.

Macfarlane, B. (1997). In search of an identity: lecturer perceptions of the business studies first degree, *Journal of Vocational Education and Training*, *49*(1), pp. 5-20.

Macfarlane, B., & Ottewill, R. (eds.) (2001). *Effective Learning and Teaching in Business and Management*, Kogan Page, London.

Mladenovic, R. (2000). An investigation into ways of challenging introductory accounting students' negative perceptions of accounting, *Accounting Education*, *9*(2), pp. 135-54.

Morgan, P. G. (2001a). The case of the involved students: developing personal tranferable skills, in *Innovation in Teaching Business and Management*, Eds C. Hockings & I. Moore, pp. 53-60, SEDA, Birmingham.

Morgan, P. G. (2001b). *Implementing Skills Development in Higher Education: Reviewing the territory*, Proceedings of the 2nd Annual Skills Conference, University of Hertfordshire, 11-12 July.

National Committee for Inquiry into Higher Education (NCIHE) (1997). (Dearing Report) *Higher Education in the Learning Society*, NCIHE, HMSO, London (also to be found at http://www.leeds.ac.uk/educol/ncihe).

Quality Assurance Agency (QAA) (2000a). *Benchmark Statement for General Business and Management*, (Online) http:www.qaa.ac.uk/crntwork/benchmark/business.pdf

QAA (2000b). *Benchmark Statement for Accounting*, (Online http:www.qaa.ac.uk/crntwork/benchmark/accounting.pdf

Tolley, G. (1983). Foreword, in *The Hidden Curriculum in Business Studies: Proceedings of a conference on values in business education*, ed. D. Graves, p. 5, Higher Education Foundation, Chichester.

읽을거리

Albrecht, W. S., & Sack, R. J. (2000). *Accounting Education: Charting the course through a perilous future*, American Accounting Association, Sarasota, Fla. This booklet addresses the challenges faced by accounting education, particularly the requirement for graduates who possess a broader range of skills than just the technical. While it specifically considers the US context, most of its discussion is pertinent to accounting education internationally.

Grey, C., & French, R. (1996). See above. This text offers alternative ways of viewing the business and management curricula; in particular, management is viewed as a complex social, political and moral practice rather than simply as a collection of competencies.

Hockings, C., & Moore, I (eds.) (2001). *Innovations in Teaching Business and Management*, SEDA, Birmingham. An interesting collection of recent innovation in business education, presented in a way that makes them easily accessible. Some of these can be adapted to a lecture's individual needs quite quickly. Others may need more extensive adaptation, such as a change of course documentation or departmental policy.

Macfarlane, B., & Ottewill, R. (eds.) (2001). See above. This provides an excellent overview of issues affecting teaching in business and management and contains individual chapters on the teaching of particular functional areas.

제25장

수학 · 통계학 분야 교수-학습의 핵심 측면

1. 서 론

최근 몇 년 동안 대학은 순수 · 응용 수학의 교수-학습을 더욱 중시하고 있다. 과거에 가정했던 사항들을 재검토하고 또 새로운 의제들이 언급되고 있다. 학부 프로그램에서 어떤 내용을 가르쳐야 하고, 또 어떻게 가르쳐야 하는가? 그리고 다른 학문을 전공하는 데 필요한 수학을 어떻게 하면 아주 잘 가르쳐 줄 수 있는가? 이에 대한 적절한 답변도 그동안 많이 나왔다. 이 장에서는 관련 쟁점들의 한 단면을 적절하게 설명하고자 한다.

영국의 경우 공식적인 답변이라고 말할 수 있는 것은, 2002년 3월 고등교육평가원(QAA, 2002)의 표준척도 진술문이다. 이는 수학 · 통계학 · 계량경영학(operational research) 등을 포함하고 있다. 이 진술문에 따르면 '일정한 수준' 에 있는 졸업생은 다음의 것들을 할 수 있어야 한다.

- 해당 프로그램의 주요 지식에 대해서 합당한 이해를 하고 있음을 보여야 한다.
- 주요 지식 안에서 자료를 계산, 조작하는 기능이 양호한 수준에 있음을 보여야 한다.
- 일련의 개념과 원리를 일정한 맥락에 적용할 수 있어야 하며, 이 경우 도구나 테크닉을 선정 및 활용할 때 효과적 판단을 보여야 한다.

- 논리적으로 논증(arguments)을 개발, 평가할 수 있어야 한다.
- 문제의 핵심을 파악하고 이를 수학적으로 구성하며, 적절한 방법으로 그 해를 구하는 기능을 보여야 한다.
- 논증과 결론을 효과적으로 또 정확하게 제시할 수 있어야 한다.
- 지원과 지도를 비교적 적게 받으면서 전이 가능한 기능 및 문제해결 능력을 적절하게 보여야 한다.

진술문 작성자들은 위 목록에 해당되는 맥락을 상당히 자세하게 상술하고 있다. 특히 강조하는 점은 '학생들은 진술된 모든 항목에서 꼭 그래야 하는 것은 아닐지라도 전반적으로 그 기준을 충족해야 한다.' 는 것이다. 여기서 분명한 점은 이것은 초중등학교의 경우처럼 '국가공통 교육과정' 을 설정하려고 한 것이 결코 아니다. 다만 프로그램을 통해 육성해야 할 것으로 보는 기능과 자질의 유형을 일반적으로 기술한 것일 뿐이다.

수학/통계학 분야의 교수–학습에 대한 논의에서 일정한 주제들이 반복해서 나타나는 것은 당연한 일이다. 이 두 가지 분야의 워크숍이나 간행물을 살펴보면 아래와 같은 항목들이 거의 나타나고 있다.

- 수업 및 학습의 지원
- 학습활동의 설계와 기획
- 평가 및 학생들에게 피드백 제공
- 효과적 환경 및 대학생의 학습 지원 시스템
- 반성적 실천과 개인적 발달

이 중에서 마지막 항목은 흔히 암암리에 상정되었지만 반성을 별도로 다루는 경우가 점차 많아지고 있다(Mason, 2002). 그러나 이 장에서는 이와 달리 접근하고자 한다. 즉, 간단히 배경을 설명한 후에 향후 대학이 직면할 주요 쟁점인 대학 진입에 대해 살펴볼 것이다. 그 다음에 순수 · 응용 수학과 통계학의 쟁점, 이 분야의 교수–학습에 미친 공학의 영향 등을 다루고, 마지막으로 수학교육과의 관계를 간략하게 다루고자 한다. 지금까지 다른 학문 분야를 위한 수학교육이 크게 늘어났지만, 여기서는 다루지 않을 것이다.

2. 배 경

이 장의 기본 목적은 대학 수준에서 수학 · 통계학의 교수-학습을 지원하는 일에 종사하는 사람들이 당면한 특수한 문제점들에 집중하는 것이다. 따라서 해당 학문과 밀접하게 연관된 연구결과를 언급할 것이다. 이 책의 제1부에서 다룬 바 있는 대학의 교수-학습의 일반적 측면에 초점을 맞추지 못할 것이다. 또한 수업에 당장 '활용할 수 있는' 자료의 목록을 만들지도 않을 것이다. 이에 관한 풍부한 최신 자료는 교수학습지원네트워크(LTSN)의 수학, 통계학, 계량경영학 네트워크 웹사이트(www.mathstore.ac.uk)에 들어 있다. 이 장에서는 수학 · 통계학 교육에서 나타난 도전적인 문제점들을 설명하고, 이 분야에 정통한 교수들의 훌륭한 수업들을 실제 사례로 제시할 것이다. 따라서 이 장은 반성적 실제(reflective practice)의 지침을 제시하고 교수들이 자신만의 교수법 원리를 개발할 수 있는 길을 제공할 것이다.

수학의 본질에 초점을 맞추면 하나의 딜레마에 봉착하게 된다. 한편으로 수학은 학생과 교수 모두가 매우 힘들게 느끼는 엄밀한 논리적 연역과 추론의 학문이다. 다른 한편으로, 수학은 수많은 과학과 공학뿐만 아니라 분석적 모형 구축을 요구하는 거의 모든 학문에 필수적인 것이다. 최근 수십 년간 과학, 기술, 공학의 전통적 기반과 다른 영역에서 수학의 활용이 폭발적으로 증가했다. 웹기반 자원의 발달을 고려할 때 수학은, 그 특유의 기호나 글자체를 가지고 다른 여러 학문 분야나 상업용 소프트웨어 개발자가 고민하지 못하는 도전적 과제를 제시하는 것 같다.

또 다른 요인은 교수와 학생들에게 모두 보수적 접근방식들이 아직 남아 있다는 점이다. 영국에서는 '대부분의 수업이 공식적인 강의로 이루어지고' 어쩌다가 간혹 혁신적인 방법이 활용될 뿐이다. 대부분의 평가 전략은 공식적인 시험에 의존하고 있으며, 더욱 심각한 문제는 학습을 측정하는 데 결함을 일으킬 정도로 너무 협소한 측정 방법에 의존하는 경우도 있다는 점이다(QAA, 2001). 그러므로 전통적인 접근방식의 대안으로 그동안 시도되고 검증된 다른 방법을 탐색하는 것도 어느 정도 가치 있는 일일 것이다.

최근에 수학을 둘러싼 여러 쟁점이 더욱더 널리 인식되고 있으며, 이 중에는 국제적인 차원의 것도 있다. 수학자들이 당면한 새로운 쟁점이 많다. 그중에는 중등학교 수학 정책의 변화로 나타난 것도 있고, 혹은 급속히 발전하는 공학의 영향으로 나타난 것도 있다. 더욱이 수학을 공부하는 사람들의 범위가 넓고 다양하며, 앞으로도 이는 더욱 확대될 것으로 보인다. 그 범위는 여타의 수리 관련 학문을 공부하는 데 필요한 기초 수준에서 수학 분야의 최첨단에서 일하는 전문가를 위한 고급 수준까지 걸쳐 있다. 따라서 이 장은 현대적 상황을 두루 포괄한다.

수학계의 주요 쟁점은 '어떻게 학생들을 가르치는 것이 좋은 수업인가.' 에 관한 일반적 토론에서 드러난다. 가령 교수로 발령을 받은 지 얼마 안 되는 신임교수는 자신의 학문 분야의 핵심 가치에서 볼 때 완전히 동떨어진 어떤 '학습 이데올로기' 를 받아들여야 할 의무가 있는 것처럼 느낀다. 예를 들면, 햄릿이 형편없는 작품이라고 주장하는 사람이 있을 경우에, 이것을 다른 관점들과 똑같이 존중하고 논의해야 할 타당한 사적 견해로 받아들이는 것이 합당하고 효과적일지 모른다. 위와 다른 예를 들면, 어느 신임교수가 '순환 소수인 0.99999……는 1보다 작다.' 는 주장을 들었다고 하자. 이런 주장이 참이라고 생각하는 학생의 입장에 공감하여 이를 이해하는 듯한 자세로 접근할 수 있을 것이다. 그러나 솔직히 말해서 어느 누구도 위와 같은 주장이 '0.99999……는 1과 같다.' 는 견해와 똑같이 타당한 것처럼 위장할 수는 없다.

물론 위에서 함의하는 것처럼 극단적인 사태가 아닐 수 있다. 지식기반 경제 시대에 우리 모두는 어떤 교과에서건 학생들의 의견에 공감하고 이를 존중해야 한다. 그러나 이와 동시에 신임교수의 '연수' 를 담당하는 교수들은 학문에 대한 '소유권' 을 학생들에게 인정하려는 운동이 수학에서는 별로 통하지 않는다는 점을 알아야 한다. 아마도 이런 이유 때문에, 신임교수나 중견교수를 위한 연수에서 '학문에 기반을 둔(discipline-based)' 교수능력개발에 대해 지대한 관심이 나타났던 것 같다.

3. 대학 진입

어떤 교육 단계에서 다른 교육 단계로 진입하는 과정은 긴장되고 불확실할 때가 많다. 최근 수학 분야에서도 대학 진입(transition to higher education)과 관련된 문제가 많이 거론되었다. 이 중 주목할 만한 것으로 '런던수학회' 의 보고서(1992)와 최근에 나온 공학위원회의 출판물(2000)이 있다. 여기서 나타난 주요 요소를 보면 고등학교 교육과정의 변화, 대학진학률의 증가, 수학 분야 학위과정의 다양화, 학교교육의 IT 활용, 사회학적 문제 등이다. 대학에 진입하는 과정에서 발생하는 문제점은 수학 · 통계학 · 계량경영학(Math, Stats & OR: MSOR) 학과평가 보고서 그리고 일부 공학 학과평가 보고서 등에서 언급되고 있다. 더욱 최근에(2002년 2월) 수학교육자문위원회(Advisory Committee on Mathematics Education:

ACME)가 결성된 점과 현 정부가 주도하는 다른 사업만 보아도 이 분야에서 아직 해야 할 일이 많이 있음을 알 수 있다. 뿐만 아니라 다른 보고서에서는 대학 진입 시 발생하는 문제의 근원을 학교의 변화에서 찾고 있으며, 그 개선 방안을 내놓고 있다. 실제로 최근 문제해결력과 수리능력에 대한 관심이 증대되면서 이에 대응하여 정부 주도의 교육 시책이 있었다. 이를 통해서 수학 관련 학위과정의 공급자인 수학 교수들이 필요하다고 보는 일부 기능을 부분적으로나마 복원하였으며, 이것이 향후 10년 동안 대학교육으로 흘러들어갈 가능성이 있다(그러나 이러한 변화가 혹시 새로 도입되는 'AS-수준' 시험제도를 둘러싼 최근의(2001) 문제 때문에 희생양이 될 우려가 있다). 그러나 고등학교 졸업자격을 오직 대학교육 준비를 기준으로 설계했던 상황으로 과연 되돌아갈 수 있을 것인지는 여전히 의문이다.

대학 진입 과정에서 발생하는 어떤 문제는 대학교육 담당자의 통제권 밖에 있기도 하지만 그렇지 않은 것도 있다. 즉, 교육과정 설계와 학사 지원은 입학생들의 학업 성공 기회를 높이기 위해서 교수들이 주의를 기울일 필요가 있는 것이다. 또한 전공을 선택할 때 학생들이 그 과정에 대해서 알아야 할 사항이라든지, 그리고 대학에 들어오기 전에 지식과 태도 면에서 얼마간 스스로 준비하는 방법 등을 고려하는 것도 유익할 것이다. 예를 들어, 공학 신입생들을 위한 지원 방안의 일부로 학기 전에 개정된 소책자를 학생들에게 송부하는 대학도 있다(Croft, 2001). 고등교육평가원(QAA)의 학과 평가 대상이었던 학과들의 50%가 낮은 진급률 때문에 지적 받은 바 있고, 정부도 입학생 확대 및 재학생 탈락방지를 위해서 일정한 목표를 설정하기 때문에 다른 대학에서도 위와 유사한 방법을 채택할 여지가 클 것이다. 위에서 지적한 여러 보고서와 간행물에는 더욱 상세한 제안이 포함되어 있다. 여기서 자주 나타나는 공통된 주제를 보면 아래와 같다.

- 입학 이전 '예비대학' 자료의 활용
- 수학 기능에 대한 초기 평가(혹은 진단). 이는 수학문제측정 보고서(공학 위원회, 2000)의 주요 권장사항임.
- 초기 강좌의 설계에 대한 지속적인 관심
- 초기 학습과제의 전략적 활용
- 몇 가지 포괄적인 학사지도: 최근 보고서(Lawson, Croft, & Halpin, 2001)에 따르면, 조사대상 기관의 약 50%가 '수학지원센터'와 같은 기관을 운영하는 것으로 나타남.

물론 각 대학의 특수 상황에 따라 초기 및 후속 지원의 성격은 달라질 수 있으나 QAA 학과평가보고서(그리고 다른 보고서) 등에서 확인된 다음 사항들은 고려할 가치가 있다.

1) 보충 강좌 및 코스

일부 대학에서는 결손을 보완하기 위해서 특정 강좌나 코스를 개설하고 있다. 이는 대학 수학의 핵심 영역에 초점을 둔 단일 강좌에서 부적격 학생을 대학 1학년 과정을 제대로 따라갈 수준으로 끌어올리는 1년간의 기초 과정에 이르기까지 다양하다. 대학 진입을 확실하고 편안하게 하도록 준비시킬 특별 강좌는 가능한 한 여타의 교육 프로그램과 통합되어야 한다. 이와 동시에 제공되는 강좌를 가르치는 다른 교수들이 일부 학생들의 수준을 너무 높게 간주하는 일이 없어진다. 또한 기초 과정에서는 핵심 자료를 적절하게 다루어야 하며, 대학 수준의 완벽한 강좌가 1년 과정으로는 불가능할 것이다.

그동안 대학생들에게 도움이 될 컴퓨터 기반 학습 및 평가 패키지들이 많이 나타났다(예, Mathwise, Tranmath, Mathletics 패키지에 대한 설명은 수학 · 통계학 · 계량경영학 네트워크 웹사이트인 www.mathsore.ac.uk에 있음). 이들 패키지도 다른 교육과정과 충실하게 통합되고, 다른 수업 형태나 대학생의 개별적 학습양식과 전략적으로 연계될 때 비로소 최상의 효과를 낳을 수 있을 것이다. 특정 부분이 취약한 학생들에게 그저 CAL 패키지를 사용하라는 식의 조언은 별로 효과적이지 못한 것으로 널리 알려져 있다. 반면에 중간 수준의 많은 학생은 컴퓨터상에서 일상적인 자료를 활용하여 공부하기를 좋아하며, 이런 경우 교수들은 더 시급한 문제에 집중할 수 있게 된다.

2) 능력별 분반편성

능력별 분반편성이란 대학 진입을 용이하게 하는 수단이다. 즉, 신입생의 요구에 맞는 교육과정을 제공하는 또 다른 방법이다. 이 방법이 모든 학생에게 이롭다고 판단한 여러 대학에서는 '속진' 분반 대 '지진' 분반, 실제적 분반 대 이론적 분반 등으로 편성하고 있다.

3) 학습과제의 활용

가능한 경우에 정기적으로 형성적(formative) 학습과제를 활용하는 것이 훌륭한 지원책의 확실한 특징일 것이다. 이때 채점결과와 피드백을 빨리 주는 것이 학습증진에 큰 효과가 있을 것 같다. '학과평가 보고서' 에서는 학습과제를 뒤늦게 돌려주는 행위, 그리고 도움이 되지 않거나 아무런 내용 없이 제공하는 피드백을 취약점으로 자주 지적하고 있다. 반복적으로 제기되는 또 다른 문제가 있다. 그것은 학습과제와 시험문제가 유사하다는 점이다. 이 문제뿐만 아니라 학습과제에 대한 관대한 조치는 진급률 혹은 통과율을 높일 수 있을지 모르나 이는 문제점을 덮어 버리는 셈이다. 따라서 단기적 해결을 위해 너무 쉽게 '도와주기' 보다는 학생들이 자신의 약점을 스스로 극복하도록 장려하는 것이 더 현명하다.

4) 지원센터

학습센터, 간이클리닉, 간이상담실 등 다양한 이름을 가진 센터는 모두 개별적, 비공개적으로 대학생을 지원하는 교과 외 활동을 추진한다. 위와 같은 일을 하는 훌륭한 실제 사례를 쉽게 찾아볼 수 있다(Lawson, Croft, & Halpin, 2001). 사실 지원센터라는 아이디어는 장려할 만하고 자원도 아주 효과적으로 활용할 수 있다. 즉, 전체 대학에서 수학 공부에 도움을 받을 필요가 있는 모든 학생이 이용하도록 시설을 개방함으로써 비용 분담의 효과도 기대할 수 있다. 최근 영국에 수학학습지원센터가 개소된 점은 매우 고무적인 일이다. 이 센터 덕분에 대학의 모든 교수와 학생은 '수학 · 통계학 · 계량경영학 네트워크' 라는 기구에서 다양한 미디어를 통해 수많은 자원을 자유롭게 이용할 수 있게 되었다.

자신의 수업 실제에 대해서 생각하기

교수님이 소속한 학과에서 대학 입학생의 요구 변화에 대처하는 방안에는 어떤 것이 있습니까? 교수님은 지식, 기능, 이해 측면의 격차에 대처하기 위해서 무엇을 하고 있습니까? 그 밖에 할 수 있는 일은 어떤 것이 있습니까?

5) 선배의 지원

이와 같은 메커니즘은 일반화되는 경향이 있다(제12장 참조). 여기서 이를 다루는 까닭은 수학자들은 위와 같이 간단하고 성공적인 방안을 도입하는 데 느리기 때문이다. 2~3학년 학생들이 신입생을 위해서 멘터의 역할을 하면서 경험 많은 교수를 지원하게(대체하는 것은 아님) 하는 추세가 늘어났다. 위와 같은 학생 멘터를 가리켜서 동료 튜터, '앤티(aunties)', '구루(gurus)' 등으로 부르는데, 여기서 주요 아이디어는 이들이 자기 자신의 경험을 전달하고, 타인의 문제를 도와주는 것이다. 한 대학에서는 이런 일을 하는 학생들에게서 소위

'전이될 수 있는 기능' 이 그 일을 통해 발달되었음을 입증할 경우에 이를 그들의 자격증 취득 과정의 학점으로 인정했다. 학과평가 보고서에 따르면, 양쪽이 모두 유익했다고 한다. 선배 멘터는 전이 가능한 기능을 개발할 수 있고, 신입생은 편안하게 도움을 받을 수 있다. 물론 멘터는 자신의 역할을 위해 훈련을 받아야 하고, 이런 과정도 세심하게 관리되지 않으면 안 된다. 폭넓은 제안들이 여러 가지로 확대되었다(Appleby & Cox, 2002).

4. 순수 수학의 특수한 문제점

순수 수학의 효과적인 교수-학습 방법과 관련된 특수한 문제점은 무엇인가? 물론 위에서 살펴보았던 대학 진입과 수학적 준비도의 문제가 있다. 기술적 숙달의 부족도 순수 수학을 공부하는 데 장애요인이 될 것이다. 그러나 더 심각한 근본적인 문제점은 추론 기능과 증명에 대한 학생들의 태도다. 영국의 대학교육에서 이런 징후가 확실히 나타나고 있다. 그중에서 특히 수학교육의 당면 문제가 최근의 여러 문헌에서 보고된 바 있고(Brakes, 2001), QAA 학과평가 보고서의 결과에도 구체적으로 나타나 있다.

그렇다면 어떻게 대처할 수 있는가? 논리와 추론에 관한 무미건조한 강좌 자체만으로 문제해결이 가능하다는 증거는 거의 없다. 어느 정도 성공할 수 있으려면 수학을 제대로 읽고, 쓰는 기능과 올바른 추리 도구를 장려하기 위해서 적절한 보조 수단을 공부하게 하는 것이 좋다. 그 첫 번째(혹은 어떤 사람들의 주장대로, 최우선적인) 영역은 기하학이었다. 표준 유클리드 정리의 표준 소개가 많은 사람에게는 논리와 추론의 존재 이유였다. 그러나 이 유형의 기하학은 학교 교육과정에서 누락되었고 기하학은 모종의 위기상태에 처해 있으며, 이제 과거로 되돌리려고 해도 별로 얻어질 것도 없다. 그렇지만 학생들이 기호 '⇔' 을 오용하는 등의 일이 덜 생기는 것은 기하학의 전통적 증명에 접하게 됨으로써 비로소 가능해진다는 점은 주목할 사항이다. 여기서 대부분 선이 '그러므로' 혹은 '왜냐하면' 과 연계된다(결과적으로 증명의 기초 '문법' 도 개선된다). 수학자들은 고전 기하학으로 돌아가는 것을 원하지 않을 것이지만, 기하학적 증명에서 표준적인 특징인 '그러므로' 와 '왜냐하면' 을 정확하게 사용하는 일을 간과하는 것도 모두 실망스러운 일이다.

과거에 해석학(mathematical analysis) 개론을 학생들에게 신중하고 정확한 추론을 보여주는 이상적 도구로 생각했던 적이 있다. 사실 많은 사람이 생각하기에 교육과정의 앞부분에 엄밀한 해석을 포함시키자고 주장하는 유일한 근거는 적절한 추론에 필요한 기초를 갖춘다는 것이었다. 이제 이런 주장을 하는 사람들은 거의 없다. 단적인 예로, 최근 몇몇 수학교육학자는 수리 해석의 입문과정에서 논증 자체가 필요한가에 대해서 의문을 제기하고 있다(Tall, 1999). 요즈음 관심의 초점은 대수학(algebra)으로 바뀌었다. 일부 학자들은 공리군론(axiomatic group theory, 그리고 관련된 대수학 주제)이 요즈음 학생들에게 덜 전문적이고, 접근 가능성도 더 높다고 생각한다. 불행하게도 논리적 한정사(logical quantifiers, '모든 경우'와 '존재한다, there exist')의 큰 집합을 반복적으로 사용할 범위가 동일하지 않고, 반-긍정식 논법(contra-positive arguments)도 별로 필요가 없다. 정수론(number theory)도 여타의 주제보다 더 성공적으로 시도되었다.

그러나 대체로 성공한 경우는, 논의 중인 수학이 모종의 '안전지대' 안에 들었기 때문에 새로 제시된 수학을 전문적으로 모른다는 것이 추론과 증명에 관한 논쟁에 참여하는 데 장애가 되지 않을 때일 것이다.

자신의 수업 실제에 대해서 생각하기

교수님의 실제 수업을 성찰해 보시오. 학생들이 '안전지대'를 벗어나도록 지원하기 위해서 어떤 일을 합니까? 학생들이 새로 제시한 수학을 가지고 버둥거리는 것이 분명할 때 어떻게 하십니까? 교수님이 개선하고 싶다고 느끼는 어떤 특수한 접근방법이 있습니까?

이것이 바로 Kahn(2001)의 접근 방식이다. 사례 중에는 범자연수(whole numbers, 형식수론과 대비됨), 이차방정식, 부등식, 삼각법 등 단순한 문제가 포함될 것이다. 단순한 수준에서 우리는 직접적으로 이차방정식의 해를 어떻게 기록할 것인가를 탐색할 수 있다.

'$x=3$ 또는 $x=4$는 $x^2-7x+12=0$이라는 이차방정식의 근이다.'

'이차방정식 $x^2-7x+12=0$의 근은 $x=3$ 또는 $x=4$다.'

우리는 위와 같은 두 가지 진술이 마치 동일한 수학 상황을 기술할 때 '그리고'와 '또는'이라는 용어를 바르게 사용하는 것처럼 볼 수 있다. 그러나 학생들도 우리와 마찬가지로 그렇게 보고 있는가? 차이를 구별하는 것이 현학적인가 혹은 '또는'과 '그리고'의 구분을 혼동할 위험이 있는가?

$(x-3)(x-4)>0$

위 부등식의 해가 합집합이 아닌 두 구간의 교집합으로 기록되기 전에 구제 불능의 상황이 벌어질지도 모른다(Brake, 2001 참조).

한 가지 가능한 해결책은, 그동안 제한적으로 성공한 것이지만, 이런 문제를 다룰 때 최소한 초기에 워크숍 형태의 접근방식을 활용하는 것이다. 그러나 대학생활의 초기에 그와 같은 워크숍을 갖는 데 따르는 실질적 위험은 너무 정교하거나 까다로운 예, 혹은 반례(反例)를 선택하는 데서 생긴다. 또한 초기 과정이 잘 진행되지 못하면 학생들의 자신감이 손상되기 쉽다. 이때 학생들이 동료집단 내에서 증명을 논의하고 정당화하는 기회를 갖도록 하는 것이 도움될 것이다. 이를 자극하는 한 가지 방법이 제시되었다(Kyle & Sangwin, 2002).

학생들은 법조계에서 법률 용어에 대해 토론, 해석하는 일에 몰두할 수 있다. 특히 재정부문의 법률 제정에서는 간단하지 않겠지만, 단순한 계량적 상황을 순전히 말로 하면 길게 표현하게 된다. 이런 문제를 수학 기호로 풀어 내는 일은 구조(structure)와 연계(connection) 측면에서 좋은 경험이 된다. 더 나아가 수학의 증명을 법정의 증명과 비교, 대비함으로써 흥미로운 논쟁을 유도할 수 있을 것이다.

5. 응용 수학의 특수한 문제점

이 글의 필자는 순수 수학자이므로 아래의 내용은 응용수학 관계자의 저술, 협의회, 특히 응용수학자(Hibberd, 2002)의 책에 담긴 견해를 중심으로 조심스럽게 기술하고자 한다. 수학 전공 졸업생들은 대학원에 진학하든 아니면 취직하든 간에 일단의 능력과 기능을 갖추었을 것으로 기대한다. 여기에는 전공 특유의 수학적 지식, 수리/계산 기법의 활용이 포함된다. 또한 전공 특유의 기능과는 다소 먼 것으로 의사소통 기능이나 공동 작업의 기능도 습득할 것으로 기대한다. 영국 대학의 수학 학위 프로그램에서는 전공 지식, 핵심 IT 기능, 수학 · 통계학 소프트웨어의 사용, 전공 문제해결 기능이 교육과정에 제대로 포함되어 있다(QAA, 2000). 위와 같은 내용은 개별지도, 세미나, 문제 풀이 시간, 실습 워크숍 등의 지원을 받으면서 강의 수업을 통해 전달된다. 앞에서 언급한 대로 평가는 대부분 전통적인 시험 형식을 취할 때가 많다. 그러나 위의 접근방식은 고용주들이 매우 중시하는 수학 이외의 기능을 학생들에게 제공하지 못한다고 알려져 있다. 따라서 대학생들이 '전공 관련' 기능은 물론 '전이 가능한' 기능을 개발하는 데 도움을 줄 교수 · 학습 도구를 모색할 수밖에 없다. 이것은 일부 대학교에서 여러 해에 걸쳐 비교적 성공을 거두었고, 〈사례 연구 25-1〉은 이를 바탕으로 삼은 것이다.

수학적 모델링은 다음과 같은 활동으로 이루어진 과정이다(Hibbers, 2002).

- 현실세계의 문제를 수학적으로 공식화하여 나타낸다.
- 이 수학적 공식을 푼다.
- 수학적 해를 현실세계의 맥락에서 해석한다.

〈사례연구 25-1〉 수학적 모델

모델링 요소를 실행하는 전형적인 목적은 학생들에게 '수학 응용'을 통해서 수학공부에 대한 동기를 부여하고, 수학과 관련된 문제해결 능력을 보이기 위해서다. 또한 학생들이 보통 개별 강좌 속에서만 자주 접하는 학부 영역의 여러 가지 수학적 아이디어와 기법을 서로 연결시킬 수 있는 총괄적 안목을 제공하는 기회가 되기도 한다. 이를 통해서 학생들은 수학 공부에 더욱 능동적이고, 관련된 핵심 기능을 인식, 획득하도록 유도할 수 있다.

이런 유형의 코스에 깔린 기본 전제는 '수학적 모델링'이라는 명칭 아래 모인 제반 활동을 통해 실현될 수 있다. 프로젝트-기반 작업을 중심으로 평가와 피드백을 설계한다면 이는 더욱 광범위한 코스워크 과제이건 아니면 실질적 보고서이건 간에 대학생에게 이해력과 문제해결 능력을 보일 수 있게 만들고, 이와 동시에 수학적 기능과 핵심 기능을 함께 향상시킬 수 있게 한다. 졸업생들이 습득해야 할 특성으로 흔히 말하는 것은 수학에 충실한 학위 과정을 통해서 획득하는 전공 기능, 개인적 기능, 전이 가능한 기능 등이다.

점차적으로 학생들은 변화하는 직장의 요구에 유연하게 대처하기 위해서 학위 과정을 선택하고 있다. 그리고 잘 설계된 MSOR 프로그램은 전통적인 전공 교육을 중심으로 지식 · 기능 · 개인 특성 등을 통합적으로 개발시킬 것이다.

수학적 모델이란 보통, 현실세계의 문제를 수학적 용어로 표현한 구성물이라고 정의 내린다. 사실 전형적인 수학 강좌에서도 잘 정의된 수학적 모델을 통해서 응용의 기회를 제공할 때가 많다. 이것은 각각의 이론 중심 강좌 안에서 현실성과 흥미를 첨가함으로써 학습과 이해를 증진시킬 수 있을 것이다. 한 가지 일반적인 예로는 상(ordinary)미분방정식 강좌에서 짝 지어진 방정식별 복합 비선형 해를 찾도록 동기를 부여할 목적으로 약탈자-피해자 시나리오 분석 모델을 활용하는 경우가 있다. 이 모형은 학습과제의 기초로 수치해를 얻는 일로까지 확대될 수 있다. 위와 같은 모형은 정량적 통찰, 평가, 예언능력을 통해 현실세계 문제의 특성을 설명, 탐색하는 데 유용하다.

또 다른 수학적 모델링, 특히 응용수학 내에서의 응용은 유체역학, 전자기학, 플라스마 동역학이나 상대성 이론 등과 같은 연속형 모형의 형식 논리 개발을 중심으로 이루어졌다. 최근 MSOR은 수학을 비교적 새로운 응용학문 영역, 특히 연구와 통합하는 데 주목할 만한 성공을 거두었고, 수학 모델의 개발을 통해 자연스럽게 현대 수학교육과정에 그와 같은 작업을 통합하게 되었다. 지금까지는 응용수학이 공학이나 물리학에서 중요한 부분이었지만 이제는 생물학, 의학, 경제학, 투자정보 서비스 등의 분야에서도 모델링 과정으로 확대 적용되고 있다.

실천적인 '현실세계' 문제가 가진 난점 때문에 학생들이 경계선 수준의 전문성을 획득할 수 있도록 하기 위해서는, 초기 문제의 사전 선정과 그에 대한 지도가 필요하다. 학생들이 일단 어느 정도의 전문성을 획득하면 더욱더 광범위한 어려움에 직면하면서 더 큰 그리고 더 현실적인 도전거리를 접하게 된다. 일반적으로 모델링을 개방적이고 반복적인 연습이라고 보는 것이 가장 좋다. 이에 관한 지도는 '단순한 문제를 먼저 푼다.' 는 일반적인 원리와 함께 요구되는 기능과 전문성을 개발하는 틀에 따라 할 수 있다. 이때 '단순한 문제' 를 식별하기 위해서는 학생 자신의 수학적 기능과 수행능력에 대한 모종의 성찰이 필요하다.

거의 모든 교수–학습 활동에서 그러하듯이, 다양한 수준에서, 이상적으로는 학위 프로그램 안에서 통합된 활동으로서 모델링의 실행은 가능할 것이다. 모델링 제공의 확대를 통해 얻을 수 있는 학습성과를 열거하면 아래와 같다.

- 지식과 이해
- 해석
- 문제해결
- 창의성/독창성
- 의사소통 및 발표
- 평가
- 계획과 조직
- 상호작용 및 집단 활동 기능

실제로 위와 같은 학습성과는 대체로 계획된 활동 프로그램을 통해서만 성취될 수 있을 것이다.

위의 과정에서 가장 주요한 문제는 수학을 적용하는 방법과 결과를 전달하는 방법이다. 여기에서도 많은 난점이 발생할 수 있다.

〈사례연구 25–1〉에서 제시된 아이디어를 탐구하는 일에 관심을 가진 독자들은 위에서 말한 원리를 적용한 몇몇 사례연구를 참조하면 좋을 것이다(Hibberd, 2002).

자신의 수업 실제에 대해서 생각하기

교수님의 강좌에서 사용한, 여러 가지 교수-학습 방식에 대해서 성찰해 보시오. 이러한 방식에서는 위에서 언급한 기능들을 다양한 단계에서 다루고 있습니까? 그렇지 않다면 교수님의 실제수업에서 모델링을 적용할 수 있는 방법은 무엇입니까?

6. 통계학의 특수한 문제점

아래의 내용은 영국의 왕립통계학회 통계학교육센터장(Davies 교수)과의 여러 번에 걸친 만남과 대화에 힘입은 바 크다.

통계학은 수학보다 훨씬 늦게 출범한 학문이다. 통계학의 기원을 추적하면 크게 두 가지 흐름을 확인할 수 있다. 첫째, 17세기 중반 도박이론에 관한 논의에 이어서 확률이론을 정립하는 첫 번째 시도가 이루어졌다. 둘째, 19세기에 걸쳐 오늘날의 정부 공식통계 수집이 점차 증가하면서 자료의 제시, 분류, 해석에 대한 새로운 발전이 이루어졌다. 그동안 통계학을 적용함으로써 공공정책의 여러 면에서 현저한 진전이 있었는데, 요즈음에는 아주 초보적인 기술통계 기법이라는 것도 과거에는 아주 비현실적인 것으로 간주했다. 그중에서도 런던에 콜레라가 발생한 주원인이 단선 배수관 때문이었음을 밝힌 것, 오늘날의 광범한 의료통계의 선구자였던 나이팅게일의 업적 등이 주목할 만하다.

2000년에 영국 대학의 통계학 교수들은 적절한 과정을 거쳐서 학생들의 학습경험을 향상시킬 수 있도록 수업기법을 개선할 필요가 있다는 요청을 받은 바 있다. 이와 관련된 정보수집 결과와 다른 곳에서 나온 증거 자료를 기초로 삼아 이 장에서는 통계학의 교수-학습 수준을 끌어올릴 방법을 몇 가지 아이디어로 논하고자 한다. 통계학회의 피드백 요약본은 수학 · 통계학 · 계량경영학 뉴스레터(2000년 2월)에 게재되었고, www.mathstore.ac.uk에서도 볼 수 있다.

1) 학생들의 통계학 학습방법

통계학은 특히 비전공 학생들의 경우, 어려운 분야로 간주되기 쉽다. 그러나 현대사회에서 거의 모든 학문 분야에서 데이터의 사용이 점점 더 일반화되기 때문에, 이 분야에 종사하는 사람들은 최소한 변이성(variability)의 의미가 무엇인지를 기본적으로 이해해야 한다. 따라서 해당 학문 분야 내의 변이성을 어떻게 다룰 것인가에 관한 이해는 성공의 핵심이 될 경우가 많다. 학생들은 학교나 대학 수준에서 통계학을 배울 기회를 보통 한 번쯤 갖게 된다. 따라서 통계학 전문가이건 혹은 다른 학문 분야에서 통계학을 가르치는 전문가이건 간에 통계학을 가르치는 최상의 수업방식을 알아야 한다. 그동안 학생집단의 특성에 따른 최적의 그리고 최상의 수업방법에 관해서 별로 연구가 이루어지지 못했지만, 일반적인 수준에서의 연구는 꽤 이루어졌다. 이 중 가장 영향력 있는 것은 약 7년 전에 나왔다. 일부 학생들이 통계학을 학습하는 최선의 방법에 관한 과학적 연구 결과가 보고되었다(Garfield, 1995). 이 연구는 학생들이 통계학을 가장 잘 배울 수 있는 학습 환경을 갖추려면 아래와 같은 5가지가 포함되어야 한다고 결론을 내리고 있다.

- 실행활동 및 소집단 작업
- 오개념의 테스트 및 피드백
- 실제자료와 예측된 결과의 비교
- 컴퓨터 시뮬레이션
- 대화형 소프트웨어

통계학의 수학적 기초를 다룰 때 이론적으로 상당한 수준까지 들어가야 할 경우가 자주 생기는데, 수학적 배경이 튼튼한 학생들은 잘 이겨낼 수 있다. 그러나 경험이 많은 통계학 교수들은 위 다섯 가지 사항을 데이터 중심의 접근방식과 병용하는 것이 최선이라고 주장한다. 또한 많은 사람은 이런 방법이 통계학을 전공하지 않는 학생들을 대단위로 가르칠 때에도 성공할 수 있는 유일한 방법이라고 주장한다. 그런데 일부 학자는 데이터 처리를 가르칠 때에 확률 개념도 가르치고, 그리고 될 수 있으면 이것을 일찍 가르쳐야 한다고 주장한다. 예를 들면, 대학에 들어오기 전에 학교에서 확률 개념을 가르쳐야 한다는 주장이 설득력 있게 제기되기도 했다(Lindley, 2001). 다른 사람들은 확률이 가르치기가 어렵고 전문적인 주제인 만큼 통계학에 관한 학생들의 이해가 더욱 성숙할 때까지 그것을 다루지 않아야 한다는 입장을 내세운다(Moore & McCabe, 1998). 현재로서는 이 두 가지 입장 중 어느 한편을 지지할 만한 실험연구 결과는 없는 것 같다.

2) 실제 데이터의 혁신적 활용

통계학은 그 자체로서 하나의 독립된 학문이지만 다른 여러 학문 분야에서도 필수적인 학문이다. 따라서 어느 단계에선가 각 학문 분야에 필요한 데이터를 수집할 필요가 있을 것이다. 이것은 일차 자료 혹은 이차 자료가 된다. 대학의 통계학 교수들을 만나 보면 교수와 학생이 모두 일상적으로 사용할 수 있는 예시용 데이터가 필요하다고 한다. 즉, 통계학 교수들은 현실적인 시나리오를 찾고 있었다. 이는 훌륭한 실제 수업자료를 찾는 교수와 효과적인 학습자료를 찾는 학생들에게 모두 유용할 것이다. 웹기반 무선 데이터 선택장치(Web-based random data selector; Davies, 2002)는 위에서 말하는 풍부한 교수-학습 자료원을 구성하는 데 유용한 도구를 제공한다. 또한 http://censusatschool.ntu.ac.uk에 들어가면 아래에서 설명할 CensusAtSchool 프로젝트 자료를 볼 수 있다.

위에 제시한 웹상의 도구를 통해 CensusAtSchool 프로젝트에서 수집한 원자료에서 무선표본을 추출할 수 있는데, 이 데이터는 강의용이나 학생 프로젝트용으로 사용될 수 있다. 사용자는 영국, 오스트레일리아의 퀸즐랜드 주, 남아프리카 등의 응답자료와 직접 비교할 수 있는 응답을 모아놓은 데이터베이스 등 네 가지 데이터베이스 중에서 선택하여 쓸 수 있다. 이때, 선정된 국가의 모든 데이터나 특정 지역의 데이터를 선택하여 쓸 수 있다. 또한 특정 연령이나 성별의 응답만을 선별할 수 있다. 표본 크기는 국가별로 200개, 통합 데이터베이스의 경우에는 500개까지 가능하다. 데이터에 대해 완전한 그래픽과 스프레드시트 기능을 구현할 수도 있다.

7. 테크놀로지의 역할

대학교육에서 테크놀로지의 활용에 대한 관심이 증가하고 있고, 효과적인 인터넷 전달과 인터넷 학습에 대한 논쟁도 활발하게 전개되고 있다. 그러나 이 중에 수학/통계학을 공부하는 학습자의 요구와 연관된 것이 거의 없다는 점은 유감스럽다. 이런 문제점은 공학이나 과학을 공부하는 학생들에게도 상당한 영향을 미치게 된다. 예를 들어, 컴퓨터-기반 평가를 위한 대부분의 소프트웨어는 수학 분야에서 활용하는 데 매우 제한을 받는다. 공통된 문제점들을 보면 아래와 같다.

- 비효율적인 혹은 불완전한 수식 표현

- 질문 유형의 한정된 선택 범위
- 수학적으로 동등한 해에 대한 인지적 실패
- 학생들의 복잡한 수리적 반응 입력의 어려움

결과적으로 수학 분야에서의 공학적 발전은 독자적이거나 병렬적 경로를 따라 이루어져 왔다. 컴퓨터 공학의 힘과 접근용이성을 향상시키는 데 극히 중요한 부가적 요소로는 모종의 컴퓨터 대수 시스템(computer algebra system, CAS)이 흔히 포함된다. 소프트웨어 시스템을 통해 기호와 수치 조작이 가능하고 그래픽 표현 능력도 들어간다. 이런 소프트웨어에는 Maple, Mathematica, Macsyma, Derive 등이 있다. 이 중에 몇 가지는 개인용 컴퓨터뿐만 아니라 TI-92 plus나 TI-89와 같은 휴대용 '슈퍼 계산기' 에서도 사용할 수 있다.

지난 수 십 년 동안 교수–학습에서 CAS의 활용에 대한 논의가 많았다. 예를 들어 1984년 이후의 국제수학교육학회(ICME)의 발표논문과 국제수학교육컴퓨터대수 저널(IJCAME)과 같은 학술지를 살펴볼 수 있다. 그런데 수학의 교수–학습에서 위와 같은 시스템의 효과성에 관해서는 여전히 다양한 견해가 공존하고 있다. 그동안 특히 학교에서 계산기 사용을 지나치게 강조함으로써 '수학의 사회적 문제' 를 야기했다는 비난을 받아 왔고 이 같은 '쓴소리' 때문에 CAS와 같은 공학의 활용이 졸업생의 수학 수준의 저하로 이어질 수 있다는 논쟁을 불러일으켰다.

이와 반면 계산 기능에서 중대한 손실도 입지 않고 수학에 대한 개념적 이해가 향상된 학생들을 인용한 연구도 몇 가지 있었다. 예를 들어, 국립과학재단의 보고서는 다음과 같이 진술하고 있다(Hurley, Koehn, & Gantner, 1999).

> 테크놀로지의 영향력에 관한 연구를 수행하는 기관 중에서 약 50%가 계산 기능에 아무런 손실도 입지 않고 개념적 이해의 향상, 시각화와 그래픽 이해의 용이성 증가, 더욱 다양한 문제 해결 능력 등을 보고하였다. 다른 40%의 기관도 테크놀로지를 활용한 수업 집단이 최소한 전통적인 수업집단과 동일한 정도의 능력을 보였다고 보고했다.

20세기가 거의 끝나갈 무렵 그런 정도였다. 그러나 2000년 벨기에 수학자들이 CAS Maple에 감추어진 가능성을 〈사례연구 23–2〉와 같이 발견한 이후 새로운 국면이 흥미롭게 전개되었다.

여러 논문에서 AIM에 대한 학생들의 반응 등을 상세하게 설명하고 있다(Strickland, 2002; Kyle & Sangwin, 2002; Hermans, 2002). 이 중에는 AIM을 활용하여 고등수학 기능을 개발할

〈사례연구 25-2〉 Alice 대화형 수학(AIM)

복잡한 두문자어로 약칭된 위대한 아이디어가 벨기에에서 나타났다. AIM은 Alice 대화형 수학(Interactive Mathematics)을 가리키고, Alice는 컴퓨터 환경 내의 능동적 학습(Active Learning in a Computer Environment)을 가리킨다. AIM은 본래 컴퓨터 대수학의 동력을 총동원하여 사용자가 학생용 과제의 저작 시 놀라운 유연성을 갖도록 만든 패키지다. 이와 동시에 Maple 명령어로 임의적인 수식 표현이 가능한 해결책을 포함하고 있다. 즉 AIM은 이 절의 서두에서 지적한 장애 요인을 극복하는 데 큰 도움을 준다. AIM이 출시된 지 2년이 채 안 되어 미국, 호주, 캐나다, 노르웨이, 영국 내의 최소한 10개 대학에서 이 프로그램을 채택하였다. 다른 훌륭한 프로그램이 많은데도 AIM을 사용하게 된 이유로 교수들이 지적한 사항은 아래와 같다.

- 무료사용: AIM은 상업용으로 개발된 것이 아니기 때문에, 자유롭게 사용할 수 있고, 무료로 다운로드가 가능하다.
- 사용의 용이성과 유연성: AIM은 맞춤형 프로그램으로, 교수 개개인의 특정 스타일과 수업 방식을 쉽게 반영할 수 있다.
- 학습자 접근의 용이성: AIM은 추가 플러그인이 없어도 인터넷 상의 표준 브라우저로 접근할 수 있다.

AIM의 다운로드 방법 등 더 상세한 사항은 벨기에 원어 사이트나 영어 사이트를 참조하자(http://allserv.rug.ac.be/nvdbergh/aim/docs/; http://www.mat.bham. ac.uk/aim).

수 있는 방안을 말하는 것도 있다(Sangwin, 2002). 이것은 수학을 학습할 때 테크놀로지의 새로운 주요 역할을 암시한다. 특히 학생들에게 상윈(Sangwin)이 말하는 '실례(instances)'를 제시하도록 도전하는 일이 가능해졌다. '실례'는 학생들의 이해 속으로 끊임없이 더욱 심층적으로 들어가는 과제다. 이 과제는 교수들에게 언제나 큰 부담을 주는 일이라고 보았다 예를 들어, 어떤 두 성분도 같지 않은 4×4 특이행렬(singular matrix, 또는 비정칙행렬)을 (여러 종류의 다른 행렬이 있을 수 있으며 그것들이 다 조건에 만족할 때 200점을 맞으려는) 학생들에게 만들게 하는 것은 교육적으로 가치 있는 일이다.

테크놀로지의 역할로서 또 다른 공헌(특히 고등기능과 관련된 것으로)에 대해서는 'e-저널'인 *Computer-Aided Assessment in Mathematics*를 참조하면 좋다. 웹사이트 주소는 http://ltsn.mathstore.ac.uk/articles/maths-caa-series/index.htm이다.

8. 수학교육과의 관계

불행하게도 수학자와 수학교육자 간에 밀접한 협력관계가 있었다는 증거는 거의 없다. 물론 몇 가지 주목할 만한 예외가 없지는 않지만 최근에도 이런 상황에 대해서 제9차 국제수학교육학회의 개회사에서는 다음과 같이 언급하고 있다.

> 수학교육 분야의 연구자와 실제로 이 연구결과를 활용하는 이들 간에 큰 간극이 있다는 점은 수학교육자라면 누구나 알 수 있는 사실이다. 이 간극은 놀랍거나 우려할 일이 아니다. 걱정되는 것은 그 간극이 넓어진다는 사실이다. 수학교육 분야의 발전을 위해서는 가능한 한 그 간극을 줄이려고 노력해야 한다. 만일 이 일에 성공하지 못한다면 수학교육의 연구는 쓸모없는 고생이 되어 버릴 위험이 있고, 수학 수업도 실제로 더욱 우직하고 편협하며 비능률적인 것이 되어 버림으로써 필요하거나 바람직한 것에서 멀어져 갈 위험이 크다(Niss, 2000).

만일 '간극에 관심을 쏟는' 일에 우리가 노력한다면, 우리의 정성을 다 쏟아야 할 대상인 학생들의 처지를 향상시킬 수 있을 것이다.

9. 결 론

이 장을 다시 읽어 보고 내용을 열심히 성찰해 보자. 또 이 장에서 제안한 아이디어를 우리의 수업 실제에 어떻게 적용할 수 있는가를 생각해 보자. 다음의 참고문헌을 찾아보면 그 밖에도 여러 가지 제안을 알 수 있을 것이다. 물론 입장이 다를 수도 있다. 그러나 우리가 현재 가르치는 방식대로 가르치는 이유를 다시 한 번 살펴보자. 이 장이 우리의 접근방식에서 생각해야 할 사항들을 제공했다면 그것은 좋은 일이다. 우리는 대학생들의 학습 경험을 개선하기 위해 우리의 길을 잘 찾아가게 될 것이다. 대학생들은 대학에서 가장 고무적이고 도전적인 과목인 수학을 공부하고 있다.

참고문헌

App. leby, J., & Cox, W. (2002). The transition to higher education, in *Effective Learning and Teaching in Mathematics and its Applications*, eds. P. Kahn & J. Kyle, Kogan Page, London.

Brakes, W. (2001). Logic, language and life, *Mathematical Gazette*, *85*(503), pp. 255-66.

Croft, A. (2001). *Algebra refresher booklet*, Loughborough University of Technology, Loughborough.

Davies, N. (2002). Ideas for improving learning and teaching statistics, in *Effective Learning and Teaching in Mathematics and its Applications*, eds. P. Kahn & J. Kyle, Kogan Page, London.

Durkin, K., & Main, A. (2002). Discipline-based skills supp. ort for first-year undergraduate students, *Active Learning in Higher Education*, *3*(1), pp. 24-39.

Engineering Council (2000). *Measuring the Mathematics Problem*, The Engineering Council, London.

Garfield, J. (1995). How students learn statistics, *International Statistics Review*, *63*, pp. 25-34.

Haines, C., & Dunthorne, S. (1996). *Mathematics Learning and assessment: Sharing innovative practice*, Edward Arnold, London.

Hermans, D. (2002). *Whatsums*, International Symposium on Symbolic and Algebraic Computation (submitted).

Hibberd, S. (2002). Mathematical modelling skills, in *Effective Learning and Teaching in Mathematics and its Applications*, eds. P. Kahn & J. Kyle, Kogan Page, London.

Hurley, J. F., Koehn, U., & Gantner, S. L. (1999). Effects of calculus reform: local and national, American Mathematical Monthly, *106*(9), pp. 800-11.

Kahn, P. E. (2001). *Studying mathematics and its applications*, Palgrave, Basingstoke.

Kyle, J., & Sangwin, C. J. (2002). AIM-a parable in dissemination, *Proceedings of the Second International Conference on the Teaching of Mathematics*, J. Wiley & Sons, Inc, New York.

Lindley, D. V. (2001). Letter to the editor, *Teaching Statistics*, *23*(3).

Lawson, D., Croft, A., & Halpin, M. (2001). *Good practice in the provision of mathematics Support Centers*, LTSN Maths Stats and OR Network, Birmingham.

London Mathematical Society (1992). *The Future for Honors Degree Course in Mathematics and Statistics*, The London Mathematical Society, London.

Mason, J. (2002). Reflection in and on practice, in *Effective Learning and Teaching in Mathematics and its Applications*, eds. P. Kahn & J. Kyle, Kogan Page, London.

Moore, D., & McCabe, G. P. (1998). *Introduction to the Practice of Statistics*, W. H. Freeman, New York.

Niss, M. (2000). Key issues and trends in research on mathematical education, in *Proceedings of the Ninth International Conference on Mathematics Education* (to appear).

Quality Assurance Agency for Higher Education (QAA) (2001). *QAA Subject Overview Report for*

Mathematics, Statistics and Operational Research, QAA, Bristol, http://www.qaa.ac.uk

Sangwin, C. J. (2002). New opportunities for encouraging higher level mathematical learning by creative use of emerging computer aided assessment, *Journal of Mathematical Education* (submitted).

Savage, M. D. (2001). Getting to grips with the maths problem, in *A Maths Toolkit for Scientists* (See http://dbweb.liv.ac.uk/ltsnpsc/workshop/reports/mathtoo2.htm).

Strickland, N. P. (2002). Alice Interactive Mathematics, *MSOR Connections*, *2*(1), pp. 27-30.

Tall, D. O. (1999). The cognitive development of proof: is mathematical proof for all or for some?, in *Developments in School Mathematics Education Around the World*, 4, ed. Z. Usiskin, pp. 117-36, National Council of Mathematics, Virginia.

읽을거리

Baumslag, B. (2000). *Fundamentals of teaching mathematics at university level.* London: Imperial College Press. 주로 영국 대학의 수학교육을 소개하고 있다.

Kahn, P. E., & Kye, J. (2002). *Effective learning and teaching in mathematics and its applications.* London: Kogan Page. 주로 영국 대학의 수학교육을 소개하고 있다.

Krantz, S. G. (1999). *How to teach mathematics* (2nd ed.). Providence, RI: American Mathematical Society. 미국의 관점을 소개하는데, 알차고 현실적이며 이해하기 쉬운 조언이 많이 들어 있다. 수학적 모델링과 관련하여 주목을 받고 있는 아래의 세 가지 정보원에는 직접적인 조언은 물론이고 찾아볼 만한 다른 논문들까지 소개되어 있다.

Townend, M. S., et al. (1995). *Mathematical modelling handbook: A tutor guide.* Undergraduate Mathematics Teaching Conference Workshop Series. Sheffield: Sheffield Hallam University Press. 이 핸드북은 수학적 모델링을 처음 접하는 교수들에게 초기의 지원 · 지도방안을 제공하기 위한 것이다. 이 핸드북은 학부 수학수업협의회에 소속된 세 집단의 노련한 모델제작자가 개발한 것으로 독자가 지도 · 조언 · 예시 목적으로 참조할 수 있는 1996년 이전의 포괄적인 문헌목록이 포함되어 있다.

Haines, C., & Dunthorne, S. (1996). *Mathematics learning and assessment: Sharing innovative practices.* 이는 HEFCE의 효과적인 학습 및 평가 프로그램의 일환으로 15개 대학교 교수진의 컨소시엄을 통해 개발된 것으로, 한 팩에 5권의 책과 관련 비디오가 들어 있다. 이 책에는 프로젝트, 보고서 작성, 구술발표, 집단 활동, 평가 등에 관한 폭넓은 조언과 참고문헌이 소개되어 있다.

당시 DfEE의 후원을 받은 MathSkills(Discipline Network)는 전이 가능한 기능에 중점을 두고 교수–학습에 대한 혁신적 정보의 보급을 촉진하는 데 목적을 두고 있다(MathSkills는 http://www.hull.ac.uk/mathskills/에 탑재됨).

I. 약어 풀이

API Age Participation Index

Cas Computer algebra system

CATS Credit accumulation and transfer

CILT Centre for Information on Language Teaching and Research

CVCP Universities in UK, UUK

DfES Department for Education and Skills

EMI/Q Extended matching item/question

FAQ Frequently asked question

FL(A) Foreign language (assistant)

FPE Focused patient encounter

GCSE General Certificate Secondary Education

GNVQ General National Vocational Qualifications

HEFCE Higher Education Funding Council for England

HEFW Higher Education Funding Council for Wales

HESDA Higher Education Staff Development Agency(종전의 UCoSDA)

HESA Higher Education Statistical Agency

IWLP Institution-wide language project

JISC Joint Information Systems Committee

LTSC Learnmg and Teaching Subject Center

LTSN Learning and Teaching Support Network

Macsyma A computer algebra system

Maple A computer algebra system

Mathematica A computer algebra system

NHS National Health Service

OSCE Objective Structure Clinical Examination

OSLER Objective structured long examination record

QAA Quality Assurance Agency for Higher Education

SEDA Staff and Educational Development Association

SEEC Southern England Consortium for Credit Accumulation and Transfer

SENDA Special Education Needs and Disability Act 2002

SHEFC Scottish Higher Education Funding Council

SLA Second language acquisition

UCoSDA Universities' and Colleges' Staff Development Agency(지금은 HESDA)

UUK Universities UK(종전의 CVCP)

II. 외래어 용어 풀이

Blueprinting(of assessment) 평가 과제는 학생들이 학습한 것으로, 그들이 기대하는 것을 중심으로 적절한 샘플을 갖추도록 함.

Code of Practice 일련의 영역, 가령 평가 영역에서 '전체 체제에 걸친 일련의 기대'를 말함. QAA가 정함.

ILTHE/ILT 대학교수학습연구소. 1999년에 NCIHE의 제언에 따라 영국에 세워진 전문기구. 원래는 ILT였음.

L1 언어 수업에서 학습자의 모국어.

L2 제1 외국어, 교실에서 배우거나 해당 국가에서 자연스럽게 배움.

MCQ 선다형 문제.

SAQ(structured/short answer question) 수정된 에세이식, 단답형 질문. 단서를 주지 않고 직접적으로 지식의 회상을 검사함.

SI(Supplimental instruction) 미국에서 도입됨. 훈련된 SI 교수자(학생이기도 함)를 활용하여 학습자를 지원하는 수단. SI 교수자는 촉진자의 역할을 수행하고, 코스 리더가 처음에 정한 틀에 따라서 움직임. 보통 SI 교수자는 이 역할을 위해서 상급학년생 중에서 선발함.

Signpost 수업 시간의 진술. 이는 학생들이 수업의 구조와 방향을, 그리고 연결 관계를 알아보도록 도와줌. 전형적으로 강의에서 이것은 큰 그림을 보여주기 위해서 사용될 것이고, 일정 부분이 끝남, 다음 부분이 시작됨, 그리고 어떤 방향으로 나아가고 있음 등을 알리기 위한 것임.

Viva voce examination 구술시험.

Webcast 인터넷을 통해서 제공되는 비디오 혹은 오디오 방송.

Website poster board 가상 포스터보드. 교수와 학습자가 질문, 관찰 내용 등을 올려놓음.

III. 우리말 용어 풀이

ㄱ

가상 세미나(Virtual seminar) 웹상에서 일어나는 세미나.

가상학습환경(Virtual learning environment, VLE) 온라인 교수-학습을 촉진시키는 전자 도구. 튜터와 학생들이 학습내용을 발전시키고, 다양한 온라인 상호작용에 참여할 수 있는 환경을 제공함. 전형적인 VLE에서는 토론방, 잡담방, 학습추적 기제, 평가특성, 내용 설계도구 등이 포함됨. 이는 표준 웹 브라우저를 통해서 제공되고, 다른 시스템과 통합될 경우에 더욱 거대한 MLE의 통합적 부분이 됨.

강좌(Module) 독립된 학습 단위. 흔히 학점이 부여되고, 더 큰 학습 프로그램의 일부분이기도 함. 코스라는 말과 같은 뜻으로 쓰임.

개별학습(Independent learning, study) 열린 학습, 자기주도적 학습, 자율적 학습이라는 말과 섞어 씀. 각 학습자를 위해서 개별적으로 만들어진 학습 프로그램과 연관 지어 사용되는 경우가 가장 많음.

객관적이고 구조화된 임상시험(objective structured clinical examination, OSCE) 이 임상시험은 간단한 과제들을 돌아가면서 평가한다. 몇 가지 변형이 있음. 대개는 학생들이 시험실을 돌아다님. 항목별 체크리스트에 따라서 혹은 총체적 평점 척도에 따라서 평가자가 평점을 부여함.

객관적으로 구조화된 장시간 평가 기록(Objective structured long examination record) OSCE와 어느 정도 유사한 임상 평가. 다만 한두 가지 장기간의 사례를 포함함.

경험학습(Experiential learning) 행함에서 배움.

Kolb의 학습 순환에서 나타남.

공부방식 검사(Approaches to studying inventory) 대학생들의 공부에 대한 접근을 확인하기 위한 장치. 그 예로 Approaches to Study Skills Inventory for Students (ASSIST)가 있음.

공부 프로그램(Programme of study) 강좌나 교수-학습 프로그램의 집합임. 일정 기간 운영됨. BA. MEng 등.

공정(Fair) 평가의 공정함. 이는 다음과 같은 점에 비추어서 그러함. (1) 점수 부여자 간의 일관성이라는 면 (2) 기준과 절차의 투명성과 개방성이라는 면 (3) 어떤 학습 집단에게도 아무런 불이익도 주지 않는 절차라는 면.

공통 기능(Common skills) 핵심 기능.

교수-학습 전략(Teaching and learning Strategy) 교수-학습, 교수-학습을 어떻게 성취하는가, 그리고 성공했는지를 어떻게 알 것인가 등에 관하여 한 대학이 성취하기 원하는 바를 영국에서는 학습-교수 전략이라고 말함.

구성주의자(constructivist) 인간이 어떻게 학습하는가를 설명하려는 일단의 이론들. 선행 학습이나 이해에 추가되거나 그것을 수정한다는 아이디어가 특징임. 그런 변화가 없다면 학습은 일어난다고 생각되지 않음. 반성과 경험학습의 이론들이 이 학파에 속함.

구술시험(Oral examination) viva vice 시험. 프로그램 종료 시에 행해짐. 학부 프로그램에 사용될 때에는 평가 전략의 일부분으로 활용하고, 대학원 수준의 평가에서는 주요 수단이 됨. 의사소통, 이해력, 신속한 사고능력, 절차에 관한 지식 등을 검사하는 데 사용될 수 있음.

국가고등교육조사위원회(National Committee of Inquiry into Higher Education, NCIHE) 디어링 보고서. Dearing 경이 위원장임. 1996년 2월 보수당 정부가 주도함. 향후 20년간 고등교육의 목적, 형태, 구조, 규모, 재정 등에 관한 제언을 함. 근본적으로 대학 재정의 위기 심화에서 나온 산물임. 1997년 7월에 보고됨. 이 속에는 프로그램의 조직, 질 문제, 교수진의 개발, 재정 등을 다루고 있음.

규준참조평가(Norm-referenced assessment) 동료들의 규준과 비교하여 학습자가 얼마나 잘했는가를 판단함.

기관 심사(Institutional Audit) ▶ 심사.

기능 개념 중심 교수요목(Functional notional syllabus/approach) 언어의 의미를 시간과 공간과 같은 의미 그리고 기능 가령 묻기, 알리기, 부정하기 등과 같은 기능의 분석을 기반으로 삼아 설계된 교과요목.

ㄴ

내용기반 언어학습(content-based language learning) 어휘나 문법의 학습에 집중하지 않고, 실제 상황 속의 언어 사례를 학생들에게 보여 줌.

내재적 동기(Intrinsic motivation) 도전을 즐기고, 교과를 숙달하는 것을 좋아하며, 호기심이 많고, 배우기를 좋아하는 학생을 가리킴.

능동적 학습(active learning) 인지적, 정의적 수준에서 학습과제에 몰두하는 과정.

능력(competence) 하나 혹은 일련의 과제를 수행하는 것. 교육학계에서 최근 가장 많이 사용하는 용어임. 그런 활동들이 어느 정도까지 기초적인 지식과 이해를 요구하는가에 대해서 논의가 벌어지고 있음. (1) 명확하게 정의된 성과들과 관련하여 입증된 성취를 의미하는 용어로 일반적으로 사용되기도 함. (2) 높은 수준의 성취 및 수용 가능한 수준의 활동을 가리키기도 함(신참과 전문가). (3) 어떤 직업 영역에 있는 사람들이 할 수 있어야 하는 일.

ㄷ

대학교육 자격기준(Framework of Higher Education Qualification) 대학교육 자격요건.

대학원생 시범조교(Graduate demonstrators) 수업의 한 가지 방안으로, 대학원생들을 활용하여 실제적 기능을 시범적으로 보인 후에 학생들에게 새로운 지식, 기능, 이해를 적용해 보도록 함.

동료지원(Peer support) 학습과정에서 학생들이 서로 지원해 주는 체제. 비공식적인 집단(때로는 학습 집단이라고 알려져 있음) 혹은 좀 더 공식적인, 지정된 집단(SI 집단의 경우처럼)에서 일어남. 여기서 코스 리더가 반을 몇 개의 그룹으로 나눔.

동료튜터(Peer tutor) 동료 학생들이 촉진하는 튜토리얼.

동료평가(peer assessment) 동료 학생에 의한 평가. 팀 활동에서 동료평가를 함.

디어링 보고서(Dearing Report) 고등교육에 관한 국가조사위원회 보고서.

ㅁ

멘토(Mentor) 대학에 새로 부임한 구성원을 위해서 지원자/조언자 역할을 하는 동료 교수를 말함. 대학 문화에 적응하는 것을 도움. 실제에 대한 반성을 장려함. 아이디어에 대한 반응을 보여 줌.

명제 강의(Thesis lecture) 논증을 통해서 명제를 구축해 가는 강의.

모의환자(Simulated patient, SP) 연기자 혹은 제삼자가 환자의 역할을 수행함. 치과, 의과 혹은 유사 학생들과의 임상 면담에서 수행함.

목적(aims) 학습경험을 정의하는 데에 공통적으로 사용되는 최고의 기술어. 학생, 교사 그리고 다른 관계자들에게 학습경험의 의도적 결과에 대해서 가장 광범한, 일반적 진술들을 이해시킴.

목표(Objectives) 원래 교육심리학자들이 개발한 것으로 '행동적' 목표라고 알려져 있음. 최근에 와서 그 정의와 사용이 점점 더 불명확해지고 있음. 구체적인 학습 경험의 정확한, 측정 가능한 성과를 의미하기도 하고, 혹은 학습 코스의 성과에 관한 더욱 일반화된 진술을 의미하기도 한다. 이 용어는 '학습성과' 라는 말과 바꾸어 쓰기도 함.

목표언어(Target language) 가르치고 배우는 특정 외국어.

몰입학습(Immersion learning) 장기간 제1외국어에 접촉하게 하고 이 언어로 학생들이 상호 작용함.

무동기(amotivation) 확실한 동기가 없음.

문법 번역(Grammar translation) 구조적 교수방법. 문법적 핵심을 설명해 주고, 학습자들이 그것을 사용하도록 연습시킴. 이때 몇 가지 예문을 가지고 외국어로 혹은 모국어로 번역시킴.

문제기반 학습(Problem-based learning, PBL) 1960년대에 도입된 교수법. 의대에서 많이 사용함. 교육과정 설계에서 소집단수업을 많이 사용함. 건전한 교육 원리와 잘 연결되는 것이라고 주장함. 교수-학습은 학습자가 자신의 학습상의 필요를 시나리오 형식 속의 방아쇠에서 확인할 때 비로소 이루어짐.

문제 해결 시간(Problem classes) 수학, 공학, 자연과학을 가르칠 때 학생들이 문제를 풀어 보고 교수나 튜터의 지원을 받아 해결책을 얻는 시간을 말함.

ㅂ

반성(reflection) 경험 혹은 학습을 고찰함. 이해의 증진 혹은 행동을 밝히기 위함.

반성적 실천가(Reflective practitioner) 경험에 대한 반성에 늘 힘쓰거나, 행동 중에 반성하고, 끊임없이 경험에서 배우는, 그리하여 미래 행동에 도움을 얻는 그런 사람들.

버즈 그룹(Buzz group) 소집단활동. 대개 큰 집단 안에 들어 있음. 간단한 문제, 과제 토론거리 등을 갖고 학생들이 함께 일함. 이 활동을 하면 시끌시끌해지므로 그렇게 부름.

비디오-컨퍼런스(Video-conference) 두 명 혹은 두 집단 간의 동시 논의. 전자통신으로 다른 곳에 있어도 가능해짐.

ㅅ

사례 강의(Exemplification lecture) 분석적 사례를 중심으로 설계된 강의.

사회적 영역(Interpersonal domain) 주요 학습영역 중 하나임. 타인과의 상호작용에서 나타나는 행동의 학습을 의미함.

산업 연수(Industrial placements) 산업체에서 상당 기간 응용적인 지식, 이해, 기능 등을 얻도록 도움을 받으며 학습경험을 쌓음.

상황 인지/상황 학습(Situated cognition/ situated learning) 언어학습의 경우 환경 및 맥락과 관련됨. 어휘를 도와주는 일은 환경의 맥락에서 제공될 것임.

선행학습의 인정(Accreditation of prior(experiential) learning, AP(E)L) 어떤 프로그램의 전체 혹은 일부로 얻은, 이전의 '공인된' 학습을 새로운 자격과정의 전부 혹은 일부로 감안해 줌. 또한 경험도 일정한 자격을 취득하는 데 산입되기도 함.

설명 강의(Explicatory lecture) 어려운 영역을 중간에서 더욱 포괄적으로 밝혀 주는 강의.

성인학습이론(adult learning theory) 성인들이 어떻게 학습하는가와 구체적으로 연결된다고 주장하는 이론이나 개념. 자기주도적 학습을 포함함. 반성 및 경험학습에 관한 많은 작업이 이 영역의 일부에 속함. 이 중 몇몇 이론의 타당성과 이들이 대학생의 학습에 적용될 가능성에 대해서 관심이 집중되고 있음.

성취동기(achievement motivation) 과제에서 성공하려는 욕구. 높은 학점을 얻고자 함. 이 과제가 흥미를 끌지 못할 때도 그러함.

성취 접근(achieving approach) 학습에 대한 성취 접근, 즉 전략적 접근.

세미나(Seminar) 대학이나 학문의 유형에 따라서 상이한 의미를 가짐. 다양한 형태의 소집단 수업을 기술하는 용어이기도 함. 전통적으로는 한두 학생들이 공식적인 학업(페이퍼)을 동료들과 튜터에게 발표하고 논의를 전개함.

수동적 학습/접근(passive learning/approach) 능동적 학습의 반대. 학습에 대한 피상적인 접근임. 학습 자료에 대해서 충분히 몰두하지 않음.

수습(Probation) 교수가 새로 들어간 조직에서 직무를 배우는 초기 기간. 대학에서는 공식적인 훈련과 개발 시기를 가리킴. 수습 중인 교수는 멘터 교수의 지원을 받음. 많은 대학에서 수습기간을 만족스럽게 이수했는가에 대한 형식적 요건을 정하고 있음.

수준(Standards) 학생들의 성취 정도를 비교 대상(기준)과 비교할 때 사용하는 용어임.

수준 기술어(Level descriptor) 모든 영역에 걸쳐서 학습성과의 위계를 기술하는 것임. 흔히 L1, 2, 3, M 그리고 D. 대부분 QAA(대학교육자격기준) 혹은 SEEC의 분류를 따름. 상의 수준(Level of award).

시뮬레이션(Simulation) 흔히 역할 놀이와 연관된 것이었음. 그러다가 점점 더 ICT와 연관 지어 사용되고 있음. 현실생활 시나리오를 모의한 학습활동임. 참여자들이 원인과 결과가 드러나는 선택을 하도록 요구함.

시청각방법론(Audio-visual/audio-lingual metho-dology) 언어 수업의 구조적 방법론. 1950년대와 1960년대에 개발됨. 연습, 습관형성, 오류 방지 등을 기반으로 함.

신뢰도(Reliable of assessment) 평점, 검사의 질, 검사 항목 등의 요인 측면에서 일관성 있고 정확한 검사. 동일 집단을 다른 경우에 반복하여 평가를 해도 동일한 결과를 낳을 것임. 비슷한 학생으로 이루어진 다른 집단에 대해서 그렇게 해도 마찬가지임.

실무중심 학습(Work-based learning) 실제 작업 환경 속에서 내용과 학습이 생겨날 수 있도록 허용하는 교육과정 설계 유형임. 학생들은 흔히 직업을 갖고 있는데 시간제 학생으로 공부하고, 작업현장에서 생기는 프로젝트를 활용함. PBL과 다르게 실무기반 학습은 실시간에 실질적인 문제를 가지고 공부함.

실행 학습(action learning) 개인들이 현실 프로젝트를 가지고 일하게 하는 학습접근 방법. 집단의 지원을 받는다. 정기적인 만남을 통해서 구성원들이 자신의 경험에 대해서 반성하고, 다음 행동을 계획하도록 함.

실험/실습 시간(laboratory/practical class) 실험과학, 생의학, 공학 등의 교육과정 속에서, 테크닉 연습이나 실험연구 수행방법의 학습을 위해 제공되는 시간.

심동적 영역(Psychomotor domain) 주요 학습 영역 중 하나임. 어떤 유형의 기능을 학습함.

심사(audit) 학문적/계속/기관 감사 등이 있음. 학문적 절차를 검증함. 기관감사는 순번으로 고등교육평가원에서 함.

심층적 접근(Deep approach to learning) 기초적인 이론과 개념을 이해하고, 논의 중인 자료의 의미를 파악하기 위해서 아이디어들을 상호 연결시키는 시도를 하는 학습.

ㅇ

안드라고지(Andragogy) 성인학습이론. Malcolm Knowles의 연구와 밀접함.

엘리스 대화형 수학(AIM: Alice Interactive Learning) 여기서 ALICE는 Active Learning In a Computer Environment를 가리킴.

역할 놀이(Role play) 계획된 학습 활동임. 참여자들은 (모의 면접에서처럼) 상이한 관점을 대표하는 개인들의 역할을 수행함. 특정한 학습 목표를 충족시키기 위해서, 예를 들면 공감을 증진시키거나, 참여자들이 가까운 장래에 참여해야 할 어떤 시나리오에 친숙해지도록 하기 위해서 실시함.

연역적 교수/학습(Deductive teaching/learning) 일반적 전제에서 출발함. 문법규칙을 따로 제시하고, 학습자들이 그 규칙을 기반으로 특수한 사례를 생성하도록 권장함.

열린 학습(Open learning) 학습자 자신의 속도, 시간, 선택에 따라 학습이 이루어질 수 있도록 조직화함. 튜터가 꼭 자리를 지키고 있을 필요는 없고, 또 공식적인 학습 프로그램의 일부일 필요도 없음. 학습자가 선택한 순서대로, 다양한 미디어를 사용하여 학습이 이루어지도록 함. 진입 장벽은 없음. 즉, 사전에 요구하는 자격이 없음.

영역(Domain) 특정의 학습 영역 혹은 유형. 학습성과의 범주화와 연관된 것임. 각 영역 내에는 위계적 분류학이 사용됨. 영역들의 수효와 범위에 대해서, 그리고 그 안의 학습 위계에 대해서 논란이 상당히 많음. 원래 블룸(Bloom)의 분류학이 1956년에 나옴. 여기서는 세 가지 영역이 확인됨. 인지적, 정의적, 심동적 영역임.

외부평가자(External examiner/examining) 대학들의 자체 규제 절차의 일부임. 특정 학문 영역에서 각 대학 간 일정 기준을 유지하기 위해서 핵심 역할을 수행함. 흔히 동료학자나 학생들의 존중을 받고 있는 그 분야의 빼어난 학자들이 맡음. 강의 과목에 대해서는 대개 3년 정도 정해진 기간 동안 활동함. 외부평가자의 보고서는 대학의 코스 및 프로그램 평가의 기초가 되어, 질적 수준의 확보에 쓰임. 석사/박사 학위취득 논문 심사에서도 비슷한 역할을 함. 구술시험에서 논의를 주도해 감.

외재적 동기(Extrinsic motivation) 취득할 학점, 외부의 포상 등에 관심이 많은 학생을 가리킴. 다른 사람들에게서 인정을 받는가에 대해서 관심을 갖기도 함.

원격학습(Distance learning) 대학에서 떨어진 곳에서 학습함. Open University가 그 대표 사례임. 대체로 학생들은 학습 자료를 가지고 공부함. 이는 인쇄물, 비디오테이프 등임. 방송이나 웹을 통해서 얻을 수 있음.

유도(Induction) 어떤 조직에 처음 들어가서 피고용자로서 혹은 새로운 학습자로서 학습/연구 프로그램에 참여하는 처음 시기를 말함. 유도 기간에는 단기 과정, 소집단활동 혹은 일대일 모임 등을 통해서 기본 정보를 제공받음. 그 목적은 구성원이나 학생들에게 배경 정보를 갖추도록 함으로써 자신의 역할이나 학습에 가능한 한 빨리 효과적이 되도록 하기 위함.

유도 학습(Inductive learning) 특수한 사례에서 일반적 결론으로 나아가는 학습임. 학습자는 맥락 속에서 자주 사용되는 패턴을 확인하며, 규칙의 구성으로까지 나아가게 됨.

유연한 학습(Flexible learning) 열린 학습과 바꾸어 쓰기도 함. 그러나 강의와 같은 더욱 전통적인 수업 방식을 포함하고 있다는 점이 다름. 튜터와 만나는 것도 포함됨. 선행 교육성취와 관계없이 개방적으로 접근할 수 있는 점은 여기에 없음.

의사소통적 접근(communicative approach) 의미와 의사소통의 필요를 일차적으로 강조하는 언어 교수-학습 접근방법.

인정(accreditation) 요구하는 기준을 충족시켰음을 확인함. '인정된' 교수란 미리 정해진, 합의된 기준이나 준거를 성취한 사람을 의미함.

인지적 영역(Cognitive domain) 대다수 학문 영역의 주요 학습 영역임. 지식, 이해, 사고와 관련됨.

인트라넷(Intranet) 인터넷에서 제공되는 서비스와 비슷한 것을 한 기관 안에서 제공하는 네트워크. 인터넷과 꼭 연결되는 것은 아님.

ㅈ

자율성(autonomy) 학생들이 자기 자신과 학습에 대해서 더 많은 책임을 갖고 스스로 통제함을 가리킴. 자신의 학습 내용을 정하거나 방향을 잡는 데 학생들이 더 많은 책임을 갖는 요소가 들어 있음.

자기주도적 학습(Self-directed learning) 학습자가 목표, 자원, 방법 그리고 성공판단 기준 등 교육적 결정에 대해서 통제를 갖고 있음. 학습자가 위와 같은 측면 중 어느 것에 상당한 영향력을 갖고 있는 학습상황을 가리키는 데 사용하는 용어임.

전략적 학습 접근(strategic approach to learning) 주어진 과제의 요구를 충족시키기 위해서 자신의 학습양식을 적응시키는 학생들에게 전형적으로 나타남. 의도는 그 과제의 실질적인 목적의 외부에 있음. 높은 점수 자체를 얻는 일에 초점을 두는데, 이는 높은 점수가 높은 수준의 학습을 가리키기 때문이 아님. 성취 접근이라고도 알려짐.

전문가(Expert) 일반적 혹은 특수적 의미로 사용됨. 5단계 분류에서 5 수준의 완벽한 숙달 정도를 가리킴. 전문가는 실제로 규칙이나 지침에 의존하지 않고도 상황을 직관적으로 파악함. 이는 심층적인 이해를 토대로 하여 생김. 새로운 상황에 대해서는 분석적 접근을 함.

전이 가능한 기능(transferable skills) ▶ 핵심 기능.

전이 가능성 기능(Skills for transferability) 특정한 기능의 응용 가능성을 한 맥락에서 다른 맥락으로 전이할 수 있는 능력.

전자게시판(Bulletin Board) 메시지를 남기고 질문을 하고 답하는 곳. 주제별 (실을 펜) 토론에 기여함. 비동시적 대화가 가능함.

접근 과정(access course) 비전통적인, 흔히 성인 대학생을 위해 대학교육의 통로가 되는 자격.

정보통신기술(Information and communication technology, ICT) 영국에서는 CIT로 씀.

정의적 영역(affective domain) 주요 학습 영역 중 하나인 가치의 학습.

진단검사(Diagnostic test) 학생들의 취약점을 파악하기 위해서 실시하는 검사. 학부 강좌 시작할 때 시행할 수 있음. 문법 지식이나 수리력 등에서. 그 결과에 따라서 더욱 집중적으로 보완할 수 있음.

준거참조평가(Criterion-referenced assessment) 미리 정해진 준거와 비교해서 학습자의 수행 정도가 어떤지를 판단함.

질 보증(Quality assurance) 하나의 기관(학과, 학부 등)이 소속 학생들이 일정 기준을 성취하도록 여건이 마련되는가를 확인, 조절하는 지속적 과정임.

질 관리(Quality control) 높은 수준의 질을 성취하기 위해서 필요한 절차나 활동을 상세하게 점검함.

질 개선(Quality enhancement) 대학교육의 질과 실제를 개발, 개선하기 위해서 채택한 온갖 활동과 과정을 가리킴.

ㅊ

촉진자(Facilitator) 교수, 튜터, 멘터 등과 달리, 개인들이 자기 자신의 학습에 대해서 책임을 갖도록 장려하는 역할을 가리킴.

총괄평가(Summative assessment) 강좌나 학습 단위의 종료 시점에 시행하는 평가 유형. 학습자들에게 최종 점수나 평점을 줌. 학습자에 관한 정보를 제삼자가 사용하여 학습자의 능력에 관한 결정을 하는 데 도움을 받음.

측정(assessment) 학습자의 성취 및 진보를 측정함.

ㅋ

컴퓨터보조언어학습(Computer-assisted language learning, CALL).

컴퓨터보조학습(Computer-assisted learning, CAL) 교육과 훈련을 위해서 컴퓨터를 사용함. 때때로 컴퓨터보조 수업(CAI), 컴퓨터기반 학습(CBL) 등을 가리키기도 함. 여기서 컴퓨터는 흔히 개별 항목의 수업에 쓰임.

코스(Course) 작은 단위의 강좌식 공부를 가리킴. 혹은 학습 프로그램을 형성하는 여러 강좌를 포괄하는 더 큰 단위를 가리키기도 함. 학과 수상으로 이어짐.

코스웨어(Courseware) 교육 프로그램에 사용될 것으로 설계한 소프트웨어. CAL, CBL에서 사용되는 프로그램과 데이터를 가리킴.

ㅌ

타당도(Valid of assessment) 평가받는 수업의 성과/목표와 관련하여 과제/시험의 적절성, 적합성을 말함. 그것이 측정하려는 것을 제대로 측정하는가를 가리킴.

팀 티칭(Team Teaching) 같은 수업기간을 책임지는 둘 이상의 교수가 설계, 제공, 지원하는 학습 체제를 말함.

튜토리얼(Tutorial) 학문, 대학, 수준, 교수-학습방법에 따라서 상이한 의미로 쓰임. 튜터와 한 명 이상의 학생으로 이루어짐. 학문적 혹은 개인적 문제에 초점을 둘 수 있음.

ㅍ

평가(evaluation) 교육과정 및 그 제공방법(수업을 포함한)에 대한 양적, 질적 판단.

평생학습(Life-long learning) 요람에서 무덤까지 모든 인간은 학습에 참여함. 모든 사람에게 학습 활동에 종사할 수 있는 기회를 연령과 관계없이 제공해야 함. 적절한 경우에는 학습활동 간의 연계 및 진행이 가능하도록 해야 함.

포커스 그룹(Focus Group) 한 집단의 모든 성원이 동등하게 참여하도록 하기 위해서 생각, 아이디어, 지각 등을 끌어내는 테크닉. 집단 리더와 8~15명의 참여원이 필요함. 어떤 경우, 합의를 도출하는 것을 목적으로 하기도 하고, 다른 경우에는 의견의 비중과 요점을 얻기 위한 것도 있음. 더 정확하게는 명목 집단 테크닉이라고 말함.

포트폴리오(Fortfolio) 한 개인의 활동의 증거를 직접 수집한 것임. 대학교수의 전문성 개발 및 성취 내용을 보여 주기 위한 것임. '티칭 포트폴리오' 라고 함.

프로그램 명세서(Program specification) 공부 프로그램의 특성과 성과를 명시적으로 기술함. QAA 지침을 따르기 위해서 작성됨.

피드백(Feedback) 수행에 대한 구두의 혹은 서면의 조언. 피드백을 받는 사람들은 가치, 기준, 준거 등에 대해서 더 잘 이해하게 됨.

피상적 접근(Superficial approach to learning) 학습 경험의 세부적인 사항에 초점을 두는, 세세한 사항을 암기하는 데 기반을 두는, 사실적 수준을 넘어서서 의미를 부여하지 못하는 학생들의 학습을 가리킴.

ㅎ

학과평가(Appraisal) 대학교육에서 사용되는 용어. 자체평가 혹은 학과평가. 평가받는 대상은 교육 현장의 수행 정도에 대해서 검토, 반성하도록 권장됨. 보통 평가자와 피평가자 간의 집중적 면담을 기반으로 함. 평가자는 동료, 학과장, 학장이 됨. 면담에서는 (학과의 전략적 목적과 연결된) 목표와 발전 방향이 확인됨. 이 목표에 따른 수행 여부가 다음 평가 면담에서 점검됨.

학문적 실제(실천, academic practice) 대학교육에 종사하는 대학교수의 집단적 책임을 기술하는 용어임. 책임의 내용은 전공 교과의 교수(수업), 학습 및 소통, 전공 학문의 연구, 학내 경영 활동, 봉사 등임.

학문 평가(academic review) 최근의 QAA의 질 보장 절차.

학습 규약(Learning contract) 교수와 학생 간의 협약. 각자는 어떤 역할, 책임 등에 대해서 합의를 함. 가령 학습자는 제때에 과제를 제출한다. 교수는 적절한 시간 내에 과제물을 고쳐서 돌려준다. 학습자가 성취하기를 원하는 학습성과를 구체적으로 정하기도 함.

학습 목표(Learning objectives) ▶ 목표.

학습 사이클(Learning cycle) 구체적 경험에서 반성과 일반화를 걸쳐 새로운 경험을 향한 실험으로 나아가는 단계들을 기술하는 이론. David Kolb의 이론임.

학습 성과(Learning outcomes) 배우는 학생이 일정한 기간, 코스, 프로그램, 강좌, 공부기간들을 마친 후에 획득할 것으로 예상되는 바를 정의하는 구체적 진술.

학습 센터(Learning center) 대학생이 학습 지원을 받기 위해 가는 곳, 컴퓨터 보조 학습도 관련됨.

학습 스타일(Learning style) 학습 양식, 학생들이 학습하는 성향이나 선호가 어떻게 다른가를 기술함. 학습 차이를 인정함. 학습에 대한 접근방식에 영향을 주는 인성과 인지과정의 혼합물임.

학습 일지(Log book) 학습자들이 학습활동에 대해서 반성한 바를 기록하는 책.

학습환경관리시스템(Managed learning environment, MLE) 대학의 학습 및 학습관리 과정을 전자적으로 지원하기 위함. 가상학습환경(VLE)과 다른 전자행정시스템 및 데이터베이스를 통합함. 광범위한 통합된 학습관리시스템을 제공함. 표준 웹 브라우저를 통해 제공되는 것이 보통임.

핵심 기능(Key skills) 중핵 기능, 공통 기능, 전이가능한 기능. 의사소통, 수리, IT, 학습하는 법을 배우기 등을 가리키는 여러 정의. '모든 대학 프로그램의 필수적 성과로 봄(NCIHE, 1997).' 가치와 성실성, 효과적 의사소통, 수리능력의 활용, 기술의 적용, 작업과 세계의 이해, 개인적 대인적 기능, 문제해결력, 변화에 대한 적극적 태도(Confederation of British Industry).

핵심사안 분석(critical incident analysis) 반성해 본다면 경험학습을 위한 정보를 제공할 수 있는 사건이나 사안을 분석함.

학과 평가(Subject Review) 1998~2002년에 잉글랜드와 북아일랜드 QAA에서 실시한 학과 차원의 대학교육의 질에 대한 평가 과정.

학과 표준척도(Subject benchmarking) 학부 교육 프로그램과 관련하여 QAA에서 출판한 학문-특수적 진술들.

합리주의자(Rationalist) 지식의 기반이 이성이라고 믿음.

향상 파일(Progress file) NCIHE에서 개발한 용어. 학업성취와 발달 측면을 공식적으로 기록한 문서임. 학생들에게 자신의 개별적 발전을 관리, 기획, 반성하도록 하기 위한 것임.

현장 답사(Field trips/coursework) 대학에서 멀리 떨어진 곳에서 하는 실제적 · 경험적 학습활동, 실천적 기능을 개발하기 위해서 설계됨. 자연환경의 관찰 및 조사. 이는 하루 혹은 며칠이 소요됨. 생물학, 환경과학, 지리학, 도시공학, 건설 등에서 많이 함.

현장 배치학습(Placement learning) 대학 밖에서 일정한 학습 기간에 학생들을 배치함. 직무 학습을 위해서 작업 현장에 배치됨.

형성 평가(Formative assessment) 교사와 학습자들이 학습자의 장점과 단점을 파악하는 것을 도와주기 위해 사용하는 평가. 개선을 위해서 조처를 취할 시간적 여유가 있을 때 시행함. 점수나 평점이 아닌 말로 표현됨. 학습자에 대한 정보는 진단용으로 사용됨.

혼합 기능 수업/시험(Mixed skills teaching/testing) 네 가지 언어 기능의 혼합. 듣기, 말하기, 읽기, 쓰기. 실생활에서 사용되는 언어를 그대로 살리는 과제로는 쓰인 것을 말로 바꾸거나, 말로 전하는 메시지를 글로 기록하기 등이 있음.

찾아보기

저자 소개

Heather Fry 현재 런던 임페리얼 대학의 교육개발센터 센터장으로 재직 중이다. 교수법, 대학교육, 의치학 교육 등에 관해 가르치고 연구하고 있으며, 최근에는 임상교수법, 학사지도 방법에 관심을 쏟고 있다. *The Effective Academic: A Handbook for Enhanced Practice*(Kogan Page, 2002)를 공저했다.

Steve Ketteridge 현재 런던대학교 퀸 메리 대학의 교육교수개발원 원장으로 재직 중이다. 미생물학, 생명과학, 토목공학 등을 가르치고 연구하고 있으며, 최근에는 대학교육혁신, 대학경영과 지도성에 관심을 쏟고 있다. *The Effective Academic: A Handbook for Enhanced Practice* (Kogan Page, 2002)를 공저했다.

Stephanie Marshall 현재 요크대학교 교수개발원 원장 및 굿리크 대학의 교학처장으로 재직 중이다. 교육학을 가르치고 있으며, 최근에는 프로젝트 및 논문 지도법, 대학의 교육, 경영, 지도성 등에 관심을 쏟고 있다. *The Effective Academic: A Handbook for Enhanced Practice* (Kogan Page, 2002)를 공저했다.

역자 소개

이지헌 전남대학교 교육학과 교수(교육발전연구원장)
김선구 전남대학교 교육학 박사
김영록 전남대학교 교육학과 박사과정
김회수 전남대학교 교육학과 부교수
김희봉 전남대학교 교육학 박사
석창희 전남대학교 교육학과 박사과정
염시창 전남대학교 교육학과 부교수
이성주 전남대학교 교육학 박사
이순덕 전남대학교 교육학과 박사과정
이운규 전남대학교 교육학과 박사과정
이정화 전남대학교 교육학 박사
장금성 전남대학교 간호학과 교수
정은경 전남대학교 의학교육과 전임강사
최충호 전남대학교 치과전문대학원 조교수
홍석진 전남대학교 치과전문대학원 교수

대학의 최신 교수-학습 방법

A Handbook for Teaching & Learning in Higher Education -2nd edition-

2006년 2월 10일 1판 1쇄 발행
2006년 3월 20일 1판 2쇄 발행

지은이 • Heather Fry · Stere Ketteridge · Stephanie Marshall 공편
옮긴이 • 전남대학교 교육발전연구원 공역
이지헌 김선구 김영록 김회수 김희봉 석창희 염시창 이성주
이순덕 이운규 이정화 장금성 정은경 최충호 홍석진

펴낸이 • 김 진 환
펴낸곳 • **학지사**

121-837 서울시 마포구 서교동 352-29 마인드월드빌딩 5층
전 화 • 326-1500(대) / 팩스 324-2345
등 록 • 1992년 2월 19일 제2-1329호

http://www.hakjisa.co.kr

ISBN 89-5891-238-3 93370

정가 20,000원

파본은 교환해 드립니다.